Kauderwelsch plus
Band 28

(cs)

Fähnchen am Helge-Fluss

Impressum

Kauderwelsch plus

Karl-Axel Daude
Schwedisch – Wort für Wort
plus
Wörterbuch Schwedisch

erschienen im
Reise Know-How Verlag Peter Rump GmbH
Osnabrücker Str. 79, D-33649 Bielefeld
info@reise-know-how.de

1. Auflage 2015

Wörterbuch © 2015 LINGEA s.r.o., Brünn, Tschechische Republik
Bearbeitung Peter Rump
Layout Claudia Schmidt
Layout-Konzept Günter Pawlak, FaktorZwo! Bielefeld
Umschlag Peter Rump (Titelfoto: Christine Schönfeld)
Kartographie Iain Macneish
Fotos Karl-Axel Daude (kd), Christine Schönfeld (cs)
Druck und Bindung Werbedruck GmbH Horst Schreckhase, Spangenberg

ISBN: 978-3-8317-6456-3
Printed in Germany

Dieses Buch ist erhältlich in jeder Buchhandlung Deutschlands, Österreichs, der Schweiz und der Benelux-Staaten. Bitte informieren Sie Ihren Buchhändler über folgende Bezugsadressen:

Deutschland Prolit GmbH, Postfach 9, 35461 Fernwald (Annerod) sowie alle Barsortimente
Schweiz AVA-buch 2000, Postfach 27, CH-8910 Affoltern
Österreich Mohr Morawa Buchvertrieb GmbH Sulzengasse 2, A-1230 Wien
Belgien & Niederlande Willems Adventure, www.willemsadventure.nl
direkt Wer im Buchhandel kein Glück hat, bekommt unsere Bücher zuzüglich Porto- und Verpackungskosten auch direkt über unseren Internet-Shop: **www.reise-know-how.de.**

Zu diesem Buch ist ein **AusspracheTrainer** erhältlich, auf **Audio-CD** in jeder Buchhandlung Deutschlands, Österreichs, der Schweiz und der Benelux-Staaten oder als **MP3-Download** unter **www.reise-know-how.de**

Der Verlag möchte die **Reihe Kauderwelsch** weiter ausbauen und **sucht Autoren!** Mehr Informationen finden Sie unter ***https://www.reise-know-how.de/verlag/mitarbeit***

Kauderwelsch plus

Karl-Axel Daude

Schwedisch

Wort für Wort

Wörterbuch Schwedisch

Zu dem Buch
Schwedisch – Wort für Wort
ist ein AusspracheTrainer
als mp3-Download erhältlich:
www.reise-know-how.de

Auch als Audio-CD im Buchhandel:
ISBN 978-3-8317-6048-0

Das Buch incl. AusspracheTrainer gibt es
außerdem als
CD-ROM:
ISBN 978-3-8317-6063-3

Reise Know-How
im Internet
www.reise-know-how.de
info@reise-know-how.de

Aktuelle Reisetipps und Neuigkeiten, Ergänzungen nach Redaktionsschluss, Büchershop und Sonderangebote rund ums Reisen

Kauderwelsch-Sprachführer sind anders!

Warum? Weil sie Sie in die Lage versetzen, wirklich zu sprechen und die Leute zu verstehen.

Wie wird das gemacht? Abgesehen von dem, was jedes Sprachbuch bietet, nämlich Vokabeln, Beispielsätze etc., zeichnen sich die Bände der Kauderwelsch-Reihe durch folgende Besonderheiten aus:

Die **Grammatik** wird in einfacher Sprache so weit erklärt, dass es möglich wird, ohne viel Paukerei mit dem Sprechen zu beginnen, wenn auch nicht gerade druckreif.

Alle Beispielsätze werden doppelt ins Deutsche übertragen: zum einen **Wort-für-Wort**, zum anderen in „ordentliches" Hochdeutsch. So wird das fremde Sprachsystem sehr gut durchschaubar. Denn in einer fremden Sprache unterscheiden sich z. B. Satzbau und Ausdrucksweise recht stark vom Deutschen. Ohne diese Übersetzungsart ist es so gut wie unmöglich, schnell einzelne Wörter in einem Satz auszutauschen.

Unsere ganze Erfahrung als Reisende, Sprachpraktiker und Büchermacher sind in das Konzept **Wörterbuch** eingeflossen. Auf cirka 170 Seiten bieten wir Ihnen ca. 10.000 ausgewählte Vokabeln des Grund- und Aufbauwortschatzes, speziell abgestimmt auf die Bedürfnisse des Reisenden und die Besonderheiten des schwedischen Sprachraums.

Die **Autorinnen** und **Autoren** der Reihe sind Globetrotter, die die Sprache im Land selbst gelernt haben. Sie wissen daher genau, wie und was die Leute auf der Straße sprechen. Deren Ausdrucksweise ist nämlich häufig viel einfacher und direkter als z. B. die Sprache der Literatur oder des Fernsehens.

Besonders wichtig sind im Reiseland **Körpersprache, Gesten, Zeichen und Verhaltensregeln,** ohne die auch Sprachkundige kaum mit Menschen in guten Kontakt kommen. In allen Bänden der Kauderwelsch-Reihe wird darum besonders auf diese Art der nonverbalen Kommunikation eingegangen.

Kauderwelsch-Sprachführer sind keine Lehrbücher, aber viel mehr als traditionelle Sprachführer! Wenn Sie ein wenig Zeit investieren und einige Vokabeln lernen, werden Sie mit ihrer Hilfe in kürzester Zeit schon Informationen bekommen und Erfahrungen machen, die „sprachlosen" Reisenden verborgen bleiben.

Inhalt

(kd)

Schwedischer Pavillon der Weltausstellung 1992 in Sevilla, heute Måltidens hus in Grythyttan

Vorwort

Schweden ist zwar fast anderthalb mal so groß wie Deutschland, hat aber nur ca. 9,5 Millionen Einwohner. Wie meist in Ländern mit „kleinen Sprachen" kann man sich zwar recht gut mit Englisch verständigen, aber Schweden freuen sich besonders, wenn man einige Brocken in der Landessprache anbringt. Dadurch wird es viel leichter, mit den als verschlossen geltenden Leuten des Nordens in Kontakt zu kommen.

Schwedisch ist außerdem die zweite Landessprache Finnlands und mit Dänisch und Norwegisch so eng verwandt, dass man sich in ganz Skandinavien verständlich machen kann.

Ich wünsche Ihnen viel Spaß und Erfolg beim Ausprobieren und Kennenlernen der schwedischen Sprache.

Karl-Axel-Daude

Hinweise zur Benutzung

Der Band „Schwedisch" ist in „Grammatik", „Konversation" und Wörterliste" gegliedert:

Die **Grammatik** beschränkt sich auf das Wesentliche und ist so einfach gehalten wie möglich. Deshalb sind auch nicht sämtliche Ausnahmen und Unregelmäßigkeiten der Sprache erklärt. Natürlich kann man die Grammatik auch überspringen und sofort mit dem Konversationsteil beginnen. Wenn dann Fragen auftauchen, kann man immer noch in der Grammatik nachsehen.

In der **Konversation** finden Sie Sätze aus dem Alltagsgespräch, die Ihnen einen ersten Eindruck davon vermitteln sollen, wie die schwedische Sprache „funktioniert" und die Sie auf das vorbereiten sollen, was Sie später in Schweden hören werden.

Jede Sprache hat ein typisches Satzbaumuster. Um die sich vom Deutschen unterscheidende Wortfolge schwedischer Sätze zu verstehen, ist die **Wort-für-Wort-Übersetzung** in kursiver Schrift gedacht. Wird ein schwedisches Wort im Deutschen durch zwei Wörter übersetzt, werden diese zwei Wörter in der Wort-für-Wort-Übersetzung mit einem Bindestrich verbunden, z. B.:

Wo die Wort-für-Wort-Übersetzung der deutschen Übersetzung entspricht, also die Reihenfolge der Wörter im deutschen und schwedischen Satz ohnehin dieselbe ist, entfällt die Wort-für-Wort-Zeile.

jag hämtas
ich geholt-werde
ich werde geholt

Mit Hilfe der Wort-für-Wort-Übersetzung können Sie bald eigene Sätze bilden. Sie können die Beispielsätze als einen Fundus von Satzschablonen und -mustern benutzen, den Sie selbst Ihren Bedürfnissen anpassen.

Die **Umschlagklappe** hilft, die wichtigsten Sätze und Formulierungen stets parat zu haben. Aufgeklappt ist der Umschlag eine wesentliche Erleichterung, da nun die gewünschte Satzkonstruktion mit dem entsprechenden Vokabular aus den einzelnen Kapiteln kombiniert werden kann.

Wenn alles nicht mehr weiterhilft, dann ist vielleicht das Kapitel „Nichts verstanden? – Weiterlernen!" der richtige Tipp. Es befindet sich ebenfalls im Umschlag, stets bereit, um mit der richtigen Formulierung für z. B. „Ich habe leider nicht verstanden." oder „Wie bitte?" auszuhelfen.

Karte von Skandinavien

Aussprache & Betonung

Es gibt immer eine kurze und eine lange Variante der Selbstlaute. Meist ist ein Selbstlaut kurz, wenn zwei oder mehr Mitlaute folgen. Außerdem steht immer ein kurzer Selbstlaut, wenn die Silbe unbetont ist. Beim Buchstabieren benutzt man immer die lange Variante.

å nicht wie „a" aussprechen. Dies führt zu Missverständnissen, z. B. tåg „Zug", tag „Mal". Das å hat nichts mit a zu tun und entspricht eher dem deutschen „o"!

Das schwedische Alphabet sieht am Ende drei zusätzliche Buchstaben vor:

A B C D E F G H I J K L M N O
P Q R S T U V W X Y Z Å Ä Ö

Selbstlaute (Vokale)

a	lang: sehr offen, zwischen „a" und „o", fast wie „or" in „T**or**te"! jag ***jaa*** (ich) kurz: wie „a" in „**A**ffe": natt ***natt*** (Nacht)
e	lang: wie in „**E**mil": steka ***ßteeka*** (braten) kurz: wie in „**E**ngel" eller ***eller*** (oder)
i	lang: wie „ie" in „s**ie**ben": bil ***biil*** (Auto) kurz: wie in „**i**ch": till ***till*** (bis, zu, nach)
o	lang und kurz: wie „u" in „**U**fer": bro ***bruu*** (Brücke). Manchmal auch wie å, also „o" gesprochen: son ***ßoon*** (Sohn)
u	lang: wie „ü" in „**ü**ber": ut ***üüt*** (heraus) kurz: zwischen „u" und „ö": ung ***ung*** (jung)
y	gilt im Schwedischen auch als Selbstlaut. Er ist besonders schwer auszusprechen und liegt zwischen „ü" und „i". Notfalls eher „ü" aussprechen: mycket ***mükke*** (viel)
å	ist **der** skandinavische Buchstabe, gibt es nicht im Deutschen lang: wie „o" in „**O**fen": år ***oor*** (Jahr) kurz: wie „o" in „**o**ffen": lång ***long*** (lang)
ä	lang und kurz etwa wie „ä" in „**Ä**rger" oder „e" in „H**e**rr": ägg ***ägg*** (Ei)
ö	lang und kurz: etwa wie in „**ö**stlich": öppet ***öppet*** (geöffnet)

lang:	**glas** (Glas)	**tak** (Dach)
kurz:	**glass** (Eis)	**tack** (danke)

Mitlaute (Konsonanten)

b	wie in „**B**eil“: bil ***biil*** (Auto)
c	vor a, o, u oder å wie „k“: Carl ***kaarl*** wie „ß“ in „flie**ß**en“, wenn es allein vor e, i, y, ä oder ö steht: civil ***ßiwiil***
d	wie in „**d**enken“ du ***düü*** (du)
f	wie in „**F**rage“ farlig ***faarlig*** (gefährlich)
h	wie in „**H**und“ häst ***häßt*** (Pferd)
j	wie in „**J**agd“ jag ***jaa*** (ich)
l	wie in „**l**aufen“ leka ***leeka*** (spielen)
m	wie in „**M**und“ mus ***müüß*** (Maus)
n	wie in „**N**orden“ nu ***nüü*** (jetzt)
p	wie in „**P**latz“: pengar ***pengar*** (Geld)
q	wie „qu“ in „**Qu**atsch” (meist in der Verbindung qv)
r	wird im größten Teil von Schweden und in Finnland mit der Zungenspitze gerollt. Nur in Südschweden gibt es ein r „im Hals“: rolig ***ruulig*** (lustig)
s	immer stimmlos, also wie „ß“ in „flie**ß**en“: Sverige ***ßwärje*** (Schweden)
t	wie in „**T**on“: tidning ***tiidning*** (Zeitung)
v	immer stimmhaft, wie deutsches „w“: vatten ***watten*** (Wasser)
w	„w” (nur in Namen & Fremdwörtern)
x	„x” wie im Deutschen (kommt selten vor)
z	wie „ß“ in „flie**ß**en“: zebra ***ßeebra***

Bei g und k wird es etwas schwieriger:

g	vor a, o, u, å und Mitlauten wie „g“, vor e, i, y, ä, ö wie „j”: gås ***goos*** (Gans), göra ***jööra*** (machen)
k	vor a, o, u, å und Mitlauten wie „k“, vor e, i, y, ä, ö wie scharfes „sch“, fast wie „tsch“ in „Ma**tsch**”: kål ***kool*** (Kohl), kyrka ***(t)schürka*** (Kirche)

Um die schwedische Aussprache richtig zu lernen, reicht diese Liste mit Buchstaben und Ausspracheregeln allein nicht aus. Viel hängt natürlich von der Übung ab. Am besten ist es, „vor Ort“ große Ohren zu machen und durch Zuhören und Sprechen im Land die eigene Aussprache zu verbessern. Mit der Zeit bekommt man ein Gefühl dafür.

Die Ausspracheregeln gelten übrigens nur für schwedische Wörter, nicht für Fremdwörter! Deren Aussprache kann man aber meistens erraten.

Buchstabenkombinationen

Außerdem gibt es noch einige Buchstabenkombinationen, die einem speziellen Laut entsprechen:

Das weiche „sch" ist einer der schwierigeren Laute im Schwedischen. Um der Verwechslungsgefahr mit dem scharfen „sch" zu begegnen, ist der Laut in der Lautschrift mit „hh"wiedergegeben. Tatsächlich klingt er oft wie ein stark behauchtes „h"!

skj, sj, stj	alle wie ein sehr weiches „sch“ Dabei muss man viel Luft dazugeben. Es ist ein <u>sehr</u> weiches „sch“: sjö ***hhöö*** (See). Das ist auch der Laut für -ti in Fremdwörtern: station ***stahhuun*** (Bahnhof)
sk	vor a, o, u, å und Mitlauten wie „ßk", vor e, i, y, ä, ö wie weiches „sch“: sko ***ßkuu*** (Schuh); sked ***hheed*** (Löffel)
tj, kj,	werden genauso wie k vor e, i, y, ä, ö ausgesprochen, also wie „(t)sch“: kjol ***(t)schuul*** (Rock); tjock ***(t)schokk*** (dick)
ch	immer „k", wie in „**Ch**ristian", nie wie in „a**ch**" oder „i**ch**"! Kommt fast nur in Fremdwörtern vor.

Die Schweden, die ein Zungenspitzen-R sprechen, also das r rollen, ziehen meistens r und s zusammen und sprechen beide zusammen als „sch“ aus, z. B.: borste ***boschte*** (Bürste). Das Zusammenziehen von r und s geschieht auch oft über Wortgrenzen hinweg:

Diese Regel gilt übrigens nicht fürs Finnland-Schwedisch!

Jag talar svenska.
(sprich:) ***jaa taalar ßwenska***
(oder:) ***jaa taalaschwenska***
Ich spreche Schwedisch.

dj, gj, hj, lj	werden alle nur „j" ausgesprochen, der erste Buchstabe bleibt stumm! djur ***jüür*** (Tier)
rg, lg	das g wird wie „j" ausgesprochen: berg ***berj*** (ein Berg); älg ***älj*** (ein Elch), älgar ***äljar*** (Elche)

Betonung

Die Hauptschwierigkeit liegt in der Betonung, durch die die singende Satzmelodie im Schwedischen entsteht. Hierfür gibt es leider keine einfachen Regeln, aber hier sind ein paar Hinweise, die das Lernen etwas erleichtern. Es gibt zwei Arten der Betonung: Entweder hat das Wort nur eine Betonung oder es hat eine stärkere, die oft auf der ersten Silbe liegt, und eine zweite, geringere Betonung.

Natürlich haben alle einsilbigen Wörter nur eine Betonung. Fast alle mehrsilbigen Wörter, deren erste Silbe betont ist, haben auch eine Nebenbetonung. Ist die erste Silbe unbetont, haben sie dagegen nur eine Betonung.

Lautschrift

Lange Vokale sind doppelt geschrieben, betonte Silben unterstrichen. Manche Laute haben keine exakte Entsprechung im Deutschen. Wir haben also versucht, eine Umschrift zu wählen, die der gesprochenen Sprache möglichst nahe kommt.

Schweden ist kein kleines Land. Es gibt daher regionale Unterschiede in der Aussprache, die zum Teil erheblich sind. Nicht immer stimmt darum auch die Tonaufnahme mit der Lautschrift 100%ig überein. Dies ist dem Bestreben geschuldet, die Lautschrift möglichst für ganz Schweden nützlich zu gestalten und eine überdeutliche, gekünstelte Aussprache zu vermeiden. Eine Lautschrift ist also immer ein Kompromiss, mit dem man sich zumindest verständigen kann, auch wenn die Aussprache vor Ort davon mitunter abweicht.

Wörter, die weiterhelfen

Mit förlåt kann man sehr gut ein Gespräch beginnen, abschließen sollte man es mit einem tack, aber darüber später mehr.

Förlåt ... !
förloot
Entschuldige/n Sie ...

Är det ... ?
ee dee
Ist das ...?

Får man ... ?
foor man
Darf man ...?

Finns det ... ?
finnß dee
Gibt es ...?

Var finns det ... här?
waar finns dee ... häär
Wo gibt es hier ... ?

Jag behöver...
jaa behööwer
Ich brauche ...

Vad kostar...?
waa kostar
Was kostet ... ?

Hur kommer jag ... ?
hüür kommer jaa
Wie komme ich ... ?

ett gatukök *gatuschöök* – eine Würstchenbude

en toalett *tualätt*	eine Toilette
en mack *makk*	eine Tankstelle
ett apotek *apputeek*	eine Apotheke
hjälp *jälp*	Hilfe
en läkare *läkarre*	ein Arzt
det här *dee häär*	das hier
ett bröd *brööd*	ein Brot
en kopp kaffe *kopp kaffe*	eine Tasse Kaffee
ett glas vatten *glaas watten*	ein Glas Wasser
en varm korv *warm korw*	ein heißes Würstchen
något att äta *nott att ääta*	etwas zu essen
något att dricka *nott att drikka*	etwas zu trinken
ett vandrarhem *wandrarhem*	eine Jugendherberge
ett hotell *hotell*	ein Hotel
en campingplats *kampingplatß*	ein Campingplatz
till Stockholm *till Stockholm*	nach Stockholm
till badplatsen *till baadplatßen*	zur Badestelle
till varuhuset *till waaruhüüßet*	zum Warenhaus
till färjan *till färjan*	zur Fähre

Ja, det finns det.
jaa dee finns dee
Ja, das gibt es.

Ja, det har jag.
jaa dee haar jaa
Ja, habe ich.

An den Toiletten steht dam / herr, oder Symbole, aber oft sind die Toiletten auch für beide.

Nej, det har vi inte.
nej dee haar wi inte
Nein, haben wir nicht.

Det är här i närheten.
dee ee häär ii näärheeten
Das ist hier in der Nähe.

Det är för långt att gå.
dee ee föör longt att goo
Das ist zu weit zum Laufen.

Gå till höger där framme och sedan till vänster.
goo till hööger däär framme oo senn till wänster
Gehen Sie da vorne rechts und dann links.

Det kostar ... kronor.
dee kostar ... kruunur
Das kostet ... Kronen.

Die Zahlen finden sich im Kapitel „Zahlen & Zählen".

Wortstellung

Zunächst muss man immer daran denken, dass möglichst kurze Sätze gebildet werden sollten. Denn nicht nur Sie hätten Probleme, einen langen Satz zusammenzusetzen – bei Ihrem Gegenüber soll ja auch die richtige Information ankommen.

Die Satzstellung ist im Schwedischen, jedenfalls in den einfacheren Hauptsätzen, genau wie im Deutschen. Man muss darauf achten, dass das Prädikat (Satzaussage) immer an zweiter Stelle im Satz steht.

	Prädikat	
Jag	**köper**	**ett bröd i affären.**
jaa	*schööper*	*ett brööd i affären*
Ich	kaufe	ein Brot in dem Laden.
I affären	**köper**	**jag ett bröd.**
i affären	*schööper*	*jaa ett brööd*
Im Laden	kaufe	ich ein Brot.
Jag	**åker**	**till Sverige.**
jaa	*ooker*	*till ßwärje*
Ich	fahre	nach Schweden.
I morgon	**åker**	**jag till Sverige.**
i morron	*ooker*	*jaa till ßwärje*
Morgen	fahre	ich nach Schweden.

Hauptwörter

Im Gegensatz zum Deutschen kennt das Schwedische nur zwei grammatische Geschlechter. Es werden das En-Geschlecht (Utrum) und das Ett-Geschlecht (Neutrum) unterschieden.

En-Geschlecht:	Ett-Geschlecht:
en bil	**ett hus**
en biil	***ett hüüß***
ein Auto	ein Haus

Da das Geschlecht der schwedischen Wörter nicht mit dem der deutschen übereinstimmt, ist es am besten, sich en oder ett gleich zusammen mit dem Wort einzuprägen.

Artikel

Für den bestimmten Artikel wird -en bzw. -et an das Wort angehängt:

bilen	**huset**
biilen	***hüüßet***
Auto-das	*Haus-das*
das Auto	das Haus

Hauptwörter (Substantive), die auf einem Selbstlaut enden, bekommen nur die Endung -n oder -t je nach Geschlecht.

en blomma	**blomman**
en blumma	***blumman***
eine Blume	*Blume-die*
eine Blume	die Blume

ett foto *ett fuutu*	**fotot** *fuutut*
ein Foto	*Foto-das*
ein Foto	das Foto

Mehrzahl

Die Mehrzahl (Plural) ist nicht so einfach. Mit den folgenden Regeln kann man bei den meisten Wörtern die richtige Form bilden.

En-Wörter, die auf -a enden, bekommen als Mehrzahlendung -or:

en vecka *en wekka*	eine Woche
veckor *wekkur*	Wochen

En-Wörter, die auf -ing enden, und viele einsilbige En-Wörter bekommen als Mehrzahlendung -ar:

en tidning *en tiidning*	eine Zeitung
tidningar *tiidningar*	Zeitungen
en bil *en biil*	ein Auto
bilar *biilar*	Autos

Zweisilbige En-Wörter auf -e, -el, -er bekommen ebenfalls in der Mehrzahl -ar:

en pojke *en pojke*	ein Junge
pojkar *pojkar*	Jungen (e entfällt!)

En-Wörter mit Schlussakzent, also Wörter, bei denen die Betonung auf der letzten Silbe liegt, bekommen als Mehrzahlendung -er. Ett-Wörter mit betontem Schluss-Selbstlaut bekommen auch -er als Mehrzahlendung.

en fabrik *en fabriik*	eine Fabrik
fabriker *fabriiker*	Fabriken
ett bageri *ett baagerii*	eine Bäckerei
bagerier *baageriier*	Bäckereien

Ett-Wörter, die auf einem Selbstlaut enden, bekommen als Mehrzahlendung -n. Das darf man nicht mit der Einzahlform der En-Wörter verwechseln!

ett arbete	***ett arbeete***	eine Arbeit
arbeten	***arbeeten***	Arbeiten

Ett-Wörter, die auf einem Mitlaut enden, bekommen keine Endung in der Mehrzahl:

ett hus	***ett hüüß***	ein Haus
hus	***hüüß***	Häuser

En-Wörter, die auf -are enden, bekommen auch keine Endung in der Mehrzahl:

en arbetare	***en arbeetare***	ein Arbeiter
arbetare	***arbeetare***	Arbeiter

Für die bestimmte Form Mehrzahl hängt man fast immer -na an. Bei Ett-Wörtern, die auf Mitlaut enden, ist die Endung -en. Hier ist die Liste unserer Beispiele in der unbestimmten und bestimmten Form Mehrzahl:

veckor	***wekkur***	Wochen
veckorna	***wekkurna***	die Wochen
tidningar	***tiidningar***	Zeitungen
tidningarna	***tiidningarna***	die Zeitungen
bilar	***biilar***	Autos
bilarna	***biilarna***	die Autos
fabriker	***fabriiker***	Fabriken
fabrikerna	***fabriikerna***	die Fabriken
bagerier	***baageriier***	Bäckereien
bagerierna	***baageriierna***	die Bäckereien
arbeten	***arbeeten***	Arbeiten
arbetena	***arbeetena***	die Arbeiten
hus	***hüüß***	Häuser
husen	***hüüßen***	die Häuser
arbetare	***arbeetare***	Arbeiter
arbetarna	***arbeetarna***	die Arbeiter

Wie man sieht, sind alle Hauptwörter, die -or, -ar *oder* -er *als Mehrzahlendung haben,* En-*Wörter.*

Bei arbetarna *entfällt das* e.

Groß- & Kleinschreibung

Nur Satzanfang und Eigennamen werden groß, alles andere klein geschrieben. Auch Monatsnamen und Tage werden klein geschrieben: z. B. juni, söndag.

Eigenschaftswörter

Die Eigenschaftswörter (Adjektive) richten sich in Zahl und Geschlecht nach dem dazugehörigen Hauptwort. Das ist im Deutschen genauso. Die Grundform ist gleich der Form für das En-Geschlecht. Wenn man ein Ett-Wort benutzen will, muss man meist nur ein -t an das Eigenschaftswort anhängen:

en fin bil	*en fiin biil*	ein schönes Auto
ett fint hus	*ett fiint hüüß*	ein schönes Haus

Wenn man die Mehrzahl bildet, haben beide die gleiche Endung: -a.

fina bilar	*fiina biilar*	schöne Autos
fina hus	*fiina hüüß*	schöne Häuser

Auch in Sätzen wie den folgenden Beispielen muss man auf die Form des Hauptwortes achten, auf das sich das Eigenschaftswort bezieht:

Bilen är fin.
biilen ee fiin
Auto-das ist schön
Das Auto ist schön.

Huset är fint.
hüüßet ee fiint
Haus-das ist schön
Das Haus ist schön.

Bilarna är fina.
biilarna ee fiina
Autos-die sind schön
Die Autos sind schön.

Husen är fina.
hüüßen ee fiina
Häuser-die sind schön
Die Häuser sind schön.

Wenn die bestimmte Form gewählt wird, also z. B. „*das* schöne Auto, *die* schönen Häuser" usw., muss man nur ein -a anhängen. Das gilt für beide Geschlechter in der Ein- und Mehrzahl.

Aber es gibt eine andere Schwierigkeit. Man muss nämlich nicht nur den Artikel an das Hauptwort anhängen, sondern auch noch einmal vor das Eigenschaftswort setzen, also einen doppelten Artikel benutzen.

den fina bilen
den fiina biilen
das schöne Auto-das
das schöne Auto

det fina huset
dee fiina hüüßet
das schöne Haus-das
das schöne Haus

(cs)
Buchhandlung, Kristianstad

In der Mehrzahl bekommen beide Geschlechter de als Artikel:

de fina bilarna	**de fina husen**
de fiina biilarna	***de fiina hüüßen***
die schönen Autos-die	*die schönen Häuser-die*
die schönen Autos	die schönen Häuser

Das wichtige Wort liten *(klein) ist unregelmäßig. Die Mehrzahl ist* små!

en liten bil ***en liiten biil***	ein kleines Auto
ett litet hus ***ett liitet hüüß***	ein kleines Haus
den lilla bilen ***den lilla biilen***	das kleine Auto
det lilla huset ***dee lilla hüüßet***	das kleine Haus

små bilar ***ßmoo biilar***	kleine Autos
små hus ***ßmoo hüüß***	kleine Häuser
de små bilarna ***de ßmoo biilarna***	die kleinen Autos
de små husen ***de ßmoo hüüßen***	die kleinen Häuser

(cs)

Bräkne-Hoby

Einige Eigenschaftswörter kann man nicht beugen:

bra *braa*	gut
extra *extra*	extra
gratis *graatiß*	umsonst

wichtige Eigenschaftswörter

dyr *düür*	teuer
billig *billig*	billig
ren *reen*	sauber
smutsig *smutsig*	schmutzig
varm *warm*	warm/heiß
kall *kall*	kalt
frisk *frisk*	gesund
sjuk *hhüük*	krank
ljus *jüüs*	hell
mörk *mörk*	dunkel
lång *long*	lang/weit
kort *kortt*	kurz
ny *nüü*	neu
gammal *gammal*	alt
bra *braa*	gut
dålig *doolig*	schlecht
mjuk *mjüük*	weich
hård *hoord*	hart
vacker *wakker*	schön
ful *füül*	hässlich
pigg *pigg*	munter
trött *trött*	müde
hungrig *hungrig*	hungrig
mätt *mätt*	satt

Steigern

Die meisten Eigenschaftswörter werden gesteigert, indem man für die erste Steigerungsstufe (Komparativ) -are und für die zweite Steigerungsstufe (Superlativ) -ast an das Eigenschaftswort anhängt.

lätt *lätt*	leicht
lättare *lättare*	leichter
lättast *lättaßt*	am leichtesten

Die folgenden Eigenschaftswörter steigert man unregelmäßig:

dålig	**sämre**	**sämst**	schlecht
doolig	*ßämre*	*ßämßt*	
dålig	**värre**	**värst**	schlecht
doolig	*wärre*	*wäscht*	
god	**bättre**	**bäst**	gut
guud	*bättre*	*bäßt*	
god	**godare**	**godast**	lecker
guud	*guudare*	*guudaßt*	
gammal	**äldre**	**äldst**	alt
gammal	*äldre*	*äldßt*	
liten	**mindre**	**minst**	klein
liiten	*mindre*	*minßt*	
många	**fler**	**flest**	viele
monga	*fleer*	*fleßt*	

Einige Eigenschaftswörter bekommen einen Umlaut bei der Steigerung: z. B.

stor	**större**	**störst**	groß
ßtuur	*ßtörre*	*ßtöscht*	
ung	**yngre**	**yngst**	jung
ung	*üngre*	*üngßt*	
lång	**längre**	**längst**	lang
long	*längre*	*längßt*	

Foto: Jan-Erik Andersson, © Malmö Turism

Die Öresundbrücke verbindet Malmö mit Kopenhagen

Einige Eigenschaftswörter werden auch mit mera und mest (mehr, am meisten) gesteigert.

typisk	**mera typisk**	**mest typisk**
tüpisk	***meera tüpisk***	***meßt tüpisk***
typisch	*mehr typisch*	*am meisten typisch*
typisch	typischer	am typischsten

Das ist auch immer eine Möglichkeit, die anderen Steigerungsformen zu umgehen! Wenn die 2. Steigerungsform benutzt wird, muss man manchmal noch ein -a oder -e anhängen:

den finaste bilen	**Bilen är finast.**
den fiinaßte biilen	***biilen ee fiinaßt***
das schönste Auto	Das Auto ist am schönsten.
den största bilen	**Bilen är störst.**
den ßtöschta biilen	***biilen ee ßtöscht***
das größte Auto	Das Auto ist am größten.

Umstandswörter

Bildet man Umstandswörter (Adverben) aus Eigenschaftswörtern, so hängt man einfach nur ein -t an (das ist auch die Form des Eigenschaftswortes für das Ett-Geschlecht).

Han har en ovanligt viktig fråga.
han haar en uwanlit wiktig frooga
Er hat eine ungewöhnlich wichtige Frage.
(Umstandswort!)

aber: **Han har en ovanlig, viktig fråga.**
han haar en uwanlig wiktig frooga
Er hat eine ungewöhnliche, wichtige Frage.
(Eigenschaftswort!)

(cs)

Malmö

Persönliche Fürwörter

Die persönlichen Fürwörter (Personalpronomen) werden wie im Deutschen gebraucht. Nur die Höflichkeitsform „Sie“ wird im Schwedischen mit ni (ihr) gebildet (s. auch Kapitel „Anrede“).

Wer?

jag *jaa*	ich
du *düü*	du
han *han*	er
hon *hun*	sie
den *den*	es
det *dee*	es
vi *wii*	wir
ni *nii*	ihr
de *dom*	sie (Mz)

Wem? oder Wen?

Im Schwedischen gibt es nur eine Form für die Fragen „wem?“ und „wen?“

mig *mej*	mir/mich
dig *dej*	dir/dich
honom *honom*	ihm/ihn
henne *henne*	ihr/sie
den / det *den / dee*	ihm/es
oss *oßß*	uns/uns
er *eer*	euch/euch
dem *dom*	ihnen/sie

Besitzanzeigende Fürwörter

Die besitzanzeigenden Fürwörter (Possessivpronomen) richten sich teils nach dem Geschlecht des Hauptwortes, teils sind sie unveränderlich.

mein	dein	sein	ihr (Ez)
En-Geschlecht:			
min	**din**	**hans**	**hennes**
min	*din*	*hanß*	*henneß*
Ett-Geschlecht:			
mitt	**ditt**	**hans**	**hennes**
mitt	*ditt*	*hanß*	*henneß*
Mehrzahl **(En + Ett):**			
mina	**dina**	**hans**	**hennes**
miina	*diina*	*hanß*	*henneß*

unser	euer/Ihr	ihr (Mz)
En-Geschlecht:		
vår	**er**	**deras**
woor	*eer*	*deeraß*
Ett-Geschlecht:		
vårt	**ert**	**deras**
woort	*eert*	*deeraß*
Mehrzahl **(En + Ett):**		
våra	**era**	**deras**
woora	*eera*	*deeraß*

Tätigkeitswörter

Man teilt die Tätigkeitswörter (Verben) in vier verschiedene Gruppen ein. Dazu kommen dann noch einige unregelmäßige Verben. Die Hauptschwierigkeit liegt wohl darin, die richtige Gruppe herauszufinden, denn man sieht den einzelnen Verben meist nicht an, zu welcher Gruppe sie gehören. Wenn man nach der ersten Gruppe beugt, liegt man aber meist richtig, denn zu dieser Gruppe gehören fast 70 % aller schwedischen Verben. Nun eine gute Nachricht! Man braucht sich für jede Zeit nur eine Form für alle Personen zu merken:

jag arbetar	*jaa arbeetar*	ich arbeite
du arbetar	*düü arbeetar*	du arbeitest
han arbetar	*han arbeetar*	er arbeitet
hon arbetar	*hun arbeetar*	sie arbeitet
vi arbetar	*wi arbeetar*	wir arbeiten
ni arbetar	*ni arbeetar*	ihr arbeitet
de arbetar	*dom arbeetar*	sie arbeiten

Bei den Gruppen 1-3 hängt man an den Verbstamm die Endungen – wie in der folgende Tabelle beschrieben – an. Kennzeichen der Gruppe 4 ist der Wechsel des Selbstlautes.

Es folgt eine Tabelle mit Beispielen für die 4 Gruppen. Hierbei muss man darauf achten, dass man bei der Bildung der Zeiten nicht von der Grundform (Infinitiv) ausgeht, sondern von der Befehlsform.

Die Endungen sind der Deutlichkeit halber jeweils durch einen Bindestrich vom Stamm getrennt.

1	2a	2b	3	4
Befehlsform = Wortstamm:				
arbeta!	**stäng!**	**tänk!**	**tro!**	**skriv!**
arbeeta	**ßtäng**	**tänk**	**truu**	**skriiw**
arbeite!	*schließ!*	*denk!*	*glaub!*	*schreib!*
Grundform:				
arbeta	**stäng-a**	**tänk-a**	**tro**	**skriv-a**
arbeeta	**ßtänga**	**tänka**	**truu**	**skriiwa**
arbeiten	*schließen*	*denken*	*glauben*	*schreiben*
Gegenwart (ich ...):				
arbeta-r	**stäng-er**	**tänk-er**	**tro-r**	**skriv-er**
arbeetar	**ßtänger**	**tänker**	**truur**	**skriiwer**
arbeite	*schließe*	*denke*	*glaube*	*schreibe*
Vergangenheit (ich ...):				
arbeta-de	**stäng-de**	**tänk-te**	**tro-dde**	**skrev**
arbeetade	**ßtängde**	**tänkte**	**trudde**	**skreew**
arbeitete	*schloss*	*dachte*	*glaubte*	*schrieb*
Mittelwort (Partizip):				
arbeta-t	**stäng-t**	**tänk-t**	**tro-tt**	**skriv-it**
arbeetat	**ßtängt**	**tänkt**	**trutt**	**skriiwit**
gearbeitet	*geschlossen*	*gedacht*	*geglaubt*	*geschrieben*

(cs)

Am Ronneby-Fluss

In Gruppe 2b endet der Stamm auf k, p, s, t und bekommt deshalb -te in der Vergangenheit (vgl. tänkte). In Gruppe 4 gibt es also einen Selbstlautwechsel.

Der Gebrauch von vollendeter und einfacher Vergangenheit unterscheidet sich sehr wesentlich vom Deutschen. Während wir meist das Perfekt benutzen, gebraucht man im Schwedischen für alles, was in der Vergangenheit passiert und abgeschlossen ist, die einfache Vergangenheit (Präteritum). Nur wenn ein Vorgang noch in die Gegenwart reicht, wird auch wirklich das Perfekt benutzt!

Oft vorkommende Wechsel sind:

i	e	i (langes i und e)
skriver	**skrev**	**skrivit**
skriiwer	*skreew*	*skriiwit*
schreibe	schrieb	geschrieben

i	a	u (kurze Selbstlaute)
dricker	**drack**	**druckit**
drikker	*drakk*	*drukkit*
trinke	trank	getrunken

u	ö	u
bjuder	**bjöd**	**bjudit**
bjüüder	*bjööd*	*bjüüdit*
biete an	bot an	angeboten

y	ö	u
flyger	**flög**	**flugit**
flüüger	*flöög*	*flüügit*
fliege	flog	geflogen

Zeiten

Nun können Sie mit Hilfe der Formen schon einige Zeiten bilden, aber es fehlen noch die „zusammengesetzten“ Zeiten Perfekt (vollendete Gegenwart) und Plusquamperfekt (vollendete Vergangenheit). Diese bildet man im Schwedischen immer mit einer Form von ha (haben), also nie mit einer Form von „sein“, wie das im Deutschen oft der Fall ist.

Perfekt:	**Plusquamperfekt:**
Jag har arbetat.	**Jag hade arbetat.**
jaa haar arbeetat	*jaa hade arbeetat*
Ich habe gearbeitet.	Ich hatte gearbeitet.

Zukunft

Die Zukunft kann man auf verschiedene Art ausdrücken. Eine Möglichkeit ist ska plus Grundform:

Jag ska åka till Sverige.
jaa ßka ooka till ßwärje
ich werde fahren nach Schweden
Ich werde nach Schweden fahren.

Eine andere Möglichkeit ist, die Gegenwartsform mit einer Zeitangabe zu benutzen:

I morgon åker jag till Sverige.
i morron ooker jaa till ßwärje
Morgen fahre ich nach Schweden.

Das Passiv

Es gibt zwei Möglichkeiten, das Passiv zu bilden. Die übliche Form ist, einfach ein -s an die aktive Verbform zu hängen. Nur in der Gegenwart kommt das -s an den Wortstamm:

jag hämtas	**jag hämtades**
jaa hämtaß	*jaa hämtadeß*
ich geholt-werde	*ich geholt-wurde*
ich werde geholt	ich wurde geholt

jag har hämtats
jaa haar hämtatß
ich bin geholt-worden

Die zweite Möglichkeit ist dem Deutschen ähnlicher, wird aber eigentlich nur dann benutzt, wenn die Satzaussage (das Prädikat) mehrere Verben beinhaltet, also z. B. zusammengesetzte Zeiten, Konstruktionen mit Hilfsverben usw.). Dazu benutzt man eine Form von bli (werden):

jag ska bli hämtad
jaa ßka bli hämtad
ich werde werden geholt
ich werde geholt werden

jag blir hämtad	**jag blev hämtad**
jaa bliir hämtad	***jaa bleew hämtad***
ich werde geholt	ich wurde geholt

Wortstellung

In Hauptsätzen steht wie im deutschen das Tätigkeitswort (Verb) an der zweiten Stelle.

Jag äter frukost klockan 8.
jaa ääter frukoßt klokkan otta
Ich esse Frühstück um 8 Uhr.

Frukost äter jag klockan 8.
frukoßt ääter jaa klokkan otta
Frühstück esse ich um 8 Uhr.

Klockan 8 äter jag frukost.
klokkan otta ääter jaa frukoßt
Um 8 Uhr esse ich Frühstück.

Hilfsverben

Das Verb vara (sein) wird im Schwedischen nicht zur Bildung zusammengesetzter Zeiten benötigt. Alle Formen werden mit ha (haben) gebildet.

vara (sein)

jag är *jaa ee*	ich bin
jag var *jaa waar*	ich war
jag har varit *jaa haar waarit*	ich bin gewesen
ich habe gewesen	

ha (haben)

jag har *jaa haar*	ich habe
jag hade *jaa hadde*	ich hatte
jag har haft *jaa haar haft*	ich habe gehabt

Für die vollendeten Zeitformen (Perfekt, Plusquamperfekt) benutzt man immer ha, also z. B.:

jag har kommit
jaa haar kommit
ich bin gekommen

Modalverben

få *foo*	dürfen
jag får *jaa foor*	ich darf
jag fick *jaa fikk*	ich durfte
jag har fått *jaa haar fott*	ich habe gedurft
skola *ßkuula*	sollen
jag ska *jaa ßka*	ich soll
jag skulle *jaa ßkulle*	ich sollte
jag har skolat	ich habe gesollt
jaa haar ßkuulat	

kunna *kunna*	können
jag kan *jaa kann*	ich kann
jag kunde *jaa kunnde*	ich konnte
jag har kunnat *jaa haar kunnat*	ich habe gekonnt
vilja *wilja*	wollen
jag vill *jaa will*	ich will
jag ville *jaa wille*	ich wollte
jag har velat *jaa haar weelat*	ich habe gewollt

Von „müssen" gibt es nur noch eine Form. Ob also die Gegenwart oder die Vergangenheit gemeint ist, kann man hier nur aus dem Zusammenhang erkennen.

jag måste	**jag måste**
jaa moßte	*jaa moßte*
ich muss	ich musste

Bindewörter

Die Bindewörter (Konjunktionen) werden wie im Deutschen benutzt.

och *oo / okk*	und
men *men*	aber
när *näär*	als, wenn (zeitlich)
eftersom *efteschom*	weil
om *om*	falls, wenn
därför *därför*	deshalb
för *för*	denn
för att *för att*	um zu, weil
så att *ßo att*	so dass
eller *eller*	oder

Fragen

Entscheidungsfragen, also Fragen, auf die man nur mit Ja oder Nein antworten kann, bildet man wie im Deutschen, indem man die Wortreihenfolge des Aussagesatzes umstellt.

Entscheidungsfragen

Du går till affären.
düü goor till affääaren
Du gehst zu dem Laden.

Går du till affären?
goor düü till affääaren
Gehst du zu dem Laden?

Satzfragen

Auch bei Satzfragen, also Fragen, auf die man mit einem vollständigen Satz antwortet und die mit einem Fragewort beginnen, ist die Wortstellung wie im Deutschen.

vem? *wem*	wer?
vad? *wa*	was?
var? *waar*	wo?
när? *näär*	wann?
hur? *hüür*	wie?

Vart går du?
waart goor düü
Wohin gehst du?

Vad är det?
wa ee dee
Was ist das?

Vem är det?
wem ee dee
Wer ist das?

Hur länge?
hüür länge
Wie lange?

ja & nein

Auf eine Frage wie ...

Åker du tåg till Stockholm?
***oo**ker düü **too**g till ßt**o**kkholm*
fährst du Zug nach Stockholm?
Fährst du mit dem Zug nach Stockholm?

antwortet man ...

Ja, det gör jag.
*jaa, dee **jöö**r jaa*
Ja, das mache ich.

oder ...

Nej, det gör jag inte.
*n**ej**, dee **jöö**r jaa **i**nte*
Nein, das mache ich nicht.

Jag åker inte tåg till Stockholm.
*jaa **oo**ker **i**nte **too**g till ßt**o**kkholm*
ich fahre nicht Zug nach Stockholm
Ich fahre nicht mit dem Zug nach Stockholm.

In den Hauptsätzen steht inte nach dem ersten Verb, in Nebensätzen vor diesem!

Jag kan inte åka bil till Stockholm.
*jaa kan **i**nte **oo**ka b**ii**l till ßt**o**kkholm*
ich kann nicht fahren Auto nach Stockholm
Ich kann nicht mit dem Auto nach Stockholm fahren.

Han säger att han inte kan åka bil till Stockholm.
*Han s**ää**jer att han inte kan **oo**ka b**ii**l till St**o**kkholm*
er sagt dass er nicht kann fahren Auto nach Stockholm
Er sagt, dass er nicht mit dem Auto nach Stockholm fahren kann.

Genau wie inte werden auch folgende Umstandswörter (Adverben) im Satz platziert:

aldrig *aldrig*	nie
alltid *altid*	immer
alltså *altßoo*	also
bara *baara*	nur
gärna *jäärna*	gern
möjligtvis *möjlitwiiß*	möglicherweise
säkert *ßääkert*	sicher

Für verneinende Sätze können auch diese Wörter benutzt werden:

ingen *ingen*	niemand, kein
inte heller *inte heller*	auch nicht
ingenting *ingenting*	nichts
varken ... eller ... *warken ... eller ...*	weder ... noch

(cs)

dass (= Plumpsklo)

Zahlen & Zählen

En oder ett (eins) benutzt man je nach grammatischen Geschlechts des Hauptwortes.

0	**noll**	*noll*	10	**tio**	*tiio / tiie*
1	**en, ett**	*en, ett*	11	**elva**	*elwa*
2	**två**	*twoo*	12	**tolv**	*tolw*
3	**tre**	*tre*	13	**tretton**	*tretton*
4	**fyra**	*füüra*	14	**fjorton**	*fjuton*
5	**fem**	*fem*	15	**femton**	*femton*
6	**sex**	*ßex*	16	**sexton**	*ßexton*
7	**sju**	*hhüü*	17	**sjutton**	*hhütton*
8	**åtta**	*otta*	18	**arton**	*aarton*
9	**nio**	*niio / niie*	19	**nitton**	*nitton*

20	**tjugo**	*schügo*
21	**tjugoen, -ett**	*schügo-en, schügo-ett*
22	**tjugotvå ...**	*schügotwo*

30	**trettio**	*tretti*
40	**fyrtio**	*fötti*
50	**femtio**	*femti*
60	**sextio**	*ßexti*
70	**sjuttio**	*hhütti*
80	**åttio**	*otti*
90	**nittio**	*nitti*

Hochsprachlich werden die Zahlen 30-90 auch *trettio, trettioett, trettiotvå,* usw. *fyrtio, femtio, sextio* usw. ausgesprochen.

100	**(ett-)hundra**	*(ett-)hundra*
101	**(ett-)hundraen,**	*(ett-)hundraen*
	(ett-)hundraett	*(ett-)hundraett*
1.000	**(ett-)tusen**	*(ett-)tüüßen*
2.000	**tvåtusen**	*twotüüßen*
1.000.000	**en miljon**	*en miljuun*
2.000.000	**två miljoner**	*two miljuuner*

Zusammengesetzte Zahlen werden in dieser Reihenfolge gebildet:

Tausender – Hunderter – Zehner – Einer

Jahreszahlen spricht man bis 1999 wie im Deutschen. Ab 2000 sagt man „zwanzighundert":

nittonhundrasextiosju *nittonhundraßextiohhüü*	1967
tjugohundrafyra *schügohundrafüra*	2004

Ordnungszahlen

1.	**första** *föschta*	11.	**elfte** *elfte*
2.	**andra** *andra*	12.	**tolfte** *tolfte*
3.	**tredje** *treedje*	13.	**trettonde** *trettonde*
4.	**fjärde** *fjärde*	14.	**fjortonde** *fjutonde*
5.	**femte** *femte*	15. 15.	**femtonde** *femtonde*
6.	**sjätte** *hhätte*	16.	**sextonde** *ßextonde*
7.	**sjunde** *hhunde*	17.	**sjuttonde** *hhuttonde*
8.	**åttonde** *ottonde*	18.	**artonde** *artonde*
9.	**nionde** *niionde*	19.	**nittonde** *nittonde*
10.	**tionde** *tiionde*	20.	**tjugonde** *schügonde*

Bei zusammengesetzten Zahlen ist nur der Einer eine Ordnungszahl.

21.	**tjugoförsta**	70.	**sjuttionde**
22.	**tjugoandra ...**	80.	**åttionde**
30.	**trettionde**	90.	**nittionde**
40.	**fyrtionde**	100.	**hundrade**
50.	**femtionde**	101.	**hundraförsta**
60.	**sextionde**		

Zeitangaben

Wer nach Finnland fährt, muss die Uhr eine Stunde vorstellen.

en minut	*en minüüt*	eine Minute
en timme	*en timme*	eine Stunde
en dag	*en daag*	ein Tag
en natt	*en natt*	eine Nacht
en vecka	*en wekka*	eine Woche
en månad	*en moonad*	ein Monat
ett år	*ett oor*	ein Jahr
en morgon	*en morron*	ein Morgen
en eftermiddag	*en eftermidda*	ein Nachmittag
en kväll	*en kwäll*	ein Abend
igår	*igoor*	gestern
idag	*idaag*	heute
i morgon	*i morron*	morgen
på morgonen	*po morronen*	am Morgen
på eftermiddagen	*po eftermiddaagen*	am Nachmittag
på kvällen	*po kwällen*	am Abend

Uhrzeit

Vad är klockan?
wa ee klokkan
was ist die-Uhr?
Wie spät ist es?

Hur mycket är klockan?
hüür mükke ee klokkan
wie viel ist die-Uhr
Wie spät ist es?

halv fem
halw fem
halb fünf
halb fünf

klockan ett
klokkan ett
die-Uhr eins
1 Uhr / 13 Uhr

tio i tre
tio i tree
zehn in drei
zehn vor drei

kvart över två
kwart öwer twoo
viertel über 2
viertel nach zwei

Klockan är fem.
klokkan ee fem
die Uhr ist fünf
Es ist 5 Uhr.

När börjar du?
näär börjar düü
wann beginnst du
Wann fängst du an?

Jag börjar klockan åtta.
jaa börjar klokkan otta
ich fange-an die-Uhr acht
Ich fange um acht Uhr an.

Datum

Die Datumsangabe erfolgt wie im Deutschen mit Ordnungszahlen:

Übrigens: Das i im zweiten Satz wird nur gesprochen, aber nicht geschrieben.

den femte mars
den femte masch
der fünfte März / am fünften März

den femte (i) tredje
den femte (i) treedje
der fünfte (im) dritte
der 5. 3. / am 5. 3.

Das Datum schreibt man in Schweden in der Reihenfolge „Jahr – Monat – Tag“, also genau anders herum als bei uns:

1985-04-17	17. 04. 1985
2015-06-14	14. 06. 2015

Monate

januari *januari*	Januar
februari *februari*	Februar
mars *masch*	März
april *april*	April
maj *maj*	Mai
juni *jüni*	Juni
juli *jüli*	Juli
augusti *augusti*	August
september *september*	September
oktober *oktober*	Oktober
november *november*	November
december *deßember*	Dezember

Wochentage

måndag *monda*	Montag
tisdag *tiisda*	Dienstag
onsdag *unsda*	Mittwoch
torsdag *tuuschda*	Donnerstag
fredag *freeda*	Freitag
lördag *löörda*	Sonnabend
söndag *sönda*	Sonntag

(kd)

Café in der Stockholmer Altstadt

Kurz-Knigge

Schweden ist ein Land, das uns nicht nur räumlich nahe ist. Vieles von dem, was man in Deutschland als typisches Verhalten empfindet, ist es auch in Schweden. Aber auch wenn alles auf den ersten Blick gleich aussieht, sollte man darauf achten, dass es trotz aller Ähnlichkeit Unterschiede gibt.

In verschiedenen Untersuchungen ist Schweden das modernste Land der Erde. Man ist neuen Ideen und Dingen gegenüber sehr aufgeschlossen. Moderne gesunde Ernährung ist seit vielen Jahren fest etabliert, ebenso wie Schnellrestaurantketten überall zu finden sind. Die Anzahl der Mobiltelefone pro Kopf liegt mit an der Weltspitze und die Internetnutzung ist schon lange verbreitet.

Die Gleichstellung der Frauen ist in Schweden viel weiter fortgeschritten als in anderen (auch europäischen) Ländern. Aber gleichzeitig sind die Vorstellungen, dass alle so freizügig sind, falsch. Am Strand zieht man sich eher diskret um und in die Sauna im Schwimmbad gehen Damen (dam) und Herren (herr) getrennt.

In Schweden gilt das Öffentlichkeitsprinzip. Das bedeutet, dass man das Recht hat, öffentliche Dokumente einzusehen. Man kann zum Beispiel nachsehen, wieviel Steuern jemand zahlt. Andererseits spricht man normalerweise nicht darüber, welche Partei man gewählt hat.

Schweden wirken auf manche kontinentale Europäer still und manchmal sogar abweisend, aber auch hier gilt, erst wartet man ein wenig ab. Andererseits ist man oft sehr hilfsbereit. Wer Fragen stellt, zeigt in Schweden keine Schwäche, sondern eher Interesse an

Wenn man sich so wie in Deutschland benimmt und gleichzeitig offen für die Dinge ist, die anders sind, wird man nicht viel falsch machen.

den anderen. Schweden mögen es aber nicht gern, wenn man sich als Besserwisser darstellt. Dann kann man leicht abblitzen.

In Schweden lässt man sich gern mehr Raum, etwa draußen in der Natur, wo man sich nicht mit seinem Picknick dicht neben eine andere Gruppe setzt, wenn es genug Platz gibt, und auch in Cafés, wo man sich nicht gleich zu anderen Leuten an den Tisch setzt und ein Gespräch „aufdrängt".

Anreden

Die Begrüßungen zu den unterschiedlichen Tageszeiten lauten:

god morgon! ***guu morron***	Guten Morgen!
god dag! ***guu daa***	Guten Tag!
god kväll! ***guu kwäll***	Guten Abend!
god afton! ***guu afton***	
god natt! ***guu natt***	Gute Nacht!
hej! ***hej***	Hallo!

Hej! ist die etwas formlosere Begrüßung zu jeder Tageszeit. Beim Verabschieden sagt man:

hej! ***hej***	Tschüss!
hej då! ***hej doo***	Tschüss!
adjö! ***ajöö***	Auf Wiedersehen!

Umgangsformen

In Schweden hat sich seit den 60-er Jahren durchgesetzt, sich mit du anzusprechen. Ein du beinhaltet in Schweden aber weder Vertrautheit oder persönliche Nähe noch eine herablassende Haltung. Auch eine Sie-Form existiert. Man benutzt dazu die 2. Person Mehrzahl ni. Seien Sie also darauf gefasst, dass Sie jemand mit ni (Sie) anspricht. Im Allgemeinen kann man aber immer du benutzen. Um eine Frage oder eine Bitte an den Mann (oder an die Frau) zu bringen, kann man mit einem dieser Einleitungsworte beginnen:

förlåt ...
förloot ...
Entschuldigung ...

ursäkta ...
üürschäkta ...
Verzeihung ...

Kan du vara snäll och ...
kan düü waara ßnäll oo ...
kannst du sein nett und
Kannst du so nett sein und ...

Floskeln & Redewendungen

Die meisten der folgenden Redewendungen sind idiomatisch, man kann sie also nicht einfach wörtlich aus dem Deutschen ins Schwedische übersetzen.

Hur mår du?
hüür moor düü
Wie geht es dir?

Tack bra.
takk braa
Danke gut.

Dåligt.
doolit
Schlecht.

Och hur mår du själv?
oo hüür moor düü hhälw
Und wie geht es dir selbst?

Was man täglich brauchen kann

svenska	*ßwenßka*	schwedisch
på svenska	*po ßwenßka*	auf Schwedisch
så klart!	*ßo klaart*	na klar!
okej!	*okej*	o.k.!
vad synd!	*wa ßünd*	wie schade!
verkligen?	*werkligen*	wirklich?
bara	*baara*	nur
ännu	*ännü*	noch
en gång till!	*en gong till*	noch einmal!
ja	*jaa*	ja
nej	*nej*	nein
varsågod!	*waaschoguu*	bitte (schön)!

Talar du tyska?
taalar düü tüßka
Sprichst du Deutsch?

Talar du engelska?
taalar düü engelßka
Sprichst du Englisch?

Jag förstår inte.
jaa föschtoor inte
Ich verstehe nicht.

Kan du säga det en gång till?
kan düü ßäja dee en gong till
kannst du das sagen ein Mal noch
Kannst du das noch einmal sagen?

Kan du hjälpa mig?
kan düü jälpa mej
kannst du helfen mir
Kannst du mir helfen?

Jag vet.
jaa weet
Ich weiß.

Jag vet inte.
jaa weet inte
Ich weiß nicht.

Det stämmer.
dee ßtämmer
Das stimmt.

Tala inte så fort!
taala inte ßo fuut
Sprich nicht so schnell!

Tala långsamt!
taala longßamt
Sprich langsam!

Wetter

Hur blir vädret idag?
hüür bliir wäädret idaag
Wie wird das Wetter heute?

Det blir vackert väder.
dee bliir wakkert wääder
Es wird schönes Wetter.

Det blir dåligt väder.
dee bliir doolit wääder
Es wird schlechtes Wetter.

regn *rengn*	Regen
åska *oßka*	Gewitter
snö *ßnöö*	Schnee
frost *froßt*	Frost
sol *ßuul*	Sonne
molnigt *moolnit*	wolkig
moln *mooln*	Wolke
mulet *müület*	bedeckt
vind *wind*	Wind
soligt *ßuulit*	sonnig
storm *ßtorm*	Sturm
svag vind *ßwag wind*	schwacher Wind
måttlig vind *mottlig wind*	mäßiger Wind
kuling *küüling*	starker Wind

Det blåser.
dee bloßer
Es weht.

Det är halt.
dee ee haalt
Es ist glatt.

Einladungen

Wenn man zu jemandem nach Hause kommt, sollte man gleich am Eingang oder an der Garderobe die Schuhe ausziehen. Das ist allgemein üblich in Schweden und spart der Hausfrau/dem Hausmann viel Arbeit.

Oft hat man auch ein zweites Paar Schuhe dabei.

Wenn Sie zu einem Essen eingeladen werden, werden sich Ihre Gastgeber sicher über eine Flasche Wein freuen (siehe dazu auch das Kapitel „Getränke“).

bedanken

Ausländern fällt es immer auf, wie oft sich die Schweden bedanken. Man sollte gerade bei Einladungen darauf achten. Wenn Ihnen etwas angeboten wird oder z. B. Kaffee nachgeschenkt wird, was ein beliebter Sport bei allen schwedischen Gastgebern ist, antworten Sie immer mit:

Ja tack.
jaa takk
ja danke
Ja, bitte.

Nej tack.
nej takk
nein danke
Nein, danke.

wichtige Ausdrücke mit tack

Tack så mycket.
takk ßo mükke
danke so viel
Vielen Dank.

Tack för maten.
takk för maaten
danke für Essen
Danke für das Essen.

Wenn man sich dann das nächste Mal wieder trifft, bedankt man sich auch gern:

Tack för senast.
takk för ßeenaßt
danke für zuletzt
Danke für neulich/das letzte Mal.

verabschieden

Jag måste gå nu.
jaa moßte goo nüü
ich muss gehen jetzt
Ich muss jetzt gehen.

Vi träffas igen.
wi träffaß ijen
wir treffen-uns wieder
Wir treffen uns wieder.

Vi ses.
wi ßeeß
wir sehen-uns
Wir sehen uns. / Bis bald!

Vi hörs.
wi hösch
wir hören-uns
Wir hören uns wieder, wir telefonieren

Hej då!
hej doo
Tschüß!

Ha det bra!
haa dee braa
hab es gut
Mach's gut!

Hälsa från mig!
hälsa fron mej
Grüße von mir!

Schimpfwörter

Hier sind einige Worte, die recht oft gehört werden, die man aber selbst nicht so viel benutzen sollte, weil man zum Gebrauch von Schimpfworten immer schon recht viel von einer Sprache wissen muss!

fan *(Teufel) ist wohl das meistgebrauchte Schimpfwort. (von* djävul = *Teufel)*

fan *faan*	Teufel
jävla *jääwla*	verteufelt, Scheiß- ...
skit *hhiit*	Scheiße

prata skitsnack
praata hhiitßnakk
reden Scheißschnack
dummes Zeug reden

Slang

en tjej *schej*	Mädchen, Frau	*(neutral)*
en brud *brüüd*	Braut	*(nicht neutral)*
en kille *kille*	Junge, Mann, Typ	*(neutral)*
en beng *beng*	Bulle (Polizist)	
en snut *ßnüüt*	Polizei	
en puss *pußß*	Küsschen	
en toa *tuua*	Klo	
ett hoj *hoj*	Fahrrad	
kolla *kolla*	gucken, kontrollieren	
en macka *makka*	Butterbrot	
käka *schääka*	essen	
spänn *ßpänn*	Geld	
dojor *dojur*	Schuhe	

Small-Talk

Vad heter du?
wa heeter düü
Wie heißt du?

Jag heter Kalle.
jaa heeter Kalle
Ich heiße Kalle.

Var bor du?
waar boor düü
Wo wohnst du?

Jag bor i Kiel.
jaa boor i Kiel
Ich wohne in Kiel.

Varifrån kommer du?
waarifron kommer düü
Woher kommst du?

Jag kommer från Tyskland.
jaa kommer fron Tüßkland
Ich komme aus Deutschland.

... Österrike.
... Ößterrike
... Österreich

... Schweiz.
... Schwejz
... der Schweiz.

Jag är tysk.
jaa ee tüsk
Ich bin Deutscher.

Jag är tyska.
jaa ee tüßka
Ich bin Deutsche.

Jag talar bara lite svenska.
jaa taalar baara liite ßwenßka
Ich spreche nur etwas Schwedisch.

Kan du tala lite långsammare?
kan düü taala liite longßammare
kannst du sprechen etwas langsamer
Kannst du etwas langsamer sprechen?

Hur gammal är du?
hüür gammal ee düü
Wie alt bist du?

Jag är tjugonio år.
jaa ee schügoniio oor
Ich bin 29 Jahre.

Är du gift?
ee düü jift
Bist du verheiratet?

Jag är gift.
jaa ee jift
Ich bin verheiratet.

Jag är inte gift.
jaa ee inte jift
Ich bin nicht verheiratet.

Har du barn?
haar düü baarn
Hast du Kinder?

Jag har inga barn.
jaa haar inga barn
Ich habe keine Kinder.

Jag har två barn.
jaa haar twoo barn
Ich habe zwei Kinder.

en pojke
en pojke
ein Junge

en flicka
en flikka
ein Mädchen

Vad arbetar du med?
wa arbeetar düü me
was arbeitest du mit
Was arbeitest du?

Jag går i skolan.
jaa goor i skoolan
ich gehe in die Schule
Ich gehe zur Schule.

Jag är student.
jaa ee ßtudent
Ich bin Student.

Jag studerar.
jaa ßtudeerar
Ich studiere.

Jag är arbetare.
jaa ee arbeetare
Ich bin Arbeiter.

Jag är anställd på ett stort företag.
jaa ee anßtälld po ett ßtuurt fööretaag
Ich bin angestellt bei einer großen Firma.

bei Freunden

Du kan övernatta hos oss.
düü kan ööwernatta hußß oßß
du kannst übernachten bei uns
Du kannst bei uns übernachten.

Du kan stanna här.
düü kan ßtanna häär
du kannst bleiben hier
Du kannst hier bleiben.

Du kan sova här.
düü kan ßoowa häär
du kannst schlafen hier
Du kannst hier schlafen.

Jag är dödstrött.
jaa ee dödßtrött
Ich bin todmüde.

Jag har min sovsäck med mig.
jaa haar min ßoowßäkk me mej
ich habe meinen Schlafsack mit mir
Ich habe meinen Schlafsack dabei.

Am nächsten Morgen:

Har du sovit gott?
haar düü ßoowit gott
hast du geschlafen gut
Hast du gut geschlafen?

Tack, jättebra.
takk, jättebraa
danke riesig-gut
Danke, ganz prima.

Är du hungrig?
ee düü hungrig
bist du hungrig
Hast du Hunger?

Är du ledig idag?
ee düü leedig idaag
bist du frei heute
Hast du heute frei?

När börjar du arbeta?
näär böörjar düü arbeeta
wann beginnst du arbeiten
Wann beginnst du zu arbeiten?

När slutar du jobba?
näär ßlüütar düü jobba
wann aufhörst du arbeiten
Wann hörst du auf zu arbeiten?

Ska jag gå och handla?
ßka jaa go oo handla
soll ich gehen und einkaufen
Soll ich einkaufen gehen?

När ska jag vara tillbaka?
näär ßkaa jaa wara tillbaaka
wann soll ich sein zurück
Wann soll ich zurück sein?

Vill du följa med?
will düü följa meed
willst du kommen mit
Willst du mitkommen?

Vad gör vi ikväll?
wa jöör wi ikwäll
Was machen wir heute Abend?

Feste

Schweden hat eine reiche Tradition, wie man Feste und Feiertage im Laufe des Jahres begeht. Ich möchte Ihnen die wichtigsten vorstellen, aber vielleicht können Sie ja auch an einem der Feste teilnehmen.

Jul (Weihnachten)

Weihnachten ist wohl das größte Fest des Jahres. Schon in der Adventszeit werden die Häuser mit vielen Kerzen geschmückt. Das wichtigste ist der Adventsleuchter mit vier Kerzen. Heute stellt man auch elektrische Leuchter ins Fenster, was an den langen Abenden sehr schön aussieht, da man in Schweden keine Gardinen vor den Fenstern hat. Ein erster Höhepunkt ist der 13. Dezember, der Lucia-Tag. Dann kommt Lucia mit einer Kerzenkrone auf dem Kopf und in einem weißen Hemd. Auch ihr Gefolge ist weiß gekleidet. Sie singen Lucialieder und bringen (früh!) morgens Kaffee und Lussekatter ***Lußßekatter,*** das traditionelle Gebäck. Und so wecken Kinder ihre Eltern, Schüler ihre Lehrer, Studenten ihre Professoren ... Meist wird den ganzen Tag über gefeiert. Natürlich gibt es auch „offizielle“ Lucias.

Weihnachten ist ein sehr lustiges Fest, was auf heidnische Bräuche zurückzuführen ist. Man singt, tanzt um den Weihnachtsbaum und es gibt sehr viel und reichlich zu essen. Auf dem julbord ***jüülbuurd*** (Weihnachtstisch) ist der jul-skinka ***jüül-hhinka*** (Weihnachtsschinken) die Hauptattraktion. Der gepökelte Schinken wird gekocht und dann mit einer Mischung aus Senf, Zucker, Bröseln und Ei überbacken. Viele Leute machen auch julkorv ***jüülkorw*** (Weihnachtswurst) selber. Außerdem gehören verschiedene eingelegte Heringe, Heringssalat, Rippchen mit Backpflaumen und Stockfisch mit weißer Sauce und und und dazu. Weihnachten dauert traditionell bis zum Knut-Tag am 13. Januar.

Påsk (Ostern)

Schon vor Ostern stellt man Zweige auf, die mit bunten Federn geschmückt werden. Auch bemalte Eier gehören zu diesem Fest. Osterhasen gibt es aber nicht.

Första maj (1. Mai)

Man setzt seine weiße Studentenmütze auf und dann geht es auf eines der vielen Feste in der „Nacht vom letzten April zum zweiten Mai".

Der 1. Mai ist auch in Schweden Feiertag der Arbeiter mit Demonstrationen, Reden usw. Er ist aber auch der Wendepunkt vom Winter zum Frühling. Am Abend vorher, Valborgsmässoafton ***waalborjsmässuafton*** (Walpurgisnacht), werden Feuer gemacht und Frühlingslieder gesungen.

Der 1. Mai ist auch Feiertag der Studenten, besonders in den alten Universitätsstädten Uppsala und Lund. Dort werden Ansprachen gehalten und das Frühlingskonzert des Universitätschores wird im Radio übertragen.

Midsommar (Mittsommer)

Midsommar ***midßommar*** (Mittsommer) ist das größte Fest im Sommerhalbjahr. Ursprünglich an den 24. Juni (Johannistag) gebunden, hat man in Schweden den Mittsommertag auf den nächstliegenden Sonnabend gelegt. Besonders groß wird Mittsommer in Dalarna gefeiert.

Foto: Bo Lind, © VisitSweden

Mittsommerfest

Die Hauptfeier liegt eigentlich am Abend vorher, dem Midsommarafton ***midßommarafton*** (Mittsommerabend). Da wird die Mittsommerstange (eine Art Maibaum) mit Blättergirlanden und Blumen geschmückt, was oft mit einem Umzug mit Musik durch das Dorf verbunden ist. Viele Leute haben ihre Trachten an. Ist die Stange dann aufgerichtet, beginnt man mit Tänzen um die Stange, wobei das teilweise dieselben Tänze sind, die man auch um den Weihnachtsbaum tanzt. Das Fest geht dann meist bis zum Sonnenaufgang am Mittsommertag.

Lieder

Übrigens wird bei Festen und Feiern nicht einfach getrunken. Es gibt eine reiche Sammlung von Trinkliedern, und zu jedem Schnaps, oder wenn auf etwas angestoßen wird, singt man so ein kleines Lied. Im Sommer kann man das auf einem der vielen Krebsessen (im August) erleben.

Unterhaltung

Ein typisches Sommervergnügen ist ein Besuch in einem Folkets park ***folketß park*** (Volkspark). Solche Parks gibt es in vielen auch sehr kleinen Orten. Hier werden Theateraufführungen, Revues und Konzerte veranstaltet. Fast alle schwedischen Stars und Sternchen machen im Sommer eine Volkspark-Tournee.

inträdesavgift ***inträädeßawjift***	Eintritt	*(Eintrittsabgabe)*
vuxna ***wuxna***	Erwachsene	
barn ***baarn***	Kinder	

Essen & Trinken

Die schwedischen Mahlzeiten gestalten sich etwas anders als bei uns.

frukost *frukoßt*	Frühstück (morgens)
lunch *lunhh*	Lunch (mittags, kleine, nicht immer warme Mahlzeit)
middag *middag*	Mittag (spätnachmittags, die große, warme Mahlzeit)
mellanmål *mellanmol*	Zwischenmahlzeit

Mit einem Smartphone können Sie sich die mit einem 👂 gekennzeichneten Sätze dieses Kapitels anhören. Scannen Sie einfach den QR-Code mit Hilfe einer kostenlosen App (z. B. „Barcoo" oder „Scanlife").

Dazwischen gibt es immer wieder Kaffeepausen – fika bedeutet „Kaffepause", und als Verb „Kaffeepause machen". Oft gibt es am späten Abend noch eine Tasse Kaffee zu einem Brot.

en kniv *kniiw*	ein Messer
en gaffel *gaffel*	eine Gabel
en sked *hheed*	ein Löffel
en tallrik *tallrik*	ein Teller
en kopp *kopp*	eine Tasse
en kopp kaffe *kopp kaffe*	eine Tasse Kaffee
en kopp te *kopp tee*	eine Tasse Tee
ett glas vatten *glaaß watten*	ein Glas Wasser
en flaska öl *flaßka ööl*	eine Flasche Bier

Das schwedische Essen unterscheidet sich nicht sehr vom deutschen, aber es lohnt sich, ein paar traditionelle schwedische Gerichte zu probieren.

Im Folgenden eine kleine Auswahl an svensk husmanskost ***ßwenßk hüüßmanßkoßt*** = schwedischer Hausmannskost. Das ist natürlich nur eine kleine Auswahl der bekanntesten (und preiswertesten) Gerichte, die wohl in ganz Schweden zu bekommen sind. Dazu gibt es aber noch viele landschaftsbezogene Nationalspeisen. In Ångermanland gibt es zum Beispiel Kams, das sind Klöße aus Kartoffeln mit Speckfüllung.

(kd)

die berühmteste Fischbude Stockholms, spezialisiert auf Ostseehering

fisk (Fisch)

inlagd sill *inlagd ßill*	eingelegter Hering
strömming *ßtrömming*	Ostseehering
lutfisk *lüütfisk*	Stockfisch (gibt es zu Weihnachten)
Janssons frestelse *Jaanßonß freßtelße*	„Janssons Versuchung" (Auflauf mit Kartoffeln und Anchovis)

kött (Fleisch)

köttbullar med lingon *schöttbullar me lingon*	Fleischklößchen mit Preiselbeeren
pytt i panna *pütt i panna*	Bratkartoffeln mit Fleisch
ärtsoppa med fläsk *äärtschoppa med fläsk*	Erbsensuppe mit Speck
blodpudding *bluudpudding*	Blutpudding (eine Art Blutwurst)

mjölk (Milch)

lättmjölk	***lättmjölk***	Leichtmilch – ist fettarme Milch.
filmjölk	***fiilmjölk***	eine Art Sauermilch, die meist zum Frühstück gegessen wird.
lättfil	***lättfiil***	eine fettarme, etwas dünnere Art
långfil	***longfiil***	eine recht zähflüssige Sauermilch

filmjölk bestreut man mit Zucker und Zimt oder Ingwer. Man kann sie aber auch „pur" trinken. långfil sollten Sie auf jeden Fall probieren, wenn Sie sie selbst gemacht auf einer fäbod fääbuud (Almhütte) bekommen können!

ost (Käse)

Es lohnt sich sehr, die schwedischen Käsesorten zu kosten. Die Palette reicht von sehr milden Sorten wie Herrgårdsost (Gutshofkäse) bis zu sehr herzhaften Sorten wie gut gelagertem (lagrad) Västerbotten.

In einigen Cafés ist es noch nach alter Tradition üblich, dass man einmal für Kaffee (und Kuchen) bezahlt und dann so viele Tassen trinken darf, wie man will.

Getränke

Das Lieblingsgetränk der Schweden ist Kaffee. Man bekommt ihn zu jeder Tageszeit, von morgens bis spät abends.

Wenn man sich irgendwo eine Tasse Kaffee bestellt, wird man oft das Wort påtår sehen. Dann bekommt man die zweite Tasse entweder umsonst oder billiger.

Auch zu Hause kann man gefragt werden:

Vill du ha (en) påtår?
will düü haa (en) pootor
willst du haben (eine) weitere-Tasse
Möchtest du noch eine weitere Tasse?

vatten *watten*	Wasser
mjölk *mjölk*	Milch
te *tee*	Tee
choklad *hhoklaad*	Schokolade
sockerdricka *ßokkerdrikka*	schwedische Brause (Zuckergetränk)
mineralvatten *mineraalwatten*	Mineralwasser
öl *ööl*	Bier
läsk *läsk*	Erfrischungsgetränk

Alkohol

Bier gibt es in 3 Klassen:

klass I: lättöl *lättööl* (hat sehr wenig Alkohol)	Leichtbier
klass II: folköl *folkööl* (hat nicht viel Alkohol, ähnlich der Stärke des englischen Bieres)	Volksbier
klass III: starköl *ßtarkööl* (in der Stärke wie deutsches Bier)	Starkbier

Bier der Klasse III wird nur in den staatlichen Alkoholmonopolläden Systembolaget *ßüßteembulaget* verkauft. Dort gibt es auch vin *wiin* (Wein) und alle anderen geistigen Getränke. Man muss mindestens 20 Jahre alt sein und manchmal auch zur Kontrolle den Ausweis vorzeigen, um dort einkaufen zu können. Es ist ratsam, während des Aufenthaltes in Schweden auf Alkohol zu verzichten oder auf den mitgebrachten Vorrat zurückzugreifen, da Alkohol in Schweden mit sehr hohen Steuern belegt ist. Aus diesem Grunde freuen sich viele Schweden auch über ein flüssiges Gastgeschenk. Man muss aber darauf achten, dass ein Teil der Bevölkerung Alkohol aus religiösen oder anderen weltanschaulichen Gründen streng ablehnt.

en restaurang ***reßtorang*** ein Restaurant
Restaurants unterscheiden sich von anderen Lokalen besonders dadurch, dass sie Alkohol ausschenken dürfen. Meist ist es dort auch etwas teurer.

en cafeteria ***cafeteeria*** Cafeteria, meist mit Selbstbedienung, recht preiswert.

en grillbar ***grillbaar*** Grill

ett gatukök ***gatuschöök*** „Straßenküche", eine Würstchenbude, wo man verschiedene einfache Schnellgerichte bekommen kann.

korv och mos ***korw oo muuß*** Würstchen mit Kartoffelbrei – schmeckt dort sehr gut.

Är det ledigt här?
ee dee leedit hääር
ist es frei hier
Ist hier frei?

Det är upptaget.
dee ee upptaaget
Es ist besetzt.

Vad kostar det?
wa koßtar dee
was kostet das
Wie viel kostet das?

Det smakar bra.
dee ßmakar braa
Das schmeckt gut.

Jag ska ha en varm korv.
jaa ßka haa en warm korw
ich soll haben eine heiße Wurst
Ich möchte ein heißes Würstchen.

Kan jag få notan?
kan jaa fo nuutan
kann ich bekommen die Rechnung
Kann ich die Rechnung bekommen?

Unterwegs

Für eine erste Orientierung sind die folgenden Vokabeln wichtig:

vänster ***wänßter***	links
höger ***hööger***	rechts
till vänster ***till wänßter***	nach links
till höger ***till hööger***	nach rechts
rakt fram ***raakt fram***	geradeaus
en gata ***gaata***	eine Straße (in der Stadt)
en (lands-)väg ***(landß-)wääg***	eine Straße (auf dem Land)
en motorväg ***muuturwääg***	eine Autobahn/ Schnellstraße

Mit einem Smartphone können Sie sich die mit einem gekennzeichneten Sätze dieses Kapitels anhören.

Hur långt är det till ...?
hüür longt ee dee till ...
wie weit ist es bis
Wie weit ist es bis ...?

Det är långt.
dee ee longt
das ist weit
Es ist weit.

Det ligger nära ...
dee ligger näära ...
das liegt nah
Das liegt in der Nähe von ...

Hur kommer jag till ...?
hüür kommer jaa till ...
Wie komme ich zum/nach ...?

Var ligger ...?
waar ligger ...
Wo liegt ...?

mit der Eisenbahn

Wenn man mit dem Zug fahren will, kann man auch in Schweden Geld sparen, indem man im Voraus bucht. Für Fahrten mit dem X2000, der schwedischen Variante des ICE oder des Pendolino, benötigt man auf jeden Fall eine Platzkarte.

In schwedischen Zügen herrscht, wie an vielen öffentlichen Orten, Rauchverbot!

(kd)

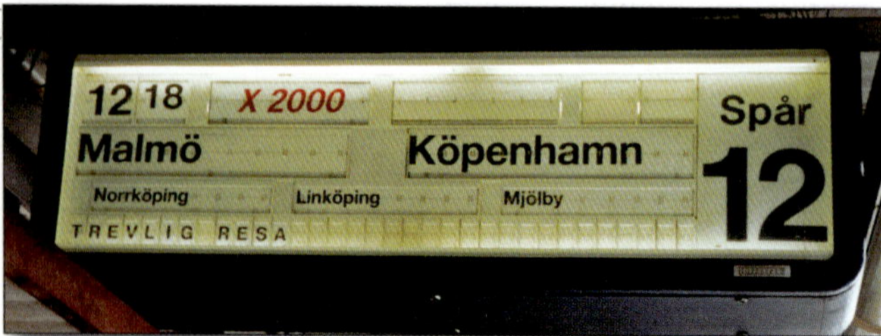

Trevlig resa! – Gute Reise!

Tåg till Uppsala avgår klockan 12 från spår 2.
toog till Uppßaala awgoor klokkan tolv froon ßpoor twoo
Zug nach Uppsala abgeht 12 Uhr von Gleis 2
Der Zug nach Uppsala geht um 12 Uhr von Gleis 2 ab.

Über aktuelle Preise und Angebote gibt die Homepage der schwedischen Eisenbahn, Statens Järnvägar, *Auskunft:* http://www.sj.se *(auch auf englisch).*

en biljett	***biljett***	eine Fahrkarte
en platsbiljett	***platßbiljett***	eine Platzkarte
en tur och retur biljett	***tüür oo retüür biljett***	Hin- und Rückfahrkarte
första klass	***föschta klaß***	erste Klasse
andra klass	***andra klaß***	zweite Klasse
en tidtabell	***tiidtabell***	ein Fahrplan
avgång	***aawgong***	Abfahrt
ankomst	***ankomßt***	Ankunft
dagligen	***daagligen***	täglich
en sovvagn	***ßoowwangn***	ein Schlafwagen
en liggvagn	***liggwangn***	ein Liegewagen
försening	***föscheening***	Verspätung
en resväska	***reeßwäßka***	ein Koffer
en ryggsäck	***rügßäkk***	ein Rucksack
ett bagage	***bagaasch***	Gepäck
Statens Järnvägar (Abk. **SJ**)	***ßtaatenß Jäärnwäägar***	Staatliche Eisenbahnen
en station	***ßtahhuun***	ein Bahnhof
en perrong	***perrong***	ein Bahnsteig
en biljettlucka	***biljettlukka***	ein Fahrkartenschalter

Auf einigen Strecken gibt es auch private Bahngesellschaften, die leicht im Internet zu finden sind. Wenn man eine längere Reise in Skandinavien oder Schweden machen will, lohnt sich eventuell ein Interrailticket. Siehe auch: http://de.interrail.eu

mit dem Flugzeug

Wenn man unter 25 Jahre ist, kann man sehr preiswerte Inlandsflüge (Stand-by) nutzen.

Auch nach Schweden gibt es inzwischen viele Billigflüge, unter anderem von Lübeck oder Frankfurt-Hahn.

Hur kommer jag till flygplatsen?
hüür kommer jaa till flüügplatßen
Wie komme ich zum Flughafen?

Avgång	**Ankomst**
aawgong	*ankomßt*
Abflug (Abgang)	Ankunft

mit Bus und Bahn

Das Netz von öffentlichen Verkehrsmitteln ist überall sehr gut ausgebaut. Es gibt ein gut ausgebautes Netz von Linienbussen im ganzen Land. In Nordschweden sind das oft Postbusse. Am besten informiert man sich am Busbahnhof in der jeweiligen Stadt.

en busstation *bußtachuun*	ein Busbahnhof
en buss *bußß*	ein Bus
en tunnelbana *tunnelbaana*	eine U-Bahn
en spårvagn *ßpoorwangn*	eine Straßenbahn
en hållplats *hollplatß*	eine Haltestelle
en färja *fäärja*	eine Fähre

Straßenbahnen gibt es nur noch in Göteborg und in Norrköping. In Stockholm wird aber gerade eine Linie wieder eingeführt.

Die Stockholmer U-Bahn ist sehr sehenswert. Man nennt sie auch „das längste Kunstmuseum der Welt“, weil viele Stationen, besonders die neueren, sehr schön ausgemalt sind. Es lohnt sich daher, eine Touristenkarte zu kaufen, die einen bis drei Tage gilt und für das gesamte Stockholmer Verkehrsnetz gültig ist. Man kann also von der U-Bahn über Busse bis zu den kleinen Djurgårdsfähren alle öffentlichen Verkehrsmittel benutzen.

Als Besitzer einer „Stockholm Card” hat man zusätzlich zur freien Fahrt in den öffentlichen Verkehrsmitteln auch freien Eintritt zu 80 Museen.

Es lohnt sich auch, das Auto nicht mit in die Stadt zu nehmen, da Parkplätze schwer zu finden sind und die Polizei gern Wagen abschleppt, was sehr teuer ist.

mit dem Auto

In Schweden gibt es folgende Geschwindigkeitsbegrenzungen:

Einige Landstraßen sind auf längeren Strecken mit Geschwindigkeitskameras versehen. Dies wird durch Beschilderung angekündigt. Es lohnt sich, die Geschwindigkeitsbegrenzungen zu beachten, denn Bußgelder sind in Schweden recht hoch!

110 km/h	auf Autobahnen und Schnellstraßen (motorvägar)
90 km/h	auf Landstraßen (landsvägar)
50 km/h	in den Städten

Auf vielen Strecken ist ein breiter Seitenstreifen von der Fahrbahn durch eine kurzgestrichelte Linie getrennt. Wenn ein Fahrzeug ein anderes überholen will, was oft durch (Licht-)Hupe angezeigt wird, so braucht man nur auf den Seitenstreifen zu schwenken und den Hintermann vorbeilassen. Der wird sich meist mit Handzeichen bedanken. So kann man auch überholen, ohne den Gegenverkehr zu stören. Aber aufpassen, wenn der Seitenstreifen durch Radfahrer mitbenutzt wird!

(cs)

Elchschilder sind zwar beliebte Sammelobjekte, sind aber wichtig, denn gerade mit Elchen passieren immer wieder besonders schlimme Unfälle, also lieber im Shop kaufen!

Hinweisschilder

Ej genomfart	keine Durchfahrt
Obehöriga	Unbefugten
äga ej tillträde	Betreten verboten
Livsfarlig ledning	Achtung
lebensgefährliche Leitung	Hochspannung
Parkering förbjuden	Parken verboten

tanken

Viele Tankstellen haben nachts geschlossen. Aber man kann dort mit Geldscheinautomaten tanken oder am besten gleich mit der EC-Karte oder Kreditkarte bezahlen.

Vielerorts sind die Geldscheinautomaten mittlerweile durch Tankautomaten ersetzt, an denen mit EC-Karte oder Kreditkarte gezahlt wird.

Das Tankstellennetz ist nicht so dicht wie in Deutschland, und nicht jede Tankstelle hat alle Kraftstoffarten. Also lieber rechtzeitig tanken.

en bensinstation *benßinßtahhuun*	eine Tankstelle
en mack *makk*	Tankstelle (umgangssprachlich)
motorolja *muuturolja*	Motoröl
en sedelautomat *ßeedelautomaat*	ein Geldschein-automat
tanka själv! *tanka hhälw*	Selbstbedienung *tanke selbst*
en punktering *punkteering*	eine Reifenpanne

Falls man mal einen Schaden an seinem Auto hat, hilft folgende Liste von Ersatzteilen:

Ersatzteile

en axel *axel*	Achse
en startmotor *ßtaartmuutur*	Anlasser
ett avgasrör *aawgaaßrör*	Auspuff
ett batteri *batterii*	Batterie
ett blinkljus *blinkjüüß*	Blinker
en broms *bromß*	Bremse
en packning *pakkning*	Dichtung
en reservdel *reßerwdeel*	Ersatzteil
en växel *wäxel*	Gang
växellåda *wäxellooda*	Getriebe
en kabel *kaabel*	Kabel

en kilrem	*schiilrem*	Keilriemen
en stänkskärm	*ßtänkhhäärm*	Kotflügel
en kylare	*schüülare*	Kühler
en koppling	*koppling*	Kupplung
en tomgång	*tumgong*	Leerlauf
en ratt	*ratt*	Lenkrad
en motor	*muutur*	Motor
en olja	*olja*	Öl
ett hjul	*jüül*	Rad
ett däck	*däkk*	Reifen
en strålkastare	*ßtroolkaßtare*	Scheinwerfer
en slang	*ßlang*	Schlauch
en snökedja	*ßnööscheedja*	Schneekette
en säkring	*ßääkring*	Sicherung
en stötdämpare	*ßtöötdämpare*	Stoßdämpfer
en förgasare	*förgaaßare*	Vergaser
en domkraft	*dumkraft*	Wagenheber
ett tändstift	*tändßtift*	Zündkerze

mit dem Fahrrad

en cykel	*ßükkel*	Fahrrad
en broms	*bromß*	Bremse
en dynamo	*dünamo*	Dynamo
en glödlampa	*glöödlampa*	Glühbirne
en pakethållare	*pakeethollare*	Gepäckträger
en kedja	*scheedja*	Kette
en ringklocka	*ringklokka*	Klingel
ett kullager	*küllaager*	Kugellager
ett nav	*naaw*	Nabe
en ram	*raam*	Rahmen
ett framhjul	*framjüül*	Vorderrad
ett bakhjul	*baakjüül*	Hinterrad
en fälg	*fälj*	Felge
ett framljus	*framjüüß*	Vorderlicht
ett bakljus	*baakjüüß*	Rücklicht
en styrstång	*ßtüüschtong*	Lenker
en slang	*ßlang*	Schlauch
ett lås	*looß*	Schloss

en pedal *pedaal*	Pedale
ett däck *däkk*	Reifen
en sadel *ßaadel*	Sattel
en eker *eeker*	Speiche
en ventil *wentiil*	Ventil
en olja *olja*	Öl
en luftpump *luftpump*	Luftpumpe
en punktering *punkteering*	Reifenpanne

Wandern

markerad led *markeerad leed*	markierter Wanderweg
omarkerad led *uumarkeerad leed*	unmarkierter Wanderweg
en bro *bruu*	eine Brücke
ett vad *waad*	eine Furt
ett vindskydd *windhhüdd*	ein Windschutz
en fjällstuga *fjällßtüüga*	eine Gebirgshütte
en kåta *koota*	eine (Lappen-)Hütte
en fors *fosch*	eine Stromschnelle
ett vattenfall *wattenfall*	ein Wasserfall
ett renstängsel *reenßtängßel*	ein Rentiergehege
en ren *reen*	ein Rentier
ett tält *tält*	ein Zelt
en ryggsäck *rügßäkk*	ein Rucksack
en sovsäck *ßoowßäkk*	ein Schlafsack
ett stormkök *ßtormschök*	ein Spirituskocher
regnkläder *rengklääder*	Regenkleidung
en jacka *jakka*	eine Jacke
byxor *büxur*	Hose
stövlar *ßtöwlar*	Stiefel

Wenn man eine Fjäll-*Wanderung machen will, also im Gebirge, vielleicht in einem der Nationalparks, wandern will, muss man sich besonders darauf vorbereiten. Die meisten Unfälle geschehen durch Unkenntnis und Leichtsinnigkeit der Touristen! Deshalb stelle ich einige der wichtigsten Wörter zusammen.*

Reisen & Wohnen

Mit einem Smartphone können Sie sich die mit einem 👂 gekennzeichneten Sätze dieses Kapitels anhören.

Die Jugendherbergen des Schwedischen Touristenvereins STF (Svenska Turistföreningen) sind sehr zu empfehlen. Sie haben einen sehr hohen Standard. Teilweise sind sie in sehr schönen, aber einfachen, alten Häusern untergebracht. In Stockholm befindet sich die Jugendherberge sogar auf einem alten Segelschiff. Im Sommer während der Ferien sind einige Schulen mit Internat als Herbergen eingerichtet. Auch sonst haben nicht alle das ganze Jahr über geöffnet. Auskunft darüber gibt ein Katalog oder die Homepage von STF und der internationale Jugendherbergskatalog.

Campingplätze gibt es natürlich auch überall in Schweden. Manchmal gibt es am Wochenende Treffen auf Campingplätzen, wo viel getrunken wird und es dementsprechend laut zugeht. Dann kann man ein ganz tolles, sehr altes schwedisches Recht geltend machen, das so genannte „Jedermannsrecht".

Allemansrätten (Jedermannsrecht)

Das bedeutet unter anderem, dass jeder überall (auch auf privaten Wiesen) für eine Nacht sein Zelt aufschlagen darf. Selbstverständlich darf man nichts zerstören und auch nicht irgendwo im Vorgarten sein Zelt aufstellen, also jemanden stören!
Am besten fragt man vorher beim nächsten Bauernhof nach:

👂 **Får jag tälta här?**
for jaa tälta häär
darf ich zelten hier
Darf ich hier zelten?

Får jag stanna här en natt?
for jaa ßtanna häär en natt
darf ich bleiben hier eine Nacht
Darf ich hier eine Nacht bleiben?

ett vandrarhem *wandrarhem*	eine Jugendherberge
en campingplats *kampingplatß*	ein Campingplatz
ett tält *tält*	ein Zelt

Im Internet finden Sie alles über Jugendherbergen, auch auf Deutsch, unter www.svenska-turistforeningen.se *Es gibt auch andere Hostels, z. B. unter* www.svif.se/de/

Var kan jag ...?
waar kan jaa ...
Wo kann ich ...?

Hur länge stannar du här?
hüür länge ßtannar düü häär
Wie lange bleibst du hier?

en natt *en natt*	eine Nacht
två nätter *twoo nätter*	zwei Nächte

Wenn man im Wald oder in der Nähe zeltet, muss man bedenken, dass man wegen der Waldbrandgefahr oft kein Feuer machen darf!

Am Helge-Fluss

(cs)

Angeln

Für die meisten Seen braucht man eine Angelkarte (fiskekort), die man beim örtlichen Touristenbüro erwerben kann.

Im Hotel

Jag skulle vilja ha ett enkelrum.
jaa ßkulle wilja haa ett enkelrum
ich würde wollen haben ein Einzelzimmer
Ich hätte gern ein Einzelzimmer.

Jag skulle vilja ha ett dubbelrum.
jaa ßkulle wilja haa ett dubbelrum
ich würde wollen haben ein Doppelzimmer
Ich hätte gern ein Doppelzimmer.

Kan man beställa väckning?
kan man beßtälla wäkkning
kann man bestellen Wecken
Kann man einen Weckruf bestellen?

Det fattas ...
dee fattaß ...
Es fehlt ...

en handduk *handduk*	Handtuch
en tvål *twol*	Seife
en kudde *kudde*	Kissen
en filt *filt*	Decke

Einkaufen

Früher wurde Schweden oft als besonders teuer angesehen. Aber seit der EU-Mitgliedschaft hat sich das geändert. Oft kann man sogar besonders günstig einkaufen. Es gibt fast immer REA (Ausverkauf) oder extrapris, was soviel wie „heruntergesetzter Preis" bedeutet. Das lohnt sich besonders bei Kleidung, aber auch bei Freizeitausrüstung.

Wenn man in Schweden einkaufen geht, muss man fast immer eine Nummer ziehen. So gibt es keine Probleme, wer denn zuerst da war. Das gilt auch, wenn man alleine im Geschäft ist, sowie bei Banken, der Post, auf dem Bahnhof usw. Es wird zum Teil angezeigt, wie lange man warten muss, damit man inzwischen noch andere Dinge erledigen kann.

Mit einem Smartphone können Sie sich die mit einem 👂 gekennzeichneten Sätze dieses Kapitels anhören.

👂 **Jag skulle vilja köpa ...**
jaa ßkulle wilja schööpa
ich würde wollen kaufen
Ich möchte ... kaufen.

👂 **Jag ska ha ...**
jaa ßka haa
ich soll haben
Ich möchte ...

👂 **Vad kostar det?**
wa koßtar dee
Wie viel kostet das?

👂 **Finns det ...?**
finnß dee ...
Gibt es ...?

Det här är billigare.
dee häär ee billigare
das hier ist billiger
Dies ist billiger.

Det här är dyrare.
dee häär ee düürare
das hier ist teurer
Dies ist teurer.

Man kann in den Städten zu fast jeder Tageszeit einen geöffneten Laden finden. Fast überall gibt es auch kleine Läden (Minilivs, 7-eleven), die jeden Tag bis 23 Uhr geöffnet haben. Aber auch Supermärkte haben oft bis 21 Uhr und sonntags einige Stunden geöffnet.

Einkaufen

Einkaufslisten

livs *liwß*	Lebensmittelgeschäft (Abk. livsmedelsaffär)
en stormarknad *ßtuurmarknad*	ein Groß-, Supermarkt
ett varuhus *waarühüüß*	ein Warenhaus
ett bageri *bagerii*	eine Bäckerei
en affär *affäär*	ein Geschäft
öppet *öppet*	geöffnet
stängt *ßtängt*	geschlossen
en lanthandel *lanthandel*	ein Laden auf dem Land

Fleisch & Wurst

grillkorv *grillkorw*	Grillwurst
köttfärs *tschöttfäsch*	Hackfleisch
skinka *hhinka*	Schinken
falukorv *faalükorw*	Fleischwurst
lever *leewer*	Leber
oxkött *uxschött*	Rindfleisch

Fisch

torsk *toschk*	Dorsch
räkor *rääkor*	Krabben
lax *lax*	Lachs
rödspätta *röödßpätta*	Scholle

Obst & Gemüse

äpple *äpple*	Apfel
apelsin *apelßiin*	Apfelsine
blåbär *bloobär*	Blaubeere
ärttor *ärtur*	Erbsen
jordgubbar *juurdgubbar*	Erdbeeren
hallon *hallon*	Himbeeren

blomkål *blumkool*	Blumenkohl
morötter *muurötter*	Wurzeln, Möhren
potatis *potaatiß*	Kartoffeln
körsbär *schöschbär*	Kirsche
tomat *tomaat*	Tomate
lingon *lingon*	Preiselbeeren
lök *löök*	Zwiebel

Obst und Gemüse ist teilweise in Schweden teurer als bei uns. Aber das ist auch kein Wunder, wenn man daran denkt, wie lang Schweden ist. Würde man es „runterklappen", so würde es von Hamburg bis nach Sizilien reichen. Und auch ganz im Norden des Landes soll Gemüse noch erschwinglich sein.

Verschiedenes

bröd *brööd*	Brot
smör *ßmöör*	Butter
ägg *ägg*	Ei
marmelad *marmelaad*	Marmelade
grädde *grädde*	Sahne
gräddfil *gräddfiil*	saure Sahne
salt *ßalt*	Salz
socker *ßokker*	Zucker
mjöl *mjööl*	Mehl
peppar *peppar*	Pfeffer
senap *ßeenap*	Senf

(cs)

Die Ladenschlusszeiten sind in Schweden weniger streng als in Deutschland

Bank, Post & Telefon

Eine Untersuchung 2013 zeigte, dass Schweden mit rund 10 Millionen Verträgen bei ungefähr 9,5 Millionen Einwohnern die größte Smartphone-Dichte der Welt hat. Für ausländische Besucher kann es von Vorteil sein, sich eine schwedische Prepaidkarte (ett kontantkort) zu besorgen, um die Kosten für Internetnutzung im Ausland niedrig zu halten. Diese bekommt man in den Läden der vier großen Anbieter oder im Kiosk (Pressbyrån). Um diese auch als Zahlungsmittel zu benutzen, muss man allerdings in Schweden gemeldet sein.

Die schwedische Post ist heute fast nur noch als Postagenturen in Supermärkten, an Tankstellen und Kiosken zu finden. Briefmarken kann man allerdings auch fast überall dort bekommen, wo man Postkarten kaufen kann.

Var finns det ...?
waar finnß dee ...
Wo gibt es ... ?

en bank ***bank***	eine Bank
en post ***poßt***	eine Post
en telefon ***telefoon***	ein Telefon
en bankautomat ***bankautomaat***	ein Geldautomat

Du kan nå mig på mobilen.
düü kan noo mej po mobiilen
Du kannst erreichen mich auf dem Mobiltelefon.
Sie können mich über mein Handy erreichen

Kan jag köpa ett sim-kort till min mobiltelefon här?
kan jaa schöpa ett ßim-kurt till min mobiltelefoon häär
kann ich kaufen eine Sim-Karte für mein Mobiltelefon hier?
Kann ich hier eine Sim-Karte für mein Mobiltelefon kaufen?

Var kan man växla pengar?
waar kan man wäxla pengar
wo kann man wechseln Geld
Wo kann man Geld wechseln?

en mobiltelefon *mobiiltelefoon*	Mobiltelefon, Handy
ett samtal till ... *ßamtal till*	ein Gespräch nach ...
ett telegram *telegram*	ein Telegramm
en euro *ewru / juru*	Euro
ett kreditkort *krediitkurt*	Kreditkarte
ett betalkort *betaalkurt*	Scheckkarte
acceptera *akßepteera*	akzeptieren
ett frimärke *friimärke*	eine Briefmarke
ett vykort *wüükurt*	eine Ansichtskarte
ett brev *breew*	ein Brief
en adress *adreß*	eine Adresse
en avsändare *aawßändare*	ein Absender

(kd)

An Geldautomaten halten Schweden übrigens keinen „Diskretionsabstand"!

Internet

Das Internet wird in Schweden in vielen Bereichen des privaten und öffentlichen Lebens genutzt. Bevor Sie nach Schweden fahren, lohnt sich ein Besuch der offiziellen schwedischen Internet-Seite, die zu fast allen schwedischen Themen Auskunft gibt: www.sweden.se

Var finns det ett internetcafé?
waar finnß dee ett internetkafee
Wo gibt es hier ein Internetcafe?

Vad kostar det att använda en dator?
wa koßtar dee att anwända en daator
Wie viel kostet es, einen Computer zu benutzen?

Jag vill kolla mina mejl.
jaa will kolla mina mejl
Ich möchte meine Emails abrufen.

Hur öppnar man detta program?
hüür öppnar man detta program
Wie öffnet man dieses Programm?

internet *internet*	Internet
ett internetcafè *internetkafee*	Internetcafe
en e-post *eepoßt*	Email
ett dataprogram *daataprogram*	Computerprogramm
en hemsida *hemßiida*	eine Homepage

Krank sein

Ich hoffe zwar, dass Sie dieses Kapitel nicht brauchen, aber ein paar Wörter und Sätze habe ich vorsichtshalber zusammengestellt:

hjälp *jälp*	Hilfe
en läkare *lääkare*	Arzt
en tandläkare *tandlääkare*	Zahnarzt
ett sjukhus *hhüükhüüß*	Krankenhaus
akutintag *aküütintaag*	Notaufnahme
en vårdcentral *woordcentraal*	Arztstation
jourhavande läkare *hhuurhawande lääkare*	diensthabender Arzt

Mit einem Smartphone können Sie sich die mit einem gekennzeichneten Sätze dieses Kapitels anhören.

In Schweden gilt die internationale Notrufnummer 112.

en förkylning *förschülning*	Erkältung
huvudvärk *hüwüdwärk*	Kopfschmerzen
en vrickning *wrikkning*	Verrenkung
ett sår *ßoor*	Wunde
ett plåster *ploßter*	Pflaster
ett förband *förband*	Verband
en ambulans *ambülanß*	Krankenwagen

Die Arztstation (vårdcentral) *ist immer der erste Anlaufpunkt, wenn man einen Arzt konsultieren muss. Gegebenenfalls wird man dann weiter zu einem Facharzt überwiesen.*

Die Notaufnahme (akutintag) *ist die Abteilung im Krankenhaus, die zuständig ist, wenn die normale Aufnahme geschlossen ist. Sie ist Tag und Nacht geöffnet.*

Am besten, man zeigt auf das, was einem weh tut, was sicher die beste Methode ist, verstanden zu werden.

Det gör ont här!
dee jöör unt häär
das tut weh hier
Hier tut es weh!

Apotheke

Für leichtere Beschwerden gibt es hier rezeptfrei verschiedene Mittel. Aber alle stärkeren Arzneimittel bekommt man nur auf Rezept.

ett apotek *apoteek*	eine Apotheke
ett recept *reßäpt*	ein Rezept
huvudvärkstabletter *hüwüdwärkßtabletter*	Kopfschmerztabletten

Jag behöver någonting mot ...
jaa behööwer nonting mot ...
Ich brauche etwas gegen ...

Kinder

Schweden ist ein familienfreundliches Land. Überall wird man Angebote für Kinder finden. Übrigens steht es in Schweden unter Strafe, seine Kinder zu schlagen.

Kan du värma upp flaskan?
kan düü wäärma üpp flaßkan
Kannst du wärmen auf die Flasche?
Kannst du die Flasche aufwärmen?

ett skötrum *hhötrum*	Wickelraum
ett skötbord *hhötbord*	Wickeltisch
en barnstol *barnßtuul*	Kinderstuhl
en barnvagn *barnwangn*	Kinderwagen
en barnsäng *barnßäng*	Kinderbett
en barnmeny *barnmenü*	Gericht f. Kinder
törstig *töschtig*	durstig
hungrig *hungrig*	hungrig
blöjor *blöjur*	Windeln

Abkürzungen

Den folgenden Abkürzungen könnten Sie in Schweden begegnen.

AB	**Aktiebolag**	Aktiengesellschaft
bl.a.	**bland annat**	unter anderem
d.	**död**	gestorben
dvs.	**det vill säga** *das will sagen*	das heißt
f.n.	**för närvarande** *für gegenwärtig*	zur Zeit
f.	**född**	geboren
fr.o.m.	**från och med** *von und mit*	ab einschließlich
kl.	**Klockan**	Uhr
kr	**kronor**	Kronen
obs!	**observera!** *bemerke!*	Achtung!
ö.h.	**över havet**	über dem Meer (-esspiegel)
osv.	**och så vidare**	und so weiter
t. ex.	**till exempel**	zum Beispiel
t.o.m.	**till och med** *bis und mit*	bis einschließlich

(cs)

Kinder! Fahr vorsichtig!

Literaturhinweise

Ich hoffe, dass Sie dieses Buch und Ihr Aufenthalt in Schweden ermuntert haben, mehr Schwedisch zu lernen. Am besten ist es, einen Kurs an einer Volkshochschule mitzumachen, aber man kann auch selbst mit einem der folgenden Bücher arbeiten:

Die hier genannten Bücher/Schriften sind nicht über den REISE KNOW-HOW Verlag erhältlich. In Schweden gibt es verschiedene kleine Wörterbücher zu sehr günstigen Preisen. Da Buchpreise in Schweden nicht gebunden sind, kann man dort oft einen Fund bei einem Sonderverkauf machen!

Schwedisch ohne Mühe
Grundkurs für Anfänger + Wiedereinsteiger: als Audio-Sprachkurs mit einem Lehrbuch + 4 Audio-CDs
oder als PC-Sprachkurs mit einem Lehrbuch + einer CD-ROM, Assimil Verlag.
http://www.assimil.de

Tala svenska
Ein Lehrwerk der schwedischen Sprache, Groa Verlag.
http://www.groa.de

Välkomna
Arbeitsbuch, Klett Verlag.
http://www.klett.de

Javisst
Der Schwedischkurs / Kursbuch, Hueber Verlag.
https://shop.hueber.de/

Wer sich ein etwas umfangreicheres ordbok zulegen möchte, ist mit dem **PONS Globalwörterbuch in 2 Bänden** gut bedient.

Der Autor

Karl-Axel Daude wurde in Bremen geboren. „Meine Mutter ist Schwedin, und so lernte ich beide Sprachen, Deutsch und Schwedisch, gleichzeitig. Durch viele Ferienaufenthalte in Schweden und bei meinen Verwandten in der Stockholmer Gegend interessierte ich mich immer mehr für die Kultur, insbesondere die Sprache und Literatur des Landes. So begann ich, in Kiel Nordistik zu studieren. Nach einem Auslandsstudium in Uppsala wohne ich seitdem in Kiel und nutze die Nähe Skandinaviens zu möglichst häufigen Besuchen. Um auch anderen die schwedische Sprache und damit die Menschen Schwedens näher zu bringen, unterrichte ich Schwedisch an der Universität Kiel, der Fachhochschule Kiel, der Volkshochschule und anderen Bildungseinrichtungen in Schleswig-Holstein."

Wörterbuch
Schwedisch – Deutsch
Deutsch – Schwedisch

Ein gutes Wörterbuch ist in der
Fremde mehr wert als ein Schwert.
(arabische Redensart)

Das schwedische Alphabet

A a, B b, C c, D d, E e, F f, G g, H h, I i, J j, K k, L l, M m, N n, O o, P p, Q q, R r, S s, T t, U u, V v, W w, X x, Y y, Z z, Å å, Ä ä, Ö ö

Abkürzungen im Wörterbuch

abbr = Abkürzung
adj = Adjektiv
adv = Adverb
Akk = Akkusativ
conj = Konjunktion
Dat = Dativ
etw. = etwas
förm. = förmlich
Gen = Genitiv
Inf. = Infinitiv
interj = Interjektion
j. = jemand
j-m = jemandem
j-n = jemanden
j-s = jemandes
m = männlich
Mz = Mehrzahl
NoD = norddeutsch
Nom = Nominativ
num = Numerale
ÖrD = Österreichisches Deutsch
part = Partikel
phr = Phrase
prep = Pr„position
pron = Pronomen
s = sächlich
SüD = süddeutsch
SwD = schweizerdeutsch
u = Utrum
übertr. = übertragen
ugs. = umgangssprachlich
v = Verb
w = weiblich

Zeichenerklärung

1, 2, 3, ...	die Zahlen listen unterschiedliche Bedeutungen eines Stichwortes auf.
~	Symbol (Tilde) dient als Platzhalter für das Stichwort in festen Redewndungen.
A + ~	Großbuchstabe + Tilde: Platzhalter, aber das Stichwort beginnt in der Redewendung mit einem Großbuchstaben.
▸	Beginn der Auflistung von festen Redewendungen und Beispielsätzen.
♦	zeigt Wechsel der Wortklasse an.

A

abonnera [aboneera] *v* abonnieren, abonnieren *etw. Akk*
absolut [apßolüüt] *adj* absolut, völlig, gänzlich, vollkommen (Unsinn usw.) ♦ *adv* absolut, völlig, ganz
accelerera [akßelereera] *v* beschleunigen *etw. Akk*
accent [akßent] *u* **1** Akzent *m* (Melodie) **2** Akzent *m*, Betonung *w* (einer Silbe usw.)
acceptera [akßepteera] *v* **1** annehmen *etw. Akk* (Angebot usw.) **2** akzeptieren **3** annehmen (Plan usw.) ► **Jag accepterar.** Abgemacht.
accessoarer [akkßeßuaar^e^r] *u* Accessoires *s Mz*, Beiwerk *s* (modisches usw.)
adapter [adapter] *u* Adapter *m*
addera [adeera] *v* **1** zusammenzählen, addieren **2** zugeben *etw. Akk irgendwohin* (hinzufügen)
adekvat [adekwaat] *adj* adäquat, angemessen ♦ *adv* adäquat, angemessen
administration [adminißtrachuun] *u* Verwaltung *w*
adress [adreßß] *u* Adresse *w*, Anschrift *w*
adressat [adreßaat] *u* Empfänger *m*, Adressat *m* (eines Briefes usw.)
advokat [adwokaat] *u* Anwalt *m*, Rechtsanwalt *m*
affisch [afisch:] *u* Schild *s* (mit Warnung usw.)
affär [afäär] *u* **1** Geschäft *s* (Raum), Laden *m* **2** Sache *w* (Sachverhalt), Angelegenheit *w* **3** Affäre *w*
affärsman [afäärschman] *u* Geschäftsmann *m*, Händler *m*
aggressiv [aggreßiiw] *adj* aggressiv
akta sig *v* sich hüten *vor j-m/etw.*
aktiv [aktiiw] *adj* **1** aktiv **2** tätig, aktiv
aktivitet [aktiwiteet] *u* Tätigkeit *w* (Sichbeschäftigen), Aktivität *w* (Handlung usw.)
aktuell [aktuell] *adj* **1** aktuell (Nachricht usw.) **2** bestehend **3** momentan, augenblicklich (jetzt vorhanden) **4** aktuell, zeitgemäß (Technologie usw.), up to date **5** aktuell (Angaben usw.)
akutläkare [aküütlääkar^e^] *u* Notarzt *m*
akutmottagning [aküütmutaangning] *u* Notdienst *m*, Bereitschaftsdienst *m* (ärztlicher)
alarm [alarm] *s* **1** Wecker *m* **2** Alarmanlage *w*
aldrig [aldri] *adv* nie, niemals
alfabet [alfabeet] *u* Alphabet *s*, Abc *s*
alkohol [alkohool] *u* Alkohol *m*
alkoholfri [alkohoolfrii] *adj* alkoholfrei
alkoholist [alkohoolißt] *u* Alkoholiker *m*, Alkoholsüchtige *m*
all, alla *pron* all
allergi [alergii] *u* Allergie *w gegen etw.*
allergisk [alergißk] *adj* allergisch *gegen etw.*
allmän [allmän] *adj* **1** allgemein, Gesamt- **2** öffentlich
allmänhet [allmänheet] *u* Öffentlichkeit *w*
alls [allß] *part* gar, überhaupt
allt [allt] *pron* alles; **framför ~** besonders, vor allem
alltid [alltid] *adv* **1** immer, stets, ständig **2** jedes Mal, jeweils ► **för ~** für/auf immer
allting [allting] *pron* alles
alltså [alttßo] *conj* also
allvar [allwaar] *s* Ernst *m* (der Lage usw.); **Menar du det på ~?** Ist das Ihr Ernst?, Meinen Sie das ernst?
allvarlig [allwaarli] *adj* ernst, schlimm (Lage usw.), ernsthaft (Versuch usw.), seriös (Gründe usw.)
allvarlighet [allwaarliheet] *u* Ernst *m* (der Lage usw.)
allvarligt [allwaarlit] *adv* ernst (gemeint usw.), ernstlich (verwundet usw.), ernsthaft (krank usw.)
alternativt [altärnatiiwt] *conj* beziehungsweise
aluminiumfolie [alumiiniumfooli^e^] *u* Alufolie *w*, Aluminiumfolie *w*
ambassad [ambaßaad] *u* Botschaft *w* (Vertretung)
ambassadör [ambaßadöör] *u* Botschafter *m*
ambulans [ambulanß] *u* Krankenwagen *m*, Ambulanz *w* (Wagen), Rettungswagen *m*
Amerika [ameerika] *s* Amerika *s* ♦ *u* Amerika *s*
amerikan [amerikaan] *m* Amerikaner *m* ♦ *u* Amerikaner *m*
amerikansk [amerikaanßk] *adj* amerikanisch
ananas [ananaß] *u* Ananas *w*
anbud [anbüüd] *s* **1** Angebot *s* (Anbieten) **2** Ausschreibung *w*
andas [andaß] *v* atmen ► **~ in** einatmen (Atem holen); **ta ett andetag** einatmen (Atem holen)
andning [andning] *u* **1** Atmung *w* **2** Atem *m*
andra [andra] *num* zweit(er,e,es)
angagera [anggacheera] *v* engagieren *j-n* (einen Künstler), einstellen *j-n* (Arbeiter usw.)
aning [aaning] *u* Ahnung *w*
anka [angka] *u* Ente *w* (Vogel)

ankel [angkel] *u* Fußknöchel *m*, Knöchel *m*
anklaga [angklaaga] *v* **1** anklagen *j-n etw. Gen* **2** anklagen *j-n* (einen hohen Beamten), beschuldigen *j-n etw. Gen*, bezichtigen *j-n etw. Gen*
ankomst [angkomßt] *u* Ankunft *w*
anmäla [anmääla] *v* **1** melden *j-m etw. Akk* (benachrichtigen), berichten *j-m von etw.* **2** denunzieren *j-n* (anzeigen) **3** sich melden *bei j-m* (beim Chef usw.) ► **~ sig** *till ngt* sich anmelden *zu etw.* (Teilnehmer)
annan [annan] *adj* **1** ein anderer **2** ander(er,e,es) (Exemplar usw.) **3** die anderen (der Rest) ► **den andra** ander(er,e,es) (Seite usw.); **en ~** noch einer; **någon ~** jemand anders; **någon annans** fremd (nicht mein)
annanstans [annanßtanß] **någon ~** woanders, anderswo, woandershin
annons [anonß] *u* **1** Anzeige *w* (in einer Zeitung), Annonce *w* **2** Insertion *w*
annorlunda [annorlunda] *adj* anders *als j./etw.* ♦ *adv* anders, sonst
ansikte [anßikte] *s* Gesicht *s*
anställa [anßtälla] *v* **1** einstellen *j-n* (Arbeiter usw.), aufnehmen *j-n* (Mitglied usw.) **2** anstellen *j-n*, beschäftigen *j-n* (Angestellten usw.)
anställd [anßtälld] *adj* beschäftigt (Angestellter usw.) ♦ *u* Angestellte *m*, Arbeitnehmer *m*
anställning [anßtällning] *u* **1** Stelle *w* (Job) **2** Beschäftigung *w*
ansvar [anßwaar] *s* Verantwortung *w für etw.*
ansvara [anßwaara] *v* die Verantwortung *für etw.* tragen, verantworten *etw. Akk*, verantwortlich sein *für etw.*
ansvarig [anßwaari] *adj* verantwortlich *j-m für etw.*
ansvarighet [anßwariheet] *u* Haftung *w*
ansvarigt [anßwaarit] *adv* verantwortlich
antal [antaal] *s* Anzahl *w etw. Gen*, Zahl *w etw. Gen*
anteckna [antekkna] *v* **1** aufzeichnen, vermerken, notieren *etw. Akk*, aufschreiben *etw. Akk* **2** messen
anteckning [antekkning] *u* **1** Bemerkung *w* (schriftlich), Notiz *w* **2** Eintrag *m*
antenn [antenn] *u* Antenne *w*
antibiotikum [antibiotiikum] *u* Antibiotikum *s*
antikvitet [antikwiteet] *u* Antiquität *w*
antingen [antingen] **~ … eller** entweder… oder
använda [anwända] *v* **1** benutzen, benutzen *etw. Akk*, verwenden *etw. Akk* **2** widmen *etw. Akk j-m/etw.* (Zeit usw.) **3** zur Geltung bringen *etw. Akk*, verwenden *etw. Akk* **4** praktizieren (Methode usw.) **5** gebrauchen *etw. Akk*, benutzen *etw. Akk*
användare [anwändar^e] *u* Benutzer *m*, Anwender *m* (eines Programms usw.)
användning [anwändning] *u* **1** Benutzung *w etw. Gen*, Nutzung *w etw. Gen*, Gebrauch *m etw. Gen*, Verwendung *w etw. Gen* **2** Anwendung *w etw. Gen* **3** Anstellung *w*
apelsin [apelßiin] *u* Orange *w*, Apfelsine *w*
apotek [apoteek] *s* Apotheke *w*
apotekare [apoteekar^e] *u* Apotheker *m*
apparat [aparaat] *u* Apparat *m*, Gerät *s* (elektrisches usw.)
applåd [aplood] *u* Applaus *m*, Beifall *m*
applådera [aplodeera] *v* applaudieren *j-m*
aprikos [aprikooß] *u* Aprikose *w* (Frucht), (ÖrD) Marille *w*
april [apriil] *u* April *m*
apropå [apropoo] *adv* beiläufig, nebenbei ♦ *part* übrigens
aptit [aptiit] *u* Appetit *m auf etw. Akk*
arbeta [arbeeta] *v* abarbeiten *etw. Akk* (Wochentage usw.), arbeiten
arbetare [arbeetar^e] *u* **1** Arbeiter *m* **2** Arbeitende *m*
arbete [arbeet^e] *s* **1** Arbeit *w* **2** Schritt *m* (Handlung)
arbetsam [arbeedsam] *adj* **1** fleißig, arbeitswillig **2** mühsam
arbetsansökan [arbeedsanßöökan] *u* Stellenbewerber *m*
arbetsgivare [arbeedsjiiwar^e] *u* Arbeitgeber *m*
arbetsplats [arbeedsplads] *u* Arbeitsplatz *m*
area [aarea] *u* Inhalt *m* (eines Dreiecks usw.)
areal [areaal] *u* **1** Fläche *w* (sehr große usw.) **2** Areal *s*, Gelände *s*
arg [arj] *adj* sauer *auf j-n*, verärgert; **bli ~** *på ngn* sich ärgern *über j-n*; **göra** *ngn* **~** verärgern *j-n*; **vara ~** *på ngt* sich ärgern *über j-n*, böse sein *j-m, auf j-n*
argument [argument] *s* Argument *s*
arkitekt [arkitekt] *u* Architekt *m*
arkitektur [arkitektüür] *u* Architektur *w*, Baukunst *w*
arm [arm] *u* Arm *m*
armband [armband] *s* Armband *s*, Armring *m*
armbåge [armbooge] *u* Ellbogen *m*
armé [armee] *u* Armee *w*, Heer *s*, Militär *s* (Streitkräfte)
arom [aroom] *u* **1** Aroma *s* **2** Geschmack *m* (des Essens usw.)
arrangera [arancheera] *v* **1** ordnen *etw. Akk*, anordnen *etw. Akk* **2** arrangieren *etw.*

Akk (erledigen), erledigen *etw. Akk*, besorgen *etw. Akk* (Aufgabe usw.) **3** veranstalten *etw. Akk* **4** arrangieren (Blumen usw.)
arrestera [areßteera] *v* fassen (Täter usw.), fangen (Verdächtige usw.)
artighet [aartiheet] *u* Höflichkeit *w*
artikel [artiikel] *u* Artikel *m*
arton [aarton] *num* achtzehn
asfalt [aßfalt] *u* **1** Asphalt *m* **2** Schwarzdecke *w*
asiat [aßiaat] *m* Asiat *m* ♦ *u* Asiat *m*
asiatisk [aßiaatißk] *adj* asiatisch
Asien [aaßien] *s* Asien *s* ♦ *u* Asien *s*
aspekt [aßpekt] *u* **1** Aspekt *m*, Seite *w etw. Gen* (Standpunkt), Aspekt *etw. Gen m* **2** Aspekt *m* (eines Verbs)
assistent [aßißtent] *u* Assistent *m*
astma [aßtma] *u* Asthma *s*
att [att] *conj* **1** dass **2** also ► **för ~** damit (zu dem Zweck), um… zu; **Säg åt honom ~ ringa mig, är du snäll!** Er soll mich anrufen!
attack [atakk] *u* Überfall *m*
aubergine [obershin^e^] *u* Aubergine *w*
augusti [augußti] *u* August *m*
auktorisera [auktorißeera] *v* ermächtigen *j-n zu etw.*, autorisieren *j-n zu etw.*, befugen *j-n zu etw.*
Australien [außtraalien] *s* Australien *s* ♦ *u* Australien *s*
australiensare [außtraalienßar^e^] *u* Australier *m*
australier [außtraalier] *m* Australier *m* ♦ *u* Australier *m*
australisk [außtraalißk] *adj* australisch
automat [automaat] *u* **1** Münzautomat *m*, Automat *m* (Zigaretten usw.) **2** Automat *m* (Maschine)
automatisk [automaatißk] *adj* automatisch
av [aaw] *prep* **1** aus *etw.* (gemacht) **2** *j-s/etw.*, von *j-m/etw.* ► **~ och till** ab und zu; **rent ~** sogar
avboka [aawbuuka] *v* stornieren (Bestellung usw.)
avbokning [aawbuukning] *u* **1** Stornierung *w* **2** Aufhebung *w*, Annullierung *w*
avbryta [aawbrüta] *v* **1** unterbrechen *j-n* (Sprecher usw.) **2** unterbrechen *etw. Akk* (Tätigkeit usw.) **3** abbrechen *etw. Akk* (beenden) **4** abschalten (Fernseher usw.) **5** stören *etw. Akk* (beeinträchtigen)
avdelning [awdeelning] *u* **1** Abteil *s* (abgegrenzter Teil) **2** Zweig *m* (Abteilung usw.) **3** Abteilung *w* **4** Ableitung *w* (Wort usw.) ► **(sjukhusets) ~** *u* Station *w* (in Krankenhaus)
avfart [aaffaart] *u* Ausfahrt *w* (auf der Autobahn)
avgift [aawjift] *u* Gebühr *w für etw.*
avkyla [aafschüla] *v* abkühlen *etw. Akk*
avokado [awokaado] *u* Avocado *w*
avresa [aawreeßa] *u* Abfahrt *w* (eines Zuges usw.), Abreise *w*
avsändare [aafßändar^e^] *u* Absender *m*
avvika [aawwiika] *v* **1** abweichen *von etw.* **2** abweichen (von Norm usw.), ausschweifen **3** sich unterscheiden *in etw. Dat* (in Meinungen) **4** abschweifen *von etw.* (Thema usw.)
avvikelse [aawwiikelß^e^] *u* **1** Abweichung *w* (von Wert usw.), Deviation *w* **2** Deviation *w*, Abweichung *w* (sexuelle usw.)
axel [akßel] *u* **1** Schulter *w* **2** Achse *w* (Drehachse usw.) **3** Welle *w* (Maschinenteil) **4** Achse *w* (eines Fahrzeugs)

B

baby [bääbi] *u* **1** Baby *s* **2** Säugling *m*
backa [bakka] *v* **1** rückwärtsfahren, zurückfahren (von einem Wagen usw.) **2** sich zurückziehen (vor Feind) ► **~ upp** *ngn* unterstützen *j-n* (helfen)
backe [bakk^e^] *u* **1** Hügel *m* **2** Hang *m* (steil usw.), Abhang *m*
backspegel [bakkßpeegel] *u* Rückspiegel *m*
bacon [bejkon] *s* Speck *m*
bad [baad] *s* Bad *s* (Baden)
bada [baada] *v* **1** baden *j-n* **2** baden (sich waschen) **3** baden (schwimmen)
badbyxor [baadbykßur] *u Mz* Badehose *w*
baddräkt [baaddräkt] *u* Badeanzug *m*
badhandduk [baadhanddüük] *u* Badetuch *s*
badkar [baadkaar] *s* Badewanne *w*, Wanne *w*
badrock [baadrokk] *u* Bademantel *m*
badrum [baadrum] *s* Bad *s* (Raum), Badezimmer *s*
bagage [bagaash] *s* **1** Gepäckstück *s* **2** Gepäck *s*
bagageförvaring [bagaashförwaaring] *u* Aufbewahrung *w* (Schalter), Gepäckaufbewahrung *w* (Stelle)
bagageutrymme [bagaashüütrymm^e^] *s* **1** Kofferraum *m* **2** Gepäckraum *m*
bagare [baagar^e^] *u* Bäcker *m*
bageri [bagerii] *s* Bäckerei *w*
bak [baak] *adv* hinten
baka [baaka] *v* backen
bakelse [baakelß^e^] *u* **1** Süßwaren *Mz* **2** Kuchen *m*

bakgrund [baakgrunn] *u* Hintergrund *m* (eines Bildes usw.)
bakifrån [baakifroon] *adv* von hinten
baklänges [baaklängeß] *adv* rückwärts
bakom [baakom] *prep* **1** hinter (einem Haus usw.) **2** über *etw. Akk* (hinaus), jenseits *etw. Gen* (der Grenze usw.)
bakverk [baakwerk] *s* Gebäck *s*, Backwaren *w Mz*
bakåt [baakoot] *adv* **1** nach hinten **2** zurück (zum Ausgangspunkt)
balans [balanß] *u* **1** Gleichgewicht *s* **2** Bilanz *w*
balkong [balkong] *u* Balkon *m*
ballong [balong] *u* **1** Ballon *m* **2** Luftballon *m* (für Kinder usw.)
bana [baana] *u* Bahn *w*, Flugbahn *w*, Strecke *w* (Rennstrecke usw.)
banan [banaan] *u* Banane *w*
band [bann] *s* **1** Band *s* (Förderband usw.), Riemen *m* (Treibriemen usw.) **2** Band *s* (magnetisches usw.), Tonband *s* **3** Band *s* (im Haar usw.), Schleife *w*, Binde *w* **4** Band *w*, Kapelle *w* **5** Band *m* (Buch) **6** Band *s* (Verbindung) **7** Bindung *w zwischen etw.* (Beziehung) ♦ *adj* Ketten- (Wagen), Raupen- (Fahrzeug) ► **(axel) ~** *s* Träger *m* (für Kleider); **(klockarm) ~** *s* Riemen *m* (an Kleidung usw.)
bandage [bandaash] *s* Bandage *w*, Verband *m*
bank [bangk] *u* Bank *w* (Institution)
banka [bangka] *v* **1** einschlagen *etw. Akk in etw. Dat*, schlagen *an etw. Akk*, hämmern *gegen etw.* **2** krachen **3** pochen (Herz) **4** klopfen *etw. Akk* (Fleisch), klopfen (Schnitzel usw.)
bankkonto [bangkkonto] *s* Bankkonto *s*
bankkort [bangkkurt] *s* Debitkarte *w*
bankomat [bangkomaat] *u* Bankautomat *m*, Geldautomat *m*
bar [baar] *u* **1** Bar *w* (Lokal) **2** Bar *w* (Theke), Büfett *s* (im Restaurant usw.) **3** Ausschank *m* (Raum) ♦ *adj* kahl, nackt (Stelle usw.)
bara [baara] *adv* nur; **inte ~** nicht nur
barfota [baarfuuta] *adj* barfuß, barfüßig
barm [barm] *u* Busen *m*
barn [baarn] *s* Kind *s*
barndom [baarnduum] *u* Kindheit *w*
barnläkare [baarnläākar^e] *u* Kinderarzt *m*
barnmat [baarnmaat] *u* Babynahrung *w*
barnvagn [baarnwangn] *u* Kinderwagen *m*
bas [baaß] *u* **1** Bass *m* (Stimme) **2** Basis *w*, Grundlage *w etw. Gen* **3** Basis *w* (eines Objekts usw.), Grundfläche *w* **4** Basis *w* (militärische usw.) **5** Basis (technisch usw.) **6** Base *s* (im Baseball)
baseboll [bejßboll] *u* Baseball *m*
basera [baßeera] **baserad på** *på ngt* basieren *auf etw. Dat*, beruhen *auf etw. Dat*
basilika [baßiilika] *u* **1** Basilikum *s* **2** Basilika *w*
batteri [baterii] *s* Batterie *w* (elektrische); **Batteriet är slut.** Mein Akku ist leer.
be [bee] *v* **1** erbitten (Hilfe usw.) **2** betteln *bei j-m um etw.*, erbetteln *etw. Akk von j-m*, betteln *um etw.* **3** beten *zu j-m für etw.*
beboelig [bebuu^eli] *adj* bewohnbar
bedöma [bedöma] *v* beurteilen *j-n/etw.*, urteilen *j-n/etw.*
bedömning [bedömning] *u* **1** Gutachten *s* **2** Urteil *s* (Stellungnahme)
befolkning [befolkning] *u* **1** Bevölkerung *w* **2** Bevölkerungszahl *w*
begagnad [begangnad] *adj* gebraucht
begripa [begriipa] *v* **1** begreifen *etw. Akk*, verstehen *etw. Akk* **2** verstehen *j-n/etw.*
begriplig [begriipli] *adj* **1** verständlich, plausibel (Erklärung usw.) **2** begreiflich, verständlich, fassbar
begränsa [begränßa] *v* **1** abgrenzen *etw. Akk* (Aufgabengebiete usw.) **2** einschränken, reduzieren (Ausgaben usw.) **3** beschränken *etw. Akk*, einschränken *etw. Akk* (Ausmaß usw.), limitieren **4** beschränken *etw. Akk*, einschließen *etw. Akk* **5** enger werden
begränsad [begränßad] *adj* begrenzt
begränsning [begränßning] *u* **1** Beschränkung *w* **2** Einschränkung *w etw. Gen* (von Ausgaben usw.)
begå [begoo] *v* begehen *etw. Akk*, verüben *etw. Akk* (Verbrechen usw.)
begära [bejäära] *v* **1** verlangen *etw. Akk* (fordern) **2** sich sehnen *nach j-m/etw.*
behov [behuuw] *s* Bedürfnis *s*
behå [behoo] *u* Büstenhalter *m*, BH *m*
behålla [beholla] *v* **1** behalten *etw. Akk* **2** behalten (Zustand usw.), halten *etw. Akk* (in bestimmten Zustand usw.) **3** aufrechterhalten (weiterhin fortsetzen)
behöva [behööwa] *v* **1** brauchen *etw. Akk* **2** wollen (verlangen), mögen *etw. Akk von j-m* ► **~ inte** nicht müssen
bekväm [bekwäm] *adj* bequem, komfortabel, Komfort-
bekymmer [bekymm^er] *s* Beunruhigung *w*, Sorge *w um j-n/etw.*
bekänna [beschänna] *v* gestehen *etw. Akk*
bekännelse [beschänn^elße] *u* **1** Geständnis *s* **2** Beichte *w* (vor Geistlichen) **3** Überzeugung *w*
belöna [belööna] *v* **1** belohnen *j-n für etw.*, *mit etw.* (zum Dank) **2** entlohnen *j-n*

belöning [belööning] *u* **1** Belohnung *w* (belohnt werden) **2** Entlohnung *w* (finanzielle usw.) **3** Auszeichnung *w*
ben [been] *s* **1** Knochen *m* **2** Bein *s*
bensin [benßiin] *u* Benzin *s*; **Bensinen är slut.** Ich habe kein Benzin mehr.
bensinmack [benßiinmakk] *u* Tankstelle *w*
bensinstation [benßiinßtachuun] *u* Tankstelle *w*
be om ursäkt *v* sich entschuldigen
beredd [beredd] *adj* **1** vorbereitet *auf etw. Akk, für etw.*, bereit *zu etw.* **2** fertig (Essen usw.)
beredskap [bereedskaap] *u* Bereitschaft *w* (zum Handeln usw.), Geistesgegenwart *w*
berg [berj] *s* Berg *m*
bergsbestigare [berjßbeßtiigar^e] *u* Bergsteiger *m*
bergskedja [berjßschedja] *u* Gebirge *s*, Bergkette *w*
bergspass [berjßpaßß] *s* Pass *m* (im Gebirge)
bergstopp [berjßtopp] *u* Berggipfel *m*
beroende [beruuend^e] *adj* **1** abhängig *von j-m/etw.* (von Umständen usw.) **2** abhängig *von etw.* (Drogen usw.) ♦ *s* Sucht *w nach etw.* (Abhängigkeit)
bero på *v* gehen *um etw.*, liegen *an etw. Dat* (wichtig sein)
beräkna [berääkna] *v* **1** rechnen *etw. Akk*, ausrechnen *etw. Akk* (Rechenaufgabe), berechnen *etw. Akk* (Umfang usw.) **2** bemessen (Steuer usw.) **3** timen
beräkning [berääkning] *u* Berechnung *w*
berätta [berätta] *v* erzählen *j-m etw. Akk*, erzählen *j-m etw. Akk*, sagen *j-m etw. Akk*
berättande [berättand^e] *s* Erzählung *w* (von Erlebnis usw.)
berättelse [berätt^elß^e] *u* **1** Erzählung *w* **2** Bericht *m über etw. Akk*, Meldung *w über etw. Akk* (dienstliche), Report *m über etw. Akk*
berömd [berömd] *adj* **1** berühmt *für etw.*, ruhmreich, ruhmvoll **2** berühmt, namhaft **3** berühmt (bedeutend)
beskriva [beßkriiwa] *v* beschreiben *j-n/etw.* (Person usw.); **~ i stora drag** nahebringen *j-m etw. Akk*
beskrivning [beßkriiwning] *u* Beschreibung *w*
beslut [beßlüüt] *s* **1** Entscheidung *w* **2** Vorsatz *m* (Entschluss) **3** Beschluss *m*
besluta [beßlüüta] *v* **1** sich entscheiden **2** beschließen *etw. Akk*, einen Beschluss fassen *über etw. Akk*
bestjäla [bechääla] *v* bestehlen *j-n um etw.*
bestraffa [beßtraffa] *v* bestrafen *j-n für etw.*
bestå av *v* bestehen *aus etw.* (als Ganzes)
beställa [beßtälla] *v* **1** bestellen *etw. Akk* **2** reservieren *etw. Akk* (Tisch usw.), buchen *etw. Akk* (Reise usw.)
beställning [beßtällning] *u* Bestellung *w*
bestämma [beßtämma] *v* bestimmen *etw. Akk* (Anzahl usw.), festlegen *etw. Akk* (Termin usw.), bestimmen (autoritativ), entscheiden *etw. Akk*
bestämma sig *v* sich entscheiden
bestämt [beßtämt] *adj* **1** feststehend (Termin usw.), festgesetzt (Preis usw.), Fest- **2** bestimmt ♦ *part* bestimmt, sicher, allerdings
besvikelse [beßwiikelß^e] *u* Enttäuschung *w*, Ernüchterung *w* (Enttäuschung)
besvär [beßwäär] *s* Ärger *m*, Schwierigkeit *w* (Problem)
besvära [beßwäära] *v* belästigen *j-n*, belästigen *j-n mit etw.*
besvärlig [beßwäärli] *adj* **1** schwierig, mühevoll **2** schwierig (Zeit usw.), anstrengend **3** prekär **4** lästig
besök [beßöök] *s* **1** Besuch *m j-s/etw.* **2** Besichtigung *w etw. Gen*
besöka [beßööka] *v* **1** besuchen *j-n*, vorbeikommen *bei j-m* **2** kommen *irgendwohin* **3** gastieren *in etw. Dat*
besökare [beßöökar^e] *u* Besucher *m*, Besuch *m* (Gast)
betala [betaala] *v* **1** bezahlen *j-m etw. Akk*, zahlen *j-m für etw.* **2** bezahlen *etw. Akk*, begleichen *etw. Akk* (Rechnung usw.), decken *etw. Akk* (finanziell), quitt werden *mit j-m* **3** zurückerstatten *j-m etw. Akk* **4** überweisen *etw. Akk* (Geld) ► **~ i efterskott** nachzahlen *etw. Akk*; **Jag vill ~!** Bitte zahlen!; **mottagaren betalar** R-Gespräch führen
betalning [betaalning] *u* **1** Bezahlung *w etw. Gen*, Zahlung *w*, Einzahlung *w*, Bezahlung *w* **2** Anweisung *w* (Summe), Überweisung *w* (Geldsumme), Einzahlung *w* (Betrag)
beteende [beteend^e] *u* Verhalten *s*
bete sig *v* sich benehmen, sich verhalten
betjäna [beschääna] *v* bedienen *j-n*
betjäning [beschääning] *u* Bedienung *w*
betona [betuuna] *v* betonen *etw. Akk*, hervorheben *etw. Akk*
betong [betong] *u* Beton *m*
betyda [betüda] *v* **1** bedeuten *etw.* (im Endeffekt) **2** bedeuten *etw. Akk*
betydande [betüdand^e] *adj* **1** bedeutend (wichtig) **2** beträchtlich, erheblich (ziemlich groß), deutlich (Änderung usw.)
betydelse [betüd^elß^e] *u* **1** Bedeutung *w* **2** Sinn *m etw. Gen* (Zweck)

betydelsefull [betüd^{e}lßefull] *adj* 1 bedeutend, bedeutungsvoll 2 wichtig (Folgen usw.), bedeutsam (Entscheidung usw.)
betydligt [betüdlit] *adv* beträchtlich, sehr, deutlich (in hohem Maße)
betyg [betüg] *s* 1 Note *w* (in der Schule) 2 Schulergebnisse *s Mz*
bevaka [bewaaka] *v* 1 hüten *j-n* (Kinder usw.), aufpassen *auf j-n* 2 überwachen (Prozess usw.), beobachten (Entwicklung usw.) 3 im Auge behalten *j-n/etw.*, aufpassen *auf j-n/etw.* (Acht haben)
bevis [bewiiß] *s* 1 Beweis *m etw. Gen*, Nachweis *m für etw.* 2 Bestätigung *w etw. Gen* (der Wahrheit usw.)
bevisa [bewiißa] *v* 1 beweisen *etw. Akk*, nachweisen *etw. Akk* 2 beweisen *etw. Akk* (Fähigkeiten usw.) 3 belegen *etw. Akk* (mit Beweisen usw.) 4 vorführen
beväpnad [bewääpnad] *adj* bewaffnet
bi [bii] *u* Biene *w*
bibliotek [biblioteek] *s* Bibliothek *w*
bidra [bidraa] *v* 1 beisteuern *zu etw.*, beitragen *zu etw.* (finanziell) 2 nachhelfen *j-n/etw.* ► **~ till** beitragen *zu etw.* (mitarbeiten usw.), Beitrag leisten *zu etw.*
bidrag [bidraag] *s* 1 Beitrag *m* (Geldsumme usw.) 2 Zuschuss *m* 3 Leistung *w* (Betrag) 4 Nutzen *m von etw.*
biff [biff] *u* Beefsteak *s*, Steak *s*
bikini [bikini] *u* Bikini *m*, Zweiteiler *m* (zum Sonnen)
bil [biil] *u* Auto *s*, Wagen *m*, Pkw *m*
bilbärgning [biilbäärjning] *u* Abschleppdienst *m*
bild [bild] *u* 1 Bild *s* 2 Aufnahme *w* (Foto) ► **ta bilder** eine Aufnahme *von etw.* machen; **ta en ~** fotografieren *etw. Akk*
bildad [bildad] *adj* 1 gebildet (Bildung besitzend), gelehrt 2 gelehrt, gebildet
bilhorn [biilhuurn] *s* Hupe *w*
biljett [biljett] *u* 1 Karte *w* (für Kino usw.), Eintrittskarte *w* 2 Fahrkarte *w*, Fahrschein *m*
biljettautomat [biljettautomaat] *u* Fahrkartenautomat *m*
biljettkontor [biljettkontuur] *s* Kasse *w* (im Kino usw.)
biljettpris [biljettpriiß] *s* Fahrpreis *m*
billig [billi] *adj* billig, preisgünstig, preiswert; **bli billigare** billiger werden, sich verbilligen; **göra billigare** ermäßigen *etw. Akk*, verbilligen *etw. Akk*
billigt [billit] *adv* billig
bilparkering [biilparkeering] *u* Parkplatz *m*
biltvätt [biiltwätt] *u* Waschanlage *w*, Autowaschanlage *w*
binda [binda] *u* 1 Verband *m* (Bandage) 2 Damenbinde *w* ♦ *v* 1 binden (zu Bündeln) 2 zubinden 3 fesseln *j-n* (mit Seil usw.) 4 fesseln *j-n/etw. (an etw. Akk)*, fesseln (mit Seil usw.) 5 binden (Beziehung usw.) 6 binden *etw. Akk um etw.* (Schleife um Geschenk usw.) 7 binden, beengen ► **~ fast** *ngt på ngt* festbinden *etw. Akk an etw. Dat*; **~ ihop** binden (miteinander)
bindning [bindning] *u* 1 Bindung *w* (des Skischuhs), Skibindung *w* 2 Verbindung *w* (von einem Gerät usw.) 3 Bindung *w zwischen etw.* (Beziehung)
bio [biio] *u* Kino *s*
bita [biita] *v* 1 beißen *j-n* (verletzen usw.) 2 beißen *in etw. Akk* 3 beißen (Schlange)
bitter [bitt^{e}r] *adj* bitter (Getränk usw.), herb (Geschmack)
bitti [bitti] *adv* früh
bjuda [bjuda] *v* einladen *j-n*, einladen *j-n irgendwohin*
björn [bjöörn] *u* Bär *m*
björnbär [bjöörnbäär] *s* Brombeere *w*
blad [blaad] *s* 1 Blatt *s* 2 Klinge *w* (eines Messers usw.)
bland [blann] *prep* unter (zwischen)
blanda [blanda] *v* 1 rühren *etw. Akk*, umrühren *etw. Akk* (Suppe usw.) 2 beimischen *etw. Akk in etw. Akk* 3 vermischen *etw. Akk in etw. Dat* 4 vermischen *etw. Akk* 5 sich mischen (Einflüsse usw.) ► **~ ihop** mischen *etw. Akk*, vermischen *etw. Akk*; **~ ihop** *ngt ngt och/med ngt* vermischen *etw. Akk mit etw.*, mischen *etw. Akk mit etw.*; **~ sig** *i ngt* sich einmischen *in etw. Akk* (fremde Angelegenheiten usw.)
blandad [blandad] *adj* 1 gemischt 2 verschieden, verschiedenartig, divers
blandning [blandning] *u* 1 Mischung *w etw. Gen*, Mix *m* 2 Verbindung *w* (chemische) 3 Allerlei *s*
blank [blangk] *adj* 1 leer (Blatt usw.) 2 glänzend (Haar usw.)
blek [bleek] *adj* blass
bli [blii] *v* 1 werden *etw. Akk* 2 eintreten (geschehen) ► **~ aktiv** *i ngt* Anteil *an etw. Dat* nehmen, sich einlassen *auf etw. Akk*; **~ blantare** sich senken; **~ dyrare** sich verteuern, teurer werden; **~ sämre** sich verschlechtern; **~ utslagen** ausscheiden (aus einem Spiel usw.)
blick [blikk] *u* Blick *m auf etw. Akk*
blind [blinn] *adj* blind, erblindet (Kind, Auge usw.) ♦ *u* Blinde *m* ► **bli ~** erblinden
blindtarm [blinntarm] *u* Blinddarm *m*
blindtarmsinflammation [blinntarmßinflamachuun] *u* Blinddarmentzündung *w*
blinker [blingk^{e}r] *u* Blinker *m*, Blinkleuchte *w*

blivande [bliiwande] *adj* zukünftig, künftig
blixt [blikßt] *u* Blitz *m*, Blitzlicht *s*
blixtlås [blikßtlooß] *s* Reißverschluss *m*
blixtra [blikßtra] *v* aufblitzen, blitzen ► **Det blixtrar.** Es blitzt.
blockchoklad [blokkchoklaad] *u* Tafel *w* (Schokolade usw.)
blockera [blokeera] *v* blockieren *etw. Akk* (Straße usw.), sperren, versperren
blockerad [blokeerad] *adj* verstopft (Straßen usw.)
blod [bluud] *s* Blut *s*
blodig [bluudi] *adj* blutig (voll von Blut); **~ biff** blutiges Steak
blodtryck [bluutrykk] *s* Blutdruck *m*
blomkål [blumkool] *u* Blumenkohl *m*
blomma [blumma] *u* **1** Blume *w* **2** Blüte *w* (einer Pflanze) ♦ *v* blühen (Rosen usw.)
blomsteraffär [blomßterafäär] *u* Blumengeschäft *s*, Blumenladen *m*
blond [blonn] *adj* blond, hellhaarig
blus [blüüß] *u* Bluse *w*
blå [bloo] *adj* blau
blåbär [bloobäär] *s* Heidelbeere *w*, Blaubeere *w*
blåmärke [bloomärke] *s* ein blauer Fleck, Prellung *w*, Quetschung *w* (Wunde)
blåsa [blooßa] *v* **1** blasen (Wind usw.), wehen **2** pusten *auf etw. Akk* (abkühlen) **3** blasen *etw. Akk* (Musikinstrument usw.) ♦ *u* **1** Blase *w* (auf Haut) **2** Blase *w* (Organ)
blåsig [blooßi] *adj* windig
bläckfisk [bläkkfißk] *u* **1** Krake *m* **2** Kalmar *m* **3** Tintenfisch *m*
blöda [blööda] *v* bluten
blöja [blööja] *u* Windel *w*
bo [buu] *v* wohnen *irgendwo*
boende [buuende] *s* **1** Wohnen *s* (Wohnungen usw.) **2** Unterkunft *w* (Raum usw.)
bok [buuk] *u* **1** Buch *s* **2** Buche *w*
boka [buuka] *v* **1** reservieren *etw. Akk* (Tisch usw.), buchen *etw. Akk* (Reise usw.) **2** bestellen *etw. Akk*
bokhandel [buukhandel] *u* Buchhandlung *w*
bokhylla [buukhylla] *u* Bücherschrank *m*
bokning [buukning] *u* Reservierung *w*, Buchung *w*
bokstav [buukßtaaw] *u* Buchstabe *m*; **stora bokstäver** *u Mz* Großbuchstaben *m Mz*
bokstavera [buukßtaweera] *v* buchstabieren *etw. Akk*
boll [boll] *u* Ball *m*
bomb [bomb] *u* Bombe *w*
bord [buurd] *s* Tisch *m*
bordell [bordell] *u* Bordell *s*
bordsduk [buurdschdüük] *u* Tischdecke *w*, Tischtuch *s*, Tuch *s* (auf Tisch)
borg [borj] *u* Burg *w*
borste [borschte] *u* Bürste *w*
bort [bort] *prep* von (Oberfläche usw.)
borta [borta] *adv* weg
bostad [buußtad] *u* **1** Wohnsitz *m* **2** Wohnort *m* ► **få ~** unterkommen
bostadsområde [buußtadsomroode] *s* Neubauviertel *s*
bot [buut] *u* Geldstrafe *w*, Bußgeld *s*
bota [buuta] *v* ausheilen *etw. Akk*
botemedel [buutemeedel] *s* **1** Heilmittel *s* **2** Mittel *s gegen etw.* (Arzneimittel usw.)
botten [botten] *u* **1** Boden *m* (von einem Gefäß usw.) **2** Unterteil *s/m* **3** Bett *s* (eines Flusses usw.)
bottenvåning [bottenwooning] *u* Erdgeschoss *s*, Parterre *s* (eines Hauses)
box [bokß] *u* **1** Schachtel *w* (große) **2** Abteil *s* (abgeteilter Raum), Box *w* (im Restaurant usw.)
bra [braa] *adj* **1** gut (qualitätvoll usw.), okay **2** schön (Gehalt usw.) ♦ *adv* **1** schön (angenehm, gehörig) **2** gut (arbeiten usw.) **3** wohl, gut ► **Bra.** Also gut.; **Det är ~ med mig.** Ich bin in Ordnung.; **Jag har det ~.** Mir geht es gut.
brand [brann] *u* Brand *m*
brandkår [brandkoor] *u* Feuerwehr *w*
brandman [brandman] *u* Feuerwehrmann *m*
brandsläckare [brandsläkkare] *u* Löschgerät *s*, Feuerlöscher *m*
bred [breed] *adj* breit
bredbart pålägg *s* Aufstrich *m*
bredd [bredd] *u* Breite *w etw. Gen*
bredvid [brewiid] *adv* daneben, nebenan (in der Nähe) ♦ *prep* an, neben *etw. Dat* (an der Seite)
brev [breew] *s* Brief *m*
brevbärare [breewbäärare] *u* **1** Briefträger *m*, Briefzusteller *m* **2** Briefträgerin *w*, Briefzustellerin *w*
brevlåda [breewlooda] *u* Briefkasten *m*
bricka [brikka] *u* **1** Platte *w*, Tablett *s* (zum Servieren) **2** Unterlegscheibe *w*
bringa [bringa] *v* bringen (in Verlegenheit usw.)
brinna [brinna] *v* brennen (Feuer usw.), in Flammen stehen; **Det brinner!** Es brennt!
brist [brißt] *u* **1** Mangel *m an etw.*, Knappheit *w an etw.*, Mangel *m an etw. Dat* (Knappheit) **2** Mangel *m* (Unvollkommenheit) **3** Makel *m* **4** Fehler *m* (an einer Ware usw.), Mangel *m* (an einem Produkt usw.)
bro [bruu] *u* Brücke *w*

broccoli [brokkoli] *u* Brokkoli *m*, Broccoli *m*
brochyr [broschür] *u* Prospekt *m*
broms [bromß] *u* **1** Bremse *w* (Vorrichtung) **2** Bremse *w* (Insekt)
bromsa [bromßa] *v* abbremsen, bremsen
brons [bronß] *s* Bronze *w*
bror [bruur] *u* Bruder *m*
brott [brott] *s* **1** Verbrechen *s* **2** Delikt *s* **3** Bruch *m* (Knochen), Fraktur *w* **4** Verletzung *w etw. Gen* (Verstoß) ▶ **~ mot lagen** Verletzung des Gesetzes
brottslig [brottßli] *adj* strafbar
brottsling [brottßling] *u* Verbrecher *m*
brud [brüüd] *u* Braut *w*
brudgum [brüüdgumm] *u* Bräutigam *m*
bruk [brüük] *s* Benutzung *w etw. Gen*, Nutzung *w etw. Gen*, Gebrauch *m etw. Gen*, Verwendung *w etw. Gen*
brun [brüün] *adj* braun
brunhyad [brüünhüad] *adj* dunkel (mit dunkler Haut), dunkelhäutig
brunn [brunn] *u* Brunnen *m*
brutal [brutaal] *adj* brutal, roh (Tat usw.), grob (gewalttätig)
brutalt [brutaalt] *adv* brutal
bruten [brüüten] *adj* gebrochen
bryna [brüna] *v* bräunen *etw. Akk*, anbräunen *etw. Akk* (Zwiebel usw.), sautieren (kurz anbraten)
brysselkål [bryßßelkool] *s* Rosenkohl *m*
bryta ihop *v* zusammenbrechen (Brücke usw.)
bryta sig in *v* einbrechen *in etw. Akk* (Dieb usw.)
bryta upp *v* **1** aufbrechen *etw. Akk*, aufbrechen *etw. Akk* (öffnen) **2** aufbröckeln *etw. Akk* **3** auseinandergehen *von j-m*, sich trennen *von j-m*
brytning [brütning] *u* **1** Akzent *m* (Melodie) **2** Gewinnung *w* (von Kohle usw.) **3** Trennung *w* (eines Paares usw.)
brådska [broodßka] *u* Eile *w*
brådskande [broodskand[e]] *adj* dringend, unaufschiebbar, akut (Fall usw.) ♦ *adv* sofort, dringend
bråk [brook] *s* **1** Bruch *m* (Zahlen), Bruchzahl *w* **2** Krawalle *m Mz*
bråka [brooka] *v* **1** (sich) streiten *über etw. Akk*, streiten *mit j-m über etw. Akk* (diskutieren) **2** sich zerstreiten **3** streiten *mit j-m um/über etw. Akk*
bråkmakare [brookmaakar[e]] *u* **1** Schläger *m* (Raufbold) **2** Ruhestörer *m*
bränna [bränna] *v* **1** verbrennen *etw. Akk*, verbrennen (Abfall usw.) **2** anbrennen *etw. Akk* (Essen) **3** brennen (heiß sein) **4** brennen (weh tun) **5** verbrennen *j-n* (verletzen) **6** versengen, verbrennen **7** lodern **8** brennen, prallen (Sonne usw.) **9** brennen (eine CD usw.) **10** durchgebrannt werden ▶ **~ ner** verbrennen (verbrannt werden); **~ upp** *ngt* verbrennen *etw. Akk* (durch Feuer zerstören)
bränna ner *v* niederbrennen (Haus usw.), herunterbrennen
bränna sig *v* sich verbrennen *an etw. Dat*, sich verbrennen (an Brennnessel usw.)
brännsår [brännßoor] *s* Verbrennung *w* (Wunde), Brandwunde *w*
brännvin [brännwiin] *s* Schnaps *m*
bröd [brööd] *s* **1** Brot *s* **2** Backwaren *w Mz* (salzige) ▶ **rostat ~** *s* Toast *m*
bröllop [bröllop] *s* Hochzeit *w*
bröst [brößt] *s* Brust *w*, Busen *m*
bubbla [bubbla] *u* Blase *w* (Seifenblase usw.) ♦ *v* sprudeln (kochendes Wasser usw.)
buffé [buffee] *u* Imbiss *m* (Bahnhof), kaltes Büfett, warmes Büfett
buffévagn [büüfeewangn] *u* Speisewagen *m*
bukett [bukett] *u* Strauß *m* (Blumen), Blumenstrauß *m*
bukt [bukt] *u* Bucht *w*
bula [büüla] *u* Beule *w*
buljong [buljong] *u* Bouillon *w*, Brühe *w* (Suppe)
bulle [bull[e]] *u* Brötchen *s*, Kuchen *m*
buller [bull[e]r] *s* Krach *m*
bult [bult] *u* **1** Bergsteigerhaken *m* **2** Bolzen *m*, Stift *m* (Verbindungsteil)
bulta [bulta] *v* **1** schlagen *an etw. Akk* (an die Tür usw.) **2** hämmern (Herz usw.)
bunt [bunt] *u* **1** Bündel *s etw. Gen* (Briefe usw.) **2** Büschel *s* (Bananen usw.)
bur [büür] *u* Käfig *m*
burk [burk] *u* **1** Becher *m* **2** Blechbüchse *w*, Blechdose *w* **3** Einmachglas *s*
burköl [burkööl] *u* Dosenbier *s*
buskar [bußkar] *u Mz* Gebüsch *s*
buske [bußk[e]] *u* Strauch *m*
busksnår [bußkßnoor] *s* Gestrüpp *s*
buss [bußß] *u* Bus *m* (Verkehrsmittel)
busstation [bußßtachuun] *u* Busbahnhof *m*
by [bü] *u* Dorf *s*
bygga [bygga] *v* **1** aufbauen *etw. Akk* (Haus usw.), erbauen *etw. Akk*, errichten *etw. Akk*, bauen *etw. Akk* **2** bauen (Maschinen usw.)
byggarbetsplats [byggarbeedsplattß] *u* Baustelle *w*
byggnad [byggnad] *u* Bau *m* (Gebäude), Bauwerk *s*, Gebäude *s*
byggnadskomplex [byggnadskomplekkß] *u* Block *m* (von Häusern usw.)
byrå [byroo] *u* **1** Agentur *w* **2** Kommode *w*

byst [bvßt] *u* **1** Busen *m* **2** Büste *w*
byta [büta] *v* **1** tauschen *etw. Akk gegen etw.*, austauschen *etw. Akk gegen etw.* (gegenseitig) **2** tauschen (Blick usw.) **3** ablösen *j-n* (Tätigkeit übernehmen) **4** umsteigen *in etw. Akk* **5** invertieren (Reihenfolge), umkehren (Richtung usw.) **6** umschalten *etw. Akk auf etw. Akk*, schalten *etw. Akk auf etw. Akk* (Kamera usw.) ► **~ ut** auswechseln *j-n*, wechseln *etw. Akk für etw.* (ersetzen), auswechseln *etw. Akk gegen etw.*, austauschen *etw. Akk gegen etw.* (Ersatzteil usw.); **~ ut** *ngt* tauschen *etw. Akk* (Kabel usw.); **~ blöja (på ett barn)** ein Kind wickeln
byte [bütᵉ] *s* **1** Wechsel *m* (Änderung), Austausch *m*, Ersetzung *w* **2** Wechsel *m* (Ablösung) **3** Tausch *m*, Umtausch *m* (von Sachen) **4** Umsteigen *s* **5** Beute *w* (Diebesgut) **6** Beute *w* (Fang)
byxor [bykßur] *u Mz* Hose *w*
båda [booda] *num* beide
båge [boogᵉ] *u* **1** Bogen *m* **2** Reifen *m* (aus Metall)
båt [boot] *u* Boot *s*
båtresa [bootreeßa] *u* Schiffsreise *w*, Seeschifffahrt *w*, Schifffahrt *w* (Segeln usw.)
bäck [bäkk] *u* Bach *m*
bäcken [bäkken] *s* **1** Becken *s* (Körperteil) **2** Kessel *m* (Tal)
bägare [bäägarᵉ] *u* Kelch *m*, Pokal *m* (Trinkgefäß)
böjlig [bäjli] *adj* biegsam
bälte [bältᵉ] *s* **1** Gürtel *m* (Hosengürtel usw.) **2** Gurt *m* (Gürtel) **3** Streifen *m* (eines Landes usw.)
bänk [bängk] *u* Bank *w* (zum Sitzen)
bär [bäär] *s* Beere *w*
bära [bäära] *v* **1** tragen **2** tragen (können) *etw. Akk* **3** wegtragen *etw. Akk*, forttragen *etw. Akk* **4** tragen *etw. Akk* (Baum usw.) ► **~ frukt** Früchte tragen
bärare [bäärarᵉ] *u* **1** Inhaber *m* **2** Zusteller *m*, Überbringer *m* **3** Gepäckträger *m* (Person)
bärbar [bäärbaar] *adj* erträglich, tragbar
bärgningsbil [bäärjningßbiil] *u* Abschleppwagen *m*
bäst [bäßt] *adj* best(er,e,es) ♦ *adv* am besten
bättre [bättrᵉ] *adj* besser ♦ *adv* besser
böja [bööja] *v* **1** biegen *etw. Akk* **2** beugen (Knie usw.) **3** deformieren, krümmen (krumm machen) **4** konjugieren **5** deklinieren
böjlig [böjli] *adj* flexibel
bölja [bölja] *u* Welle *w* (Wasser)
bön [böön] *u* **1** Gebet *s* **2** Bitte *w um etw.*
böna [bööna] *u* Bohne *w*
bönfalla [böönfalla] *v* betteln *um etw.*
böra [bööra] *v* sollen, haben *+ zu + Inf.*
bördig [böördi] *adj* fruchtbar (Feld usw.)
börja [börja] *v* **1** beginnen, anfangen (Anfang haben) **2** beginnen *etw. Akk, mit etw.*, beginnen *etw. Akk, mit etw.* (eine Tätigkeit usw.), anfangen *etw. Akk*, herangehen *an etw. Akk* (Arbeit usw.) **3** antreten *etw. Akk* (Arbeitsstelle usw.)
början [början] *u* **1** Anfang *m*, Beginn *m* **2** Beginn *m*, Eintritt *m* (der Dunkelheit usw.) ► **i ~** am Anfang, anfangs
börs [börsch] *u* **1** Börse *w* **2** Geldtasche *w*, Portemonnaie *s*, Geldbörse *w*
bössa [bößßa] *u* Gewehr *s*
böta [bööta] *v* büßen *etw. Akk*
böter [böötᵉr] **ge ~** *till ngn* mit einer Geldstrafe belegen *j-n*

C

café [kafee] *s* Café *s*, (ÖrD) Kaffeehaus *s*
campa [kampa] *v* lagern (im Wald usw.), campen
campare [kamparᵉ] *u* Camper *m*
campingbuss [kampingbußß] *u* Wohnmobil *s*
campingplats [kampingplads] *u* **1** Camp *s*, Campingplatz *m* **2** Wohnmobilstellplatz *m*
cancer [kanßer] *u* Krebs *m* (Krankheit)
cell [ßell] *u* Zelle *w*
centimeter [ßentimeetᵉr] *u* Zentimeter *m/s*
central [ßentraal] *adj* Mittel-, zentral ♦ *u* Zentrale *w* (Telefonzentrale)
centralstation [ßentraalßtachuun] *u* Hauptbahnhof *m*
centrum [ßentrum] *s* **1** Zentrum *s* (Stadtzentrum usw.) **2** Hauptstelle *w* **3** Mittelpunkt *m* (einer Tätigkeit usw.), Knotenpunkt *m* (von Aktivitäten usw.), Zentrum *s* (Einrichtung)
ceremoni [ßeremonii] *u* Zeremonie *w*
ceremoniell [ßeremoniell] *adj* zeremoniell, feierlich, Zeremonien-
certifikat [ßertifikaat] *s* Bescheinigung *w*, Zeugnis *s*, Zertifikat *s*
chans [chanß] *u* Chance *w* (Möglichkeit), Chancen *w Mz* (Gewinnquote usw.)
charkuterivaror [scharkuteriiwaarur] *u Mz* Wurstwaren *w Mz*
charterresa [charterreeßa] *u* Pauschalreise *w*
chaufför [schoföör] *u* **1** Fahrer *m*, Lenker *m* **2** Fahrer *m* (von Beruf usw.), Chauffeur *m*
check [schekk] *u* Scheck *m*

checka in *v* **1** einchecken *j-n* **2** empfangen *j-n* (im Hotel) ► **~ sitt baggage** Gepäck einchecken
checka ut *v* auschecken (Hotel)
chef [cheef] *u* **1** Chef *m* **2** leitender Angestellter **3** Direktor *m* **4** Leiter *m* (einer Abteilung usw.)
chock [schokk] *u* Schock *m*
choklad [choklaad] *u* Schokolade *w*; **varm ~** heiße Schokolade
cigarett [ßigarett] *u* Zigarette *w*
cigarr [ßigarr] *u* Zigarre *w*
cirka [ßirka] *adv* ungefähr, etwa, mehr oder minder
cirkulera [ßirkuleera] *v* **1** umlaufen (kursieren) **2** kreisen *um etw.* **3** zirkulieren, umlaufen (Blut usw.)
cirkus [ßirkuß] *u* Zirkus *m*
cistern [ßißtern] *u* Tank *m*, Zisterne *w*
citron [ßitruun] *adj* Zitronen- ♦ *u* Zitrone *w*
citronsaft [ßitruunßaft] *u* Zitronenlimonade *w*
cocktail [kokktejl] *u* Cocktail *m*
consommé [konßomee] *u* Brühe *w*
container [kontejnᵉr] *u* Container *m*, Behälter *m*, Gefäß *s* (Behälter)
curry [kurry] *u* Curry *m/s*
cykel [ßükel] *u* **1** Fahrrad *s* **2** Zyklus *m*
cykelpump [ßykelpump] *u* Pumpe *w*
cylinder [ßylindᵉr] *u* Zylinder *m*
cylinderhatt [ßylinderhatt] *u* Zylinder *m* (Hut)
cymbaler [ßymbaalᵉr] *u Mz* Becken *s Mz*, Zimbeln *w Mz* (Musikinstrument)

D

dadel [daadel] *u* Dattel *w*
dag [daa] *u* Tag *m*; **en ~** irgendwann; **på dagen** tags, während des Tages
dagens [daagenß] *adj* zeitgenössisch
dagg [dagg] *u* Tau *m*
daghem [daaghem] *s* **1** Kindergarten *m* **2** Kinderkrippe *w*
dagis [daagiß] *u* Kindergarten *m*
daglig [daagli] *adj* täglich (Aufgaben usw.), Tages-; **två gånger/tre gånger dagligen** zweimal/dreimal täglich
dagligen [daaglijen] *adv* täglich (jeden Tag)
dagstidning [daakßtiidning] *u* Tageszeitung *w*
dal [daal] *u* Tal *s*
dam [daam] *u* Dame *w*, Damespiel *s*, Frau *w*
dambinda [daambinnda] *u* Damenbinde *w*
dammsuga [dammßüüga] *v* staubsaugen, staubsaugen *etw. Akk*, staubsaugen *etw. Akk*
dammsugare [dammßüügarᵉ] *u* Staubsauger *m*
damtoalett [daamtualett] *u* Damentoilette *w*, Damen *w Mz*
dans [danß] *u* Tanz *m*
dansa [danßa] *v* tanzen
darra [darra] *v* schütteln *j-n/etw.*, sich schütteln, zittern (vor Kälte usw.)
data [daata] *Mz* Daten *Mz*
dator [daator] *u* Computer *m*
datum [daatum] *s* Datum *s*, Termin *m* (Datum)
de [dom] *pron* **1** sie (Plural) **2** die ► **~ där** die (da); **~ här** diese
deadline [deedlajn] *u* Deadline *w*, Termin *m* (letzter)
debattera [debateera] *v* debattieren *etw. Akk*, debattieren *mit j-m über etw. Akk*, diskutieren *über etw. Akk*
debitera [debiteera] *v* belasten *mit etw.* (mit einem Betrag usw.)
december [deßember] *u* Dezember *m*
decennium [deßennium] *s* Dekade *w*, Jahrzehnt *s*
decimaltecken [deßimaaltekken] *s* Dezimalkomma *s*, Komma *s* (in Zahlen)
defekt [defekt] *u* **1** Defekt *m*, Mangel *m*, Fehler *m* **2** Makel *m* ♦ *adj* defekt, kaputt ► **ha en ~** defekt sein, nicht richtig funktionieren
definitiv [definitiiw] *adj* definitiv, endgültig
definitivt [definitiiwt] *adv* definitiv ♦ *part* eindeutig, bestimmt
deg [deeg] *u* Teig *m*
degar [deegar] *u Mz* (ugs.) Kohle *w* (Geld), Moneten *Mz*
dekoration [dekorachuun] *u* Dekoration *w*, Schmuck *m* (Zierde), Verzierung *w* (Gegenstand usw.)
dekorera [dekoreera] *v* **1** ausschmücken *etw. Akk mit etw.*, verzieren *etw. Akk mit etw.* (Zimmer), dekorieren *etw. Akk mit etw.* (Saal usw.), schmücken *etw. Akk mit etw.* **2** dekorieren (Schaufenster usw.)
del [deel] *u* **1** Stück *m etw. Gen* (einer Masse usw.) **2** Stück *s von etw.* (Teil eines Ganzen), Teil *m von etw., etw. Gen* (des Ganzen usw.) **3** Bestandteil *m etw. Gen* **4** Einzelteil *s* **5** Anteil *m an etw. Dat*
dela [deela] *v* **1** gliedern *etw. Akk in etw. Akk*, teilen *etw. Akk in etw. Akk* (in Teile) **2** teilen *etw. Akk mit j-m* (aufteilen) **3** teilen *etw.*

Akk mit j-m (gemeinsam nutzen) **4** schneiden *etw. Akk* (in Teile) ► ~ **upp** *ngt i ngt* einteilen *etw. Akk in etw. Akk* (in Stücke)

dela upp i *v* teilen *etw. Akk in etw. Akk* (in Teile)

delikatess [delikateßß] *u* Delikatesse *w*, Leckerbissen *m*

delikatessaffär [delikateßßafäär] *u* Feinkostgeschäft *s*

delta[1] [deeltaa] *v* **1** teilnehmen *an etw. Dat* (Teilnehmer sein), sich beteiligen *an etw. Dat* **2** teilnehmen *an etw. Dat*, sich beteiligen *an etw. Dat* (aktiv usw.) **3** teilen *etw. Akk mit j-m* (aufteilen)

delta[2] [delta] *s* Delta *s*

deltagande [deeltaagand^e] *s* **1** Besucherzahl *w* **2** Anwesenheit *w von j-m* **3** Beteiligung *w an etw. Akk*, Teilnahme *w an etw. Akk* (am Wettbewerb usw.) **4** Anteilnahme *w*, Teilnahme *w* (herzliche usw.)

deltagare [deeltaagar^e] *u* Teilnehmer *m etw. Gen*

delvis [deelwiiß] *adv* teilweise

demokrati [demokraßii] *u* Demokratie *w*

demonstration [demonßtrachuun] *u* **1** Demonstration *w* (Protest) **2** Vorführung *w* (Veranschaulichung)

den [den] *pron* das, es; ~ **där** der da

den, det *pron* **1** der, die, das **2** dieser, diese, dieses, derjenige, diejenige, dasjenige ► ~ **här, det här** dieser, diese, dieses

deodorant [deodorant] *u* Deodorant *s*, Deo *s*

departement [departement] *s* Ministerium *s*

deposition [depoßichuun] *u* Pfand *s*

deras [deeraß] *pron* ihr, ihre, ihres, ihr (3. Person Pl. possessiv)

design [dißajn] *u* Design *s*

designa [dißajna] *v* entwerfen *etw. Akk*

desillusionera [deßilußioneera] *v* enttäuschen *j-n*

desinfektion [deßinfekchuun] *u* Desinfektion *w*

desinfektionsmedel [deßinfekchuunßmeedel] *s* Desinfektionsmittel *s*

desinficera [deßinfißeera] *v* desinfizieren

desorientera [deßorienteera] *v* desorientieren, verwirren

desperat [deßperaat] *adj* verzweifelt ♦ *adv* verzweifelt

dessert [deßäär] *u* Dessert *s*, Nachtisch *m*

dessutom [deßüütom] *adv* **1** außerdem, überhin, und überdies **2** zusätzlich *zu etw.* (als Zusatz) ♦ *prep* neben *etw. Dat* (zusätzlich), außer *etw. Dat* (auch noch) ► **och** ~ und außerdem

destillera [deßtileera] *v* destillieren, brennen (Alkohol)

destination [deßtinachuun] *u* Bestimmungsort *m*

destruktion [deßtrukchuun] *u* Destruktion *w*, Zerstörung *w*

det [d^e] *pron* das, es; ~ **där** das da; ~ **vill säga** das heißt, d. h.; **och** ~ und zwar

detalj [detalj] *u* Detail *s*, Einzelheit *w*

detaljerat [detaljeerat] *adv* ausführlich, detailliert

detaljrik [detaljriik] *adj* ausführlich, eingehend, detailliert

detsamma [deßamma] *pron* dasselbe; **(tack)** ~ gleichfalls

diabetes [diabeeteß] *u* Diabetes *m*

diabild [diiabild] *u* Diapositiv *s*, Dia *s*

diamant [diamant] *u* Diamant *m*

diameter [diameet^er] *u* Durchmesser *m etw. Dat*

diarré [diaree] *u* Durchfall *m* (Erkrankung), Diarrhö *w*

diesel [diißel] *u* Dieselkraftstoff *m*, Diesel *m* (Kraftstoff)

diet [dieet] *adj* Diät- ♦ *u* Diät *w*

dig [dej] *pron* **1** dir **2** dich

digitalkamera [digitaalkaamera] *u* Digitalkamera *w*

dike [diik^e] *s* Graben *m* (Straßengraben usw.)

dikt [dikt] *u* Gedicht *s*

diktare [diktar^e] *u* Dichter *m*

dimension [dimenchuun] *u* Ausmaß *s*, Dimension *w*

dimljus [dimjuß] *s Mz* Nebelscheinwerfer *m Mz*

dimma [dimma] *u* Nebel *m*, Dunst *m*

din, ditt, dina *pron* dein, deine

direkt [direkt] *adv* direkt ► **inte** ~ eigentlich nicht

direktör [direktöör] *u* Chef *m*, Direktor *m*

dirigera [diricheera] *v* dirigieren (Orchester usw.)

disk [dißk] *u* **1** Geschirr *s* (zum Essen) **2** Schalter *m* (zur Abfertigung) **3** Theke *w*

diskho [dißkhuu] *u* Ausguss *m*, Spülbecken *s*

diskmaskin [dißkmachiin] *u* Spülmaschine *w*

diskotek [dißkoteek] *s* Disco *w*, Diskothek *w* (Club)

diskussion [dißkuchuun] *u* Diskussion *w*

diskutera [dißkuteera] *v* **1** besprechen *etw. Akk mit j-m*, diskutieren *über etw. Akk* **2** debattieren *etw. Akk* **3** debattieren *mit j-m über etw. Akk*

display [dißplej] *u* Display *s* (Gerät)

dispyt [dißpüt] *u* Streit *m*, Auseinandersetzung *w*

distinkt [dißtingkt] *adj* deutlich (klar erkennbar)
distribuera [dißtribueera] *v* verschicken (versenden), verteilen *etw. Akk irgendwohin* (über eine Fläche)
distrikt [dißtrikt] *s* Bezirk *m*, Landkreis *m*
dit [diit] *adv* dorthin, hin
dividera [diwideera] *v* dividieren *etw. Akk durch etw.* (Zahlen)
djup [jup] *adj* tief ♦ *s* Tiefe *w*
djupfrysa [jupfrüßa] *v* einfrieren (Lebensmittel usw.)
djupt [jupt] *adv* tief
djur [jur] *s* Tier *s*; **(vilda) ~** *u* Wild *s* (wild lebend)
djurpark [jurpark] *u* Zoo *m*, Tiergarten *m* (kleiner), Tierpark *m* (größer)
djurunge [jurung^e] *u* Junge *s*
dock [dokk] *conj* jedoch, aber
docka [dokka] *u* **1** Puppe *w* **2** Puppe *w* (an Fäden), Marionette *w* **3** Dock *s*
doft [doft] *u* Duft *m*
dokument [dokument] *s* **1** Dokument *s*, Urkunde *w* **2** Unterlagen *w Mz* ► **bifogad (dokument)** *u* Anhang *m* (zu einer E-Mail usw.)
dold [dold] *adj* **1** versteckt, verborgen **2** geheim **3** implizit, indirekt ausgedrückt **4** latent
dollar [dollar] *u* Dollar *m*
dom [dum] *u* **1** Tempel *m* (Gebäude) **2** Urteil *s* (richterliches)
domare [dumar^e] *u* **1** Schiedsrichter *m* (im Sport) **2** Richter *m*
dominerande [domineerand^e] *adj* **1** herrschsüchtig (Person usw.) **2** überwiegend
domkraft [dumkraft] *u* Wagenheber *m*, Winde *w*
domkyrka [dumschyrka] *u* Dom *m*, Kathedrale *w*
dop [duup] *s* Taufe *w*
doppa [doppa] *v* **1** eintauchen *etw. Akk in etw. Akk*, tauchen *etw. Akk in etw. Akk* **2** tauchen *etw. Akk in etw. Akk* (in den Saft usw.), eintauchen *etw. Akk in etw. Akk* (in Soße usw.)
dotter [dotter] *u* Tochter *w*
dotterdotter [dotterdotter] *u* Enkelin *w*
dotterson [dotterschoon] *u* Enkel *m*
dra [draa] *v* **1** hineinziehen *etw. Akk irgendwohin*, ziehen *etw. Akk irgendwohin* (Handwagen usw.) **2** ziehen *etw. Akk irgendwohin* (schleppen) **3** schleppen *j-n irgendwohin* **4** ziehen *an etw. Dat* **5** herausschleppen *j-n/etw.* **6** hineinziehen *j-n in etw. Akk* (in einen Streit usw.) **7** ziehen (Waffe) ► **~ åt sidan** zuziehen *etw. Akk* (Vorhang usw.); **~ fram** herausziehen *etw. Akk aus etw.*, ziehen *etw. Akk aus etw.*; **~ samman** *ngt* zusammenziehen (schrumpfen lassen); **~ upp** hochziehen, aufziehen (nach oben)
drabba [drabba] *v* betreffen *etw. Akk* (Erdbeben), ergreifen *etw. Akk* (Krankheit usw.)
dra för *v* zuziehen *etw. Akk* (Vorhang usw.)
drag [draag] *s* **1** Zug *m* (im Schach usw.) **2** Durchzug *m* **3** Ausdruck *m* (im Gesicht usw.) **4** Zug *m* (Wesenszug) **5** Tiefgang *m* **6** Schluck *m etw. Gen*
dra ifrån *v* abnehmen (Menge usw.)
dramatisk [dramaatißk] *adj* dramatisch
draperi [draperii] *s* Vorhang *m*
dra till *v* ziehen (Waffe)
dra till sig *v* anziehen *j-n* (attraktiv sein)
dra upp *v* **1** herausreißen *etw. Akk* (Zahn usw.), ausreißen *etw. Akk* (Haar usw.) **2** herausnehmen **3** aufziehen (Uhr usw.)
dra åt *v* zusammenziehen (Schlinge usw.), festziehen, zuziehen (Schlinge usw.), anziehen (Schraube)
dressing [dreßßing] *u* Dressing *s*
dricka [drikka] *v* **1** trinken *etw. Akk*, trinken *etw. Akk* **2** austrinken *etw. Akk* (Tee usw.) **3** trinken (Durst stillen) **4** saufen (Alkohol) ♦ *u* Getränk *s* ► **~ upp** austrinken *etw. Akk* (Glas usw.)
dricka upp *v* austrinken (zu Ende trinken)
drickbar [drikkbaar] *adj* trinkbar
dricks [drikkß] *u* Trinkgeld *s*
dricksvatten [drikkßwatten] *s* Trinkwasser *s*
drift [drift] *u* **1** Betrieb *m etw. Gen* **2** Antrieb *m* ► **heldags ~** *u* Ganztagsbetrieb *m*; **ur ~** außer Betrieb
driva [driiwa] *v* **1** treiben *j-n/etw. irgendwohin* **2** antreiben, anstacheln (zur Aktivität usw.) **3** antreiben (eine Turbine usw.) **4** jagen *j-n/etw.* **5** treiben *j-n zu etw./in etw. Akk* (veranlassen) ► **~ en verksamhet** Unternehmen betreiben
driva fram *v* beschleunigen *etw. Akk* (Anfang usw.)
driva på *v* treiben *j-n/etw. irgendwohin*
drivmedel [driiwmeedel] *s* Treibstoff *m*, Kraftstoff *m*
drog [drug] *u* Droge *w*
droppa [droppa] *v* abtropfen *auf etw. Akk*, tropfen (Wasser usw.)
droppe [dropp^e] *s* Tropfen *m*
drottning [drottning] *u* Königin *w*
drunkna [drungkna] *v* am Ertrinken sein, ertrinken; **hålla på att ~** am Ertrinken sein
druva [drüüwa] *u* Trauben *w Mz*
dryck [drykk] *u* Getränk *s*
dräkt [dräkt] *u* **1** Outfit *s*, Kleidung *w* **2** Kostüm *s* (für Frauen)
dräneringsrör [dräneringßröör] *s* Abfluss *m* (Öffnung), Ablauf *m*

dräpa [drääpa] *v* **1** töten, umbringen **2** abschlachten, hinmorden **3** vertilgen (Ungeziefer usw.) **4** ein Attentat *auf j-n* verüben
dröm [dröm] *u* Traum *m*
drömma [drömma] *v* träumen *von j-m/etw.*
drömmer [drömm^e^r] *v* träumen *von j-m/etw.*
du [düü] *pron* du; **med dig** mit dir
dubbel [dubbel] *adj* doppelt, Doppel-, zweifach, dual
dubbelrum [dubbelrum] *s* Doppelzimmer *s*, Zweibettzimmer *s*
dubbelt [dubbelt] *adv* doppelt; **~ så mycket** doppelt so viel
duk [düük] *u* **1** Plane *w* **2** Tischdecke *w*, Tischtuch *s*, Tuch *s* (auf Tisch)
duka [düüka] *v* Tisch decken
duktig [dukti] *adj* fähig (geschickt usw.), geschickt, gewandt, tüchtig
dum [dum] *adj* blöd, blöde, dumm, doof
dumhet [dumheet] *u* **1** Dummheit *w*, Stupidität *w* **2** Blödsinn *m*
dumskalle [dumßkall^e^] *u* Dummkopf *m*, Idiot *m*
dumt [dumt] *adv* blöd, blöde, dumm, stupid
dunder [dund^e^r] *s* **1** Donner *m* **2** Sausen *s*, Donnern *s*
dunk [dungk] *u* **1** Kanister *m* **2** Schlag *m* (mit Faust usw.)
dunkel [dungkel] *adj* dunkel, düster (Raum usw.) ♦ *s* Dämmerlicht *s*
dusch [dusch] *u* Dusche *w*
duscha [duscha] *v* eine Dusche nehmen, (sich) duschen
dussin [dußßin] *s* Dutzend *s*
duva [düüwa] *u* Taube *w*
d.v.s. [deeweeeß] *abbr* d. h. (das heißt), d. i. ♦ *conj* also, das heißt
dvärg [dwärj] *u* Zwerg *m* (in Märchen)
dyka [düka] *v* **1** tauchen *in etw. Akk*, tauchen (Ente usw.) **2** tauchen (als Taucher) **3** einen Kopfsprung machen
dykarglasögon [dükarglaßöögon] *Mz* Taucherbrille *w*
dykning [dükning] *u* Tauchen *s*
dynga [dynga] *u* **1** Mist *m* (Dünger usw.), Dung *m* **2** Kot *m* **3** Dreck *m*, Mist *m* (Schmutz usw.)
dyr [dür] *adj* aufwendig, aufwändig, kostspielig, teuer; **bli dyrare** sich verteuern, teurer werden
dyrkare [dyrkar^e^] *u* Anhänger *m* (des Teufels usw.)
då [doo] *adv* **1** damals **2** dann ♦ *conj* denn, weil
dåd [dood] *u* Tat *w*
dålig [dooli] *adj* schlecht (minderwertig)
dåligt [doolit] *adv* **1** schlecht, mies **2** unwohl, übel
däck [däkk] *s* **1** Bord *m* (eines Schiffes), Deck *s* **2** Bord *m* (eines Flugzeugs usw.) **3** Reifen *m*
däckstol [däkkßtuul] *u* Strandliege *w*
dämpa [dämpa] *v* **1** dämpfen (Schall usw.) **2** leiser machen (Radio usw.) **3** dämpfen (Licht), abblenden (Scheinwerfer) **4** dämpfen (Stoß usw.) **5** mindern *etw. Akk*, verringern *etw. Akk* (Risiko usw.) **6** mildern (Zorn usw.) **7** unterdrücken (Gefühle usw.) **8** dämpfen (unterdrücken) **9** abstumpfen *etw. Akk* (gefühllos machen), betäuben *etw. Akk*, lindern *etw. Akk* (Schmerz usw.)
där [däär] *adv* dort
därför [däärföör] *adv* daher, deshalb, deswegen, (und) daher
dö [döö] *v* **1** sterben *an etw. Dat*, umkommen (sterben) **2** eingehen (Tiere)
död [dööd] *adj* tot ♦ *u* Tod *m*
döda [dööda] *u Mz* Verstorbene *m* ♦ *v* töten *j-n/etw.*, umbringen *j-n/etw.*
dödlig [döödli] *adj* **1** sterblich **2** tödlich (Verletzung usw.) **3** letal, tödlich (Dosis usw.)
dölja [dölja] *v* **1** verstecken *etw. Akk vor j-m*, verbergen *etw. Akk vor j-m* (unter Mantel usw.) **2** verleugnen *j-n/etw.* (verheimlichen) **3** verhüllen **4** verheimlichen *etw. Akk vor j-m*
döma [dööma] *v* **1** richten *j-n* (vor dem Gericht usw.) **2** verurteilen *j-n zu etw.* (zu Strafe)
dörr [dörr] *u* Tür *w*, Türdurchgang *m* (Türöffnung)
döv [dööw] *adj* taub

E

ebb [ebb] *u* Ebbe *w*; **~ och flod** *u* Gezeiten *w Mz*
effekt [efekt] *u* Effekt *m*, Wirkung *w auf j-n/etw.* (Auswirkung); **ha ~** wirken
effektiv [efektiiw] *adj* **1** effektiv (Methode usw.), wirksam (Maßnahme, Plan usw.) **2** leistungsfähig
efter [efter] *adv* danach, nachher, zurück (zurückgeblieben) ♦ *prep* nach (später)
efterfrågan [efterfroogan] *s* Nachfrage *w nach etw.*
eftermiddag [eftermidda] *u* Nachmittag *m*; **klockan tre på eftermiddagen** nachmittags um drei
efternamn [efternamn] *s* Familienname *m*, Zuname *m*, Nachname *m*
efterrätt [efterrätt] *u* Nachtisch *m*, Dessert *s*, Nachspeise *w*

eftersom [efterschom] *conj* denn, weil
eftertryckligt [eftertrykklit] *adv* nachdrücklich, ausdrücklich (ablehnen usw.)
efterträda [efterträäda] *v* **1** folgen *j-m/etw.* (nachgehen) **2** *j-s* Nachfolger sein
efterträdare [eftärträädar^e^] *u* Nachfolger *m j-s*
efteråt [efteroot] *adv* danach, darauf ♦ *conj* nachdem
egen [eegen] *adj* eigen
egendom [eegenduum] *u* Eigentum *s*, Besitz *m*, Immobilie *w*
egenskap [eegenßkaap] *u* **1** Eigenschaft *w j-s/etw.* **2** Charakter *m* (einer Landschaft usw.)
egentligen [ijentlijen] *part* eigentlich
ek [eek] *u* Eiche *w*, Eich(en)baum *m*
eko [eeko] *s* Echo *s*
ekologisk [ekoloogißk] *adj* ökologisch, Umwelt-
ekonomi [ekonomii] *u* **1** Wirtschaft *w* **2** Ökonomie *w* (Wissenschaft)
ekonomisk [ekonoomißk] *adj* **1** ökonomisch (Lage usw.), wirtschaftlich **2** ökonomisch, sparsam (Wagen usw.)
ekonomiskt [ekonoomißkt] *adv* sparsam
elastisk [elaßtißk] *adj* elastisch
eld [eld] *u* Feuer *s* (Flammen)
elda [elda] *v* **1** heizen *irgendwo* **2** einheizen (Ofen usw.) ► **~ (upp)** beheizen, heizen (Zimmer usw.)
eldsvåda [eldswooda] *u* Brand *m*
elefant [elefant] *u* Elefant *m*
elegant [elegant] *adj* elegant, schick
elektricitet [elektrißiteet] *u* Elektrizität *w*
elektriker [elektriik^e^r] *u* Elektriker *m*
elektrisk [elektrißk] *adj* elektrisch
element [element] *s* Element *s*
elev [eleew] *u* Schüler *m*
elfenben [elfenbeen] *s* Elfenbein *s*
eller [eller] *conj* oder; **varken… ~** kein (von beiden), weder… noch; **Eller hur?** Nicht wahr?, Oder?
elström [eelßtröm] *u* (elektrischer) Strom
elva [elwa] *num* elf
e-mail [iimejl] *u* E-Mail *w*; **skicka ~** *till ngn* E-Mail schicken *j-m*
emballage [ambalaash] *s* Verpackung *w*
emedan [emeedan] *conj* denn, weil
emellanåt [emellanoot] *adv* manchmal, ab und zu
emellertid [emellertiid] *part* übrigens, im Übrigen
emot [emuut] *prep* gegen *j-n/etw.* (wirken usw.)
en [en] *num* ein, eine, ein ♦ *u* Wacholder *m*
enande [eenand^e^] *s* Vereinigung *w* (Vereinigen)
enastående [eenaßtooend^e^] *adj* einzigartig, einmalig
enbart [enbaart] *adv* ausschließlich, einzig
enda [enda] *adj* einzig ♦ *num* einzig
endast [endaßt] *adv* einzig, lediglich ♦ *conj* nur dass ♦ *part* erst (vor kurzer Zeit)
energi [enerchii] *u* Energie *w*
energisk [energißk] *adj* energisch, lebhaft (Mensch), munter
engelsk [eng^e^lßk] *adj* englisch; **~ mil** *u* Meile *w*
engelska [eng^e^lßka] *u* Englisch(e) *s*; **(på) ~** englisch
engelsman [eng^e^lßman] *u* Engländer *m* (Person)
England [englann] *s* England *s*
enhet [enheet] *u* **1** Einheit *w* **2** Einheit *w* (Meter usw.), Maßeinheit *w*
enhetlig [enheetli] *adj* einheitlich (für alle gleich)
enhetligt [enheetlit] *adv* einheitlich (vorgehen usw.)
enig [eeni] *adj* **1** einig **2** abgemacht, verabredet
enkelriktad [engkelriktad] *adj* einbahnig
enkelrum [engkelrum] *s* Einbettzimmer *s*, Einzelzimmer *s*
enkelt [engkelt] *adv* **1** einfach **2** leicht (ohne Problem) **3** leicht (erreichbar usw.), bequem (zugänglich usw.)
enligt [eenlit] *prep* nach *etw.* (Vorbild), gemäß *etw. Dat*
enorm [enorm] *adj* **1** enorm **2** riesig, riesengroß **3** eminent (Wert usw.), riesig, überwältigend (Sehnsucht usw.) **4** gewaltig, enorm (Intensität) **5** grenzenlos, maßlos **6** überschüssig
enormt [enormt] *adv* übermäßig
ensam [enßam] *adj* **1** allein (ohne Andere) **2** einsam, allein (Person) **3** einsam (Haus usw.)
ensidig [enßiidi] *adj* einseitig
enskild [enchild] *adj* einzeln
enstaka [eenßtaaka] *adj* einzeln
entitet [entiteet] *u* Person *w* (juristische usw.)
enträgen [enträägen] *adj* **1** energisch **2** halsstarrig, unbeugsam, stur
entusiasm [entußiaßm] *u* **1** Begeisterung *w für etw.*, Eifer *m für etw.*, Feuereifer *m* **2** Begeisterung *w* (Verve usw.)
entusiastisk [entußiaßtißk] *adj* **1** begeistert *von etw.* (hingerissen) **2** begeistert *für etw.* (engagiert)
entydig [entüdi] *adj* **1** eindeutig **2** direkt (Lösung usw.)

envis [enwiiß] *adj* **1** zäh (mit Ausdauer usw.) **2** eigensinnig, starrsinnig
er, era *pron* euer, eure
era [eera] *u* Ära *w*, Epoche *w*, Zeit *w* (Ära)
erbjuda [eerbjuda] *v* anbieten, anbieten *j-m etw. Akk*, bieten *j-m etw. Akk*
erbjudande [erbjudandᵉ] *s* Angebot *s*
erfaren [eerfaaren] *adj* erfahren
erfarenhet [eerfaarenheet] *u* **1** Erfahrung *w* **2** Praxis *w* (Berufserfahrung), Berufserfahrung *w*
erinra sig *v* erinnern *j-n an etw. Akk* (an Erlebnis usw.)
erkänna [eerschänna] *v* **1** bekennen *etw. Akk*, gestehen *etw. Akk* **2** zugeben, zugestehen, einsehen **3** anerkennen *etw. Akk* (offiziell)
erstättning [eerschtättning] *u* Ersatz *m für etw.*
ersätta [eerschätta] *v* **1** ersetzen *j-n/etw. durch j-n/etw.* **2** ersetzen (durch Besseres usw.) **3** ersetzen *j-n/etw.* (Nachfolger usw.) **4** wiedergutmachen *j-m etw. Akk* **5** rückerstatten *etw. j-m*, rückvergüten *etw. j-m* (für Ware usw.) **6** einsetzen *etw. Akk in etw. Akk* (in Gleichung usw.)
ess [eßß] *s* Ass *s*
etage [etaash] *s* Stock *m* (Geschoss)
etikett [etikett] *u* **1** Etikett *s* **2** Etikette *w* **3** Aufkleber *m* **4** Zettel *m* (mit Notiz usw.), Schild *s*
ett [ett] *num* ein, eine, ein
euro [eeuro] *u* Euro *m*
Europa [euroopa] *s* Europa *s*
europeisk [europeeißk] *adj* europäisch
europé [europee] *m* Europäer *m* ♦ *u* Europäer *m*
evenemang [ewenemang:] *s* Veranstaltung *w*
eventuell [ewentuell] *adj* eventuell, Eventual-, möglich (potenziell)
evig [eewi] *adj* ewig, andauernd (Probleme usw.)
evigt [eewit] *adv* ewig (für immer)
exakt [ekßakt] *adj* exakt ♦ *adv* **1** genau, präzis **2** genau (richtig) **3** akkurat, genau **4** genau (feststellen usw.) ♦ *part* genauer (gesagt)
examinera [ekßamineera] *v* prüfen *j-n in etw. Dat*
exempel [ekßempel] *s* **1** Beispiel *s etw. Gen* (Beweis) **2** Beispiel *s* (Muster) **3** Rechenaufgabe *w* ► **till ~** zum Beispiel
existera [ekßißteera] *v* existieren
expedit [ekßpediit] *u* Verkäufer *m*
expedition [ekßpedichuun] *u* **1** Expedition *w* **2** Dispatching-Zentrale *w*
experiment [ekßperiment] *s* Experiment *s*
expert [ekßpert] *u* Experte *m*, Fachmann *m für etw.*
explosion [ekßplochuun] *u* Explosion *w*
export [ekßport] *u* Ausfuhr *w*, Export *m*
exportera [ekßporteera] *v* ausführen *etw. Akk*, exportieren, exportieren *etw. Akk*
express [ekßpreßß] *adj* Eil-, Express- ♦ *adv* eilig (schicken usw.) ♦ *u* Schnellzug *m*
extra [ekßtra] *adj* **1** extra (Service usw.), Extra- **2** zusätzlich (als Zusatz usw.), Zusatz- ♦ *adv* zusätzlich (übrig), extra (noch dazu)
extrabädd [ekßtrabädd] *u* Aufbettung *w*
extrakt [ekßtrakt] *u* Extrakt *m* (Saft usw.)
extraordinär [ekßtraordinäär] *adj* außergewöhnlich, ungewöhnlich (Fähigkeit usw.)
extraordinärt [ekßtraordinäärt] *adv* außerordentlich
extremitet [ekßtremiteet] *u* Glied *s* (Gliedmaße)

F

fabrik [fabriik] *u* Betrieb *m* (Fabrik usw.), Fabrik *w*
fack [fakk] *u* Fach *s* (im Schrank usw.)
fackförening [fakkföreening] *u* Gewerkschaft *w*
faktiskt [faktißt] *part* überhaupt (eigentlich)
faktum [faktum] *s* Fakt *m/s*, Tatsache *w*
faktura [faktüüra] *u* Rechnung *w*
fakultet [fakulteet] *u* Fakultät *w*
falk [falk] *u* Falke *m*
fall [fall] *s* **1** Fall *m* (das Fallen), Sturz *m* (in die Tiefe usw.) **2** Sturz *m* (Machtverlust usw.), Fall *m* **3** Vorfall *m*, Fall *m* (Angelegenheit) ► **i alla ~** sowieso, jedenfalls
falla [falla] *v* **1** fallen **2** stürzen (Regierung usw.) **3** verfallen *in etw.* (in Wut usw.) ► **~ genom** *ngt* durchfallen *durch etw.*; **~ (ner)** fallen (zum Boden)
falla ihop *v* zusammenbrechen (Mensch)
falla in *v* **1** einfallen *j-m* (Idee usw.) **2** fallen *in etw. Akk* (in eine Kategorie)
falla samman *v* einbrechen (Decke usw.)
falla ut *v* ausfallen
falsk [falßk] *adj* **1** falsch, gefälscht (Kunstwerk usw.) **2** unaufrichtig, unecht (Zuneigung usw.), vorgetäuscht **3** unwahr
falskt [falßkt] *adv* falsch (beschuldigen), zu Unrecht
familj [familj] *u* Familie *w*
fan[1] [faan] *u* Teufel *m*
fan[2] [fään] *s* Fan *m von j-m/etw.*

fantasi [fantaßii] *u* Fantasie *w*, Vorstellungsvermögen *s*
fantastisk [fantaßtißk] *adj* **1** fantastisch **2** toll, hinreißend (fantastisch) **3** toll, fabelhaft **4** erstaunlich
fantastiskt [fantaßtißt] *adv* fantastisch
far [faar] *u* Vater *m* (Elternteil)
fara [faara] *u* **1** Gefahr *w* **2** Gefahr *w*, Risiko *s* (einer Ansteckung usw.) **3** Bedrohung *w* ♦ *v* **1** rasen *irgendwohin* (sich fortbewegen) **2** durchrasen *an etw. Akk, durch etw.* ► **utsätta** *ngn* **för ~** bedrohen *j-n/etw.*
farbar [faarbaar] *adj* befahrbar
farbror [faarbruur] *u* Onkel *m* (Bruder des Vaters)
farlig [faarli] *adj* gefährlich
farligt [faarlit] *adv* gefährlich
farthållare [faarthollar^e] *u* Tempomat *m*
fartyg [fartüg] *s* Schiff *s* (Wasserfahrzeug), Wasserfahrzeug *s*, Fahrzeug *s* (Schiff, Boot usw.)
fas [faaß] *u* Phase *w*
fasad [faßaad] *u* **1** Fassade *w*, Vorderfront *w* **2** Verkleidung *w* (aus Holz usw.)
fast [faßt] *adj* **1** fest (widerstandsfähig) **2** fix, Fix- **3** fest (Stoff usw.) **4** immobil, unbeweglich (Vermögen) ♦ *adv* fest (entschlossen usw.) ♦ *conj* obwohl
fasta [faßta] *u* Fastenzeit *w*
fastland [faßtlann] *s* Festland *s*
fastställa [faßdställa] *v* festlegen
fastän [faßtän] *conj* obwohl
fat [faat] *s* **1** Fass *s* **2** (kleine) Platte *w*
fatta [fatta] *v* **1** begreifen *etw. Akk*, verstehen *etw. Akk* **2** verspüren
fattas [fattaß] *v* **1** fehlen (gestohlen werden usw.), verschwunden sein **2** mangeln *an etw. Dat*, fehlen *an etw. Dat*
fattig [fatti] *adj* **1** arm, notleidend **2** arm (bedauernswert usw.) ► **en ~ människa** *u* Arme *m* (ohne Geld usw.)
fattigdom [fattigduum] *u* Not *w* (Mangel an Geld usw.), Armut *w*
fatöl [fatööl] *s* Bier vom Fass, gezapftes Bier
favorit [faworiit] *u* **1** Favorit *m* (im Rennen usw.) **2** Liebling *m* (Favorit)
fax[1] [fakß] *u* Faxgerät *s*, Fax *s/m* (Gerät)
fax[2] [fakß] *s* Fax *s/m* (Dokument usw.)
faxa [fakßa] *v* faxen, faxen *j-m etw. Akk*
feber [feeb^er] *u* erhöhte Temperatur, Fieber *s*
februari [februaari] *u* Februar *m*
feg [feeg] *adj* feige
fel [feel] *s* **1** Fehler *m* (Verstoß) **2** Mangel *m* (Defekt usw.), Fehler *m* (Funktionsfehler usw.) **3** Schaden *m* (Fehler) **4** Fehler *m* (an einer Ware usw.), Mangel *m* (an einem Produkt usw.) ► **Det är inte mitt ~!** Es ist nicht meine Schuld!
felaktig [feelakti] *adj* **1** falsch, unrichtig **2** irrig **3** fehlerhaft ♦ *adv* falsch (antworten usw.)
fem [fem] *num* fünf
femte [femt^e] *num* fünft(er,e,es)
femtedel [femtedeel] *u* Fünftel *s*
femtio [femti] *num* fünfzig
femton [femton] *num* fünfzehn
fena [feena] *s* Flosse *w*
fenomen [fenomeen] *s* **1** Erscheinung *w*, Phänomen *s* **2** Kanone *w in etw. Dat* (Könner)
fertil [fertiil] *adj* fruchtbar (Frau usw.)
fest [feßt] *u* **1** Feier *w*, Fest *s* (Veranstaltung) **2** Fete *w*, Party *w*
festa [feßta] *v* **1** feiern, abfeiern (eine Party haben) **2** schmausen *etw. Akk*
festlig [feßtli] *adj* **1** Fest-, Feier- **2** festlich **3** lustig (amüsant)
festmåltid [feßtmooltiid] *u* Fest *s* (Bankett usw.), Festessen *s*
fet [feet] *adj* **1** fett (Fleisch usw.), fettig (Gericht usw.) **2** fettig (Papier usw.) **3** fettleibig
fett [fett] *s* **1** Fett *s* **2** Speck *m* (Schweinespeck)
fiasko [fiaßko] *s* **1** Fiasko *s* **2** Durchfall *m* (Film usw.)
ficka [fikka] *u* Tasche *w* (in Kleidungsstücken)
fickkniv [fikkkniiw] *u* Taschenmesser *s*
ficklampa [fikklampa] *u* Taschenlampe *w*
ficktjuv [fikkschüüw] *u* Taschendieb *m*
fiende [fiend^e] *u* Feind *m*
fientlig [fientli] *adj* feindlich
figur [figüür] *u* **1** Figur *w* **2** Figur *w* (geometrische), Gebilde *s* (geometrisches)
fikon [fiikon] *s* Feige *w* (Frucht)
fil [fiil] *u* **1** Fahrspur *w* **2** Datei *w*, Feile *w* **3** Akte *w*
filé [filee] *u* Filet *s*
filial [filiaal] *u* Filiale *w*, Zweigstelle *w*
film [film] *u* **1** Film *m* (Spielfilm) **2** Bildmaterial *s*, Filmmaterial *s*
filma [filma] *v* drehen (Film), filmen, filmen *etw. Akk*
filt [filt] *u* Decke *w* (im Bett), Filz *m*
filter [filter] *s* Filter *m*
fin [fiin] *adj* **1** fein, zart (Struktur usw.) **2** schön (Sache) **3** schön (Person), hübsch, gutaussehend **4** schön (Gehalt usw.) ► **fint väder** schönes Wetter; **Det är fint väder.** Das Wetter ist schön.
finansiell [finanßiell] *adj* finanziell
finger [fing^er] *s* Finger *m*
finnas [finnaß] *v* **1** sich befinden *irgendwo* **2** vorkommen *irgendwo* (Tierart usw.) ► **det finns** es gibt

finna sig *v* sich abfinden *mit etw.*
finne [finnᵉ] *m* Finne *m* ♦ *u* Pickel *m* (in der Haut)
fint [fiint] *adv* **1** schön (angenehm, gehörig) **2** schön (gemacht), hübsch **3** fein (gemahlen usw.) ♦ *u* Finte *w*
finurlig [finüürli] *adj* sinnvoll (Lösung usw.), sinnreich
fiol [fiuul] *u* Geige *w*
fira [fiira] *v* feiern, feiern *etw. Akk*
firande [fiirandᵉ] *s* Feier *w*, Fest *s* (Veranstaltung)
firma [firma] *u* Firma *w*
fisk [fißk] *u* Fisch *m*
fiska [fißka] *v* **1** fischen **2** herausfischen *etw. Akk aus etw.*
fiskare [fißkarᵉ] *u* Fischer *m*
Fiskarna [fißkarna] *u Mz* Fische *Mz*
fiskdamm [fißkdamm] *u* Teich *m*
fix [fikß] *adj* fest (klar bestimmt)
fixa [fikßa] *v* basteln
fjorton [fjurton] *num* vierzehn
fjäder [fjäädᵉr] *u* **1** Feder *w* **2** Gefieder *s*
fjäderfä [fjääderfää] *adj* Geflügel- ♦ *s* Geflügel *s*
fjäll [fjäll] *s* **1** Berge *w Mz*, Gebirge *s* **2** Schuppe *w* (von Fisch usw.) ► **i fjällen** im Gebirge
fjärde [fjäärdᵉ] *num* viert(er,e,es)
fjärdedel [fjäärdedeel] *u* Viertel *s* (vierter Teil)
fjäril [fjääril] *u* Schmetterling *m*
fjärrkontroll [fjärrkontroll] *u* Fernbedienung *w*, Fernsteuerung *w* (Tätigkeit)
fjärrstyrning [fjärrrschtürning] *u* Fernbedienung *w* (Gerät), Fernsteuerung *w* (Tätigkeit)
fjäska [fjäßka] *v* kriechen *vor j-m*
fladdermus [fladdermüüß] *u* Fledermaus *w*
flagga [flagga] *u* Banner *s*, Fahne *w*, Flagge *w*
flagnar [flangnar] *v* abfallen (Laub usw.)
flank [flangk] *u* Flügel *m* (einer Armee usw.)
flaska [flaßka] *u* Flasche *w*, Buddel *w*
flasköppnare [flaßköppnarᵉ] *u* Flaschenöffner *m*
flatulens [flatüülenß] *u* Blähung *w*, Blähsucht *w*, Flatulenz *w*
flera [fleera] *num* einige, ein paar
flicka [flikka] *u* Mädchen *s*
flickvän [flikkwän] *u* Freundin *w* (Partnerin)
flitig [fliiti] *adj* fleißig
flock [flokk] *u* Rudel *s* (Wölfe usw.), Meute *w* (Hunde)
flod [fluud] *u* Fluss *m* (Gewässer), Flut *w*
flodbädd [fluudbädd] *u* Bett *s* (eines Flusses usw.), Flussbett *s*
fluga [flüüga] *u* **1** Fliege *w* **2** Modeerscheinung *w*
fly [flü] *v* **1** entfliehen, entkommen, fliehen (aus Gefängnis usw.) **2** flüchten *irgendwoher*, fliehen *irgendwoher*
flyga [flüga] *v* **1** fliegen **2** überfliegen *etw. Akk*, überfliegen *etw.* (hinwegfliegen) **3** durchfliegen *durch etw.* (durch Wolken usw.) ► **~ bort** abfliegen; **~ över** *ngt* überfliegen *etw. Akk* (fliegen); **~ upp** abheben (Flugzeug usw.); **~ ut** hinausstürzen; **~ ut** *ur ngt* fliegen *etw. Nom aus etw.*, ausfliegen *etw. Nom aus etw.*
flygare [flügarᵉ] *u* Pilot *m*, Flieger *m* (Person)
flygbiljett [flügbiljett] *u* Flugticket *s*, Flugkarte *w*, Flugschein *m* (Ticket)
flygbolag [flügbulaag] *s* Fluggesellschaft *w*
flyghaveri [flüghaawerii] *v* abstürzen (Flugzeug usw.)
flygning [flügning] *u* **1** Flug *m* **2** Flugwesen *s*, Luftfahrt *w*
flygplan [flügplaan] *s* Flugzeug *s*, Luftfahrzeug *s*
flygplats [flügplads] *u* Flughafen *m*
flygpost [flügpoßt] *u* Luftpost *w*
flygvärdinna [flügwärdinna] *u* Stewardess *w*, Flugbegleiterin *w*
flyta [flüta] *v* **1** schwimmen (Papierschiff) **2** über Wasser halten **3** fließen (Wasser, Tränen usw.)
flytande [flütandᵉ] *adj* **1** schwimmend, Schwimm- **2** fließend, flüssig ♦ *adv* fließend (lesen usw.), flüssig (reden usw.)
flytta [flytta] *v* **1** verlegen *etw. Akk irgendwohin*, umstellen *etw. Akk irgendwohin* (Möbel usw.), verschieben *etw. Akk irgendwohin* (Stelle wechseln) **2** umziehen *etw. Akk* (Umzug durchführen), umziehen *j-n/etw. irgendwohin* (j-s Umzug durchführen) **3** umziehen (in neue Wohnung usw.), wegziehen (in andere Wohnung) **4** ausräumen *etw. Akk aus etw.*, ausziehen lassen *j-n* **5** migrieren, umziehen (übersiedeln) **6** zur Räumung zwingen *j-n* **7** bewegen *etw. Akk* **8** übertragen *etw. Akk irgendwohin* (Gegenstände usw.) **9** abschieben *j-n* (auf einen anderen Posten usw.) ► **~ på** abschieben; **~ sig** Platz machen; **~ ut** ausziehen (aus dem Haus usw.)
flyttning [flyttning] *u* Umzug *m* (Wohnungswechsel)
flytväst [flütwäßt] *u* Schwimmweste *w*
flå [floo] *v* häuten *etw. Akk* (Tier), schneiden (Schaf usw.)
fläck [fläkk] *u* **1** Fleck *m* **2** Flecken *m* **3** Schmutzstreifen *m*
fläkt [fläkt] *u* Ventilator *m*, Lüfter *m*

fläktrem [fläktrem] *u* Keilriemen *m* (Ventilatorriemen)
fläsk [fläßk] *s* Schweinefleisch *s*
fläta [flääta] *u* **1** Zopf *m* **2** Pferdeschwanz *m* ♦ *v* **1** flechten **2** flechten *etw. Akk* (Kranz usw.)
flöde [flööde] *s* **1** Welle *w von etw.*, Schwall *m etw. Gen* **2** Fluss *m* (des Verkehrs usw.)
flöjt [flöjt] *u* Flöte *w*
flörta [flöörta] *v* flirten *mit j-m*
foder [fuuder] *s* **1** Futter *s* (Nahrung) **2** Viehfutter *s* **3** Futter *s* (Stoff)
folk [folk] *s* **1** Volk *s*, Nation *w* **2** Volk *s* (Bevölkerung) **3** Leute *Mz* (Lebewesen)
folklore [folkloor] *u* Folklore *w*, Überlieferung *w*
folkmassa [folkmaßßa] *u* Schar *w*
fontän [fontään] *u* Brunnen *m* (Fontäne), Springbrunnen *m*
fordon [furdon] *s* Fahrzeug *s* (Wagen usw.)
fordra [furdraa] *v* **1** fordern *etw. Akk von j-m*, verlangen *etw. Akk* (fordern), beanspruchen *etw. Akk* **2** verlangen *etw. Akk* (erfordern) **3** fordern *etw. Akk*, verlangen *etw. Akk* **4** anfordern *etw. Akk*
fordring [furdring] *u* Forderung *w* (finanzieller Anspruch)
forell [forell] *u* Forelle *w*
form [form] *u* **1** Form *w*, Gestalt *w* **2** Form *w* (Kondition) **3** Form *w* (Backform usw.)
formell [formell] *adj* formal
formulär [formuläär] *s* Formular *s*
forska [forschka] *v* **1** forschen **2** erforschen *etw. Akk*, untersuchen *etw. Akk* (Struktur usw.)
forskning [forschkning] *u* Forschung *w*
fort [fuurt] *adv* schnell, eilig
fortfarande [fuurtfaarande] *adv* bisher, bis jetzt, weiterhin
fortplanta [furtplanta] *v* vermehren *etw. Akk* (Eigentum usw.)
fortsätta [furtschätta] *v* **1** fortsetzen *etw. Akk*, fortfahren *in etw. Dat*, weiterführen *etw. Akk* (seine Arbeit usw.), weitermachen *mit etw.* **2** ausüben, weitergehen (Prozess usw.) **3** fortdauern **4** durchhalten **5** weitergehen, fortschreiten ► **Jag kan inte ~.** Ich kann nicht mehr.
fortsättning [furtschättning] *u* **1** Fortsetzung *w etw. Dat* (einer Tätigkeit usw.) **2** Fortsetzung *w von etw.*, Folge *w von etw.* (Film usw.)
fosterland [fußterlann] *s* Heimat *w*
fot [fuut] *u* **1** Fuß *m* **2** Fuß *m* (Sockel), Sockel *m* ► **till fots** zu Fuß
fotboll [futboll] *u* Fußball *m*
fotbollsspelare [futbollßpeelare] *u* Fußballspieler *m*
fotgängare [fuutgängare] *u* Fußgänger *m*
foto [footo] *s* Fotografie *w*, Foto *s*
fotografera [fotografeera] *v* fotografieren *etw. Akk*, fotografieren *j-n/etw.*, eine Aufnahme *von j-m/etw.* machen
fotografering [fotografeering] *u* Fotografie *w* (Hobby, Bereich usw.)
fotografi [fotografii] *s* Fotografie *w*, Foto *s*
fotokopiera [fotokopiiera] *v* fotokopieren
fotvandra [fuutwandra] *v* wandern (in den Bergen usw.)
fotvandring [fuutwandring] *u* **1** Wanderung *w* **2** Wandern *s*
fragment [fragment] *s* **1** Bruchstück *s*, Splitter *m* **2** Fragment *s*
frakta [frakta] *v* transportieren *etw. Akk irgendwohin*
fraktur [fraktüür] *u* Bruch *m* (Knochen), Fraktur *w*
fram [fram] *adj* vorder(er,e,es), Vorder- (Teil, Glied usw.) ♦ *adv* nach vorne, vorwärts ► **gå ~** weitergehen, vorankommen (sich bewegen)
framdel [framdeel] *u* Vorderteil *s/m etw. Gen*
framför [framföör] *prep* vor (räumlich); **~ allt** besonders, vor allem
framföra [framfööra] *v* **1** ausrichten *j-m etw. Akk* **2** vortragen *etw. Akk* (ein Lied usw.)
framförelse [framföörelße] *u* Vortrag *m* (eines Gedichts usw.)
framgaffel [framgaffel] *u* Gabel *w* (eines Fahrrades usw.)
framgå [framgoo] *v* folgen *aus etw.*, sich ergeben *aus etw.* (Schluss usw.)
framgång [framgoong] *u* **1** Erfolg *m*, Gelingen *s etw. Gen* **2** Aufschwung *m* (Boom usw.), Aufstieg *m* (Aufwärtsentwicklung) **3** Lorbeeren *m Mz*
framgångsrik [framgongßriik] *adj* **1** erfolgreich **2** prosperierend, blühend (Geschäfte usw.)
framgångsrikt [framgongßrikt] *adv* erfolgreich, gedeihlich
framhåll [framholl] *v* betonen *etw. Akk* (Bedeutung usw.)
framifrån [framifroon] *adv* von vorne
framkalla [framkalla] *v* **1** hervorrufen *etw. Akk* (Zustand usw.) **2** evozieren (Vorstellungen usw.), hervorrufen (Erinnerung usw.) **3** entwickeln (Film) **4** auslösen *etw. Akk* (verursachen) **5** bilden, schaffen (hervorrufen usw.)
framkomlig [framkomli] *adj* gangbar (Weg usw.)
framme [framme] *adv* vorn, vorne (im vorderen Teil)

framsida [framßiida] *u* Spitze *w etw. Gen* (Vorderteil)
framsteg [framßteeg] *s* Fortschritt *m*
framstående [framßtooende] *adj* **1** bedeutend (Person usw.), angesehen **2** berühmt, namhaft **3** hervorragend (Persönlichkeit usw.) **4** prominent ▶ **vara ~ i ngt** herausragen *unter j-m/etw.*, hervorragen *unter j-m/etw.* (Persönlichkeit usw.)
framställa [framßtälla] *v* **1** darstellen (abbilden usw.) **2** darstellen *j-n* (spielen) **3** nachahmen *j-n*, imitieren *j-n* (komisch usw.) **4** herstellen (Produkt usw.), erzeugen, produzieren (industriell usw.)
framtid [framtiid] *u* Zukunft *w*
framtida [framtiida] *adj* **1** zukünftig, künftig **2** potenziell, voraussichtlich (Kunde usw.)
framåt [framoot] *adj* tatkräftig (assertiv), energisch, sich selbst behauptend ♦ *adv* nach vorne, vorwärts
Frankrike [frangkriike] *s* Frankreich *s*
fransk [franßk] *adj* französisch
franska [franßka] *adv* französisch, auf Französisch ♦ *u* Französisch(e) *s*
fransman [franßman] *m* Franzose *m* ♦ *u* Franzose *m*
fred [freed] *u* Frieden *m* (nicht Krieg)
fredag [freeda] *u* Freitag *m*
frestelse [freßtelße] *u* Versuchung *w*
fri [frii] *adj* frei ▶ **fritt inträde** Eintritt frei; **göra ~ väg** frei machen (Weg usw.)
frige [friijee] *v* freilassen *j-n*
frigöra [friijööra] *v* befreien (Stadt usw.)
frihet [friiheet] *u* Freiheit *w*
friidrott [friiidrott] *u* Athletik *w*, Leichtathletik *w*
frikoppla [friikoppla] *v* trennen (Kabel usw.)
friluftsbad [friilufdsbaad] *s* Freibad *s*
frimärke [friimärke] *s* Briefmarke *w*, Marke *w* (Wertzeichen)
frisk [frißk] *adj* gesund
friska upp *v* erfrischen (Körper usw.)
frist [frißt] *u* Frist *w*
frisyr [frißür] *u* Haarschnitt *m*, Schnitt *m* (Haar)
frisör [frißöör] *u* **1** Friseur *m* **2** Frisöse *w*
frisörsalong [frißöörschalong:] *u* Friseursalon *m*
frita [friita] *v* **1** befreien *j-n/etw.* **2** entheben *j-n etw. Gen* (Pflichten usw.)
fritid [friitiid] *u* frei, Freizeit *w* (nach der Arbeit), Feierabend *m*, Urlaub *m* (unbezahlter, mehrtägiger usw.)
fritt [fritt] *adv* frei
frivillig [friiwilli] *adj* freiwillig ♦ *u* Freiwillige *m*
frivilligt [friiwillit] *adv* freiwillig
front [front] *u* Front *w* (Kampflinie)
frost [froßt] *u* Frost *m*
frostig [froßti] *adj* frostig, eisig (Wetter usw.)
fru [früü] *u* **1** Frau *w*, Dame *w* (Person) **2** Ehefrau *w*, Frau *w* (Gattin) ▶ **~ X** Frau X
frukost [frukoßt] *u* Frühstück *s*; **äta ~** frühstücken; **övernattning med ~** Übernachtung mit Frühstück
frukt [frukt] *u* **1** Obst *s* **2** Frucht *w* (einer Pflanze) ▶ **bära ~** Früchte tragen
frukta [frukta] *v* **1** fürchten *etw. Akk*, befürchten *etw. Akk*, fürchten *j-n/etw.* **2** sich (sehr) fürchten *vor etw. Dat*, grauen *j-m vor etw. Dat*
fruktansvärd [fruktanßwäärd] *adj* fürchterlich, schrecklich (Qualität usw.)
fruktansvärt [fruktanßwäärt] *adv* schrecklich
fruktbar [fruktbaar] *adj* fruchtbar (Schriftsteller usw.)
frusen [früüßen] *adj* **1** gefroren **2** Gefrier-, tiefgekühlt, tiefgefroren **3** verfroren (Füße usw.) **4** verfroren, kälteempfindlich
frys [früß] *u* Gefrierschrank *m*
frysa [früßa] *v* **1** frieren (Wasser usw.) **2** einfrieren (zu Eis werden) **3** kalt werde (Person) **4** anfrieren (Fenster usw.) **5** überfrieren ▶ **~ ihjäl** erfrieren; **~ på** frieren (Wetter); **~ till** gefrieren; **Jag fryser.** Mir ist kalt.
frysbox [früßbokß] *u* Gefriertruhe *w*
fråga [frooga] *u* Frage *w* ♦ *v* **1** bitten *j-n um etw.* **2** fragen *j-n nach j-m/etw.* **3** nachfragen *nach j-m/etw.*, sich erkundigen *nach j-m/etw.* ▶ **ställa en ~** *j-m* eine Frage stellen
frågeformulär [froogeformuläär] *s* Fragebogen *m*
frågetecken [froogetekken] *s* Fragezeichen *s*
från [froon] *prep* **1** aus (stammend usw.) **2** aus *etw.* (herausnehmen usw.) **3** von (Urheber usw.) **4** von, aus (weg) **5** von (Anfang), ab (Zukunft), seit (Vergangenheit) **6** vor (fliehen usw.) ▶ **~ varandra** auseinander, voneinander; **öppet ~... till...** geöffnet von... bis...
frånskild [froonchild] *adj* geschieden
frånvarande [froonwaarande] *adj* abwesend *in etw.* ♦ *adv* abwesend (blicken usw.) ▶ **vara ~** fehlen *irgendwo* (nicht teilnehmen)
fräck [fräkk] *adj* **1** frech **2** schamlos, unverschämt
fräckt [fräkkt] *adv* frech, dreist
frälsarkrans [frälßarkranß] *u* Rettungsring *m*

främja [främja] *v* **1** fördern *etw. Akk* (Entwicklung usw.) **2** vertreten (eine Meinung usw.)
främling [främling] *u* **1** Fremde *m* **2** Outsider *m*, Außenseiter *m*
främmande [främmande] *adj* fremd
främre [främre] *adj* vorder(er,e,es), Vorder- (Teil, Glied usw.)
främst [främßt] *adj* **1** vorrangig, Haupt- **2** führend (Persönlichkeit usw.), Leit- ♦ *adv* zuerst
fräsch [fräsch] *adj* frisch (Aussehen usw.), munter
frö [fröö] *s* Samen *m* (Samenkorn)
fröken [frööken] *u* Fräulein *s*
fukt [fukt] *u* Feuchtigkeit *w* (Wassertropfen usw.), Nässe *w*
fuktig [fukti] *adj* feucht
fuktighet [fuftiheet] *u* Feuchtigkeit *w* (der Luft)
fuktigt [fuktit] *adv* feucht, nass
ful [füül] *adj* **1** hässlich **2** unansehnlich, unschön, unhübsch **3** schmutzig (Wort usw.)
full [full] *adj* **1** voll *etw. Gen* (gefüllt) **2** betrunken ► **bli ~** *på ngt* sich betrinken *von etw.*
fullblom [fullbluum] *adj* geöffnet (Blüte usw.), aufgeblüht (Blume usw.)
fullfölja [fullfölja] *v* durchführen *etw. Akk* (Aufgabe usw.), ausführen *etw. Akk* (Arbeit usw.)
fullsatt [fullßatt] *adj* überfüllt, vollgestopft (Bus usw.), voll (Zug usw.)
fullständig [fullßtändi] *adj* **1** vollständig, voll (komplett) **2** ganz (komplett)
fullständigt [fullßtändit] *adv* ganz, völlig, komplett
fullt [fullt] *adv* **1** viel *etw. Gen*, eine (ganze) Menge *etw. Gen* **2** voll (aufgedreht)
fumlig [fumli] *adj* ungeschickt, unbeholfen
fundera [fundeera] *v* **1** nachgrübeln *über etw. Akk* **2** nachdenken *über etw. Akk*, überlegen *etw. Akk*, nachdenken *über etw. Akk* **3** sich *etw. Akk* fragen **4** sich entschließen
fungera [fungeera] *v* funktionieren, laufen; **~ dåligt** defekt sein, nicht richtig funktionieren
fungerande [fungeerande] *adj* funktionsfähig, wirksam
funktion [fungkchuun] *u* **1** Tätigkeit *w* (Funktionieren) **2** Funktion *w etw. Gen* (Zweck) **3** Funktion *w* (Posten)
fuska [fußka] *v* **1** betrügen **2** abschreiben *etw. Akk von j-m, etw. Akk aus etw.* (von Mitschüler usw.)
fuskare [fußkare] *u* Betrüger *m*
fylla [fylla] *v* **1** füllen *etw. Akk mit etw.*, füllen (Gefäß usw.) **2** ausfüllen *etw. Akk mit etw.* (Raum usw.) **3** laufen lassen (Wasser in Wanne usw.) ► **~ i** ausfüllen (Formular usw.); **~ på** nachfüllen
fyllning [fyllning] *u* **1** Zahnfüllung *w* **2** Füllung *w*
fyr [für] *u* Leuchtturm *m*
fyra [füra] *num* vier ♦ *u* Vier *w*
fyrtio [forti] *num* vierzig
få [foo] *v* **1** dürfen **2** bekommen (geschenkt usw.), gewinnen *etw. Akk* **3** verdienen *etw. Akk* (Anerkennung) **4** bringen *j-n/etw. irgendwohin* **5** kriegen *etw. Akk irgendwohin* (hineinpressen usw.) **6** kommen *auf j-n/etw.* (entfallen) **7** anstiften *j-n zu etw.* ♦ *adv* wenige ♦ *num* nicht viel ► **~ en sladd** ins Schleudern kommen; **~ inte** nicht dürfen
fåfäng [foofäng] *adj* **1** eitel, selbstgefällig **2** vergeblich, nutzlos
fågel [foogel] *u* Vogel *m*
fågelbo [foogelbuu] *s* Nest *s*
fånga [fonga] *v* **1** fangen (Ball usw.) **2** auffangen *j-n/etw.* (im Fallen fassen) **3** fangen (Tier usw.) **4** gefangen nehmen *j-n* **5** fangen *etw. Akk* (Tier usw.) **6** in die Falle fangen *j-n/etw.*
fånig [fooni] *adj* dumm, töricht, albern
får [foor] *s* Schaf *s*
fåraherde [fooraheerde] *u* Hirt *m*, Hirte *m*
fåtölj [fotölj] *u* **1** Sessel *m* **2** Armsessel *m*
få veta *v* erfahren *etw. Akk, über etw. Akk*
fälla [fälla] *u* **1** Falle *w* **2** Falle *w* (Hinterlist usw.), Fallstrick *m* ♦ *v* **1** fällen (Bäume usw.) **2** haaren **3** vergießen (Träne usw.)
fält [fält] *s* **1** Feld *s*, Acker *m* (Grundstück) **2** Beet *s* **3** Fachgebiet *s* ♦ *adj* Feld-
fängelse [fängelße] *s* Gefängnis *s*, Strafanstalt *w*
fänkål [fängkool] *u* Fenchel *m*
färdig [fäärdi] *adj* fertig (Arbeit usw.)
färdriktningsvisare [fäärdriktningßwiißare] *u* Blinker *m*, Blinkleuchte *w*
färg [fäärj] *u* **1** Farbe *w* **2** Farbe *w* (aufgetragene), Anstrich *m* (bunter usw.)
färga [fäärja] *v* **1** färben (farbig machen) **2** anstreichen *etw. Akk* (Haus usw.), färben (farbig machen)
färgad [fäärjad] *adj* bunt (nicht schwarz-weiß), farbig (Stoff usw.)
färglägga [fäärjlägga] *v* **1** färben (malen usw.) **2** ausmalen *etw. Akk* (Bild usw.)
färja [färja] *u* Fähre *w*
färre [färre] *adv* weniger (zahlbar)
färsk [färschk] *adj* **1** frisch **2** früh (Gemüse usw.), Früh-

fästanordning [fäßtanuurdning] *u* Verschluss *m* (eines Kleides usw.)
fästing [fäßting] *u* Zecke *w*
fästning [fäßtning] *u* **1** Festung *w* **2** Befestigung *w* (zur Verteidigung)
föda [fööda] *u* **1** Essen *s* **2** Nahrung *w* ♦ *v* gebären *etw. Akk*
föda upp *v* halten *etw. Akk* (Haustier usw.)
födelse [föödeßße] *u* **1** Geburt *w* (einer Tochter usw.) **2** Entstehung *w etw. Gen*
födelsedag [föödelßedaa] *u* Geburtstag *m*
födelsekontroll [föödelßekontroll] *u* Empfängnisverhütung *w*
födelseår [föödelßeoor] *s* Geburtsjahr *s*
följa [följa] *v* **1** begleitet werden *von j-m*, folgen *j-m/etw.* (nachgehen) **2** folgen *nach etw.* (in gewisser Reihenfolge) **3** führen *j-n irgendwohin* (begleiten), leiten *j-n irgendwohin* **4** verfolgen *j-n* (beschatten) **5** sich anschließen *j-m/etw.* **6** sich halten *an etw. Akk* (Anweisungen usw.) **7** überwachen (Prozess usw.), beobachten (Entwicklung usw.) **8** entspringen *aus etw.* ► **~ (efter)** folgen *j-m/etw.* (einen Verdächtigen usw.); **~ med** *ngn någonstans* begleiten *j-n irgendwohin*
följande [följande] *adj* **1** folgend, nächst(er,e,es) (in der Zukunft) **2** weiter(er,e,es) (nächster) **3** nachfolgend, folgend (zeitlich usw.) **4** daraus folgend ♦ *s* Einhaltung *w etw. Gen*
följd [följd] *u* Folge *w etw. Gen, von etw.* (Ergebnis), Reihe *w* (von Zahlen), Folge *w* (von Zahlen usw.); **till ~** *av ngt* infolge *etw. Gen*, als Folge *etw. Gen*
följeslagare [följeßlaagare] *u* Partner *m* (Begleiter)
fönster [fönßter] *s* Fenster *s*
för [föör] *prep* **1** für *j-n* (Geschenk, Nachricht usw.) **2** für *etw.* (Zweck usw.) **3** für *etw.* (Preis usw.) **4** vor (fliehen usw.) ♦ *adv* zu ♦ *u* Bug *m* (eines Schiffes) ► **~ övrigt** und überdies, außerdem; **~ tredje gången** zum dritten Mal; **istället ~** für *j-n* (anstatt usw.); **~ en halvtimme sedan** vor einer halben Stunde; **Jag behöver ett rum ~ tre dagar.** Ich brauche ein Zimmer für drei Tage.
föra [fööra] *v* **1** leiten *etw. Akk durch etw.* (durchziehen usw.) **2** tragen *j-n/etw. irgendwohin* (umstellen usw.) **3** führen *j-n irgendwohin* **4** verlegen *etw. Akk irgendwohin* (Wasserleitung usw.)
förare [föörare] *u* Fahrer *m* (Motorradfahrer usw.)
föra över **För över det på mitt konto.** Schreiben Sie es mir auf die Rechnung.
förband [förbann] *s* Bandage *w*, Verband *m*
förbandslåda [förbanndslooda] *u* Verbandkasten *m*, Erste-Hilfe-Kasten *m*
förbereda [föörbereeda] *v* **1** vorbereiten *etw. Akk*, bereiten *etw. Akk* **2** bereiten *j-m etw. Akk*, vorbereiten *etw. Akk für j-n*, bereit machen *etw. Akk für j-n*, bereitstellen *etw. Akk für j-n* **3** bereitmachen *j-n* ► **~ sig** *på ngt* sich vorbereiten *auf etw. Akk*
förberedelse [föörbereedeßße] *u* **1** Vorbereitung *w auf/für etw.* **2** Training *s* **3** ***förberedelser*** Vorbereitungen *w Mz*
förberande [föörbereerande] *adj* vorläufig
förbi [förbii] *adv* vorbei ♦ *prep* **1** vorbei *an etw. Dat* (weiter usw.) **2** außerhalb (der Stadt usw.)
förbifartsled [fööbifartßleed] *u* Umgehungsstraße *w*
förbinda [förbinnda] *v* **1** verbinden **2** verbinden, vereinigen
förbindelse [förbinndeßße] *u* **1** Verbindung *w* **2** Konnexionen *w Mz* **3** Zusammenhang *m*
förbjuda [förbjuda] *v* **1** verbieten *j-m etw. Akk* **2** verbieten *etw. Akk*
förbjuden [förbjuden] *adj* verboten; **Rökning ~** Rauchen verboten
förbruka [förbrüüka] *v* aufbrauchen *etw. Akk*, verbrauchen *etw. Akk* (Benzin, Zeit usw.), verbrauchen (Vorräte usw.)
förbränna [förbränna] *v* verbrennen
förbränning [förbränning] *u* Verbrennung *w* (Prozess)
förbud [förbüüd] *s* Verbot *s etw. Gen*
förbund [förbunn] *s* Gemeinschaft *w* (von Menschen)
förbättra [förbättra] *v* **1** verbessern *etw. Akk*, aufbessern *etw. Akk*, bessern *etw. Akk*, verbessern *etw. Akk* **2** aufbessern, verbessern **3** bessern *j-n* (Verbrecher usw.)
förbättring [förbättring] *u* **1** Verbesserung *w*, Aufbesserung *w* **2** Verbesserung *w* (eines Fehlers usw.)
fördel [föördeel] *u* **1** Vorteil *m* **2** Vorzug *m* (Vorteil)
fördela [föördeela] *v* verteilen
fördelaktig [föördeelakkti] *adj* günstig
fördjupa [förjupa] *v* vertiefen *etw. Akk* (einen Graben usw.)
fördom [förduum] *u* Vorurteil *s*, Voreingenommenheit *w*
fördrag [fördraag] *s* Vertrag *m* (Staatsvertrag), Abkommen *s* (internationales usw.)
fördröja [fördrööja] *v* **1** verzögern *j-n/etw.* **2** aufhalten *j-n/etw.*, zurückhalten *j-n/etw.* (Person usw.) **3** aufschieben *etw. Akk* (auf später)

fördröjd [fördröjd] *adj* verspätet (Tätigkeit usw.); **vara ~** sich verzögern, sich verspäten (später eintreten)

fördubbla [fördubbla] *v* verdoppeln *etw. Akk*

fördöma [fördööma] *v* **1** verurteilen (kritisieren) **2** anzeigen *j-n* (Täter usw.)

före [fööre] *adv* **1** vorn, vorne (vor dem Sprecher usw.) **2** vorwärts, nach vorn ♦ *prep* **1** vor *j-m/etw.* (auf dem Weg usw.) **2** vor *etw. Dat* (einem Zeitpunkt)

förebild [förebild] *u* Vorbild *s*

förebråelse [föörebrooelße] *u* Tadel *m*, Rüge *w*, Vorwurf *m*

föredra [fööredraa] *v* bevorzugen *j-n/etw. vor j-m/etw.*, vorziehen *etw. Akk etw. Dat*, bevorzugen *etw. Akk*

föregå [fööregoo] *v* **1** vorausgehen *etw. Dat* (geschehen) **2** verlaufen (Veranstaltung usw.)

föregående [fööregooende] *adj* **1** ehemalig, vormalig, früher (Ausgabe usw.), vorherig **2** vorherig, vorig (früher) **3** bisherig

förekomma [föörekomma] *v* **1** vorkommen *irgendwo* (Tierart usw.) **2** vorbeugen *etw. Dat*, verhindern *etw. Akk*

föreläsa [fööreläßa] *v* **1** lesen (Vorlesungen halten) **2** vorlesen *j-m etw. Akk*

föreläsning [föörelaßning] *u* Vortrag *m* (wissenschaftlicher), Vorlesung *w* (an der Uni usw.)

föremål [fööremool] *s* **1** Gegenstand *m* (Sache) **2** Gegenstand *m etw. Gen* (Thema usw.) ► **bli ~** *för ngn* unterliegen *etw. Dat* (Pflicht usw.)

förena [föreena] *v* **1** verbinden *etw. Akk mit etw.* (mehrere Teile usw.), vereinigen *etw. Akk*, verbinden *etw. Akk* (zu einem Ganzen) **2** einigen (Volk usw.), vereinheitlichen (Gesetze usw.) **3** sich verbinden (zu einem Ganzen) **4** verbinden *j-n mit j-m* (telefonisch) **5** kombinieren *etw. Akk*

förening [föreening] *u* **1** Union *w*, Vereinigung *w* (von Personen usw.) **2** Assoziation *w*, Verein *m* **3** Vereinigung *w* (von Mengen usw.)

förenkla [förengkla] *v* **1** vereinfachen *etw. Akk* **2** sich klären

föreskriva [föreßkriiwa] *v* verschreiben (Medikament usw.), verordnen (Kur usw.)

föreslå [fööreßloo] *v* vorschlagen

föreställa sig *v* **1** sich vorstellen (sich ausmalen) **2** hinzudenken **3** denken *von j-m/etw.* (Eindruck gewinnen)

föreställning [fööreßtällning] *u* **1** Vorstellung *w von etw.* **2** Vorstellung *w* (Aufführung), Aufführung *w* (Theaterstück) **3** Konzeption *w*

företag [fööretaag] *s* **1** Gesellschaft *w*, Unternehmen *s* (Firma usw.) **2** Betrieb *m* (Fabrik usw.)

företagande [fööretaagande] *s* Unternehmen *s* (Tätigkeit)

företagare [fööretaagare] *u* **1** Unternehmer *m* **2** Industrielle *m*

företräda [företrääda] *v* **1** repräsentieren (ein Land usw.) **2** darstellen *etw. Akk* (Symbol usw.)

företrädesrätt [fööreträdeßrätt] *u* **1** Vorzug *m* (Priorität) **2** Prärogativ *s*, Vorrecht *s*

förevändning [föörewändning] *u* Vorwand *m für etw.*

förfallen [förfallen] *adj* **1** fällig, zahlbar **2** gehörig, gebührend **3** abgelaufen **4** verfallen (Lebensmittel usw.) **5** baufällig (Gebäude usw.)

författare [författare] *u* **1** Autor *m* **2** Schreiber *m* (eines Briefes usw.) **3** Schriftsteller *m*

förfluten [förflüüten] *adj* vergangen (Zeiten usw.); **det förflutna** Vergangenheit *w* (Zeit)

förflytta [förflytta] *v* **1** verschieben *etw. Akk irgendwohin* (Stelle wechseln) **2** übertragen (Gegenstände usw.) **3** übertragen *etw. Akk irgendwohin* (Gegenstände usw.) **4** verlegen *j-n irgendwohin* (Angestellten usw.), versetzen *j-n irgendwohin* (in andere Behörde usw.)

förfriska [förfrißka] *v* erfrischen (Körper usw.)

förfriskning [förfrißkning] *u* Bewirtung *w* (Essen und Trinken), Erfrischung *w* (Getränk usw.)

förfärlig [förfäärli] *adj* schrecklich, furchtbar

förfölja [förfölja] *v* **1** verfolgen *j-n* (beschatten) **2** verfolgen (Gegner usw.) **3** stalken *j-n* (Fan usw.)

förföra [förfööra] *v* verführen *j-n* (Mädchen usw.)

förgifta [förjifta] *v* vergiften *j-n*

förgiftning [förjiftning] *u* Vergiftung *w*

förgäves [förjääweß] *adv* vergebens, umsonst, vergeblich

förhandla [förhandla] *v* **1** aushandeln *etw. Akk* **2** verhandeln (Verhandlungen führen) **3** handeln *mit j-m über etw. Akk* (über Preis usw.), feilschen *mit j-m um etw.*

förhandling [förhandling] *u* Verhandlung *w* (Besprechung)

förhinder [förhinder] *s* Behinderung *w in etw. Dat* (in der Entwicklung usw.), Hindernis *s in etw. Dat*

förhindra [förhindra] *v* verhindern *etw. Akk*

förhoppningsvis [förhoppningßwiiß] *part* hoffentlich

förhållande [förhollande] *s* 1 Beziehung *w* (Handelsbeziehung usw.), Verhältnis *s* (Verwandtschaft usw.) 2 Relation *w etw. Gen zu etw.* 3 Beziehung *w* (Zusammenhang usw.) 4 Verhältnis *s mit j-m* (Liebschaft), Beziehung *w* (intime usw.)
förhöja [förhööja] *v* erhöhen (Spannung usw.)
förhör [förhöör] *s* Verhör *s*
förhöra [förhööra] *v* 1 verhören *j-n* 2 prüfen, prüfen *j-n in etw. Dat*
förirra sig *v* sich verlaufen (Hund usw.)
förklara [förklaara] *v* 1 erklären *j-m etw. Akk* (Problematik usw.) 2 erklären, erklären *etw. Akk* 3 sich klarmachen *etw. Akk* (gegenseitig)
förklaring [förklaaring] *u* 1 Erklärung *w* 2 Klarstellung *w* 3 Bekenntnis *s*
förkläde [förkläädᵉ] *s* Schürze *w*
förkorta [förkorta] *v* 1 verkürzen *etw. Akk* (Gegenstand usw.), kürzen *etw. Akk* (kürzer machen) 2 abkürzen *etw. Akk* (Wort usw.) 3 abkürzen (zeitlich)
förkortning [förkortning] *u* Abkürzung *w* (Wort)
förkylning [förschülning] *u* Erkältung *w*
förkörsrätt [fóörschöörschrätt] *u* Vorfahrt *w*
förlag [förlaag] *s* Verlag *m*
förlika [förliika] *v* versöhnen *j-n mit j-m*, aussöhnen *j-n mit j-m*
förlika sig *v* sich abfinden *mit etw.*
förlopp [förlopp] *s* Progression *w*, Fortschritt *m* (einer Krankheit usw.)
förlora [förluura] *v* 1 (Geld) verlieren *an etw. Dat*, Schaden nehmen *an etw.*, verlieren *bei etw.* (Geld) 2 verlieren *etw. Akk gegen j-n* (Kampf usw.) 3 verspielen *etw. Akk* (Geld usw.) 4 kommen *um etw.* (verlieren), verlieren *etw. Akk* (Vertrauen usw.)
förlossning [förloßßning] *u* Geburt *w* (Gebären)
förlovad [förloowad] *adj* verlobt
förlust [förlußt] *u* 1 Verlust *m etw. Gen* 2 Niederlage *w* (im Spiel usw.)
förlåta [förloota] *v* 1 verzeihen *j-m etw. Akk* 2 erlassen *j-m etw. Akk* (Pflicht usw.)
▶ **Förlåt? Wie bitte?**
förlåtelse [förlootᵉlßᵉ] *u* 1 Vergebung *w*, Verzeihung *w* 2 Erlösung *w*
förlänga [förlänga] *v* 1 verlängern *etw. Akk* (räumlich) 2 verlängern *etw. Akk* (zeitlich)
förlängning [förlängning] *u* Verlängerung *w*
förmedla [förmeedla] *v* 1 übermitteln *j-m etw.* (sagen usw.) 2 vermitteln *etw. Akk* (Posten, Zusammentreffen usw.) 3 übertragen (Krankheiten usw.)
förmiddag [förmidda] *u* Vormittag *m*; **på förmiddagen** vormittags, am Vormittag
förminsta [förminßta] *v* verkleinern *etw. Akk*
förmoda [förmuuda] *v* vermuten
förmodan [förmuudan] *u* 1 Vermutung *w* 2 Präsumtion *w*
förmodlig [förmuudli] *adj* wahrscheinlich
förmodligen [förmuudlien] *part* wahrscheinlich, vielleicht, wohl
förmåga [förmooga] *u* Fähigkeit *w*, Kunst *w* (Geschick), Tauglichkeit *w zu etw.*
förmögenhet [förmöögenheet] *u* 1 Vermögen *s* (Reichtum) 2 Vermögen *s* (einer Firma usw.), Aktiva *Mz*
förnamn [förnamn] *s* Vorname *m*
förneka [förneeka] *v* 1 leugnen (Tatsache usw.) 2 dementieren *etw. Akk*, leugnen (Tatsache usw.) 3 verleugnen (verstoßen usw.)
förnekelse [förneekᵉlßᵉ] *u* Leugnung *w etw. Gen*
förnuft [förnuft] *s* Verstand *m*, Vernunft *w*; **sunt ~** *s* gesunder Menschenverstand
förnuftig [förnufti] *adj* umsichtig, vernünftig
förnya [förnüa] *v* 1 erneuern (Beziehung usw.), wiederherstellen (Ordnung) 2 erneuern (Vertrag usw.) 3 sanieren *etw. Akk* (eine Firma usw.) 4 beleben (interessanter machen)
förolämpa [fóörulämpa] *v* 1 beleidigen *j-n*, kränken *j-n* 2 empören *j-n*
förolämpning [fóörulämpning] *u* Beleidigung *w*
förordning [fóöroordning] *u* Anordnung *w* (amtliche usw.), Verordnung *w*, Bestimmung *w* (Regel usw.), Statut *s*
förorena [fóöroreena] *v* 1 verunreinigen (Luft usw.), verschmutzen (Umwelt) 2 verseuchen
förorening [fóöroreening] *u* 1 Verunreinigung *w* (Stoff) 2 Verschmutzung *w*
förorsaka [fóörurschaaka] *v* 1 herbeiführen, bewirken (Folgen usw.), verursachen *etw. Akk* 2 zufügen (Schaden, Verletzung usw.) 3 sich zuziehen *etw. Akk* (Schaden usw.) 4 anrichten (Schaden usw.)
förort [förurt] *u* Vorstadt *w*
förpackning [förpakning] *u* Packung *w* (Menge), Paket *s* (Ware), Verpackung *w*
förplikta [förplikta] *v* verpflichten *j-n zu etw.*
förpliktelse [förpliktᵉlßᵉ] *u* 1 Verpflichtung *w* (zur Arbeit usw.) 2 Versprechen *s* (Zusicherung) 3 Hingabe *w an etw.*
förr [förr] *adv* 1 früher (einst), zuvor, vorher 2 einst, einmal (in Vergangenheit)
förra [förra] *adj* 1 vorig, vergangen, letzt(er,e,es) (Woche usw.) 2 vergangen

(Woche usw.), abgelaufen (Periode usw.) ► ~ **året** voriges Jahr; ~ **gången** letztens, das letzte Mal
förre [förr^e] *adj* vorherig, vorig
förresten [föreßten] *part* übrigens, im Übrigen
förråd [förood] *s Mz* **1** Vorräte *m Mz* **2** Bestände *m Mz* **3** Lager *s* (für Vorräte usw.)
förråda [förooda] *v* **1** hereinlegen *j-n*, verraten *j-n/etw.* (Verrat begehen) **2** verraten, preisgeben (Geheimnis usw.), verraten *j-m etw. Akk*, preisgeben *j-m etw. Akk* (Geheimnis usw.)
förrädare [förrädar^e] *u* Verräter *m*
församling [förschamling] *u* **1** Kirche *w* (Glaubensgemeinschaft) **2** Pfarrei *w*, Gemeinde *w* (Bezirk)
försenad [förscheenad] *adj* verspätet, verzögert, unpünktlich (Zahlung usw.); **bli ~** sich verspäten, sich verzögern
försenas [förscheenaß] *v* sich verzögern, sich verspäten (später eintreten)
försening [förscheening] *u* Rückstand *m* (zeitlicher), Verspätung *w*, Verzögerung *w*, Verzug *m*
försiggå [föörschigoo] *v* stattfinden *irgendwo*
försiktig [förschikti] *adj* umsichtig, bedächtig (Person usw.), vorsichtig; **Var ~!** Vorsicht!, Achtung!
försiktighet [förschiktiheet] *u* Sorgfalt *w*, Vorsichtigkeit *w*
försiktigt [förschiktit] *adv* vorsichtig
försjunka [förchungka] *v* sich vertiefen *in etw. Akk* (sich konzentrieren)
förskjuta [förchüüta] *v* verschieben *etw. Akk irgendwohin* (Stelle wechseln)
förskottsbetalning [förschkottßbetaalning] *u* Vorschuss *m*
förskräcklig [förschkräkkli] *adj* schrecklich, furchtbar
förslag [förschlaag] *s* Suggestion *w*, Vorschlag *m*
försona [förschuuna] *v* **1** versöhnen *j-n mit j-m*, aussöhnen *j-n mit j-m* **2** sich abfinden *mit etw.*
försonas [förschuunaß] *v* sich versöhnen *mit j-m*
först [förscht] *adv* **1** zuerst **2** anfangs, anfänglich **3** erst (nicht früher als) **4** frühestens **5** erstmals, zum ersten Mal ► **första gången** erstmals, zum ersten Mal
första [förschta] *adj* Anfangs- ♦ *num* erst(er,e,es)
förstoppning [förschtoppning] *s* Verstopfung haben ♦ *u* Verstopfung *w*
förstora [förschtuura] *v* vergrößern
förstå [förschtoo] *v* begreifen *etw. Akk*, verstehen *etw. Akk*, verstehen *j-n/etw.*; **~ sig på** *ngn/ngt* verstehen *j-n/etw.*; **~ sig på** *ngnt/ngt* sich auskennen *in etw. Dat*; **~ sig på** *ngt* sich auskennen *in etw. Dat*; **göra sig förstådd på** sich verständigen *auf etw.* (auf Englisch usw.); **Jag förstår inte.** Ich verstehe nicht. (was du sagst usw.)
förståelig [förschtoo^eli] *adj* begreiflich, verständlich, fassbar, plausibel (Erklärung usw.)
förståeligt [förschtooelit] *adv* deutlich (geschrieben usw.), verständlich
förstånd [förschtonn] *s* Verstand *m*, Vernunft *w*
förstärka [förschtärka] *v* **1** verstärken *etw. Akk* (Mauer usw.) **2** lauter stellen *etw. Akk* (Radio usw.), aufdrehen *etw. Akk* (Heizung) **3** verstärken *etw. Akk* (zahlenmäßig) **4** verstärken *etw. Akk* (Eindruck usw.) **5** straffen *etw. Akk* (Körper, Haut usw.) **6** verstärken *etw. Akk*, verfestigen *etw. Akk* **7** verschärfen (Konflikte usw.)
förstöra [förschtööra] *v* **1** vernichten, zerstören **2** verderben *etw. Akk*, verderben (Freude usw.), vereiteln **3** zerstören (nach Verbrauch usw.)
förstörelse [förschtöör^elß^e] *u* **1** Destruktion *w*, Zerstörung *w* **2** Verhängnis *s*, Vernichtung *w*
försumma [förschumma] *v* **1** vernachlässigen *etw. Akk* (Pflicht usw.) **2** versäumen (vergessen zu tun usw.) **3** verpassen (Chance usw.) **4** versäumen *etw. Akk* (Unterricht usw.)
försvar [förschwaar] *s* Verteidigung *w*
försvara [förschwaara] *v* **1** verteidigen *j-n vor j-m/etw.* (vor Angriff) **2** verteidigen *j-n/etw.* (Ansichten usw.) **3** befürworten *etw. Akk* **4** eintreten *für j-n/etw.* **5** verteidigen (Titel usw.) **6** rechtfertigen (eine Tat usw.) ► **~ sig** widerstehen *etw. Dat*, sich sträuben *etw. Gen*, sich widersetzen *etw. Dat* (Änderung usw.)
försvinna [förschwinna] *v* **1** verschwinden **2** verfliegen (Interesse usw.) **3** sich davonstehlen *woher*, sich davonmachen *woher* ► **~ ut i tomma luften** sich in Luft auflösen
försäga sig *v* sich versprechen
försäkra [förschääkra] *v* **1** versichern *j-n/etw.* (Versicherung abschließen), zusichern *j-m etw. Akk* **2** beruhigen (durch Versicherung usw.), versichern *j-n etw. Gen* (bestätigen) **3** behaupten
försäkran [förschääkran] *u* Pfand *s*, Sicherheit *w* (Geld usw.)
försäkring [förschääkring] *u* Versicherung *w* (Vertrag); **teckna ~** eine Versicherung abschließen

försäkringsavgift [förschääkringßaawjifft] *u* Versicherungsbeitrag *m*
försäkringsbolag [förschääkringßbulaag] *s* Versicherungsgesellschaft *w*
försäkringsbrev [förschääkringßbreew] *s* Sicherung *w* (Sicherheitsschloss usw.), Versicherung *w* (Vertrag)
försäljare [förschäljar^e] *u* Verkäufer *m* (Angestellte)
försäljning [förschäjning] *u* Verkauf *m*
försämra [förschämra] *v* verschlimmern *etw. Akk*, verschlechtern *etw. Akk*
försämring [förschämring] *u* Verfall *m*, Niedergang *m* (einer Zivilisation usw.), Verschlimmerung *w* ► **försämras** sich verschlechtern
försök [förschöök] *s* Versuch *m um etw.* (Bemühung)
försöka [förschööka] *v* **1** versuchen *etw. Akk* **2** sich bemühen *um etw.*
försörja [förschörja] *v* **1** sorgen *für j-n* **2** ernähren *j-n* (unterhalten) **3** ernähren *j-n*, unterhalten *j-n* (Verwandte usw.) **4** versorgen *j-n* (finanziell usw.) ► **~ sig** *på ngt* seinen Lebensunterhalt *mit etw.* verdienen
försörjning [förschörjning] *u* **1** Lebensunterhalt *m* **2** Gewährung *w von etw.*, Versorgung *w mit etw.*
förteckning [förtekkning] *u* **1** Inventar *s* (Verzeichnis) **2** Dienstplan *m*
förtidig [förtiidi] *adj* vorzeitig
förtjäna [förschääna] *v* verdienen *etw. Akk*
förtorka [förtorka] *v* vertrocknen
förtroende [förtruuend^e] *s* Vertrauen *s*
förtulla [förtulla] *v* **1** abfertigen (zollamtlich) **2** deklarieren (Ware)
förtydliga [förtüdlia] *v* sich klarmachen *etw. Akk*
förtäckt [förtäkt] *adj* versteckt (geheim)
förtära [förtära] *v* nehmen (essen usw.)
förtöjningsplats [förtöjningßplads] *u* Ankerplatz *m*, Ankerstelle *w*, Anlegestelle *w*
förunderlig [förund^erli] *adj* seltsam, (höchst) sonderbar
förut [förüüt] *adv* früher (einst), zuvor, vorher
förutom [förüütom] *prep* außer *j-m/etw.*, ausgenommen *j-n/etw.*, mit Ausnahme *von j-m/etw.*
förutseende [förüüdseeend^e] *adj* **1** clever, schlau **2** vorausschauend, vorausblickend ♦ *u* Umsicht *w*
förutspå [förüüdspoo] *v* **1** tippen (auf Sieger usw.) **2** prophezeien
förutsäga [förüüdsäja] *v* **1** voraussagen *etw. Akk* **2** prophezeien
förutsägelse [förüüdsäjelß^e] *u* Vorhersage *w*
förutsättning [förüüdsättning] *u* Voraussetzung *w* (Bedingung) *für etw.*, Vorbedingung *w für etw.*
förval [förwaal] *s* Vorwahl *w* (Nummer)
förvalta [förwalta] *v* verwalten *etw. Akk* (ein Vermögen usw.)
förvandla [förwandla] *v* **1** transformieren, umwandeln *etw. Akk*, umsetzen *etw. Akk* (in andere Form), verwandeln *etw. Akk in etw. Akk* **2** verzaubern *j-n in etw. Akk* (verhexen)
förvara [förwaara] *v* lagern *etw. Akk irgendwohin*, speichern *etw. Akk irgendwohin* (Vorräte usw.)
förvaring [förwaaring] *u* **1** Aufbewahrung *w* (Aufbewahren) **2** Aufbewahrung *w* (Schalter), Gepäckaufbewahrung *w* (Stelle)
förvaringsskåp [förwaaringßßkoop] *s* Schließfach *s*
förverkliga [förwerklia] *v* **1** realisieren *etw. Akk*, verwirklichen *etw. Akk* **2** sich realisieren, sich verwirklichen, wahr werden
förvirra [förwirra] *v* **1** irreführen *j-n*, verwirren *j-n* **2** verwechseln *etw. Akk* **3** mystifizieren (verwirren) **4** aus der Ruhe bringen *j-n*
förvirring [förwirring] *u* **1** Verwirrung *w* **2** Unruhen *w Mz* (in der Gesellschaft) **3** Verwechslung *w*
förvånad [förwoonad] *adj* betroffen (überrascht usw.), verblüfft, überrascht *von etw.*
förvånas över *v* sich wundern *über etw. Akk*
förväntning [förwäntning] *u* Erwartung *w*, Vorwegnahme *w*; **gå som förväntat** klappen, gelingen (Sache usw.)
förvärra [förwärra] *v* verschlimmern, verschärfen
förväxla [förwäkßla] *v* **1** verwechseln *j-n/etw. mit j-m/etw.* **2** durcheinanderbringen *etw. Akk*
föråldrad [föroldrad] *adj* veraltet, überholt
föräldrar [föräldrar] *u Mz* Eltern *Mz*
förälskad [förälßkad] *adj* verliebt *in j-n* (Mensch)
förälska sig *v* sich verlieben *in j-n*
förändra [förändra] *v* **1** ändern *etw. Akk* **2** sich ändern, sich verändern **3** abwandeln *etw. Akk*, variieren *etw. Akk* **4** verändern
förändring [förändring] *u* Änderung *w*, Veränderung *w*, Verwandlung *w*
föröka [föröröka] *v* vermehren *etw. Akk* (Eigentum usw.)
föröka sig *v* sich vermehren

G

gadd [gadd] *u* Stachel *m* (einer Wespe usw.)
gaffel [gaffel] *u* Gabel *w*
gagna [gangna] *v* **1** nutzen *j-m* (Nutzen bringen) **2** Nutzen ziehen *aus etw.*
galen [gaalen] *adj* **1** närrisch, verrückt **2** wahnsinnig
galet [gaalet] *adv* verrückt
galge [galje] *u* **1** Kleiderbügel *m*, Bügel *m* (für Kleider) **2** Galgen *m*
galla [galla] *u* Galle *w* (Sekret)
galler [galler] *s* Gitter *s*
galleri [galerii] *s* **1** Galerie *w* **2** Stollen *m* (Grubenbau)
galleria [galleria] *u* Passage *w* (Ladenpassage), Einkaufspassage *w*
galning [gaalning] *u* **1** Irre *m*, Wahnsinnige *m* **2** Irre *m*, Verrückte *m*, Wahnsinnige *m* **3** Narr *m*, Irre *m*, Verrückte *m*, Beutel *m* (Person)
gammal [gammal] *adj* **1** alt **2** alt (Lebensmittel usw.), trocken (Gebäck usw.) **3** (lang) vergangen
gammaldags [gammaldakß] *adj* altmodisch
gammalmodig [gammalmuudi] *adj* altmodisch
ganska [ganßka] *adv* **1** ziemlich, recht (alt usw.) **2** relativ ♦ *part* ganz (gut usw.), ziemlich
garage [garaash] *s* **1** Garage *w* **2** Autowerkstatt *w*
garantera [garanteera] *v* **1** garantieren, verbürgen **2** haften *für etw.* (für Qualität usw.)
garanterat [garanteerat] *adv* garantiert, gewiss
garanti [garantii] *u* Garantie *w* (einer Ware usw.)
garderob [garderoob] *u* **1** Garderobe *w* (Raum) **2** Kleiderschrank *m*
gardin [gardiin] *u* **1** Gardine *w* **2** Vorhang *m* (zu Hause usw.)
garnering [garneering] *u* Beilage *w*, Garnierung *w* (Gemüse usw.)
gas [gaaß] *u* Gas *s* (Stoff)
gaspedal [gaaßpedaal] *u* Gas *s* (Pedal usw.), Gashebel *s*, Gaspedal *s*
gata [gaata] *u* Straße *w* (in Stadt)
gay [gej] *adj* schwul
ge [jee] *v* **1** geben *j-m etw.* **2** leisten *j-m etw. Akk* (Dienst usw.), bieten *j-m etw. Akk* (Möglichkeit usw.) **3** bewilligen *j-m etw. Akk*, gewähren *j-m etw. Akk*, erteilen *j-m etw. Akk* (Genehmigung usw.) **4** einbringen *etw. Akk*, abwerfen *etw. Akk*, bringen *etw. Akk* (Gewinn usw.) ▸ **~ (bort)** *ngt* verschenken *etw. Akk an j-n*; **~ ett exempel** Beispiel anführen; **~ mer** den Lohn erhöhen *j-m*; **~ namn åt** *ngn* nennen *j-n/etw. irgendwie* (einen Namen geben), benennen *j-n irgendwie* (Kind usw.); **~ sig ut** gehen *irgendwohin*
gel [shel] *u* Gel *s*
gelé [shelee] *u* **1** Gel *s* **2** Gallert *s* **3** Gelee *s/m*
gemen [jemeen] *adj* gewöhnlich, einfach, üblich
gemensam [jemeenßam] *adj* gemeinsam
gemytlig [jemütli] *adj* gemütlich, heimisch, anheimelnd
genast [jeenaßt] *adv* gleich (sofort), unverzüglich, umgehend; **Nu ~?** Jetzt sofort?
generell [chenerell] *adj* **1** generell (Maßnahme usw.) **2** Gesamt-, allgemein
genom [jeenom] *prep* **1** durch *etw. Akk* **2** quer *durch etw., über etw. Akk*
genomfart [jeenomfaart] *u* **1** Durchfahrt *w durch etw.* (Durchfahren), Durchreise *w durch etw.* (durch Stadt usw.) **2** Durchfahrt *w* (Stelle)
genomföra [jeenumfööra] *v* **1** durchführen *etw. Akk* (Vorhaben usw.), ausführen *etw. Akk* (Plan usw.), verwirklichen *etw. Akk* (vollziehen) **2** sich realisieren **3** durchführen *etw. Akk* (realisieren) **4** durchführen (Experiment usw.)
genomskinlig [jeenomchiinli] *adj* **1** durchsichtig, transparent (Papier usw.) **2** durchscheinend, lichtdurchlässig
genomsnitt [jeenomßnitt] *s* Durchschnitt *m* (Wert)
genomsnittlig [jeenomßnittli] *adj* durchschnittlich ♦ *adv* im Durchschnitt, durchschnittlich
gentemot [jeentemuut] *prep* gegenüber *j-m/etw.* (Verhalten usw.)
genuin [jenuiin] *adj* rein (Gefühl usw.)
genväg [jeenwääg] *u* **1** Abkürzung *w* (kürzerer Weg) **2** Shortcut *m*
ge sig *v* aufgeben (nicht mehr raten); **ge (med) sig** nachgeben *j-m/etw.* (Konzessionen machen)
ge sig iväg *v* abfahren (in einem Auto usw.), losfahren, aufbrechen *irgendwohin*
ge sig ut för *v* sich ausgeben *als j.*
get [jeet] *u* Ziege *w* (Tier)
geting [jeting] *u* Wespe *w*
ge upp *v* **1** sich ergeben *j-m* **2** verzichten *auf etw. Akk* **3** aufgeben *etw. Akk* (Anstrengungen usw.)
gevär [jewäär] *s* Gewehr *s*
gevärspipa [jewäärschpiipa] *u* Lauf *m* (eines Gewehrs)
gift [jift] *adj* verheiratet ♦ *s* Gift *s*

gifta sig *v* **1** heiraten (Ehe schließen) **2** heiraten *j-n* (Ehefrau werden) ▶ **~ med ngn** heiraten *j-n* (die Ehe eingehen); **~ med** *med ngn* heiraten *j-n*
giftig [jifti] *adj* giftig, toxisch
giftorm [jifturm] *u* Giftschlange *w*
giltig [jiltig] *adj* gültig
giltighet [jiltiheet] *u* Gültigkeit *w*, Geltung *w*
gips [jipß] *u* Gips *m*
girig [jiiri] *adj* **1** geizig, habgierig, habsüchtig **2** gierig (Blick usw.)
giro [jiiru] *u* Girokonto *s*
gissa [jißßa] *v* raten *etw. Akk* ▶ **~ korrekt** erraten
gisslan [jißßlan] *u* Geisel *w*
gitarr [jitarr] *u* Gitarre *w*
glaciär [glaßiäär] *u* Gletscher *m*
glad [glaad] *adj* **1** fröhlich, heiter (Stimmung) **2** froh **3** fröhlich (Natur usw.) ▶ **vara ~** *för ngt* sich freuen *über etw. Akk* (genießen); **vara ~** *över ngt* froh sein *über etw. Akk*
glas [glaaß] *s* Glas *s*
glaspärla [glaaßpäärla] *u* Perle *w* (aus Glas usw.)
glass [glaßß] *u* **1** Eis *s* (Speiseeis) **2** Eis *s* am Stiel
glassbar [glaßßbaar] *u* Eisdiele *w*
glasögon [glaaßöögon] *Mz* Brille *w*
glida [gliida] *v* **1** glatt sein **2** rutschen *auf etw. Dat* (auf Rutsche usw.), rutschen (auf dem Gehweg), gleiten (über Bürgersteig usw.) **3** rutschen (herunterrutschen) **4** ausrutschen (aus der Hand usw.), ausgleiten (Löffel usw.) ▶ **~ ner** *för ngt* herunterrutschen *von/aus etw.*
glädja [glääadja] *v* erfreuen *j-n*, Freude bereiten *j-m*, freuen *j-n*, Freude machen *j-m*
glädjande [gläädjand^e^] *adj* freudig, froh
glädja sig *v* **1** feiern, sich freuen *über etw. Akk* (genießen) **2** sich freuen *über etw. Akk*
glädje [gläädj^e^] *u* **1** Freude *w*, Vergnügen *s* (Freude) **2** Heil *s*, Wonne *w*
glädjelös [gläädjelööß] *adj* trostlos, trüb (Ort usw.)
glänsa [glänßa] *v* glänzen (in der Sonne usw.)
glänsande [glänßand^e^] *adj* **1** glänzend (Oberfläche usw.) **2** glitzernd
glöda [glööda] *v* **1** glühen (Feuer usw.) **2** prallen (Sonne usw.) **3** Wärme ausstrahlen **4** glimmen
glödlampa [glöödlampa] *u* Glühbirne *w*, Birne *w* (mattierte usw.)
glömma [glömma] *v* **1** vergessen *etw. Akk* (sich nicht erinnern) **2** vergessen *etw. Akk irgendwo* (liegen lassen)
gnaga [gnaaga] *v* beißen (wiederholt), nagen (Ratte usw.)
gnida [gniida] *v* **1** reiben *etw. Akk* (Hände usw.) **2** einreiben *etw. Akk in etw. Akk*
gnidig [gniidi] *adj* geizig
gnissla [gnißßla] *v* **1** knirschen (unangenehm usw.) **2** quietschen
gnista [gnißta] *u* Funke *m*
godbit [guudbiit] *u* Delikatesse *w*, Leckerbissen *m*
godis [guudiß] *s* Süßigkeit *w*, Süßigkeiten *w Mz*, Süßwaren *Mz*
godkänna [guudschänna] *v* **1** genehmigen *etw. Akk* **2** billigen *etw. Akk* (Vorschlag usw.) **3** beschließen (ein Gesetz usw.), abstimmen (Antrag usw.)
godkännande [guudschännand^e^] *s* **1** Bestehen *s* (Prüfung) **2** Genehmigung *w*
golfklubbor [golfklubbur] *u Mz* Golfschläger *m Mz*
golv [golw] *s* Boden *m* (im Zimmer usw.), Fußboden *m*
gom [gomm] *u* Gaumen *m*
grad [graad] *u* **1** Grad *m* **2** Titel *m* (von Universität)
gradvis [graadwiiß] *adj* allmählich ♦ *adv* allmählich, stufenweise, schrittweise, nach und nach
gram [gramm] *s* Gramm *s*
grammatik [gramatiik] *u* Grammatik *w*
grammofon [gramofoon] *u* Plattenspieler *m*
granne [grann^e^] *u* Nachbar *m*; **vara ~** *med ngt/ngn* anliegen *etw. Dat* (benachbart sein)
grapefrukt [grejpfrukt] *u* Grapefruit *w*
gratis [graatiß] *adv* kostenlos, gratis, umsonst
gratulera [gratuleera] *v* beglückwünschen *j-n zu etw.*, gratulieren *j-m zu etw.*; **Grattis!** Herzlichen Glückwunsch!
grav [graaw] *u* Grab *s*
gravid [grawiid] *adj* schwanger, gravid
greja [greja] *v* **1** herumbasteln *an etw.* (basteln) **2** reparieren *etw. Akk* **3** beschäftigen *j-n mit etw.* (etwas zu tun geben), beschäftigen *j-n* (etwas zu tun geben) **4** vermögen *etw. Akk zu tun* (imstande sein)
gren [green] *u* Zweig *m*, Ast *m* (eines Baumes)
grill [grill] *u* Grill *m* (im Backofen usw.)
grilla [grilla] *v* braten (im Fett), grillen *etw. Akk*
grind [grinn] *u* Tor *s* (Eingang)
gripa [griipa] *v* **1** ergreifen *etw. Akk* (mit der Hand), packen *etw. Akk* (schnell, fest usw.), fassen *etw. Akk*, fassen (festhalten) *etw. Akk* **2** auffangen *j-n/etw.* (im Fallen fassen) **3** entreißen **4** verhaften *j-n* **5** fassen (Täter usw.), fangen (Verdächtige usw.) **6** rühren *j-n* (innerlich)
gris [griiß] *u* Schwein *s*

groda [gruuda] *u* Frosch *m*
grotta [grotta] *u* Höhle *w*
grov [gruuw] *adj* **1** grob, rau (Oberfläche usw.) **2** grob (Struktur usw.) **3** Brutto- **4** grob (ungefähr) **5** grob (unhöflich)
grubbla [grubbla] *v* **1** nachgrübeln *über etw. Akk*, nachgrübeln *über etw. Akk* **2** nachdenken *über etw. Akk*, überlegen *etw. Akk*, nachdenken *über etw. Akk*
grund [grund] *u* **1** Grund *m für etw.* (für Tat usw.) **2** Fundament *s etw. Gen* (Grundlage) **3** Fundament *s* (eines Baus usw.) **4** Grundlagenarbeit *w für etw.* **5** Sandbank *w* ♦ *adj* seicht (nicht tief), flach (Teich, Teller usw.) ► **på ~ av** *ngt* wegen *j-s/etw.*; **på ~ av** *ngt* auf Grund *m etw. Gen*; **på ~ av dåligt väder** wegen des schlechten Wetters…
grunda [grunda] *v* errichten, gründen
grundare [grundar^e] *u* Gründer *m etw. Gen*
grundavgift [grundaawjift] *u* Einstiegspreis *m*, Grundpreis *m* (für ein Taxi)
grundkapital [grundkapitaal] *s* Kapital *s* (verfügbare Geldsumme)
grundlag [grundlaag] *u* Verfassung *w*
grundlig [grundli] *adj* gründlich
grundligt [grundlit] *adv* gründlich (untersuchen usw.)
grundläggande [grundläggand^e] *adj* **1** Grund- **2** grundsätzlich
grundskola [grundskuula] *u* Grundschule *w*
grupp [grupp] *u* **1** Gruppe *w* **2** Team *s*, Gruppe *w* (von Fachleuten usw.) **3** Gespann *s* (Zugtiere)
gruva [grüüwa] *u* Mine *w* (für Bergbau), Grube *w* (Anlage), Bergwerk *s*
grym [grüm] *adj* grausam
gryn [grün] *s* Graupen *w*
gryning [grüning] *u* Tagesanbruch *m*, Morgendämmerung *w*, Dämmerung *w* (am Morgen)
gryningen [grüningen] *v* aufgehen *j-m etw. Akk*
gryta [grüta] *u* Kasserolle *w*, Topf *m* (zum Kochen)
grå [groo] *adj* grau
gråta [groota] *v* weinen
grädde [grädd^e] *u* **1** Sahne *w* **2** Creme *w* (aus Sahne usw.)
gräl [grääl] *s* Streit *m*
gräla [gräála] *v* **1** sich zerstreiten **2** fluchen, schimpfen *mit j-m* **3** Scherereien *w Mz um etw.*
gränd [gränn] *u* Gasse *w*
gräns [gränß] *u* **1** Grenze *w* (Landesgrenze), Grenzlinie *w* **2** Schranke *w etw. Gen*, Grenze *w etw. Gen* (Beschränkung usw.), Limit *s etw. Gen* ♦ *adj* Grenz-
gränslinje [gränßlinnj^e] *u* Grenze *w* (Trennungslinie)
gränspassage [gränßpaßaash] *u* Grenzübergang *m*
gränstrakt [gränßtrakt] *u* Grenze *w* (Landesgrenze)
gräs [grääß] *s* Gras *s*
gräslig [grääßli] *adj* grässlich, schrecklich
gräslök [grääßlöök] *u* Schnittlauch *m*
gräsmatta [grääßmatta] *u* Rasen *m*
gräva [grääwa] *v* **1** ausheben (Graben), graben (Loch), graben *etw. Akk* **2** baggern **3** aufgraben *etw. Akk* (auflockern) **4** umgraben *etw. Akk* **5** graben *unter etw. Dat* **6** durchgraben *etw. Akk* ► **~ fram** ausgraben (aus der Erde usw.); **~ ut** ausgraben (aus der Erde usw.)
grävning [grääwning] *u* Graben *m* (Loch usw.)
grön [gröön] *adj* grün
grönsaker [gröönßaaker] *u Mz* Gemüse *s*
gröt [grööt] *u* Brei *m* (Gericht)
gud [güüd] *u* Gott *m*
Gud [güüd] *u* Gott *m*
gudbarn [güüdbaarn] *s* Patenkind *s*, Patensohn *m*
gudfar [güüdfaar] *u* Pate *m*, Taufpate *m*, Patenonkel *m*
gudstjänst [güüdsschänßt] *u* Gottesdienst *m*
guide [gaid] *u* Reiseführer *m*
gul [guul] *adj* gelb
guld [guld] *s* Gold *s*
gullig [gulli] *adj* niedlich, süß (Kind usw.)
gulsot [güülßuut] *u* Gelbsucht *w*, Hepatitis *w*
gummi [gummi] *s* Gummi *m/s*
gummiband [gummibann] *s* Gummiband *s*
gummibåt [gummiboot] *u* Schlauchboot *s*
gummidäck [gummidäkk] *u* Mantel *m* (Reifen)
gummistövel [gummißtööwel] *u* Gummistiefel *m Mz*
gunst [gunßt] *u* Gunst *w*
gurka [gurka] *u* Gurke *w*
guvernör [guwernöör] *u* Gouverneur *m*
gyllene [jyllen^e] *adj* golden (Münze usw.)
gym [jymm] *s* Fitnesscenter *s*
gymnasium [jymnaaßium] *s* **1** Gymnasium *s* **2** Highschool *w* (Sekundarschule)
gymnastik [jymnaßtiik] *u* **1** Gymnastik *w* **2** Turnen *s*
gymnastikskor [jymnaßtiikßkuur] *u Mz* Sportschuhe *m Mz*, Turnschuhe *m Mz*
gynnsam [jynnßam] *adj* günstig (Bedingungen usw.)

gyttja [jyttja] *u* Schlamm *m*
gå [goo] *v* **1** gehen *irgendwohin* (sich bewegen), schreiten **2** gehen *in etw. Akk* (in die Schule usw.), besuchen *etw. Akk* (Kurs usw.) **3** gehen (möglich sein) **4** laufen (in Gang sein) **5** abfahren, abgehen (Zug usw.) ▶ **~ förbi** *ngt* umgehen *etw. Akk* (herumgehen), vorbeigehen *an j-m/etw.*; **~ fram** weitergehen, vorankommen (sich bewegen); **~ genom** durchgehen *durch etw.*; **~ igenom** durchnehmen *etw. Akk* (in der Schule usw.); **~ in** eintreten *in etw. Akk*, betreten *etw. Akk*, hereinkommen *in etw. Akk*; **~ iväg** weggehen, gehen (weg); **~ ner** hinuntergehen *etw. Akk* (vom Sprecher), heruntergehen *etw. Akk* (zum Sprecher), hinuntergehen (nach unten), hinabsteigen; **~ omkring** *ngt* umkreisen *etw. Akk*; **~ över** *till ngt* übergehen *zu etw.* (Thema usw.); **~ på en promenad** spazieren gehen; **~ runt** herumgehen *um etw.*; **~ upp** aufgehen (Sonne usw.), hinaufgehen; **~ ut** *ur ngt* ausgehen *aus etw.*, hinausgehen *aus etw.*, herauskommen *aus etw.*; **~ vilse** sich verlieren, sich verlaufen, sich verirren (in der Stadt usw.), verloren gehen; **Han har gått.** Er ist schon weg.
gå fram *v* umgehen *irgendwie mit etw.*
gågata [googaata] *u* Fußgängerzone *w*
gå i borgen *v* haften *für j-n*, bürgen *für j-n*
gå igenom *v* **1** durchgehen *etw. Akk* (lesen usw.) **2** absolvieren *etw. Akk* (Training usw.)
gå in *v* beitreten *etw. Dat*
gå ned *v* untergehen (Sonne)
gång [gong] *u* Lauf *m etw. Gen* (einer Maschine usw.); **den här gången** diesmal; **en annan ~** ein anderes Mal; **en ~** einmal, eines Tages, einst; **en ~ till** noch einmal, nochmals; **en och annan ~** ab und zu; **flera gånger** einige Male, mehrmals; **för andra gången** zum zweiten Mal; **första gången** erstmals, zum ersten Mal; **i ~** eingeschaltet; **nästa ~** das nächste Mal; **på en ~** auf einmal, gleichzeitig; **två gånger** zweimal
gångbar [gongbaar] *adj* **1** gangbar (Weg usw.) **2** leidlich, passabel (Qualität usw.)
gångbro [gongbruu] *u* **1** Überführung *w* (für Fußgänger) **2** Steg *m* (für Fußgänger)
gånger [gong:er] *adv* mal (multipliziert)
gå och handla *v* einkaufen, Einkauf machen
gård [goord] *u* **1** Hof *m* (Platz) **2** Bauernhof *m*, Hof *m* (landwirtschaftlicher)
gårdagens [goordaagenß] *adj* gestrig
gå runt *v* umgehen *etw. Akk* (Regeln usw.)
gås [gooß] *u* Gans *w* (Vogel)
gåta [goota] *u* **1** Rätsel *s* (Denkaufgabe) **2** Mysterium *s* (Rätsel), Rätsel *s* (Geheimnis)
gåtfull [gootfull] *adj* geheimnisvoll, rätselhaft
gå upp i vikt *v* zunehmen (dicker werden)
gå ut *v* verfallen (Gültigkeit), ablaufen (Visum usw.)
gåva [goowa] *u* Spende *w* (Zuwendung)
gå vilse *v* sich verlaufen, sich verirren (in der Stadt usw.)
gå över *v* **1** übertreten *(von etw.) zu etw.* (konvertieren usw.) **2** vergehen (Empfindung)
gälla [jälla] *v* **1** gelten *für j-n/etw.*, betreffen *j-n/etw.* (Erklärung usw.) **2** betreffen *j-n/etw.*, angehen *j-n/etw.*, anbelangen *j-n/etw.*, gehen *um etw.* **3** gelten (Anordnung usw.)
gäng [jäng:] *s* Bande *w*, Clique *w* (Freundeskreis), Gang *w* (von Verbrechern), Horde *w* (von Jugendlichen usw.)
gärna [jäärna] *adj* gern *etw. Akk tun*, gern *etw. Akk tun*, mit Vergnügen *etw. Akk tun*
gäspa [jäßpa] *v* gähnen
gäst [jäßt] *u* Gast *m*
gästfri [jäßtfrii] *adj* gastfreundlich
gödsel [jößßel] *u* **1** Dung *m*, Mist *m* (Dünger usw.) **2** Dünger *m* (natürlicher) **3** Dünger *m* (künstlicher)
gömma [jömma] *v* **1** verstecken *etw. Akk vor j-m*, verbergen *etw. Akk vor j-m* (unter Mantel usw.) **2** verbergen *j-n* (einen Flüchtling usw.) **3** verstecken *etw. Akk* (Drogen usw.)
gömsle [jömßl^e^] *s* Winkel *m* (verborgener)
göra [jööra] *v* **1** anstellen *etw. Akk* (Dummheit usw.), machen *etw. Akk* (durchführen), tun *etw. Akk* **2** machen (entstehen lassen) **3** machen *etw. Akk irgendwie* **4** machen (Schulden usw.) ▶ **~ (gott) intryck** *på ngn* beeindrucken *j-n*; **Gör det inte!** Macht es nicht!; **inte ~** *ngt* nicht tun *etw. Akk*; **Vad ska jag ~ då?** Und was soll ich machen?
göra illa *v* verletzen *j-n* (beschädigen)

H

ha [haa] *v* haben *etw. Akk*; **~ det** gehen (gut, schlecht usw.); **~ inte** *ngt* nicht haben *etw. Akk*; **~ på sig** tragen, anhaben
hacka [hakka] *v* **1** hacken **2** picken *an etw. Akk* (mit Schnabel) **3** picken (Körner usw.) ♦ *u* Hacke *w* (Gerät)
hage [haag^e^] *u* **1** Zaun *m* **2** Hain *m*
hagel [haagel] *s* Hagel *m* (Niederschläge), Hagelschlag *m*
haj [haj:] *u* Hai *m*
haka [haaka] *u* Kinn *s*
haka upp sig *v* sich verklemmen
hake [haak^e^] *u* Haken *m* (Schwierigkeit), Häkchen *s* (diakritisches)
hal [haal] *adj* rutschig, schlüpfrig, glatt (Gehweg usw.)

halka [halka] *u* Glatteis *s* ♦ *v* ausrutschen (hinfallen), rutschen
hall [hall] *u* **1** Halle *w* **2** Vorraum *m*
hallon [hallon] *s* Himbeere *w* (Frucht)
hallåman [halooman] *u* Sprecher *m* (im Fernsehen usw.)
halm [halm] *u* Stroh *s*
hals [halß] *u* Hals *m*
halsband [halßbann] *s* **1** Collier *s*, Halskette *w* **2** Kette *w* (Schmuck)
halsduk [halßtüük] *u* **1** Schal *m* **2** Tuch *s* (Kopftuch usw.)
halv [halw] *adj* halb; **klockan ~ fem** um halb fünf
halva [halwa] *u* halb, Hälfte *w etw. Gen*
halvt [halft] *adv* halb, zur Hälfte
halvö [halwöö] *u* Halbinsel *w*
hamburgare [hamburjar^e^] *m* Hamburger *m* ♦ *u* Hamburger *m*
hammare [hammar^e^] *u* Hammer *m*
hamn [hamn] *u* Hafen *m*
han [han] *pron* er
hand [hand] *u* Hand *w*
handbagage [handbagaash] *s* Handgepäck *s*
handbojor [handbuujur] *u Mz* Fesseln *w Mz*, Handschellen *w Mz* ► **sätta ~ på** *ngn* Handschellen anlegen *j-m*
handbok [handbuuk] *u* Anleitung *w* (in Druckform usw.), Handbuch *s*
handduk [handdüük] *u* Handtuch *s*
handel [handel] *u* Handel *m*
handfat [handfaat] *s* Waschbecken *s*
handflata [handflaata] *u* Handfläche *w*
handikappad [handikappad] *adj* behindert ♦ *u* Invalide *m*
handkolvar [handkulwar] *u Mz* Handschellen *w Mz*
handla [handla] *v* **1** Einkauf machen, einkaufen **2** handeln *mit etw.* **3** agieren, handeln **4** zurechtkommen *mit etw.*
handla om *v* gehen *um etw.*
handlare [handlar^e^] *u* Händler *m*
handled [handleed] *u* Handgelenk *s*
handling [handling] *u* **1** Akt *m* (Tat), Handlung *w*, Aktion *w* (Tätigkeit usw.), Tat *w* **2** Handlung *w* (eines Films usw.)
handlingar [handlingar] *u Mz* Dokumente *s Mz*, Papiere *s Mz*
handpenning [handpenning] *u* Anzahlung *w*
handske [handsk^e^] *u* Handschuh *m*
handskfack [handskfakk] *u* Handschuhfach *s*
handstil [handstiil] *u* Handschrift *w* (schön usw.), Schrift *w* (lesbar usw.)
handtag [handtaag] *s* **1** Griff *m* (Handgriff), Handgriff *m* **2** Klinke *w* (Türklinke usw.) **3** Henkel *m* **4** Hebel *m*
handväska [handwäßka] *u* Handtasche *w*
hane [haan^e^] *u* Hahn *m*
hans [hanß] *pron* **1** sein **2** dessen
hantera [hanteera] *v* **1** manipulieren *etw. Akk, mit etw.* (handhaben), umgehen *mit etw. irgendwie* (manipulieren) **2** umgehen *mit etw.* (benutzen) **3** beseitigen *etw. Akk* (Abfall usw.)
hantverk [hantwärk] *s* Handwerk *s*, Kunsthandwerk *s*
hantverkare [hantwärkar^e^] *u* Handwerker *m*
hare [haar^e^] *u* Hase *m*
hasa [haaßa] *v* **1** kriechen, sich winden, sich schlängeln (Schlange usw.) **2** schlurfen
hasard [haßaard] *u* Glücksspiel *s*, Hasard *s* (Wagestück)
hasselnöt [haßßelnööt] *u* Haselnuss *w*
hastig [haßti] *adj* **1** schnell (Erledigung usw.), rasch (Genesung usw.) **2** überstürzt, übereilt **3** rapid, jäh
hastighet [haßtiheet] *u* Geschwindigkeit *w*, Schnelligkeit *w* (einer Bewegung usw.)
ha sällskap *v* gehen *mit j-m*
hat [haat] *s* Hass *m*
hata [haata] *v* hassen *j-n/etw.*
hatt [hatt] *u* Hut *m*
hav [haaw] *s* Meer *s*, See *w* (Meer); **vid havet** an der See, am Meer
havre [haawr^e^] *u* Hafer *m*
heder [heeder] *u* Ehre *w* (Ehrenerweisung)
hederligt [heederlit] *adv* ehrlich
hedra [heedra] *v* **1** ehren *j-n/etw.* **2** beehren *j-n mit etw.* **3** verehren *j-n/etw.* (Gottheit)
hej [hej] **Hej!** Guten Tag., Hallo!; **Hej då!** Auf Wiedersehen.
heja [heja] *v* **1** ermutigen (beim Fußballspiel usw.) **2** begrüßen *j-n*, grüßen *j-n*
hejdå [hejdoo] *interj* auf Wiedersehen; **Hejdå.** Tschüss!
hektar [hektaar] *s* Hektar *s/m*
hel [heel] *adj* **1** ganz (völlig) **2** Gesamt- **3** ganz (nicht beschädigt), heil (unversehrt) **4** ganz (komplett)
helg [helj] *u* Wochenende *s*
helgdag [heljdaa] *u* **1** Bankfeiertag *m*, staatlicher Feiertag **2** Feiertag *m*
helig [heeli] *adj* heilig
helikopter [helikopt^e^r] *u* Hubschrauber *m*
hellre [hellr^e^] *adv* lieber (klugerweise) ♦ *part* eher ► **Jag vill ~...** Ich möchte lieber...
helt [heelt] *adv* ganz, völlig, durchaus (möglich usw.) ♦ *part* ganz ► **~ enkelt** einfach, eben, halt

heltäckningsmatta [heeltäkkningß-matta] *u* Teppichboden *m*
helvete [helwete] *s* Hölle *w*, Inferno *s* (auch Brand usw.)
hem [hem] *adv* nach Haus(e), heim ♦ *s* Heim *s*
hemgjord [hemjuurd] *adj* hausgemacht
hemlig [hemli] *adj* **1** geheim, heimlich **2** geheim (Agent usw.)
hemlighet [hemliheet] *u* Geheimnis *s*
hemligstämplad [hemlikßtämplad] *adj* geheim (Dokument usw.)
hemlös [hemlööß] *u* Obdachlose *m*; **vara ~** obdachlos sein
hemma [hemma] *adv* zu Hause, (SwD, SüD) daheim
hemskt [hemßkt] *adv* furchtbar, schrecklich
hemuppgift [hemupjift] *u* Aufgabe *w* (für die Schule)
henne [henne] *pron* **1** sie (Akkusativ) **2** ihr (einer Frau usw.) ► **(till) ~** ihr
hennes [henneß] *pron* ihr (3. Person Sg. possessiv)
herde [heerde] *u* Hirt *m*
herr [herr] *u* Herr *m*; **~ X** Herr X
herre [herre] *u* Herr *m* (Besitzer); **herrar** *u Mz* Herren
hes [heeß] *adj* belegt, heiser (Stimme)
het [heet] *adj* **1** heiß (Gegenstand usw.) **2** scharf (Paprika usw.)
heta [heeta] *v* heißen *irgendwie*; **Jag heter…** Ich heiße…; **Vad heter du?** Wie heißt du?
hets [hettß] *u* Hetze *w* (Eile), Betrieb *m* (Treiben)
hetsa upp *v* **1** erregen *j-n* (emotional) **2** aufhetzen
hetta [hetta] *u* Hitze *w*
himmel [himmel] *u* Himmel *m*
hinder [hinder] *s* Hindernis *s für etw.*
hindra [hindra] *v* **1** hindern *j-n an etw. Dat* (nicht erlauben), hindern *j-n an etw. Dat* **2** verhindern *j-n/etw.* **3** behindern *etw. Akk* **4** hemmen *etw. Akk* (Umstände usw.) **5** hindern *j-n* (im Wege stehen) **6** unterdrücken (Bemühung usw.)
hink [hingk] *u* Eimer *m*, Kübel *m*
hinna [hinna] *u* Membran *w* ♦ *v* schaffen *etw. Akk*, schaffen (rechtzeitig machen) ► **~ ifatt** *ngn* einholen *j-n*, erreichen *j-n* (zu Hause usw.)
hinna med *v* **1** schaffen *etw. Akk* (rechtzeitig kommen) **2** mithalten *mit j-m*, nachkommen *j-m*
hiss [hißß] *u* Aufzug *m*, Fahrstuhl *m*, Lift *m*
historia [hißtuuria] *u* Geschichte *w*
historisk [hißtuurißk] *adj* historisch
hit [hiit] *adv* bis hierher, insofern, her, hierher ♦ *u* Hit *m*, Schlager *m*
hitta [hitta] *v* finden; **~ vägen** (den Weg) finden *irgendwohin*
hitta på *v* **1** herausfinden *etw. Akk* (Fakten usw.) **2** erraten
hittegodsexpedition [hittegudsekßpedichuun] *u* Fundbüro *s*
hittills [hittillß] *adv* **1** bisher, bis jetzt **2** bis heute, (bis) zu diesem Tag
hjord [jurd] *u* Herde *w*
hjort [jurt] *u* Hirsch *m*
hjul [jul] *s* **1** Rad *s* **2** Rolle *w* (Möbelrolle usw.)
hjulboja [julbooja] *u* Parkkralle *w*, Kralle *w* (Vorrichtung)
hjälm [jälm] *u* **1** Helm *m* **2** Haube *w* (zum Schweißen usw.)
hjälp [jälp] *u* Hilfe *w* ► **första hjälpen** erste Hilfe; **med ~ av** mittels *j-s/etw.*
hjälpa [jälpa] *v* **1** helfen *j-m mit etw., bei etw.* **2** Beihilfe leisten *j-m* (einem Verbrecher usw.) **3** nachhelfen *j-n/etw.* **4** aushelfen *j-m*
hjälpligt [jälplit] *adv* anständig, leidlich
hjälpmedel [jälpmeedel] *u* Hilfsmittel *s*
hjälte [jälte] *u* Held *m*
hjärna [jäärna] *u* Gehirn *s*
hjärnskakning [jäärnschkaakning] *u* Gehirnerschütterung *w*
hjärta [jäärta] *s* Herz *s* (Organ)
hjärter [jäärter] *u* Herz *s* (Karten)
hjärtlig [jäärtli] *adj* herzlich
hjärtligt [jäärtlit] *adv* herzlich, warm (empfangen usw.)
hoa [huua] *v* schreien (Eule)
hobby [hobby] *u* Hobby *s*, Zeitvertreib *m* (Hobby usw.)
hockeyspelare [hokkißpeelare] *u* Eishockeyspieler *m*
hon [hun] *pron* sie (Fem. Singular)
hona [huuna] *u* Weibchen *s*
honom [honom] *pron* ihn; **(till) ~** ihm
honung [hoonung] *u* Honig *m*
hop [huup] *u* Gesamtheit *w etw. Gen*
hopp [hopp] *s* **1** Hoffnung *w auf etw. Akk* **2** Sprung *m* **3** Überspringen *s etw. Gen*
hoppa [hoppa] *v* **1** springen **2** hüpfen **3** aufspringen **4** aufspringen *auf etw. Akk* (auf Fahrzeug) ► **~ (över)** überspringen *etw. Akk* (auslassen); **~ över** *ngt* überspringen *etw. Akk* (Sprung machen), springen *über etw. Akk*; **~ (upp)** aufspringen (hochspringen); **~ ut ur** *ngt* springen *aus etw.*
hoppa in för *v* vertreten *j-n* (einspringen)
hoppas [hoppaß] *v* hoffen *auf etw. Akk*
horisont [horißonnt] *u* Horizont *m*
horn [huurn] *s* **1** Horn *s* (eines Tiers usw.) **2** Geweih *s*

hos [huß] *prep* **1** an **2** zu *j-m* (zum Arzt usw.)
hosta [hußta] *u* Husten *m* ♦ *v* husten
hot [huut] *s* **1** Bedrohung *w etw. Gen*, Bedrohung *w* (Gefahr) **2** Androhung *w*, Drohung *w*
hota [huuta] *v* drohen *j-m mit etw.*, androhen *j-m etw. Akk*
hotell [hotell] *s* Hotel *s*
hotelse [huut^e^lß^e^] *u* **1** Bedrohung *w etw. Gen* (Gefahr) **2** Drohung *w*
hud [hüüd] *u* **1** Haut *w* (Körpergewebe) **2** Teint *m*
hugga [hugga] *v* **1** hacken **2** durchhacken *etw. Akk* **3** hacken (Holz usw.), zerhacken **4** schlagen (mit Kralle usw.) **5** behauen (mit Axt usw.) **6** aushauen *etw. Akk* (Inschrift usw.), ausmeißeln *etw. Akk* **7** aushauen *etw. Akk* (Statue usw.) **8** stechen *j-n mit etw.* (mit Messer usw.) ▶ **~ av** *ngt* abhauen *etw. Akk*
human [humaan] *adj* human, menschlich (Behandlung usw.)
hummer [hummer] *u* Hummer *m*
humor [hüümor] *u* Humor *m*
humör [humöör] *s* Laune *w* (gute usw.), Stimmung *w*
hund [hund] *u* Hund *m*
hundhalsband [hundhalßbann] *u* Halsband *s*
hundkoppel [hundkoppel] *s* Leine *w* (für Hund usw.)
hundra [hundra] *num* hundert
hunger [hung^e^r] *u* Hunger *m*
hungrig [hungri] *adj* hungrig; **Jag är (inte) ~.** Ich habe Hunger., Ich bin hungrig.
hur [hüür] *adv* wie (Frage); **~ som helst** sowieso, jedenfalls; **Hur är den?** Wie ist es?; **Eller ~?** Nicht wahr?, Oder?
hursomhelst [hüürschomhelßt] *part* sowieso, ohnehin
hus [hüüß] *s* Haus *s*
husbil [hüüßbiil] *u* Wohnmobil *s*
husgeråd [hüüßjerood] *s* Haushaltswaren *Mz*
hushalla [hüüßhalla] *v* sparen *etw. Akk* (Wasser usw.)
hushåll [hüüßholl] *s* Haushalt *m*
hushållsapparat [hüüßhollßaparaat] *u* Haushaltsgerät *s*
husmanskost [hüüßmanßkoßt] *s* häusliche Küche
husmor [hüüßmuur] *u* Hausfrau *w*
hustru [hußtru] *u* Ehefrau *w*, Frau *w* (Gattin)
husvagn [hüüßwangn] *u* Wohnwagen *m*
huva [hüüwa] *u* **1** Kapuze *w* **2** Strickhaube *w*
huvud [hüüwüüd] *s* Kopf *m* ▶ **bli yr i huvudet** schwindeln *j-m* (Kopf)
huvudgata [hüüwüüdgaata] *u* Hauptstraße *w* (für Fußgänger usw.)
huvudrätt [hüüwüüdrätt] *u* Hauptgericht *s*
huvudsak [hüüwüüdßaak] *u* die Hauptsache
huvudsakligen [hüüwpufdßaakligen] *adv* hauptsächlich, vor allem
huvudstad [hüüwüüdßtaad] *u* Hauptstadt *w*
hydda [hydda] *u* Hütte *w* (primitive)
hygglig [hyggli] *adj* anständig
hygien [hygieen] *u* Hygiene *w*
hygienisk [hygieenißk] *adj* hygienisch
hylla [hylla] *u* Regal *s*, Bord *s* (Brett) ♦ *v* bejubeln *j-n* (Held usw.), huldigen *j-m*
hyra [hüra] *u* Miete *w* ♦ *v* **1** mieten *etw. Akk*, anmieten *etw. Akk* **2** anwerben *j-n* (Arbeiter usw.) **3** pachten *etw. Akk* ▶ **~ ut** *åt ngn* vermieten *etw. Akk an j-n*; **rum att ~** Zimmer zu vermieten
hyresgäst [hüreßjäßßt] *u* Mieter *m*, Pächter *m*
hyresvärd [hüreßwäärd] *u* **1** Hauswirt *m* **2** Hauswirtin *w* **3** Vermieter *m*
hysa [hüßa] *v* vertreten (verkünden)
hytt [hytt] *u* **1** Kajüte *w* **2** Koje *w*
hytta [hytta] *u* Hütte *w* (Hüttenwerk)
hågkomst [hoogkomßt] *u* Andenken *s* (Gedenken), Erinnerung *w*
hål [hool] *s* Loch *s*
hålla [holla] *v* **1** halten *etw. Akk* (in der Hand), (kurz) halten *etw. Akk* **2** halten (fest sein usw.) **3** halten (können) *etw. Akk* **4** einhalten *etw. Akk* **5** aufhalten *etw. Akk* (kurz halten) **6** zurückhalten, aufhalten (Atem usw.) **7** bleiben *irgendwo* **8** übelnehmen *j-m etw. Akk* ▶ **~ i ett fast grepp** umschließen; **~ i** *ngt* sich festhalten *an etw. Dat* (mit der Hand); **~ sig till** *ngt* sich halten *an etw. Akk* (Anweisungen usw.); **~ sig** *någonstans* sich halten *irgendwo* (sich nicht entfernen); **~ sitt ord** das Wort halten; **Håll mun!** Halt die Klappe!
hålla fast vid *v* hängen *an etw. Dat* (nicht verzichten)
hålla med *v* zustimmen *j-m/etw.*
hållare [hollar^e^] *u* Halter *m*
hålla sig *v* halten (frisch bleiben usw.)
hållbar [hollbaar] *adj* **1** langlebig (Batterie usw.) **2** durabel (widerstandsfähig), haltbar (Material usw.) **3** nachhaltig (Entwicklung usw.)
hållplats [hollplads] *u* Haltestelle *w*
håna [hoona] *v* sich lustig machen *über j-n/etw.*, verspotten *j-n/etw.*, spotten *über j-n/etw.*, verunglimpfen (Rasse usw.)
hånflina [hoonfliina] *v* spotten *über j-n/etw.*, belächeln *j-n/etw.*

hår [hoor] *s* **1** Haar *s* (blondes, lockiges usw.) **2** Haare *s Mz* (auf der Brust usw.)
hård [hoord] *adj* hart
hårddisk [hoorddißk] *u* Platte *w* (Festplatte)
hårdnackad [hoordnakkad] *adj* verbissen, hartnäckig
hårfrisyr [hoorfrißür] *u* Frisur *w*
hårspole [hoorschpuule] *u* Lockenwickler *m*
hårspray [hoorschprej] *u* Haarlack *m*, Haarspray *m/s*
hårstrå [hoorschtroo] *s* Haar *s* (einzelnes, auf dem Kopf)
hårt [hoort] *adv* hart (schlagen usw.)
hårtork [hoortork] *u* Haartrockner *m*, Föhn *m* (Gerät), Trockner *m*
häck [häkk] *u* **1** Hecke *w* **2** Hürde *w*, Hindernis *s* (in Athletik usw.)
häfte [häfte] *s* Heft *s* (Schulheft usw.)
häftig [häfti] *adj* **1** heftig (stark) **2** explosiv (Temperament usw.) **3** toll, fabelhaft
häftigt [häftit] *adv* heftig (sehr energisch usw.), stürmisch
häl [hääl] *u* Ferse *w*
hälft [hälft] *u* Hälfte *w*
hälla [hälla] *v* **1** gießen *etw. Akk in etw. Akk* (Wasser in die Tasse usw.) **2** zugießen *etw. Nom etw. Dat* **3** begießen *j-n/etw. mit etw.* **4** gießen *etw. Akk in etw. Akk* (durch Gießen verteilen) **5** umgießen *etw. Akk irgendwohin* (in ein Gefäß) **6** übergießen *etw. Akk mit etw.* ♦ *u* Gürtelschlaufe *w* ► **~ ut** ausgießen *etw. Akk*, ausschütten *etw. Akk*
hälsa [hälßa] *v* **1** begrüßen *j-n*, grüßen *j-n* **2** grüßen (offiziell, formell) ♦ *u* Gesundheit *w*
hälsa på *v* besuchen *j-n*, vorbeischauen *bei j-m*
hälsning [hälßning] *u* Gruß *m*, Salut *m*
hälsosam [hälßußam] *adj* gesund
hämnas [hämnaß] *v* **1** sich rächen *an j-m für etw.*, sich rächen *für j-n/etw.* **2** rächen *j-n/etw.* **3** sich rächen *j-m* (Irrtum usw.)
hämna sig på *v* sich rächen *an j-m (für etw.)*
hämnd [hämnd] *u* Rache *w*
hämta [hämta] *v* **1** bringen *j-m etw. Akk* (ein Buch usw.) **2** mitbringen *etw. Akk irgendwohin/j-m* **3** holen *etw. Akk* **4** abholen *j-n/etw.*, holen *j-n/etw.* **5** einsammeln, sammeln (Holz usw.) ► **(gå och) ~** *ngn/ngt* holen *j-n/etw.* (Brot usw.); **~ baggage** Gepäck abholen
hämta sig *v* sich fassen
hända [hända] *v* geschehen, passieren (Ereignis usw.), vorgehen
händelse [händelße] *u* **1** Ereignis *s* **2** Geschehen *s*
händig [händi] *adj* geschickt
hänföra [hänfööra] *v* gewinnen *j-n* (erobern)
hänföra sig *v* betreffen *etw. Akk* (inhaltlich usw.)
hänga [hänga] *v* **1** hängen **2** aufhängen *etw. Akk*, hängen *etw. Akk* (Bild usw.) **3** aufhängen *j-n* (Mörder usw.), hängen *j-n* (hinrichten) **4** herumlungern, sich herumtreiben
hänga ihop med *v* zusammenhängen *mit etw.*
hängare [hängare] *u* Kleiderhaken *m*, Haken *m* (Hängeisen)
hänga samman med *v* sich verbinden *mit etw.* (in Zusammenhang stehen), zusammenhängen *mit etw.*
hänga upp *v* aufhängen (Hörer)
hängsel [hängßel] *u* Angel *w* (einer Tür usw.)
hängsmycke [hängßmykke] *s* Anhänger *m* (Schmuckstück)
hänsyn [hänßün] *u* Rücksicht *w auf etw. Akk*; **med ~ till** *ngt* mit Rücksicht *auf etw. Akk*
hänvisa [hänwiißa] *v* **1** verweisen *j-n an j-n/etw.* **2** sich berufen *auf etw. Akk* (Gesetz usw.) **3** hinweisen *auf etw. Akk*
hänvisning [hänwiißning] *u* Hinweis *m auf etw. Akk* (auf eine Quelle usw.)
häpna [häpna] *v* erstaunen *über etw. Akk*, staunen *über etw. Akk*
här [häär] *adv* hier
härbärge [häärbärjee] *s* **1** Herberge *w* **2** Heim *s* (für Obdachlose usw.)
härkomst [häärkomßt] *u* Ursprung *m*, Herkunft *w*
härleda [häärleeda] *v* schließen (Tatsache usw.)
härligt [häärlit] *adv* exzellent, ausgezeichnet, wunderschön, toll
härma [häärma] *v* **1** nachahmen *j-n/etw.* **2** nachahmen *j-n*, imitieren *j-n* (komisch usw.), nachäffen *j-n* (Persönlichkeit usw.) **3** nachäffen *j-n/etw.* (ohne nachzudenken usw.)
härska [härschka] *v* herrschen, regieren
häst [häßt] *u* Pferd *s*
hästsko [häßdskuu] *u* Hufeisen *s*
hävda [hääwda] *v* kämpfen *mit etw.* (mit Problemen usw.), bekämpfen *etw. Akk* (Schwierigkeiten usw.)
hävdande [hääwdande] *s* Behauptung *w*
häxa [häkßa] *u* Hexe *w*
hö [höö] *s* Heu *s*
höft [höfft] *u* Hüfte *w*, Seite *w* (Seitenteil usw.)
hög [höög] *adj* hoch ♦ *u* **1** Haufen *m* **2** Stapel *m etw. Gen*
högaffel [hööfgaffel] *u* Gabel *w* (für Heu usw.)
höger [hööger] *adj* recht(er,e,es) ♦ *u* Rechte *w* (Partei) ► **från ~** von rechts; **till ~** nach rechts, rechts *von etw.*

högkvarter [höögkwart^e^r] *s* **1** Zentrale *w* (einer Organisation usw.) **2** Hauptquartier *s*
högland [hööglann] *s* Hochland *s*
högljudd [höögjudd] *adj* laut
högre [höögre] *adj* höher (Wert usw.) ♦ *adv* höher
högst [hööĝßt] *adj* höchst(er,e,es), oberst(er,e,es) (hierarchisch) ♦ *adv* **1** am höchsten **2** am meisten **3** höchstens, allerhöchstens
högt [hökt] *adv* **1** hoch (nach oben) **2** laut ► **~ (uppe)** hoch (oben)
högtalare [höögtaalare] *u* Lautsprecher *m*
högvatten [höögwatten] *s* Hochwasser *s* (der Flut)
höja [höja] *v* **1** steigen (Wasserspiegel usw.) **2** heben *etw. Akk* (Hand usw.), hochheben *etw. Akk* **3** erhöhen *etw. Akk* (Wert usw.) **4** erhöhen (Mauer usw.)
höjd [höjd] *u* Höhe *w* (Maß); **~ över havet** *u* Höhe *w* (über dem Meeresspiegel)
höjdpunkt [höjdpungkt] *u* Höhepunkt *m*, Zenit *m* (von Karriere usw.)
hölje [hölje] *u* Deckung *w* (Vorrichtung usw.), Deckel *m*
höna [hööna] *u* Henne *w*, Huhn *s*
höns [hönß] *s* Hähnchen *s*
höra [hööra] *v* **1** hören *etw. Akk* (wahrnehmen) **2** aufschnappen *etw. Akk*, hören *etw. Akk* **3** anhören **4** hören *etw. Akk* (erfahren)
höra av sig *v* sich melden *bei j-m* (anrufen, schreiben usw.)
höra hemma *v* angehören *zu etw.*, gehören *zu etw.*
höra till *v* angehören *zu etw.*, gehören *zu etw.*
hörlur [höörlüür] *u* Hörer *m* (eines Telefons usw.)
hörlurar [höörlüürar] *u Mz* Kopfhörer *m Mz*
hörn [hööрn] *s* **1** Ecke *w* (der Straßen usw.) **2** Winkel *m* (Ecke), Ecke *w* (eines Raumes)
hörsal [hörschaal] *u* **1** Hörsaal *m* **2** Zuschauerraum *m*
hörsel [hörschel] *u* Gehör *s*
höst [hößt] *u* Herbst *m*; **i ~** im Herbst (nun und in der Zukunft); **i höstas** im Herbst (in der Vergangenheit); **på höstarna** im Herbst (jederzeit); **på hösten** im Herbst
hövlig [hööwli] *adj* höflich
hövmästare [hööwmäßtare] *u* Ober *m*

I

i [i] *prep* **1** in (einem Raum usw.) **2** für (Zeitdauer usw.) ► **i början** am Anfang; **i sämsta/bästa fall** im schlimmsten/besten Fall *m*
iakttagelse [iiaktaag^e^lße] *u* Beobachtung *w* (Beobachten)
ibland [iblann] *adv* ab und zu, gelegentlich, manchmal
icke-rökare [ikkeröökare] *u* Nichtraucher *m*
icke-simmare [ikkeßimmare] *u* Nichtschwimmer *m*
idag [idaa] *adv* heute
ideal [ideaal] *s* **1** Ideal *s etw. Gen* (Idealbild) **2** Ideal *s* (Ziel) ♦ *adj* ideal
identifiera [identifieera] *v* identifizieren *j-n*
identitet [identiteet] *u* Identität *w* (einer Person usw.)
identitetskort [identiteedskurt] *s* Ausweis *m*, Personalausweis *m*, (ugs.) Perso *m*
idé [idee] *u* **1** Idee *w* **2** Ahnung *w*, Idee *w* (Vorstellung usw.)
idiot [idioot] *u* Dummkopf *m*, Idiot *m*, Blödmann *m*, Trottel *m*
ID-kort [iideekurt] *s* Ausweis *m*, Personalausweis *m*, (ugs.) Perso *m*
idrottsman [idrottßman] *u* Sportler *m*
i förrgår *adv* vorgestern
igelkott [iigelkott] *u* Bürstenschnitt *m* (Frisur), Igel *m*
igen [ijen] *adv* aufs Neue, noch einmal, nochmals, wieder
igår [igoor] *adv* gestern; **~ kväll** gestern Abend
ihålig [iihooli] *adj* hohl
illa [illa] *adv* schlecht (körperlich unwohl), übel (körperlich); **Jag mår ~.** Ich fühle mich nicht wohl., Mir ist unwohl., Mir ist schlecht.
illegal [ilegaal] *adj* illegal
ilska [ilßka] *u* **1** Wut *w* **2** Zorn *m*
imitera [imiteera] *v* imitieren *j-n/etw.*, nachahmen *j-n/etw.*
import [import] *u* Import *m*, Einfuhr *w*
importera [importeera] *v* einführen *etw. Akk irgendwohin*, importieren *etw. Akk irgendwohin*
in [in] *adv* **1** herein, hinein **2** einwärts, nach innen ► **Kom ~.** Kommen Sie herein.
inackordering [innakordeering] *u* Pension *w* (Verpflegung)
inandas [inanndaß] *v* einatmen *etw. Akk* (Rauch usw.)
inbjudan [inbjudan] *u* Einladung *w*, Einladungskarte *w*

inbringa [inbring:a] *v* einbringen, abwerfen, bringen, einbringen *etw. Akk* (Gewinn usw.)
inbrott [inbrott] *s* Einbruch *m* (in ein Haus usw.)
inbrottstjuv [inbrottßschüüw] *u* Einbrecher *m*, Dieb *m*
incheckning [inchekkning] *u* Abfertigung *w*, Anmeldung *w*, Check-in *s/m* (im Hotel usw.)
indier [indiiᵉr] *m* Inder *m* ♦ *u* Inder *m*
indisk [indißk] *adj* indisch
industri [indußtrii] *u* Industrie *w*
industriell [indußtriell] *adj* industriell
inexakt [inekßakt] *adj* ungenau
infall [infall] *s* Laune *w*, Grille *w* (Einfall)
infarkt [infarkt] *u* Infarkt *m*
infart [infaart] *u* Einfahrt *w*
infektion [infekchuun] *u* Ansteckung *w*, Infektion *w*
inflammation [inflamachuun] *u* Entzündung *w*
influensa [influenßa] *u* Grippe *w*
inflytande [inflütandᵉ] *s* Einfluss *m*
information [informachuun] *u* Information *w*, Info *s*, Auskunft *w*
informera [informeera] *v* benachrichtigen *j-n von etw.*, verständigen *j-n von etw.*, informieren *j-n über etw. Akk*
infödd [infödd] *adj* **1** gebürtig **2** einheimisch (Bevölkerung usw.) ♦ *u* Inländer *m* ► **~ talare** Muttersprachler *m*
inföding [infööding] *u* Eingeborene *m*
införa [infööra] *v* **1** einführen (Maßnahme usw.) **2** einspritzen *etw. Akk in etw. Akk* **3** hineintragen *etw. Akk irgendwohin*, hineinbringen *etw. Akk irgendwohin* (Freude usw.) **4** einführen (ein Produkt), auf den Markt bringen **5** herstellen (Ordnung usw.)
ingalunda [ingalunda] *adv* keineswegs ♦ *part* nein
ingen [ingen] *pron* **1** niemand **2** kein (von beiden) **3** kein (nicht ein) ♦ *part* kein einziger
ingenjör [inchenöör] *u* Ingenieur *m*
ingenstans [ingenßtanß] *adv* nirgends, nirgendwo, nirgendwohin
ingenting [ingenting] *pron* nichts; **Det gör ~!** (Das) Macht nichts!; **Det tjänar ~.** Es hat keinen Zweck.
ingrediens [ingredienß] *u* Zutat *w*, Ingredienz *w*
ingång [ingong] *u* Eingang *m*
inhemsk [inhemßk] *adj* Haus-, häuslich, inländisch (Produkt usw.)
inhysa [inhüßa] *v* unterbringen *j-n*
inhägnad [inhängnad] *u* **1** Zaun *m* **2** eingezäuntes Grundstück *s* **3** Auslauf *m* (für Hühner usw.)
inifrån [inifroon] *adv* von (dr)innen, von innen
injektionsspruta [injekchuunßßprüüta] *u* Spritze *w* (für Injektionen), Injektionsspritze *w*
inklinera [ingklineera] *v* neigen *zu etw.* (Ansicht)
inkludera [ingkludeera] *v* **1** einschließen *etw. Akk* (in sich usw.), einbegreifen *etw. Akk* **2** einrechnen *etw. Akk in etw. Akk*
inklusive [ingklußiiwᵉ] *adv* inklusive *etw. Gen* (Steuer usw.), einschließlich *etw. Gen* (USt. usw.) ♦ *prep* einschließlich *etw. Gen*
inkompetent [ingkompetent] *adj* unfähig (unbegabt)
inkomst [ingkomßt] *u* Einkommen *s*
inköp [inschööp] *s* Abnahme *w* (von Waren usw.), Kauf *m*, Ankauf *m*
inland [inlann] *s* **1** Inland *s*, Binnenland *s* (einer Insel usw.) **2** Inland *s* (eigenes Land)
inledande [inleedandᵉ] *adj* Anfangs-, anfänglich
inledning [inleedning] *u* **1** Einleitung *w* **2** (feierliche) Einführung *w*, Aufnahme *w*
inlägg [inlägg] *s* **1** Einlage *w* (Gegenstand) **2** Beitrag *m für etw.* **3** Beitrag *m* (Artikel usw.)
inläggssula [inläggßßüüla] *u* Einlegesohlen *w Mz*
inlösa [inlöößa] *v* einlösen (Pfand usw.)
innan [innan] *adv* **1** bevor **2** vorher
inne [innᵉ] *adv* drinnen, innen
innehavare [innehaawarᵉ] *u* Träger *m*
innehåll [inneholl] *s* Inhalt *m* (einer Flasche usw.), Inhaltsverzeichnis *s*
innehålla [inneholla] *v* enthalten *etw. Akk*
innertak [innertaak] *u* Decke *w* (im Zimmer)
inom [inom] *prep* **1** innerhalb *etw. Gen*, im Inneren *etw. Gen* **2** innerhalb *etw. Gen*, binnen *etw. Dat* **3** im Rahmen *etw. Gen*
inpackning [inpakkning] *u* Umschlag *m* (zu Heilzwecken)
inre [inrᵉ] *adj* **1** inner(er,e,es), Innen- **2** innerlich (Gefühle usw.), Innen-
inreda [inreeda] *v* **1** einrichten *etw. Akk* (Wohnung usw.) **2** umbauen, umwandeln (Wohnung usw.)
inredning [inreedning] *u* Einrichtung *w* (Möbel usw.)
inresevisum [inreeßewiißum] *s* Einreisevisum *s*
inrikta [inrikta] *v* lenken *etw. Akk* (Richtung bestimmen), richten *etw. Akk*

insamling [inßamling] *u* **1** Sammlung *w* (von Altpapier usw.) **2** Abholung *w* **3** Sammlung *w* (von Müll usw.)
insekt [inßekt] *u* Insekt *s*
insida [inßiida] *u* Innere *s* (Innenraum); **på insidan** innen
insiktsfull [inßikdsfull] *adj* einfühlsam, aufmerksam
inskränka [inßkrängka] *v* **1** kürzen *etw. Akk* (Geld) **2** beschränken *etw. Akk*, einschließen *etw. Akk*
inskränkning [inßkrängkning] *u* Beschränkung *w*
inspektör [inßpektöör] *u* Kontrolleur *m*
institut [inßtitüüt] *s* Institut *s*
institution [inßtituchuun] *u* **1** Institution *w* **2** Lehrstuhl *m*
instruktion [inßtrukchuun] *u* Anleitung *w*, Anweisung *w* (zur Verwendung usw.), Gebrauchsanweisung *w*
instrument [inßtrument] *s* **1** Gerät *s* (Zange usw.), Werkzeug *s*, Instrument *s* **2** Gerät *s* (Messgerät usw.) **3** Musikinstrument *s*, Instrument *s* (Geige usw.)
inställa [inßtälla] *v* absagen (Treffen usw.), stilllegen *etw. Akk*
inställa sig *v* sich einfinden *irgendwohin*, sich einstellen *bei j-m* (kommen)
insättning [inßättning] *u* Einlage *w*, Einstellung *w* (von Software usw.)
inta [intaa] *v* **1** einnehmen (mit Gewalt) **2** nehmen (essen usw.)
intagning [intaangning] *u* Aufnahme *w*
inte [int^e] *adv* nicht sehr ♦ *part* nicht ♦ *v* nicht ► **~ alls** ach wo, gar nicht, überhaupt nicht; **varför ~** warum nicht (Zustimmung)
intelligent [intelijennt] *adj* intelligent
intensiv [intenßiiw] *adj* **1** intensiv (Tätigkeit usw.), Intensiv- **2** intensiv (Gefühl, Hitze usw.), Intensiv- **3** schwer (intensiv) **4** vehement
intensivvård [intenßiiwwoord] *u* Notaufnahme *w*
internationell [internatchunell] *adj* international
Internet [internet] *s* Internet *s*
Internetuppkoppling [internetupkoppling] *u* Internetanschluss *m*
intervju [interwjuu] *u* **1** Interview *s* **2** Besprechung *w*
intill [intill] *adv* daneben
intressant [intreßant] *adj* interessant ♦ *adv* interessant
intresse [intreßß^e] *s* Eingenommenheit *w für etw.*, Interesse *s an etw. Dat*
intressera [intreßeera] *v* interessieren *j-n* (Interesse haben)
intresserad [intreßeerad] *adj* beteiligt *an etw. Dat*; **(livligt) ~** interessiert *an etw. Dat*; **Jag är inte ~.** Ich habe kein Interesse.
intresserat [intreßeerat] *adv* interessiert, mit Interesse
intryck [intrykk] *s* Eindruck *m*
inträda [inträäda] *v* eintreten (geschehen), kommen (Zeit)
inträde [inträäd^e] *s* **1** Eintritt *m* (ins Museum usw.) **2** Zutritt *m* (Erlaubnis usw.) **3** Eintritt *m* (Eintreten) ► **kort för flera inträden** Dauerkarte *w* (Eintrittskarte usw.)
inträdesavgift [inträäddeßaawjift] *u* Eintrittsgeld *s*, Eintritt *m* (Geld), Eintrittsgebühr *w*
inträffa [inträffa] *v* eintreten
intyg [intüg] *s* **1** Zeugnis *s* (vom Arbeitgeber), Empfehlungsschreiben *s* **2** Urkunde *w* **3** Zeugnis *s* (vom Arzt usw.)
intyga [intüga] *v* beglaubigen *etw. Akk*
inuti [inutii] *adv* drinnen, innen ♦ *prep* in *etw. Akk*
invadera [inwadeera] *v* einbrechen *in etw. Akk* (Feind usw.), einfallen *irgendwohin* (in ein Land usw.)
invandrare [inwandrar^e] *u* Einwanderer *m*, Zuwanderer *m*, Immigrant *m*
investera [inweßteera] *v* investieren *in etw. Akk*, anlegen *etw. Akk in etw. Akk* (Geld), verwenden *etw. Akk auf etw. Akk* (Mühe, Geld usw.)
inviga [inwiiga] *v* **1** eröffnen *etw. Akk* (Ausstellung usw.) **2** einweihen *j-n in etw. Akk* (vertraut machen) **3** inaugurieren, in das Amt einführen
invånare [inwoonar^e] *u* **1** Bewohner *m* (von Haus usw.), Einwohner *m* (von Land usw.) **2** Ortsansässige *m*
invänta [inwännta] *v* **1** erwarten *j-n/etw.* (Besuch usw.) **2** abwarten *etw. Akk*
inåt [inoot] *adv* **1** herein, hinein **2** einwärts, nach innen
irritera [iriteera] *v* **1** reizen (Haut usw.) **2** aufbringen *j-n* (erzürnen), ärgern *j-n*, (ugs.) nerven *j-n*, (ugs.) fuchsen *j-n*
irriterad [iriteerad] *adj* **1** gereizt (Haut usw.) **2** aufgeregt, erregt (missgelaunt usw.), ärgerlich (Person)
is [iiß] *u* Eis *s* (Wasser)
isberg [iißberj] *s* Eisberg *m*
ishalka [iißhalka] *u* Glatteis *s*
ishockey [iißhokki] *u* Eishockey *s*
iskall [iißkall] *adj* eiskalt, eisig (Wasser usw.), frostig, Frost-
isolera [ißoleera] *v* **1** isolieren *j-n/etw. von j-m/etw.* **2** isolieren (thermisch usw.)
isolering [ißoleering] *u* Isolation *w*

iställlet [ißtället] *prep* statt *etw. Gen*, anstelle *von etw.*, anstatt *etw. Gen* ♦ *adv* stattdessen, dafür
iver [iiwer] *u* Begeisterung *w*
ivrig [iiwri] *adj* **1** eifrig (Student usw.) **2** heiß (Liebe usw.)
iväg [iwääg] **ge sig ~** losgehen (aufbrechen)

J

ja [jaa] *part* ja (Zustimmung)
jacka [jakka] *u* **1** Anorak *m* **2** Jacke *w* **3** Mantel *m* (Kleidung)
jag [ja] *pron* ich ♦ *u* Ich *s* (Ego usw.) ▶ **med mig** mit mir
jaga [jaaga] *v* **1** jagen (Wildtiere usw.) **2** erjagen **3** jagen *j-n*, verfolgen *j-n* (Polizei usw.) **4** hetzen (Tier usw.)
jakande [jaakande] *adj* positiv (Antwort usw.), bejahend
jakt [jakt] *u* **1** Jagd *w* **2** Jacht *w*
januari [januaari] *u* Januar *m*
jeans [shiinß] *u* Jeans *Mz*
Jesus [jeeßuß] *u* Jesus
jingel [jingell] *u* Melodie *w* (eines Werbespots usw.)
jo [juu] *part* na
jobb [jobb] *s* Arbeit *w*, Arbeitsstelle *w* (Beruf)
jobbig [jobbi] *adj* hart (Tag usw.)
jord [juurd] *u* **1** Boden *m*, Erde *w* **2** Erde *w*, Grund *m*, Boden *m* (Oberfläche) ▶ **under jorden** unter der Erde
jordbruk [juurdbrüük] *u* Landwirtschaft *w*
jordbrukare [juurdbrüükare] *u* Bauer *m* (Landwirt)
jordbruksprodukter [juurdbrüükßproduktᵉr] *u Mz* landwirtschaftliche Produktion
jordbävning [juurdbääwning] *u* Erdbeben *s*
Jorden [juurden] *u* Erde *w* (Planet)
jordfästa [juurdfäßta] *v* beerdigen *j-n*
jordgubbe [juurdgubbe] *u* Erdbeere *w* (Frucht)
jordnöt [juurdnööt] *u* Erdnuss *w* (Frucht)
journalist [churnalißt] *u* Journalist *m*, Publizist *m*
ju [ju] *conj* jedoch, aber ♦ *part* doch, ja
jude [jude] *u* Jude *m* (Mensch jüdischen Glaubens)
juice [juuß] *u* Saft *m* (aus Obst usw.)
jul [jul] *u* Weihnachten *s*, Weihnachtsfest *s*
juli [juli] *u* Juli *m*
juni [juni] *u* Juni *m*
jurist [jurißt] *u* Jurist *m*
just [jußt] *adv* gerade, eben (in dem Zeitpunkt), gerade (ausgerechnet usw.)
justera [jußteera] *v* einstellen (Maschine usw.)
juvelerarаffär [juwelerarafäär] *u* Juweliergeschäft *s*
juvelerare [juweleerare] *u* Juwelier *m*
jägare [jäägare] *u* Jäger *m*
jägarstuga [jäägarschtüüga] *u* Jagdhütte *w*
jäkt [jäkt] *s* Hetze *w* (Eile), Betrieb *m* (Treiben)
jämföra [jämfööra] *v* **1** vergleichen *etw. Akk mit etw.* (Ähnlichkeiten), vergleichen *j-n/etw. mit j-m/etw.* (angleichen) **2** vergleichen *j-n/etw. mit j-m/etw.* (Unterschiede) **3** kontrastieren *mit etw.* **4** steigern (Adjektiv usw.) ▶ **kan ~** *ngt/ngn* gleichkommen können *j-m/etw.*, zu vergleichen sein *mit etw.*
jämförelse [jämfööreIße] *u* **1** Vergleich *m mit etw.* **2** Vergleich *m* (Benennung usw.) ▶ **i ~ med** *ngt* im Vergleich zu *etw.*, gegenüber *etw.* (verglichen), gegen *etw.*
jämlik [jämliik] *adj* eben (Fläche usw.)
jämn [jämn] *adj* **1** gerade (Zahl) **2** gleichmäßig, ebenmäßig
jämvikt [jämwikt] *u* Gleichgewicht *s*
järn [jäärn] *s* Eisen *s*
järnväg [jäärnwääg] *u* Eisenbahn *w*, Bahn *w* (Schienenverkehrsmittel)
järnvägsbom [jäärnwäkßbuum] *u* Bahnschranken *w Mz*
järnvägskorsning [jäärnwäkßkorschning] *u* Übergang *m* (Bahnübergang usw.)
järnvägsvagn [jäärnwääkßwangn] *u* Eisenbahnwagen *m*, Wagen *m* (Eisenbahn)
järnvägsövergång [jäärnwääkßöwergoong] *u* Bahnübergang *m*
jäsa [jääßa] *v* **1** gären (sich zersetzen) **2** aufgehen (Teig)
jätte [jätte] *u* Riese *m* (Wesen)
jättestor [jätteßtuur] *adj* riesig, riesengroß

K

kabel [kaabel] *u* **1** Kabel *s* **2** Drahtseil *s*
kabin [kabiin] *u* Kabine *w* (für Passagiere usw.)
kafé [kafee] *s* Café *s*, (ÖrD) Kaffeehaus *s*
kaffe [kaffe] *s* Kaffee *m*
kaj [kaj] *u* **1** Mole *w* **2** Kai *m*
kaka [kaaka] *u* **1** Kuchen *m* **2** Zwieback *m*
kakao [kaakao] *u* Kakao *m*
kal [kaal] *adj* kahl
kalender [kalender] *u* **1** Kalender *m* **2** Terminkalender *m*
kalk [kalk] *u* Kalk *m*
kalkon [kalkon] *u* Truthahn *m*
kalkonhöna [kalkunhööna] *u* Truthenne *w*, Pute *w* (Geflügel)
kalkylator [kalkylaator] *u* Taschenrechner *m*
kall [kall] *adj* kalt ♦ *s* Berufung *w* (innere Bestimmung)
kalla [kalla] *v* **1** nennen *j-n irgendwie* (bezeichnen) **2** beordern
kallas [kallaß] *v* heißen *irgendwie*
kallt [kallt] *adv* kalt
kalv [kalw] *u* Kalb *s*
kalvkött [kalwschött] *s* Kalbfleisch *s*
kam [kaam] *u* Kamm *m*
kamera [kaamera] *u* **1** Kamera *w* (fotografische), Fotoapparat *m* **2** Kamera *w* (Video)
kamma [kamma] *v* kämmen *j-n/etw.*; ~ *sitt* **hår** sich kämmen
kammare [kammare] *u* Kammer *w*
kamp [kamp] *u* **1** Kampf *m* **2** Anstrengung *w*
kamrat [kamraat] *u* Freund *m* (Bekannter)
kanal [kanaal] *u* **1** Kanal *m* **2** Programm *s* (TV)
kanel [kaneel] *u* Zimt *m*
kanin [kaniin] *u* Kaninchen *s*
kanna [kanna] *u* **1** Kanne *w* (für Tee usw.) **2** Gießkanne *w* **3** Kanne *w* (Milchkanne usw.)
kanon [kanoon] *u* Kanone *w*, Geschütz *s*
kanske [kansche] *adv* möglicherweise, eventuell ♦ *part* möglicherweise, vielleicht
kant [kant] *u* **1** Kante *w* **2** Rand *m* (Kante) **3** Rand *m* (eines Gefäßes usw.) **4** Rand *m* *etw. Gen* (einer Krise usw.)
kantig [kanti] *adj* eckig
kantin [kantiin] *u* **1** Kantine *w* **2** Mensa *w*
kapa [kaapa] *v* entführen *etw. Akk*
kapabel [kapaabel] *adj* fähig (geschickt usw.)
kapacitet [kapaßiteet] *u* Kapazität *w*
kapell [kapell] *s* Kapelle *w* (Bau)
kapital [kapitaal] *u* Kapital *s* (Geld usw.)
kapitel [kapiitel] *s* Kapitel *s*
kapning [kaapning] *u* Entführung *w* (eines Flugzeugs usw.)
kapprum [kapprum] *s* Garderobe *w* (Raum)
kapsyl [kapßül] *u* Verschluss *m* (einer Flasche), Flaschendeckel *m*, Deckel *m*
kapten [kapten] *u* Kapitän *m*
karakteristiskt [karakterißtißkt] *adj* charakteristisch
karaktär [karaktäär] *u* **1** Charakter *m* (Wesen) **2** Figur *w* (eines Films usw.), Gestalt *w* (in einem Roman usw.) ♦ *adj* charaktervoll, charakterfest
karaktärsdrag [karaktäärschdraag] *u* Merkmal *s*
karl [kaar] *u* Typ *m* (Mensch), Kerl *m*
karosseri [karoßerii] *s* Karosserie *w*
karp [karp] *u* Karpfen *m*
karriär [kariäär] *u* Karriere *w*
karta [karta] *u* Landkarte *w*, Karte *w* (geografisch)
karusell [karüüßel] *u* Karussell *s*
kasino [kaßiino] *s* **1** Kasino *s* **2** Spielkasino *s*
kassa [kaßßa] *u* Kasse *w*
kassaskåp [kaßßaßkoop] *s* **1** Safe *m/s* **2** Geldkassette *w*
kasse [kaßße] *u* **1** Tasche *w* (Behälter) **2** Tüte *w* ► **(liten)** ~ *u* Beutel *m*
kassera [kaßeera] *v* ausmustern
kassett [kaßett] *u* Kassette *w* (Magnetband)
kassör [kaßöör] *u* **1** Kassierer *m* **2** Kassenwart *m*
kasta [kaßta] *v* **1** werfen, werfen *etw. Akk*, schmeißen *etw. Akk* **2** werfen *etw. Akk über etw. Akk* **3** werfen (in Baseball usw.) **4** auswerfen (Angel usw.) **5** werfen *etw. Akk irgendwohin* (Schatten usw.) **6** schleudern (in die Höhe usw.) **7** abwerfen (Bomben usw.) ► ~ **av sig** *ngt* abwerfen (Jacke usw.); ~ **ner** *ngt* abwerfen *etw. Akk* (Bombe usw.); ~ **sig** stürzen *irgendwohin* (springen), sich werfen *irgendwohin*; ~ **upp** *ngt* hinaufwerfen *etw. Akk*; ~ *ngn/ngt* **genom** *ngt* durchwerfen *j-n/etw. durch etw.*; ~ *ngt* **in i** *ngt* hineinwerfen *etw. Akk in etw. Akk*, einwerfen *etw. Akk in etw. Akk*
kasta bort *v* **1** wegwerfen **2** beseitigen *etw. Akk* (Abfall usw.) **3** vergeuden, vertun (Chance usw.)
kastanj [kaßtanj] *u* Kastanie *w* (Frucht)
kastanjeträd [kaßtanjeträäd] *s* Kastanie *w* (Baum), Kastanienbaum *m*
kasus [kaaßuß] *u* Fall *m* (Grammatik)
katastrof [kataßtroof] *u* **1** Katastrophe *w*, Unglück *s* (Tragödie usw.) **2** Unheil *s*

katedral [katedraal] *u* Kathedrale *w*, Tempel *m* (Gebäude)
katolik [katoliik] *u* Katholik *m*
katolsk [katolßk] *adj* katholisch
katt [katt] *u* Katze *w* (Haustier usw.)
kavaj [kawaj] *u* Sakko *m/s*
kavla [kaawla] *v* ausrollen (Teig usw.), rollen (Teig usw.) *etw. Akk*
kedja [schedja] *u* Kette *w*
kejsare [schej:ßar^e] *u* Kaiser *m*
keldjur [schelljur] *s* Haustier *s* (Heimtier)
kemtvätt [schemtwätt] *u* Reinigung *w* (Geschäft)
keramik [scheramiik] *u* Keramik *w*
keso [keeßo] *u* **1** Quark *m* **2** Hüttenkäse *m*
kex [kekß] *s* **1** Keks *m* **2** Kräcker *m*
kidnappa [kidnappa] *v* entführen *j-n*, kidnappen *j-n*
kidnappning [kidnappning] *u* Entführung *w*, Kidnapping *s* (von Person)
kikare [schiikar^e] *u* Fernglas *s*
kil [schiil] *u* Keil *m*
kilo [schiilo] *s* Kilogramm *s*
kilometer [schilomeeter] *u* Kilometer *m*
kind [schinn] *u* Wange *w*, Backe *w* (Gesicht)
kindtand [schinntann] *u* Backenzahn *m*
kiosk [schioßk] *u* Kiosk *m*
kirurg [schirurg] *u* Chirurg *m*
kirurgi [schirurgii] *u* Chirurgie *w*
kissa [kißßa] *v* pinkeln, Pipi machen (Kind), pissen (urinieren)
kista [schißßta] *u* **1** Kiste *w*, Truhe *w* **2** Sarg *m*
kjol [school] *u* Rock *m*
klaff [klaff] *u* **1** Klappe *w* **2** Mund *m*
klaga [klaaga] *v* **1** sich beschweren *bei j-m über etw. Akk* **2** sich beschweren *über etw. Akk*, sich beklagen *über etw. Akk* **3** jammern, klagen
klagomål [klaagomool] *s* Beschwerde *w*
klammer [klamm^{e}r] *u* eckige Klammern *w Mz* ♦ *v* spannen *etw. Akk* (einspannen), klammern *etw. Akk*
klappa [klappa] *v* **1** tippen *an etw. Akk*, (leicht) klopfen *auf/an etw.* **2** streicheln *j-n/etw.* **3** tätscheln *j-m* (den Rücken usw.)
klar [klaar] *adj* **1** klar (Glas usw.) **2** klar (Wasser usw.), durchsichtig (Flüssigkeit usw.) **3** klar (Himmel usw.), heiter (Tag usw.) **4** klar (Bedeutung usw.) **5** vorbereitet *auf etw. Akk, für etw.*, bereit *zu etw.*
klara [klaara] *v* **1** zurechtkommen *mit etw.* **2** sich abfinden *mit etw.* **3** bestehen, ablegen (Prüfung usw.) **4** durchkommen *in etw. Dat* (Erfolg haben) **5** schaffen *etw. Akk* **6** gewachsen sein *etw. Dat* (bewältigen usw.) **7** es schaffen ► **inte ~** nicht bestehen (Prüfung usw.)
klara av *v* **1** ausgleichen (Schuld usw.) **2** schaffen *etw. Akk* (bewältigen) **3** erlangen *etw. Akk*
klara sig *v* **1** sich durchschlagen (im Leben) **2** abschneiden (Erfolg haben)
klargöra [klaarjööra] *v* klarmachen *j-m etw. Akk*, klären *etw. Akk*, aufklären *etw. Akk*, erläutern *etw. Akk*
klarhet [klaarheet] *u* **1** klarer Himmel **2** Klarheit *w* (einer Beschreibung usw.)
klarna [klaarna] *v* sich aufhellen (Himmel usw.), sich aufklären (Himmel); **~ upp** aufklaren
klarsynt [klaarschynt] *adj* einfühlsam, aufmerksam
klart [klaart] *adv* deutlich, verständlich, hell (scheinen usw.)
klase [klaaß^e] *u* Traube *w* (Weintraube)
klass [klaßß] *u* Klasse *w*
klassisk [klaßßißk] *adj* klassisch
klia [kliia] *v* jucken (Haut usw.); **~ sig** kratzen (wegen Juckreizes)
klibba [klibba] *v* kleben (Klebkraft haben)
klibbig [klibbi] *adj* **1** klebrig, pappig **2** schleimig, schlüpfrig
klient [klient] *u* Kunde *m* (Bankkunde usw.), Klient *m*, Mandant *m*
klimat [klimaat] *s* Klima *s*
klimp [klimp] *u* Kloß *m*, (SüD, ÖrD) Knödel *m*
klinga [klinga] *v* **1** klingen (Glocke), läuten **2** ertönen **3** klirren (metallisch)
klinik [kliniik] *u* Klinik *w*
klipp [klipp] *s* Abschnitt *m* (Papier usw.)
klippa [klippa] *u* **1** Felsen *m* **2** Kliff *s* ♦ *v* **1** schneiden (mit Schere) **2** schneiden *j-n* (Haar) **3** durchschneiden *etw. Akk* (mit der Schere) **4** abmähen, mähen (mit der Sense) **5** mähen (Gras) ► **låta ~ sig** sich die Haare schneiden lassen
klippning [klippning] *u* Schnitt *m* (im Film)
klistra [klißtra] *v* **1** aufkleben *etw. Akk auf etw. Akk*, überkleben *etw. Akk mit etw.* **2** verkleben *etw. Akk mit etw.*, zukleben *etw. Akk mit etw.* ► **~ fast** *ngt på ngt* aufkleben *etw. Akk auf etw. Akk*; **~ igen** zukleben *etw. Akk* (Umschlag usw.); **~ med tejp** *ngt* mit Klebeband zukleben *etw. Akk*
klistra fast *v* kleben *etw. Akk an/auf etw. Akk* (befestigen)
klistra ihop *v* zusammenkleben *etw. Akk* (verkleben), kleben *etw. Akk*
klo [kluu] *u* **1** Kralle *w* (eines Vogels usw.) **2** Schere *w* (bei Krebsen)
kloak [kloaak] *u* Kanal *m* (für Abwässer)
klocka [klokka] *u* **1** Uhr *w* **2** Glocke *w* ► **klockan halv fem** um halb fünf; **klockan**

sju um sieben Uhr; **klockan tre** um drei Uhr; **Vad är klockan?** Wie spät ist es?

klok [kluuk] *adj* klug

kloss [kloßß] *u* Block *m* (Stein usw.)

kloster [kloßter] *s* **1** Mönchskloster *s* **2** Abtei *w*

klubb [klubb] *u* Klub *m*

klubba [klubba] *u* kleiner Hammer *m*, Keule *w* (zum Schlagen usw.)

klumpig [klumpig] *adj* **1** unbeholfen, ungeschickt **2** sperrig

klunk [klungk] *u* Schluck *m etw. Gen*

klyfta [klyfta] *u* Zehe *w* (von Knoblauch)

klyva [klüwa] *v* spalten *etw. Akk*, spalten (Atomkerne usw.)

klä [klää] *v* **1** anziehen *j-n* (bekleiden) **2** stehen *j-m* (Kleidung) ► **~ av sig** sich ausziehen; **~ av** *ngn* ausziehen *j-n*; **~ om** sich umziehen; **~ på sig** sich anziehen; **~ på sig** *ngt* anziehen *etw. Akk* (Kleidung)

kläder [klääder] *Mz* **1** Bekleidung *w*, Kleider *s Mz*, Kleidung *w* **2** Wäsche *w* (Textilien)

klädkammare [kläädkammar^e] *u* Kammer *w* (Abstellraum)

klädnypa [kläädnüpa] *u* Wäscheklammer *w*

klädsel [kläädsel] *u* Kleider *s Mz*, Kleidung *w*

klädskåp [kläädskoop] *s* Kleiderschrank *m*

klämma [klämma] *v* **1** drücken *j-n/etw. in/an etw. Akk* **2** drücken (zu eng sein) ♦ *u* Klammer *w* (Gerät)

klänning [klänning] *u* Kleid *s*

klättra [klättra] *v* klettern *auf etw. Akk* (hinauf); **~ i** *ngt* klettern *irgendwohin* (durchs Fenster usw.); **~ upp** *ngt* hinaufklettern *etw. Akk*; **~ (upp)** *ngt* klettern *auf etw. Akk* (auf eine Leiter usw.)

klöver [klööw^er] *u* **1** Klee *m* **2** Kreuz *s* (im Kartenspiel)

knacka [knakka] *v* klopfen *an etw. Akk* (ans Fenster usw.)

knall [knall] *u* Knall *m*

knapp [knapp] *adj* **1** knapp, nicht ganz **2** zu gering, knapp ♦ *u* **1** Knopf *m* (an Kleidungsstücken) **2** Druckknopf *m*, Knopf *m* (Schalter usw.), Taste *w* (eines Gerätes usw.)

knappast [knappaßt] *adv* kaum, mit Mühe

knappnål [knappnool] *u* Nadel *w* (Stecknadel), Stecknadel *w*

knappt [knappt] *adv* kaum

kniv [kniiw] *u* Messer *s*

knopp [knopp] *u* **1** Türknauf *m* **2** Blütenknospe *w* **3** Knospe *w*

knuffa [knuffa] *v* einen Stoß versetzen *j-m/etw.*, stoßen *j-n/etw.*

knut [knüüt] *u* Knoten *m* (in Schnur usw.), Knotenpunkt *m* (Verknüpfung)

knyta [knüta] *v* **1** binden, knüpfen, zubinden **2** ballen (Faust usw.) ► **~** *ngt* **ihop** verbinden *etw. Akk* (Schnüre usw.); **knytta upp** *ngt* aufbinden *etw. Akk* (Schleife usw.)

knyta an till *v* hängen *an j-m* (an Mutter usw.)

knä [knää] *s* Knie *s*

knäppa [knäppa] *v* **1** knacken **2** zuknöpfen, zumachen (Kleid usw.) **3** klimpern (auf Gitarre usw.) ► **~ upp** aufmachen *etw. Akk* (Gürtel usw.); **~ upp** *ngt* öffnen *etw. Akk* (Bluse usw.), aufknöpfen *etw. Akk*

knäppning [knäppning] *u* Verschluss *m* (eines Kleides usw.)

knäppt [knäppt] *adv* verrückt

ko [kuu] *u* Kuh *w* (Tier)

kock [kokk] *u* **1** Koch *m* **2** Kokke *w*

kod [kood] *u* Kode *m*

koffert [koffert] *u* Koffer *m*

kofta [kofta] *u* Cardigan *m*, Strickjacke *w*

koka [kuuka] *v* kochen *etw. Akk* (im Wasser usw.), kochen (Wasser usw.)

kokhet [kuukheet] *adj* kochend

kokplatta [kuukplatta] *u* **1** Herdplatte *w* **2** Kochplatte *w*

kokt [kokt] *adj* gekocht

kol [kool] *s* **1** Kohle *w* (Brennstoff) **2** Kohlenstoff *m*

kolla [kolla] *v* **1** kontrollieren *etw. Akk* (überwachen) **2** ansehen *j-n/etw.*, anschauen *j-n/etw.* ♦ *interj* he, schau (mal), sieh mal

kolla på *v* sich ansehen *etw. Akk*

kollega [koleega] *u* Kollege *m*, Mitarbeiter *m*

kollidera [kolideera] *v* **1** zusammenstoßen **2** stoßen *an etw.* (beschädigen usw.) **3** kollidieren (Interessen usw.)

kollision [kolichuun] *u* Kollision *w*, Zusammenstoß *m*

kolonn [kolonn] *u* **1** Säule *w* (Stütze usw.) **2** Kolonne *w* (Fahrzeuge), Konvoi *m*

kolossal [koloßaal] *adj* **1** kolossal, riesig (Summe usw.) **2** unabsehbar (Folgen usw.)

kolsyrad [kulßürad] *adj* Brause-, sprudelnd, kohlensäurehaltig (Getränk), mit Kohlensäure

kolumn [kolumn] *u* Spalte *w* (in einem Text)

komedi [komedii] *u* Komödie *w*

komisk [koomißk] *adj* komisch (lustig), witzig, spaßig

komma [komma] *v* **1** gelangen *irgendwohin* (zu Fuß), kommen *irgendwohin*, ankommen *irgendwohin*, eintreffen *irgendwohin* **2** kommen *irgendwohin* (gelangen) **3** anlaufen (Schiff) **4** herkommen *aus etw.* (aus China usw.), stammen *aus etw.* **5** eintreten (geschehen) ♦ *s* Komma *s* (Satzzeichen) ► ~ **före** überholen *j-n* (vorbeilaufen); ~ **fram** eingehen (Brief usw.); **Kom igen!** Komm schon!; **Kom in!** Herein!; **Kom in.** Kommen Sie herein.; **Varifrån kommer du?** Woher kommen Sie?

komma fram till *v* 1 ankommen *in etw. Dat, an etw. Dat*, anlangen *an etw. Dat* (mit dem Auto usw.) 2 aufdecken *etw. Akk* (Zusammenhänge usw.)

komma före *v* überholen *j-n* (vorbeigehen)

komma ihåg *v* sich erinnern *an j-n/etw.*

kommande [kommande] *adj* 1 bevorstehend, kommend 2 folgend, nächst(er,e,es) (in der Zukunft)

komma på *v* aufdecken *etw. Akk* (Zusammenhänge usw.), ausdenken *etw. Akk* (Lösung usw.), herausfinden *etw. Akk* (Fakten usw.)

komma till sanns *v* sich fassen

komma över *v* 1 hinwegkommen *über etw. Akk*, überwinden *etw. Akk* (Verlust usw.), verschmerzen *etw. Akk* 2 stoßen *auf j-n/etw.* (begegnen)

komma överens *v* sich einigen *über etw. Akk* ♦ *u* ein Geschäft abschließen *mit j-m* ► **komma (bra) överens** *med ngn* auskommen *mit j-m*

kommentar [komentaar] *u* Anmerkung *w* (Äußerung usw.), Kommentar *m*

kommun [komüün] *u* 1 Gemeinde *w* (Dorf, Stadt usw.) 2 Gemeindebehörde *w* 3 Stadtverwaltung *w* (Behörde)

kommunalråd [komunaalrood] *s* Bürgermeister *m*

kommunicera [komunißeera] *v* kommunizieren *mit j-m*

kommunikation [komunikachuun] *u* Kommunikation *w*

kompakt [kompakt] *adj* 1 kompakt, Kompakt- 2 dicht

kompass [kompaßß] *u* Kompass *m*

kompensation [kompenßachuun] *u* 1 Ersatz *m für etw.*, Kompensierung *w für etw.* 2 Abfindungssumme *w*, Abfindung *w* (Geld) 3 Entschädigung *w*, Schadenersatz *m*

kompensera [kompenßeera] *v* 1 entschädigen *j-n für etw.*, ersetzen *j-m etw. Akk* (Geldverlust usw.) 2 wiedergutmachen *j-m etw. Akk*

kompetens [kompetenß] *u* 1 Kompetenz *w* (Rechte usw.) 2 Qualifikation *w für etw.* 3 Kompetenz *w* (Fachkompetenz usw.)

kompetent [kompetent] *adj* kompetent (Gericht usw.), zuständig

kompis [kompiß] *u* 1 Freund *m* (Bekannter), Kumpel *m* (Freund) 2 Kumpan *m* ► **vara ~** *med ngn* befreundet sein *mit j-m*

komplett [komplett] *adj* komplett ♦ *adv* komplett

komplettera [kompleteera] *v* ergänzen, vervollständigen

komplicera [komplißeera] *v* 1 komplizieren *etw. Akk*, verkomplizieren 2 erschweren *etw. Akk* (komplizieren)

komplicerad [komplißeerad] *adj* kompliziert ♦ *adv* kompliziert

komplimang [komplimang] *u* Kompliment *s*

komponent [komponent] *u* Bestandteil *m etw. Gen*, Komponente *w*

kompositör [kompoßitöör] *u* Komponist *m*

kompress [kompreßß] *u* Umschlag *m* (zu Heilzwecken)

komprimera [komprimeera] *v* zusammendrücken *etw. Akk* (Volumen reduzieren)

kon [kuun] *u* Kegel *m* (Körper)

koncept [konßept] *s* Begriff *m*

konditori [konditorii] *s* Konditorei *w*, Süßwarengeschäft *s*

kondom [kondoom] *u* Präservativ *s*, Kondom *s/m*

konduktör [konduktöör] *u* Schaffner *m*

konfidentiell [konfidenßiell] *adj* vertraulich (geheim)

konflikt [konflikt] *u* Konflikt *m*, Zusammenstoß *m* (Auseinandersetzung)

kongress [kongreßß] *m* Tagung *w*

konkurrens [kongkurangß] *u* 1 Konkurrenz *w* 2 Wettbewerb *m*, Wettkampf *m*

konkurs [kongkursch] *u* Bankrott *m*, Konkurs *m*

konsekvens [konßekwenß] *u* Folge *w etw. Gen, von etw.*, Konsequenz *w etw. Gen* (einer Tat usw.)

konsert [konßäär] *u* Konzert *s* (Veranstaltung)

konserv [konßerw] *u* Konserve *w*, Dose *w*

konservativ [konßerwatiiw] *adj* konservativ

konservburk [konßerwburk] *u* Konserve *w*, Dose *w*

konservering [konßerweering] *u* Schutz *m* (Naturschutz usw.)

konservöppnare [konßerwöppnare] *u* Büchsenöffner *m*, Dosenöffner *m*

konst [konßt] *u* Kunst *w* (Gestalten)

konstant [konßtant] *adj* 1 konstant 2 dauernd, ständig, fortwährend, unaufhörlich ♦ *adv* 1 konstant 2 dauernd (ohne Unterbrechung), ständig ♦ *u* Konstante *w*

konstatera [konßtateera] *v* konstatieren, feststellen (sagen usw.)

konstgjord [konßtjurd] *adj* künstlich

konstig [konßti] *adj* merkwürdig, seltsam, sonderbar
konstigt [konßtit] *adv* seltsam, merkwürdig, sonderbar
konstnär [konßtnäär] *u* Künstler *m*
konstruktion [konßtrukchuun] *u* **1** Konstruktion *w* (Bauteil) **2** Entwurf *m* (einer Konstruktion usw.) **3** Aufbau *m* (eines Hauses usw.), Bau *m* **4** Konstruktion *w* (Konstruieren) **5** Konstruktion *w* (Struktur) **6** Baukasten *m*
konsul [konßul] *u* Konsul *m*
konsulat [konßulaat] *s* Konsulat *s*
konsultation [konßultachuun] *u* Beratung *w* (Besprechung)
konsultera [konßulteera] *v* konsultieren *j-n über etw. Akk*, besprechen *etw. Akk mit j-m*
konsumera [konßumeera] *v* konsumieren *etw. Akk* (Lebensmittel)
konsumtion [konßumchuun] *u* Konsumierung *w*, Verbrauch *m*
kontakt [kontakt] *u* **1** Kontakt *m* **2** Schalter *m* (elektrischer) **3** Stecker *m* **4** Steckdose *w* **5** Verbindungsstück *s* ► **vara i ~** *med ngn* in Kontakt stehen *mit j-m*
kontakta [kontakta] *v* kontaktieren *j-n*, sich verbinden *mit j-m* (telefonisch usw.), Kontakt aufnehmen *mit j-m*
kontanter [kontanter] *u Mz* Bargeld *s*
kontinuerlig [kontinueerli] *adj* **1** flüssig, fließend (Verkehr), kontinuierlich **2** fließend (ununterbrochen), flüssig (Bewegung usw.)
kontinuerligt [kontinueerlit] *adv* **1** fließend (ununterbrochen), flüssig (zügig) **2** ununterbrochen, kontinuierlich
konto [konto] *s* Bankkonto *s*, Konto *s*; **kurantkonto** laufende Rechnung; **För över det på mitt ~**. Schreiben Sie es mir auf die Rechnung.
kontor [kontuur] *s* Arbeitszimmer *s*, Büro *s*
kontorsmaterial [kontuurßmateriaal] *s* Schreibwaren *Mz*
kontoutdrag [kontoüütdraag] *s* Kontoauszug *m* ♦ *u* Abrechnung *w* (Schlussrechnung)
kontrakt [kontrakkt] *s* Kontrakt *m*, Vertrag *m*
kontroll [kontroll] *u* **1** Kontrolle *w* (Überprüfung) **2** Überprüfung *w* (strenge usw.), Kontrolle *w* (gründliche usw.) **3** Steuerung *w* (Regulierung) **4** Kontrolle *w über etw. Akk* (Beherrschung) **5** Durchsuchung *w* (Haussuchung usw.), Kontrolle *w* (Zollkontrolle usw.)
kontrollera [kontroleera] *v* **1** kontrollieren *etw. Akk* (überwachen) **2** kontrollieren (Gebiet usw.), beherrschen (Firma usw.)
konvertera [konwerteera] *v* umrechnen *etw. Akk in etw. Akk*, konvertieren *etw. Akk in etw. Akk* (Währung usw.)
konvulsion [konwulchuun] *u* Krampf *m* (krampfhafte Bewegung)
kopia [kopiia] *u* **1** Kopie *w* **2** Ausfertigung *w* (Schriftstück)
kopiera [kopieera] *v* **1** kopieren **2** fotokopieren *etw. Akk*, kopieren *etw. Akk*, ablichten *etw. Akk* (Formular usw.), vervielfältigen *etw. Akk* **3** abschreiben (Abschrift machen)
kopp [kopp] *u* Tasse *w*
koppar [koppar] *u* Kupfer *s*
koppel [koppel] *s* Leine *w* (für Hund usw.); **ha hunden i ~** den Hund an der Leine haben
koppla av *v* sich entspannen (ruhiger sein usw.)
kopplad [kopplad] *adj* verbunden *mit etw.*
koppling [koppling] *u* **1** Anschluss *m* (zu einem Leitungsnetz), Kupplung *w* (im Fahrzeug) **2** Verbindung *w zwischen etw.* (Beziehung usw.)
korg [korj] *u* Korb *m*
kork [kork] *u* **1** Kork *m* **2** Korken *m*, Stöpsel *m*
korkad [korkad] *adj* bekloppt, plemplem, beschränkt (dumm)
korkskruv [korkßkrüüw] *u* Korkenzieher *m*
korn [korn] *s* **1** Korn *s* (Frucht) **2** Korn *s*, Getreide *s* **3** Gerste *w* **4** Korn *s* (einer Waffe)
korrekt [korekt] *adj* korrekt (Benehmen usw.)
korrektur [korektüür] *s* Korrektur *w* (Fahnenkorrektur usw.), Korrekturlesen *s*
korridor [koridoor] *u* **1** Flur *m*, Korridor *m*, Gang *m* (im Haus usw.) **2** Gang *m* (im Zug) **3** Korridor *m* (Gebiet)
korrigera [korigeera] *v* korrigieren (ändern)
kors [korsch] *adj* Kreuz-, kreuzförmig ♦ *s* Kreuz *s*
korsning [korschning] *u* **1** Kreuzung *w* (Straßen usw.) **2** Knotenpunkt *m* (im Verkehr usw.) **3** Kreuzung *w*, Hybride *w*, Bastard *m* (Pflanze usw.)
kort[1] [kort] *adj* **1** kurz **2** kurz (nicht ausführlich), knapp (gekürzt) ♦ *adv* **1** in wenigen Worten, kurz **2** kurz (besprechen usw.) **3** kurz, bündig **4** kurz (geschnitten usw.)
kort[2] [kurt] *s* **1** Karte *w* (für Skat usw.), Spielkarte *w* **2** Karte *w* (Plastikkarte usw.) ► **~ för flera inträden** Dauerkarte *w* (Eintrittskarte usw.)
kortfattat [kortfattat] *adv* **1** kurz, bündig **2** kurz (besprechen usw.)
kortslutning [kortßlüütning] *u* Kurzschluss *m* (elektrischer)

korv [korw] *u* **1** Wurst *w* (Bierwurst usw.), Bratwurst *w* **2** Würstchen *s* **3** Wurst *w* (Schinkenwurst usw.) **4** Knackwurst *w*, Bockwurst *w*
kosmetika [koßmeetika] *u Mz* Kosmetik *w* (Kosmetika)
kosmos [koßmoß] *s* Kosmos *m*, Weltraum *m*
kost [koßt] *u* Ernährung *w* (Regime), Verpflegung *w*
kosta [koßta] *v* kosten *wie viel* (Preis haben); **Vad kostar det?** Was/Wie viel kostet es?
kostbar [koßtbaar] *adj* **1** aufwendig, luxuriös **2** kostbar
kostnad [koßtnad] *u* **1** Preis *m etw. Gen* (für Beschaffung usw.) **2** Kosten *Mz* ► **täcka kostnaderna** die Kosten decken
kostnadsfri [koßtnadsfrii] *adj* kostenlos, kostenfrei, frei (umsonst)
kostnadsfritt [koßtnadsfritt] *adv* kostenlos, gratis
kostym [koßtüm] *u* Anzug *m*, Komplet *s*
kotlett [kotlett] *u* Kotelett *s*
kotte [kott^e^] *u* Zapfen *m* (Tannenzapfen usw.)
krabba [krabba] *u* Krabbe *w*
kraft [kraft] *u* Kraft *w*, Stärke *w* (eines Menschen)
kraftig [kraftig] *adj* **1** stark (körperlich) **2** stattlich (Mann usw.)
kraftigt [kraftit] *adv* heftig (regnen usw.)
kraftverk [kraftwärk] *s* Kraftwerk *s*
krage [kraag^e^] *u* Kragen *m*
krama [kraama] *v* umarmen *j-n*
kramp [kramp] *u* Krampf *m*
kran [kraan] *u* **1** Kran *m* **2** Absperrhahn *m* **3** Hahn *m* (Wasserhahn usw.)
krascha [kracha] *v* **1** einen Autounfall haben **2** anstoßen *an/gegen etw.*, prallen *gegen etw.* (Wagen usw.), stoßen *an etw. Dat*, stoßen *an etw.* (beschädigen usw.) **3** einen Unfall haben (Auto)
krav [kraaw] *s* Forderung *w*, Anspruch *m* (an Qualität usw.)
kredit [krediit] *u* Kredit *m*
kreditkort [krediitkurt] *s* Kreditkarte *w*
kretslopp [kreedslopp] *s* Kreislauf *m* (des Lebens usw.)
krig [kriig] *s* Krieg *m*
krikon [kriikon] *s* Pflaume *w*
kriminalitet [kriminaliteet] *u* Kriminalität *w*
kringgå [kringggoo] *v* umgehen *etw. Akk* (Regeln usw.), die Regeln umgehen
kris [kriiß] *u* Krise *w*, Wirtschaftskrise *w*
kristen [krißten] *u* Christ *m*
kristendom [krißtenduum] *u* Christentum *s*
krita [kriita] *u* **1** Kreide *w* **2** Kredit *m* (bei einer Bank usw.)
kritik [kritiik] *u* Kritik *w*
kritisera [kritißeera] *v* kritisieren
kritisk [kriitißk] *adj* kritisch
krog [kruug] *u* Kneipe *w*
krok [kruuk] *u* Haken *m*
krokig [kruukig] *adj* krumm
krona [kruuna] *u* Krone *w*
kronärtskocka [kruunärtchokka] *u* Artischocke *w*
kropp [kropp] *u* **1** Körper *m* **2** Rumpf *m* (eines Flugzeugs)
kruka [krüüka] *u* Krug *m*
krycka [krykka] *u* Krücke *w*
krydda [krydda] *u* Gewürz *s* ♦ *v* würzen
kryddnejlika [kryddnejliika] *u* Nelke *w* (Gewürz)
krypa [krüpa] *v* **1** kriechen **2** durchkriechen (hindurchkriechen) ► **~ ut** *mot ngt* kriechen *aus etw.*; **~ ut** *ur ngt* klettern *aus etw.* (herauskommen usw.)
kryssning [kryßßning] *u* Kreuzfahrt *w* (Ausflug)
kräfta [kräfta] *u* Krebs *m* (Tier)
Kräftan [kräftan] *u* Krebs *m* (Sternzeichen)
kräkas [krääkaß] *v* brechen (bei Übelkeit)
kräm [krääm] *u* Creme *w* (Kosmetik); **stryka på sig krämen** sich eincremen
kränka [krängka] *v* **1** kränken *j-n* **2** brüskieren *j-n* (verächtlich behandeln) **3** entehren **4** demütigen *j-n*
kränkning [krängkning] *u* Verletzung *w etw. Gen* (Verstoß)
kräva [krääwa] *v* **1** fordern *etw. Akk von j-m*, verlangen *etw. Akk* (fordern), beanspruchen *etw. Akk* **2** berechnen *j-m etw. Akk* (anrechnen) **3** erfordern (notwendig machen), fordern *etw. Akk* (viel Zeit usw.), verlangen *etw. Akk* (Konzentration usw.) **4** fordern *etw. Akk* (Unfall – Opfer) ♦ *u* Kropf *m* (eines Vogels)
krävande [krääwand^e^] *adj* anspruchsvoll (mit hohen Ansprüchen)
kräver [krääwer] *v* verlangen *etw. Akk* (fordern)
krögare [kröögar^e^] *u* Wirt *m* (in einem Lokal)
kub [küüb] *u* Würfel *m*, Kubus *m*
kudde [kudd^e^] *u* Kissen *s*
kula [küüla] *u* **1** Kugel *w* (Geschoss) **2** Höhle *w* (eines Tieres) **3** Kugel *w* (Eiskugel usw.)
kuling [küüling] *u* Sturm *m*
kullager [kulaager] *u* Lager *s* (Maschinenelement)
kulle [kull^e^] *u* Hügel *m*
kullerbytta [kullerbytta] *u* Rolle *w* (Purzelbaum)
kulspetspenna [küülßpeedspenna] *u* Kugelschreiber *m*

kultur [kultüür] *u* Kultur *w*
kummin [kumin] *u* Kümmel *m*
kund [kunn] *u* **1** Kunde *m* (im Geschäft usw.) **2** Abnehmer *m*
kundvagn [kundwangn] *u* Einkaufswagen *m*
kung [kung] *u* König *m* (Herrscher)
kunna [kunna] *v* **1** beherrschen (Fremdsprache usw.), können *tun etw. Akk* **2** können *etw. Akk* (imstande sein) **3** könnte ► **man kan** *göra ngt* es ist möglich *etw. Akk zu tun*, es geht *etw. Akk zu tun*; **Jag kan inte fortsätta.** Ich kann nicht mehr.
kunskap [kunßkaap] *u* **1** Kenntnisse *w Mz* **2** Bewusstsein *s etw. Gen* (Wissen) **3** Erkenntnis *w* (Erkennen)
kunskaper [kunßkaap^e^r] *u Mz* Kenntnisse *w Mz*
kupé [kupee] *u* Abteil *s* (im Zug usw.), Coupé *s* (Auto)
kupol [kupol] *u* Kuppel *w*
kupong [kupong] *u* Gutschein *m*, Kupon *m*
kur [küür] *u* **1** Behandlung *w* (eines Patienten usw.) **2** Kur *w* **3** Lebensweise *w*
kurort [küürurt] *u* Bad *s* (mit Heilquellen), Kurort *m*
kurs [kusch] *u* **1** Kurs *m* **2** Kurs *m* (einer Währung), Wechselkurs *m* **3** Verlauf *m*, Ablauf *m* (eines Ereignisses usw.)
kurva [kurwa] *u* Kurve *w*
kusin [kußiin] *u* **1** Cousin *m* **2** Cousine *w*
kust [kußt] *u* Ufer *s* (Seeufer), Küste *w*
kuva [kuuwa] *v* unterdrücken *etw. Akk*, niederschlagen *etw. Akk* (Aufstand usw.)
kuvert [kuwert] *s* Umschlag *m* (für Briefe), Kuvert *s*, Briefumschlag *m*
kvadrat [kwadraat] *u* Quadrat *s*
kvalifikation [kwalifikachuun] *u* Qualifikation *w*
kvalitet [kwaliteet] *u* Qualität *w*, Qualität *w etw. Gen*
kvantitet [kwantiteet] *u* **1** Quantität *w* **2** Größe *w* (in Physik) **3** Menge *w*, Quantität *w*
kvar [kwaar] *adj* übrig, restlich; **bli ~** (übrig) bleiben
kvarhålla [kwaarholla] *v* **1** aufhalten *j-n irgendwo* **2** festnehmen *j-n*
kvark [kwark] *u* Quark *m*
kvarn [kwaarn] *u* Mühle *w*
kvart [kwart] *u* **1** Viertel *s* (vierter Teil) **2** Viertelstunde *w*
kvarter [kwart^e^r] *s* **1** Stadtviertel *s*, Viertel *s* (in der Stadt) **2** Nachbarschaft *w* **3** Häuserblock *m*
kvast [kwaßt] *u* Besen *m*
kvick [kwikk] *adj* **1** schnell (Bewegung usw.), rasch (Gang usw.) **2** prompt (Antwort usw.) **3** flink, geschmeidig
kvinna [kwinna] *u* Frau *w*
kvinnlig [kwinnli] *adj* weiblich, Frauen-
kvitt [kwitt] *v* loswerden *j-n/etw.*
kvittera [kwiteera] *v* ausgleichen (Score usw.)
kvitto [kwitto] *s* Kassenzettel *m*, Quittung *w*, Zettel *m* (Kassenzettel usw.)
kväljning [kwällning] *u* Übelkeit *w*
kväll [kwäll] *u* Abend *m*; **igår ~** gestern Abend; **på kvällen** abends; **God ~.** Guten Abend.
kväva [kwääwa] *v* **1** würgen *j-n* (Opfer usw.) **2** ersticken *j-n*
kvävas [kwääwaß] *v* **1** ersticken **2** würgen *an etw. Dat* (an Essen)
kyckling [schykkling] *u* Küken *s*, (junges) Huhn *s*
kyla [schüla] *u* Kälte *w* ♦ *v* kühl werden ► **~ ner** kühlen (Wein usw.)
kylare [schülar^e^] *u* Kühler *m*
kyld [schyld] *adj* gekühlt, kühl (Getränk usw.)
kylig [schüli] *adj* kühl; **bli kyligare** sich abkühlen, kühl werden (Wetter usw.)
kyligt [schülit] *adv* kalt (Wetter)
kylskåp [schülßkoop] *s* Kühlschrank *m*
kypare [schüpar^e^] *u* Kellner *m*
kyrka [schyrka] *u* Kirche *w* (Gebäude)
kyrkogård [schyrkogoord] *u* Friedhof *m*, Kirchhof *m*
kyssa [schyßßa] *v* küssen *j-n/etw.*, küssen *j-n*
kål [kool] *u* Kohl *m* (Weißkohl usw.), Wirsing *m*, Wirsingkohl *m*, (ÖrD) Kohl *m* (Rosenkohl usw.)
kålrabbi [koolrabbi] *u* Kohl *m* (Pflanze), Kohlrabi *m*
kägel [schäägel] *u* Kegel *m* (Spielfigur)
käke [schääk^e^] *u* Kiefer *m*
källa [schälla] *u* **1** Quelle *w* (eines Flusses usw.) **2** Quelle *w etw. Gen*
källare [schällar^e^] *u* **1** Keller *m* **2** Souterrain *s*, Kellergeschoss *s*
kämpa [schämmpa] *v* **1** ringen *mit j-m um etw.* **2** sich (sehr) anstrengen *etw. Akk zu tun*
känd [schänn] *adj* **1** berühmt *für etw.* **2** (wohl) bekannt *j-m*
känna [schänna] *v* **1** kennen *j-n/etw.* **2** fühlen *etw. Akk*, spüren *etw. Akk* (Kälte usw.), empfinden *etw. Akk* (Schmerz usw.) **3** anfassen *etw. Akk* **4** ertasten *etw. Akk*, tasten (berühren usw.)
känna igen *v* **1** erkennen *j-n/etw.* **2** *j-n* bemerken (und grüßen) **3** erkennen *etw.*

Akk (Umrisse in Dunkelheit usw.), erkennen (in der Ferne usw.)
känna sig *v* sich fühlen, sich vorkommen *wie j./etw.*; **Jag känner mig yr.** Mir schwindelt.
kännetecken [schännetekken] *s* Symptom *s von etw., für etw.* (einer Krankheit usw.)
känsel [schänßel] *s* Gefühl *s* (in Fingern usw.)
känsla [schänßla] *u* **1** Gefühl *s für etw.* **2** Gefühl *s* (Emotion) **3** Empfindung *w* (Gefühle) **4** Gefühl *s* (körperlich usw.) **5** Gefühl *s* (Wahrnehmung)
känslig [schänßli] *adj* **1** empfindsam **2** empfindlich *gegen etw.* (gegen Kälte usw.)
käpp [schäpp] *u* Stock *m* (Stütze usw.)
kärlek [schäärleek] *u* Liebe *w*
kärleksaffär [schäärlekßafäär] *u* Verhältnis *s mit j-m* (Liebschaft)
kärleksfull [schäärlekßfull] *adj* **1** liebevoll, liebreich **2** zart (empfindlich usw.), zärtlich **3** verliebt (Blicke usw.)
kärna [schäärna] *u* **1** Kern *m* **2** Atomkern *m*
kärra [schärra] *u* Karre *w*, Karren *m*
kö [köö] *u* **1** Schlange *w* (Reihe) **2** Reihe *w* (Schlange usw.) **3** Billardstock *m*
kök [schöök] *s* Küche *w*
köksredskap [schöökßreedskaap] *s* Geschirr *s* (zum Kochen)
kön [schöön] *s* Geschlecht *s* (sexuell)
köns [schönnß] *adj* geschlechtlich, Geschlechts-
köp [schööp] *s* **1** Einkaufen *s*, Einkauf *m* (Tätigkeit) **2** Abnahme *w* (von Waren usw.), Kauf *m*, Ankauf *m*
köpa [schööpa] *v* **1** kaufen *etw. Akk* **2** abkaufen *j-m etw. Akk*
köpare [schööpare] *u* Käufer *m*
köpcenter [schööpßennter] *s* Einkaufspassage *w*, Einkaufsgalerie *w*
kör [schöör] *u* Chor *m* (Personen)
köra [schööra] *v* **1** fahren *etw. Akk* (Auto) **2** fahren *in etw. Akk* (mit dem Auto), fahren *in etw. Akk* **3** fahren *j-n irgendwohin*, bringen *j-n irgendwohin* (mit dem Auto), fahren *j-n/etw. irgendwohin* **4** fahren (zurücklegen) ► **~ förbi** vorbeifahren *an j-m/etw.*, vorbeifahren *an etw. Dat*; **~ genom** durchfahren *durch etw.* (durch Tunnel usw.)
köra ihjäl *v* überfahren *j-n/etw.* (Fußgänger usw.)
köra iväg *v* **1** wegfahren, abfahren (Fahrer) **2** vertreiben *j-n/etw.*, fortjagen *j-n/etw.*, wegjagen *j-n/etw.* (Tier usw.)
köra om *v* überholen *j-n* (vorbeifahren)
köra ut *v* **1** vertreiben *j-n aus etw.* (aus Heimat usw.) **2** hinausjagen *j-n aus etw.* **3** ausfahren *aus/von etw.*, hinausfahren *aus/von etw.* (mit dem Auto usw.)
körbana [schöörbaana] *u* Fahrbahn *w*
körkort [schöörkurt] *s* Führerschein *m*
körning [schöörning] *u* Fahren *s*
körsbär [schörschbäär] *s* Kirsche *w* (süße, Frucht)
körsbärsträd [schörschbärschträäd] *s* Kirschbaum *m*, Kirsche *w* (Baum)
körtel [schörtel] *u* Drüse *w*
kött [schött] *s* Fleisch *s*
köttfärs [schöttfärsch] *u* Hackfleisch *s* (Faschiertes)
köttsås [schöttßooß] *u* Saft *m* (Fleischsaft)

L

lack [lakk] *s* Lack *m*
ladda [ladda] *v* **1** aufladen (Batterie usw.) **2** laden (Waffe)
laddare [laddare] *u* Ladegerät *s*
ladda upp *v* **1** einspielen (Daten) **2** laden (Batterie)
laddning [laddning] *u* Ladung *w* (elektrische)
ladugård [ladugoord] *u* **1** Scheune *w* **2** Kuhstall *m*
lag[1] [laag] *u* **1** Gesetz *s* **2** Pökel *m*, Salzlake *w*
lag[2] [laag] *s* Mannschaft *w*, Team *s* (von Sportlern)
laga [laaga] *v* **1** anfertigen **2** reparieren *etw. Akk* **3** flicken, stopfen ► **~ mat** kochen (zubereiten)
laga mat *v* kochen (zubereiten)
lagerlokal [laagerlokaal] *u* Lager *s* (für Vorräte usw.)
laglig [laagli] *adj* gesetzlich, rechtmäßig, legal
lakan [laakan] *s* Bettlaken *s*, Laken *s*, Betttuch *s*, Tuch *s* (Bettwäsche)
lamm [lamm] *s* Lamm *s*
lammkött [lammschött] *s* Lammfleisch *s*
lampa [lampa] *u* Lampe *w*
land [land] *s* Land *s*
landa [landa] *v* **1** landen, anlanden **2** fallen (stürzen)
landning [landning] *u* Landung *w*
landsbygd [landsbykt] *u* Land *s* (ländliches Gebiet)
landskap [landskaap] *s* Landschaft *w*
landsväg [landswääg] *u* Fernstraße *w*
lansera [lanßeera] *v* **1** werben *für etw.* (Produkt usw.) **2** starten *etw. Akk* (Vorhaben usw.), eröffnen *etw. Akk* (Aktion usw.)
lapp [lapp] *u* **1** Zettel *m* (Notizzettel usw.) **2** Anhänger *m* (mit einer Adresse usw.) **3** Flicken *m* **4** Lappen *m* (eines Organs usw.)

larm [larm] *s* Krach *m*
larmsignal [larmßingnaal] *u* Alarm *m*
last [laßt] *u* **1** Fracht *w* (Ware usw.), Frachtgut *s*, Ladung *w* (Frachtgut), Last *w* (auf dem Wagen usw.) **2** Belastung *w*, Last *w* (in Kilogramm usw.) **3** Laster *s* **4** Untugend *w*
lasta [laßta] *v* laden *etw. Akk auf etw. Akk* (beladen), aufladen *etw. Akk auf etw. Akk* (Last usw.)
lastbil [laßtbiil] *u* **1** Lastkraftwagen *m*, Lkw *m*, Lastwagen *m* **2** Sattelschlepper *m*
lat [laat] *adj* faul (Mensch usw.)
latitud [latitüüd] *u* Breite *w* (geografische)
lavin [lawiin] *u* Lawine *w*
lax [lakß] *u* Lachs *m*
laxermedel [lakßermeedel] *s* Abführmittel *s*
le [lee] *v* **1** anlachen *j-n*, anlächeln *j-n* **2** lächeln
led [leed] *u* Gelenk *s*
leda [leeda] *v* **1** führen *j-n irgendwohin*, leiten *j-n irgendwohin* **2** führen *j-n über etw. Akk* (auf die andere Seite usw.) **3** führen *irgendwohin/durch etw.* (Weg) **4** leiten (Wasser usw.) **5** führen *etw. Akk* (Unternehmen usw.), leiten *etw. Akk* (Firma usw.) **6** führen (im Wettkampf usw.) **7** vorsitzen *etw. Dat* ♦ *u* **1** Langeweile *w* **2** Ärgernis *s* (Ungelegenheit) ► **~ ut** *ngn* hinausführen *j-n/etw. aus etw.*
ledare [leedar^e^] *u* **1** Leiter *m* (Person) **2** Führer *m*, Leiter *m* (einer Bewegung usw.) **3** Führer *m* (Leiter), Chef *m* **4** Leiter *m* (Stoff) **5** Editorial *s* (Artikel)
ledarskap [leedarschkaap] *s* Führung *w* (Personen), Leitung *w* (Hauptvertreter)
ledband [leedbann] *s* Ligament *s*, Band *s* (Gewebe)
ledig [leedig] *adj* **1** frei (Platz) **2** unbesetzt (Platz usw.), vakant ► **ta (sig) ledigt** freinehmen, freimachen (ein paar Tage usw.); **vara ~** sich freimachen
ledning [leedning] *u* **1** Führung *w* (Führungsposition) **2** Leitung *w* (Telefonleitung usw.) **3** Führung *w* (eines Betriebes usw.), Leitung *w* (einer Firma usw.), Management *s* (Tätigkeiten) **4** Führung *w* (Führungsorgane), Management *s* (Personen usw.) **5** (fachliche) Leitung **6** Dispatching *s*
ledningsförmåga [leedningßförmooga] *v* leiten (leitfähig sein)
ledsen [leßen] *adj* traurig, trübsinnig; **vara ~** *ledsen* leidtun *j-m etw. Nom*; **Jag är ~.** Es tut mir leid.
ledtråd [leetrood] *u* Anhaltspunkt *m*, Hinweis *m* (Rat usw.)
leende [leend^e^] *adj* lächelnd ♦ *s* Lächeln *s*
legalt [legaalt] *adv* legal
legitimation [legitimachuun] *u* Ausweis *m*
legitimationskort [legitimachuunßkurt] *s* Ausweis *m*, Personalausweis *m*, (ugs.) Perso *m*
lejon [lejon] *s* Löwe *m* (Tier)
Lejonet [lejonet] *s* Löwe *m* (Sternzeichen)
leka [leeka] *v* **1** spielen *mit etw.* (Kinder usw.) **2** herumspielen *an/mit etw.* **3** spielen *mit etw.* (leichtfertig)
lekplats [leekplads] *u* Spielplatz *m*
leksak [leekßaak] *u* Spielzeug *s*
lektion [lekchuun] *u* **1** Stunde *w* (Unterricht) **2** Lektion *w* (Lehrstunde) **3** Lektion *w* (Erfahrung), Moral *w* (einer Fabel usw.)
lem [leem] *s* Glied *s* (Gliedmaße)
lemonad [lemonaad] *u* Limonade *w*, Limo *w/s*
len [leen] *adj* weich (geschmeidig)
lera [leera] *u* **1** Lehm *m*, Ton *m* (Erde) **2** Farberde *w*
lesbisk [leßbißk] *adj* lesbisch
leta efter *v* sich umsehen *nach j-m/etw.*, (SüD, ÖrD, SwD) sich umschauen *nach j-m/etw.*, suchen *j-n/etw.* (Verlorenes usw.), suchen *nach j-m/etw.* (Täter usw.)
leta fram *v* aufsuchen *j-n/etw.*
leva [leewa] *v* **1** leben (am Leben sein) **2** erleben *etw. Akk* (Alter) **3** sich ernähren *von etw.* (essen)
levande [leewand^e^] *adj* **1** lebend, lebendig **2** belebt (Substantiv usw.) **3** lebhaft (Erinnerung usw.) ♦ *adv* **1** am Leben **2** lebendig **3** lebhaft
lever [leewer] *u* Leber *w*
leverans [leweranß] *u* Lieferung *w*, Ablieferung *w* (von Waren usw.), Versorgung *w mit etw.*
leverantör [lewerantöör] *u* **1** Lieferant *m von etw.* **2** Auftragnehmer *m*, Lieferant *m*
leverera [lewereera] *v* **1** zustellen *j-m etw. Akk* **2** liefern *j-m etw. Akk*, abliefern *etw. Akk bei j-m* **3** versorgen *j-n/etw. mit etw.* (beliefern)
liberalisera [liberalißeera] *v* liberalisieren, befreien (von Einschränkungen usw.)
licens [lißenß] *u* Genehmigung *w* (Urkunde usw.), Lizenz *w*
lida [liida] *v* **1** leiden *an/unter etw. Dat* **2** erleiden *etw. Akk*, erleiden (Niederlage usw.)
lidande [liidand^e^] *s* Leiden *s*, Plagen *w Mz*, Qual *w*
lifta [lifta] *v* trampen, per Anhalter fahren
liftkort [liftkurt] *s* Skipass *m*
ligga [ligga] *v* **1** liegen (Mensch) **2** liegen *irgendwo* (Sache) **3** legen, hinlegen

4 schlafen *mit j-m* (koitieren) ▶ **~ huller om buller** herumliegen (unordentlich usw.)
liggvagnsplats [liggwangnßplads] *u* Liege *w*
lik [liik] *adj* gleich (Chancen usw.) ♦ *s* Leiche *w* ▶ **vara ~** *ngn/ngt* ähnlich sein *j-m/etw.*
lika [liika] *adv* **1** ebenso, genauso **2** so viel
likadan [liikadaan] *adj* gleich (mit denselben Eigenschaften)
likgiltig [liikilti] *adj* **1** gleichgültig **2** abgestumpft (Mensch usw.)
likhet [liikheet] *u* Ähnlichkeit *w* (Abbild)
likna [liikna] *v* **1** ähnlich sein *j-m/etw.* **2** geraten *nach j-m*, ähneln *j-m*
liknande [liiknand^e] *adj* **1** ähnlich *etw. Gen* **2** analog, ähnlich ♦ *adv* ähnlich
liksom [likßom] *conj* **1** auch, wie, sowie (beides) **2** als ob
likväl [likwääl] *adv* trotzdem… ♦ *conj* trotzdem, dennoch
likör [liköör] *u* Likör *m*
lim [liim] *s* Klebstoff *m*, Kleister *m*, Leim *m*
limpa [limpa] *u* Brotlaib *m*, Laib *m*
lina [liina] *u* Schnur *w*
linbana [liinbaana] *u* Schwebebahn *w*, Seilbahn *w*, Standseilbahn *w*
linda [linda] *v* **1** wickeln *etw. Akk auf etw. Akk* (Wolle usw.) **2** umwickeln *etw. Akk mit etw.* ▶ **~** *ngt* **om** *ngt* umbinden *etw. Akk mit etw.*
lindra [lindra] *v* **1** mildern *etw. Akk*, mildern (Folgen usw.) **2** lindern (Schmerzen usw.), stillen (Schmerz usw.), beruhigen **3** nachlassen (Schmerz usw.) **4** betäuben *etw. Akk*, lindern *etw. Akk* (Schmerz usw.)
lingon [lingon] *s* Preiselbeere *w*
linje [linj^e] *u* **1** Linie *w* (Strich), Strich *m* (Linie) **2** Gleis *w* (Schienen), Linie *w* (Verkehrsstrecke) **3** Fertigungsstraße *w* **4** Nebenanschluss *m*, Telefonnebenanschluss *m*
linjestycke [linjeßtykk^e] *s* Strecke *w* (in Geometrie)
linne [linn^e] *adj* Leinwand- ♦ *s* Unterhemd *s*
lins [linß] *u* Linse *w*
lista [lißta] *u* **1** Liste *w etw. Gen*, Verzeichnis *s etw. Gen* **2** Charts *Mz*
listig [lißti] *adj* listig, schlau, durchtrieben, schlitzohrig
lita [liita] *v* sich verlassen *auf j-n/etw.*; **~ på** vertrauen *j-m/etw.*, trauen *j-m/etw.* (Vertrauen haben)
lite [liit^e] *adv* ein bisschen, einigermaßen, ein wenig, wenig
liten [liiten] *adj* klein
liter [liiter] *u* Liter *m/s*
litteratur [literatüür] *u* Literatur *w*
liv [liiw] *s* Leben *s*
livboj [liiwboj] *u* Schwimmer *m* (Hilfsmittel)
livlig [liiwli] *adj* **1** voll von Leben **2** lebhaft (Mensch), munter **3** belebt (Straße usw.), rege (Verkehr usw.) **4** lebhaft (Fantasie usw.) **5** lebhaft (Erinnerung usw.)
livmoder [liiwmuuder] *u* Gebärmutter *w*
livsmedel [liiwßmeedel] *s* **1** Lebensmittel *s*, Nahrungsmittel *s* **2** Lebensmittel *Mz*
livsmedelsaffär [liiwßmeedelßafäär] *u* Lebensmittelgeschäft *s*
ljud [jud] *s* **1** Geräusch *s*, Klang *m* (klarer usw.) **2** Laut *m* (stimmhafter usw.)
ljuda [juda] *v* ertönen, klingen (hörbar sein)
ljuga [juga] *v* lügen *j-m*
ljummen [jummen] *adj* lauwarm, lau
ljus [juß] *adj* **1** hell (Farbe usw.) **2** hell (Licht usw.) **3** hell, blond (Haar) ♦ *s* **1** Licht *s* (Lichtschein) **2** Licht *s* (Lampe) **3** greller Schein, Schein *m* (des Lichts) ▶ **gult ~** *s* Gelb *s* (Ampel)
ljuvlig [juwli] *adj* entzückend, niedlich, süß
lodjur [loojufr] *s* Luchs *m*
logga in *v* sich einloggen
logga ut *v* sich ausloggen
logisk [loogißk] *adj* logisch
lok [luuk] *s* Lokomotive *w*
lokal [lokaal] *adj* **1** lokal, Lokal-, örtlich, Orts- **2** hiesig
lopp [lopp] *s* Lauf *m* (physische Aktivität)
loppa [loppa] *u* Floh *m*
lossa [loßßa] *v* **1** lockern (Schraube usw.), lösen *etw. Akk* (Krawatte usw.) **2** losbinden *j-n/etw.* **3** lockern (Spannung usw.) **4** entladen, abladen, ausladen (Ladung usw.) **5** ablösen (Briefmarke usw.)
lott [lott] *u* Los *s* (Lotterieschein), Lotterielos *s*
lottdragning [lottdraagning] *u* Los *s* (Losen)
lotteri [loterii] *s* **1** Gewinnspiel *s*, Tombola *w* **2** Lotterie *w*
lov [loow] *s* Ferien *Mz*
lova [loowa] *v* geloben, versprechen *j-m etw. Akk*
lucka [lukka] *u* Lücke *w* (Stelle usw.)
luffa [luffa] *v* wandern (ziellos usw.)
luft [luft] *u* Luft *w*
luftkonditionering [luftkondichuneering] *u* Klimaanlage *w*
luftmadrass [luftmadraßß] *u* Luftmatratze *w*
lugn [lungn] *s* **1** Ruhe *w* (Untätigkeit) **2** Ruhe *w*, Frieden *m* (Ungestörtheit) ♦ *adj* **1** ruhig, gelassen (ohne Aufregung) **2** ruhig (Platz) **3** ruhig (bewegungslos)
lugna [lungna] *v* **1** beruhigen *j-n* **2** zur Ruhe bringen *j-n/etw.* ▶ **~ ner** sich beruhigen

lugnt [lungnt] *adj* gemächlich, geruhsam (Lebenstempo usw.) ♦ *adv* ruhig
lukt [lukt] *u* 1 Geruchssinn *m* 2 Geruch *m*
lukta [lukta] *v* 1 riechen *etw. Akk*, riechen (durch den Geruchssinn) 2 riechen *an etw. Dat* 3 stinken *nach etw.* ► ~ **gott** duften
lunch [lunsch] *u* Mittagessen *s*; **äta ~** zu Mittag essen
lunga [lunga] *u* Lunge *w*, Pulmo *m*
lunginflammation [lunginflamachuun] *u* Lungenentzündung *w*
lura [lüüra] *v* 1 lauern 2 betrügen, hereinlegen *j-n*, täuschen *j-n* (irreführen) 3 betrügen *j-n um etw.*, abschwindeln *j-m etw. Akk* 4 belügen *j-n* 5 überlisten 6 erwischen *j-n* (betrügen usw.), anschmieren *j-n* 7 täuschen (Augen) 8 abschmeicheln *j-m etw. Akk*, abluchsen *j-m etw. Akk*, entlocken *j-m etw. Akk* 9 schröpfen *j-n*, abzocken *j-n* (Kunden usw.)
lus [lüüß] *u* Laus *w*
lust [lußt] *u* Appetit *m auf etw. Akk*; **ha ~** *att göra ngt* Lust haben *etw. Akk zu tun*
luta [lüüta] *v* 1 kippen *etw. Akk* (einen Schrank usw.), neigen *etw. Akk* (senken) 2 stützen *etw. Akk gegen etw.* ♦ *u* Laute *w*
lutning [lüütning] *u* Neigung *w* (Winkel)
lya [lüa] *u* Bau *m* (eines Tieres), Höhle *w* (Tierbehausung)
lycka [lykka] *u* 1 Glück *s* (Gefühl) 2 Fortuna *w* (Glück), Glück *s* (Fortuna)
lyckas [lykkaß] *v* 1 Erfolg haben *bei etw.* 2 es bringen *irgendwohin* 3 gelingen *j-m etw. Nom*
lycklig [lykkli] *adj* glücklich (Mensch usw.), zufällig (positiv)
lyckligt [lkklit] *adv* glücklich (lachen usw.)
lyckligtvis [lykkligtwiiß] *part* zum Glück, glücklicherweise
lyda [lüda] *v* 1 gehorchen *j-m/etw.*, folgen *j-m/etw.* (Chef usw.) 2 befolgen *etw. Akk* (Rat usw.)
lydig [lüdi] *adj* brav, fügsam, sanftmütig, gutmütig (Person)
lydigt [lüdit] *adv* gehorsam, brav
lyfta [lyfta] *v* 1 heben *etw. Akk* (Gewicht usw.) 2 anheben *etw. Akk* (hochheben) 3 hochklappen (öffnen) 4 heben *etw. Akk* (Hand usw.), hochheben *etw. Akk* 5 abheben (Flugzeug usw.) ► ~ *ngn* **upp** hinaufsetzen *j-n auf etw. Akk*
lyhörd [lühörd] *adj* einfühlsam, aufmerksam
lymfkörtel [lymfschörttel] *u* Knoten *m* (Lymphknoten usw.), Nodus *m*
lynnig [lynni] *adj* launisch, launenhaft
lysa [lüßa] *v* 1 strahlen 2 leuchten *auf etw. Akk* (mit Taschenlampe usw.) ► ~ **(med ficklampan)** *på ngt* beleuchten *etw. Akk*
lysande [lüßande] *adj* großartig (ausgezeichnet usw.), wundervoll, toll
lyssna [lyßßna] *v* 1 zuhören *j-m/etw.* 2 anhören *j-n* 3 befolgen *etw. Akk* (Rat usw.)
lyx [lykß] *u* Luxus *m*
låda [looda] *u* 1 Schachtel *w* (große) 2 Kasten *m* (zum Aufbewahren) 3 Kasten *m* (Sicherungskasten usw.) 4 Schublade *w* 5 Kästchen *s* 6 Kiste *w*
låg [loog] *adj* niedrig
låga [looga] *u* Flamme *w*
lågland [looglann] *s* 1 Tiefland *s* 2 Ebene *w* (Land)
lågmäld [loogmäld] *adj* leise, still
lågt [loogt] *adv* niedrig
lån [loon] *s* 1 Anleihe *w*, Darlehen *s* 2 Ausleihe *w* (Ausleihen) 3 Anleihe *w*, Leihgabe *w*
låna [loona] *v* sich ausleihen *etw. Akk von j-m*, (sich) leihen *etw. Akk von j-m*, sich ausleihen *etw. Akk von j-m*
låna ut *v* leihen *j-m etw. Akk*
lång [long] *adj* 1 lang 2 groß (hoch usw.)
långfärdsbuss [longfärdßbußß] *u* Reisebus *m*
långsam [longßam] *adj* 1 langsam 2 schleppend (Tempo usw.), langsam 3 allmählich
långsamt [longßammt] *adv* allmählich, langsam
långtråkig [longtrooki] *adj* langweilig, lästig
långvarig [longwaari] *adj* 1 langfristig 2 langjährig, jahrelang 3 langwierig (Prozess usw.)
lår [loor] *s* Oberschenkel *m*, Schenkel *m*
lås [looß] *s* Schloss *s* (Türschloss)
låsa [looßa] *v* abschließen (Wohnung usw.), schließen (mit dem Schlüssel); ~ **sig ute** sich (die Tür) zuschlagen; ~ **upp** aufschließen *etw. Akk*
låta [loota] *v* 1 lassen *j-n etw. Akk zu tun* (erlauben) 2 sich lassen (machen usw.), möglich sein 3 sich lassen *etw. Akk tun* (veranlassen) 4 klingen *irgendwie* (Eindruck vermitteln) ► ~ **klippa sig** sich die Haare schneiden lassen; ~ *ngn* **veta** Bescheid sagen *j-m*
låtsa [loßßa] *v* vortäuschen *etw. Akk*, heucheln *etw. Akk* (Mitleid usw.)
låtsad [loßßad] *adj* unecht (Zuneigung usw.), vorgetäuscht
låtsas [loßßaß] *v* so tun, als ob…, vorgeben *etw. Akk*, vortäuschen *etw. Akk*, heucheln *etw. Akk* (Mitleid usw.)

läcka [läkka] *v* **1** entweichen, auslaufen (Wasser usw.) **2** laufen (Gefäß usw.), lecken (Fass usw.) ♦ *u* Auslaufen *s* (des Gases usw.)
läckerhet [läkkerheet] *u* Leckerbissen *m*
läder [läädᵉr] *s* Leder *s*
läge [läägᵉ] *s* Standort *m* (eines Gebäudes usw.), Lage *w*
lägenhet [läägenheet] *u* **1** Wohnung *w* **2** Appartement *s*
läger [läääger] *u* Lager *s* (Unterkunft)
lägg [lägg] *u* Keule *w* (bei Schlachtvieh)
lägga [lägga] *v* **1** hinlegen *etw. Akk irgendwohin*, legen *etw. Akk irgendwohin* **2** legen *etw. Akk irgendwohin*, hinlegen *etw. Akk irgendwohin* **3** anlegen *etw. Akk an etw. Akk*, legen (Fundament usw.) **4** einlagern *etw. Akk irgendwo* **5** setzen *etw. Akk in etw. Akk* (außer Betrieb usw.) **6** verlegen *etw. Akk irgendwohin* (Kabel, Rohre usw.) **7** dazurechnen *etw. Akk zu etw.* ► **~ bort** ablegen (Gegenstand); **~ in** einlegen (Gurken usw.); **~ i ettan/ tvåan** in den ersten/zweiten Gang schalten
lägga fram *v* **1** präsentieren (vorführen), vortragen *etw. Akk* (Anliegen usw.) **2** vorlegen *j-m etw. Akk* (Vorschlag usw.), vorlegen (Entwurf usw.) **3** anstellen *etw. Akk an etw. Akk* (anlehnen)
lägga märke till *v* achten *auf j-n/etw.*, beachten *etw. Akk*, Aufmerksamkeit widmen *j-m/etw.*, bemerken *etw. Akk*
lägga ner *v* **1** abwickeln (Unternehmen usw.) **2** legen (Gleise usw.)
lägga sig *v* **1** sich hinlegen **2** sich ansetzen
lägga till *v* dazugeben, zugeben *etw. Akk irgendwohin* (hinzufügen), zuzählen *etw. Akk etw. Dat* (Zahl usw.)
lägga ut *v* **1** verteilen *etw. Akk irgendwohin* (über eine Fläche) **2** aufwenden *etw. Akk für etw.* **3** auslaufen (Schiff)
läglig [läägli] *adj* günstig (Augenblick usw.), gelegen, rechtzeitig
läka [lääka] *v* heilen (gesund werden)
läkare [lääkarᵉ] *u* Arzt *m*, Doktor *m*
läkarmottagning [lääkarmuttaagning] *u* Sprechzimmer *s*, Arztpraxis *w*
läkas [läääkaß] *v* heilen (Wunde usw.)
läkemedel [lääkemeedel] *s* Medikation *w*, Medikament *s*
lämna [lämna] *v* **1** verlassen *j-n/etw.* **2** lassen *etw. Akk* (nicht ändern) **3** hinterlassen *etw. Akk* (nach dem Tode) **4** ablassen *von etw.* ► **~ in** einreichen (Gesuch usw.); **~ tillbaka** zurückgeben *j-m etw. Akk*
lämna in *v* abgeben (Arbeit usw.)
lämpad [lämpad] *adj* geeignet *für etw., zu etw.* (fähig)
lämplig [lämplig] *adj* geeignet *für etw., zu etw.* (fähig), geeignet *zu etw., für etw.*, taugend *zu etw.*, passend
lämpligt [lämplit] *adv* geeignet, passend
längd [längd] *u* **1** Länge *w* **2** Wuchs *m* (Gestalt)
länge [läng:ᵉ] *adv* lange; **~ sedan** längst; **så ~** solange
längre [läng:rᵉ] *adj* größer (Gestalt usw.) ♦ *adv* weiter (entfernt)
längs [längß] *prep* entlang *etw. Dat*
längta [längta] *v* begehren *etw. Akk*, sich sehnen *nach etw.*, sich sehnen *nach j-m/etw.*, verlangen *nach etw.*
länk [längk] *u* Glied *s* (einer Kette), Link *m*
läpp [läpp] *u* Lippe *w*
läppstift [läppßtifft] *s* Lippenstift *m*
lära [läära] *v* **1** lernen **2** einüben *etw. Akk* (Fähigkeit usw.) **3** beibringen *j-m etw. Akk*, lehren *j-n etw. Akk* ♦ *u* Lehre *w* (christliche usw.)
lära känna *v* kennenlernen *j-n/etw.*
lärare [läärarᵉ] *u* Lehrer *m*
lära sig *v* **1** lernen *etw. Akk*, erlernen *etw. Akk* **2** lernen (für eine Prüfung usw.) **3** aufnehmen *etw. Akk* (lernen usw.)
lärling [läärling] *u* Lehrling *m*, Auszubildende *m*, (ugs.) Azubi *m*
lärobok [läärubuuk] *u* Lehrbuch *s*, Skript *s* (an der Universität)
läsa [lääßa] *v* **1** lesen *etw. Akk* (ein Buch usw.) **2** lernen
läsare [lääßarᵉ] *u* Leser *m*
läsk [läßk] *u* Limonade *w*, Limo *w/s*
lätt [lätt] *adj* leicht ♦ *adv* **1** leicht (einfach) **2** leicht, sanft **3** leicht (erreichbar usw.), bequem (zugänglich usw.) ► **Det är ~ att laga det.** Das lässt sich leicht reparieren.
lätta [lätta] *v* **1** erleichtern *j-m etw. Akk* **2** erleichtern *etw. Akk*, lindern *etw. Akk* (seelisch)
lättsam [lättßam] *adj* locker, gelassen (Mensch)
lättstött [lättßtött] *adj* empfindlich (leicht beleidigt)
läxa [läkßa] *u* Aufgabe *w* (für die Schule); **läxor** *u Mz* Hausaufgaben *w Mz*
löfte [löftᵉ] *s* **1** Versprechen *s* **2** Zusage *w* **3** Gelübde *s*
lögn [löngn] *u* Lüge *w*
löjlig [löjli] *adj* lächerlich
lök [löök] *u* Zwiebel *w*
lön [löön] *u* **1** Gehalt *s* (Entlohnung) **2** Lohn *m* **3** Entlohnung *w* (finanzielle usw.)
löna sig *v* sich lohnen
löpa [lööpa] *v* **1** laufen (Fitness usw.), joggen **2** laufen (in Gang sein) **3** läufig sein

lördag [löörda] *u* Samstag *m*, (NoD) Sonnabend *m*
lös [lööß] *adj* **1** locker, lose **2** locker (Boden usw.), Schütt-
lösa [löößa] *v* **1** lösen *etw. Akk*, lösen (Problem usw.) **2** erledigen (Bestellung usw.) **3** lösen (Gleichung usw.)
lösenord [löößenuurd] *s* Passwort *s*, Kennwort *s*
lösning [löößning] *u* **1** Lösung *w* (Flüssigkeit) **2** Lösung *w etw. Gen* (einer Aufgabe), Auflösung *w etw. Gen* **3** Lösung *w* (eines Geheimnisses usw.) **4** Lösungswort *s*
löv [lööw] *s* Laub *s*, Blätter *s Mz*

M

madrass [madraßß] *u* Matratze *w*
magasin [magaßiin] *s* **1** Zeitschrift *w* **2** Magazin *s* (einer Waffe) **3** Lager *s* (für Vorräte usw.)
mage [maag[e]] *u* **1** Bauch *m*, Wanst *m* (Bauch) **2** Magen *m* ► **få magont** sich den Magen verderben
mager [maager] *adj* **1** ausgemergelt, abgezehrt, mager (Mensch) **2** mager (Fleisch)
magnet [mangnet] *u* Magnet *m*
maj [maj] *u* Mai *m*
majonnäs [majonääß] *u* Mayonnaise *w*, Majonäse *w*
majoritet [majoriteet] *u* Mehrheit *w j-s/etw.*, Majorität *w j-s/etw.*
majs [majß] *u* Mais *m*
makar [maakar] *u* Eheleute *Mz*, Ehepaar *s*
make [maak[e]] *u* Ehegatte *m*, Ehemann *m*
makt [makt] *u* Macht *w*
mala [maala] *v* hacken (Fleisch usw.), mahlen, vermahlen (Kaffee usw.)
malen [maalen] *adj* gemahlen
mamma [mamma] *u* Mama *w*, Mutti *w*
man [man] *u* **1** Mann *m* **2** Mensch *m* **3** Mähne *w* ♦ *pron* man
mandarin [mandariin] *u* Mandarine *w*
mandel [mandel] *u* Mandel *w* (Samen)
manlig [manli] *adj* männlich, Mannes-
manuskript [maanußkript] *s* Manuskript *s*, Handschrift *w* (Urkunde usw.)
mapp [mapp] *u* Dateiverzeichnis *s*, Mappe *w*, Aktenmappe *w* (Hülle)
margarin [margariin] *s* Margarine *w*
mark [mark] *u* **1** Erde *w*, Grund *m*, Boden *m* (Oberfläche), Land *s* (Grundstück) **2** Mark *w* (Währungseinheit)
markant [markant] *adj* markant ♦ *adv* beträchtlich, markant
markera [markeera] *v* **1** hindeuten *auf etw. Akk*, Anzeichen *s für/von etw.* sein **2** bezeichnen *etw. Akk mit etw.*, markieren, markieren *etw. Akk mit etw.* **3** anstreichen (Fehler usw.)
marknad [marknad] *u* **1** Markt *m* (Warenverkehr) **2** Markt *m*, Marktplatz *m* **3** Messe *w* (Ausstellung) ♦ *s* Absatzgebiet *s*
markör [marköör] *u* Cursor *m*, Marke *w* (Zeichen usw.), Markierung *w*
marmelad [marmelaad] *u* Marmelade *w* (aus Zitrusfrüchten)
marmor [marmur] *u* Marmor *m*
mars [masch] *u* März *m*
mask [maßk] *u* **1** Wurm *m* **2** Made *w* **3** Maske *w*
maskara [maßkara] *u* Mascara *w*, Wimperntusche *w*
maskeradkläder [maßkeraadklääd[e]r] *u Mz* Kostüm *s* (für Schauspieler usw.)
maskin [machiin] *u* Apparat *m* (Gerät), Werk *s* (Mechanismus), Maschine *w*
maskiner [machiin[e]r] *u Mz* Maschinen *w Mz* (Maschinenausstattung)
massa [maßßa] *u* Masse *w* (große Menge)
massage [maßaash] *u* Massage *w*
massor [maßßur] *u Mz* **1** Masse *w* (große Menge) **2** eine Menge *von etw.*
mast [maßt] *u* **1** Mast *m* (auf dem Schiff) **2** Leitungsmast *m*
masugn [maaßungn] *u* Ofen *m* (Schmelzofen, Glutofen usw.)
mat [maat] *u* Essen *s*, Kost *w*
mata [maata] *v* füttern *j-n mit etw.*
match [matsch] *u* Kampf *m* (Wettkampf), Spiel *s* (Match)
matcha [matscha] *v* passen *zu etw.* (Farben usw.)
materia [mateeria] *u* Stoff *m* (fester usw.), Substanz *w*, Materie *w*
material [materiaal] *s* Material *s*
matlagning [maatlaangning] *u* **1** Zubereitung *w von etw.* (von Essen usw.) **2** Kochen *s*, Kochkunst *w*
matlust [maatlußt] *u* Appetit *m*, Esslust *w*, Lust zu essen
maträtt [maaträtt] *u* Gang *m* (Gericht), Gericht *s*, Speise *w*, Mahlzeit *w* (warme usw.)
matsal [maadsaal] *u* Esszimmer *s*, Kantine *w*, Speisesaal *m*
matsmältning [maadsmältning] *u* Verdauung *w*
matta [matta] *u* **1** Teppich *m* **2** Matte *w* (zum Turnen)
med [m[e]] *prep* durch *j-n/etw.* (Methode), mit *j-m/etw.* (Mittel), um (bei Differenzangaben) ♦ *pron* mit, mit sich (bringen usw.) ► **till och ~** sogar

medan [meedan] *conj* während
medborgare [meedborjar^e] *u* Bürger *m*, Mitbürger *m*
medborgarskap [meedborjarschkaap] *s* Staatsangehörigkeit *w*
meddela [meedeela] *v* **1** benachrichtigen *j-n von etw.*, mitteilen *j-m etw. Akk*, mitteilen *j-m etw.*, übermitteln *j-m etw.* **2** ausrichten lassen *j-m etw. Akk* **3** anführen *etw. Akk* (sagen usw.)
meddelande [meeddeeland^e] *s* **1** Nachricht *w* (E-Mail usw.) **2** Bescheid *m*, Mitteilung *w* **3** Botschaft *w* (Nachricht)
medel [meedel] *s* **1** Medium *s* (Rundfunk usw.), Mittel *s* (Hilfsmittel) **2** Mittel *s* (Substanz) **3** Mittel *Mz* (finanzielle)
medelpunkt [meedelpungkt] *u* Mitte *w etw. Gen*, Mittelpunkt *m etw. Gen, von etw.*
medelst [meedelßt] *prep* mithilfe *etw. Gen*, mittels *j-s/etw.*
medicin [medißiin] *u* **1** Medizin *w* (Wissenschaft) **2** Arzneimittel *s*, Medikament *s*
medikament [medikamennt] *s* Medikament *s*
medkänsla [meedkännßla] *u* Mitleid *s*, Mitgefühl *s*
medlem [meedlem] *u* Mitglied *s etw. Gen*, Angehörige *m etw. Gen*
medlemskap [meedlemßkaap] *s* Mitgliedschaft *w*
medlidande [meedliidand^e] *s* Mitleid *s*
medvetande [meedweetand^e] *s* Bewusstsein *s*
medveten [meedweeten] *adj* bewusst *etw. Gen* (einer Tatsache usw.), bewusst (Mensch usw.); **vara ~** bei Bewusstsein sein
medvetet [meedweetet] *adv* bewusst (mit Bewusstsein)
medvetslöshet [meedweedslößheet] *u* Bewusstlosigkeit *w*, Ohnmacht *w*
mekaniker [mekaniiker] *u* Mechaniker *m*
mellan [mellan] *prep* zwischen
mellanakt [mellanakt] *u* Pause *w* (während Vorstellung usw.)
mellanlandning [mellanlanndning] *u* Zwischenlandung *w*
mellanliggande [mellanliggand^e] *adj* fortgeschritten (Stufe usw.)
mellanmål [mellanmool] *s* Imbiss *m* (Gericht), Pausenbrot *s* (in der Schule usw.), zweites Frühstück
mellersta [melleschta] *adj* mittler(er,e,es) (Finger usw.)
melodi [melodii] *u* Melodie *w*
melon [meluun] *u* Melone *w*, Zuckermelone *w*
men [men] *adv* dafür (aber) ♦ *conj* aber, nur dass, sondern
mena [meena] *v* denken *etw. Akk von etw.* (schlussfolgern), meinen *etw. Akk irgendwie*; **Vad menar du med det?** Was meinen Sie damit?
mening [meening] *u* **1** Bedeutung *w*, Sinn *m* (Bedeutung) **2** Satz *m* (Aussage) **3** Meinung *w*
meningsfull [meeningßfull] *adj* sinnvoll (Sinn habend)
meningsfullt [meeningßfullt] *adv* sinnvoll
meningslös [meeningßlööß] *adj* **1** sinnlos, unsinnig **2** unsinnig, sinnlos ► **Det är meningslöst.** Es hat keinen Zweck.
menlös [meenlööß] *adj* arglos, harmlos
menstruation [menßtruachuun] *u* Menstruation *w*, Monatsblutung *w*
meny [menü] *u* Menü *s*, Speisekarte *w*
mer [meer] *adv* mehr, noch (ein Bier usw.)
merkostnader [meerkoßtnad^er] *u Mz* Nebenkosten *Mz*
metall [metall] *u* Metall *s*
meter [meet^er] *u* Meter *m/s*
metod [metuud] *u* Methode *w*, Methodik *w*, Verfahren *s* (Handlungsmethode usw.)
metspö [meedspöö] *s* Angelrute *w*
middag [midda] *u* **1** Mittag *m* **2** Abendessen *s*, Abendbrot *s* ► **äta ~** zu Abend essen
midja [midja] *u* Taille *w*
midnatt [midnatt] *u* Mitternacht *w*
mig [mej] *pron* **1** mir **2** mich
migrän [migrään] *u* Migräne *w*
mikrofon [mikrofoon] *u* Mikrofon *s*, Mikro *s*
mikrovågsugn [mikrowoogßungn] *u* Mikrowelle *w* (Gerät), Mikrowellenherd *m*, Mikrowellengerät *s*, Mikrowellenofen *m*; **värma upp** *ngt* **i ~** in der Mikrowelle aufwärmen *etw. Akk*
mild [mild] *adj* mäßig, milde (gütig), sanft (nicht stark usw.), leicht (Berührung usw.) ♦ *adv* sanft, leicht
militär [militäär] *adj* militärisch, Militär- ♦ *u* Soldat *m*
miljard [miljard] *u* Milliarde *w*
miljon [miljoon] *u* Million *w*
miljö [miljöö] *u* **1** Milieu *s* **2** Umwelt *w*
miljövänlig [miljööwänli] *adj* umweltfreundlich
milkshake [milkschejk] *u* Milchshake *m*, Milchmixgetränk *s*, Milchmix *m*
min, mitt, mina *pron* mein, meine
mina [miina] *u* Mine *w* (Sprengkörper)
mindervärdig [minderwäärdi] *adj* minderwertig
minderårig [minderoori] *adj* minderjährig

mindre [mindr^{e}] *adj* kleiner ♦ *adv* weniger (Maß usw.) ▶ **icke desto ~** trotzdem, dennoch
mineral [mineraal] *s* Mineral *s*
mineralolja [mineraalolja] *u* Erdöl *s*, Öl *s* (Rohstoff)
mineralvatten [mineraalwatten] *s* Mineralwasser *s*
minimal [minimaal] *adj* minimal ♦ *adv* mindestens
minister [minißt^{e}r] *u* Minister *m*
minnas [minnaß] *v* sich erinnern *an etw. Akk, etw. Gen*, sich erinnern *an j-n/etw.*, sich merken *etw. Akk*
minne [minn^{e}] *s* **1** Gedächtnis *s*, Speicher *m* (Computer) **2** Andenken *s* (Gedenken), Erinnerung *w an j-n/etw.* **3** Andenken *s* (Erinnerung) ▶ **ha i minnet** denken *an j-n/etw.* (im Kopf haben)
minnesmärke [minneßmäärk^{e}] *s* **1** Sehenswürdigkeit *w* **2** Denkmal *s*
minnessak [minneßaak] *u* Memento *s*, Andenken *s*
minoritet [minoriteet] *u* Minderheit *w*, Minorität *w*
minska [minßka] *v* **1** verkleinern *etw. Akk* **2** verringern *etw. Akk* (Intensität usw.) **3** mindern *etw. Akk*, verringern *etw. Akk* (Risiko usw.) **4** weniger werden **5** nachlassen (in Leistung)
minst [minßt] *adj* geringst(er,e,es) (Wert usw.) ♦ *adv* am wenigsten, mindestens
minus [miinuß] *adv* minus ♦ *s* Nachteil *m*
minut [minüüt] *u* Minute *w*
mirakel [miraakel] *s* Wunder *s*
missa [mißßa] *v* **1** verfehlen *etw. Akk* (Ziel usw.) **2** verpassen *etw. Akk* (Bus usw.) ▶ **Jag missade bussen.** Ich habe den Bus verpasst.
missbruk [mißßbrüük] *s* Missbrauch *m*
missbruka [mißßbrüüka] *v* missbrauchen *j-n/etw.* (Macht usw.)
missfall [mißßfall] *s* Fehlgeburt *w*
missförstå [mißßförschtoo] *v* missverstehen *etw. Akk*
missförstånd [mißßförschtond] *s* Missverständnis *s*
misshandla [mißßhandla] *v* **1** misshandeln *j-n*, schlecht behandeln *j-n*, schlecht behandeln *j-n* (Tier usw.) **2** verprügeln
missil [mißiil] *u* Rakete *w*, Raketengeschoss *s*
misslyckande [mißßlykkand^{e}] *s* Ausfall *m* (von Gedächtnis usw.), Misserfolg *m*, Versagen *s*
misslyckas [mißßlykkaß] *v* misslingen, missglücken, schiefgehen, scheitern
missnöjd [mißßnöj:d] *adj* unzufrieden *mit etw.*, nicht zufrieden *mit etw.*
misstag [mißßtaag] *s* Irrtum *m*, Versehen *s*; **av ~** aus Versehen
misstanke [mißßtangk^{e}] *u* Verdacht *m*
missta sig *v* sich irren *in etw. Dat*, sich täuschen *in etw. Dat*
misstro [mißßtruu] *u* Misstrauen *s*, Unglaube(n) *m* ♦ *v* misstrauen *j-m*
misstrogen [mißßtruugen] *adj* misstrauisch
misstänksam [mißßtängkßam] *adj* misstrauisch
misstänkt [mißßtängkt] *adj* verdächtig, verdächtig *etw. Gen* (einer Tat usw.) ♦ *u* Verdächtige *m*
missuppfattning [mißßupfattning] *u* Versehen *s*
mista [mißtaa] *v* verlustig gehen *etw. Gen*, verlieren *etw. Akk* (durch Fehler usw.)
mitt [mitt] *u* **1** Mitte *w etw. Gen* **2** Zentrum *s* (Mitte) ▶ **~ i** *ngt* in der Mitte *etw. Gen*, mitten *in etw. Dat* (räumlich)
mittemellan [mittemellan] *prep* in der Mitte *etw. Gen*, mitten *in etw. Dat* (räumlich)
mittemot [mittemuut] *prep* gegenüber *j-m/etw.* (sitzen usw.)
mittgång [mittgong] *u* Gang *m* (zwischen den Sitzen usw.)
mixer [mikßer] *u* Mixer *m*
mixerad [mikßeerad] *adj* gemischt (Getränk usw.), Misch-
mjuk [mjuk] *adj* sanft (Geschmack usw.), milde (Essen usw.), weich (nicht hart)
mjukt [mjukkt] *adv* weich (landen usw.)
mjäll [mjäll] *s* Kopfschuppen *w Mz*, Schuppen *w Mz*
mjälte [mjält^{e}] *u* Milz *w*
mjöl [mjööl] *s* Mehl *s*
mjölk [mjölk] *u* Milch *w*
mjölkaffär [mjöllkafäär] *u* Milchgeschäft *s*
mobiltelefon [mobiiltelefoon] *u* Handy *s*
mod [muud] *s* Courage *w*, Mut *m*, Tapferkeit *w*
mode [muud^{e}] *s* Mode *w*
modell [modell] *u* Modell *s*
moder [mooder] *u* Mutter *w* (Frau)
moderat [moderaat] *adj* maßvoll, gemäßigt, mäßig
modern [mudäärn] *adj* modern, heutig, neuzeitlich (Entwicklung usw.), modisch
modig [muudi] *adj* kühn, mutig, tapfer
mogen [muugen] *adj* reif
moln [moln] *s* Wolke *w*; **det blir molnigare** sich bewölken
molnig [molni] *adj* bewölkt, trüb (Himmel)

molnigt [mulnit] *adv* wolkig; **bli ~** sich verfinstern
MOMS [momß] *u* Mehrwertsteuer *w*, MwSt.
monitor [monitoor] *u* Bildschirm *m*, Monitor *m*
monument [monument] *s* Denkmal *s*, Monument *s*
mor [muur] *u* Mutter *w* (Frau)
morbror [muurbruur] *u* Onkel *m* (Bruder der Mutter)
mord [muurd] *s* Mord *m*, Totschlag *m*, Tötung *w*
morgon [moron] *u* Morgen *m*, Früh *w*; **i ~** morgen; **på morgonen** morgens, am Morgen; **God ~.** Guten Morgen.
morot [muuruut] *u* Möhre *w*
moské [moßkee] *u* Moschee *w*
moskit [moßkiit] *u* Moskito *m*
moskitnät [moßkiitnäät] *s* Moskitonetz *s*
motion [motchuun] *u* Bewegung *w*
motiv [motiiw] *s* Beweggrund *m*, Motiv *s* (Anlass)
motivera [motiweera] *v* begründen *etw. Akk*, motivieren
motor [mootor] *adj* Motor- ♦ *u* Motor *m*
motorcykel [mootorßykel] *u* Motorrad *s*
motorhuv [mootorhüüw] *u* Haube *w*, Motorhaube *w* (eines Autos)
motorstopp [mootorschtopp] *s* Störung *w* (technische), Panne *w* (Fahrzeug)
motorväg [mootorwääg] *u* Autobahn *w*, Schnellstraße *w*
motpart [muutpart] *u* Gegner *m*
motsats [muudsattß] *u* Gegensatz *m zu etw.*, Gegenteil *s von etw.*
motsatt [muudsatt] *adj* gegensätzlich, gegenteilig (Meinung usw.), Gegen-, gegenüberliegend
motstå [muudstoo] *v* gegenüberstehen *j-m/etw.*, widerstehen *etw. Dat* (Angriff, Anprall usw.)
motstånd [muudstonn] *s* **1** Widerstand *m gegen j-n/etw.* (Trotz) **2** Widerstand *m* (Kraft) **3** Widerstand *m* (Bewegung)
motståndare [muudstondar^e] *u* Gegner *m*, Opponent *m j-s/etw.*
motsvara [muudswaara] *v* entsprechen *etw. Dat*
motsvarande [muudswaarand^e] *adj* adäquat, angemessen, analog, ähnlich *mit etw.*
motsäga [muudsäja] *v* einwenden *gegen etw.*, widersprechen *j-m/etw.* (Behauptung usw.)
motsägelse [muudsäj^{e}lß^e] *u* Widerspruch *m* (Gegensatz)
motsätta sig *v* sich stellen *j-m* (widersprechen), sich widersetzen *j-m*
motsättning [muudsättning] *u* Widerspruch *m gegen etw.* (Widerrede)
mottagande [muuttaagand^e] *s* **1** Annahme *w*, Empfang *m* (von Ware usw.) **2** Empfang *m* (von Gästen usw.)
mottagare [muuttaagar^e] *u* Empfänger *m etw. Gen*, Empfänger *m* (Gerät), Leistungsempfänger *m*
mottagning [muuttaangning] *u* **1** Ambulanz *w* (Abteilung), Sprechzimmer *s*, Arztpraxis *w* **2** Empfang *m* (Signal usw.)
mousserande [mußßeerand^e] *adj* Brause-, sprudelnd
mulen [müülen] *adv* bewölkt
mullvad [mullwaad] *u* Maulwurf *m*
multiplicera [multiplißeera] *v* multiplizieren *etw. Akk mit etw.*, vervielfachen (Angebot usw.)
mun [munn] *u* Mund *m*
munk [mungk] *u* **1** Mönch *m* **2** Pfannkuchen *m* (Berliner)
munsår [munßoor] *s* **1** Fieberbläschen *s* **2** Herpes *m*
muntlig [muntli] *adj* mündlich (Prüfung usw.)
muntligt [muntlit] *adv* mündlich, verbal
munvatten [munwatten] *s* Mundwasser *s*
mur [müür] *u* Mauer *w*, Schutzmauer *w*
murare [müürar^e] *u* Maurer *m*
mus [mufß] *u* Maus *w*
museum [mußeeum] *s* Museum *s*
musik [mußiik] *u* Musik *w*
musikal [mußikaal] *u* Musical *s*
musikalisk [mußikaalißk] *adj* musikalisch
musiker [mußiiker] *u* Musiker *m*
musikinstrument [mußiikinßtrument] *s* Musikinstrument *s*, Instrument *s* (Geige usw.)
muskel [mußkel] *u* Muskel *m*
muslim [mußliim] *u* Muslim *m*, Moslem *m*
mussla [mußßla] *u* Muschel *w*
must [mußt] *u* Most *m*
mustasch [mußtaasch] *u* Schnurrbart *m*
muta [müüta] *u* Bestechungsgeld *s* ♦ *v* bestechen *j-n/etw.*, bestechen *j-n*
mutter [mutt^{e}r] *u* Mutter *w* (Schraube), Schraubenmutter *w*
mycket [mykk^e] *adv* **1** viel (große Menge) **2** sehr, sehr (viel) **3** viel *irgendwie* (schlimmer usw.), weitaus *irgendwie* ► **så ~** so viel
mygga [mygga] *u* Mücke *w*
myndig [myndi] *adj* **1** volljährig **2** handlungsfähig, geschäftsfähig, mündig (Wähler usw.) **3** Volljährigkeit *w*
myndighet [myndiheet] *u* **1** Erwachsenenalter *s* **2** Volljährigkeit *w*

mynning [mynning] *u* Mündung *w*
mynt [mynt] *s* Münze *w*
mynta [mynta] *u* Minze *w*, Pfefferminze *w*
myr [mür] *u* Sumpf *m*, Moor *s*
myra [müra] *u* Ameise *w*
mysig [müßi] *adj* gemütlich
mysterium [myßteerium] *s* Mysterium *s* (Rätsel), Rätsel *s* (Geheimnis)
mystisk [myßtißk] *adj* geheimnisvoll, rätselhaft, mystisch
mål [mool] *s* **1** Ziel *s* **2** Tor *s* (im Fußball usw.) **3** Tor *s* (Treffer) **4** Zielscheibe *w*, Schießscheibe *w*
måla [moola] *v* malen, schminken *etw. Akk*, streichen (Wände usw.), wieder bemalen (Wohnung usw.)
målare [moolare] *u* Maler *m*
målning [moolning] *u* Gemälde *s*, Malerei *w*
målvakt [moolwakt] *u* Torwart *m*
månad [moonad] *u* Monat *m*
månatlig [monaatli] *adj* monatlich (Zahlung usw.)
månatligt [monaatlit] *adv* monatlich
måndag [monda] *u* Montag *m*
måne [moone] *u* Mond *m*
många [mong:a] *adv* viele; **hur ~** wie viel, wie viele; **hur ~ gånger** wievielmal; **~ gånger** vielmals; **så ~** so viel
mångfaldigas [mongfaldiaß] *v* blühen (Schmuggel usw.)
mångfärgad [mongfäärjad] *adj* vielfarbig, bunt (mit vielen Farben)
mår [moor] *v* gehen *j-m irgendwie*; **Hur ~ du?** Wie geht es Ihnen?
mås [mooß] *u* Möwe *w*
måste [moßte] *v* **1** müssen *etw. Akk tun* **2** verpflichtet sein *etw. Akk zu tun*, müssen *etw. Akk tun* (Pflicht haben) ► **Jag ~ gå på toaletten.** Ich muss auf die Toilette.
mått [mott] *s* **1** Maß *s* (Größe) **2** Rate *w etw. Gen* (in Prozent), Maß *s etw. Gen* (Ausmaß) **3** Maß *s etw. Gen* (Grad usw.)
måttlig [mottli] *adj* mäßig (im Essen usw.), enthaltsam
mäktig [mäkti] *adj* mächtig, gewaltig (Welle usw.)
mängd [mängd] *u* **1** Menge *w*, Quantität *w* **2** Menge *w* (von Ideen usw.)
människa [männicha] *u* Mensch *m*
människor [männichur] *u Mz* Leute *Mz*
mänsklig [mänßkli] *adj* Menschen-, menschlich (Körper, Wesen usw.)
mänsklighet [männßkliheet] *u* **1** Menschheit *w* **2** Menschlichkeit *w* (Humanität)
märg [märj] *u* Mark *s* (Gewebe)
märka [märka] *v* **1** achten *auf j-n/etw.*, beachten *etw. Akk* (Aufmerksamkeit widmen), bemerken *j-n/etw.* (sehen usw.), merken *j-n/etw.* **2** markieren **3** anstreichen (Fehler usw.) **4** kennzeichnen (mit einem Brandzeichen)
märkbar [märkbaar] *adj* merklich, spürbar, empfindlich (Verlust usw.)
märke [märke] *s* **1** Schildchen *s*, Etikett *s* **2** Kennzeichen *s*, Zeichen *s* (zum Unterscheiden) **3** Zeichen *s* (Symbol) **4** Marke *w* (Ware) **5** Abzeichen *s*
märklig [märkli] *adj* merkwürdig, seltsam
märkligt [märklit] *adv* bemerkenswert, seltsam, merkwürdig
mässa [mäßßa] *u* Messe *w* (Gottesdienst)
mässing [mäßßing] *u* Messing *s*
mästare [mäßtare] *u* Meister *m in etw. Dat* (Könner), Meister *m* (Weltmeister usw.), Champion *m*
mästerskap [mäßßtärschkaap] *s* Meisterschaft *w*
mäta [määta] *v* **1** messen *j-n/etw.* (Größe bestimmen) **2** messen *wie viel* (Größe haben) **3** messen (Länge, Geschwindigkeit usw.) **4** abmessen (Dosis usw.)
mätt [mätt] *adj* satt (nicht hungrig) ♦ *adv* nach Herzenslust
möbler [mööbler] *u Mz* Möbel *s Mz*
mögel [möögel] *s* Schimmel *m*
möjlig [möjli] *adj* eventuell, Eventual-, möglich; **det är möjligt** *att göra ngt* es ist möglich *etw. Akk zu tun*, es geht *etw. Akk zu tun*; **göra** *ngt* **möjligt** *för ngn* ermöglichen *(j-m) etw. Akk*
möjliggöra [möjligjööra] *v* **1** ermöglichen *(j-m) etw. Akk* **2** erlauben *j-m etw. Akk*
möjlighet [möjligheet] *u* **1** Gelegenheit *w etw. Akk zu tun* **2** Möglichkeit *w* (Chance) **3** Möglichkeit *w* (Auswahl), Auswahlmöglichkeit *w*
möjligt [möjlit] *part* möglicherweise, vielleicht; **så tidigt som ~** so bald wie möglich, baldmöglichst
möjligtvis [möjlitwiiß] *adv* möglicherweise, eventuell
mönster [mönßter] *s* **1** Modell *s* (Grundlage usw.), Vorlage *w* (zum Zeichnen usw.), Muster *s* (Entwurf) **2** Muster *s an etw. Dat* (Vorbild) **3** Muster *s* (eines Stoffes usw.)
mönstra [mönßtra] *v* sammeln (ein Heer usw.)
mörda [möörda] *v* abschlachten, ein Attentat *auf j-n* verüben, ermorden *j-n*, hinmorden
mördare [möördare] *u* Mörder *m*, Totschläger *m*, Killer *m*

mörk [mörk] *adj* dunkel, dunkelfarbig, dunkelfarben, düster (Raum usw.)
mörker [mörker] *s* Dunkelheit *w*, Finsternis *w*
mörkhårig [mörkhoori] *adj* dunkelhaarig
mörkt [mörkt] *adv* dunkel
mössa [mößßa] *u* Kappe *w*, Mütze *w*
möta [mööta] *v* **1** treffen *j-n*, begegnen *j-m* **2** stoßen *auf etw. Akk* (Probleme usw.) **3** aufeinandertreffen
mötas [möötaß] *v* **1** sich treffen *mit j-m* **2** zusammentreten
möte [mööt^e] *s* **1** Begegnung *w* **2** Rendezvous *s* (Verabredung), Verabredung *w mit j-m*, Termin *m mit j-m* (bei Arzt usw.) **3** Sitzung *w* (eines Gerichts usw.), Tagung *w* **4** Meeting *s* ► **stämma ~** sich verabreden *mit j-m*

N

nackdel [nakkdeel] *u* Nachteil *m*
nacke [nakk^e] *u* Nacken *m*
nackskinn [nakkchinn] *s* Genick *s*, Nacken *m*
nagel [naagel] *u* Nagel *m* (Fingernagel)
nagellack [naagelakk] *s* Nagellack *m*
naiv [nai:w] *adj* naiv
naken [naaken] *adj* nackt (Körper)
namn [namn] *s* Name *m* ► **ge ~ åt** *ngn* nennen *j-n/etw. irgendwie* (einen Namen geben), benennen *j-n irgendwie* (Kind usw.)
namnsdag [namnßtaa] *u* Namenstag *m*
napp [napp] *u* Schnuller *m*, Sauger *m*
nappflaska [nappflaßßka] *u* Milchflasche *w*, Babyflasche *w*
narr [narr] *u* **1** Narr *m* **2** Narr *m*, Irre *m*, Verrückte *m*, Beutel *m* (Person)
nation [natchuun] *u* Volk *s*, Nation *w*
national [natchunaal] *adj* national, National-
nationalitet [natchunaliteet] *u* Nationalität *w*
nationell [natchunell] *adj* national, National-
natt [natt] *u* Nacht *w*; **över natten** über Nacht; **God ~!** Gute Nacht!
nattfjäril [nattfjääril] *u* Nachtfalter *m*
natur [natüür] *u* **1** Natur *w* **2** Wesen *s* (Charakter)
naturlig [natüürli] *adj* **1** natürlich (Tod usw.), ungezwungen, zwanglos **2** gesetzmäßig (Entwicklung usw.), naturgemäß
naturligtvis [natüürligtwiiß] *part* selbstverständlich
navel [naawel] *u* Nabel *m*
navigation [nawigachuun] *u* Navigation *w*
navigera [nawigeera] *v* ans Ziel führen *j-n* (Fahrer usw.)
nebulosa [nebulooßa] *u* Nebel *m* (im Weltraum)
nedanför [needanföör] *adv* unten ♦ *prep* (unmittelbar) unter *etw. Dat*, unter *etw. Dat* (dem Tisch usw.)
nederbörd [neederböörd] *u* Niederschläge *w Mz*
nederlag [neederlaag] *s* Niederlage *w*
nedför [needföör] **~ trappan** die Treppe hinunter
nedre [needr^e] *adj* unter(er,e,es)
nedsatt [needßatt] *adj* verbilligt, ermäßigt (Preis)
nedåt [needoot] *adv* herunter (zum Sprecher), hinunter (von Sprecher), nach unten, abwärts
negativ [negatiiw] *adj* negativ ♦ *s* Negativ *s*
nej [nej] *part* nein, (ugs.) nee
nejlika [neiliika] *u* Nelke *w*
nektarin [nektariin] *u* Nektarine *w*
nere [neer^e] *adv* unten
nerv [nerw] *u* Nerv *m*; **nerver** *u Mz* Nerven *m Mz* (System)
nervös [nerwööß] *adj* nervös *wegen etw.*
neutral [neutraal] *adj* neutral, sächlich (Neutrum) ♦ *u* Leerlauf *m*
ni [ni] *pron* ihr (2. Person Pl., Duzen)
Ni [ni] *pron* Ihnen, Sie
nia [niia] *v* siezen *j-n*
nio [niio] *num* neun
nionde [niiond^e] *num* neunt(er,e,es)
nittio [nitti] *num* neunzig
nitton [nitton] *num* neunzehn
nivå [niwoo] *u* **1** Niveau *s* **2** Etage *w* (einer Torte usw.)
njure [njur^e] *u* Niere *w*
njuta [njuta] *v* **1** genießen *etw. Akk* **2** Gefallen finden *an etw. Dat*
noggrann [nuugrann] *adj* sorgfältig
noggrannhet [nuugranheet] *u* Genauigkeit *w* (Exaktheit), Sorgfalt *w*
noll [noll] *u* Null *w*; **temperaturer under ~ grader** Temperaturen unter Null
nonsens [nonßenß] *s* Unsinn *m*
nordlig [nuurdli] *adj* Nord-, nördlich
normal [normaal] *adj* normal ♦ *u* Normalzustand *m*
normalt [normaalt] *adv* normalerweise, üblich, gewöhnlich
norr [norr] *u* Norden *m*
not [nuut] *u* Note *w* (Notenzeichen)
notarie [notaari^e] *u* Notar *m*
notis [notiiß] *u* Hinweis *m* (Warnung usw.)
november [nowember] *u* November *m*

nu [nü] *adv* jetzt, nun; **just ~** gerade (momentan)
nudlar [nudlar] *u Mz* Nudeln *w Mz*
nummer [nummer] *s* **1** Zahl *w* (Zahlwort usw.), Nummer *w* (zwei usw.) **2** Nummer *w* (Zeitschrift usw.)
ny [nü] *adj* neu
nyans [nyanß] *u* **1** Farbton *m*, Tönung *w* (einer Farbe) **2** Hauch *m* (von Farbe usw.)
nybörjare [nübörjar[e]] *u* Anfänger *m*
nyckel [nykkel] *u* **1** Schlüssel *m* (zum Schließen) **2** Schraubenschlüssel *m* **3** Schlüssel *m zu etw.* (Lösung)
nyfiken [nüfiiken] *adj* **1** neugierig, wissbegierig **2** naseweis, vorwitzig
nyhet [nüheet] *u* Nachricht *w*, Neuigkeit *w* (Auskunft usw.), Neuheit *w*, Novum *s*
nyheter [nüheet[e]r] *u Mz* Nachrichten *w Mz* (im Fernsehen usw.)
nykomling [nükomling] *u* Ankömmling *m*, Neuling *m*
nykter [nykt[e]r] *adj* nüchtern
nyligen [nülien] *adj* neuest(er,e,es) ♦ *adv* vor kurzem, kürzlich, neulich, neuerdings
nysa [nüßa] *v* niesen
nyss [nyßß] *adv* gerade (momentan)
nytt [nytt] *adv* neu (eröffnet usw.)
nytta [nytta] *u* Nützlichkeit *w*; **ha ~** *av ngt* Nutzen haben *von etw.*
nyttig [nytti] *adj* nützlich, hilfreich (Tipp usw.)
nyttja [nyttja] *v* nutzen *etw. Akk* (Nutzen ziehen)
nyår [nüoor] *s* Neujahr *s*
någon [non] *pron* einig(er,e,es), manch (unbestimmte Menge), irgendein, irgendwelch
någonstans [nonßtanß] *adv* irgendwo, irgendwohin
något [not] *adv* einigermaßen, ein wenig ♦ *pron* etwas, irgendetwas, irgendwas
nål [nool] *u* Nadel *w*
nämligen [näämlien] *adv* nämlich ♦ *conj* nämlich, und zwar
nämna [nämna] *v* erwähnen *etw. Akk* (Quelle usw.), erwähnen *j-n/etw.*
när [näär] *adv* **1** wenn (in dem Moment) **2** wann (Frage) **3** für wann ♦ *conj* **1** als (Gleichzeitigkeit) **2** wenn (Bedingung) **3** wenn (Nebensatz) ▸ **~ som helst** jedes Mal wenn, wann auch immer, jederzeit
nära [näära] *adj* eng (Zusammenhang usw.), nahe (nicht weit entfernt) ♦ *adv* aus der Nähe *w*, nahe (nicht weit entfernt), nahebei ♦ *prep* in der Nähe *von etw.*, nahe, nahe *etw. Dat* ▸ **på ~ håll** aus der Nähe *w*
närbelägen [näärbelääqen] *adj* nahe, nicht weit
närbild [näärbild] *u* Aufnahme *w* (Film usw.)
närhet [näärheet] *u* Nähe *w*
närma [näärma] *v* nähern *j-m etw. Akk*
närma sig *v* **1** sich annähern *j-m/etw.*, herankommen *an j-n/etw.*, sich nähern *j-m/etw.* **2** bevorstehen **3** herantreten *an j-n/etw.* **4** näherbringen *j-n* **5** zielen *auf etw. Akk* (Entwicklung usw.) **6** sich neigen (zu Ende gehen)
närmast [näärmaßt] *adj* nächst(er,e,es) (in der Nähe), nächstliegend
närvarande [näärwaarand[e]] *adj* anwesend *irgendwo*
närvaro [näärwaaru] *u* Anwesenheit *w von j-m*, Beteiligung *w* (Anzahl)
näsa [näßa] *u* Nase *w*
näsduk [näßtüük] *u* Taschentuch *s*
nästa [näßta] *adj* nächst(er,e,es)
nästan [näßtan] *adv* beinahe, fast, nahezu
näste [näßt[e]] *s* Nest *s*
näve [nääw[e]] *u* Faust *w*
nöd [nööd] *u* Not *w*, Notlage *w*
nödlandning [nöödlandning] *u* Notlandung *w*
nödläge [nöödlääg[e]] *s* Not *w*, Notlage *w*, Notfall *m*
nödsituation [nöödßituachuun] *u* Notfall *m*
nödutgång [nöödüütgong] *u* Notausgang *m*
nödvändig [nöödwändig] *adj* erforderlich, notwendig, nötig, unentbehrlich; **vara ~** notwendig sein; **Det är inte nödvändigt.** Das ist nicht nötig.
nödvändigt [nöödwändit] *adv* notwendig, unausweichlich
nödvändigtvis [nöödwändigtwiiß] *adv* notwendig, notwendigerweise
nöjd [nöjd] *adj* zufrieden *mit j-m/etw.*
nöje [nööj[e]] *s* **1** Spaß *m*, Vergnügen *s* (Tätigkeit usw.), Amüsement *s* **2** Unterhaltung *w* (Zeitvertreib) **3** Vergnügen *s* (Freude)
nöjespark [nööjeßpark] *u* Festplatz *m*, Vergnügungspark *m*, Freizeitpark *m*
nöt [nööt] *u* Nuss *w*, Nüsschen *s*
nötkreatur [nöötkreatuur] *s Mz* **1** Rind *s* (Büffel usw.) **2** Rindvieh *s*
nötkött [nöötschött] *s* Rindfleisch *s*

O

oangenämt [uuanjenämt] *adv* unangenehm
oanständig [uuanßtändi] *adj* **1** unsittlich (derb usw.) **2** unanständig (Bemerkung usw.) **3** obszön, schlüpfrig
oansvarig [uuanßwaari] *adj* unverantwortlich
oartig [uuaarti] *adj* **1** unhöflich **2** grob (unhöflich)
oavbrutet [uuaawbrüütet] *adv* **1** ununterbrochen, dauernd (ohne Unterbrechung) **2** fließend (ununterbrochen), flüssig (zügig)
oavgjord [uuawjuurd] *adj* unentschieden (Spiel usw.); **oavgjort slutresultat** Remis *s*, Unentschieden *s*
obegränsad [uubegränßad] *adj* unbegrenzt
obekväm [uubekwäm] *adj* **1** unbequem **2** ungelegen
obekvämt [uubekwämt] *pron* unangenehm (sich fühlen), unbehaglich
oberoende [uuberuuend^e] *adj* unabhängig *von j-m/etw.* ♦ *prep* ungeachtet *etw. Gen*, ohne Berücksichtigung *von etw.*
obetald [uubetaald] *adj* **1** unbezahlt (Rechnung usw.), offen (noch unbezahlt), ausstehend (Schulden usw.) **2** unbezahlt (Urlaub usw.)
obetydligt [uubetüdlit] *adv* ein wenig, etwas
objektiv [objektiiw] *adj* objektiv ♦ *s* Objektiv *s*
objektivt [objektiiwt] *adv* objektiv
observera [opßerweera] *v* **1** beobachten *j-n/etw.* (um zu lernen usw.) **2** beobachten (bemerken)
ocean [oßeaan] *u* Ozean *m*
och [o] *conj* auch, und
också [okkßo] *adv* auch, ebenfalls ♦ *conj* auch
odds [ottß] *s* Chancen *w Mz* (Gewinnquote usw.)
ofarligt [uufaarlit] *adv* sicher (ohne Gefahr)
offentlig [ofentli] *adj* öffentlich
offentliggöra [ofentlijööra] *v* **1** veröffentlichen *etw. Akk* **2** bekannt machen *etw. Akk*, melden *etw. Akk* (öffentlich usw.) **3** promulgieren (öffentlich bekannt geben) **4** Werbung machen *für etw.* (durch Publizierung)
offentliggörande [ofentlijöörand^e] *s* Bekanntgabe *w*, Meldung *w* (amtliche)
offentligt [ofentlit] *adv* öffentlich
offer [offer] *s* **1** Opfer *s*, Opfer *s etw. Gen* (Geschädigte) **2** Opfer *s* (an die Götter usw.), Opfergabe *w* **3** Opfergabe *w*, Opfer *s* (an die Götter usw.)
officiell [ofißiell] *adj* offiziell
officiellt [ofißiellt] *adv* offiziell
ofrivillig [uufriiwilli] *adj* **1** unfreiwillig **2** unwillkürlich **3** unbedingt (Reflex usw.)
ofta [ofta] *adv* nicht selten, oft, häufig
oförmögen [uuförmöögen] *adj* unfähig *zu etw.* (nicht imstande)
oförsiktig [uuförschikkti] *adj* unvorsichtig
oförstörd [uuförschtöörd] *adj* abgelegen, abgeschieden (Ort usw.)
ogift [uujift] *adj* ledig
ogilla [uujilla] *v* **1** missbilligen *etw. Akk* **2** ablehnen *etw. Akk* (Einfall usw.), abweisen *etw. Akk* (Idee usw.) **3** nicht mögen *j-n/etw.*
ohälsosam [uuhälßußam] *adj* ungesund (Kost usw.)
ojämn [uujämn] *adj* **1** ungleichmäßig (uneinheitlich) **2** rau (Gelände usw.), uneben **3** ungerade
okej [okej] *adj* okay; **Okej?** Einverstanden?
oklar [uuklaar] *adj* unklar (Bedeutung usw.)
oktober [oktoober] *u* Oktober *m*
okänd [uuschänn] *adj* unbekannt ♦ *adv* unbekannt
olik [uuliik] *adj* **1** anders *als j./etw.*, unterschiedlich *von etw.* **2** verschieden, vielerlei, ungleich **3** verschieden (vielfältig)
olika [uuliika] *adv* unterschiedlich, anders
oliv [oliiw] *u* Olive *w*
olja [olja] *u* Öl *s* (Flüssigkeit) ♦ *v* einölen *etw. Akk*
olust [uulußt] *u* Unlust *w zu etw.*, Widerwille *m gegen etw.*
olycka [uulykka] *u* **1** Unfall *m* (Autounfall usw.), Havarie *w* **2** Unglück *s*, Unheil *s* (Pech usw.)
olycklig [uulykkli] *adj* unglücklich
olycksfall [uulykßfall] *s* Unfall *m* (Verletzung)
olämplig [uulämpli] *adj* **1** unangebracht, unpassend (Bemerkung usw.) **2** ungelegen **3** ungeeignet (Handhabung usw.)
om [om] *conj* **1** wenn, falls **2** wenn (konditional) **3** ob ♦ *prep* **1** über *etw. Akk* (sprechen usw.), von *etw.* (reden, hören usw.), um *etw.* (sich handeln usw.) **2** in (Dauer) ▶ **~ än** egal wie
ombord [ombuurd] *adv* an Bord *etw. Gen*; **gå ~** *på ngt* an Bord gehen (Schiff), sich einschiffen; **stiga ~** *på ngt* an Bord gehen (Schiff), sich einschiffen
ombyggnad [ommbyggnad] *u* Umbau *m*
omedelbar [oomeedelbaar] *adj* **1** sofortig **2** unmittelbar (bevorstehend) (Risiko usw.), unmittelbar (Reaktion usw.)

omedelbart [oomeedelbaart] *adv* **1** sofort, unverzüglich, umgehend **2** unmittelbar
omelett [omelett] *u* Omelett *s*, (ÖrD, SwD) Omelette *w*
omfatta [omfatta] *v* **1** zählen (Anzahl haben) **2** umfassen (inhaltlich)
omfattande [omfattand^e] *adj* **1** umfassend (vollständig) **2** umfangreich, umfassend (Dokument usw.) **3** ausgedehnt **4** weitreichend, weitgreifend ♦ *adv* umfangreich, umfassend
omge [omjee] *v* umgeben *etw. Akk mit etw.*
omgivning [omjiiwning] *u* **1** Umgebung *w etw. Gen* **2** Milieu *s* **3** Umfeld *s* (soziales usw.)
omgång [omgong] *u* Runde *w* (im Wettkampf usw.)
omklädningsrum [omkläädningßrum] *s* **1** Kabine *w* (zum Umkleiden usw.) **2** Ankleideraum *m*
omkring [omkring] *adv* rings, ringsum; **gå ~ ngt** umkreisen *etw. Akk*
omkörning [omschöörning] *u* Umleitung *w* (Strecke)
område [omrood^e] *s* **1** Gebiet *s*, Gegend *w* (Region) **2** Bereich *m* (thematischer usw.), Gebiet *s* (einer Tätigkeit usw.), Sphäre *w*, Domäne *w* **3** Rahmen *m* (einer Tätigkeit usw.)
omröstning [omrößtning] *u* Abstimmung *w über etw. Akk*
omväg [omwääg] *u* **1** Abkehr *w*, Abwendung *w*, Umleitung *w* **2** Umweg *m*
omöjlig [oomöj:li] *adj* unmöglich
ond [unn] *adj* böse (Mensch, Charakter usw.)
onsdag [unßta] *u* Mittwoch *m*
ont [unt] *s* Schmerz *m* (körperlich); **göra ~** wehtun
onödig [uunöödi] *adj* nutzlos, vergeblich (Bemühungen usw.), sinnlos, unbrauchbar
opera [oopera] *u* Oper *w*
operation [operachuun] *u* Operation *w* (chirurgische usw.)
operatör [operatöör] *u* Bedienung *w* (eines Gerätes usw.)
opposition [opoßichuun] *u* Opposition *w*
optiker [optiiker] *u* Optiker *m*
orange [oransh] *adj* orange
ord [uurd] *s* Wort *s*
ordbok [uurdbuuk] *u* Wörterbuch *s*
orden [uurden] *u* Orden *m*
ordentlig [urdentli] *adj* **1** ordentlich, richtig (entsprechend usw.) **2** ordentlich (ordnungsliebend)
ordentligt [urdentlit] *adv* **1** ordentlich (angemessen), gründlich (wie es sein soll) **2** ordentlich, richtig (viel)
order [oord^er] *u* **1** Befehl *m* (militärischer usw.) **2** Anweisung *w* (Befehl) **3** Befehl *m* (EDV) **4** Auftrag *m* (Bestellung)
ordförande [uurdföörand^e] *u* Vorsitzende *m*
ordinera [ordineera] *v* verschreiben (Medikament usw.), verordnen (Kur usw.)
ordna [oordna] *v* **1** ordnen *etw. Akk*, anordnen *etw. Akk* **2** arrangieren *etw. Akk* (erledigen), verabreden *etw. Akk* (Treffen usw.) **3** besorgen *etw. Akk* (Problem lösen usw.), verschaffen *etw. Akk* (besorgen) **4** in Ordnung bringen *etw. Akk* ► **~ en träff** ein Treffen verabreden; **~ upp** einordnen *etw. Akk in etw. Akk* (in Kategorie usw.)
ordning [oordning] *u* Ordnung *w* ► **få ~ på ngt** sich klar werden *über etw. Akk*; **göra ngt i ~** in Ordnung bringen *etw. Akk*; **i ~** okay
organ [orgaan] *s* Organ *s*
organisera [organißeera] *v* **1** organisieren (sorgfältig), veranstalten *etw. Akk* **2** ausrichten *etw. Akk* (veranstalten)
orgasm [orgaßm] *u* Orgasmus *m*
orientera sig *v* **1** einen (guten) Überblick *über etw. Akk* haben **2** sich orientieren
orientering [orienteering] *u* **1** Orientierung *w* (fachliche usw.) **2** Orientierungslauf *m*
original [orginaal] *s* Original *s*
originell [orginell] *adj* original (authentisch usw.), ursprünglich
orka [orka] **Jag orkar inte längre.** Ich halte es nicht mehr aus.
orkester [orkeßt^er] *u* Orchester *s*
orm [urm] *u* Schlange *w* (Tier)
oro [uuruu] *u* Unruhen *w Mz* (soziale usw.)
oroa [uuruua] *v* **1** aufregen *j-n* (aus der Fassung bringen) **2** beunruhigen *j-n* **3** bedrängen *j-n/etw.* (belasten) **4** alarmieren *j-n* (Nachricht usw.), beunruhigen *j-n*
orolighet [uuruliheet] *u* **1** Unruhen *w Mz* (soziale usw.) **2** Beunruhigung *w*
orsak [urschaak] *u* **1** Ursache *w etw. Gen* **2** Grund *m für etw.* (für Tat usw.) ► **Ingen ~.** Nichts zu danken.
orsaka [urschaaka] *v* **1** machen (hervorrufen), verursachen **2** verschulden *etw. Akk* **3** bewirken *etw. Akk*
orätt [uurätt] *adj* falsch (Antwort usw.)
orättvis [uurätwiiß] *adj* ungerecht ♦ *adv* ungerecht, ungerechterweise
oskyldig [uuchylldi] *adj* unschuldig
oss [oßß] *pron* uns
ost [ußt] *u* Käse *m*
ostmassa [ußtmaßßa] *u* Quark *m*
osympatisk [uußympaatißk] *adj* unsympathisch
osynlig [uußünli] *adj* unsichtbar

osäker [uußääker] *adj* ungewiss, unsicher (Mensch)
otacksam [uutakkßam] *adj* undankbar
otillräcklig [uutilräkkli] *adj* mangelhaft, ungenügend
otrevlig [uutreewli] *adj* **1** unangenehm **2** lästig
otrevligt [uutreewlit] *adv* unangenehm (überrascht usw.)
otrolig [uutruuli] *adj* **1** unglaublich **2** erstaunlich
otroligt [uutruulit] *adv* unglaublich
otur [uutüür] *u* Pech *s*, wenig Glück
ovan [oowaan] *adv* oben (im Text) ♦ *prep* über *etw. Dat* (höher)
ovanför [oowanföör] *prep* über *etw. Dat* (höher)
ovanlig [uuwaanli] *adj* ungewohnt, ungewöhnlich, unüblich
ovilja [uuwilja] *u* Unlust *w zu etw.*, Widerwille *m gegen etw.*
ovän [uuwän] *u* Feind *m*
ovänlig [uuwänli] *adj* feindlich
oväntad [uuwäntad] *adj* **1** unerwartet **2** abrupt (unerwartet)
oväntat [uuwäntat] *adv* unerwartet

P

packa [pakka] *v* **1** einpacken, packen (in Papier usw.), verpacken **2** packen *etw. Akk* (Koffer) ► **~ ned** zusammenpacken
packa upp *v* auspacken *etw. Akk* (Geschenk usw.), auspacken (Koffer usw.)
paddelbåt [paddelboot] *u* Tretboot *s*
paket [pakeet] *s* Paket *s* (Sendung)
palats [palads] *s* Palast *m*
palm [palm] *u* Palme *w*
panik [paniik] *u* Panik *w*; **gripas av ~** in Panik geraten
panna [panna] *u* **1** Stirn *w* **2** Pfanne *w* **3** Kessel *m* (Gaskessel usw.)
pappa [pappa] *u* Papa *m*, Vati *m*
papper [papper] *s* **1** Papier *s* **2** Papiergeschäft *s*
papperslapp [papperschlapp] *u* Zettel *m*, Schild *s*
paprika [paaprika] *u* Paprika *m*
par [paar] *s* Paar *s* ► **ett ~** ein paar
paraply [paraplü] *s* Regenschirm *m*, Schirm *m* (Regenschutz)
parentes [paranteeß] *u* **1** Klammer *w* (Schriftzeichen) **2** Parenthese *w*
parfym [parfüm] *u* Parfüm *s*
park [park] *u* Park *m*
parkera [parkeera] *v* parken *irgendwo*
parkering [parkeering] *u* Parken *s*
parkeringsautomat [parkeeringßautomaat] *u* Parkuhr *w*
parkeringsskiva [parkkeringßchiiwa] *u* Parkscheibe *w*
parlament [parlam^e^nnt] *s* Parlament *s*
parti [partii] *s* **1** Partei *w* **2** Partie *w* (Schach)
partner [paartner] *u* **1** Partner *m* **2** Gesellschafter *m*
pass [paßß] *s* Reisepass *m*, Pass *m* (zum Reisen)
passa [paßßa] *v* **1** passen *j-m* (gefallen) **2** passen *zu etw.* (Farben usw.) **3** passen *j-m* (Kleidung) **4** gelegen kommen *j-m etw. Nom* **5** zuspielen *j-m etw. Akk* (Ball usw.) **6** aufpassen *auf j-n/etw.*
passage [paßaash] *u* **1** Durchgang *m* **2** Passage *w* (eines Textes usw.)
passagerare [paßacheerar^e^] *u* Fahrgast *m*, Passagier *m*
passande [paßßand^e^] *adj* passend ♦ *adv* geeignet, passend
passera [paßeera] *v* **1** vorbeigehen *an j-m/etw.* (zu Fuß), vorbeifahren *an j-m/etw.* (mit Auto usw.) **2** vergehen (Zeit) **3** umfahren *etw. Akk* (ausweichen) **4** überqueren *etw. Akk* (fahrend) **5** überqueren *etw. Akk* (zu Fuß)
passion [pachuun] *u* Leidenschaft *w*
pasta [paßta] *u* **1** Paste *w* **2** Teigwaren *w Mz*
patient [paßient] *u* Patient *m*
paus [pauß] *u* Pause *w*; **Låt oss ta en ~.** Machen wir eine Pause.
pedal [pedaal] *u* Pedal *s*
peka [peeka] *v* zeigen *auf j-n/etw.* (in einer Richtung)
pendla [pendla] *v* **1** oszillieren, schwingen (Teilchen usw.) **2** pendeln (zur Arbeit)
pengar [pengar] *u Mz* **1** Geld *s* **2** Bargeld *s*
penis [peeniß] *u* Glied *s* (Penis), Penis *m*
pensionat [penchunaat] *s* Pension *w* (Gebäude usw.)
pensionär [panchunäär] *u* Rentner *m*; **vara ~** im Ruhestand sein
peppar [peppar] *u* Pfeffer *m*
pepparkaka [pepparkaaka] *u* Pfefferkuchen *m*
pepparrot [pepparuut] *u* Meerrettich *m*
perfekt [perfekkt] *adj* allerbest(er,e,es) (bestmöglich), tadellos, makellos, vollkommen (Lösung usw.) ♦ *adv* einwandfrei, tadellos, perfekt
period [periuud] *u* Periode *w*, Zeit *w* (Periode usw.), Zeitabschnitt *m*
permanent [permanent] *adj* dauerhaft, permanent ♦ *adv* auf Dauer, dauernd (für immer), permanent

perrong [perong] *u* Bahnsteig *m*
persika [peschiika] *u* Pfirsich *m* (Frucht)
person [peschuun] *u* Person *w* (Mensch)
personal [perschunaal] *u* Personal *s*
personlig [perschuunli] *adj* persönlich, Personal-
perspektiv [perschpektiiw] *s* **1** Perspektive *w* (Sicht) **2** Perspektive *w etw. Gen* (Zukunft) **3** Ansicht *w von etw., über etw. Akk* (Meinung)
piano [piaanu] *adv* piano ♦ *s* Klavier *s*, Piano *s*
picknick [pikknikk] *u* Picknick *s*
pigg [pigg] *adj* **1** lebhaft (Kind usw.) **2** rüstig ♦ *u* Spike *m*
piller [pill^e^r] *s* Pille *w*
pilot [piloot] *u* Pilot *m*
PIN-kod [pinkood] *u* PIN, Geheimzahl *w* (einer Karte)
pinsam [piinßam] *adj* peinlich, unangenehm (Situation usw.)
pinsamt [piinßamt] *adv* peinlich; **känna sig ~** sich peinlich fühlen
pistol [pißtuul] *u* Pistole *w*
placera [plaßeera] *v* **1** platzieren *etw. Akk irgendwohin*, platzieren *j-n/etw. irgendwohin* **2** aufstellen *etw. Akk irgendwo* (in bestimmter Ordnung) **3** einordnen *etw. Akk in etw. Akk* (in Kategorie usw.) **4** legen *etw. Akk in etw. Akk* (in Mappe usw.) **5** verwenden *etw. Akk auf etw. Akk* (Mühe, Geld usw.) **6** unterschieben *etw. Akk irgendwohin* (falsche Beweise usw.)
plan [plaan] *s* Ebene *w* (geometrische usw.)
planera [planeera] *v* planen *etw. Akk*
plast [plaßt] *u* **1** Kunststoff *m*, Plastik *s* **2** Plastikfolie *w*
plats [plads] *u* **1** Platz *m*, Ort *m*, Stelle *w* (Punkt, Gebiet usw.) **2** Veranstaltungsort *m etw. Gen*
plattform [plattform] *u* Plattform *w* (erhöhte usw.)
plikt [plikt] *u* Pflicht *w*
plocka [plokka] *v* **1** pflücken **2** aufsammeln (vom Boden usw.) **3** abpflücken, abpflücken *etw. Akk*, abreißen (Blätter usw.) **4** rupfen *etw. Akk* (Huhn usw.) **5** entfernen *etw. Akk von etw.*, beseitigen *etw. Akk von etw.* (mit den Fingern usw.) **6** nehmen (schöpfen usw.) ► **~ isär** *ngt* auseinandernehmen; **~ undan** *ngt* räumen *etw. Akk*, abräumen *etw. Akk* (Geschirr usw.)
plocka upp *v* **1** aufheben *etw. Akk*, aufnehmen *etw. Akk* (vom Boden usw.) **2** abgucken *etw. Akk (bei) j-m*, absehen *j-m etw. Akk* (lernen)
plomb [plomm] *u* Plombe *w*
plommon [plummun] *s* Pflaume *w*
plural [plüüraal] *u* Plural *m*
plus [plußs] *s* **1** Pluszeichen *s* **2** Vorzug *m* (Vorteil) ♦ *adv* plus
plånbok [ploonbuuk] *u* **1** Geldtasche *w*, Portemonnaie *s*, Geldbörse *w* **2** Brieftasche *w*
plåster [ploßter] *s* Pflaster *s* (Verband)
plötslig [plödsli] *adj* abrupt (unerwartet), plötzlich
plötsligt [plödslit] *adv* plötzlich, auf einmal, unversehens
podium [poodjum] *s* Podium *s*
pojke [pojk^e^] *u* Junge *m*
pojkvän [pojkwän] *u* Freund *m* (Partner)
polis [poliiß] *u* Polizei *w*
polisman [poliißman] *u* Polizist *m*
polisstation [poliißßtachuun] *u* Polizeidienststelle *w*, Polizeiwache *w*
politik [politiik] *u* Politik *w*
politiker [poliitiker] *u* Politiker *m*
politisk [poliitißk] *adj* politisch
pop [pop] *u* **1** Pop *m* **2** Pope *m*
populär [populäär] *adj* beliebt *bei j-m*, populär *bei j-m*
portion [porchuun] *u* Portion *w*
portmonnä [portmonää] *u* Portemonnaie *s*
portvakt [purtwakt] *u* Pförtner *m*
position [poßichuun] *u* **1** Lage *w etw. Gen*, Position *w etw. Gen* (räumliche) **2** Standort *m* **3** Rang *m* (Posten usw.) **4** Stelle *w* (Job) **5** Position *w* (Haltung)
post [poßt] *u* **1** Post *w* (System) **2** Post *w* (Amt), Postamt *s* **3** Post *w* (Briefe usw.) **4** Posten *m* (Betrag), Position *w* (einer Liste) **5** Posten *m* (Stellung)
postfack [poßtfakk] *u* Postfach *s*
postnummer [poßtnumm^e^r] *abbr* PLZ *w* ♦ *s* Postleitzahl *w*
potatis [potaatiß] *u* Kartoffel *w*, (ÖrD) Erdapfel *m*
poäng [poäng] *u* **1** Punkt *m* (Bewertung) **2** Pointe *w*
p-piller [peepill^e^r] *s* Antibabypille *w*, Pille *w* (Verhütungsmittel)
praktik [praktiik] *u* **1** Praxis *w* (praktische Anwendung) **2** Übung *w* (Training) **3** Praktikum *s* **4** Praktiker *m* **5** Praktik *w* (Verfahrensweise)
praktisk [praktißk] *adj* praktisch
praktiskt [praktißkt] *adv* praktisch (orientiert usw.)
prata [praata] *v* **1** sich unterhalten *über etw. Akk*, sprechen *mit j-m von etw., über etw. Akk* **2** sich unterhalten *mit j-m über etw. Akk*, sprechen *mit j-m von etw., über etw. Akk*, reden *mit j-m von etw., über etw. Akk* (sich unterhalten) ► **~ färdigt** ausreden (zu Ende reden)

precis [preßiiß] *adj* **1** genau, exakt **2** präzis ♦ *adv* **1** akkurat, genau, präzis **2** genau (feststellen usw.) ♦ *part* genauer (gesagt)

premiärminister [premiäärminißt^e^r] *u* Ministerpräsident *m*

present [preßent] *u* Geschenk *s*

presentation [preßentachuun] *u* **1** Vorführung *w* (eines Gerätes usw.) **2** Vorstellung *w* (Bekanntmachen)

presentera [preßenteera] *v* **1** präsentieren (vorführen) **2** vortragen *etw. Akk* (Anliegen usw.) **3** vorlegen (Entwurf usw.) **4** vorstellen *j-n j-m* **5** aufführen (Theaterstück usw.)

presentera sig *v* sich vorstellen (Namen nennen)

president [preßident] *u* Präsident *m*

press [preßß] *u* Presse *w*

pressa [preßßa] *v* **1** drücken *etw. Akk* (pressen) **2** pressen (Obst usw.) **3** hineinstopfen *etw. Akk irgendwohin* **4** auspressen *etw. Akk* (Zitrone usw.) **5** herauspressen *etw. Akk aus etw.*, auspressen *etw. Akk aus etw.* (Zahnpasta usw.) **6** zerdrücken **7** drücken *j-n/etw. in/an etw. Akk* **8** hineinpressen *etw. Akk irgendwohin*, hineinpressen *j-n/etw. irgendwohin*, hineinpressen *etw. Akk irgendwohin*, hineinzwängen *etw. Akk irgendwohin* **9** dringen *auf j-n mit etw.* **10** erpressen *etw. Akk von j-m* ► **~ ut** *ngt ur ngt* auspressen *etw. Akk aus etw.* (Saft usw.)

princip [prinßiip] *u* Prinzip *s*

prins [prinß] *u* Prinz *m*

prinsessa [prinßeßßa] *u* Prinzessin *w*

prioritera [prioriteera] *v* bevorzugen *j-n/etw. vor j-m/etw.* (favorisieren), *j-m/etw.* den Vorzug geben

prioritet [prioriteet] *u* Priorität *w*, Vorzug *m* (Priorität)

pris [priiß] *s* **1** Preis *m* (Betrag) **2** Preis *m etw. Gen* (für Beschaffung usw.) **3** Preis *m* (Belohnung) ► **höja priset** verteuern *etw. Akk*; **sänka priset** ermäßigen *etw. Akk*

privat [priwaat] *adj* privat, Privat-

problem [probleem] *s* Problem *s*

procent [proßent] *u* (prozentualer) Anteil *m*, Prozent *s*

process [proßeßß] *u* Prozess *m*

producera [produßeera] *v* herstellen (Produkt usw.), erzeugen, produzieren (industriell usw.), produzieren *etw. Akk* (Sauerstoff usw.)

produkt [produkt] *u* **1** Erzeugnis *s*, Produkt *s* (neues usw.) **2** Ausgeburt *w* **3** Produkt *s* (einer Multiplikation)

professionell [profechunell] *adj* **1** professionell **2** beruflich (Beruf betreffend)

professionellt [profechunellt] *adv* fachlich

professor [profeßßor] *u* Professor *m*

prognos [prongnooß] *u* Prognose *w*, Vorhersage *w*

program [program] *s* **1** Programm *s etw. Gen* (Ablauf) **2** Programm *s* (Computer), Computerprogramm *s* **3** Sendung *w* (Programm)

prolongera [prolongeera] *v* verlängern *etw. Akk* (zeitlich)

promenad [promenaad] *u* Spaziergang *m*

promenera [promeneera] *v* spazieren, herumgehen (stundenlang usw.)

protektion [protekchuun] *u* Schutz *m gegen etw., vor etw. Dat*

protest [proteßt] *u* Protest *m*

protestera [proteßteera] *v* **1** protestieren *gegen etw.* (öffentlich usw.) **2** protestieren *gegen j-n/etw.* (zurückweisen)

prov [pruuw] *s* **1** Probe *w*, Prüfung *w* (Qualität usw.), Test *m* **2** Prüfung *w* (Kenntnisse) **3** Muster *s*, Probestück *s* (einer Ware usw.)

prova [pruuwa] *v* **1** prüfen *etw. Akk* (Qualität) **2** auf Probe nehmen *etw. Akk*

provocera [prowoßeera] *v* **1** hetzen *j-n* (provozieren usw.), provozieren *j-n* **2** aufreizen *j-n zu etw.* (aufhetzen)

provrum [pruuwrum] *s* Kabine *w*, Ankleidekabine *w*

präst [prääßt] *u* **1** Geistliche *m*, Priester *m* **2** Pfarrer *m* **3** Pater *m*

pröva [prööwa] *v* **1** probieren *etw. Akk* (ausprobieren), prüfen *etw. Akk* (Qualität) **2** prüfen *j-n in etw. Dat*

publicera [publißeera] *v* **1** veröffentlichen *etw. Akk* **2** abdrucken, herausgeben *etw. Akk* (Buch), veröffentlichen *etw. Akk*

publik [publiik] *u* Publikum *s*

puder [püüd^e^r] *s* Puder *m* (Kosmetik usw.)

pump [pump] *u* Pumpe *w*

pumpa [pumpa] *v* **1** pumpen **2** einpumpen *etw. Akk in etw. Akk*, pumpen (Wasser usw.) **3** umpumpen *etw. Akk in etw. Akk* **4** abpumpen, abzapfen (Wasser usw.) ♦ *u* Kürbis *m* (Pflanze) ► **~ däck** die Reifen *m Mz* aufpumpen

pumpa upp *v* **1** pumpen *etw. Akk* **2** aufpumpen

punkt [pungkt] *u* Punkt *m*

punktering [pungkteering] *u* **1** Reifenpanne *w*, Platten *m* **2** platter Reifen **3** Einstich *m* ► **laga ~** den Schlauch flicken; **Jag har fått ~.** Ich habe einen Platten.

punsch [punsch] *u* Punsch *m*

puré [püüree] *u* Mark *s* (aus Tomaten usw.), Püree *s*

purjolök [purjulöök] *u* Porree *m*

puss [pußß] *u* Kuss *m*
pyjamas [pyshaamaß] *u* Pyjama *m*, Schlafanzug *m*
på [poo] *prep* **1** auf (einer Oberfläche usw.) **2** über (auf der Oberfläche) **3** auf (Richtung usw.), in, zu, nach (räumlich usw.) **4** in (der Wüste usw.), auf (einer Stelle usw.), an (Ort) **5** an *j-n/etw.* (denken usw.) **6** für (Zeitdauer usw.) ► **~ måndag/tisdag** am Montag/Dienstag
påfart [poofaart] *u* Autobahnauffahrt *w*
pågå [poogoo] *v* verlaufen (ablaufen), in Gang sein
pålitlig [pooliitli] *adj* **1** bewährt, erprobt **2** zuverlässig, verlässlich
pålitligt [pooliitlit] *adv* zuverlässig, verlässlich
påminna [poominna] *v* **1** erinnern *j-n an etw. Akk* **2** erinnern *j-n an j-n/etw.* (Erinnerung wachrufen), Erinnerungen hervorrufen *an etw. Akk*, erinnern *an etw. Akk* (evozieren usw.)
påminnelse [poominn^{e}lß^{e}] *u* **1** Erinnerung *w etw. Dat* **2** Mahnung *w* (Mahnbrief usw.)
påsk [poßk] *u* Ostern *s*
påskynda [poochynda] *v* **1** beschleunigen *etw. Akk* (vorantreiben) **2** antreiben *j-n* **3** beschleunigen (sich schneller bewegen)
påstå [pooßtoo] *v* behaupten, behaupten *etw. Akk*
påve [poow^{e}] *u* Papst *m*
påverka [poowärka] *v* beeinflussen *j-n/etw.*, einwirken *auf j-n/etw.*, einwirken *auf j-n/etw. irgendwie*, sich auswirken *auf j-n/etw. irgendwie*
päls [pälß] *u* Fell *s*, Pelz *m*, Pelzmantel *m*
pärla [päärla] *u* Perle *w*
päron [pääron] *s* Birne *w* (Frucht)
päronträd [pääronträäd] *s* Birne *w* (Baum)

R

rabatt [rabatt] *u* Ermäßigung *w*, Rabatt *m*; **ge ~** *ngn/ngt* nachlassen *j-m wie viel* (Rabatt)
rabatterad [rabateerad] *adj* vergünstigt
racket [rakket] *u* Schläger *m* (Tennis usw.)
rad [raad] *u* **1** Reihe *w* (von Gegenständen) **2** Reihe *w*, Rang *m* (im Theater usw.) **3** Zeile *w*
radera [radeera] *v* **1** löschen (Daten) **2** ablöschen
radio [raadio] *u* **1** Radio *s* (Gerät) **2** Radio *s*, Rundfunk *m*
raka [raaka] *v* **1** rasieren *j-n/etw.* **2** ausrasieren *etw. Akk* (Nacken usw.)
rakapparat [raakaparaat] *u* Rasierapparat *m* (elektrischer)
rakt [rakt] *adv* **1** direkt (sofort) **2** gerade, aufrecht (sitzen usw.) ► **~ fram** geradeaus
rang [rang] *u* Rang *m* (militärischer)
rapport [raport] *u* Bericht *m über etw. Akk*, Meldung *w über etw. Akk* (dienstliche), Report *m über etw. Akk*
rationell [rachunell] *adj* rational, vernünftig
ratt [ratt] *u* **1** Lenkrad *s* **2** Drehknopf *m*
rea [reea] *u* **1** Ausverkauf *m* **2** Abstoßung *w* (Verkauf)
reagera [reageera] *v* reagieren *auf etw. Akk*
reaktion [reakchuun] *u* Reaktion *w auf etw. Akk*
realitet [realiteet] *u* Realität *w*, Wirklichkeit *w*
recept [reßept] *s* **1** Rezept *s* (Heilmittel) **2** Rezept *s für etw.* (Gericht)
reception [reßepchuun] *u* **1** Rezeption *w* **2** Annahmestelle *w* **3** Empfang *m* (Veranstaltung)
redan [reedan] *adv* schon
redigera [redicheera] *v* editieren, redigieren (Buch usw.), schneiden (Film usw.)
reducera [redußeera] *v* **1** mildern (Intensität usw.), mindern *etw. Akk*, verringern *etw. Akk* (Risiko usw.) **2** kürzen *etw. Akk* (Geld)
referens [referenß] *u* Empfehlung *w*, Referenzen *w Mz*
regel [reegel] *u* **1** Regel *w* **2** Riegel *m* (an der Tür)
regelbunden [reegelbunden] *adj* gleichmäßig, regelmäßig
regering [rejeering] *u* Herrschaft *w*, Regierung *w* (Tätigkeit)
region [regiuun] *u* Region *w*
regional [regiunaal] *adj* regional, Regional-
regissör [reschißöör] *u* Regisseur *m*
register [rejißt^{e}r] *s* Register *s*
registrera [rejißtreera] *v* **1** anmelden *j-n/etw.* (registrieren usw.), registrieren *j-n/etw.* (amtlich), eintragen *j-n/etw.* (in ein Register) **2** registrieren *etw. Akk*, erfassen *etw. Akk* (statistisch usw.), erfassen *etw. Akk* (statistisch usw.) **3** messen
registrering [rejißtreering] *u* Registrierung *w*
registreringsnummer [regißtreeringßnummer] *s* Kraftfahrzeugkennzeichen *s*, Autonummer *w*, Autokennzeichen *s*
regn [rengn] *s* Regen *m*
regna [rengna] *v* regnen
regnbåge [rengnboog^{e}] *u* Regenbogen *m*
regnkappa [rengnkappa] *u* Regenmantel *m*
regnrock [rengnrokk] *u* Regenmantel *m*

reklam [reklaam] *u* Werbespot *m*, Werbung *w* (eines Produktes), Promotion *w* (Reklame), Reklame *w*
reklamation [reklamachuun] *u* Reklamation *w*
reklamera [reklameera] *v* reklamieren *etw. Akk*, beanstanden *etw. Akk*
rekommendation [rekomendachuun] *u* Empfehlung *w*
rekommendera [rekomendeera] *v* empfehlen *j-n/etw. j-m*
rekonstruera [rekonßtrueera] *v* rekonstruieren, rekonstruieren *etw. Akk*, umbauen (rekonstruieren usw.)
rekord [rekoord] *s* Rekord *m*
rekreation [rekreeachuun] *u* Erholung *w* (Ausruhen usw.)
rektor [rektor] *u* **1** Rektor *m* (einer Hochschule) **2** Rektor *m* (einer Grundschule usw.), Schulleiter *m*
relation [relachuun] *u* **1** Relation *w etw. Gen zu etw.* **2** Beziehung *w* (Zusammenhang usw.) **3** Beziehung *w* (Handelsbeziehung usw.)
relativ [relatiiw] *adj* relativ
relativt [relatiiwt] *adv* relativ
relevant [relewant] *adj* relevant, sachbezogen
religion [relijuun] *u* Religion *w*
religiös [relichööß] *adj* **1** Religions-, religiös (Religion betreffend) **2** fromm
rem [rem] *u* Gurt *m* (zum Anschnallen)
ren [reen] *adj* **1** sauber **2** rein (Gold usw.), pur (Silber usw.) **3** rein (Unsinn usw.), pur (völlig) ♦ *u* Ren(tier) *s*
rengöra [renjööra] *v* **1** reinigen *etw. Akk*, putzen *etw. Akk*, sauber machen *etw. Akk* **2** bürsten *etw. Akk*, abbürsten *etw. Akk*
rengöring [renjööring] *u* Reinigung *w*
rengöringsmedel [renjööringßmeedel] *s* Reiniger *m* (Mittel), Reinigungsmittel *s*
rep [reep] *s* Seil *s*
reparation [reparachuun] *u* Reparatur *w*
reparationsverkstad [reparachuunßwärkßtaad] *u* Reparaturwerkstatt *w*
reparera [repareera] *v* reparieren *etw. Akk*
repetera [repeteera] *v* **1** wiederholen (um es zu betonen) **2** einüben (Aufführung usw.)
repetition [repetichuun] *u* **1** Wiederholung *w* (des Lernstoffes) **2** Prüfung *w* (im Theater usw.)
reportage [reportaash] *s* Reportage *w*
reporter [repoorter] *u* Reporter *m*
representant [repreßentant] *u* **1** Vertreter *m*, Repräsentant *m* **2** Abgeordnete *m*, Vertreter *m*, Repräsentant *m* **3** Beauftragte *m*
representativ [repreßentatiiw] *u* Vertreter *m etw. Gen* (einer Theorie usw.)
representera [repreßenteera] *v* vertreten *j-n/etw.* (als Beauftragter)
repris [repriiß] *u* **1** Wiederholung *w* (eines Ereignisses), Wiederkehr *w* (wiederholtes Auftreten) **2** Wiederaufführung *w*
republik [republiik] *u* Republik *w*
resa [reeßa] *u* **1** Reise *w* **2** Ausflug *m* **3** Reisen *s* ♦ *v* **1** wandern **2** reisen **3** aufstellen *etw. Akk* (Mast usw.) **4** erheben *etw. Akk* (Widerspruch usw.) ▶ **~ genom** durchfahren, durchreisen (Land usw.); **Trevlig ~!** Gute Reise., Gute Fahrt.
resande [reeßande] *u* Reisende *m*
resa sig *v* aufstehen
resebyrå [reeßebyroo] *u* Reisebüro *s*, Reiseagentur *w*, Reiseveranstalter *m*
reseguide [reeßegajd] *u* Führer *m* (Buch)
resenär [reeßenäär] *u* Reisende *m*
reserv [reßerw] *u* **1** Reserve *w* **2** Bereitschaft *w* (Reserve), Reserve *w*, Vorrat *m*
reservera [reßerweera] *v* **1** reservieren *etw. Akk* (Tisch usw.), buchen *etw. Akk* (Reise usw.) **2** beiseitelegen (Geld usw.), abzweigen
reservering [reßerweering] *u* Reservierung *w*, Buchung *w*
residens [reßidennß] *s* Residenz *w*
resignera [reßingneera] *v* zurücktreten (von einem Amt usw.)
respekt [reßpekt] *u* Achtung *w vor j-m* (Hochschätzung usw.), Respekt *m vor j-m*
respektera [reßpekteera] *v* **1** achten (Gesetz usw.), respektieren *etw. Akk* (Gesetze usw.) **2** schätzen *j-n/etw.* (hochachten)
respektive [reßpektiiwe] *adv* beziehungsweise, eventuell
restaurang [reßtorang] *u* Restaurant *s*
resultat [reßultaat] *s* Ergebnis *s etw. Gen*
resväska [reeßwäßka] *u* Koffer *m*, Reisetasche *w*
returbiljett [retüürbiljett] *u* Rückfahrkarte *w*
revben [reewbeen] *s* Rippe *w*
revision [rewichuun] *u* Rechnungsprüfung *w*, Revision *w von etw.*, Überprüfung *w etw. Gen* (erneute usw.)
revisor [rewiißor] *u* Kontrolleur *m* (in der Straßenbahn usw.)
revolver [rewolwer] *u* Revolver *m*
rida [riida] *v* reiten
ridning [riidning] *u* Pferdereiten *s*, Reiten *s* (Sportart)
rik [riik] *adj* reich (Mensch usw.)
rike [riike] *s* Reich *s*
rikedom [riikeduum] *u* Reichtum *m* (Geld usw.)
riktig [rikti] *adj* richtig (nicht falsch), korrekt
riktigt [riktit] *adv* richtig (korrekt)

riktning [riktning] *u* Richtung *w*
ring [ring] *u* Ring *m*
ringa [ringa] *v* **1** klingeln (an der Tür), klingen (Glocke), läuten **2** telefonieren *mit j-m*, anrufen *j-n* **3** anrufen *j-n*, einen Anruf machen, telefonieren ► **~ upp** *ngn* anrufen *j-n* (telefonieren)
ringklocka [ringklokka] *u* **1** Klingel *w* (an der Tür) **2** Summer *m* **3** Klingeln *s* (in der Schule usw.)
ringväg [ringwääg] *u* Ringstraße *w*
ris [riiß] *s* **1** Reis *m* **2** Reisig *s*
risk [rißk] *u* Gefahr *w*, Risiko *s* (einer Ansteckung usw.)
riskabel [rißkaabel] *adj* gefährlich, riskant
riskabelt [rißkaabelt] *adv* riskant
riskera [rißkeera] *v* riskieren *etw. Akk*, Risiko *etw. Gen* eingehen
ro [ruu] *u* Ruhe *w* (Untätigkeit) ♦ *v* rudern
roa [ruua] *v* amüsieren *j-n*, belustigen *j-n*
roddbåt [roddboot] *u* **1** Schiffchen *s* (Fahrzeug) **2** Ruderboot *s*
rolig [ruuli] *adj* **1** lustig (amüsant) **2** witzig
roligt [ruulit] *adv* humorvoll, komisch (lustig usw.); **ha ~** sich vergnügen, sich amüsieren
roll [roll] *u* Rolle *w* (Schauspiel)
roman [romaan] *u* Roman *m*
rondell [rondell] *u* Kreisverkehr *m*
rop [ruup] *s* **1** Ruf *m* (Ausruf usw.) **2** Geschrei *s* (Kriegsgeschrei usw.)
ropa [ruupa] *v* **1** anbrüllen *j-n*, anschreien *j-n*, rufen *j-n* (schreien usw.), zurufen *j-m* **2** aufschreien **3** schreien (laut sprechen) **4** ausrufen (spontan) ► **~ ut** aufrufen *j-n*, ausrufen *j-n* (durch Lautsprecher)
ros [ruuß] *u* Rose *w*
rosa [ruußa] *adj* rosa, rosig, rosenrot
rosett [roßett] *u* Schleife *w* (im Haar usw.)
rost [rußt] *u* Rost *m*
rotera [roteera] *v* **1** rotieren, sich drehen (Rad usw.), sich umdrehen **2** drehen *etw. Akk*, herumdrehen *etw. Akk*
rovdjur [ruuwjur] *s* Raubtier *s*
rovfågel [ruuffoogel] *u* Greifvogel *m*, Raubvogel *m*
rubrik [rubriik] *u* **1** Abschnitt *m*, Rubrik *w* (eines Formulars) **2** Kopf *m* (einer Zeitung usw.), Schlagzeile *w*
ruin [ruiin] *u* Ruine *w*
rulle [rull^e] *u* **1** Rolle *w* **2** Rolle *w* (Fleischrolle usw.), Roulade *w*
rullstol [rullßtuul] *u* Rollstuhl *m*
rum [rum] *s* Zimmer *s*, Raum *m* (im Haus) ► **äga ~** im Gange sein, stattfinden *irgendwo*; **~ att hyra** Zimmer zu vermieten; **Jag behöver ett ~ för tre dagar.** Ich brauche ein Zimmer für drei Tage.
rumsstäderska [rumßßtääd^erschka] *u* Zimmermädchen *s*
rund [rund] *adj* rund, rundlich, Rund-
rundtur [rundtüür] *u* **1** Rundreise *w* **2** Besichtigungsfahrt *w*
rundvisning [rundwiißning] *u* geführte Tour (Fremdenführung usw.), Führung *w* (Besichtigung)
runt [runt] *adv* rings, ringsherum, ringsum ♦ *prep* um *etw. Akk* (räumlich)
russin [rußßin] *s Mz* Rosinen *w Mz*
rutten [rutten] *adj* **1** verdorben (Lebensmittel) **2** faul (Obst usw.), verfault
ruttna [ruttna] *v* **1** faulen, sich zersetzen, verfaulen **2** verderben (Essen), schlecht werden
rygg [rygg] *u* Rücken *m*
ryggrad [ryggraad] *u* Wirbelsäule *w*
ryggsäck [ryggßäkk] *u* **1** Rucksack *m* **2** Kraxe *w*
rymd [rymd] *u* **1** Raum *m* (Gebiet) **2** Weltraum *m*, Universum *s*, Weltall *s*, All *s*
rysk [ryßk] *adj* russisch
ryska [ryßka] *adv* russisch, auf Russisch ♦ *u* Russisch(e) *s*
ryss [ryßß] *m* Russe *m*
Ryssland [ryßßlann] *s* Russland *s*
rå [roo] *adj* **1** roh (Gemüse usw.) **2** roh, Roh- **3** grob (gewalttätig) **4** rau (Sitten usw.)
råd [rood] *s* **1** Rat *m* (Ratschlag), Ratschlag *m* **2** Rat *m* (Gremium) ► **som man har ~ med** erschwinglich
rådgiving [roodjiiwing] *u* Beratung *w* (Beratertätigkeit)
rådhus [roodhüüß] *s* Rathaus *s*
rån [roon] *s* **1** Raub *m* **2** Raubüberfall *m* **3** Oblate *w*
råna [roona] *v* **1** bestehlen *j-n um etw.* **2** rauben, Raub verüben **3** betrügen *j-n um etw.* **4** ausrauben *etw. Akk* (Bank usw.), ausräumen *etw. Akk* (Laden, Wohnung usw.), einbrechen *in etw. Akk* (in eine Wohnung usw.)
rånare [roonar^e] *u* Räuber *m*
råolja [rooolja] *u* Erdöl *s*, Öl *s* (Rohstoff)
råtta [rotta] *u* Ratte *w*
räcka [räkka] *v* **1** ausstrecken **2** ausreichen, genügen, reichen (Menge usw.) **3** reichen *j-m etw. Akk* (geben) ► **~ upp handen** sich melden (Schüler usw.); **Räcker det?** Ist das genug?
rädd [rädd] *adj* erschrocken; **bli ~ för** *ngt/ngn* erschrecken *vor j-m/etw.*; **vara ~ för** *ngn/ngt* fürchten *j-n/etw.*
rädda [rädda] *v* retten *j-n/etw. vor j-m/etw.*
räddning [räddning] *u* Heil *s* (Erlösung), Rettung *w*

rädsla [rädsla] *u* Angst *w vor etw. Dat*
räkna [rääkna] *v* 1 zählen 2 kalkulieren *etw. Akk*, rechnen *etw. Akk*, ausrechnen *etw. Akk* (Rechenaufgabe), berechnen *etw. Akk* (Umfang usw.) 3 rechnen *mit etw.* (annehmen) 4 rechnen *mit etw.*, zählen *auf etw. Akk* ► **~ med** *ngt* berücksichtigen *etw. Akk*, rechnen *mit etw.* (Risiko usw.); **~ över** nachrechnen
räknas [rääknaß] *v* zählen *zu j-m/etw.* (gehören)
räkning [rääkning] *u* 1 Abzählen *s* 2 Rechnung *w* (im Restaurant usw.)
räls [rälß] *u* Schiene *w* (für einen Zug usw.)
ränta [ränta] *u* Pacht *w* (Geld), Zins *m*
rätt [rätt] *u* Recht *s* (Rechtsordnung) ♦ *adj* richtig (nicht falsch), korrekt ♦ *adv* ziemlich, recht (alt usw.) ► **Du har ~.** Sie haben Recht.
rätta [rätta] *v* 1 korrigieren, verbessern (Fehler usw.) 2 gutmachen *etw. Akk* (Fehler usw.) 3 aufrichten *etw. Akk* (Körper usw.) ► **gå till ~** *med ngn* prozessieren *gegen j-n*; **ställa till ~** wiedergutmachen *etw. Akk*, beheben *etw. Akk* (Fehler usw.)
rättelse [rätt^{e}lß^{e}] *u* Berichtigung *w* (im Text), Korrektur *w*, Verbesserung *w* (eines Fehlers usw.)
rättfram [rättfram] *adj* 1 direkt (Verbindung usw.) 2 geradlinig (Mensch usw.), direkt (Person)
rättfärdiga [rättfäärdia] *v* 1 rechtfertigen *etw. Akk* (entschuldigen) 2 rechtfertigen (eine Tat usw.)
rättighet [rättiheet] *u* 1 Recht *s* (Rechtsordnung) 2 Anspruch *m auf etw. Akk* (Recht), Recht *s zu etw.* (Berechtigung)
rättsförhandling [rättßförhandling] *u* Verhandlung *w* (vor Gericht), Gerichtsverhandlung *w*
rättslig [rättßli] *adj* 1 Rechts-, rechtlich 2 Gerichts-, gerichtlich
rättvis [rättwiiß] *adj* fair, gerecht ♦ *adv* mit Recht, zu Recht, rechtmäßig
rättvisa [rättwiißa] *u* Gerechtigkeit *w*
räv [rääw] *u* 1 Fuchs *m* 2 Fuchsrüde *m*
röd [rööd] *adj* rot ♦ *u* Rot *s*
rök [röök] *u* Rauch *m*
röka [rööka] *v* rauchen
rökare [röökar^{e}] *u* Raucher *m*
rökt [rööokt] *adj* geräuchert
röntgenbild [röntkenbild] *u* Röntgenaufnahme *w*
rör [röör] *s* 1 Rohr *s* (Hohlkörper), Röhre *w* 2 Rohrleitung *w* 3 Rohr *s* (Pflanze)
röra [rööra] *u* 1 Saustall *m*, Unordnung *w* 2 Durcheinander *s von etw.*, Mischmasch *m von etw.* 3 Schlamassel *m/s* ♦ *v* 1 bewegen *etw. Akk*, rücken *etw. Akk* (Tisch usw.) 2 einrühren *etw. Akk in etw. Akk*, rühren *etw. Akk*, umrühren *etw. Akk* (Suppe usw.) 3 anfassen *j-n/etw.* 4 rühren *j-n* (innerlich) ► **~ ihop** mischen *etw. Akk*, vermischen *etw. Akk*; **~ till** durcheinanderbringen
röra sig *v* sich bewegen; **röra på sig** sich bewegen, sich rühren, sich in Bewegung setzen
rörelse [röör^{e}lß^{e}] *u* Bewegung *w* ► **sätta sig i ~** sich bewegen (vorwärts usw.), sich in Bewegung setzen
röst [rößt] *u* Stimme *w*
rösta [rößta] *v* 1 stimmen *für etw., gegen etw.* (bei Abstimmung) 2 wählen *j-n* (abstimmen)
röstning [rößtning] *u* Abstimmung *w über etw. Akk*

S

saft [ßaft] *u* Saft *m* (Pflanzensaft)
saga [ßaaga] *u* Märchen *s*
sak [ßaak] *u* 1 Sache *w* (Gegenstand), Ding *s* (nützliches usw.) 2 ***saker*** Sachen *w Mz*
saklig [ßaakli] *adj* sachlich
sakna [ßaakna] *v* 1 vermissen *j-n/etw.* (Freunde usw.), fehlen *j./etw. j-m* 2 mangeln *j-m an etw. Dat* 3 vermissen *j-n/etw.* (verlorene Person usw.)
saknas [ßaaknaß] *v* 1 fehlen (gestohlen werden usw.), verschwunden sein 2 fehlen *j-m an etw. Dat*, mangeln *j-m an etw. Dat*, mangeln *an etw. Dat*, fehlen *an etw. Dat*
sakskada [ßaakßkaada] *u* Sachschaden *m*
sal [ßaal] *u* Saal *m*
salami [ßalaami] *u* Salami *w*
sallad [ßallad] *u* Salat *m*
salong [ßalong] *u* Salon *m*
salt [ßalt] *u* Salz *s* ♦ *adj* salzig
salta [ßalta] *v* salzen *etw. Akk*
saluhall [ßalüühall] *u* Markthalle *w*
samarbeta [ßamarbeeta] *v* kooperieren, zusammenarbeiten *mit j-m*
samband [ßamband] *s* Zusammenhang *m zwischen etw. Dat*
sambo [ßambuu] *u* 1 Partner *m* 2 Partnerin *w* (Lebensgefährtin)
samhälle [ßamhäll^{e}] *s* 1 Gesellschaft *w* (menschliche) 2 Gemeinschaft *w* (von Staaten usw.)
samla [ßamla] *v* 1 ansammeln, aufhäufen, sammeln (Sachen usw.) 2 anhäufen (Vorräte usw.) 3 sammeln (Beweise, Dinge usw.) 4 versammeln ► **~ ihop** zusammenschieben (zu Haufen usw.); **~ ihop** *ngt* häufen *etw. Akk* (sammeln usw.), ansammeln *etw. Akk*; **~ på** sammeln (Briefmarken usw.)

samling [ßamling] *u* **1** Sammlung *w* (von Gemälden usw.) **2** Gesamtheit *w etw. Gen* **3** Versammlung *w* **4** Ansammlung *w* (Menschen), Gewimmel *s*

samma [ßamma] *adj* gleich (Niveau)

sammanfatta [ßammanfatta] *v* **1** zusammenfassen (als Resümee) **2** abschließen (Abkommen usw.), schließen (Vertrag)

sammanfattat [ßammanfattat] *adv* zusammengenommen, insgesamt

sammanfattning [ßammanfattning] *u* **1** Zusammenfassung *w* **2** Schluss *m* (gezogener usw.), Entschluss *m*

sammanhang [ßammanhang] *s* **1** Zusammenhang *m zwischen etw. Dat* **2** Kohäsion *w*

sammansättning [ßammanßättning] *u* **1** Zusammensetzung *w* **2** Kompositum *s*

sammanträffande [ßammanträffande] *u* Zusammentreffen von Ereignissen

samtal [ßamtaal] *s* **1** Gespräch *s* **2** Plausch *m*, Plauderei *w*, Schwatz *m*

samtala [ßamtaala] *v* ansprechen *j-n* (höflich usw.), konversieren *mit j-m über etw. Akk*, Konversation machen *mit j-m über etw. Akk*

samtid [ßamtiid] *u* Gegenwart *w*

samtida [ßamtiida] *adj* zeitgenössisch, derzeitig

samtidigt [ßamtiidit] *adv* **1** dabei, zugleich **2** auf einmal, gleichzeitig

sand [ßann] *u* Sand *m*

sandaler [ßandaaler] *u Mz* Sandalen *w Mz*

sankt [ßangkt] *adj* heilig (Person)

sann [ßann] *adj* wahr; **Det är inte sant.** Das ist nicht wahr.; **Inte sant?** Nicht wahr?, Oder?

sanning [ßanning] *u* Wahrheit *w*

sannolik [ßannulik] *adj* wahrscheinlich

sardin [ßardiin] *u* Sardine *w*, Pilchard *m*

satellitnavigering [ßateliitnawigeering] *u* Navi *s*, Satellitennavigation *w*, Navigationssystem *s* (Gerät), Navigationsgerät *s* (im Auto)

sax [ßakß] *u* Schere *w* (Werkzeug)

scen [ßeen] *u* **1** Bühne *w* **2** Szene *w* (hysterische usw.)

scenario [ßenaariu] *s* Drehbuch *s*, Szenarium *s* (eines Films usw.), Szenario *s*

schack [chakk] *u* Schach *s*

schal [chaal] *u* Schal *m*

schampo [champuu] *s* Shampoo *s*

schema [cheema] *s* **1** Plan *m* (Programm), Stundenplan *m* **2** Schema *s*

schnitzel [schnidsel] *u* Schnitzel *s*

Schweiz [schweids] *u* Schweiz *w*

schweizare [schweidsare] *m* Schweizer *m*

schweizisk [schweidsißk] *adj* schweizerisch

se [ßee] *v* **1** sehen *j-n/etw.* **2** beobachten *j-n/etw.* **3** angucken *etw. Akk*, gucken *auf etw. Akk*, starren *auf j-n/etw.* (blicken) **4** stöbern (in Geschäften usw.) **5** siehe **6** (sich) ansehen *etw. Akk* ► **~ buttert** *på ngn* finster ansehen *j-n*

sedan [ßen] *adv* anschließend, danach, nachher, dann ♦ *conj* seit ♦ *u* Stufenheck *s* (Viertürer) ► **för** *ngt* **~** vor (zwei Jahren usw.); **för en halvtimme ~** vor einer halben Stunde

sedel [ßeedel] *u* Banknote *w*, Schein *m* (Geld)

se fram emot *v* sich freuen *auf etw. Akk*

segel [ßeegel] *s* Segel *s*

seger [ßeeger] *u* Sieg *m*

segla [ßeegla] *v* **1** mit einem Schiff fahren, steuern (Schiff – Kurs nehmen) **2** segeln (mit Segelboot usw.) **3** durchsegeln *durch etw.* (hindurch), segeln *an etw. Dat vorbei*

segrare [ßeegrare] *u* Sieger *m*

sekreterare [ßekreteerare] *u* **1** Sekretär *m* (einer Partei usw.) **2** Sekretärin *w*

sekretär [ßekretäär] *u* Sekretär *m* (Möbelstück)

sekt [ßekt] *u* Sekt *m*, Sekte *w*

sekund [ßekund] *u* Sekunde *w*

sekundär [ßekundäär] *adj* **1** sekundär, Sekundär-, zweitrangig (Angelegenheit usw.) **2** nebensächlich, untergeordnet (unwichtig usw.)

sekvens [ßekwenß] *u* Reihenfolge *w*, Aufeinanderfolge *w*, Sequenz *w*

semester [ßemeßter] *u* Urlaub *m*

semesterlägenhet [ßemeßterlägenheet] *u* Ferienwohnung *w*

seminarium [ßeminaarium] *s* **1** Seminar *s* **2** Priesterseminar *s*

sen [ßeen] *adj* verspätet, Spät-

senap [ßeenap] *u* Senf *m*

senast [ßeenaßt] *adv* spätestens

senaste [ßeenaßte] *adj* letzt(er,e,es) (neuester), neuest(er,e,es) (Nachricht usw.)

sensuell [ßenßuell] *adj* sinnlich (Lippen usw.)

sent [ßent] *adv* spät (in der Nacht usw.); **för ~** spät (verspätet)

separat [ßeparaat] *adj* frei stehend (Gebäude usw.), separat, getrennt, Separat- ♦ *adv* separat, extra (eingepackt usw.)

separera [ßepareera] *v* **1** trennen *j-n/etw.*, abtrennen *j-n/etw.* **2** trennen (zerlegen usw.)

september [ßeptember] *u* September *m*

serie [ßeerie] *u* Serie *w* (Geschehnisse usw.)

seriebok [ßeeriebuuk] *u* Comicheft *s*, Comic *m*

seriös [ßeriööß] *adj* seriös (Mensch usw.), solide
servera [ßerweera] *v* 1 servieren (Essen) 2 bedienen *j-n* (Gast usw.)
servett [ßerwett] *u* Serviette *w*
service [ßörwiß] *u* Service *m/s* (Dienst)
serviceman [ßörrwißman] *u* Bedienung *w* (Personal)
servis [ßerwiiß] *u* Satz *m von etw.* (Teller usw.), Garnitur *w etw. Gen* (Geschirr usw.), Service *s* (Geschirr)
se ut *v* aussehen *irgendwie*
sevärdhet [ßeewärdheet] *u* Sehenswürdigkeit *w*; **beseende av sevärdheter** Besichtigung von Sehenswürdigkeiten, Sightseeing *s*; **gå och titta på sevärdheter** die Sehenswürdigkeiten besuchen; **sevärdheter** *u* Sehenswürdigkeiten *w Mz*
sex [ßekß] *s* Sex *m* ♦ *num* sechs
sextio [ßekßti] *num* sechzig
sexton [ßekßton] *num* sechzehn
sida [ßiida] *u* Seite *w* ► **å ena sidan... å andra sidan** erstens... zweitens; **åt sidan** beiseite (legen usw.)
sig [ßej] *pron* sich, sich (selbst)
signal [ßingnal] *u* Signal *s* (Zeichen usw.)
sikta [ßikta] *v* 1 zielen *auf j-n/etw.*, zielen *mit etw. auf j-n/etw.* 2 richten *etw. Akk auf j-n/etw.* (Fernrohr usw.) 3 richten *auf etw. Akk* (seine Anstrengung usw.) 4 durchsieben (Mehl usw.)
sill [ßill] *u* Hering *m* (Fisch)
silver [ßilwer] *s* Silber *s* (Metall)
simbassäng [ßimbaßäng:] *u* Schwimmbad *s*, Schwimmbecken *s*
simfötter [ßimfötter] *u Mz* Schwimmflossen *w Mz*
simma [ßimma] *v* 1 schwimmen (Mensch) 2 schwimmen *über etw. Akk* 3 baden (schwimmen)
simmare [ßimmar^e^] *u* Schwimmer *m*
simning [ßimning] *u* Schwimmen *s*, Baden *s* (im Meer usw.)
sin, sitt, sina *pron* mein, dein, sein, ihr, unser, euer
singular [ßingulaar] *u* Singular *m*
sinne [ßinn^e^] *s* 1 Sinn *m* (Sehkraft usw.) 2 Sinn *m für etw.* (Gerechtigkeit usw.) 3 Geist *m*, Sinn *m* (Gedanken usw.)
sirap [ßiirap] *u* Sirup *m*
sist [ßißt] *adj* letzt(er,e,es) (in einer Reihe) ♦ *adv* zum letzten Mal ► **sista gången** zum letzten Mal
sitta [ßitta] *v* sitzen; **~ barnvakt** *åt ngn* babysitten *bei j-m*, Kinder *j-s* hüten
sittplats [ßittplads] *u* Sitzplatz *m*
sittplatsbiljett [ßittpladsbiljett] *u* Platzkarte *w*
situation [ßituachuun] *u* Situation *w*
sju [chüü] *num* sieben
sjuk [chüük] *adj* krank; **bli ~** erkranken *an etw. Dat*
sjukdom [chüükdum] *u* Erkrankung *w*, Krankheit *w*
sjukförsäkring [chüükförschääkring] *u* Krankenversicherung *w*
sjukhus [chüükhüüß] *s* Krankenhaus *s*
sjunde [chund^e^] *num* siebent(er,e,es), siebt(er,e,es)
sjunga [chunga] *v* singen
sjunka [chungka] *v* 1 absinken, stürzen (Aktienkurse usw.), sinken (Wert usw.), fallen (Preise usw.) 2 einsinken *in etw. Dat* (im Schnee usw.) 3 ebben 4 sinken (Flugzeug usw.)
sjuttio [chutti] *num* siebzig
sjutton [chutton] *num* siebzehn
själ [chääl] *u* Seele *w*
själslig [chälßli] *adj* seelisch
själv [chälw] *adj* selbst ♦ *pron* sich
självbetjäning [chälwbeschääning] *u* 1 Selbstbedienung *w* 2 Cafeteria *w*, Selbstbedienungsrestaurant *s*
självklar [chälfklaar] *adj* selbstverständlich
självklart [chälfklaart] *adv* offenkundig, evident ♦ *part* natürlich (Zustimmung), selbstverständlich
självmord [chälwmuurd] *s* Selbstmord *m*
självständig [chälwßtändi] *adj* 1 selbstständig 2 autonom, eigenständig
sjätte [chätt^e^] *num* sechst(er,e,es)
sjö [chöö] *u* See *m* (Binnengewässer)
sjöfart [chööfaart] *u* 1 Seeschifffahrt *w*, Schifffahrt *w* (Segeln usw.) 2 Seefahrt *w* (Wirtschaftszweig)
sjöman [chööman] *u* Seemann *m*, Matrose *m*
ska [ßka] *v* 1 wird 2 sollen, haben *+ zu + Inf.*
skada [ßkaada] *u* 1 Schaden *m* (Einbuße) 2 Läsion *w*, Verletzung *w* 3 Wunde *w* 4 Beschädigung *w* ♦ *v* 1 beschädigen 2 schaden *j-m/etw.* 3 verwunden *j-n* 4 verletzen *j-n* (physisch), wehtun *j-m* (absichtlich usw.)
skadad [ßkaadad] *adj* verletzt, verwundet
skadlig [ßkaadli] *adj* 1 schädlich 2 unzuträglich, schädlich
skaffa [ßkaffa] *v* 1 auftreiben *etw. Akk*, beschaffen *etw. Akk* (Geld usw.) 2 besorgen *j-m etw. Akk für j-n* (beschaffen), verschaffen *j-m etw. Akk*, zuschustern *j-m etw. Akk* ► **~ (sig)** *ngt* anschaffen *etw. Akk*, verschaffen *etw. Akk* (gewinnen)

skaka [ßkaaka] *v* **1** rütteln *an j-m/etw.*, schütteln *j-n/etw.* **2** schüttern, erzittern, zittern **3** durchschütteln *etw. Akk* **4** schütteln *etw. Akk*, schütteln *etw. Akk* ► **~ av** abschütteln *etw. Akk* (Schnee usw.); **~ på huvudet** den Kopf schütteln

skakad [ßkaakad] *adj* erschüttert (von Schock usw.)

skala [ßkaala] *u* **1** Skala *w* **2** Maßstab *m* (Verhältnis) ♦ *v* **1** schälen **2** schälen *etw. Akk* **3** abschälen (Obst usw.), schälen **4** schaben **5** enthülsen *etw. Akk* (Nüsse usw.)

skam [ßkaam] *u* **1** Scham *w* **2** Demütigung *w*, Schande *w* (Schamgefühl)

skapa [ßkaapa] *v* **1** schaffen (hervorbringen) **2** formen *etw. Akk* **3** bilden *etw. Akk* (ein Teil sein) **4** schaffen, erschaffen (Welt usw.) **5** (übertr.) aufbauen (gestalten)

skarp [ßkarp] *adj* **1** scharf **2** rau (Geräusch usw.), grell (Klang usw.)

skatt [ßkatt] *u* **1** Steuer *w auf etw. Akk* (Abgabe) **2** Schatz *m* (Reichtum)

sked [cheed] *u* Löffel *m*

skelett [ßkelett] *s* Skelett *s*

sken [cheen] *s* **1** greller Schein, Schein *m* (des Lichts) **2** Schein *m* (Eindruck usw.), Anschein *m*

skena [cheena] *u* Schiene *w* (für einen Zug usw.)

skenbar [cheenbaar] *adj* scheinbar

skenbart [cheenbaart] *adv* äußerlich, scheinbar, nur zum Schein, um den Schein zu wahren

skenben [cheenbeen] *s* Schienbein *s*

skicka [chikka] *v* **1** senden *j-m etw. Akk* (Brief usw.), schicken *j-m etw. Akk* **2** (per Post) schicken *j-m etw. Akk* **3** schicken *j-n irgendwohin*

skicklig [chikkli] *adj* **1** fähig *zu etw.* **2** geschickt, anstellig

skickligt [chikklit] *adv* geschickt

skida [chiida] *u* **1** Ski *m* **2** Schote *w*

skidlift [chiidlift] *u* Skilift *m*

skidstavar [chiidstaawar] *u Mz* Skistöcke *m Mz*

skidåkare [chiidookar^e] *u* Skifahrer *m*

skidåkning [chiidookning] *u* Skifahren *s*

skilja [chilja] *v* **1** trennen *j-n/etw.*, abtrennen *j-n/etw.*, trennen (zerlegen usw.) **2** unterscheiden *j-n/etw. von j-m/etw.* (anders machen) **3** sich unterscheiden *in etw. Dat, von etw.* **4** differenzieren **5** scheiden (Ehe)

skiljaktig [chiljakti] *adj* verschieden (nicht gleich), ungleich

skiljaktigt [chiljaktit] *adv* unterschiedlich, anders

skillnad [chillnad] *u* Unterschied *m*, Unterschiedlichkeit *w*

skilsmässa [chilßmäßßa] *u* sich scheiden lassen *von j-m*, Scheidung *w*

skina [chiina] *v* leuchten (Lampe usw.), scheinen (Licht ausstrahlen), strahlen

skinka [chingka] *u* Schinken *m*

skinn [chinn] *s* Haut *w* (Körpergewebe)

skiva [chiiwa] *u* **1** Scheibe *w etw. Gen* (Brot usw.), Scheibe *w* (Wurst usw.) **2** Scheibe *w* (Gegenstand) **3** Steinplatte *w* **4** Schallplatte *w*, Platte *w* (Schallplatte) **5** Bandscheibe *w*

skjorta [churta] *u* Hemd *s*

skjuta [chüüta] *v* **1** schießen **2** drücken *auf etw. Akk* (mit der Hand usw.) **3** schieben *etw. Akk irgendwohin* **4** verschieben *etw. Akk irgendwohin* (Stelle wechseln) **5** abschießen *j-n/etw.* (töten) ► **~ fram** hinausschieben *etw. Akk aus etw.*; **~ ihjäl** erschießen *j-n*

skjuta upp *v* **1** verlegen *etw. Akk* (auf später), verschieben *etw. Akk* (zeitlich), verlegen (aufschieben) **2** hinaufschieben *etw. Akk irgendwohin* **3** abschießen (Rakete usw.)

skjuts [chüüds] *u* Fahrt *w*, Mitnehmen *s irgendwohin* (eines Trampers)

skjutsa [chudsa] *v* fahren *j-n irgendwohin*, mitnehmen *j-n irgendwohin* (mit dem Auto)

skjutvapen [chüütwaapen] *s* Feuerwaffe *w*, Schusswaffe *w*

sko [ßkuu] *u* Schuh *m* ♦ *v* beschlagen (Pferd) ► **ta på (sig) skorna** anziehen (Schuhe)

skog [ßkuug] *u* Wald *m*

skoj [ßkoj] *s* Spaß *m*

skojigt [ßkojit] *adv* komisch (lustig usw.)

skola [ßkuula] *u* Schule *w* ♦ *v* schulen ► **i skolan** in der Schule

skolbarn [ßkuulbaarn] *s* Schulkind *s*

skomakare [ßkuumaakar^e] *u* Schuhmacher *m*, Schuster *m*

skor [ßkuur] *u Mz* Schuhe *w Mz*

skott [ßkott] *s* **1** Schuss *m* (aus Pistole usw.) **2** Geschoss *s* (Kugel usw.) **3** Schuss *m* (im Fußball usw.)

skratt [ßkratt] *s* Lachen *s*

skratta [ßkratta] *v* lachen *über j-n/etw.*, laut lachen

skrattretande [ßkrattreetand^e] *adj* lächerlich (absurd)

skrev [ßkreew] *s* Leisten *w Mz* (Körperteil), Schritt *m* (Körpergegend)

skrift [ßkrift] *u* Schrift *w* (System)

skriftlig [ßkriftli] *adj* geschrieben, schriftlich

skriftligt [ßkriftlit] *adv* schriftlich

skrik [ßkriik] *s* **1** Geschrei *s*, Schreien *s* **2** Schrei *m*

skrika [ßkriika] *v* **1** kreischen, schreien **2** anschreien *j-n* **3** aufkreischen, schreien **4** zurufen *j-m*

skriva [ßkriiwa] *v* **1** schreiben *etw. Akk* (formulieren), schreiben (aufzeichnen) **2** tippen (schreiben), Maschine schreiben ► **~ in** *ngt i ngt* eintragen *etw. Akk irgendwohin* (schriftlich); **~ om** abschreiben (noch einmal usw.), umschreiben (ändern); **~ upp** *ngt* aufschreiben *etw. Akk*; **~ ut** drucken, drucken *etw. Akk*, entlassen (aus dem Krankenhaus usw.), verschreiben (Medikament usw.), verordnen (Kur usw.); **~** *ngt* **fullt** beschreiben *etw. Akk* (Blatt usw.)

skrivbord [ßkriiwbuurd] *s* Schreibtisch *m*

skrivtecken [ßkriiwtekken] *s* Zeichen *s* (Buchstabe usw.)

skruv [ßkrüüw] *u* Schraube *w*

skruva [ßkrüüwa] *v* schrauben *etw. Akk irgendwohin* ► **~ av** abschrauben *etw. Akk* (Deckel usw.); **~ ner** leiser stellen, zurückstellen (Heizung usw.)

skruvmejsel [ßkrüüwmejßel] *u* Schraubenzieher *m*

skräck [ßkräkk] *u* **1** Entsetzen *s*, Schrecken *m*, Furcht *w* **2** Schreck *m* **3** Schrecken *m* (Person)

skrämma [ßkrämma] *v* **1** aufschrecken *j-n* **2** aufschrecken, erschrecken **3** verscheuchen *etw. Akk* (Tiere usw.) **4** erschrecken, schrecken *j-n* (ängstigen)

skugga [ßkugga] *u* **1** Schatten *m etw. Gen* (eines Körpers) **2** Schirm *m* (einer Lampe usw.), Lampenschirm *m* ♦ *v* beschatten *etw. Akk* (vor Sonne)

skuld [ßkuld] *u* Schuld *w* ► **vara skyldig** *för ngt* schuld sein *an etw. Dat*

skulle [ßkulle] *v* würde

skulptör [ßkulptöör] *u* Bildhauer *m*

skydd [chydd] *s* **1** Schutz *m gegen etw., vor etw. Dat* **2** Schutzraum *m*, Zuflucht *w* (Ort) **3** Schoner *m*, Schützer *m* **4** Unterlage *w* (Polster usw.)

skydda [chydda] *v* **1** schützen *j-n/etw.* **2** decken *j-n/etw.* (schützen) ► **~** *ngn/ngt* **mot** *ngt* schützen *j-n/etw. gegen etw.*

skyldig [chyldi] *adj* **1** schuldig *etw. Gen* **2** schuldig (Summe) ► **vara ~** schulden *j-m etw. Akk*

skylt [chylt] *u* **1** Schild *s* (mit Warnung usw.) **2** Wegweiser *m* **3** Schild *s* (Türschild usw.) **4** Schild *s* (Reklameschild usw.)

skyltfönster [chyltfönßt[e]r] *s* Schaufenster *s*

skymning [chymning] *u* Abenddämmerung *w*, Dämmerung *w* (am Abend)

skynda [chynda] *v* sich beeilen *mit etw.*

skyskrapa [chüßkraapa] *u* Wolkenkratzer *m*

skådeplats [ßkoodeplads] *u* Bühne *w*, Schauplatz *m*

skådespelare [ßkoodeßpeelar[e]] *u* Schauspieler *m*

skål [ßkool] *u* **1** Schüssel *w*, Schale *w* (kleines Gefäß) **2** Trinkspruch *m* ► **Skål!** Prosit!, Zum Wohl!

skåla [ßkoola] *v* anstoßen, trinken *auf j-n/etw.*

skåp [ßkoop] *s* Schrank *m*, Schränkchen *s*

skägg [chägg] *s* **1** Barthaar *s* **2** Bart *m*

skämmas [chämmaß] *v* sich schämen *für j-n/etw.*

skärm [chärm] *u* Bildschirm *m*

skönhet [chöönheet] *u* **1** Schönheit *w* **2** ein fesches Mädchen, Schöne *w*

skönt [chöönt] *adv* herrlich, wunderschön

sladd [ßladd] *u* **1** Kabel *s* **2** Schleudern *s* (eines Autos usw.)

sladda [ßladda] *v* ins Schleudern kommen

slag [ßlaag] *s* **1** Faustschlag *m*, Schlag *m* (mit der Faust), Schlag *m* (mit Faust usw.) **2** Schlacht *w* **3** Schlaganfall *m* **4** Schlag *m* (des Herzens usw.)

slalom [ßlaalom] *u* Slalom *m*

slam [ßlaam] *s* **1** Schlamm *m* **2** Bodensatz *m*

slammig [ßlammi] *adj* trüb (Wasser usw.)

slang [ßlang] *u* **1** Slang *m* (technischer usw.) **2** Schlauch *m* (Röhre) **3** Schlauch *m* (bei Reifen)

slarvig [ßlarwi] *adj* **1** nachlässig (Mensch usw.), unordentlich (Person) **2** schlampig (Arbeit usw.), lausig (von der Qualität her)

slarvigt [ßlarwit] *adv* nachlässig, schlampig

slav [ßlaaw] *u* **1** Slawe *m* **2** Sklave *m*

slips [ßlipß] *u* Krawatte *w*, Schlips *m*

slogan [ßloogan] *u* Slogan *m*, Parole *w*, Schlagwort *s* (Spruch usw.)

slott [ßlott] *s* Schloss *s* (Palast)

slut [ßlüüt] *s* Beendigung *w etw. Gen*, Ende *s* (Zeitpunkt); **göra ~** sich auflösen (ein Band usw.); **ta ~** ausgehen (verbraucht sein); **till ~** schließlich; **vara ~** ausgehen (verbraucht sein); **Bensinen är ~.** Ich habe kein Benzin mehr.; **Det är ~ nu.** Es ist aus.

sluta [ßlüüta] *v* **1** aufgeben *etw. Akk*, einstellen *etw. Akk* (Tätigkeit usw.), aufhören *mit etw.* **2** beenden *etw. Akk* (stoppen) **3** enden, zu Ende sein **4** ausgehen *irgendwie* **5** zuklappen *etw. Akk* ► **Sluta!** Hören Sie damit auf!

slutare [ßlüütar[e]] *u* Verschluss *m* (einer Kamera usw.)

slutgiltig [ßlüütjilti] *adj* endgültig
slutlig [ßlüütli] *adj* definitiv, endgültig, End-, Schluss- (Ergebnis usw.)
slutstation [ßlüüdstachuun] *u* Endstation *w*, Endhaltestelle *w*
slå [ßloo] *v* **1** schlagen *auf etw. Akk*, schlagen *auf/an etw. Akk* (an die Tür usw.), hämmern *gegen etw.*, schlagen *an etw. Akk* (an den Tisch usw.) **2** eine schmieren *j-m*, schlagen *j-n* (Schlag geben) **3** schlagen *j-n*, prügeln *j-n*, verprügeln **4** schlagen (Herz) **5** wählen (eine Telefonnummer) **6** krachen **7** klatschen *j-n* (schlagen) **8** mähen (mit der Sense) **9** auffallen *j-m* **10** sich prellen *etw. Akk* ► **~ in** *ngt* einpacken *etw. Akk*, hüllen *etw. Akk in etw. Akk*, einwickeln *etw. Akk in etw. Akk*; **~ medvetslös** k.o. schlagen *j-n*; **~ ner** *ngt* knallen *etw. Akk* (in die Ecke usw.); **~ ut** ausgießen *etw. Akk* (Inhalt), ausschütten *etw. Akk* (Wasser usw.), ausschlagen *etw. Akk*; **~ ut** *ngn* ausschalten *j-n* (Konkurrenten usw.)
slå ner *v* umstoßen *j-n*, umwerfen *j-n*, umstoßen *j-n/etw.*, umwerfen *j-n/etw.*
slåss [ßloßß] *v* sich prügeln *mit j-m*, (sich) raufen *mit j-m* (kämpfen), sich schlagen *mit j-m*
släkt [ßläkt] *u* Geschlecht *s* (Familie)
släkting [ßläkting] *u* Verwandte *m*
släktskap [ßläkdskaap] *u* Verwandtschaft *w*
slänga [ßlänga] *v* werfen *etw. Akk irgendwohin*, hinschmeißen *etw. Akk irgendwohin*, schleudern *etw. Akk irgendwohin*
släppa [ßläppa] *v* **1** loslassen *j-n/etw.* (nicht festhalten) **2** loslassen *etw. Akk* (nicht festhalten) **3** einlassen *j-n irgendwohin* (hineinlassen usw.) **4** nachlassen (Intensität) ► **~ igenom** durchlassen *etw. Akk* (Wasser usw.)
smak [ßmaak] *u* Geschmack *m*
smaka [ßmaaka] *v* **1** schmecken *nach etw.* (Beigeschmack haben) **2** schmecken *j-m etw. Akk* (lecker sein) **3** kosten *etw. Akk* (Speise)
smaklig [ßmaakli] *adj* schmackhaft; **Smaklig måltid!** Guten Appetit!, Mahlzeit!
smaksinne [ßmaakßinn^e^] *s* Geschmack *m* (Sinn), Geschmackssinn *m*
smal [ßmaal] *adj* **1** schlank, schmal **2** eng, schmal
smart [ßmaart] *adj* schlau, clever
smink [ßmingk] *s* Make-up *s*, Schminke *w*
sminka [ßmingka] *v* schminken *j-n/etw.*
sminkning [ßmingkning] *u* Make-up *s*
smitta [ßmitta] *u* Ansteckung *w*, Infektion *w* ♦ *v* anstecken *j-n (mit etw.)*, infizieren *j-n (mit etw.)*, infizieren *j-n/etw. mit etw.*
smittad [ßmittad] *adj* betroffen *von etw.* (Krankheit usw.)
smittsam [ßmittßam] *adj* ansteckend, übertragbar (Krankheit usw.)
smuts [ßmuds] *u* Schmutz *m*, Unreinheit *w*, Schweinerei *w* (Unordnung)
smutsig [ßmudsi] *adj* **1** schmutzig, beschmutzt, verschmutzt (unsauber), dreckig (Zimmer usw.) **2** dreckig (Tat usw.)
småpengar [ßmoopengar] *u Mz* Wechselgeld *s*
småprata [ßmoopraata] *v* plaudern, plaudern *mit j-m über etw. Akk*
småsak [ßmooßaak] *u* Kleinigkeit *w*
smärta [ßmärta] *u* Schmerz *m*
smör [ßmöör] *u* Butter *w*
smörja [ßmörja] *v* **1** beschmieren *etw. Akk mit etw.*, bestreichen *etw. Akk mit etw.* **2** verstreichen *etw. Akk auf etw. Dat* (verteilen) **3** mit Fett übergießen **4** einölen *etw. Akk*, schmieren *etw. Akk mit etw.* **5** ausschmieren ♦ *u* Gelaber *s*, Gelabere *s*, Geschwafel *s*, Gefasel *s*
smörjmedel [ßmöörjmeedel] *s* Schmiermittel *s*
snabb [ßnabb] *adj* **1** schnell (Bewegung usw.), rasch (Gang usw.) **2** schnell (Erledigung usw.), rasch (Genesung usw.) **3** baldig **4** flink, behänd **5** rapid, rapide
snabbköp [ßnabbschööp] *s* Supermarkt *m*
snabbt [ßnabt] *adv* **1** rapid, rapide, rasch, schnell **2** schnell (eilig usw.)
snabbtåg [ßnabbtoog] *s* D-Zug *m*
snart [ßnaart] *adv* bald, in Kürze, demnächst
snygg [ßnygg] *adj* schön (Sache)
snäll [ßnäll] *adj* gut *zu j-m*, gütig, nett, umgänglich; **Det är snällt av dig.** Das ist lieb von Ihnen.; **var ~ och...** bitte
snälla [ßnälla] *part* bitte
snö [ßnöö] *u* Schnee *m*
snöa [ßnööa] *v* schneien
social [ßoßiaal] *adj* sozial
socka [ßokka] *u* Socke *w*
socker [ßokker] *s* Zucker *m*
sockerbit [ßokkerbiit] *u* Zuckerwürfel *m*
soda [ßuuda] *u* Natron *s*, Soda *s* (Getränk), Sodawasser *s*
soffa [ßoffa] *u* Sofa *s*, Couch *w*
sol [ßuul] *u* Sonne *w*
solbränna [ßuulbränna] *u* **1** Sonnenbräune *w* **2** Sonnenbrand *m*
soldat [ßoldaat] *u* Soldat *m*
solig [ßuuli] *adj* sonnig
solkräm [ßuulkrääm] *u* Sonnencreme *w*, Sonnenschutzcreme *w*, Sonnenlotion *w*
solros [ßuulruuß] *u* Sonnenblume *w*
soluppgång [ßuulupgong:] *u* Sonnenaufgang *m*

som [ßom] *adv* wie (Vergleich) ♦ *conj* wie (Ähnlichkeit) ♦ *pron* wie (zum Beispiel)
sommar [ßommar] *u* Sommer *m*; **i ~** im Sommer (nun und in der Zukunft); **i somras** im Sommer (in der Vergangenheit); **på sommaren** im Sommer; **på somrarna** im Sommer (beliebigen)
sommarhus [ßommarhüüß] *s* Ferienhaus *s*
somna [ßomna] *v* einschlafen (in Schlaf sinken)
son [ßoon] *u* Sohn *m*
sondotter [ßoondotter] *u* Enkelin *w*
sonson [ßoonßoon] *u* Enkel *m*
sopor [ßuupur] *u Mz* Abfall *m* (Reste usw.), Müll *m*
soppa [ßoppa] *u* Suppe *w* ♦ *v* hineinstopfen *etw. Akk in etw. Akk*
sopstation [ßuupßtachuun] *u* Deponie *w*
soptunna [ßuuptunna] *u* Mülleimer *m*, Abfalleimer *m*, Mülltonne *w*
sorg [ßorj] *u* **1** Kummer *m* **2** Trauer *w* (gehaltene) **3** Trübsal *w*
sorgsenhet [ßorjßenheet] *u* Trauer *w* (Gefühl), Traurigkeit *w*
sort [ßort] *u* Art *w* (Typus usw.), Sorte *w* (Typ usw.), Abart *w* (von Frucht usw.)
sortera [ßorteera] *v* **1** aussortieren *etw. Akk* **2** sortieren *etw. Akk* (Post usw.) **3** auslesen
sortiment [ßortiment] *s* Sortiment *s*
souvenir [ßoweniir] *u* Andenken *s* (Souvenir), Souvenir *s*
sova [ßoowa] *v* durchschlafen *etw. Akk*, schlafen (gut, lange usw.); **~ ut** (sich) ausschlafen
sovrum [ßuuwrum] *s* Schlafzimmer *s*
sovsäck [ßuuwßäkk] *u* Schlafsack *m*
sovvagn [ßuuwwangn] *u* Schlafwagen *m*
Spanien [ßpaanien] *s* Spanien *s*
spanjor [ßpanjur] *m* Spanier *m* ♦ *u* Spanier *m*
spansk [ßpanßk] *adj* spanisch
spanska [ßpanßka] *adv* spanisch, auf Spanisch ♦ *u* Spanisch(e) *s*
spara [ßpaara] *v* **1** sparen *auf etw. Akk* **2** ersparen *etw. Akk*, ansparen *etw. Akk*, sparen *etw. Akk* (Geld usw.), (sich) zusammensparen *für etw.*
sparsam [ßpaarscham] *adj* **1** sparsam (Person) **2** ökonomisch, sparsam (Wagen usw.)
specialerbjudande [ßpeßiaalerbjudandᵉ] *adj* im Sonderangebot ♦ *s* Sonderangebot *s*
specialitet [ßpeßialiteet] *u* Spezialität *w* (Gericht usw.)
speciell [ßpeßiell] *adj* Sonder-, besonder(er,e,es)
speciellt [ßpeßiellt] *adv* speziell
spegel [ßpeegel] *u* Spiegel *m*
spel [ßpeel] *s* Schauspiel *s*, Spiel *s* (Spielen), Wortspiel *s*
spela [ßpeela] *v* **1** spielen *etw. Akk* (Spiele usw.) **2** spielen *etw. Akk auf etw. Dat*, spielen *etw. Akk* (Instrument) **3** spielen *j-n/etw.* **4** spielen (Wettkampf austragen) ► **~ in** aufnehmen *etw. Akk* (Musik usw.); **~ på** *ngt* wetten *um etw.*
spelare [ßpeelarᵉ] *u* **1** Spieler *m* (Sportler usw.) **2** Rekorder *m*
spelhall [ßpeelhall] *u* Spielkasino *s*
spelkort [ßpeelkurt] *s* Karte *w* (für Skat usw.), Spielkarte *w*
spelplan [ßpeelplaan] *u* Sportplatz *m*, Spielfeld *m*
spenat [ßpenaat] *u* Spinat *m*
spendera [ßpendeera] *v* ausgeben *etw. Akk für etw.* (Geld)
spenslig [ßpenßli] *adj* winzig
spindel [ßpindel] *u* Spinne *w*
spiral [ßpiraal] *u* Spirale *w*
spis [ßpiiß] *u* **1** Herd *m*, Kochherd *m* **2** Ofen *m* (im Zimmer usw.)
sport [ßport] *u* Sport *m*
sportbil [ßportbiil] *u* Sportwagen *m*
sportig [ßporti] *adj* sportlich (Aussehen usw.)
spray [ßprej] *u* Spray *m/s*
spraya [ßpreja] *v* besprühen, spritzen (mit Pestiziden usw.), sprühen (mit Lack usw.)
sprej [ßprej:] *u* Spray *m/s*
spreja [ßprej:a] *v* aufspritzen (mit Farbe usw.), spritzen (mit Farbe), sprühen (mit Lack usw.)
springa [ßpringa] *v* **1** laufen, joggen, rennen **2** laufen *über etw. Akk* (hinüberlaufen) **3** zurücklegen (laufend) **4** durchlaufen *etw. Akk* (schnell durchkommen) ♦ *u* Schlitz *m* (Öffnung), Spalte *w* (Riss) ► **~ bort** weglaufen; **~ om** *ngn* **förbi** überholen *j-n* (vorbeilaufen); **~ över** kurz weggehen *irgendwohin*
språk [ßprook] *s* Sprache *w* (als Kommunikation)
spy [ßpü] *v* kotzen, sich übergeben
spår [ßpoor] *s* **1** Spur *w* (im Boden) **2** Spur *w etw. Gen* (Zeichen) **3** Spur *w* (Fleck usw.) **4** Spur *w* (einer Tätigkeit usw.) **5** Schiene *w* (für einen Zug usw.)
spårvagn [ßpoorwangn] *u* Straßenbahn *w*, Bahn *w* (Stadtverkehrsmittel)
spädbarn [ßpäädbaarn] *s* Säugling *m*
spänna [ßpänna] *v* **1** spannen *etw. Akk* (Seil usw.), ausspannen *etw. Akk* **2** dehnen

etw. Akk (in Länge), strecken etw. Akk, spannen etw. Akk (Seil usw.) 3 richten (Augen usw.) 4 anspannen (Muskeln)

spänning [ßpänning] *u* Erregung *w* (Spannung usw.), Spannung *w* (Anspannung); **(elektrisk) ~** *u* Spannung *w* (elektrische)

stad [ßtaad] *u* Stadt *w*

stadsdel [ßtaadsdeel] *u* Bezirk *m*, Stadtviertel *s*, Viertel *s* (in der Stadt)

stadsplan [ßtaadsplaan] *u* Stadtplan *m*

stanna [ßtanna] *v* 1 bleiben *irgendwo* 2 halten *irgendwo* (Zug usw.) 3 wohnen *irgendwo* (vorübergehend) 4 anhalten *etw. Akk*, stoppen *etw. Akk* (Bewegung usw.)

stark [ßtark] *adj* 1 stark (Gefühl), intensiv (Liebe usw.), heftig (Leidenschaft usw.) 2 schwer (intensiv) 3 scharf (Paprika usw.) 4 suggestiv ► **bli starkare** sich verstärken

start [ßtart] *u* 1 Anfahren *s* (Starten) 2 Abheben *s*, Start *m* (Rakete) 3 Start *m* (Flugzeug) 4 Start *m* (Wettlauf) 5 Beginn *m*, Eintritt *m* (der Dunkelheit usw.)

starta [ßtarta] *v* 1 starten (Motor usw.) 2 anlaufen, anspringen (Motor usw.), sich einschalten (Gerät usw.), gezeigt werden (rotes Licht usw.) 3 starten (Rennfahrer usw.) 4 anlassen *etw. Akk* (Maschine usw.), in Gang setzen *etw. Akk*, betätigen *etw. Akk* (Anlage usw.), beginnen (Beginn haben) 5 starten *etw. Akk* (Vorhaben usw.), eröffnen *etw. Akk* (Aktion usw.) 6 aufbrechen *irgendwohin* 7 schießen *von etw.* (sich bewegen)

startknapp [ßtartknapp] *u* Schalter *m* (elektrischer)

startmotor [ßtartmootor] *u* Starter *m* (Einrichtung), Anlasser *m*

stat [ßtaat] *u* Staat *m*

station [ßtachuun] *u* 1 Station *w* (Haltestelle) 2 Bahnhof *m*

statlig [ßtaatli] *adj* Staats-, staatlich

staty [ßtatü] *u* Statue *w*

steg [ßteeg] *s* Schritt *m*

stek [ßteek] *u* Braten *m*

steka [ßteeka] *v* braten

stekt [ßteekt] *adj* gebraten

stel [ßteel] *adj* steif (Glieder usw.)

sten [ßteen] *u* Stein *m*

stenbrott [ßteenbrott] *s* Steinbruch *m*

stenig [ßteeni] *adj* steinig

steward [ßtjuuard] *u* Steward *m* (im Flugzeug), Flugbegleiter *m*

stig [ßtiig] *u* Pfad *m*, Wanderweg *m*, schmaler Weg (Feldweg, Gasse usw.)

stiga [ßtiiga] *v* 1 steigen 2 hinaufsteigen *etw. Akk* 3 anwachsen (Menge usw.) 4 treten *auf etw. Akk* (Schritte machen) ► **~ ned** sinken (Flugzeug usw.); **~ över** überschreiten (Schwelle usw.); **~ ur** aussteigen (aus Flugzeug usw.), von Bord gehen

stiga upp *v* 1 aufstehen, sich erheben 2 aufstehen (aus dem Bett)

stil [ßtiil] *u* Stil *m*

stilla [ßtilla] *adv* leise (sprechen usw.)

stinka [ßtingka] *v* riechen *nach etw.* (Rosen usw.), stinken *nach etw.*

stjäla [chääla] *v* 1 (förm.) entwenden *j-m etw. Akk*, entwenden *j-m etw. Akk*, stehlen, stehlen *j-m etw. Akk* 2 rauben *etw. Akk*, stehlen 3 mausen, stibitzen (klauen), nach und nach stehlen 4 wegangeln *j-m j-n*, abspenstig machen *j-m j-n* (Freundin usw.)

stjärna [chäärna] *u* Stern *m*

stjärntecknen [chäärntekknen] *s* Sternzeichen *s*

stock [ßtokk] *u* Klotz *m* (Holz), Scheit *s*, Holzscheit *s*

stockning [ßtokkning] *u* Stau *m* (Verkehr)

stol [ßtuul] *u* Stuhl *m* (Möbel)

stolt [ßtolt] *adj* stolz *auf j-n/etw.* (mit Recht)

stolthet [ßtoltheet] *u* Hochmut *m*, Stolz *m*

stor [ßtuur] *adj* 1 groß 2 Brutto-

storlek [ßtuulek] *u* 1 Größe *w* (Umfang usw.) 2 Größe *w* (von Kleider usw.), Nummer *w* (Schuhe usw.) 3 Höhe *w* (Summe usw.) 4 Ausmaß *s*, Größe *w*

storm [ßtorm] *u* Gewitter *s*, Sturm *m*

straff [ßtraff] *s* 1 Strafe *w* 2 Regress *m*

straffbar [ßtraffbaar] *adj* strafbar (Tat usw.)

strand [ßtrand] *u* 1 Ufer *s* (eines Flusses) 2 Strand *m*

strejk [ßtrejk] *u* Streik *m für etw.*

stress [ßtreßß] *u* Stress *m*

strid [ßtriid] *u* Kampf *m*

strida [ßtriida] *v* 1 kämpfen *mit j-m/etw.* (um Macht usw.) 2 sich streiten *mit j-m*, streiten *mit j-m um/über etw. Akk* 3 sich balgen *um etw.* 4 widersprechen *etw. Dat* (in Widerspruch stehen)

stridsvagn [ßtriidswangn] *u* Panzer *m* (Kampffahrzeug)

strudel [schtruudel] *u* Strudel *m* (Speise)

struktur [ßtruktüür] *u* Struktur *w*, Gliederung *w*, Struktur *w etw. Gen* (von Molekülen usw.), Bau *m etw. Gen*

strumpa [ßtrumpa] *u* Strumpf *m*

strumpbyxor [ßtrumpbykßur] *u Mz* Strumpfhose *w*

strykjärn [ßtrükjäärn] *s* Bügeleisen *s*

sträcka [ßträkka] *u* 1 Route *w* 2 Abschnitt *m* ♦ *v* 1 greifen *nach etw.* (mit Hand usw.) 2 ausbreiten *etw. Akk* (Arme usw.) 3 sich zerren (Muskel usw.) ► **~ ut sig** sich strecken (Körper usw.)

sträng [ßträng] *adj* **1** streng (Person usw.) **2** starr, streng (Regeln usw.) ♦ *u* **1** Einfachheit *w* (des Aussehens usw.) **2** Saite *w*

ström [ßtröm] *u* Strom *m*, Strömung *w* (des Wassers usw.)

strömavbrott [ßtröömaawbrott] *s* Stromausfall *m*; **Vi har ~.** Der Strom ist ausgefallen.

strömbrytare [ßtröömbrütar^e] *u* Schalter *m* (elektrischer), Umschalter *m* (Gerät)

strömma [ßtrömma] *v* **1** fließen (Fluss usw.), strömen (Flüssigkeit usw.) **2** strömen (Menschen usw.)

student [ßtudent] *u* **1** Student *m* **2** Hochschüler *m*, Student *m* (an der Uni) **3** Schüler *m* **4** Lernende *m*

studentexamen [ßtudentekßaamen] *u* Abitur *s*, (ugs.) Abi *s*

studera [ßtudeera] *v* **1** studieren *an etw. Dat* (an Hochschule) **2** lernen (für eine Prüfung usw.)

studie [ßtüüdi^e] *u* Studie *w* (wissenschaftliche), Studium *s*

studium [ßtüüdium] *s* Studium *s*

stuga [ßtüüga] *u* **1** Bauernhaus *s* **2** Wochenendhaus *s* **3** Hütte *w* (Berghütte usw.)

stum [ßtum] *adj* schweigsam, stumm

stund [ßtund] *u* **1** Moment *m* (Punkt), Zeitpunkt *m*, Augenblick *m* (genauer usw.) **2** Moment *m*, Augenblick *m* (kurzer usw.), Weile *w* ▶ **avlägsna sig för en ~** kurz weggehen *irgendwohin*

stycke [ßtykk^e] *s* **1** Stück *s von etw.* (Teil eines Ganzen) **2** Absatz *m* (eines Textes) **3** Passage *w* (eines Textes usw.)

styra [ßtüra] *v* **1** steuern *etw. Akk* **2** steuern (Schiff usw.) **3** steuern *irgendwohin* (sich richten) **4** manövrieren **5** lenken *etw. Akk* (Richtung bestimmen), richten *etw. Akk*, richten *etw. Akk irgendwohin* **6** vorsitzen *etw. Dat* **7** leiten *j-n/etw.*

styvfar [ßtüffaar] *u* Stiefvater *m*

styvmor [ßtüwmuur] *u* Stiefmutter *w*

stå [ßtoo] *v* stehen ▶ **~ emot** *ngt* vertragen *etw. Akk* (widerstehen); **~ ut** aushalten *etw. Akk*, ertragen *etw. Akk*; **Vad står på?** Was ist (los)?

stånd [ßton] *s* Stand *m* (zum Verkauf), Verkaufsstand *m*

städa [ßtääda] *v* aufräumen

städerska [ßtääd^erschka] *u* Putzfrau *w*

städning [ßtäädning] *u* Aufräumen *s*

ställa [ßtälla] *v* stellen *etw. Akk irgendwohin* (auf den Tisch usw.) ▶ **~ en fråga** *j-m* eine Frage stellen; **~ in** einstellen *etw. Akk* (Sender usw.); **~ sig** sich stellen *irgendwohin* (ans Fenster usw.)

ställe [ßtäll^e] *s* **1** Platz *m* (Teil eines Raumes), Ort *m*, Stelle *w* (Punkt, Gebiet usw.) **2** Lokal *s*

ställning [ßtällning] *u* **1** Stellung *w* **2** Score *m* (Spielstand) **3** Gerüst *s*

stämma [ßtämma] *v* **1** stimmen *etw. Akk*, stimmen *etw. Akk* (Geige usw.) **2** verklagen *j-n wegen etw.*, verklagen *j-n* ▶ **~ möte** sich verabreden *mit j-m*

stämpel [ßtämpel] *u* Stempel *m*

ständig [ßtändi] *adj* dauernd, ständig

ständigt [ßtändit] *adv* **1** ewig (immer wieder), unaufhörlich, ständig **2** ununterbrochen, kontinuierlich

stänga [ßtänga] *v* schließen *etw. Akk* (Fenster usw.), zumachen *etw. Akk* (Tür usw.), schließen (Betrieb), sperren *etw. Akk*; **~ av** ausschalten *etw. Akk* (Maschine usw.); **~ ner** schließen (Betrieb)

stängd [ßtängd] *adj* geschlossen

stänger [ßtänger] *u Mz* Gitter *s* (am Fenster usw.)

stöd [ßtööd] *s* **1** Stütze *w* (Pfahl usw.) **2** Stütze *w* (psychische usw.), Unterstützung *w* (Hilfe)

stödja [ßtöödja] *v* **1** abstützen *etw. Akk mit etw.* **2** beistehen *j-m*, unterstützen *j-n* (helfen) **3** beipflichten *etw. Dat* (einem Vorschlag usw.)

stöld [ßtöld] *u* Diebstahl *m*, Entwendung *w etw. Gen*

störa [ßtööra] *v* **1** stören *j-n* **2** stören *etw. Akk* (beeinträchtigen) **3** stören *j-n* (missfallen) ▶ **~ inte** nicht stören *etw. Akk j-n*

störande [ßtöörand^e] *adj* sich einmischend, störend

störning [ßtöörning] *s* Störung *w* (der Ruhe usw.) ♦ *u* Störung *w* (gesundheitliche)

stövel [ßtööwel] *u* Stiefel *m*

substans [ßubßtanß] *u* **1** Stoff *m* (chemischer usw.) **2** Wesen *s* (Charakter)

subtil [ßubtiil] *adj* subtil (Person usw.), fein (Figur usw.)

sudda [ßudda] *v* radieren; **~ ut** ausradieren, wischen *etw. Akk* (Tafel)

suddgummi [ßuddgummi] *s* Radiergummi *m*, Radierer *m*, Gummi *m/s* (zum Radieren)

suga [ßüüga] *v* **1** lutschen *an etw. Dat* (Daumen usw.) **2** einsaugen **3** lutschen *etw. Akk* (Bonbon usw.) ▶ **~ ut** aussaugen *etw. Akk aus/von etw.*

sugrör [ßüügröör] *s* Strohhalm *m* (zum Trinken)

summa [ßumma] *u* **1** Betrag *m*, Summe *w* (bezahlte usw.) **2** Endsumme *w* **3** Summe *w* (einer Addition) **4** Eintrag *m* (über den Zustand usw.)

summera [ßumeera] *v* zusammenzählen, addieren
sur [ßüür] *adj* sauer (Geschmack)
surfa [ßurfa] *v* surfen
svag [ßwaag] *adj* **1** schwach **2** matt (schwach usw.), schlaff (Müde usw.) **3** fade (Geschmack usw.), (SüD, ÖrD) fad
svaghet [ßwaagheet] *u* Schwäche *w*
svagt [ßwaat] *adv* schwach
svamp [ßwamp] *u* Pilz *m*
svan [ßwaan] *u* Schwan *m*
svans [ßwanß] *u* Schwanz *m* (eines Tiers)
svar [ßwaar] *s* Antwort *w auf etw. Akk*
svara [ßwaara] *v* **1** antworten *auf etw. Akk* **2** beantworten *etw. Akk* **3** zurückschreiben *j-m*
svart [ßwart] *adj* schwarz ♦ *adv* schwarz ♦ *u* Schwärze *w* ► **~ person** Schwarze *m*
svartsjuk [ßwartchüük] *adj* eifersüchtig; **vara ~** eifersüchtig sein *auf j-n*
svartsjuka [ßwartchüüka] *u* Eifersucht *w*
svett [ßwett] *u* Schweiß *m*
svettas [ßwettaß] *v* schwitzen
svika [ßwiika] *v* **1** *j-n* im Stich lassen **2** hereinlegen *j-n*
svår [ßwoor] *adj* **1** anspruchsvoll (Aufgabe usw.), anstrengend (Tag usw.), schwierig, mühevoll **2** schwierig (Zeit usw.), anstrengend
svårighet [ßwooriheet] *u* **1** Schwierigkeit *w* **2** Schwierigkeit *w etw. Gen* (Eigenschaft)
svårt [ßwoort] *adv* schwierig, mit Schwierigkeiten
svänga [ßwänga] *v* **1** sich drehen, umdrehen *etw. Akk*, herumdrehen *etw. Akk* (um die Achse) **2** abbiegen, einbiegen *irgendwohin* (Richtung ändern) **3** schwingen *mit etw.* (mit Beinen) **4** mäandern (ein Fluss usw.) **5** wackeln *mit etw.* (schnell usw.) ► **~ av** abbiegen
svära [ßwäära] *v* **1** beschwören *etw. Akk*, schwören **2** fluchen
svärdotter [ßwäärdotter] *u* Schwiegertochter *w*
svärfar [ßwäärfaar] *u* Schwiegervater *m*
svärmor [ßwäärmur] *u* Schwiegermutter *w*
svärson [ßwäärschon] *u* Schwiegersohn *m*
sy [ßü] *v* **1** nähen (Kleid usw.) **2** annähen *etw. Akk an etw. Akk* ► **~ fast** nähen *etw. Akk* (befestigen); **~ ihop** zunähen, vernähen (Hose usw.)
syfte [ßyft^e^] *s* Zweck *m*
symaskin [ßümachiin] *u* Nähmaschine *w*
symbol [ßymbool] *u* Symbol *s*, Zeichen *s* (grafisch)
sympati [ßympatii] *u* **1** Sympathie *w für j-n* **2** Zuneigung *w* **3** Mitleid *s*, Mitgefühl *s*
sympatisk [ßympaatißk] *adj* **1** sympathisch **2** mitleidig, mitleidend
symptom [ßymptoom] *s* Symptom *s von etw., für etw.* (einer Krankheit usw.)
syn [ßün] *u* **1** Sehkraft *w* **2** Sehen *s* **3** Anblick *m etw. Gen* (Erblicken) **4** Erscheinung *w* (Vision) ► **få ~** *på ngn/ngt* erblicken *j-n/etw.*
synagoga [ßünagoga] *u* Synagoge *w*
synlig [ßyynli] *adj* sichtbar
synpunkt [ßünpungkt] *u* Gesichtspunkt *m*, Sicht *w*, Standpunkt *m* (Blickwinkel)
syskon [ßyßkun] *s* Geschwister *s*
sysselsätta [ßyßßelßätta] *v* beschäftigen *j-n mit etw.* (etwas zu tun geben), beschäftigen *j-n* (etwas zu tun geben)
sysselsättning [ßyßßelßättning] *u* Beschäftigung *w* (Arbeit)
syssla [ßyßßla] *v* sich befassen *mit etw.*, sich beschäftigen *mit etw.*
system [ßyßteem] *s* **1** System *s* **2** Trakt *m*, Apparat *m* (im Körper) **3** Ordnung *w* (Tagesordnung usw.)
systematisk [ßyßtemaatißk] *adj* systematisch
systematiskt [ßyßtemaatißkt] *adv* systematisch, planmäßig
syster [ßyßter] *u* Schwester *w*
så [ßoo] *conj* **1** so (deshalb) **2** als (arbeiten als usw.) ♦ *adv* **1** so (so sehr) **2** so (auf diese Weise) **3** (und) daher, (und) dadurch ♦ *v* **1** aussäen **2** säen ► **och ~ vidare** und so weiter; **~ att** also
sådan [ßoon] *pron* solch(er,e,es), derartig
sång [ßoong] *u* Gesang *m*, Lied *s*
sångare [ßoongar^e^] *u* Sänger *m*
såra [ßoora] *v* **1** verwunden *j-n* **2** verletzen (kränken), treffen (erschüttern)
sårad [ßoorad] *adj* **1** verletzt (bei Unfall usw.), verwundet **2** beleidigt
sås [ßooß] *u* Soße *w*
säck [ßäkk] *u* Sack *m*
säga [ßäja] *v* sagen *etw. Akk* (aussprechen), sagen *j-m etw. Akk* (mitteilen); **det sägs** angeblich; **kort sagt** kurz gesagt
säga upp *v* kündigen *etw. Akk*
säker [ßääker] *adj* **1** sicher (ohne Zweifel usw.) **2** überzeugt *von etw.* ► **vara ~** *på ngn* sich *etw. Gen* sicher sein
säkerhet [ßääkerheet] *u* **1** Sicherheit *w*, Gewissheit *w* **2** Sicherheit *w* (Selbstsicherheit) **3** Sicherheit *w etw. Gen* (von Betrieb usw.)
säkerhetsbälte [ßääkerheedsbält^e^] *s* Sicherheitsgurt *m*; **spänna fast säkerhetsbältet** den Sicherheitsgurt anlegen

säkert [ßääkert] *adv* **1** garantiert, gewiss, sicherlich, bestimmt **2** sicher (ohne Gefahr) ♦ *part* **1** bestimmt, gewiss, sicher (ohne Zweifel usw.), allerdings **2** gewiss, sicherlich

sälja [ßälja] *v* **1** verkaufen *j-m etw. Akk für etw.* **2** teilweise verkaufen *j-m etw. Akk*

sällan [ßällan] *adv* selten

sällskap [ßällßkaap] **göra ~** *ngn* Gesellschaft leisten *j-m*

sällskaplig [ßällßkaapli] *adj* gesellig, umgänglich (Mensch usw.), gesellschaftlich

sällsynt [ßällßünt] *adj* außergewöhnlich, Ausnahme-, rar, knapp (kaum vorhanden)

sända [ßända] *v* **1** entsenden *j-n irgendwohin*, aussenden *j-n irgendwohin* (einen Boten usw.) **2** senden (ausstrahlen) **3** im Fernsehen senden **4** (per Post) schicken *j-m etw. Akk*

sändning [ßändning] *u* **1** Sendung *w* (Ausstrahlen) **2** Sendung *w*, Übertragung *w* (TV)

säng [ßäng] *u* Bett *s*

sängkläder [ßängklääd^e^r] *Mz* Bettbezüge *m Mz*, Bettwäsche *w*

sänka [ßängka] *v* **1** senken (nach unten) **2** verringern *etw. Akk* (Intensität usw.) **3** senken (Stimme), vermindern **4** versenken *etw. Akk* (Boot durch Löcher usw.) **5** sinken (Boot), untergehen (Schiff), versinken (im Meer usw.) **6** vergraben *etw. Akk in etw. Akk* (Gesicht in Händen usw.) ▶ **~ pris** ermäßigen *etw. Akk*, verbilligen *etw. Akk*

särskilja [ßäärchilja] *v* unterscheiden *j-n/etw. von j-m/etw.* (Unterschied feststellen)

särskilt [ßäärchilt] *adv* besonders (gut, erfolgreich usw.) ♦ *part* besonders

säsong [ßäßong] *u* Saison *w*

säsongbiljett [ßäßongbiljett] *u* Dauerkarte *w* (Fahrkarte usw.)

sätt [ßätt] *s* **1** Art *w* (einer Tätigkeit usw.), Weise *w* (Methode usw.) **2** Manieren *w Mz* ▶ **på intet ~** keineswegs; **på något ~** irgendwie (auf irgendeine Weise); **på så ~** so (auf diese Weise)

sätta [ßätta] *v* **1** setzen *j-n irgendwohin* **2** legen *etw. Akk irgendwohin*, hinlegen *etw. Akk irgendwohin* **3** aufstellen *etw. Akk irgendwo* (in bestimmter Ordnung) **4** stecken *etw. Akk in etw. Akk* **5** setzen *etw. Akk in etw. Akk* (außer Betrieb usw.) ▶ **~ fart** anlaufen (beginnen); **~ ihop** montieren (zusammenbauen); **~ in** einlegen *etw. Akk in etw. Akk*; **~ in** *ngt någonstans* anlegen *etw. Akk irgendwo* (in einer Bank usw.), einlegen *etw. Akk irgendwo* (Geld), einzahlen *etw. Akk auf etw. Akk*; **~ krokben för** *ngn* ein Bein stellen *j-m*; **~ ngt i tvivelsmål** bezweifeln *etw. Akk*, anzweifeln *etw. Akk*; **~ på** ansetzen *etw. Akk an etw. Akk*, anstellen, einschalten, anschalten (Gerät usw.); **~ samman** zusammensetzen *etw. Akk*; **~ (sig)** sich setzen; **~ upp** aushängen *etw. Akk* (Anzeige usw.)

söder [ßööd^e^r] *u* Süden *m*

södra [ßöödra] *adj* südlich, Süd-

söka [ßööka] *v* suchen *j-n/etw.* (Verlorenes usw.); **~ igenom** *ngn/ngt* durchsuchen *j-n/etw.*

sömn [ßömn] *u* Schlaf *m*

sömntablett [ßömntablett] *u* Schlaftablette *w*, Schlafmittel *s*

söndag [ßönda] *u* Sonntag *m*

sönderslagen [ßönd^e^rschlaagen] *adj* **1** zerschlagen (Gegenstand usw.) **2** gesprungen (Glas usw.)

sörja [ßörja] *v* trauern *um j-n/etw.*, trauern *um j-n* ♦ *u* Matsch *m*

söt [ßööt] *adj* **1** süß **2** niedlich, süß (Kind usw.)

sötningsmedel [ßöötningßmeedel] *s* Süßstoff *m*

sötsak [ßöödsaak] *u* Bonbon *m*

T

ta [taa] *v* **1** fassen (festhalten), nehmen *etw. Akk*, nehmen (in die Hand) **2** nehmen (Essen usw.) **3** einnehmen *etw. Akk* (Medikament usw.), nehmen *etw. Akk* (Pillen usw.) **4** entziehen *j-m etw. Akk* (Lizenz usw.) **5** nehmen *j-n irgendwohin* (regelmäßig) **6** einnehmen (Raum) **7** in Anspruch nehmen (Zeit) ▶ **~ av** ausziehen *etw. Akk* (Hose usw.); **~ bilder** eine Aufnahme *von etw.* machen; **~ bort** *ngt* entfernen *etw. Akk*, beseitigen *etw. Akk*; **~ en bild** fotografieren *etw. Akk*; **~ fel** sich irren; **~ för sig** sich bedienen; **~ hand om** *ngn* besorgen *etw. Akk*, sorgen *für etw.* (Problem lösen usw.), sich kümmern *um j-n/etw.*, sorgen *für etw.*; **~ hand** *om ngn/ngt* sorgen *für j-n/etw.* (pflegen), sich kümmern *um j-n/etw.*; **~ loss** abkuppeln, abkoppeln, abhängen; **~ med sig** *ngt någonstans* tragen *etw. Akk irgendwohin* (mitbringen); **~ med** *ngn/ngt* mitnehmen *j-n/etw. irgendwohin* (mit dem Auto usw.); **~ med** *ngn* mitbringen *j-n*; **~ med** *ngt i ngt* einbeziehen *etw. Akk in etw. Akk*; **~ ned** *ngt* abnehmen *etw. Akk von etw.* (Wäsche usw.), herunternehmen *etw. Akk* (vom Regal usw.); **~ över** *ngt* übernehmen *etw. Akk* (Besitz usw.); **~ på sig** *ngt* anziehen *etw. Akk* (Kleidung); **~ reda på** *ngt* feststellen *etw. Akk*; **~ sig in** eindringen *in etw. Akk*; **~ sig ut** *ur ngt* herausbekommen *etw. Akk aus etw.*; **~ slut** ausgehen (verbraucht sein); **~ sönder** zerlegen *etw. Akk*, auseinandernehmen *etw. Akk* (Maschine usw.); **~ tag i** *ngt* übernehmen *etw. Akk* (Leitung usw.); **~ till sig** übernehmen (Methode usw.); **~ ut** abheben, (ÖrD) beheben (Geld usw.), herausziehen *etw. Akk aus etw.*, ziehen *etw. Akk aus etw.*; **~ ut** *ngt av ngt* herausnehmen *etw. Akk aus etw.*, heraustun *etw. Akk aus etw.*, herausholen *etw. Akk aus etw.*; **~** *ngn/ngt* **ifrån** *ngn* wegnehmen *j-m etw. Akk* (entziehen); **~** *ngn/ngt* **med** bringen *j-n/etw.* irgendwohin (mit dem Auto usw.); **~** *ngt* **med sig** mitnehmen *etw. Akk*; **Hur lång tid ska det ~?** Wie lange wird es dauern?; **Var så goda och ~ för er!** Bedienen Sie sich., Greifen Sie zu!

tabell [tabell] *u* Tabelle *w*

tablett [tablett] *u* Tablette *w*

tack [takk] *s* Danksagung *w* (im Buch); **~ vare** *ngn/ngt* dank *j-m/etw.*

tacka [takka] *u* Mutterschaf *s* ♦ *v* danken *j-m für etw.*, sich bedanken *bei j-m für etw.*

tacksam [takkßam] *adj* dankbar *für etw.*; **vara ~** *för ngt* dankbar sein *j-m für etw.*

tal [taal] *s* **1** Sprache *w* (Sprachfähigkeit) **2** Rede *w* **3** Zahl *w* (Angabe)

tala [taala] *v* **1** sprechen *mit j-m von etw., über etw. Akk*, reden *mit j-m von etw., über etw. Akk* (etwas äußern) **2** sprechen (etwas äußern) **3** sich unterhalten *über etw. Akk* **4** sprechen *von etw., über etw. Akk*, reden *von etw., über etw. Akk* **5** sprechen *mit j-m von etw., über etw. Akk*, reden *mit j-m von etw., über etw. Akk* (sich unterhalten) **6** eine Rede halten ► **Jag talar inte engelska/tyska/franska.** Ich spreche kein Englisch/Deutsch/Französisch.

talare [taalar^e] *u* Redner *m*; **infödd ~** Muttersprachler *m*

tallrik [tallrik] *u* Teller *m*

tampong [tampong] *u* Tampon *m*

tand [tann] *u* Zahn *m*

tandborste [tandborscht^e] *u* Zahnbürste *w*

tandkräm [tandkrääm] *u* Zahnpasta *w*

tandläkare [tandlääkar^e] *u* Stomatologe *m*, Zahnarzt *m*

tangentbord [tangentbuurd] *s* Tastatur *w*

tanka [tangka] *v* auftanken, tanken

tanke [tangk^e] *u* Gedanke *m*

tappa [tappa] *v* **1** fallen lassen *etw. Akk* **2** verlieren *etw. Akk* (aus Unachtsamkeit) **3** verlustig gehen *etw. Gen*, verlieren *etw. Akk* (durch Fehler usw.) **4** fallen (Preise usw.) **5** zapfen **6** abschöpfen (Geld usw.) ► **~ luften** Luft verlieren (Reifen)

tariff [tariff] *u* Satz *m* (Gebühr usw.), Tarif *m*

tavla [taawla] *u* Tafel *w* (zum Schreiben), Wandtafel *w*

taxi [takßi] *u* Taxi *s*

taxichaufför [takßichoföör] *u* Taxifahrer *m*

T-bana [teebaana] *u* U-Bahn *w*, Metro *w*

te [tee] *s* Tee *m*

team [tiim] *s* **1** Kollektiv *s* **2** Team *s*, Gruppe *w* (von Fachleuten usw.)

teater [teaater] *u* Theater *s*

tecken [tekken] *s* Zeichen *s*

teckning [tekkning] *u* Zeichnung *w*

teknik [tekniik] *u* Technik *w*

tekniker [tekniiker] *u* Techniker *m* (Fachmann)

teknisk [teknißk] *adj* technisch

telefon [telefoon] *u* Telefon *s*

telefonera [telefoneera] *v* telefonieren *mit j-m*, anrufen *j-n*

telefonkatalog [telefoonkataloog] *u* Telefonbuch *s*

telefonkiosk [telefoongschioßßk] *u* Telefonzelle *w*

telefonlinje [telefoonlinnj^e] *u* Telefonleitung *w*

telefonsamtal [telefoonßamtaal] *s* Telefongespräch *s*, Anruf *m* (telefonischer), Telefonat *s*

television [telewichuun] *u* Fernsehen *s*, Fernseher *m*

tema [teema] *s* **1** Thema *s* **2** Thema *s*, Stoff *m* (für ein Buch usw.), Thematik *w*

temperatur [temperatüür] *u* Temperatur *w*

tempo [tempu] *s* Schritt *m* (Tempo), Tempo *s*

temporärt [temporärt] *adv* vorübergehend, zeitweilig

tennis [tenniß] *u* Tennis *s*

teori [teorii] *u* Theorie *w*

term [term] *u* Fachausdruck *m*

termin [termiin] *u* Halbjahr *s* (in der Schule), Semester *s*

terminal [terminaal] *u* Abfertigungshalle *w*, Terminal *m/s* (auf dem Flughafen), Flughafenterminal *m/s*

termometer [termomeet^er] *u* Thermometer *s*

terrängbil [terängbiil] *u* Geländewagen *m*

tesked [teecheed] *u* Teelöffel *m*, Löffel *m* (kleiner)

test [teßt] *n/u* **1** Prüfung *w* (Qualität usw.), Test *m*, Probe *w* **2** Test *m* (in der Schule)

testa [teßta] *v* checken, abchecken, prüfen (Bremsen usw.), testen

text [tekßt] *u* **1** Text *m* **2** Untertiteln *m Mz*

textil [tekßtiil] *u* Textil *s*, Textilie *w*

tid [tiid] *u* Zeit *w* ► **i ~** rechtzeitig; **på den senaste tiden** in letzter Zeit; **på den tiden** damals; **under tiden** inzwischen;

avgångstid *u*/ankomsttid *u* Abfahrtszeit *w*/Ankunftszeit *w*
tidig [tiidi] *adj* früh
tidigare [tiidigar^e] *adj* ehemalig, vorig, vorzeitig (Anfang) ♦ *adv* früher, eher, zuvor, vorher
tidigast [tiidigaßt] *adv* frühestens, ehestens (nicht früher als) ♦ *conj* sobald, sowie (gleich usw.)
tidigt [tiidit] *adv* früh; **så ~ som möjligt** so bald wie möglich, baldmöglichst
tidning [tiidning] *u* Zeitung *w*
tidskrift [tiidskrift] *u* Journal *s*, Magazin *s* (Zeitschrift), Illustrierte *w*, Zeitschrift *w*
tidtabell [tiittabell] *u* Fahrplan *m*
tiga [tiiga] *v* schweigen
tigga [tigga] *v* **1** betteln *um etw.* (um Almosen), (sich) erbetteln *etw. Akk von j-m* **2** betteln *bei j-m um etw.* (bitten)
tiggare [tiggar^e] *u* Bettler *m*
till [till] *prep* **1** in (die Stadt usw.), nach (Land usw.), zu *etw.* (Richtung) **2** für *j-n* (Geschenk, Nachricht usw.) ♦ *conj* bis (etwas passiert usw.) ► **en ~** noch einer; **öppet från… ~…** geöffnet von… bis…; **~ och med** sogar; **Jag kommer dit ~ klockan fem.** Spätestens um fünf bin ich da.
tillbaka [tillbaaka] *adv* zurück (gehen usw.), zurück(-); **dra ~** zurückziehen *j-n/etw.* (Produkt usw.); **stiga ~** zurücktreten (nach hinten)
tillbehör [tillbehöör] *s* **1** Zubehör *s* **2** Beilage *w* (Essen) **3** Erfordernis *s*
tillfälle [tillfäll^e] *s* **1** Gelegenheit *w etw. Akk zu tun* **2** Gelegenheit *w* (Anlass) ► **för tillfället** momentan, zurzeit, gegenwärtig
tillfällig [tillfällig] *adj* **1** einstweilig, vorübergehend **2** gelegentlich, zeitweilig **3** provisorisch, vorläufig **4** nebensächlich **5** zufällig, Zufalls-, beiläufig
tillfälligt [tillfällit] *adv* **1** vorübergehend, zeitweilig **2** willkürlich (auswählen usw.), wahllos **3** gelegentlich
tillgång [tillgong] *u* **1** Zugang *m zu etw.* (Wasser, Informationen usw.), Zutritt *m zu etw.* **2** Zugang *m* (Stelle usw.) **3** Vorzug *m* (Vorteil) **4** Angebot *s* (auf dem Markt) ► **få ~** *till* Zutritt *zu etw.* bekommen
tillgänglig [tilljenglig] *adj* erreichbar, zugänglich (betretbar); **~ för allmänheten** für die Öffentlichkeit zugänglich
tillhöra [tillhööra] *v* gehören *j-m*
tillhörande [tillhöörand^e] *adj* entsprechend, jeweilig, zuständig
tillräcklig [tillräkkli] *adj* ausreichend, genügend, hinreichend; **~ mängd** *u* genug *etw. Gen*; **vara ~** genügen, reichen (Menge usw.)
tillräckligt [tillräkklit] *adv* genug, genügend, ausreichend
tills [tillß] *prep* bis (dauern usw.), bis zu; **ända ~** bis zu/an/über
tillsammans [tillßammanß] *adv* **1** gemeinsam, zusammen (arbeiten usw.), miteinander **2** beisammen, zusammen (arbeiten usw.), insgesamt
tillstånd [tillßtond] *s* **1** Erlaubnis *w* **2** Genehmigung *w* (Urkunde usw.), Lizenz *w* **3** Zustand *m j-s/etw.* ► **ge** *ngn* **~** *till ngt* berechtigen *j-n zu etw.* (Situation usw.), Recht geben *j-m zu etw.*
timme [timm^e] *u* Stunde *w* (60 Minuten), Uhr *w* (Uhrzeit)
tio [tii^e] *num* zehn
tionde [tiiond^e] *num* zehnt(er,e,es)
tiondel [tiiondeel] *u* Zehntel *s*
tippa [tippa] *v* tippen (raten)
tips [tipß] *s* Tipp *m*
tisdag [tiißta] *u* Dienstag *m*
titel [tiitel] *u* **1** Titel *m* (Werk) **2** Bezeichnung *w* **3** Titel *m* (Würde usw.)
titta [titta] *v* **1** schauen *auf j-n/etw.*, ansehen *j-n/etw.* **2** ansehen *j-n/etw.*, anschauen *j-n/etw.* **3** beobachten *j-n/etw.* **4** (sich) ansehen *j-n/etw.* (Film usw.), beobachten *j-n/etw.* **5** besichtigen *etw. Akk*, sich ansehen *etw. Akk* ► **~ på TV** fernsehen
tjeck [schekk] *m* Tscheche *m* ♦ *u* Tscheche *m*
Tjeckien [schekkien] *s* Tschechien *s*
tjeckisk [schekkißk] *adj* tschechisch
tjeckiska [schekkißka] *u* Tschechisch(e) *s*; **på ~** tschechisch
tjugo [schüügo] *num* zwanzig
tjuv [schüüw] *u* Dieb *m*
tjäna [schääna] *v* **1** dienen *j-m/etw.* **2** dienen *als etw. Nom, zu etw.* (Zweck haben) **3** Dienste leisten *j-m/etw.*, nutzen *j-m* (Nutzen bringen) **4** verdienen (Gehalt erwerben) **5** verdienen *an j-m/etw.* (Gewinn erzielen) **6** einnehmen (durch Verkauf) ► **Det tjänar ingenting.** Es hat keinen Zweck.
tjänst [schänßt] *u* **1** Dienst *m* **2** Gefallen *m*
tjänsteman [schänßteman] *u* **1** Bürobeamte *m*, Staatsbeamte *m*, Beamte *m* (im öffentlichen Dienst) **2** Büroangestellte *m*
toalett [toalett] *u* Klosett *s*, Toilette *w*; **gå på toaletten** austreten gehen/müssen
toalettpapper [toalettpapper] *s* Toilettenpapier *s*
toast [toußt] *u* Toast *m*
tobak [tobaak] *u* Tabak *m*
tobaksaffär [tobaakßafäär] *u* Tabakgeschäft *s*, Tabakladen *m*, Kiosk *m*

tolka [tolka] *v* **1** dolmetschen, dolmetschen *etw. Akk in etw. Akk* **2** interpretieren *etw. Akk*, interpretieren *etw. Akk* **3** entziffern (Schrift usw.)
tolv [tolw] *num* zwölf
tom [tum] *adj* **1** leer (Gefäß usw.) **2** kahl, nackt (Stelle usw.) **3** oberflächlich (Person usw.)
tomat [tomaat] *u* Tomate *w*
tomt [tumt] *u* **1** Grundstück *s* **2** Parzelle *w*
topp [topp] *u* **1** Gipfel *m etw. Gen*, Spitze *w etw. Gen* **2** Gipfel *m* (Wert usw.), Spitze *w* (Posten) **3** Verschluss *m* (einer Flasche)
torg [torj] *s* **1** Platz *m* (umbaute Fläche) **2** Dorfplatz *m*
torka [torka] *v* **1** abtrocknen *etw. Akk* (trocken machen) **2** wischen *etw. Akk (von etw.)*, wischen *etw. Akk*, wegwischen *etw. Akk*, abwischen *etw. Akk* (entfernen) **3** trocknen *etw. Akk*, trocknen (trocken machen) **4** trocknen (trocken werden) **5** trocknen (trocken werden), abtrocknen (Kleid usw.) ♦ *u* Trockenheit *w* (Trockenzeit), Dürre *w* ► **~ upp** abreiben
torn [tuurn] *s* **1** Turm *m* **2** Stachel *m* (des Igels usw.) ♦ *u* Dorn *m*
torsdag [tuurschta] *u* Donnerstag *m*
torsk [torschk] *u* Kabeljau *m*
total [totaal] *adj* **1** Gesamt- **2** absolut, völlig, gänzlich, vollkommen (Unsinn usw.)
totalt [totaalt] *adv* **1** insgesamt, zusammengenommen **2** total ♦ *part* alles in allem
tradition [tradichuun] *u* Tradition *w*
trafik [trafiik] *u* Verkehr *m*
trafikljus [trafiikjuß] *s* Ampel *w*
trafikmedel [trafiikmeedel] *s* Verkehrsmittel *s*
tragedi [trachedii] *u* **1** Tragödie *w* **2** Tragik *w etw. Gen*
tragisk [traagißk] *adj* tragisch
trakassera [trakaßeera] *v* belästigen (sexuell usw.), (sexuell) belästigen
traktor [traktor] *u* Traktor *m*
tranbär [traanbäär] *s* Preiselbeere *w*
transport [tranßport] *u* **1** Beförderung *w*, Transport *m*, Überführung *w* (Transportieren) **2** Versand *m*, Transport *m* **3** Abfuhr *w*
transportera [tranßporteera] *v* **1** befördern *etw. Akk irgendwohin* (Güter usw.), transportieren *etw. Akk irgendwohin*, transportieren *etw. Akk irgendwohin* **2** fahren *j-n/etw. irgendwohin*, transportieren *j-n/etw. irgendwohin*
trappa [trappa] *u* Treppe *w*
trasig [traaßig] *adj* **1** defekt, kaputt **2** gerissen (Kette usw.) **3** zerschlagen (Gegenstand usw.)
tre [tree] *num* drei
tredje [tredj^e] *num* dritt(er,e,es)
tredjedel [tredjedeel] *u* Drittel *s*
trettio [tretti] *num* dreißig
tretton [tretton] *num* dreizehn
trevlig [treewlig] *adj* angenehm, nett; **Trevlig resa!** Gute Reise., Gute Fahrt.; **Trevligt att träffas.** Freut mich.
tribunal [tribunaal] *u* Gericht *s*, Tribunal *s*
trick [trikk] *s* Trick *m*
tro [truu] *v* **1** glauben *j-m etw. Akk*, glauben *j-m/etw.* **2** vertrauen *j-m/etw.* **3** glauben *an etw. Akk* ► **Det trot jag./Det tror jag inte.** Ich glaube schon./Das glaube ich nicht.
trogen [truugen] *adj* treu *j-m* (zuverlässig), getreu
trohet [truuheet] *u* Treue *w*
trosor [truußur] *u Mz* Höschen *s*
trots att *conj* obwohl
trottoar [trotoaar] *u* Gehweg *m*, Bürgersteig *m*
tryck [trykk] *s* **1** Druck *m* (Kraft) **2** Druck *m etw. Gen* (Prozess) **3** Druck *m* (Zwang), Zwang *m* (rücksichtsloser usw.) **4** Akzent *m* (Betonung)
trycka [trykka] *v* **1** drücken, drücken *etw. Akk* (in der Hand usw.) **2** drucken **3** drucken *etw. Akk* **4** drücken *auf etw. Akk* **5** drücken *etw. Akk in etw. Akk*, hineindrücken *etw. Akk in etw. Akk* ► **~ ihop** drücken *etw. Akk* (Knopf usw.)
trygg [trygg] *adj* sicher
trygga [trygga] *v* sichern *etw. Akk*, absichern *etw. Akk* (vor Gefahr)
trygghet [tryggheet] *u* **1** Sicherheit *w etw. Gen* (von Betrieb usw.) **2** Sicherung *w* (Schutz) **3** Sicherheit *w* (Zustand) **4** Sicherheit *w* (Platz) ► **vara i ~** in Sicherheit sein
tråkig [trooki] *adj* langweilig, uninteressant; **~ sak** langweilige Sache
trä [trää] *s* Holz *s* ♦ *v* auffädeln *etw. Akk* (Perlen usw.), durchstecken *etw. Akk durch etw.*, durchziehen *etw. Akk durch etw.* (Faden durch Öhr usw.)
träd [trääd] *s* Baum *m*, Bäumchen *s*
trädgård [träädgoord] *u* Garten *m*
träff [träff] *u* **1** Verabredung *w mit j-m*, Termin *m mit j-m* (bei Arzt usw.) **2** Treffer *m* ► **ordna en ~** ein Treffen verabreden
träffa [träffa] *v* **1** treffen *j-n*, begegnen *j-m* **2** treffen *etw. Akk* (Ziel) **3** fassen (in Worte usw.)
träffas [träffaß] *v* sich treffen *mit j-m*, zusammentreffen *mit j-m*, begegnen *j-m*; **Trevligt att ~.** Freut mich.

träna [trääna] *v* **1** einüben *etw. Akk* (Fähigkeit usw.), trainieren (sich vorbereiten) **2** erziehen *j-n* **3** Gymnastik machen, trainieren (Muskeln usw.), turnen **4** ausbilden *j-n*
tränare [träänar^e^] *u* Coach *m*, Trainer *m* (eines Teams usw.)
träning [trääning] *u* **1** Ausbildung *w*, Training *s* **2** Übung *w* (Training) **3** Übung *w* (Turnen)
tröja [trööja] *u* **1** Pullover *m*, Pulli *m* **2** T-Shirt *s*
trött [trött] *adj* müde, down; **bli ~** *av ngt* müde werden, ermüden
trötta [trötta] *v* müde machen *j-n*, ermüden *j-n*
trötthet [tröttheet] *u* Müdigkeit *w*
t-shirt *u* T-Shirt *s*
tuggummi [tuggummi] *s* Kaugummi *m*
tull [tull] *u* **1** Zoll *m* **2** Zollamt *s* **3** Straßenzoll *m*, Maut *w*
tullkontroll [tullkontroll] *u* Zollabfertigung *w*
tulltjänsteman [tullschänßteman] *u* Zollbeamte *m*
tung [tung] *adj* schwer (Gewicht)
tunga [tunga] *u* Zunge *w* (Organ)
tungt [tungt] *adv* schwer (atmen usw.)
tunnel [tunnel] *u* Tunnel *m*
tunnelbana [tunnelbaana] *u* U-Bahn *w*, Metro *w*
tur [tüür] *u* Glück *s* (Erfolg); **ha ~** Glück haben; **med ~** glücklich (Gewinner usw.); **som ~ är** zum Glück, glücklicherweise
turism [turißm] *u* Fremdenverkehr *m*, Tourismus *m*, Touristik *w*
turist [turißt] *u* Tourist *m*
turistbuss [turißtbußß] *u* Reisebus *m*
tusen [tüüßen] *num* tausend
tvinga [twinga] *v* **1** zwingen *j-n zu etw.* **2** aufzwingen *j-m etw. Akk* **3** hineinpressen *etw. Akk irgendwohin*, hineinzwängen *etw. Akk irgendwohin* ► **~ på** *ngn ngt* aufzwingen *j-m etw. Akk*; **vara tvungen** *att göra ngt* gezwungen sein *zu etw.*, verpflichtet sein *etw. Akk zu tun*, müssen *etw. Akk tun* (Pflicht haben)
tvivel [twiiwel] *s* Zweifel *m*; **utan ~** zweifellos, zweifelsohne, ohne Zweifel
tvivelaktig [twiiwelakti] *adj* verrufen, anrüchig, zweifelhaft, fragwürdig
tvivla [twiiwla] *v* bezweifeln *etw. Akk*, zweifeln *an j-m/etw.*
TV-serie [teeweeßeeri^e^] *u* Serie *w* (TV usw.)
två [twoo] *num* zwei
tvål [twool] *u* Seife *w*
tvärtom [twärtom] *adv* umgekehrt ♦ *part* im Gegenteil
tvätt [twätt] *u* **1** Waschen *s* (von Wäsche) **2** Wäsche *w* (schmutzige), Schmutzwäsche *w*
tvätta [twätta] *v* **1** waschen, waschen *etw. Akk* (reinigen), abwaschen *etw. Akk* **2** durchwaschen *etw. Akk*, waschen *etw. Akk* (Wäsche) **3** aufwischen (Fußboden usw.) **4** waschen (Gemüse usw.)
tvättmaskin [twättmachiin] *u* Waschmaschine *w*
tvättmedel [twättmeedel] *s* Waschpulver *s*
tvättrum [twättrum] *s* Waschraum *m*
tvättsvamp [twättßwamp] *u* Schwamm *m*
tycka [tykka] *v* **1** meinen, glauben (Ansicht haben), denken (Meinung haben) **2** finden *etw. Akk irgendwie*
tycka om *v* mögen *j-n/etw.*, gernhaben *j-n/etw.*; **tycka bäst om** *ngt/ngn* am liebsten mögen *j-n/etw.*; **Jag tycker inte om det.** Es schmeckt mir nicht.; **Jag tycker om det.** Es gefällt mir.
typ [tüp] *u* Typ *m etw. Gen* (Typus)
typisk [tüpißk] *adj* typisch
tysk [tyßk] *adj* deutsch ♦ *m* Deutsche *m*
tyska [tyßka] *adv* deutsch, auf Deutsch ♦ *u* Deutsch(e) *s*
Tyskland [tyßkland] *s* Deutschland *s*
tyst [tyßt] *adj* leise, still ♦ *adv* **1** leise (sprechen usw.) **2** leise (ohne Geräusch), still
tystnad [tyßtnad] *u* Stille *w*, Ruhe *w* (Stille)
tyvärr [tywärr] *part* leider, unglücklicherweise
tåg [toog] *s* **1** Zug *m* (Verkehrsmittel) **2** Umzug *m* (Parade usw.)
tåla [toola] *v* **1** aushalten *etw. Akk*, ertragen *etw. Akk* **2** ertragen, aushalten (Beschwerden usw.) **3** dulden (zulassen) *etw. Akk*, leiden *etw. Akk* (Beleidigung usw.), ertragen *j-n/etw.* **4** ausstehen *j-n* **5** überstehen *etw. Akk* (eine Krise usw.)
tålamod [toolamuud] *s* Geduld *w*
tålmodig [toolmuudi] *adj* geduldig
tår [toor] *u* Träne *w*
tårta [torta] *u* Torte *w*
täcke [täkk^e^] *s* Decke *w* (im Bett)
tält [tält] *s* Zelt *s*; **sätta upp ett ~** ein Zelt aufstellen
tända [tända] *v* **1** anzünden *etw. Akk*, anmachen *etw. Akk* **2** anzünden *etw. Akk* (Holz mit Papier usw.) **3** aufleuchten ► **~ (ljuset)** (Licht) einschalten, (Licht) anmachen
tändare [tändar^e^] *u* Feuerzeug *s*
tändsticka [tändßtikka] *u* Streichholz *s*, (ÖrD, SwD) Zündholz *s*
tänka [tängka] *v* **1** denken *an etw. Akk* (im Kopf haben) **2** nachdenken *über etw. Akk* **3** beabsichtigen *etw. Akk zu tun*, vorhaben

etw. Akk zu tun, gedenken *etw. Akk zu tun* (vorhaben) **4** hinzudenken ▸ **~ om** *ngt* sich (anders) überlegen; **~ över** *ngt* bedenken *etw. Akk* (durchdenken); **~ på** denken *an j-n/etw.* (im Kopf haben); **~ ut** *ngt* sich ausdenken *etw. Akk* (Ausrede usw.)

tävla [tääwla] *v* an einem Wettkampf *gegen j-n* teilnehmen; **~ om** *med ngn/ngt* kämpfen *mit j-m*, wetteifern *mit j-m*

tävling [tääwling] *u* **1** Wettbewerb *m*, Wettkampf *m* **2** Rennen *s* **3** Wettbewerb *m* (Spiel)

törst [törscht] *u* Durst *m*; **vara törstig** Durst haben, durstig sein

törstig [törschtig] *adj* durstig

U

ugn [ungn] *u* **1** Ofen *m* (zum Backen usw.) **2** Ofen *m* (zum Backen usw.), Backofen *m*

undantag [undantaag] *s* Ausnahme *w*

under [under] *prep* **1** unter *etw. Dat* (dem Tisch usw.) **2** unter *etw. Dat* (hervor) **3** während, im Laufe *etw. Gen*, im Verlauf *etw. Gen* **4** innerhalb *etw. Gen*, binnen *etw. Dat* ♦ *s* Wunder *s* ▸ **temperaturer ~ noll grader** Temperaturen unter Null

underbar [underbaar] *adj* **1** wunderschön **2** herrlich, wunderbar **3** Wunder- **4** toll, großartig, fantastisch, cool **5** wundervoll, toll **6** erstaunlich

underbart [underbaart] *adv* wunderbar, wunderschön, toll

underbyxor [underbykßur] *u Mz* **1** Unterhose *w* **2** Höschen *s*

underfart [underfaart] *u* Unterführung *w* (für Verkehrsmittel)

underhåll [underholl] *s* Instandhaltung *w*, Wartung *w*, Unterhaltung *w* (von Geräten usw.)

underhålla [underholla] *v* **1** halten *etw. Akk* (in Ordnung usw.) **2** unterhalten *j-n mit etw.* (mit Erzählungen usw.)

underhållning [underhollning] *u* Spaß *m*, Vergnügen *s* (Tätigkeit usw.), Amüsement *s*

underkläder [underklääder] *Mz* Unterwäsche *w*, Unterkleidung *w*

underlig [underli] *adj* **1** merkwürdig, seltsam **2** absonderlich

underskrift [underschkrift] *s* Unterschrift *w*

undersöka [underschööka] *v* **1** untersuchen *etw. Akk* (überprüfen) **2** untersuchen *j-n* (Patienten usw.) **3** nachgehen *etw. Dat*, untersuchen *etw. Akk* (Problem usw.) **4** unter die Lupe nehmen *j-n/etw.* **5** überprüfen *etw. Akk* (nochmals prüfen)

undersökning [underschöökning] *u* **1** Untersuchung *w* (eines Gebietes usw.) **2** Umfrage *w*, Befragung *w* **3** Untersuchung *w* (ärztliche)

underteckna [undertekkna] *v* unterschreiben *etw. Akk*

undervisa [underwiißa] *v* unterrichten (Schüler usw.)

undervisning [underwiißning] *u* **1** Unterrichten *s* **2** Unterricht *m* (Unterrichtsstunde)

undvika [undwiika] *v* **1** meiden *j-n/etw.*, ausweichen *j-m/etw.* **2** vermeiden *etw. Akk* **3** umgehen *etw. Akk* (herumgehen) **4** ausweichen *etw. Dat* (einem Schlag usw.) **5** ausweichen *etw. Dat*

ung [ung] *adj* jung

ungdom [pngdum] *u* **1** Jugend *w* **2** Jugendliche *m*, Teenager *m*

ungefär [ungefäär] *adv* ungefähr, etwa, mehr oder minder ♦ *prep* gegen (Menge), ungefähr

ungefärlig [ungefäärli] *adj* ungefähr, annähernd

uniform [uniform] *u* Uniform *w*

unik [uniik] *adj* einzigartig, einmalig

universitet [uniwerschiteet] *s* Universität *w*, Uni *w*

upp [upp] *adv* **1** aufwärts **2** oben auf

uppe [uppe] *adv* oben

uppfart [uppfaart] *u* Auffahrt *w* (zur Autobahn), Zufahrt *w* (Fahrweg)

uppfostra [uppfoßtra] *v* erziehen *j-n*

uppfostran [uppfoßtran] *u* Erziehung *w*

uppfylla [uppfylla] *v* **1** erfüllen *etw. Akk* (Traum usw.) **2** erfüllen *etw. Akk*, erfüllen *etw. Dat* (Ansprüche usw.) **3** erfüllen *etw. Akk* (Bedingungen usw.)

uppgift [uppjift] *u* **1** Aufgabe *w* (Pflicht usw.) **2** Angabe *w* **3** Vergabe *w*

uppgifta [uppjifta] *v* vergeben *j-m etw. Akk*, aufgeben *j-m etw. Akk* (Aufgabe usw.)

upphetta [upphetta] *v* aufkochen

upphittad [upphittad] *adj* gefunden

uppleva [uppleewa] *v* **1** erleben *etw. Akk* **2** verspüren

upplevelse [uppleewelße] *u* Ereignis *s*, Erlebnis *s*

uppmärksam [uppmärkßam] *adj* **1** achtsam, aufmerksam **2** bedacht *auf etw. Akk*, bewusst *etw. Gen*, achtend *auf etw. Akk* **3** aufmerksam, wachsam ▸ **göra ~** hinweisen *auf etw. Akk*; **vara ~ på** *ngt* Aufmerksamkeit widmen *j-m/etw.*; **vara ~ på** *ngt* aufpassen *auf etw. Akk*

uppmärksamhet [uppmärkßamheet] *u* Aufmerksamkeit *w*, Acht *w*

uppmärksamt [uppmärkßamt] *adv* aufmerksam, sorgfältig

uppnå [uppnoo] *v* **1** erreichen *etw. Akk* **2** erreichen *etw. Akk* **3** sich erkämpfen, erringen **4** erreichen, erhalten, erringen *etw. Akk* **5** sich aneignen (Kenntnisse usw.)

uppnåelig [uppnoo^e^li] *adj* realisierbar (Plan usw.)

uppröra [upprööra] *v* **1** aufregen *j-n* (aus der Fassung bringen), erschüttern *j-n* (schockieren usw.), bestürzen *j-n* **2** empören *j-n*

uppskatta [uppßkatta] *v* **1** loben *j-n für etw.* **2** schätzen *etw. Akk* (Verdienst usw.), schätzen *j-n/etw.* (hochachten) **3** schätzen *etw. Akk* (bestimmen), abschätzen *etw. Akk*

uppskattning [uppßkattning] *u* **1** Anerkennung *w* (Lob usw.) **2** Abschätzung *w*, Schätzung *w* (von Entfernung usw.)

upptäcka [upptäkka] *v* **1** entdecken *etw. Akk* (Kontinent usw.) **2** entdecken *j-n/etw.* **3** detektieren (ermitteln)

upptäckt [upptäkt] *u* **1** Entdeckung *w* **2** Detektion *w* (Feststellung)

urin [uriin] *s* Harn *m*, Urin *m*

ursprung [üürschprung] *s* Ursprung *m*, Herkunft *w*; **ha sitt ~** entspringen *aus etw.*

ursprunglig [üürschprungli] *adj* ursprünglich, Ur-

ursprungligen [üürschprungligen] *adv* ursprünglich

ursäkt [üürschäkt] *u* **1** Entschuldigung *w für etw.* **2** Ausrede *w für etw.* ► **be om ~ för** *ngt till ngn* sich entschuldigen *bei j-m für etw.*

ursäkta [urschäkta] *v* **1** entschuldigen *j-n/etw.* (Verständnis zeigen) **2** entschuldigen *j-n/etw.* (Grund mitteilen) ► **Ursäkta!** Entschuldigen Sie!, Entschuldigung!, Verzeihung!

ut [üüt] *adv* heraus (vom Sprecher), hinaus (zum Sprecher), nach draußen

utan [üütan] *prep* ohne *j-n/etw.*; **~ att** ohne *etw. Akk zu tun*

utanför [üütanföör] *prep* **1** außerhalb *etw. Dat* **2** außerhalb (der Stadt usw.) **3** hinter *etw. Dat* (einem Fluss usw.)

utanpå [üütanpoo] *adv* nach außen (hin), äußerlich ♦ *prep* außerhalb *etw. Gen*

utbildning [üütbildning] *u* Ausbildung *w*, Bildung *w* (schulische usw.)

ute [üüt^e^] *adv* **1** heraus *aus etw.* **2** draußen

utfart [üütfaart] *u* Ausfahrt *w* (Ausgang)

utflykt [üütflykt] *u* **1** Ausflug *m* **2** Gesellschaftsreise *w*, Reise *w* **3** Wanderung *w* (ruhige, ohne Ziel usw.)

utforska [üütforschka] *v* **1** durchforschen, durchforschen *etw. Akk* (Gegend usw.) **2** durchsehen *etw. Akk*, untersuchen *etw. Akk* (auf Fehler usw.)

utfrågning [üütfroongning] *u* Verhandlung *w*, Gerichtsverhandlung *w*

utförsäljning [üütförschäjning] *u* Absatz *m* (Verkauf), Vertrieb *m*

utgift [üütjift] *u* **1** Ausgabe *w* (Kosten), Kosten *Mz* **2** ***utgifter*** Ausgaben *w Mz für etw.*, Aufwand *m für etw.*, Auslagen *w Mz*

utgång [üütgong] *u* Ausgang *m*

uthyrning [üüthürning] *u* **1** Miete *w* (Verhältnis) **2** Vermietung *w* **3** Verleih *m*

utifrån [üütifroon] *adj* extern (Mitarbeiter usw.) ♦ *adv* von außen

utlandet [üütlandet] *s* Ausland *s*

utländsk [üütländsk] *adj* **1** ausländisch, Auslands-, fremd **2** überseeisch

utlänning [üütlänning] *u* Ausländer *m*

utmärkt [üütmärkt] *adv* **1** ausgezeichnet, vorzüglich, exzellent **2** herrlich, wunderschön ♦ *adj* **1** ausgezeichnet, großartig (ausgezeichnet usw.), hervorragend **2** ausgezeichnet, exzellent

utnyttja [üütnyttja] *v* **1** nutzen *etw. Akk* (Nutzen ziehen), utilisieren, verwerten, ausnutzen (Quellen usw.) **2** sich *etw.* zunutze machen **3** ausnutzen *etw. Akk* (Vorteil ziehen)

utom [üütom] *prep* **1** außerhalb *etw. Dat* **2** hinter *etw. Dat* (einem Fluss usw.) **3** außer *j-m/etw.*, ausgenommen *j-n/etw.*, mit Ausnahme *von j-m/etw.*

utomhus [üütomhüüß] *adv* draußen

utomlands [üütomlandß] *adv* **1** im Ausland **2** in Übersee **3** Übersee ► **resa ~** ins Ausland fahren

utomordentlig [üütomuurdentli] *adj* außerordentlich

utomordentligt [üütomuurdentlit] *adv* außerordentlich

utseende [üüdseeend^e^] *s* Aussehen *s*

utsikt [üüdsikt] *u* **1** Aussicht *w*, Ausblick *m* (schöner usw.) **2** Aussicht *w* (ins Weite usw.) **3** Aussichtspunkt *m* **4** Aussichten *w Mz* (Chancen)

utsiktstorn [üüdsikdstuurn] *s* Aussichtsturm *m*

uttala [üüttaala] *v* aussprechen, sagen (Wort usw.)

uttalande [üüttaaland^e^] *s* Aussage *w* (Mitteilung), Äußerung *w*

uttryck [üüttrykk] *s* **1** Ausdruck *m* **2** Ausdruck *m etw. Gen* (Bekanntgabe)

uttrycka [üüttrykka] *v* ausdrücken *etw. Akk*, äußern *etw. Akk*, zeigen *etw. Akk*

uttrycka sig *v* sich ausdrücken, sich äußern *zu etw.*

uttråkad [üüttrookad] *adj* **1** gelangweilt **2** angewidert *von etw.* ► **vara ~** sich langweilen

utveckla [üütwekkla] *v* **1** entwickeln *etw. Akk*, entwickeln (verbessern) **2** konzipieren **3** sich ausbilden (Stil usw.), sich entwickeln **4** entwickeln *etw. Akk* (entstehen lassen) **5** entwickeln (Druck usw.)
utveckling [üütwekkling] *u* Entwicklung *w*
utvärdering [üütwärdeering] *u* **1** Bewertung *w* (Bewerten) **2** Gutachten *s*

V

vaccinera [wakßineera] *v* impfen
vacker [wakker] *adj* **1** wunderschön, schön (hübsch anzusehen) **2** schön (Sache) **3** schön (Person), hübsch, gutaussehend
vackert [wakkert] *adv* herrlich, wunderschön, schön (gemacht), hübsch
vad [wa] *pron* was (Frage) ♦ *u* **1** Wette *w* **2** Wade *w* **3** Furt *w* ► **slå ~** auf dem Spiel stehen
vagina [wagiina] *u* Scheide *w* (Vagina), Vagina *w*
vaken [waaken] *adj* wach; **vara ~** wach sein
vakna [waakna] *v* **1** aufwachen **2** erwachen (aufwachen) ► **~ (upp)** aufwachen
vakt [wakt] *u* **1** Wache *w* (Dienst) **2** Wache *w* (Person), Wachposten *m*, Wächter *m* **3** Bewachung *w* (Personen) **4** Gefängnisaufseher *m*
vakta [wakta] *v* **1** bewachen, bewachen *etw. Akk* (Haus usw.) **2** hüten *j-n* (Kinder usw.), aufpassen *auf j-n* **3** patrouillieren *in etw. Dat*
val [waal] *u* Wal *m*
valuta [walüüta] *u* Devise *w*, Währung *w*
vana [waana] *u* Gewohnheit *w*
vandra [wandra] *v* **1** durchs Land ziehen, wandern **2** wandern (ziellos usw.) **3** schweifen (Gedanken usw.)
vandrarhem [wandrarhem] *s* Herberge *w*, Hostel *s*
vandring [wandring] *u* Treck *m*, Wanderung *w*
vanilj [wanilj] *u* Vanille *w*
vanlig [waanli] *adj* **1** gewohnt, gewöhnlich (Zeit usw.), üblich **2** üblich (Satz, Preis usw.) **3** häufig **4** gewöhnlich, einfach
vanligen [waanlien] *adv* gewöhnlich, normalerweise
vanligt [waanlit] *adv* gewöhnlich, üblich
vanligtvis [waanligtwiiß] *adv* gewöhnlich, in der Regel, meistens
vapen [waapen] *s* **1** Waffe *w* **2** Waffen *w Mz* (Schusswaffen usw.)
var [wa] *adv* wo ♦ *s* Eiter *m* ► **~ som helst** wo auch immer; **Var är den?** Wo ist das?
vara [waara] *v* **1** sein **2** eitern ♦ *u* Ware *w* ► **~ orolig** *för ngn* fürchten *für j-n/etw., um j-n/etw.*; **~ uppe** auf sein
varaktighet [waaraktiheet] *u* Dauer *w*
varandra [warandra] *adv* einander, untereinander, gegenseitig ♦ *pron* einander
vardagar [waardaagar] *u Mz* Wochentage *m Mz*, Werktage *m Mz*, Arbeitstage *m Mz*
vardaglig [waardaagli] *adj* **1** alltäglich, gewöhnlich (normal), Alltags- **2** täglich (Besucher usw.) **3** prosaisch
vardagsrum [waardagßrum] *s* Wohnzimmer *s*
varför [warföör] *adv* warum
variera [warieera] *v* **1** schwanken (Temperaturen usw.), sich bewegen *zwischen etw.* (Werte usw.) **2** abwandeln *etw. Akk*, variieren *etw. Akk*, abwechslungsreich machen **3** verschieden sein, sich unterscheiden (Dinge usw.)
varierande [warieerande] *adj* **1** schwankend (Wert usw.) **2** bunt (abwechslungsreich) **3** variabel
varifrån [waarifroon] *adv* woher
varje [warje] *pron* jed(er,e,es) (ohne Ausnahme)
varken [warken] *conj* noch; **~... eller** kein (von beiden), weder... noch
varm [warm] *adj* **1** warm **2** heiß (Gegenstand usw.) ► **Jag är ~.** Mir ist heiß.
varmt [warmt] *adv* **1** warm **2** warm (empfangen usw.), herzlich
varna [waarna] *v* **1** warnen *j-n vor etw. Dat* **2** verwarnen *j-n* (polizeilich usw.)
varning [waarning] *u* Warnung *w*, Warnung *w vor etw. Dat*; **Varning!** Vorsicht!, Achtung!
varsågod [waarschoguud] *part* Bitte! (Einwilligung usw.); **Varsågod.** Hier bitte. (Schenken usw.)
vart [wart] *adv* wohin
varubil [waarubiil] *u* Lieferwagen *m*
varuhus [waaruhüüß] *s* Kaufhaus *s*, Warenhaus *s*
vatten [watten] *s* Wasser *s*
vattenfall [wattenfall] *s* Wasserfall *m*
vattenkokare [wattenkuukare] *u* **1** Kessel *m* (zum Wasserkochen) **2** Wasserkocher *m*
vattenmelon [wattenmelon] *u* Wassermelone *w*
vattensporter [wattenßporter] *u Mz* Wassersportarten *w Mz*
vattna [wattna] *v* **1** bespritzen *etw. Akk mit etw.* (befeuchten) **2** gießen *etw. Akk* (Blume usw.) **3** tränken *etw. Akk* (Pferde usw.)
vecka [wekka] *u* Woche *w*

vegetarisk [wegetaarißk] *adj* fleischlos, vegetarisch
vem [wem] *pron* **1** wer (Frage) **2** wem **3** wen (in Frage) **4** der, die, das (bei Personen) ► **~ som helst** wer auch immer
vems [wemß] *pron* wessen
ventil [wentiil] *u* Ventil *s*
ventilation [wentilachuun] *u* Ventilation *w*
ventilera [wentileera] *v* lüften
verb [werb] *s* Verb *s*
verk [wärk] *s* **1** Werk *s* (Schöpfung usw.) **2** Schaffen *s* (eines Künstlers usw.)
verka [wärka] *v* **1** wirken **2** scheinen *j-m irgendwie* (vorkommen), wirken *auf j-n irgendwie* (Eindruck machen)
verkan [wärkan] *u* Wirkung *w*, Auswirkung *w*
verklig [wärkli] *adj* **1** real (tatsächlich), wirklich **2** wirklich (wie es sein soll)
verkligen [wärklien] *adv* **1** wirklich, tatsächlich, allerdings **2** wirklich (zweifellos), echt **3** (im) Ernst, echt ♦ *part* wahrhaft, wirklich, echt ► **Verkligen?** Im Ernst?, Ehrlich?, Wirklich?
verklighet [wärkliheet] *u* Realität *w*, Wirklichkeit *w*
verkningsfull [wärkningßfull] *adj* stark (wirksam)
verksamhet [wärkßamheet] *u* Tätigkeit *w* (Funktionieren); **driva en ~** Unternehmen betreiben
verkstad [werkßtaad] *u* Werkstatt *w*
version [werchuun] *u* Version *w*
veta [weeta] *v* wissen *etw. Akk, von etw.*
vete [weete] *s* Weizen *m*
veterinär [weterinäär] *u* Tierarzt *m*
vi [wii] *pron* wir
via [wiia] *prep* via *etw. Akk* (reisen usw.)
vid [wiid] *prep* **1** um (drei Uhr usw.) **2** an **3** bei (Angelegenheit) ► **~ havet** an der See, am Meer
vidare [wiidare] *adv* weiter; **och så ~** und so weiter
videokamera [wiideokaamera] *u* Videokamera *w*
vik [wiik] *u* Bucht *w* (klein), Golf *m* (Bucht)
vikt [wikt] *u* **1** Gewicht *s etw. Gen* (Schwere) **2** Schwere *w* (Gewicht) **3** Gewicht *s etw. Gen* (Bedeutung), Wichtigkeit *w* **4** Gewicht *s* (Gegenstand)
viktig [wikti] *adj* **1** wichtig **2** ernst, schlimm (Lage usw.) ► **det viktigaste är att** das wichtigste ist
vila [wiila] *u* Ruhe *w* (Erholung) ♦ *v* **1** sich ausruhen **2** sich erholen (ausruhen)
vild [wild] *adj* **1** wild **2** wild (wachsend)
vilja [wilja] *u* Wille *m* ♦ *v* **1** wollen (verlangen), mögen *etw. Akk von j-m* **2** wollen *etw. Akk zu tun* (vorhaben) ► **Jag skulle ~ prata med...** Ich möchte (mit)... sprechen.; **Vad vill du?** Was wollen Sie?
vilken [wilken] *pron* der, die, das (Relativpronomen), was für ein, welch(er,e,es); **~ som helst** beliebig
vilket [wilket] *pron* was (Nebensatz)
villa [willa] *u* Villa *w*
villig [willi] *adj* bereit *etw. Akk zu tun*
villkor [willkur] *s* **1** Bedingung *w* **2** Bedingungen *w Mz* ► **på ~ att** unter der Bedingung, dass
vilopaus [wiilopauß] *u* Rast *w* (Pause)
vilt [wilt] *adv* wild ♦ *s* Wildbret *s*, Wild *s* (Fleisch)
vin [wiin] *s* Wein *m*; **glödgat ~** *s* Glühwein *m*
vinbär [wiinbäär] *s* Johannisbeere *w*, (ÖrD) Ribisel *w*
vind [wind] *u* **1** Wind *m* **2** Dachboden *m*
vindjacka [windjakka] *u* Windjacke *w*
vinna [winna] *v* **1** gewinnen *etw. Akk, in etw. Dat* (Wettkampf usw.), siegen *in etw. Dat* **2** siegen *über j-n/etw.*, gewinnen *gegen j-n* **3** gewinnen *etw. Akk* **4** sich erkämpfen, erringen **5** gewinnen *etw. Akk aus etw.* ► **~ över** *ngn* **till sin sida** gewinnen *j-n*
vinnare [winnare] *u* **1** Sieger *m* **2** Gewinner *m etw. Gen* (eines Preises usw.)
vinst [winßt] *u* **1** Gewinn *m* (im Lotto usw.), Sieg *m* **2** Profit *m* (finanzieller)
vinter [winter] *u* Winter *m*; **i ~** im Winter (nun und in der Zukunft); **i vintras** im Winter (in der Vergangenheit); **på vintern** im Winter
violett [wiolett] *adj* violett
virvel [wirwel] *u* Wirbel *m*, Strudel *m* (von Wasser usw.)
visa [wiißa] *v* **1** zeigen *j-m etw. Akk* (vorzeigen usw.) **2** zeigen *etw. Akk* (Qualität usw.) **3** anzeigen (auf Monitor usw.) **4** projizieren (Bilder), vorführen (Film) **5** spielen *etw. Akk* (Film usw.) **6** zeigen *etw. Akk*, äußern *etw. Akk* (Gefühl usw.) **7** aufweisen (Gewinn usw.) ♦ *u* Weise *w* (Melodie) ► **~** *ngn* **omkring** durchführen *j-n durch etw.* (durch Stadt usw.)
visitkort [wißiitkurt] *s* Visitenkarte *w*, Besuchskarte *w*
viss [wißß] *adj* gewiss ♦ *pron* irgendein, irgendwelch
visserligen [wißßerlien] *conj* zwar
visst [wißßt] *part* gewiss, sicherlich
visum [wiißum] *s* Visum *s*
vit [wiit] *adj* weiß
vitlök [wiitlöök] *u* Knoblauch *m*
vittna [wittna] *v* **1** aussagen, bezeugen *etw. Akk*, zeugen (vor Gericht) **2** zeugen *von etw.* (zeigen)
vittne [wittne] *s* Zeuge *m etw. Gen*; **vara ~ till** *ngt* Zeuge *etw. Gen* sein (Unfalls usw.)

volym [wolüm] *u* **1** Volumen *s* **2** Lautstärke *w*
vulgär [wulgäär] *adj* **1** vulgär **2** vulgär, gemein **3** beleidigend (Wort), Schimpf-
vulkan [wulkaan] *u* Vulkan *m*
vuxen [wukßen] *adj* erwachsen ♦ *u* Erwachsene *m* ▶ **bli ~** erwachsen werden
vykort [wükurt] *s* Ansichtskarte *w*, Postkarte *w* (aus dem Urlaub usw.)
våg [woog] *u* **1** Waage *w* **2** Schwingung *w*, Welle *w* (Wasser)
våga [wooga] *v* **1** sich trauen *etw. Akk zu tun*, wagen *etw. Akk zu tun* **2** wagen *etw. Akk zu tun* **3** Mut fassen *zu etw.*
vågad [woogad] *adj* kühn, mutig
våld [wolt] *s* Gewalt *w*
våldsam [woldsam] *adj* gewaltsam, Gewalt-
våldsamt [woldsamt] *adv* gewaltsam (öffnen usw.), mit Gewalt
våldta [wolttaa] *v* vergewaltigen *j-n*
våldtäkt [wolttäkt] *u* Vergewaltigung *w*
våning [wooning] *u* **1** Stock *m* (eines Gebäudes), Stockwerk *s*, Geschoss *s* (im Haus usw.), Etage *w* **2** Wohnung *w*
vår [woor] *u* Frühling *m*; **i ~** im Frühling/Frühjahr (nun und in der Zukunft); **i våras** im Frühling/Frühjahr (in der Vergangenheit); **på vårar** im Frühling/Frühjahr (jederzeit); **på våren** im Frühling, im Frühjahr
vår, våra *pron* unser
vårdcentral [woordßentraal] *u* Poliklinik *w*
väcka [wäkka] *v* **1** aufwecken *j-n*, wecken *j-n* **2** erwecken *etw. Akk*, wecken (Interesse usw.)
väckarklocka [wäkkarklokka] *u* Wecker *m*
väder [wääder] *s* Wetter *s*
väderleksrapport [wääderleekßraportt] *u* Wettervorhersage *w*
väg [wääg] *u* **1** Weg *m* (Richtung) **2** Straße *w* (Verkehrsweg), Weg *m* (Pfad usw.) ▶ **den här vägen** hier (durch); **vara på ~ att** *ngt* im Begriff sein *etw. Akk zu tun*, vorhaben *etw. Akk zu tun*; **vilken ~** welchen Weg, wie; **Jag är redan på ~.** Ich bin schon unterwegs.
vägbro [päägbruu] *u* Überführung *w* (Brücke)
vägg [wägg] *u* Wand *w*
vägmärke [wäägmärke] *s* Verkehrszeichen *s*
välgjord [wääljuurd] *adj* **1** gelungen (Foto usw.) **2** gar
välja [wälja] *v* **1** auswählen, wählen **2** wählen *j-n* (abstimmen)
välkomma [wäälkomma] *v* begrüßen *etw. Akk*; **Välkommen!** Willkommen!
välkommen [wäälkommen] *adj* willkommen
välkänd [wäälkänn] *adj* (wohl) bekannt *j-m*
välvilja [wäälwilja] *u* Bereitschaft *w* (zu helfen), Bereitwilligkeit *w*
vän [wän] *u* Freund *m* (Bekannter)
vända [wända] *v* **1** wenden *etw. Akk*, umwenden *etw. Akk* **2** umdrehen *etw. Akk*, herumdrehen *etw. Akk* (um die Achse) **3** umwenden, wenden, umdrehen *etw. Akk* (Seite usw.) **4** umkehren *etw. Akk* (ins Gegenteil) ▶ **vara vänd** *mot ngn/ngt j-m/etw.* zugewandt sein; **Vem ska jag ~ mig till?** An wen soll ich mich wenden?
vändpunkt [wändpungkt] *u* Wende *w* (der Entwicklung), Wendung *w* (überraschende usw.), Wendepunkt *m*
väninna [wäninna] *u* Freundin *w*
vänlig [wänli] *adj* **1** freundschaftlich, freundlich **2** nett, liebenswürdig (Person) **3** gütig, nett **4** friedlich (Lösung usw.)
vänskap [wänßkaap] *u* Freundschaft *w*
vänster [wänßter] *adj* link(er,e,es) ♦ *u* Linke *w* (Partei) ▶ **från ~** von links; **till ~** links (wo), nach links (wohin)
vänta [wänta] *v* **1** bereitstehen (wartend), warten *auf j-n/etw.* **2** verzögern *etw. Akk* (Prozess usw.) ▶ **~ på** *ngn/ngt* erwarten *j-n/etw.* (Besuch usw.); **Säg till dem att ~.** Sag ihnen, sie sollen warten!
väntrum [wäntrum] *s* Wartezimmer *s*, Warteraum *m*
värde [wäärde] *s* **1** Wert *m etw. Gen* (finanzieller) **2** Wert *m* (Bedeutung)
värdefull [wäärdefull] *adj* **1** wertvoll **2** wertvoll, Wert-
värdera [wärdeera] *v* **1** bewerten **2** schätzen *etw. Akk*
värdering [wärdeering] *u* **1** Bewertung *w* **2** Schätzung *w* (des Preises)
värdig [wäärdi] *adj* stattlich (imposant) (Gebäude usw.), würdevoll (Mensch usw.), würdig (Person usw.)
värdshus [wäärdschhüüß] *s* Gaststätte *w*, Gasthaus *s*
värld [wäärd] *u* Welt *w*
värma [wäärma] *v* **1** wärmen **2** erwärmen *etw. Akk*, warm machen *etw. Akk*, erhitzen *etw. Akk* **3** durchwärmen **4** anheizen (Ofen usw.) **5** aufkochen ▶ **~ sig** sich erwärmen (warm werden); **~ upp** *ngt* aufwärmen *etw. Akk* (Essen), wärmen *etw. Akk* (warm machen), erwärmen *etw. Akk*, warm machen *etw. Akk*, erhitzen *etw. Akk*; **~ upp** *ngt* **i mikrovågsugn** in der Mikrowelle aufwärmen *etw. Akk*
värme [wäärme] *u* **1** Wärme *w* **2** Hitze *w* **3** Heizung *w*

värmebölja [wäärmebölja] *u* Hitze *w* (Wetter)

värre [wärre] *adj* schlechter *als j./etw.*, schlimmer *als j./etw.* ♦ *adv* schlimmer

väska [wäßka] *u* **1** Tasche *w* (Behälter) **2** Sack *m*

väst1 [wäßt] *u* Westen *m* (Himmelsrichtung)

väst2 [wäßt] *u* Weste *w*

väster [wäßter] **västerut** im Westen

västra [wäßtra] *adj* westlich

växa [wäkßa] *v* **1** wachsen (größer werden) **2** expandieren (Stadt usw.) ► **~ upp** erwachsen werden, wachsen (entstehen)

växel [wäkßel] *u* **1** Kleingeld *s* **2** Gang *m* (Geschwindigkeit) **3** Wechsel *m* (Wertpapier) **4** Weiche *w* (an Gleisen) ► **lägga i ~** (den Gang) einlegen/schalten; **lägga ur växeln** den Gang ausschalten; **behåll växeln** Stimmt so.

växelkontor [wäkßelkontuur] *s* Wechselstube *w*

växla [wäkßla] *v* **1** tauschen (gegenseitig) **2** wechseln *etw. Akk* (Kleingeld) **3** wechseln (Geld usw.), umtauschen (in EUR usw.) **4** ablösen *j-n* (Tätigkeit übernehmen), auswechseln *j-n* **5** sich abwechseln *mit etw.* **6** schwanken (Temperaturen usw.) **7** schalten, umschalten (Gang) **8** wechseln (Schalter)

växt [wäkßt] *u* **1** Wachstum *s* **2** Pflanze *w*

Y

ylle [ylle] *s* Wolle *w*

yoghurt [jogurt] *u* Joghurt *m/s*, Jogurt *m/s*

yrke [yrke] *s* Beruf *m*

ytterligare [ytterligare] *adj* nachträglich, zusätzlich

yxa [ykßa] *u* Axt *w*

Z

zoo [ßoo] *s* Zoo *m*, Tiergarten *m* (kleiner), Tierpark *m* (größer)

zucchini [ßukkiini] *u* Zucchini *w*

Å

åka [ooka] *v* **1** fahren *irgendwohin* (sich bewegen), fahren *mit etw.* (transportiert werden) **2** fahren *mit etw.* (mit der Bahn usw.) **3** abreisen *aus etw. nach etw.* **4** fahren *etw. Akk* (Fahrrad usw.) ► **~ förbi** *ngt* umfahren *etw. Akk* (ausweichen); **~ med som fripassagerare** schwarzfahren; **~ och hämta** *ngn/ngt* abholen *j-n/etw.* (mit Wagen); **~ skidor** Ski fahren; **~ skridskor** Schlittschuh laufen; **~ upp** hinauffahren; **Vi åker taxi.** Wir nehmen ein Taxi.

åklagare [ooklaagare] *u* Ankläger *m*, Staatsanwalt *m*

ålder [older] *u* Alter *s* (einer Person), Lebensalter *m*

ålderdom [olderdum] *u* Alter *s* (Lebensabend)

åldersgräns [olderschgränß] *u* Altersgrenze *w*

ånga [ong:a] *u* Dampf *m*

ångest [ong:eßt] *u* Angst *w* (Sorge usw.)

år [oor] *s* Jahr *s*; **i ~** dieses Jahr, in diesem Jahr

årskurs [oorschkursch] *u* Schuljahr *s*

årstid [oorschtiid] *u* Jahreszeit *w*

åsikt [ooßikt] *u* Meinung *w*, Meinung *w über etw. Akk*, Ansicht *w von etw., über etw. Akk*

åska [oßka] *u* Gewitter *s* ♦ *v* donnern (in Ferne usw.)

åtal [ootaal] *s* Klage *w* (gerichtlich), Verfolgung *w* (gerichtliche usw.)

åtala [ootaala] *v* Klage erheben *gegen j-n*, verfolgen (strafrechtlich)

åter [ooter] *adv* wieder

återkomst [ooterkomßt] *u* **1** Rückkehr *w* **2** Comeback *s*, Rückkehr *w*

åtkomlig [ootkomli] *adj* erreichbar

åtminstone [otminßtone] *adv* mindestens ♦ *part* wenigstens

åtta [otta] *num* acht

åttio [otti] *num* achtzig

åttonde [ottonde] *num* acht(er,e,es)

Ä

äckel [äkkel] *s* Ekel *m*

äcklig [äkkli] *adj* abscheulich, ekelhaft, eklig, schmutzig (Details usw.)

ädelsten [äädelßteen] *u* Edelstein *m*

äga [äägа] *v* besitzen *etw. Akk*, besitzen (innehaben); **~ rum** im Gange sein, stattfinden *irgendwo*

ägande [äägande] *s* Besitz *m* (Besitzen)

ägare [äägare] *u* **1** Besitzer *m etw. Gen*, Eigentümer *m etw. Gen*, Inhaber *m etw. Gen*

2 Betreiber *m etw. Gen* (eines Unternehmens usw.)
ägg [ägg] *s* Ei *s*
äggskal [äggßkaal] *s* Schale *w* (Ei), Eierschale *w*
äggstock [äggßtokk] *u* Eierstock *m*
äktenskap [äktenßkaap] *s* Ehe *w*
äldre [äldr^{e}] *adj* älter
älg [älj] *u* Elch *m*
älska [älßka] *v* **1** lieben *j-n/etw.* **2** Liebe machen *mit j-m* ▶ ~ **varandra** sich lieben
älskare [älßkar^{e}] *u* **1** Liebhaber *m* (Geliebter) **2** Liebhaber *m von etw.* (Anhänger)
älskarinna [älßkarinna] *u* Geliebte *w*
älskling [älßkling] *u* **1** Liebling *m*, Schatz *m*, Schätzchen *s* **2** Geliebte *m* ▶ **käraste** lieb (in der Anrede usw.)
älv [älw] *u* Fluss *m* (Gewässer)
ämbete [ämbeet^{e}] *s* Amt *s*, Behörde *w* (staatliche usw.), Dienststelle *w*
ämbetsman [ämbeedsman] *u* Beamte *m*
ämne [ämn^{e}] *s* **1** Gegenstand *m etw. Gen* (Thema usw.) **2** Fach *s* (in der Schule usw.)
än [än] *adv* noch (dauern usw.) ♦ *conj* **1** jedoch **2** als (Vergleich) ▶ **inte** ~ noch nicht, bisher nicht; **om** ~ egal wie
ändlös [ändlööß] *adj* unendlich, endlos
ändra [ändra] *v* **1** ändern *etw. Akk* **2** wechseln (Berufe usw.) **3** herrichten **4** übergehen *in etw. Akk* (Schnee in Regen usw.) **5** modifizieren **6** invertieren (Reihenfolge), umkehren (Richtung usw.)
ändå [ändoo] *part* doch
äng [äng] *u* Wiese *w*
änka [ängka] *u* Witwe *w*
änkling [ängkling] *u* Witwer *m*
ännu [ännüü] *adv* noch (dauern usw.); ~ **värre/mer** noch schlimmer/mehr
äntligen [äntlien] *adv* endlich
äppeljuice [äppeljuuß] *u* Apfelsaft *m*
äpple [äppl^{e}] *s* Apfel *m*
ärlig [äärli] *adj* **1** ehrlich, ehrenhaft, Ehren- **2** ehrlich (offen), aufrichtig
ärligt [äärlit] *adv* **1** ehrlich **2** aufrichtig (antworten usw.), ehrlich
ärr [ärr] *s* Narbe *w* (nach Verletzung)
ärva [äärwa] *v* erben *etw. Akk von j-m*
äta [ääta] *v* **1** essen **2** fressen *etw. Akk* (Tier) ▶ ~ **(upp)** *ngt* essen *etw. Akk*, aufessen *etw. Akk*
ätbar [äätbaar] *adj* essbar, genießbar
ättika [ättika] *s* Essig *m*
även [ääwen] ~ **om** obwohl
äventyr [ääwentür] *s* Abenteuer *s*

Ö

ö [öö] *u* Insel *w*
öde [ööd^{e}] *s* Schicksal *s* ♦ *adj* **1** verlassen (Gebäude usw.), verfallen **2** öde, wüst
öga [ööga] *s* Auge *s*; **öppna** *någons* **ögon** über seinen Irrtum aufklären *j-n*
ögonblick [öögonblikk] *s* Moment *m*, Augenblick *m* (kurzer usw.), Weile *w*
ögonbryn [öögonbrün] *s Mz* Augenbrauen *w Mz*
ögondroppar [öögondroppar] *s Mz* Augentropfen *Mz*
ögonläkare [öögonläakar^{e}] *u* Augenarzt *m*, Ophthalmologe *m*
ögonskugga [öögonßkugga] *u* Lidschatten *m*
ögonspecialist [öögonßpeßialißt] *u* Augenarzt *m*, Ophthalmologe *m*
öka [ööka] *v* **1** erhöhen *etw. Akk* (Wert usw.), vergrößern **2** sich erhöhen (Volumen usw.) **3** anschwellen (wachsen) **4** erhöhen, steigern (Spannung usw.) **5** hochdrehen (Motor usw.) **6** den Lohn erhöhen *j-m* **7** zulegen (sich anstrengen)
öken [ööken] *u* Wüste *w*
ökning [öökning] *u* **1** Anstieg *m etw. Gen* **2** Zunahme *w*, Zuwachs *m* **3** Erhöhung *w etw. Gen* **4** Auftrieb *m* (Ermutigung)
öl [ööl] *s* Bier *s*
önska [önßka] *v* wünschen *j-m etw. Akk*
önskan [önßkan] *u* **1** Wunsch *m* **2** Lust *w an etw. Akk*
öppen [öppen] *adj* offen, geöffnet (Fenster usw.)
öppet [öppet] *adv* offen (aufrichtig)
öppettider [öppettiider] *u Mz* Öffnungszeiten *w Mz*, Geschäftszeiten *w Mz*, Sprechstunde *w* (des Arztes usw.)
öppna [öppna] *v* **1** öffnen *etw. Akk* (Tür usw.) **2** aufmachen *etw. Akk* (Packung usw.) **3** eröffnen *etw. Akk* (Ausstellung usw.)
öppning [öppning] *u* Öffnung *w*
öra [ööra] *s* **1** Ohr *s* **2** Ohrmuschel *w* **3** Henkel *m*
örhänge [öörhäng^{e}] *s* Ohrring *m*
örn [öörn] *u* Adler *m*
ört [ört] *u* Kraut *s* (Heilpflanze usw.)
öster [ößter] *u* Osten *m*; **i** ~ im Osten
österrikare [ößterriikar^{e}] *m* Österreicher *m*
Österrike [ößterriik^{e}] *s* Österreich *s*
österrikisk [ößterriikißk] *adj* österreichisch
östlig [ößtli] *adj* östlich
öva [ööwa] *v* **1** üben *etw. Akk* **2** proben (für ein Konzert usw.)

över [ööwer] *prep* **1** über (dem Niveau) **2** über *etw. Akk* (eine Oberfläche) **3** via *etw. Akk* (reisen usw.) **4** über *wie viel* (mehr als) ♦ *adv* vorbei (vergangen)

överallt [ööwerallt] *adv* überall

överdrift [ööwerdrift] *u* Übertreibung *w*

överdriva [ööwerdriiwa] *v* **1** übertreiben *etw. Akk* (aufbauschen) **2** übertreiben (im Erzählen usw.) **3** übertreiben *etw. Akk* (zu weit treiben)

överdriven [ööwerdriiwen] *adj* **1** übertrieben **2** übermäßig

överenskommelse [ööwerenßkomm^{e}lß^e] *u* **1** Zustimmung *w zu etw.* **2** Abmachung *w* **3** Ausgleich *m* (Bezahlung usw.), Verrechnung *w* **4** Vereinbarung *w*

överfalla [ööwerfalla] *v* überfallen *j-n*

övergång [ööwergong] *u* **1** Übergang *m* (Umwandlung) **2** Umstieg *m*

övergångsställe [ööwergongßtäll^e] *s* Fußgängerübergang *m*, Fußgängerüberweg *m*, Zebrastreifen *m*, Übergang *m* (für Fußgänger usw.)

överleva [ööwerleewa] *v* überleben

övernatta [ööwernatta] *v* übernachten, die Nacht verbringen

övernattning [ööwernattning] *u* Übernachten *s*, Übernachtung *w*; **~ med frukost** Übernachtung mit Frühstück

överraska [ööwerraßka] *v* überraschen *j-n* (ertappen), überraschen *j-n mit etw.* (erstaunen)

överraskning [ööwerraßkning] *u* Überraschung *w* (unerwartetes Ereignis)

överrösta [ööwerrößta] *v* übertönen

översvämning [ööwärschwämning] *u* Überschwemmung *w*, Hochwasser *s*

översätta [ööwerschätta] *v* übersetzen (in andere Sprache)

översättare [ööwerschättar^e] *u* Übersetzer *m*

översättning [ööwerschättning] *u* Übersetzung *w*

övertala [ööwärtaala] *v* bereden *j-n*, herumkriegen *j-n*, überreden *j-n (zu etw.)*, überreden *j-n zu etw.*

övertyga [ööwertüga] *v* überzeugen *j-n von etw.*

övertygad [ööwertügad] *adj* eingefleischt (Vertreter usw.), überzeugt *von etw.*

övertygande [ööwertügand^e] *adj* persuasiv, überzeugend ♦ *s* Überzeugung *w* (Meinung)

övertygelse [ööwertüg^{e}lß^e] *u* Glaube *m*, Überzeugung *w*

övervaka [ööwerwaaka] *v* **1** beaufsichtigen *etw. Akk* **2** überwachen (Prozess usw.), beobachten (Entwicklung usw.)

överväga [ööwerwääga] *v* **1** abwägen, abwägen *etw. Akk* (bedenken), erwägen *etw. Akk*, bedenken *etw. Akk* (durchdenken) **2** überwiegen (Mehrheit haben), vorherrschen

övervägande [ööwerwäägand^e] *adj* überwiegend ♦ *adv* größtenteils, überwiegend, vorwiegend ♦ *s* Erwägung *w*

övning [ööwning] *u* Übung *w*

övre [ööwr^e] *adj* ober(er,e,es)

övrig [ööwri] *adj* **1** die anderen **2** Rest *m j-s/etw.* (die Anderen)

övrigt [ööwrit] *adv* übrig

A

Aal *m* ål [ool] *u*

ab[1] *prep* (Platz, Ort usw.) från [froon]

ab[2] (weg usw.) **~ sein** ramla av; **~ und zu** en och annan gång, av och till

abbiegen *v* svänga [ßwänga], svänga av [ßwänga aaw]

abbrechen *v* **1** (beenden) *etw. Akk* avbryta [aawbrüta] **2** (niederreißen) riva [riiwa] **3** (entzweigehen) bryta av [brüta aaw] **4** *etw. Akk* bryta av [brüta aaw] *ngt*

Abend *m* kväll [kwäll] *u*; **gestern ~** igår kväll; **zu ~ essen** äta middag; **Guten ~.** God kväll.

Abendessen *s* middag [midda] *u*

abends *adv* mot kvällen [muut kwällen], på kvällen [poo kwällen]

Abenteuer *s* äventyr [ääwentür] *s*

aber *conj* ju [ju], dock [dokk], men [men]

Aberglaube *m* **1** (konkreter Glaube) vidskepelse [wiitchepp^{e}lß^{e}] *u* **2** (Eigenschaft) vidskeplighet [wiitchepliheet] *u*

abfahren *v* **1** (Zug usw.) gå [goo], avgå [aawgoo] **2** (in einem Auto usw.) ge sig iväg [jee ßej iwääg]

Abfahrt *w* **1** (eines Zuges usw.) avresa [aawreeßa] *u* **2** (Sportdisziplin) utförsåkning [üütförschookning] *u*

Abfall *m* sopor [ßuupur] *u Mz*

Abfalleimer *m* soptunna [ßuuptunna] *u*

abfallen *v* **1** (Knopf usw.) falla av [falla aaw] **2** (sich abbrechen) ramla av [ramla aaw] **3** (Laub usw.) flagnar [flangnar], falla av [falla aaw]

abfliegen *v* **1** flyga bort [flüga bort] **2** (Flugzeug usw.) lyfta [lyfta]

Abflug *m* avgång [aawgong] *u*

Abfluss *m* avlopp [aawlopp] *s*, dräneringsrör [dräneringßröör] *s*

Abfuhr *w* transport [tranßport] *u*

Abführmittel *s* laxermedel [lakßermeedel] *s*

Abgang *m* avgång [aawgong] *u*

abgeben *v* **1** (Arbeit usw.) lämna in [lämna in] **2** (Geräusch, Licht usw.) avge [aawjee]

abgelaufen *adj* **1** förfallen [förfallen] **2** (Periode usw.) förra [förra]

abgelegen *adj* **1** avlägsen [awläägßen], avsides [aafßiideß] **2** (Ort usw.) oförstörd [uuförschtöörd]

Abgrund *m* avgrund [aawgrunn] *u*

Abhang *m* backe [bakk^{e}] *u*, sluttning [ßluttning] *u*

abhängen *v von j-m/etw.* bero [beruu]

abhängig *adj* **1** (von Umständen usw.) *von j-m/etw.* beroende [beruuend^{e}] *av ngn/ngt*, betingad [betingad] *av ngn/ngt* **2** (Drogen usw.) *von etw.* beroende [beruuend^{e}] *av ngt*

abheben *v* **1** (Geld usw.) ta ut [taa üüt] **2** (Flugzeug usw.) flyga upp [flüga upp], lyfta [lyfta]

abholen *v j-n/etw.* hämta [hämta]; **Gepäck ~** hämta baggage

Abitur *s* studentexamen [ßtudentekßaamen] *u*

abkühlen *v* **1** *etw. Akk* avkyla [aafschüla] *ngt*, *etw. Akk* kyla ner [schüla neer] *ngt* **2** (kühler werden) bli kall [blii kall] **3** *sich* **~** (Wetter usw.) bli kyligare [blii schüliar^{e}]

abkürzen *v* **1** (zeitlich) förkorta [förkorta] *ngt* **2** (Wort usw.) *etw. Akk* förkorta [förkorta] *ngt*

Abkürzung *w* **1** (kürzerer Weg) genväg [jeenwääg] *u* **2** (Wort) förkortning [förkortning] *u*

ablegen *v* **1** (Gegenstand) lägga bort [lägga bort] **2** (Prüfung usw.) avlägga [aawlägga], klara [klaara]

ablehnen *v* **1** (Angebot usw.) *etw. Akk* avvisa [aawwiißa], avböja [aawbööja], (Einladung usw.) *etw. Akk* undanbe [undanbee] *ngt* **2** (Einfall usw.) *etw. Akk* ogilla [uujilla] *ngt*

Ablehnung *w* **1** avslag [awßlaag] *s*, avböjande [aawbööjand^{e}] *s* **2** (eines Antrags usw.) avslag [awßlaag] *s*

abmachen *v* avtala [aaftala], arrangera [arancheera]; **Abgemacht!** Avtalat!, Okej!

Abmachung *w* överenskommelse [ööwerenßkomm^{e}lß^{e}] *u*

abmelden *v j-n/etw.* avboka [aawbuuka] *ngn/ngt*

abnehmen *v* **1** (Deckel usw.) *etw. Akk* avlägsna [aawläkßna], ta av [taa aaw] *ngt* **2** (Wäsche usw.) *etw. Akk von etw.* ta ned [taa need] *ngt* **3** (Menge usw.) dra ifrån [draa ifroon] *ngt* **4** (gezielt schlanker werden) banta [banta]

Abonnement *s etw. Gen* prenumeration [prenumerachuun] *u*

abonnieren *v* abonnera [aboneera] *på ngt*

abräumen *v etw. Akk* plocka undan [plokka undan] *ngt*

abrechnen *v etw. Akk von etw.* subtrahera [ßubtraheera] *ngt från ngt*

Abreise *w* avresa [aawreeßa] *u*

abreisen *v aus etw. nach etw.* åka [ooka] *från till*, (Reise unternehmen) resa bort [reeßa bort]

abreißen *v* **1** (Blätter usw.) plocka [plokka], (weg reißen) *etw. Akk* riva av [riiwa aaw] *ngt* **2** (Pflaster usw.) riva av [riiwa aaw/neer], *etw. Akk* riva ned [riiwa need] *ngt* **3** (Schlaufe usw.) ramla av [ramla aaw]

4 (Gebäude usw.) *etw. Akk* riva ned [riiwa need] *ngt*, *etw. Akk* riva [riiwa] *ngt*

absagen *v* inställa [inßtälla], ställa in [ßtälla in]

Absatz *m* **1** (eines Textes) stycke [ßtykk^e] *s*, avsats [aafßads] *u*, avsnitt [aafßnitt] *s* **2** (eines Schuhs) skohäl [ßkuhääl] *u* **3** (Verkauf) utförsäljning [üütförschäjning] *u*

abschaffen *v etw. Akk* avskaffa [aafßkaffa]

abschalten *v* avbryta [aawbrüta], (Reaktor usw.) *etw. Akk* sätta *ngt* ur drift [ßätta üür drift]

abschätzen *v etw. Akk* uppskatta [uppßkatta]

abschicken *v etw. Akk* avsända [aafßända] *ngt*, befordra [befurdra] *ngt*

Abschied *m* avsked [awcheed] *s*

Abschleppdienst *m* bilbärgning [biilbäärjning] *u*

abschleppen *v etw. Akk* bogsera (bort) [bokßeera (bort)] *ngt*

Abschleppwagen *m* bärgningsbil [bäärjningßbiil] *u*

abschließen *v* **1** (Wohnung usw.) låsa [looßa] **2** (Abkommen usw.) sammanfatta [ßammanfatta] ► **das Studium** *etw. Gen* **~** utexaminera

abschneiden *v* **1** skära av [chäära aaw] **2** klippa av [klippa aaw] **3** (Erfolg haben) klara sig [klaara ßej]

Abschnitt *m* **1** sträcka [ßträkka] *u* **2** (Papier usw.) klipp [klipp] *s* **3** (einer Eintrittskarte usw.) kvitto [kwitto] *s* **4** rubrik [rubriik] *u*

abschrauben *v etw. Akk* skruva av [ßkrüüwa aaw]

abschreiben *v* **1** (noch einmal usw.) skriva om [ßkriiwa om] **2** (von Mitschüler usw.) *etw. Akk von j-m*, *etw. Akk aus etw.* fuska [fußka] *ngt* **3** (Abschrift machen) kopiera [kopieera] **4** (wegen Abnutzung usw.) skriva av [ßkriiwa aaw]

absenden *v etw. Akk* avsända [aafßända] *ngt*, befordra [befurdra] *ngt*

Absender *m* avsändare [aafßändar^e] *u*

Absicht *w* avsikt [aafßikt] *u*

absichtlich *adj* avsiktlig [aafßiktli] ♦ *adv* avsiktligt [aafßiktlit], med avsikt [m^e aafßikt], med flit [m^e fliit]

Absperrhahn *m* kran [kraan] *u*

Abstand *m* avstånd [aafßtonn] *s*

abstimmen *v* godkänna [guudschänna]

Abstimmung *w über etw. Akk* röstning [rößtning] *u om ngt*, omröstning [omrößtning] *u om ngt*; **geheime ~** valsedel *u*

abstürzen *v* flyghaveri [flüghaawerii]

Abteil *s* **1** (im Zug usw.) kupé [kupee] *u* **2** (abgegrenzter Teil) avdelning [awdeelning] *u*, (abgeteilter Raum) box [bokß] *u*

Abteilung *w* avdelning [awdeelning] *u*

Abtreibung *w* abort [abort] *u*

abtrennen *v j-n/etw.* separera [ßepareera] *ngt/ngn*, skilja [chilja] *ngn/ngt*, avskilja [aafchilja] *ngt/ngn*

abtrocknen *v* **1** (Kleid usw.) torka [torka], (trocken werden) torka av [torka aaw] **2** (trocken machen) *etw. Akk* torka [torka] *ngt*

abwärts *adv* nedåt [needoot]

abwaschen *v* tvätta bort [twätta bort], *etw. Akk* tvätta [twätta] *ngt*

abwesend *adj in etw.* frånvarande [froonwaarand^e] *från ngt* ♦ *adv* frånvarande [froonwaarand^e]

abwischen *v etw. Akk* torka [torka]

abzahlen *v etw. Akk* avbetala [aawbetaala]

Abzug *m* **1** (einer Waffe) avtryckare [aaftrykkar^e] *u* **2** (vom Lohn usw.) avdrag [aawdraag] *s*

Accessoires *s Mz* accessoarer [akkßeßuaar^{e}r] *u*

Achse *w* axel [akßel] *u*

acht *num* åtta [otta]

acht(er,e,es) *num* åttonde [ottond^e]

achten *v* **1** *auf j-n/etw.* märka [märka] *ngt*, lägga märke till [lägga märk^e till] *ngt* **2** (Gesetz usw.) respektera [reßpekteera], ta hänsyn till [taa hänßün till] *ngt* **3** (aufpassen) *auf etw. Akk* bry sig [brü ßej] *om ngn*

Achtung *w vor j-m* respekt [reßpekt] *u för ngn*; **~!** Var försiktig!, Varning!

achtzehn *num* arton [aarton]

achtzig *num* åttio [otti]

Acker *m* fält [fält] *s*

Adapter *m* adapter [adapter] *u*

addieren *v* summera [ßumeera], räkna samman [rääkna ßamman], addera [adeera]

Ader *w* åder [ood^{e}r] *u*, ven [ween] *u*

Adler *m* örn [öörn] *u*

Adresse *w* adress [adreßß] *u*

Affe *m* apa [aapa] *u*

Agentur *w* agentur [agentüür] *u*, byrå [byroo] *u*

ähnlich *adj etw. Gen* liknande [liiknand^e] ♦ *adv* på liknande sätt [poo liiknand^e ßätt], liknande [liiknand^e] ► **~ sein** *j-m/etw.* likna *ngn/ngt*, vara lik *ngn/ngt*

Ähnlichkeit *w* likhet [liikheet] *u*

Ahnung *w* **1** (Vorgefühl) aning [aaning] *u* **2** (Vorstellung) aning [aaning] *u*, (Vorstellung usw.) idé [idee] *u*

aktiv *adj* aktiv [aktiiw]

aktuell *adj* aktuell [aktuell]

Alarm *m* larmsignal [larmßingnaal] *u*

alarmieren *v j-n* oroa [uuruua] *ngn*
Alkohol *m* alkohol [alkohool] *u*
alkoholfrei *adj* alkoholfri [alkohoolfrii]
alkoholisch *adj* alkholhaltig [alkhoolhalti]
all *pron* **1** all, alla [all, alla] **2** **~e** (jeder) alla [alla] **3** **~e** (von einer Gruppe) alla [alla], varenda [waarenda] ► **vor ~em** framför allt, huvudsakligen
All *s* universum [uniwerschum] *s*, rymd [rymd] *u*
Allee *w* allé [alee] *u*
allein *adj* ensam [enßam]
Allergie *w gegen etw.* allergi [alergii] *u*
allergisch *adj gegen etw.* allergisk [alergißk] *mot ngt*
alles *pron* allting [allting], allt [allt]
allgemein *adj* allmän [allmän], generell [chenerell]
allmählich *adj* gradvis [graadwiiß], långsam [longßam], stegvis [ßteegwiiß] ♦ *adv* gradvis [graadwiiß], långsamt [longßammt]
Allradwagen *m* ett fordon med allhjulsdrift
alltäglich *adj* vardaglig [waardaagli], vardags- [waardakß]
Alphabet *s* alfabet [alfabeet] *u*
als[1] *conj* (sobald usw.) när [näär]
als[2] *conj* (im Vergleich) än [än]; **~ ob** liksom
als[3] *conj* (als Lehrer usw.) så [ßoo]
also *conj* alltså [alttßo], d.v.s. [deeweeeß], så att [ßoo att], att [att]
alt *adj* gammal [gammal]
Alter *s* **1** (einer Person) ålder [older] *u* **2** (Lebensabend) ålderdom [olderdum] *u*
älter *adj* äldre [äldr^e]
altmodisch *adj* gammalmodig [gammalmuudi], gammaldags [gammaldakß]
Altstadt *w* gamla stan [gamla ßtaan] *u*
Alufolie *w* aluminiumfolie [alumiiniumfooli^e] *u*
Aluminium *s* aluminium [alumiinium] *s*
am **~ Anfang** i början; **~ Leben** levande; **~ Meer** vid havet; **~ Montag/Dienstag** på måndag/tisdag
Ambulanz *w* **1** (Wagen) ambulans [ambulanß] *u* **2** (Abteilung) mottagning [muuttaangning] *u* **3** (in der Schule usw.) behandlingsrum [behandlingßrum] *s*
Ameise *w* myra [müra] *u*
Amerika *s* Amerika [ameerika] *s*, Amerika [ameerika] *u*
amerikanisch *adj* amerikansk [amerikaanßk]
Ampel *w* trafikljus [trafiikjuß] *s*
Amt *s* ämbete [ämbeet^e] *s*
amtlich *adj* ämbets- [ämbeeds], tjänste- [schänßt^e]
amüsieren *v j-n* roa [ruua] *ngn*; **sich ~** ha roligt
an *prep* **1** bredvid [brewiid], vid [wiid], hos [huß], (Ort) på [poo] **2** (denken usw.) *j-n/etw.* på [poo] *ngn/ngt* ► **~ der See** vid havet; **A~ wen soll ich mich wenden?** Vem ska jag vända mig till?
Ananas *w* ananas [ananaß] *u*
anbauen *v* **1** *etw. Akk an etw. Akk* bygga till [bygga till] *ngt* **2** (Pflanzen usw.) *etw. Akk* odla [uudla] *ngt*
anbieten *v j-m etw. Akk* erbjuda [eerbjuda]
Andenken *s* **1** (Gedenken) minne [minn^e] *s*, hågkomst [hoogkomßt] *u* **2** (Erinnerung) minne [minn^e] *s* **3** minnessak [minneßaak] *u* **4** (Souvenir) souvenir [ßoweniir] *u*
ander(er,e,es) *adj* **1** (Seite usw.) den andra [den andra] **2** (Exemplar usw.) annan [annan] ► **die anderen** övrig, (der Rest) annan; **ein ~** annan; **ein anderes Mal** en annan gång
ändern *v etw. Akk* ändra [ändra] *ngt*, förändra [förändra] *ngt*; **sich ~** förändra
anders *adj als j./etw.* olik [uuliik] *från ngn/ngt*, annorlunda [annorlunda] *från ngn/ngt* ♦ *adv* annorlunda [annorlunda], olika [uuliika], skiljaktigt [chiljaktit] ► **jemand ~** någon annan
anderswo *adv* någon annanstans [non annanßtanß]
Änderung *w* förändring [förändring] *u*, omslag [omßlaag] *s*, omväxling [omwäkßling] *u*
anerkennen *v etw. Akk* erkänna [eerschänna]
Anfall *m* anfall [anfall] *s*, utbrott [üütbrott] *s*
Anfang *m* början [början] *u*; **am ~** i början
anfangen *v* **1** *etw. Akk* börja [börja] *att göra ngt* **2** (Anfang haben) börja [börja], starta [ßtarta] **3** (Krieg, Streit usw.) utlösa [üütlöößa] *ngt*
Anfänger *m* nybörjare [nübörjar^e] *u*
anfangs *adv* först [förscht], i början [i början] ♦ *prep etw. Gen* i början av [i början aaw] *ngt*, *etw. Gen* i början [i början] *av ngt*
anfassen *v etw. Akk* känna [schänna] *på ngt*, *j-n/etw.* röra [rööra] *vid ngt*
anfliegen *v* anlända [anlända]
Angabe *w* uppgift [uppjift] *u*
angeben *v* **1** (Adresse usw.) *etw. Akk* uppge [uppjee] **2** *mit etw.* skryta [ßkrüta] *med ngt*, *mit etw.* visa sig [wiißa ßej]
Angebot *s* **1** (Anbieten) anbud [anbüüd] *s*, erbjudande [erbjudand^e] *s* **2** (angebotene Ware) erbjudande [erbjudand^e] *s* **3** (auf dem Markt) tillgång [tillgong] *u*

Angehörige *m etw. Gen* medlem [meedlem] *u*
Angel *w* **1** (zum Fischfang) krok och fiskelina [kruuk o fißkeliina] *u* **2** (einer Tür usw.) hängsel [hängßel] *u*
Angelegenheit *w* affär [afäär] *u*, angelägenhet [anjeeläägenheet] *u*
Angelrute *w* metspö [meedspöö] *s*
angemessen *adj* adekvat [adekwaat], motsvarande [muudswaarande], *etw. Dat* rimlig [rimli], skälig [chääli] ♦ *adv* adekvat [adekwaat], rimligt [rimlit], skäligt [chäälit]
angenehm *adj* **1** angenäm [anjeenäm], trevlig [treewlig] **2** (Anblick usw.) angenäm [anjeenäm]
Angestellte *m* anställd [anßtälld] *u*; **leitender ~r** chef *u*
angreifen *v* **1** *j-n* angripa [angriipa] *ngn*, anfalla [anfalla] *ngn* **2** (militärisch) *j-n/etw.* angripa [angriipa] *ngn/ngt*
Angreifer *m* angripare [angriipare] *u*
Angriff *m* angrepp [angrepp] *s*
Angst *w* **1** *vor etw. Dat* rädsla [rädsla] *u* **2** (Sorge usw.) ångest [ong:eßt] *u*
anhaben *v* ha på sig [haa poo ßej]
anhalten *v* **1** (Bewegung usw.) *etw. Akk* stanna [ßtanna] **2** (stehen bleiben) stanna [ßtanna]
Anhalter **per ~ fahren** lifta
Anhänger *m* **1** anhängare [anhängare] *u* **2** (des Teufels usw.) dyrkare [dyrkare] *u* **3** (Wagen) släpvagn [ßlääpwangn] *u* **4** (Schmuckstück) hängsmycke [hängßmykke] *s* **5** (mit einer Adresse usw.) lapp [lapp] *u*
Ankauf *m* köp [schööp] *s*, inköp [inschööp] *s*
Anker *m* ankare [angkare] *u*
ankern *v* ankra [angkra]
anklagen *v j-n etw. Gen* anklaga [angklaaga]
Ankleidekabine *w* provrum [pruuwrum] *s*
Ankleideraum *m* omklädningsrum [omkläädningßrum] *s*
ankommen *v* **1** *irgendwohin* komma [komma] *någonstans* **2** (mit dem Auto usw.) *in etw. Dat, an etw. Dat* komma fram till [komma fram till] *ngt*, anlända [anlända] *till ngt* **3** (Paket usw.) anlända [anlända] **4** *auf j-n/etw.* bero [beruu]
ankündigen *v j-m etw. Akk* varsla [waarschla] *ngn om ngt*
Ankunft *w* ankomst [angkomßt] *u*
Anlage *w* **1** anordning [anuurdning] *u* **2** (eines Dokumentes) bilaga [biilaaga] *u* ▶ **~n** utrustning *u*
Anlasser *m* startmotor [ßtartmootor] *u*
anlegen *v* **1** (legen) *etw. Akk an etw. Akk* lägga [lägga] *ngt på ngt* **2** (in einer Bank usw.) *etw. Akk irgendwo* sätta in [ßätta in] *ngt någonstans* **3** (Geld) *etw. Akk in etw. Akk* investera [inweßteera] **4** (planvoll erstellen) anlägga [anlägga] ▶ **den Sicherheitsgurt ~** spänna fast säkerhetsbältet
Anlegestelle *w* förtöjningsplats [förtöjningßplads] *u*
Anleitung *w* **1** (zur Verwendung usw.) anvisning [anwiißning] *u*, instruktion [inßtrukchuun] *u* **2** (in Druckform usw.) anvisning [anwiißning] *u*, handbok [handbuuk] *u*
anmachen *v etw. Akk* tända [tända]; **(Licht) ~** tända (ljuset)
Anmeldeformular *s* ansökan [anßöökan] *u*
anmelden *v* **1** (registrieren usw.) *j-n/etw.* registrera [rejißtreera] **2** ***sich*** **~** (Teilnehmer) *zu etw.* anmäla sig [anmääla ßej] *till ngt*
Anmeldung *w* ansökan [anßöökan] *u*, incheckning [inchekkning] *u*
annähern *v* ***sich*** **~** *j-m/etw.* närma sig [näärma ßej] *ngn/ngt*
annehmen *v* **1** (Angebot usw.) *etw. Akk* acceptera [akßepteera] **2** (Plan usw.) acceptera [akßepteera] **3** (Mitglied usw.) anta [antaa] *ngn till ngt* **4** (glauben) anta [antaa]
anpassen *v* **1** *etw. Akk j-m/etw.* anpassa [anpaßßa] *ngt till ngt* **2** ***sich*** **~** *etw. Dat* anpassa sig [anpaßßa ßej] *till ngt*
anprobieren *v* prova (på) [pruuwa (poo)]
Anruf *m* telefonsamtal [telefoonßamtaal] *s*; **einen ~ machen** ringa
Anrufbeantworter *m* telefonsvarare [telefoonßwaarare] *u*
anrufen *v j-n* ringa [ringa] *till ngn*, (telefonieren) *j-n* ringa upp [ringa upp] *ngn* ▶ **Er soll mich ~!** Säg åt honom att ringa mig, är du snäll!
anschauen *v j-n/etw.* titta [titta] *på ngn/ngt*, kolla [kolla] *på ngt*
anscheinend *part* uppenbarligen [uppenbaarligen]
Anschluss *m* **1** (Verkehrsverbindung) anslutning [anßlüütning] *u* **2** (zu einem Leitungsnetz) koppling [koppling] *u*
Anschrift *w* adress [adreßß] *u*
anschwellen *v* **1** svälla [ßwälla], svullna upp [ßwullna upp], svälla (upp) [ßwälla (upp)], svälla upp [ßwälla upp] **2** (wachsen) svälla [ßwälla], öka [ööka]
ansehen *v* **1** *j-n/etw.* titta [titta] *på ngn/ngt*, kolla [kolla] *på ngt* **2** ***sich*** **~** *etw. Akk* ta en titt på [taa en titt poo] *ngt*, kolla på [kolla poo] *ngt* ▶ **finster ~** *j-n* rynka pannan; **(sich) ~** *j-n/etw.* (Film usw.) titta *på ngn/ngt*

ansetzen *v* **1** *etw. Akk an etw. Akk* sätta på [ßätta poo] **2** *sich* ~ lägga sig [lägga ßej]

Ansicht *w von etw., über etw. Akk* åsikt [ooßikt] *u*, (Meinung) *von etw., über etw. Akk* perspektiv [perschpektiiw] *s*

Ansichtskarte *w* vykort [wükurt] *s*

ansprechen *v j-n* samtala [ßamtaala] *med ngn*

Anspruch *m* **1** (erhobener usw.) *auf etw. Akk* anspråk [anßprook] *s på ngt* **2** (an Qualität usw.) krav [kraaw] *s* **3** (Recht) *auf etw. Akk* anspråk [anßprook] *s*, *auf etw. Akk* rättighet [rättiheet] *u till ngt* ► **~ erlangen** *auf etw. Akk* ha anspråk *på ngt*; **Ansprüche** *an j-n/etw.* begäran *u av ngn/ngt*

anspruchsvoll *adj* svår [ßwoor], (mit hohen Ansprüchen) krävande [krääwande] [e]

Anstalt *w* anstalt [anßtalt] *u*

anständig *adj* hygglig [hyggli] ♦ *adv* artigt [aartit], hövligt [hööwlit], hjälpligt [jälplit]

anstecken *v* **1** *j-n (mit etw.)* smitta [ßmitta] *ngn* **2** (Ring usw.) *etw. Akk an etw. Akk* ta *ngt* på [taa poo] *ngt*

ansteckend *adj* smittsam [ßmittßam]

Ansteckung *w* smitta [ßmitta] *u*, infektion [infekchuun] *u*

anstelle *prep etw. Gen* istället för [ißtället fföör] *ngn/ngt*, *von etw.* istället [ißtället] *för*

anstellen *v* **1** (Gerät usw.) sätta på [ßätta poo] **2** (Angestellten usw.) *j-n* anställa [anßtälla] *ngn* **3** (Dummheit usw.) *etw. Akk* göra [jööra] *ngt*, (Unfug usw.) ställa till bråk [ßtälla till brook] **4** (anlehnen) *etw. Akk an etw. Akk* lägga fram [lägga fram] *ngt vid ngt*

Anstieg *m etw. Gen* ökning [öökning] *u*, *etw. Gen* uppsving [uppßwing] *s*, (der Temperatur usw.) stigning [ßtiingning] *u*

anstrengen *v* **1** *sich* ~ (intensiv arbeiten) anstränga sig [anßtränga ßej] **2** (Muskeln, Augen usw.) anstränga [anßtränga]

anstrengend *adj* **1** (Tag usw.) svår [ßwoor] **2** ansträngande [anßtränggande] [e], (Tätigkeit usw.) utmattande [üütmattande] [e] **3** svår [ßwoor], besvärlig [beßwäärli]

Anstrengung *w* kamp [kamp] *u*

Anteil *m an etw. Dat* del [deel] *u*, andel [andeel] *u i ngt*; ~ *an etw. Dat* **nehmen** bli aktiv *i ngt*; **(prozentualer)** ~ procent *u*

Antenne *w* antenn [antenn] *u*

Antibabypille *w* p-piller [peepill] [e] r *s*

Antibiotikum *s* antibiotikum [antibiotiikum] *u*

antik *adj* antik [antiik]

Antiquität *w* antikvitet [antikwiteet] *u*

Antrag *m auf etw. Akk* ansökan [anßöökan] *u* ► **den ~ stellen** *auf etw. Akk* lämna in en ansökan *till ngt*

Antwort *w auf etw. Akk* svar [ßwaar] *s på ngt*

antworten *v auf etw. Akk* svara [ßwaara] *på ngt*

Anwalt *m* advokat [adwokaat] *u*

Anwender *m* användare [anwändar [e]] *u*

Anwendung *w etw. Gen* tillämpning [tillämpning] *u av ngt*, användning [anwändning] *u av ngt*

anwesend *adj irgendwo* närvarande [näärwaarand [e]]

Anwesenheit *w von j-m* deltagande [deeltaagand [e]] *s*, *von j-m* närvaro [näärwaaru] *u*

Anzahl *w etw. Gen* antal [antaal] *s*

Anzahlung *w* handpenning [handpenning] *u*

Anzeige *w* **1** (in einer Zeitung) annons [anonß] *u* **2** (bei der Polizei usw.) angivelse [anjiiw [e] lß [e]] *u*

anzeigen *v* **1** (Täter usw.) *j-n* fördöma [fördööma] *ngn* **2** (auf Monitor usw.) visa [wiißa]

anziehen *v* **1** (Kleidung) *etw. Akk* klä på sig [klää poo ßej] *ngt*, ta på sig [taa poo ßej] *ngt*, (Schuhe) ta på (sig) [taa poo (ßej)], ta på (sig) skorna [taa poo (ßej) ßkuurna] **2** (bekleiden) *j-n* klä [klää] *på ngn* **3** *sich* ~ klä på sig [klää poo ßej] **4** (Schraube) dra åt [draa oot] *ngt* **5** (attraktiv sein) *j-n* dra till sig [draa till ßej] *ngn*, attrahera [atraheera] *ngn* **6** (Kunden usw.) *j-n* dra uppmärksamhet till sig [draa uppmärkßamheet till ßej]

Anzug *m* kostym [koßtüm] *u*

anzünden *v* **1** *etw. Akk* tända [tända] **2** (Gebäude usw.) *etw. Akk* tända på [tända poo] *ngt*

Apfel *m* äpple [äppl [e]] *s*

Apfelsaft *m* äppeljuice [äppeljuuß] *u*

Apfelsine *w* apelsin [apelßiin] *u*

Apotheke *w* apotek [apoteek] *s*

Apotheker *m* apotekare [apoteekar [e]] *u*

Apparat *m* **1** (Gerät) maskin [machiin] *u*, (Gerät usw.) apparat [aparaat] *u* **2** (im Körper) system [ßyßteem] *s*

Appetit *m* **1** matlust [maatlußt] *u* **2** *auf etw. Akk* aptit [aptiit] *u*, lust [lußt] *u* ► **Guten ~!** Smaklig måltid!

applaudieren *v j-m* applådera [aplodeera]

Aprikose *w* aprikos [aprikooß] *u*

April *m* april [apriil] *u*

Arbeit *w* **1** arbete [arbeet [e]] *s* **2** (Beruf) jobb [jobb] *s*

arbeiten *v* arbeta [arbeeta]

Arbeiter *m* arbetare [arbeetar^{e}] *u*

Arbeitgeber *m* arbetsgivare [arbeedsjiiwar^{e}] *u*

Arbeitnehmer *m* anställd [anßtälld] *u*

arbeitslos *adj* arbetslös [arbeedslööß]

Arbeitslosigkeit *w* arbetslöshet [arbeedslößheet] *u*

Arbeitsplatz *m* arbetsplats [arbeedsplads] *u*

Arbeitstag *m* arbetsdag [arbeedstaa] *u*

Architekt *m* arkitekt [arkitekt] *u*

Architektur *w* arkitektur [arkitektüür] *u*

ärgerlich *adj* irriterad [iriteerad]

ärgern *v* **1** *j-n* irritera [iriteera] *ngn* **2** ***sich ~ über j-n*** bli arg [blii arj] *på ngn, über j-n* vara arg [waara arj] *på ngt*

Argument *s* argument [argument] *s*

arm *adj* fattig [fatti] ► **ein ~er Kerl/Teufel** stackare *u*

Arm *m* arm [arm] *u*

Armband *s* armband [armband] *s*

Armee *w* armé [armee] *u*

Ärmel *m* ärm [äärm] *u*

Armut *w* fattigdom [fattigduum] *u*

Art *w* **1** (einer Tätigkeit usw.) sätt [ßätt] *s* **2** (Typus usw.) sort [ßort] *u* **3** (Tierart usw.) art [aart] *u*

Artikel *m* artikel [artiikel] *u*

Artischocke *w* kronärtskocka [kruunärtchokka] *u*

Arzneimittel *s* medicin [medißiin] *u*

Arzt *m* läkare [lääkar^{e}] *u*

Arztpraxis *w* läkarmottagning [lääkarmuttaagning] *u*, mottagning [muttaangning] *u*

Asche *w* aska [aßka] *u*

Aschenbecher *m* askkopp [aßkkopp] *u*

Asiat *m* asiat [aßiaat] *m*, asiat [aßiaat] *u*

asiatisch *adj* asiatisk [aßiaatißk]

Asien *s* Asien [aaßien] *s*, Asien [aaßien] *u*

Asphalt *m* asfalt [aßfalt] *u*

Ast *m* gren [green] *u*

Asthma *s* astma [aßtma] *u*

Atem *m* andning [andning] *u*

atmen *v* andas [andaß]

Atom *s* atom [atom] *u*

Attraktion *w* attraktion [atrakchuun] *u*

Aubergine *w* aubergine [obershin^{e}] *u*

auch *adv* också [okkßo] ♦ *conj* och [o], också [okkßo] ► **Ich ~ nicht.** Inte jag heller.

auf *prep* på [poo] ► **A~ Wiedersehen.** Hej då!

aufbewahren *v etw. Akk* bevara [bewaara] *ngt*

Aufbewahrung *w* **1** (Schalter) förvaring [förwaaring] *u*, bagageförvaring [bagaashförwaaring] *u* **2** (Aufbewahren) förvaring [förwaaring] *u*

aufblasbar *adj* uppblåsbar [uppblooßbaar]

aufblasen *v* blåsa upp [blooßa upp]

aufbrechen *v* **1** *etw. Akk* bryta upp [brüta upp] *ngt* **2** *irgendwohin* ge sig iväg [jee ßej iwääg]

Aufenthalt *m* vistelse [wißt^{e}lß^{e}] *s*, uppehåll [uppeholl] *s*

Auffahrt *w* uppfart [uppfaart] *u*

auffallen *v j-m* slå [ßloo] *ngn*

auffordern *v j-n zu etw.* uppmana [uppmaana] *ngn till ngt, j-n zu etw.* uppfordra [uppfordra] *ngn till ngt*

Aufführung *w* föreställning [fööreßtällning] *u*

Aufgabe *w* läxa [läkßa] *u*, hemuppgift [hemupjift] *u*, (Pflicht usw.) uppgift [uppjift] *u*

aufgeben *v* **1** (Aufgabe usw.) *j-m etw. Akk* uppgifta [uppjifta] *ngt* **2** (aufhören) *etw. Akk* sluta [ßlüüta] *med ngt* **3** (Anstrengungen usw.) *etw. Akk* ge upp [jee upp] *ngt* **4** (nicht mehr raten) ge sig [jee ßej]

aufgehen *v* **1** (Sonne usw.) gå upp [goo upp] **2** (Teig) jäsa [jääßa] **3** (Samen usw.) spira [ßpiira] **4** *j-m etw. Akk* gryningen [grüningen] *ngn*

aufhalten *v* **1** (Person usw.) *j-n/etw.* fördröja [fördrööja] *ngn* **2** (Atem usw.) hålla [holla] **3** (kurz halten) *etw. Akk* hålla [holla] *ngt* **4** ***sich ~*** uppehålla sig [uppeholla ßej] ► **aufgehalten werden** (länger bleiben müssen) uppehålla sig *vid ngt*

aufhängen *v* **1** *etw. Akk* hänga [hänga] *ngt* **2** (Hörer) hänga upp [hänga upp] **3** (Mörder usw.) *j-n* hänga [hänga] *ngn*

aufheben *v* **1** (vom Boden usw.) *etw. Akk* plocka upp [plokka upp] **2** (Gültigkeit usw.) upphäva [upphääwa]

aufhören *v* **1** (Regen usw.) upphöra [upphööra] **2** *mit etw.* sluta [ßlüüta], upphöra [upphööra], *mit etw.* upphöra [upphööra] ► **Hören Sie damit auf!** Sluta!

aufklaren *v* klarna upp [klaarna upp]

aufklären *v* **1** *etw. Akk* klargöra [klaarjööra] **2** (über einen Sachverhalt usw.) *j-n* upplysa [upplüßa] **3** ***sich ~*** (Himmel) klarna [klaarna]

aufladen *v* **1** (Last usw.) *etw. Akk auf etw. Akk* lasta [laßta] *ngt*, belasta [belaßta] *ngt* **2** (Batterie usw.) ladda [ladda]

aufmachen *v* **1** (Packung usw.) *etw. Akk* öppna [öppna] *ngt* **2** (Gürtel usw.) *etw. Akk* knäppa upp [knäppa upp]

aufmerksam *adj* insiktsfull [inßikdsfull], klarsynt [klaarschynt], lyhörd [lühörd], uppmärksam [uppmärkßam] ♦ *adv* uppmärksamt [uppmärkßamt] ► **~ machen** *j-n auf etw. Akk* uppmärksamma *ngt*

Aufmerksamkeit *w* uppmärksamhet [uppmärkßamheet] *u* ► **~ widmen** *j-m/etw.* lägga märke till *ngt*, vara uppmärksam på *ngt*; **eine kleine ~** tacksamhetsbevis *s*

Aufnahme *w* **1** intagning [intaangning] *u* **2** (Foto) bild [bild] *u* **3** (Film usw.) tagning [taangning] *u*, närbild [näärbild] *u*

aufnehmen *v* **1** (vom Boden usw.) *etw. Akk* plocka upp [plokka upp] **2** (Studenten usw.) anta [antaa] *ngn till ngt* **3** (Mitglied usw.) *j-n* anställa [anßtälla] *ngn* **4** (Musik usw.) *etw. Akk* spela in [ßpeela in] **5** (lernen usw.) *etw. Akk* lära sig [läära ßej] *ngt* **6** (Behälter usw.) rymma [rymma]

aufpassen *v* **1** *auf etw. Akk* vara uppmärksam [waara uppmärkßam] *på ngt*, (Warnung usw.) *auf etw. Akk* akta [akta] *ngt* **2** *auf j-n* vakta [wakta] *ngn*, bevaka [bewaaka], (Baby usw.) *auf j-n/etw.* passa [paßßa] *ngt, på ngn*

Aufpreis *m* tillägg [tillägg] *s*

aufräumen *v* städa [ßtääda]; **aufgeräumt** (Zimmer usw.) städad

aufrecht *adj* upprätt [upprätt] ♦ *adv* rakt [rakt], upprätt [upprätt]

aufregen *v j-n* oroa [uuruua], uppröra [uppröora] *ngn*

aufregend *adj* upphetsande [upphedsande]

Aufschlag *m* **1** (im Tennis usw.) serve [ßerwe] *u* **2** (Preis) tillägg [tillägg] *s*

aufschließen *v etw. Akk* låsa upp [looßa upp]

aufschreiben *v etw. Akk* anteckna [antekkna]

Aufschrift *w* påskrift [pooßkrift] *u*

aufstehen *v* **1** stå upp [ßtoo upp], resa sig [reeßa ßej], stiga upp [ßtiiga upp] **2** (aus dem Bett) stiga upp [ßtiiga upp]

aufsteigen *v* **1** (Fahrrad, Pferd usw.) *auf etw. Akk* stiga på [ßtiiga poo] **2** (an die Oberfläche) flyta upp [flüta upp]

Aufstrich *m* bredbart pålägg [breedbart pooläqq] *s*

aufsuchen *v j-n/etw.* söka upp [ßööka upp] *ngn*, leta fram [leeta fram] *ngt*

auftanken *v* tanka [tangka]

aufwachen *v* vakna [waakna], vakna (upp) [waakna (upp)]

aufwärmen *v* **1** (Essen) *etw. Akk* värma upp [wäärma upp] *ngt* **2** *sich* ~ (Sportler usw.) värma sig [wäärma ßej], värma upp [wäärma upp]

aufwärts *adv* upp [upp], uppför [uppföör]

Aufzug *m* hiss [hißß] *u*

Auge *s* öga [öoga] *s*

Augenarzt *m* ögonläkare [öögonlääkare] *u*, ögonspecialist [öögonßpeßialißt] *u*

Augenblick *m* **1** (kurzer usw.) stund [ßtund] *u*, ögonblick [öögonblikk] *s* **2** (genauer usw.) stund [ßtund] *u*

Augenbrauen *w Mz* ögonbryn [öögonbrün] *s Mz*

Augentropfen *Mz* ögondroppar [öögondroppar] *s Mz*

August *m* augusti [augußti] *u*

aus[1] *prep* **1** (herausnehmen usw.) *etw.* från [froon] **2** (weg) från [froon] **3** (stammend usw.) från [froon] **4** (gemacht) *etw.* av [aaw] *ngt*

aus[2] *adj* avstängd [aafßtängd]; **Es ist ~.** Det är slut nu.

ausatmen *v* pusta ut [pußta üüt], andas ut [andaß üüt]

Ausbildung *w* träning [trääning] *u*, utbildning [üütbildning] *u*

Ausblick *m* utsikt [üüdsikt] *u*

Ausdruck[1] *m* **1** (Wort usw.) uttryck [üüttrykk] *s* **2** (Bekanntgabe) *etw. Gen* uttryck [üüttrykk] *s* **3** (im Gesicht usw.) uttryck [üüttrykk] *s*, drag [draag] *s* **4** (Kennzeichen) uttryck [üüttrykk] *s*

Ausdruck[2] *m* (etw. Gedrucktes) utskrift [üüdskrifft] *u*

ausdrücken *v* **1** (mit Worten usw.) *etw. Akk* uttrycka [üüttrykka] **2** *sich* ~ uttrycka sig [üüttrykka ßej]

ausdrücklich *adj* uttrycklig [üüttrykkli] ♦ *adv* **1** (betonen usw.) uttryckligen [üüttrykklien] **2** (ablehnen usw.) eftertryckligt [eftertrykklit]

ausfahren *v* **1** (mit dem Auto usw.) *aus/von etw.* köra ut [schööra üüt] **2** (mit Freunden usw.) göra en utfärd [jööra en üütfäärd]

Ausfahrt *w* **1** (Ausgang) utfart [üütfaart] *u* **2** (Ausfahren) avfärd [aaffäärd] *u* **3** (auf der Autobahn) avfart [aaffaart] *u* ► **eine ~ machen** göra en utfärd

Ausfall *m* **1** (vorübergehender usw.) avbrott [aawbrott] *s* **2** (von Gedächtnis usw.) misslyckande [mißßlykkande] *s* **3** (Bewegung) stöt [ßtööt] *u*

ausfallen *v* **1** falla ut [falla üüt] **2** (nicht stattfinden) bli inställd [blii inßtälld] ► **Der Strom ist ausgefallen.** Vi har strömavbrott.

Ausflug *m* resa [reeßa] *u*, utflykt [üütflykt] *u*

Ausfuhr *w* export [ekßport] *u*

ausführen *v* **1** (exportieren) *etw. Akk* exportera [ekßporteera] **2** (Arbeit usw.) *etw. Akk* fullfölja [fullfölja] *ngt*, (Plan usw.) *etw. Akk* genomföra [jeenumfööra] *ngt* **3** (in Einzelheiten) *etw. Akk* utvidga [üütwidga] *ngt*
ausführlich *adj* detaljerad [detaljeerad], detaljrik [detaljriik], mer detaljerad [meer detaljeerad], (Beschreibung usw.) utförlig [üütföörli] ♦ *adv* detaljerat [detaljeerat], i detalj [i detalj], utförligt [üütföörlit]
ausfüllen *v* **1** (Raum usw.) *etw. Akk mit etw.* fylla [fylla] *ngt med ngt* **2** (Formular usw.) fylla i [fylla i]
Ausgabe *w* **1** (Kosten) utgift [üütjift] *u* **2** (broschierte usw.) utgåva [üütgoowa] *u* **3** (Austeilung) utdelning [üütdeelning] *u av ngt*
Ausgang *m* utgång [üütgong] *u*
ausgeben *v* **1** (Flugblätter usw.) dela ut [deela üüt], ge bort [jee bort] **2** (Geld) *etw. Akk für etw.* spendera [ßpendeera] **3** ***sich*** *~ als j.* ge sig ut för [jee ßej üüt föör] *ngn*
ausgehen *v* **1** *aus etw.* gå ut [goo üüt] *ur ngt* **2** *irgendwie* sluta [ßlüüta] **3** (verbraucht sein) ta slut [taa ßlüüt], vara slut [waara ßlüüt]
ausgeschaltet *adj* avstängd [aafßtängd]
ausgezeichnet *adj* utmärkt [üütmärkt] ♦ *adv* härligt [häärlit], utmärkt [üütmärkt]
aushalten *v etw. Akk* stå ut [ßtoo üüt], tåla [toola] *ngn/ngt*, uthärda [üüthäärda] *ngt*; **Ich halte es nicht mehr aus.** Jag orkar inte längre.
auskennen *v* ***sich*** *~ in etw. Dat* förstå sig på [förschtoo ßej poo] *ngnt/ngt*, förstå sig [förschtoo ßej] *på ngt*
Auskunft *w* information [informachuun] *u*
Ausland *s* utlandet [üütlandet] *s*; **im ~** utomlands; **ins ~ fahren** resa utomlands
Ausländer *m* utlänning [üütlänning] *u*
ausländisch *adj* utländsk [üütländsk]
auslaufen *v* **1** *aus etw.* läcka [läkka] *ut ur ngt* **2** (Schiff) lägga ut [lägga üüt]
ausleeren *v etw. Akk* tömma [tömma] *ngt*
ausleihen *v* ***sich*** *~ etw. Akk von j-m* låna [loona] *ngt från ngn*
ausloggen *v* ***sich*** *~* logga ut [logga üüt]
ausmachen *v etw. Akk* släcka [ßläkka]
Ausmaß *s* dimension [dimenchuun] *u*, storlek [ßtuulek] *u*
Ausnahme *w* undantag [undantaag] *s*
ausnutzen *v* utnyttja [üütnyttja]
auspacken *v* **1** (Geschenk usw.) *etw. Akk* packa upp [pakka upp] *ngt* **2** (Koffer usw.) packa upp [pakka upp]
Auspuff *m* avgasrör [awgaaßröör] *s*
ausradieren *v* sudda ut [ßudda üüt]
ausräumen *v* **1** (Zimmer usw.) tömma [tömma] **2** (Laden, Wohnung usw.) *etw. Akk* råna [roona], plundra [plundra]
Ausrede *w für etw.* ursäkt [üürschäkt] *u*
ausreichen *v* räcka [räkka]
ausrichten *v* **1** *j-m etw. Akk* framföra [framfööra] *ngt till ngn* **2** (veranstalten) *etw. Akk* organisera [organißeera] ► **~ lassen** *j-m etw. Akk* meddela *ngn ngt*
ausruhen **sich ~** vila, vila sig
Ausrüstung *w* redskap [reedskaap] *s*, utrustning [üütrußßtning] *u*
ausrutschen *v* **1** (hinfallen) halka [halka] **2** (aus der Hand usw.) glida [gliida], (aus Hand usw.) *aus etw.* slinka undan [ßlingka undan] *ngt*
Aussage *w* **1** (vor der Polizei usw.) vittnesmål [wittneßmool] *s* **2** (Mitteilung) uttalande [üüttaalande] *s*
aussagen *v* vittna [wittna]
ausschalten *v* **1** koppla ur [koppla üür] *ngt*, (Maschine usw.) *etw. Akk* stänga av [ßtänga aaw] **2** (Konkurrenten usw.) *j-n* slå ut [ßloo üüt] *ngn* ► **den Gang ~** lägga ur växeln
aussehen *v irgendwie* se ut [ßee üüt]
außen **von ~** utifrån
Außenseite *w etw. Gen* det yttre [de yttre], utsida [üüdsiida] *u*
außer *prep* **1** *j-m/etw.* utom [üütom], förutom [förüütom] **2** (auch noch) *etw. Dat* dessutom [deßüütom] ► **~ Betrieb** ur drift
äußer(er,e,es) *adj* yttre [yttre]
außerdem *adv* dessutom [deßüütom], för övrigt [föör ööwrit]; **und ~** och dessutom
außergewöhnlich *adj* extraordinär [ekßtraordinäär], sällsynt [ßällßünt]
außerhalb *prep etw. Dat* utom [üütom], utanför [üütanföör], *etw. Gen* utanpå [üütanpoo] *ngt*, (der Stadt usw.) utanför [üütanföör]
außerordentlich *adj* utomordentlig [üütomuurdentli] ♦ *adv* extraordinärt [ekßtraordinäärt], utomordentligt [üütomuurdentlit]
Aussicht *w* utsikt [üüdsikt] *u*
Aussichtspunkt *m* utsikt [üüdsikt] *u*
Aussichtsturm *m* utsiktstorn [üüdsikdstuurn] *s*
aussprechen *v* **1** uttala [üüttaala] **2** yttra [yttra], uttala [üüttaala]
Ausstattung *w* utrustning [üütrußßtning] *u*
aussteigen *v aus etw.* stiga av [ßtiiga aaw] *ngt*
ausstellen *v* **1** (Exponat usw.) ställa ut [ßtälla üüt] **2** (Urkunde usw.) *etw. Akk* utfärda [üütfäärda]

Ausstellung *w* utställning [üüdställning] *u*
Austausch *m* byte [bütᵉ] *s*, utbyte [üütbütᵉ] *s*
austauschen *v* **1** (gegenseitig) *etw. Akk gegen etw.* byta [büta] *ngt* **2** (Ersatzteil usw.) *etw. Akk gegen etw.* byta ut [büta üüt]
Auster *w* ostron [ußtruun] *s*
Australien *s* Australien [außtraalien] *s*, Australien [außtraalien] *u*
Australier *m* australier [außtraalier] *m*, australier [außtraalier] *u*, australiensare [außtraalienßarᵉ] *u*
australisch *adj* australisk [außtraalißk]
austrinken *v* **1** (Tee usw.) *etw. Akk* dricka [drikka] **2** (Glas usw.) *etw. Akk* dricka upp [drikka upp] **3** (zu Ende trinken) dricka upp [drikka upp]
ausüben *v* fortsätta [furtschätta]
Ausverkauf *m* rea [reea] *u*
ausverkauft *adj* utsåld [üüdsold]
Auswahl *w* val [waal] *s*
auswählen *v* välja [wälja]
auswechseln *v* **1** *etw. Akk gegen etw.* byta ut [büta üüt] **2** *j-n* avlösa [aawlöößa], växla [wäkßla], byta ut [büta üüt]
Ausweis *m* identitetskort [identiteedskurt] *s*, ID-kort [iideekurt] *s*, legitimationskort [legitimachuunßkurt] *s*, legitimation [legitimachuun] *u*
auswendig *adv* utantill [üütantill]
auszahlen *v j-m etw. Akk* utbetala [üütbetaala] *ngn ngt*
ausziehen *v* **1** (Hose usw.) *etw. Akk* ta av [taa aaw] **2** *j-n* klä av [klää aaw] *ngn* **3** (aus dem Haus usw.) flytta ut [flytta üüt] ► **sich ~** klä av sig
Auszubildende *m* lärling [läärling] *u*
Auto *s* bil [biil] *u*; **in ein ~ einsteigen** stiga in i bilen
Autobahn *w* motorväg [mootorwääg] *u*
Autobahnauffahrt *w* påfart [poofaart] *u*
Autokennzeichen *s* registreringsnummer [regißtreeringßnummer] *s*
Automat *m* automat [automaat] *u*
automatisch *adj* automatisk [automaatißk]
Autonummer *w* registreringsnummer [regißtreeringßnummer] *s*
Autor *m* författare [författarᵉ] *u*
Autowaschanlage *w* biltvätt [biiltwätt] *u*
Avocado *w* avokado [awokaado] *u*
Axt *w* yxa [ykßa] *u*

B

Baby *s* baby [bääbi] *u*
Babyflasche *w* nappflaska [nappflaßßka] *u*
Babynahrung *w* barnmat [baarnmaat] *u*
Bach *m* bäck [bäkk] *u*
backen *v* baka [baaka]
Backenzahn *m* kindtand [schinntann] *u*
Bäcker *m* bagare [baagarᵉ] *u*
Bäckerei *w* bageri [bagerii] *s*
Backwaren *w Mz* bakverk [baakwerk] *s*, (salzige) bröd [brööd] *s*
Bad *s* **1** (Raum) badrum [baadrum] *s* **2** (mit Heilquellen) kurort [küürurt] *u* **3** (Baden) bad [baad] *s*
Badeanzug *m* baddräkt [baaddräkt] *u*
Badehose *w* badbyxor [baadbykßur] *u Mz*
Bademantel *m* badrock [baadrokk] *u*
baden *v* **1** *j-n* bada [baada] *ngn* **2** (sich waschen) bada [baada] **3** (schwimmen) bada [baada], simma [ßimma]
Badetuch *s* badhandduk [baadhanddüük] *u*
Badewanne *w* badkar [baadkaar] *s*
Badezimmer *s* badrum [baadrum] *s*
Bahn *w* **1** bana [baana] *u* **2** (Schienenverkehrsmittel) järnväg [jäärnwääg] *u* **3** (Stadtverkehrsmittel) spårvagn [ßpoorwangn] *u*
Bahnhof *m* station [ßtachuun] *u*
Bahnschranken *w Mz* järnvägsbom [jäärnwäkßbuum] *u*
Bahnsteig *m* perrong [perong] *u*
Bahnübergang *m* järnvägsövergång [jäärnwääkßöwergoong] *u*
bald *adv* snart [ßnaart]; **so ~ wie möglich** så tidigt som möjligt
baldmöglichst *adv* så tidigt som möjligt [ßoo tiidit ßom möjlit]
Balkon *m* balkong [balkong] *u*
Ball *m* **1** boll [boll] *u* **2** (Schlag) spark [ßpark] *u*
Ballon *m* ballong [balong] *u*
Banane *w* banan [banaan] *u*
Band[1] *s* **1** band [bann] *s* **2** (Gewebe) ledband [leedbann] *s*, (Verbindung) band [bann] *s*
Band[2] *m* band [bann] *s*
Band[3] *w* band [bann] *s*
Bank[1] *w* **1** (zum Sitzen) bänk [bängk] *u* **2** (Werkbank usw.) arbetsbänk [arbeedsbängk] *u*
Bank[2] *w* (Geldanstalt) bank [bangk] *u*
Bankautomat *m* bankomat [bangkomaat] *u*
Banknote *w* sedel [ßeedel] *u*

Bar *w* **1** (Lokal) bar [baar] *u* **2** (Theke) bar [baar] *u*, bardisk [baardißk] *u*
Bär *m* björn [bjöörn] *u*
barfuß *adj* barfota [baarfuuta]
Bargeld *s* pengar [pengar] *u Mz*, kontanter [kontanter] *u Mz*
Bart *m* skägg [chägg] *s Mz*
Basilikum *s* basilika [baßiilika] *u*
Basis *w* bas [baaß] *u*
basteln *v* pyssla [pyßßla], fixa [fikßa]
Batterie *w* batteri [baterii] *s*
Bau *m* **1** konstruktion [konßtrukchuun] *u* **2** (Gebäude) byggnad [byggnad] *u* **3** *etw. Gen* struktur [ßtruktüür] *u* **4** (eines Tieres) lya [lüa] *u*
Bauch *m* mage [maag^e^] *u*
bauen *v* **1** *etw. Akk* bygga [bygga] **2** (Maschinen usw.) bygga [bygga]
Bauer *m* **1** bonde [bund^e^] *u*, jordbrukare [juurdbrüükar^e^] *u* **2** (im Schach) bonde [bund^e^] *u*
Bauernhof *m* gård [goord] *u*, bondgård [bundgoord] *u*
Baum *m* träd [trääd] *s*
Baumwolle *w* bomull [bomull] *u*
Baustelle *w* byggarbetsplats [byggarbeedsplattß] *u*
Bauwerk *s* byggnad [byggnad] *u*
Beamte *m* ämbetsman [ämbeedsman] *u*, (im öffentlichen Dienst) tjänsteman [schänßteman] *u*
beanspruchen *v etw. Akk* fordra [furdraa], kräva [krääwa], *etw. Akk* göra anspråk [jööra anßprook] *ngt*
beanstanden *v etw. Akk* reklamera [reklameera] *ngt*
beantragen *v etw. Akk* ansöka [anßööka] *om ngt*
bearbeiten *v* behandla [behandla]
beaufsichtigen *v etw. Akk* övervaka [ööwerwaaka] *ngt*, (Arbeit usw.) *etw. Akk* se till [ßee till] *ngn/ngt*
Becken *s* **1** (Reservoir) behållare [behollar^e^] *u* **2** (Körperteil) bäcken [bäkken] *s* **3** (Musikinstrument) cymbaler [ßymbaal^e^r] *u Mz*
bedanken **sich ~** *bei j-m für etw.* tacka *ngn*
bedauern *v* **1** *j-n* tycka synd [tykka ßynd] *om ngn*, *j-n* visa medlidande [wiißa meedliidand^e^] *med ngn*, tycka synd [tykka ßynd] *om ngn* **2** *etw. Akk* beklaga [beklaaga]
bedecken *v j-n/etw. mit etw.* täcka över [täkka ööwer] *ngn/ngt*
bedeuten *v* beteckna [betekkna] *ngt*, *etw. Akk* betyda [betüda]
Bedeutung *w* betydelse [betüd^e^lß^e^] *u*, mening [meening] *u*
bedienen *v* **1** (einen Kunden usw.) *j-n* betjäna [beschääna] *ngn*, (Gast usw.) *j-n* servera [ßerweera] **2** ***sich ~*** ta för sig [taa föör ßej] **3** (Maschine usw.) *etw. Akk* sköta [chööta] ► **B~ Sie sich.** Var så goda och ta för er!
Bedienung *w* **1** (von Kunden) betjäning [beschääning] *u* **2** (eines Gerätes usw.) betjäning [beschääning] *u*, operatör [operatöör] *u* **3** (Personal) serviceman [ßörrwißman] *u*
Bedingung *w* villkor [willkur] *s*; **unter der ~, dass** på villkor att
bedrohen *v j-n/etw.* utsätta *ngn* för fara [üüdsätta föör faara]
Bedrohung *w* fara [faara] *u*, (Gefahr) *etw. Gen* hot [huut] *s*, hotelse [huut^e^lß^e^] *u*
Bedürfnis *s* behov [behuuw] *s*
beeilen *v* **1** ***sich ~*** skynda sig [chynda ßej] **2** ***sich ~*** *mit etw.* skynda [chynda], ha bråttom [haa brottom]
beeinflussen *v j-n/etw.* påverka [poowärka] *ngn/ngt*
beenden *v* **1** avsluta [awßlüüta] **2** (stoppen) *etw. Akk* avsluta [awßlüüta] *ngt*, sluta [ßlüüta] *ngt*
beerdigen *v j-n* begrava [begraawa] *ngn*, jordfästa [juurdfäßta] *ngn*
Beerdigung *w* begravning [begraawning] *u*
Beere *w* bär [bäär] *s*
Beet *s* fält [fält] *s*
befahrbar *adj* farbar [faarbaar]
befassen *v* **1** ***sich ~*** *mit etw.* syssla [ßyßßla] *med ngt*, bedriva [bedriiwa] **2** ***sich ~*** (Problem usw.) *mit etw.* reda ut [reeda üüt]
Befehl *m* order [oord^e^r] *u*
befehlen *v j-m etw. Akk* befalla [befalla], *j-m etw. Akk* beordra [beuurdra]
befestigen *v* **1** (festmachen) *etw. Akk an etw. Dat* sätta fast [ßätta faßt] *ngt på ngt*, befästa [befäßta] **2** (eine Stadt usw.) befästa [befäßta]
befinden *v* ***sich ~*** *irgendwo* befinna sig [befinna ßej], *irgendwo* finnas [finnaß]
befördern *v* **1** (Güter usw.) *etw. Akk irgendwohin* transportera [tranßporteera] *ngt någonstans* **2** (zum Direktor usw.) *j-n zu etw.* befordra [befurdra] *ngn till ngt*
Beförderung *w* **1** transport [tranßport] *u* **2** (in einen Rang) befordran [befuurdran] *u*
befreien *v* **1** *j-n/etw.* frita [friita] *ngn/ngt*, (Gefangene usw.) befria [befriia] **2** (Stadt usw.) frigöra [friijööra] **3** (herausziehen usw.) *j-n/etw. aus etw.* befria [befriia] *ngn/ngt från ngt/någonstans* **4** (von Pflicht) *j-n von etw.* befria [befriia] *ngn fra ngt* **5** *von j-m/etw.* befria [befriia], (von Einschränkungen usw.)

liberalisera [liberalißeera] **6** ***sich*** ~ *von etw.* frigöra sig [friijööra ßej] *från ngt*, befria sig [befriia ßej] *från ngt*

befriedigen *v* **1** *j-n/etw.* tillfredsställa [tillfreedsßtälla] *ngt med ngt* **2** (Bedürfnis usw.) tillfredsställa [tillfreedsßtälla]

begabt *adj* begåvad [begoowad], talangfull [talangkfull]

begegnen *v j-m* träffa [träffa] *ngn*, möta [mööta] *ngn*, *j-m* träffas [träffaß]

begehen *v etw. Akk* begå [begoo]

begeistert *adj* **1** (hingerissen) *von etw.* entusiastisk [entußiaßtißk] *inför ngt* **2** (Fan) entusiastisk [entußiaßtißk] **3** (engagiert) *für etw.* entusiastisk [entußiaßtißk] *för ngt*

Begeisterung *w* **1** iver [iiwer] *u*, *für etw.* entusiasm [entußiaßm] *u för* **2** (Verve usw.) entusiasm [entußiaßm] *u*

begießen *v j-n/etw. mit etw.* hälla [hälla] *ngt över ngn/ngt*, spilla [ßpilla] *ngt på ngn/ngt*

Beginn *m* början [början] *u*, start [ßtart] *u*, (eines Konzerts usw.) öppnande [öppnande] *s*

beginnen *v* **1** *etw. Akk, mit etw.* börja [börja] *med ngt*, (eine Tätigkeit usw.) *etw. Akk, mit etw.* börja [börja] *att göra ngt* **2** (Beginn haben) börja [börja], starta [ßtarta] **3** (Krieg, Streit usw.) utlösa [üütlöößa] *ngt*

beglaubigen *v etw. Akk* bekräfta [bekräfta] *ngt*, *etw. Akk* intyga [intüga]

begleiten *v* följa [följa] *ngn*, *j-n irgendwohin* följa med [följa me] *ngn någonstans*

beglückwünschen *v j-n zu etw.* gratulera [gratuleera]

begreifen *v etw. Akk* begripa [begriipa], förstå [förschtoo], fatta [fatta], *etw. Akk* förstå [förschtoo] *ngt*

Begriff *m* koncept [konßept] *s*; **im ~ sein** *etw. Akk zu tun* vara på väg att *ngt*

begrüßen *v* **1** *j-n* hälsa [hälßa] *ngn*, heja [heja] *på ngn* **2** *etw. Akk* välkomma [wäälkomma]

behalten *v* **1** (nicht zurückgeben) *etw. Akk* behålla [beholla] *ngt* **2** (Zustand usw.) behålla [beholla] **3** (Qualität usw.) *etw. Akk* behålla [beholla] *ngt*, *etw. Akk* bevara [bewaara] *ngt*, behålla [beholla] *ngt*

Behälter *m* container [kontejner] *u*

behandeln *v* **1** (respektvoll usw.) *j-n irgendwie* behandla [behandla] *ngn på ett sätt*, *j-n irgendwie* behandla [behandla] *ngn* **2** (ärztlich) *j-n/etw.* behandla [behandla] *ngn/ngt* **3** (Patienten usw.) *j-n/etw.* behandla [behandla] *ngn/ngt* **4** (Film usw.) *etw. Akk* behandla [behandla] *ngt*

Behandlung *w* **1** (Umgang) *j-s* behandling [behandling] *u* **2** (eines Patienten usw.) behandling [behandling] *u*, kur [küür] *u*

behaupten *v* anföra [anfööra], försäkra [förschääkra], påstå [pooßtoo]

Behauptung *w* hävdande [hääwdande] *s*

beheizen *v* elda (upp) [elda (upp)]

beherrschen *v* **1** (ein Land usw.) *etw. Akk* behärska [behärschka] *ngt*, ta kontroll [taa kontroll] *över ngt*, (Firma usw.) kontrollera [kontroleera] **2** (Fremdsprache usw.) kunna [kunna], (gelernt haben) tillägna sig [tiläängna ßej] *ngt*

behindern *v etw. Akk* hindra [hindra] *ngt*

behindert *adj* handikappad [handikappad]

Behörde *w* ämbete [ämbeete] *s*

behördlich *adj* ämbets- [ämbeeds], tjänste- [schänßte]

bei *prep* vid [wiid]

beibringen *v j-m etw. Akk* lära [läära] *ngn ngt*

beide *num* båda [booda]

Beifall *m* applåd [aplood] *u*

beifügen *v* bifoga [bifuuga]

Beilage *w* **1** (Zeitung usw.) bilaga [biilaaga] *u* **2** (Essen) tillbehör [tillbehöör] *s*, (Gemüse usw.) garnering [garneering] *u*

Beileid *s* beklagande [beklaagande] *s*

Bein *s* ben [been] *s*; **ein ~ stellen** *j-m* sätta krokben *för ngn*

beinahe *adv* nästan [näßtan] ♦ *part* rakt på sak [rakt poo ßaak]

beiseite *adv* **1** (zur Seite) på sidan [poo ßiidan] **2** (legen usw.) avsides [aafßiideß], åt sidan [oot ßiidan]

Beispiel *s* **1** (Beweis) *etw. Gen* exempel [ekßempel] *s* **2** (Muster) exempel [ekßempel] *s* ► **zum ~** till exempel

beißen *v* **1** *in etw. Akk* bita [biita] *i ngt* **2** (wiederholt) gnaga [gnaaga] **3** (verletzen usw.) *j-n* bita [biita] *ngn* **4** (Schlange) bita [biita] **5** (böser Hund usw.) bita [biita]

bekämpfen *v etw. Akk* hävda [hääwda] *ngt*

bekannt *adj* bekant [bekant] ► **~ machen/geben** *etw. Akk* offentliggöra *ngt*; **(wohl) ~** *j-m* välkänd, känd

Bekannte *m* bekant [bekant] *u*

Bekanntschaft *w* bekantskap [bekandskaap] *u*

bekommen *v* få [foo]

belasten *v* **1** *etw. Akk* belasta [belaßta] **2** *j-n mit etw.* belasta [belaßta] *ngn med ngt* **3** (mit einem Betrag usw.) *mit etw.* debitera [debiteera] *ngt*

belästigen *v* **1** *j-n mit etw.* besvära [beßwäära] *ngn med ngt*, *j-n* besvära [beßwäära] *ngn* **2** (sexuell usw.) trakassera [trakaßeera]

Belastung *w* **1** last [laßt] *u* **2** (Arbeit usw.) *etw. Gen* belastning [belaßtning] *u på ngt*

3 (Schwierigkeit usw.) belastning [belaßtning] *u*
belebt *adj* **1** (Straße usw.) livlig [liiwli] **2** (Substantiv usw.) levande [leewand^e]
beleidigen *v j-n* förolämpa [föörulämpa] *ngn*; **sich beleidigt fühlen** *wegen etw.* bli förolämpad *av ngt/ngn*
Beleidigung *w* förolämpning [föörulämpning] *u*
beleuchten *v etw. Akk* lysa (med ficklampan) [lüßa (m^e fikklampan)] *på ngt*, (anleuchten) belysa [belüßa]
Beleuchtung *w* belysning [belüßning] *u*
beliebig *adj* vilken som helst [wilken ßom helßt] ♦ *pron* vilken som helst [wilken ßom helßt]
beliebt *adj* **1** *bei j-m* populär [populäär] **2** (Lieblings-) favorit- [faworiit]
bellen *v* skälla [challa]
Belohnung *w* belöning [belööning] *u*
bemerken *v* **1** (sehen usw.) *j-n/etw.* märka [märka] *ngn/ngt* **2** anmärka [anmäärka]
Bemerkung *w* anmärkning [anmäärkning] *u*, (schriftlich) anteckning [antekkning] *u*
bemühen *v* ***sich*** ~ *um etw.* försöka [förschööka] *att göra ngt*, sträva [ßträäwa] *efter ngt*
Bemühung *w um etw.* ansträngning [anßträngning] *u*
benachrichtigen *v j-n von etw.* informera [informeera] *ngn om ngt*, underrätta [underrätta] *ngn om ngt*, *j-n von etw.* meddela [meedeela] *ngt till ngn*
benehmen *v* ***sich*** ~ bete sig [beet^e ßej], uppföra sig [uppfööra ßej]
Benehmen *s* uppförande [uppföörand^e] *s*
benötigen *v etw. Akk* behöva nödvändigt [behööwa nöödwändit] *ngt*
benutzen *v etw. Akk* använda [anwända] *ngt*
Benutzer *m* användare [anwändar^e] *u*
Benutzung *w etw. Gen* användning [anwändning] *u*, *etw. Gen* bruk [brüük] *s av ngt*, användning [anwändning] *u av ngt*
Benzin *s* bensin [benßiin] *u*; **Ich habe kein ~ mehr.** Bensinen är slut.
beobachten *v* **1** *j-n/etw.* se [ßee] *på ngn*, titta [titta] *på ngn*, (um zu lernen usw.) *j-n/etw.* observera [opßerweera] *ngn/ngt*, betrakta [betrakta] *ngn/ngt* **2** (bemerken) observera [opßerweera], lägga märke till [lägga märk^e till] *ngt* **3** (Entwicklung usw.) övervaka [ööwerwaaka], följa [följa], bevaka [bewaaka]
Beobachtung *w* iakttagelse [iiaktaag^{e}lß^e] *u*
bequem *adj* bekväm [bekwäm] ♦ *adv* enkelt [engkelt], lätt [lätt]
beraten *v j-n bei etw.* råda [rooda] *ngn att göra ngt*; **sich ~** *mit j-m über etw. Akk* rådfråga *ngn om ngt*
Beratung *w* **1** (Besprechung) konsultation [konßultachuun] *u* **2** (Beratertätigkeit) rådgiving [roodjiiwing] *u*
berauben *v j-n etw. Gen* beröva [beröö wa] *ngn av ngt*
berechtigt *adj* **1** (Sorge usw.) skälig [chääli], välgrundad [wäälgrundad] **2** (Vorgehen usw.) berättigad [berättigad] **3** (zuständig) berättigad [berättigad]
Bereich *m* område [omrood^e] *s*, sfär [ßfäär] *u*
bereit *adj etw. Akk zu tun* villig [willi] *att göra ngt*, *zu etw.* beredd [beredd], redo [reedu], klar [klaar]; **~ machen** *etw. Akk für j-n* förbereda
bereiten *v j-m etw. Akk* förbereda [fööbereeda]
Bereitschaft *w* **1** (zum Handeln usw.) beredskap [bereedskaap] *u* **2** (zu helfen) välvilja [wäälwilja] *u* **3** (Reserve) reserv [reßerw] *u*
Berg *m* berg [berj] *s*
bergab *adv* utför [üütföör]
bergauf *adv* uppför [uppföör]
Berggipfel *m* bergstopp [berjßtopp] *u*
Bergkette *w* bergskedja [berjßschedja] *u*
Bergsteiger *m* bergsbestigare [berjßbeßtiigar^e] *u*
Bergwerk *s* gruva [grüüwa] *u*
Bericht *m über etw. Akk* rapport [raport] *u*, berättelse [berätt^{e}lß^e] *u*
berichten *v j-m von etw.* anmäla [anmääla]
Beruf *m* yrke [yrk^e] *s*
Berufserfahrung *w* erfarenhet [eerfaarenheet] *u*
beruhigen *v* **1** *j-n* lugna [lungna] *ngn* **2** (einen Wütenden usw.) lugna ner [lungna neer] **3** (durch Versicherung usw.) försäkra [förschääkra] **4** ***sich*** ~ lugna ner [lungna neer], lugna ner sig [lungna neer ßej] **5** ***sich*** ~ (Lage usw.) lugna ner sig [lungna neer ßej]
berühmt *adj* berömd [berömd], framstående [framßtooend^e], *für etw.* berömd [berömd] *för ngt*, känd [schänn] *för ngt*
berühren *v j-n/etw.* vidröra [wiidrööra] *ngn/ngt*, beröra [berööra] *ngn/ngt*
Berührung *w* vidrörning [wiidröörning] *u*, beröring [beröö ring] *u*
Besatzung *w* besättning [beßättning] *u*
beschädigen *v* skada [ßkaada] *ngt*
Beschädigung *w* skada [ßkaada] *u*
beschäftigen *v* **1** ***sich*** ~ *mit etw.* syssla [ßyßßla] *med ngt*, bedriva [bedriiwa]

2 (Angestellten usw.) *j-n* anställa [anßtälla] *ngn* **3** (etwas zu tun geben) *j-n mit etw.* sysselsätta [ßyßßelßätta] *ngn med ngt*, greja [greja] *ngn med ngt*

Beschäftigung *w* anställning [anßtällning] *u*, (Arbeit) sysselsättning [ßyßßelßättning] *u*

Bescheid *m* meddelande [meeddeelande] *s*; ~ **sagen** *j-m* låta *ngn* veta

bescheiden *adj* anspråkslös [anßprookßlööß], blygsam [blükßam]

Bescheinigung *w* attest [ateßt] *u*, certifikat [ßertifikaat] *s*

beschlagnahmen *v j-m etw. Akk* beslagta [beßlaagtaa]

beschleunigen *v* **1** (sich schneller bewegen) påskynda [poochynda] **2** *etw. Akk* accelerera [akßelereera] *ngt*, (Entwicklung) skynda på [chynda poo] *ngt*, (vorantreiben) *etw. Akk* påskynda [poochynda] *ngt* **3** (Anfang usw.) *etw. Akk* skynda på [chynda poo] *ngt*, driva fram [driiwa fram] *ngt*

beschließen *v* **1** (Entschluss fassen) *etw. Akk* bestämma sig [beßtämma ßej] *för ngt*, besluta sig [beßlüüta ßej] *för ngt* **2** (ein Gesetz usw.) godkänna [guudschänna]

beschmutzen *v* **1** *etw. Akk* smutsa ner [ßmudsa neer] **2** (Ruf, Ehre usw.) smutsa ner [ßmudsa neer] *ngt*

beschränken *v etw. Akk* begränsa [begränßa]

beschränkt *adj* korkad [korkad]

Beschränkung *w* begränsning [begränßning] *u*, inskränkning [inßkrängkning] *u*

beschreiben *v* **1** (Blatt usw.) *etw. Akk* skriva *ngt* fullt [ßkriiwa fullt] **2** (Person usw.) *j-n/etw.* beskriva [beßkriiwa]

Beschreibung *w* beskrivning [beßkriiwning] *u*

beschützen *v j-n/etw. vor j-m/etw.* beskydda [bechydda]

Beschwerde *w* klagomål [klaagomool] *s*

beschweren *v* **1** (Kummer usw.) *j-n* tynga [tynga] *ngn* **2 sich** ~ *bei j-m über etw. Akk* klaga [klaaga] *till ngn om ngt*

beseitigen *v* **1** *etw. Akk* avlägsna [aawläkßna], ta bort [taa bort] *ngt* **2** (tilgen usw.) *etw. Akk* eliminera [elimineera] *ngt* **3** (Abfall usw.) *etw. Akk* kasta bort [kaßta bort] *ngt*

Beseitigung *w* **1** avlägsnande [aawläkßnande] *s* **2** (Tilgung usw.) *von etw.* bortskaffande [bortßkaffande] *u av ngt*

Besen *m* kvast [kwaßt] *u*, sopkvast [ßuupkwaßt] *u*

besetzen *v* besätta [beßätta], belägga [belägga]

besetzt *adj* besatt [beßatt], upptagen [upptaagen]

besichtigen *v etw. Akk* titta [titta] *på ngt*

Besichtigung *w etw. Gen* besök [beßöök] *s*; ~ **von Sehenswürdigkeiten** beseende av sevärdheter

Besitz *m* **1** egendom [eegenduum] *u* **2** (Besitzen) ägande [äägande] *s*, besittning [beßittning] *u*

besitzen *v etw. Akk* äga [ääga]

Besitzer *m* besittare [beßittare] *u*, ägare [äägare] *u*

besonder(er,e,es) *adj* speciell [ßpeßiell]

besonders *adv* **1** i synnerhet [i ßynnerheet], framför allt [framföör allt] **2** (gut, erfolgreich usw.) särskilt [ßäärchilt] ♦ *part* särskilt [ßäärchilt]

besorgen *v* **1** (Aufgabe usw.) *etw. Akk* arrangera [arancheera] *ngt*, (Problem lösen usw.) *etw. Akk* ordna [oordna] *ngt*, *etw. Akk* ta hand om [taa hand om] *ngn* **2** (beschaffen) *j-m etw. Akk für j-n* skaffa [ßkaffa] *ngt till ngn*

besprechen *v etw. Akk mit j-m* diskutera [dißkuteera] *ngt med ngn*, *etw. Akk mit j-m* konsultera [konßulteera], fråga om råd [frooga om rood]

besser *adj* bättre [bättre] ♦ *adv* bättre [bättre]

best(er,e,es) *adj* bäst [bäßt]

Bestandteil *m etw. Gen* del [deel] *u*, komponent [komponent] *u*

bestätigen *v* **1** (amtlich usw.) *etw. Akk* bekräfta [bekräfta] **2** (Wahrhaftigkeit usw.) bekräfta [bekräfta]

Bestätigung *w etw. Gen* bekräftelse [bekräftelße] *u*, bevis [bewiiß] *s*

bestechen *v j-n* muta [müüta] *ngn*

Besteck *s* bestick [beßtikk] *s*

bestehen *v* **1** (als Ganzes) *aus etw.* bestå av [beßtoo aaw] *ngt*, *aus etw.* bestå [beßtoo] *av ngt*, *aus etw.* bestå [beßtoo] *ngt* **2** (Prüfung usw.) avlägga [aawlägga], klara [klaara] **3** (von einem Problem usw.) *in etw. Dat* beröra vid [beröóra wiid] *ngt* **4** (beharren) *auf etw. Dat* stå fast vid [ßtoo faßt wiid] *ngt*

bestehlen *v j-n um etw.* bestjäla [bechääla] *ngn på ngt*, *j-n um etw.* beröva [beröówa] *från ngn*, *j-n um etw.* råna [roona]

bestellen *v etw. Akk* beställa [beßtälla], boka [buuka]

Bestellung *w* beställning [beßtällning] *u*

bestimmen *v* **1** (Anzahl usw.) *etw. Akk* bestämma [beßtämma] **2** (autoritativ) bestämma [beßtämma], avgöra [aawjööra]

bestimmt[1] *adj* bestämt [beßtämt]

bestimmt[2] *part* bestämt [beßtämt], säkert [ßääkert], definitivt [definitiiwt]

Bestimmungsort *m* destination [deßtinachuun] *u*

bestrafen *v j-n für etw.* bestraffa [beßtraffa]

Besuch *m* **1** *j-s/etw.* besök [beßöök] *s* **2** (Gast) besökare [beßöökar^{e}] *u*

besuchen *v* **1** *j-n* besöka [beßööka], *j-n* besöka [beßööka] *ngn*, hälsa på [hälßa poo] *ngn* **2** (Kurs usw.) *etw. Akk* gå [goo] ► **die Sehenswürdigkeiten ~** gå och titta på sevärdheter

Besucher *m* besökare [beßöökar^{e}] *u*

Betäubung *w* bedövning [bedööwning] *u*

beten *v* be [bee]

Beton *m* betong [betong] *u*

betonen *v* **1** (Bedeutung usw.) *etw. Akk* betona [betuuna], framhåll [framholl] *ngt* **2** *etw. Akk* betona [betuuna] *ngt*

Betonung *w* accent [akßent] *u*

betrachten *v j-n/etw. als j-n/etw.* anse [anßee] *att vara ngn/ngt*

beträchtlich *adj* anselig [anßeeli], betydande [betüdand^{e}] ♦ *adv* betydligt [betüdlit], markant [markant], påfallande [poofalland^{e}]

Betrag *m* summa [ßumma] *u*

betreffen *v* **1** *j-n/etw.* angå [anggoo] *ngn/ngt*, gälla [jälla] *ngn/ngt* **2** (Erklärung usw.) *j-n/etw.* gälla [jälla] *ngn/ngt* **3** (inhaltlich usw.) *etw. Akk* hänföra sig [hänfööra ßej] *till ngt*, beträffa [beträffa] *ngt* **4** (Erdbeben) *etw. Akk* drabba [drabba] *ngt/ngn* ► **was** *j-n/etw.* **betrifft** angående *ngn/ngt*

betreffend *adj* beträffande [beträffand^{e}]

betreiben *v etw. Akk* bedriva [bedriiwa]; **Unternehmen ~** driva en verksamhet

Betrieb *m* **1** (Fabrik usw.) fabrik [fabriik] *u*, företag [fööretaag] *s* **2** (Tätigkeit usw.) *etw. Gen* drift [drift] *u* **3** (einer Organisation usw.) *etw. Gen* drift [drift] *u* **4** (Treiben) hets [hettß] *u*, jäkt [jäkt] *s*, (Treiben) rusning [rüüßning] *u* ► **außer ~** ur drift

betrinken **sich ~** *von etw.* bli full *på ngt*

Betrug *m* bedrägeri [bedräägerii] *s*

betrügen *v* **1** bedra [bedraa], lura [lüüra], fuska [fußka], *j-n* bedraga [bedraaga] *ngn* **2** (Ehemann usw.) *j-n* bedraga [bedraaga] *ngn* **3** *j-n um etw.* råna [roona] *ngn*, *j-n um etw.* bedra [bedraa] *ngn*, lura [lüüra] *ngn*

Betrüger *m* fuskare [fußkar^{e}] *u*

betrunken *adj* full [full]

Bett *s* **1** säng [ßäng] *u* **2** (eines Flusses usw.) flodbädd [fluudbädd] *u*, botten [botten] *u* ► **das ~/die ~en machen** bädda

betteln *v* **1** (um Almosen) *um etw.* tigga [tigga] *om ngt* **2** *um etw.* be [bee] *om ngt*, bönfalla [böönfalla] *om ngt*, (bitten) *bei j-m um etw.* be [bee] *ngn om ngt*

Bettlaken *s* lakan [laakan] *s*

Bettler *m* tiggare [tiggar^{e}] *u*

Bettwäsche *w* sängkläder [ßängklääd^{e}r] *Mz*

Beule *w* **1** (am Kopf) bula [büüla] *u* **2** (im Blech usw.) bula [büüla] *u*, utsprång [üüdsproong] *s*

beurteilen *v j-n/etw.* bedöma [bedöma] *ngn/ngt*

Beute *w* byte [büt^{e}] *s*, rov [ruuw] *s*

Beutel *m* **1** (liten) kasse [(liiten) kaßß^{e}] *u*, pung [pung] *u* **2** (des Kängurus usw.) pung [pung] *u* **3** (Person) galning [gaalning] *u*, narr [narr] *u*

Bevölkerung *w* befolkning [befolkning] *u*

bevor *adv* innan [innan]

bevorzugen *v* **1** *etw. Akk* föredra [fööredraa] *ngt före ngt*, *j-n/etw. vor j-m/etw.* föredra [fööredraa] *ngn/ngt framför ngn/ngt* **2** (favorisieren) *j-n/etw. vor j-m/etw.* prioritera [prioriteera] *ngn/ngt*

bewachen *v* vakta [wakta] *ngt*

bewaffnet *adj* beväpnad [bewääpnad]

bewässern *v* bevattna [bewattna]

bewegen *v* **1** *etw. Akk* flytta [flytta] *ngt*, *etw. Akk* röra [rööra] *ngt* **2** ***sich ~*** röra sig [rööra ßej], (Bewegung machen) röra på sig [rööra poo ßej] **3** ***sich ~*** (vorwärts usw.) röra på sig [rööra poo ßej], sätta sig i rörelse [ßätta ßej i röör^{e}lß^{e}] **4** ***sich ~*** (Werte usw.) *zwischen etw.* variera [warieera] *mellan ngt och ngt*

beweglich *adj* rörlig [röörli]

Bewegung *w* **1** motion [motchuun] *u*, rörelse [röör^{e}lß^{e}] *u* **2** (religiöse usw.) rörelse [röör^{e}lß^{e}] *u* ► **sich in ~ setzen** röra på sig, sätta sig i rörelse

Beweis *m etw. Gen* bevis [bewiiß] *s*

beweisen *v* **1** *etw. Akk* bevisa [bewiißa] **2** (Fähigkeiten usw.) *etw. Akk* bevisa [bewiißa] *ngt* **3** ***sich ~*** *als etw. Nom* visa sig [wiißa ßej]

bewerben *v* ***sich ~*** *um etw.* ansöka [anßööka] *om ngt*

bewohnbar *adj* beboelig [bebuu^{e}li], bostads- [buußtads]

bewohnen *v etw. Akk* bebo [beboo]

Bewohner *m* invånare [inwoonar^{e}] *u*

bewölkt *adj* molnig [molni] ♦ *adv* mulen [müülen]

bewundern *v j-n/etw. wegen etw.* beundra [beundra] *ngn/ngt*

bewusst *adj* **1** (Lüge usw.) avsiktlig [aafßiktli] **2** (einer Tatsache usw.) *etw. Gen* medveten [meedweeten] *om ngt* **3** (Mensch usw.) medveten [meedweeten] ♦ *adv* **1** (mit Absicht) avsiktligt [aafßiktlit]

2 (mit Bewusstsein) medvetet [meedweetet] ► **sich ~** *etw. Gen* **werden** inse

bewusstlos **~ sein** vara medvetslös

Bewusstlosigkeit *w* medvetslöshet [meedweedslößheet] *u*

Bewusstsein *s* **1** medvetande [meedweetande] *s* **2** (Wissen) *etw. Gen* kunskap [kunßkaap] *u om ngt* ► **bei ~ sein** vara medveten

bezahlen *v j-m etw. Akk* betala [betaala]

Bezahlung *w* betalning [betaalning] *u*

bezeichnen *v* **1** *etw. Akk mit etw.* markera [markeera] *ngt med ngt* **2** (mit einem Namen usw.) beteckna [betekkna]

Bezeichnung *w* titel [tiitel] *u*

Beziehung *w* **1** (Handelsbeziehung usw.) relation [relachuun] *u*, förhållande [förhollande] *s* **2** (intime usw.) förhållande [förhollande] *s* **3** (Zusammenhang usw.) relation [relachuun] *u*, förhållande [förhollande] *s*

beziehungsweise *adv* respektive [reßpektiiwe] ♦ *conj* alternativt [altärnatiiwt]

Bezirk *m* distrikt [dißtrikt] *s*, stadsdel [ßtaadsdeel] *u*

Bezug *m* överdrag [ööwerdraag] *s*

bezüglich *prep* angående [angooende]

bezweifeln *v etw. Akk* sätta ngt i tvivelsmål [ßätta not i twiiwelßmool], *etw. Akk* tvivla [twiiwla] *på ngn/ngt*

BH *m* bh [beehoo] *u*, behå [behoo] *u*

Bibliothek *w* bibliotek [biblioteek] *s*

biegen *v etw. Akk* böja [bööja] *ngt*

biegsam *adj* bäjlig [bäjli]

Biene *w* bi [bii] *u*

Bier *s* öl [ööl] *s*; **~ vom Fass** fatöl *s*

bieten *v* **1** *j-m etw. Akk* erbjuda [eerbjuda] **2** (Möglichkeit usw.) *j-m etw. Akk* ge [jee], bevilja [bewilja]

Bikini *m* bikini [bikini] *u*

Bild *s* bild [bild] *u*

bilden *v etw. Akk* skapa [ßkaapa] *ngt*, *etw. Akk* utgöra [üütjööra]

Bildhauer *m* skulptör [ßkulptöör] *u*

Bildschirm *m* monitor [monitoor] *u*, skärm [chärm] *u*

Bildung *w* utbildning [üütbildning] *u*

billig *adj* billig [billi] ♦ *adv* billigt [billit] ► **~er werden** bli billigare

Binde *w* band [bann] *s*

binden *v* **1** knyta [knüta] **2** (miteinander) binda ihop [binda ihup], (zu Bündeln) binda [binda] **3** (Beziehung usw.) binda [binda] **4** (Schleife um Geschenk usw.) *etw. Akk um etw.* binda [binda] *ngt* **5** *sich* **~** (beruflich, emotionell usw.) binda sig [binda ßej]

binnen *prep etw. Dat* under [under], inom [inom]

Birne *w* **1** (Frucht) päron [pääron] *s* **2** (Baum) päronträd [pääronträäd] *s* **3** (mattierte usw.) glödlampa [glöödlampa] *u*

bis[1] *prep* tills [tillß]; **~ zu/an/über** ända tills, tills; **geöffnet von… ~…** öppet från…till…

bis[2] *conj* till [till]

Bischof *m* biskop [bißkop] *u*

bisher *adv* fortfarande [fuurtfaarande], hittills [hittillß], än så länge [än ßoo läng:e]; **~ nicht** inte än

bisschen **ein ~** lite; **ein ~** *etw. Gen* smula *u ngt*

bitte *part* var snäll och… [wa ßnäll o], snälla [ßnälla]; **B~!** (Einwilligung usw.) varsågod; **Hier ~.** (Schenken usw.) Varsågod.; **Ja ~?** Hallå!; **Wie ~?** Förlåt?

Bitte *w um etw.* bön [böön] *u*, vädjan [wädjan] *u*

bitten *v j-n um etw.* fråga [frooga] *ngn om ngt*, *j-n um etw.* fråga [frooga] *ngn*

bitter *adj* bitter [bitter], besk [beßk]

Blähung *w* väderspänning [wääderschpänning] *u*, flatulens [flatüülenß] *u*

Blase *w* **1** (Seifenblase usw.) bubbla [bubbla] *u* **2** (auf Haut) blåsa [blooßa] *u* **3** (Organ) blåsa [blooßa] *u*

blasen *v* **1** (Wind usw.) blåsa [blooßa] **2** (Musikinstrument usw.) *etw. Akk* blåsa [blooßa]

blass *adj* blek [bleek]

Blatt *s* blad [blaad] *s*

blau *adj* blå [bloo]; **ein ~er Fleck** blåmärke *s*

Blaubeere *w* blåbär [bloobäär] *s*

Blech *s* plåt [ploot] *u*

Blechbüchse *w* burk [burk] *u*

Blechdose *w* burk [burk] *u*

Blei *s* bly [blü] *s*

bleiben *v irgendwo* stanna [ßtanna] ► **(übrig) ~** bli kvar

Bleistift *m* blyertspenna [blüertßpenna] *u*

Blende *w* bländare [bländare] *u*

blenden *v* **1** (mit Licht) *j-n* blända [blända] *ngn* **2** (entzücken) *j-n* överväldiga [ööwerwäldia] *ngn* **3** *j-n* blända [blända] *ngn*

Blick *m auf etw. Akk* blick [blikk] *u*

blind *adj* blind [blinn] ♦ *adv* blint [blint]

Blinddarm *m* blindtarm [blinntarm] *u*

Blinddarmentzündung *w* blindtarmsinflammation [blinntarmßinflamachuun] *u*

Blinker *m* blinker [blingker] *u*, färdriktningsvisare [fäärdriktningßwiißare] *u*

Blinkleuchte *w* blinker [blingker] *u*, färdriktningsvisare [fäärdriktningßwiißare] *u*

Blitz *m* blixt [blikßt] *u*

blitzen *v* blixtra [blikßtra]; **Es blitzt.** Det blixtrar.
Blitzlicht *s* blixt [blikßt] *u*
Block *m* **1** (Stein usw.) kloss [kloßß] *u* **2** (von Häusern usw.) byggnadskomplex [byggnadskomplekkß] *u* **3** (Staatenblock usw.) block [blokk] *s* **4** (Heft usw.) block [blokk] *s*
blockieren *v etw. Akk* blockera [blokeera] *ngt*
blond *adj* **1** (Haar) ljus [juß] **2** (Mensch) blond [blonn]
bloß *adj* blott [blott]
blühen *v* **1** (Rosen usw.) blomma [blumma] **2** (Geschäft usw.) blomstra [blomßtra] **3** (Schmuggel usw.) mångfaldigas [mongfaldiaß]
Blume *w* blomma [blumma] *u*
Blumengeschäft *s* blomsteraffär [blomßterafäär] *u*
Blumenkohl *m* blomkål [blumkool] *u*
Blumenladen *m* blomsteraffär [blomßterafäär] *u*
Blumenstrauß *m* bukett [bukett] *u*
Blumentopf *m* blomkruka [bluumkrüüka] *u*
Bluse *w* blus [blüüß] *u*
Blut *s* blod [bluud] *s*
Blutdruck *m* blodtryck [bluutrykk] *s*
Blüte *w* **1** (einer Pflanze) blomma [blumma] *u* **2** (wirtschaftliche usw.) blomstring [blomßtring] *u*
Blutegel *m* blodigel [bluudijel] *u*
bluten *v* blöda [blööda]
Blutentnahme *w* blodtappning [bluutappning] *u*
blutig *adj* blodig [bluudi] ► **~es Steak** blodig biff
Boden *m* **1** jord [juurd] *u* **2** (Oberfläche) jord [juurd] *u*, mark [mark] *u* **3** (im Zimmer usw.) golv [golw] *s* **4** (von einem Gefäß usw.) botten [botten] *u*
Bogen *m* **1** (Biegung) båge [boog^e] *u*, valvbåge [wallwboog^e] *u* **2** (Tragwerk) valvbåge [wallwboog^e] *u* **3** (Waffe) båge [boog^e] *u* **4** (Papierblatt) ark [ark] *s* **5** (zum Spielen) stråke [ßtrook^e] *u*
Bohne *w* böna [bööna] *u*
bohren *v* borra [borra]
Bohrmaschine *w* borrmaskin [borrmachiin] *u*
Bombe *w* bomb [bomb] *u*
Bonbon *m* sötsak [ßöödsaak] *u*
Boot *s* båt [boot] *u*
Bord[1] *s* hylla [hylla] *u*
Bord[2] *m* däck [däkk] *s* ► **an ~ gehen** (Schiff) gå ombord *på ngt*, stiga ombord *på ngt*; **an ~** *etw. Gen* ombord *på ngt*; **von ~ gehen** gå av, stiga ur
Bordell *s* bordell [bordell] *u*
Börse *w* börs [börsch] *u*
böse *adj* ond [unn]; **~ sein** *j-m, auf j-n* vara arg *på ngt*
Botschaft *w* **1** (Vertretung) ambassad [ambaßaad] *u* **2** (Nachricht) meddelande [meeddeeland^e] *s*
Botschafter *m* ambassadör [ambaßadöör] *u*
Brand *m* brand [brann] *u*, eldsvåda [eldswooda] *u*
braten *v* **1** steka [ßteeka], grilla [grilla] **2** (in der Pfanne) steka [ßteeka] *ngt*
Braten *m* stek [ßteek] *u*
Bratwurst *w* korv [korw] *u*
brauchen *v etw. Akk* behöva [behööwa] *ngt*
braun *adj* brun [brüün]
bräunen *v* **1** (in der Sonne) sola [ßuula] **2** (Zwiebel usw.) *etw. Akk* bryna [brüna] *ngt*
Braut *w* brud [brüüd] *u*
Bräutigam *m* brudgum [brüüdgumm] *u*
brav *adj* lydig [lüdi] ♦ *adv* lydigt [lüdit]
brechen *v* **1** (Zweig usw.) *etw. Akk* bryta [brüta] **2** (Schwur usw.) bryta [brüta] **3** (bei Übelkeit) kräkas [krääkaß] **4** (zerfallen) bryta [brüta] ► **das Gesetz ~** bryta mot lagen; **(sich) ~** *etw. Akk* (Knochen usw.) bryta *ngt*
Brei *m* gröt [grööt] *u*
breit *adj* bred [breed] ♦ *adv* brett [brett]
Breite *w* **1** *etw. Gen* bredd [bredd] *u* **2** (geografische) latitud [latitüüd] *u*
Bremse *w* broms [bromß] *u*
bremsen *v* bromsa [bromßa]
brennen *v* **1** (Feuer usw.) brinna [brinna] **2** (heiß sein) bränna [bränna] **3** (Sonne usw.) bränna [bränna] **4** (weh tun) bränna [bränna] **5** (eine CD usw.) bränna [bränna] **6** (Alkohol) destillera [deßtileera] ► **Es brennt!** Det brinner!
Brennstoff *m* brännbart material [brännbaart materiaal] *u*, bränsle [brännßl^e] *s*
Brett *s* bräda [bräädа] *u*
Brief *m* brev [breew] *s*
Briefkasten *m* brevlåda [breewlooda] *u*
Briefmarke *w* frimärke [friimärk^e] *s*
Brieftasche *w* plånbok [ploonbuuk] *u*
Briefträger *m* brevbärare [breewbäärar^e] *u*
Briefumschlag *m* kuvert [kuwert] *s*
Brille *w* glasögon [glaaßöögon] *Mz*
bringen *v* **1** (ein Buch usw.) *j-m etw. Akk* hämta [hämta] *ngn/ngt* **2** (mit dem Auto usw.) *j-n/etw. irgendwohin* ta *ngn/ngt* med [taa m^e], (mit dem Auto) *j-n irgendwohin* köra [schööra] *ngn/ngt* bort **3** *j-n/etw. irgendwohin* få [foo] **4** (in Verlegenheit usw.) bringa [bringa] **5** *j-n um etw.* beröva [beröövа] *ngn av ngt* **6** (Gewinn usw.) *etw. Akk* ge [jee], inbringa

[inbring:a] ► **auf den Markt** ~ införa; **in Verlegenheit** ~ *j-n* göra *ngn* förlägen; **mit sich** ~ *etw. Akk* (Konsequenzen usw.) lida av *ngt*
Brokkoli *m* broccoli [brokkoli] *u*
Brombeere *w* björnbär [bjöörnbäär] *s*
Bronze *w* brons [bronß] *s*
Brot *s* bröd [brööd] *s*
Brötchen *s* bulle [bull^e] *u*, rosenbröd [rußenbrööd] *s*, småfranska [ßmoofranßka] *u*
Bruch *m* **1** (Knochen) fraktur [fraktüür] *u*, brott [brott] **2** (Zahlen) bråk [brook] *s*
Brücke *w* bro [bruu] *u*
Bruder *m* bror [bruur] *u*
Brühe *w* consommé [konßomee] *u*, (Suppe) buljong [buljong] *u*
brüllen *v* ryta [rüta], vråla [wroola]
Brunnen *m* **1** (für Grundwasser) brunn [brunn] *u* **2** (Fontäne) fontän [fontään] *u* **3** (Heilquelle) brunn [brunn] *u*
Brust *w* **1** (Körperteil) bröst [brößt] *s*, bröstkorg [brößßtkorj] *u* **2** (weibliche) bröst [brößt] *s*
brutal *adj* brutal [brutaal], bister [bißt^{e}r] ♦ *adv* brutalt [brutaalt]
Buch *s* bok [buuk] *u*
buchen *v etw. Akk* boka [buuka], beställa [beßtälla], (Reise usw.) *etw. Akk* reservera [reßerweera] *ngt*, boka [buuka] *ngt*
Bücherschrank *m* bokhylla [buukhylla] *u*
Buchhandlung *w* bokhandel [buukhandel] *u*
Büchsenöffner *m* konservöppnare [konßerwöppnar^e] *u*
Buchstabe *m* bokstav [buukßtaaw] *u*
buchstabieren *v etw. Akk* bokstavera [buukßtaweera]
Bucht *w* bukt [bukt] *u*, (klein) vik [wiik] *u*
Buchung *w* reservering [reßerweering] *u*, bokning [buukning] *u*, beläggning [beläggning] *u*
Büfett *s* bar [baar] *u*, bardisk [baardißk] *u*
Bügel *m* **1** (für Kleider) galge [galj^e] *u* **2** (am Sattel) stigbygel [ßtiigbügel] *u*
Bügeleisen *s* strykjärn [ßtrükjäärn] *s*
bügeln *v* stryka [ßtrüka]
Bühne *w* scen [ßeen] *u*, skådeplats [ßkoodeplads] *u*
bunt *adj* **1** (nicht schwarz-weiß) färgad [fäärjad] **2** (mit vielen Farben) mångfärgad [mongfäärjad], olikfärgad [uuliikfäärjad], brokig [bruukig] **3** (abwechslungsreich) varierande [warieerand^e]
Burg *w* borg [borj] *u*
bürgen *v für j-n* gå i borgen [goo i borjen] *för ngn*
Bürger *m* medborgare [meedborjar^e] *u*
Bürgermeister *m* kommunalråd [komunaalrood] *s*
Bürgersteig *m* trottoar [trotoaar] *u*
Büro *s* kontor [kontuur] *s*
Bürste *w* **1** borste [borscht^e] *u* **2** (zum Anstreichen usw.) pensel [penßel] *u* ► **(kleine)** ~ (liten) pensel *u*
Bus *m* buss [bußß] *u*
Busbahnhof *m* busstation [bußßtachuun] *u*
Busen *m* barm [barm] *u*, byst [byßt] *u*, bröst [brößt] *s*
Bußgeld *s* bot [buut] *u*
Büstenhalter *m* bh [beehoo] *u*, behå [behoo] *u*
Butter *w* smör [ßmöör] *u*

C

Café *s* kafé [kafee] *s*, café [kafee] *s*
Camp *s* campingplats [kampingplads] *u*
campen *v* campa [kampa]
Camper *m* campare [kampar^e] *u*
Campingplatz *m* campingplats [kampingplads] *u*
Chance *w* **1** (Möglichkeit) chans [chanß] *u* **2** *~n* (Gewinnquote usw.) chans [chanß] *u*, odds [ottß] *s*
Charakter *m* **1** (Wesen) karaktär [karaktäär] *u* **2** (einer Landschaft usw.) egenskap [eegenßkaap] *u*
charakteristisch *adj* karakteristiskt [karakterißtißkt]
Chef *m* direktör [direktöör] *u*, chef [cheef] *u*, ledare [leedar^e] *u*
Chirurg *m* kirurg [schirurg] *u*
Chirurgie *w* kirurgi [schirurgii] *u*
Chor *m* kör [schöör] *u*
Christ *m* kristen [krißten] *u*
Clique *w* gäng [jäng:] *s*
Comic *m* seriebok [ßeeriebuuk] *u*
Computer *m* dator [daator] *u*
Couch *w* soffa [ßoffa] *u*
Cousin *m* kusin [kußiin] *u*
Cousine *w* kusin [kußiin] *u*
Creme *w* grädde [grädd^e] *u*, (Kosmetik) kräm [krääm] *u*
Curry *m/s* curry [kurry] *u*

D

dabei *adv* samtidigt [ßamtiidit]
Dach *s* tak [taak] *s*
Dachboden *m* vind [wind] *u*
Dachgepäckträger *m* takräcke [taakräkk^e] *s*
dafür *adv* istället [ißtället]
daheim *adv* (SwD, SüD) hemma [hemma]
damals *adv* på den tiden [poo den tiiden], då [doo]
Dame *w* **1** dam [daam] *u*, fru [früü] *u* **2** (Spiel) dam [daam] *u* **3** *~n* damtoalett [daamtualett] *u*
Damenbinde *w* dambinda [daambinnda] *u*, binda [binda] *u*
damit *conj* för att [fföör att]
Dämmerung *w* **1** (am Morgen) gryning [grüning] *u* **2** (am Abend) skymning [chymning] *u*
Dampf *m* ånga [ong:a] *u*
dämpfen *v* dämpa [dämpa]
daneben *adv* intill [intill]
dank *prep j-m/etw.* tack vare [takk waar^e] *ngt, j-m/etw.* tack vare [takk waar^e] *ngn/ngt*
dankbar *adj für etw.* tacksam [takkßam]; **~ sein** *j-m für etw.* vara tacksam *för ngt*
danke **D~!** Tack!
danken *v j-m für etw.* tacka [takka] *ngn*
dann *adv* sedan [ßen], då [doo]
Darm *m* tarm [tarm] *u*
darstellen *v* **1** (abbilden usw.) framställa [framßtälla], skildra [childra], (Symbol usw.) *etw. Akk* företräda [fööreträäda] **2** (bedeuten) utgöra [üütjööra] **3** (spielen) *j-n* framställa [framßtälla] *ngn*, skildra [childra] *ngn*
das *pron* det [d^e], den [den]
dass *conj* att [att]
dasselbe *pron* detsamma [deßamma]
Daten *Mz* data [daata] *Mz*
Dattel *w* dadel [daadel] *u*
Datum *s* datum [daatum] *s*
Dauer *w* varaktighet [waaraktiheet] *u*
dauerhaft *adj* permanent [permanent] ♦ *adv* för alltid [föör alltid]
Dauerkarte *w* kort för flera inträden [kort föör fleera inträäden], (Fahrkarte usw.) säsongbiljett [ßäßongbiljett] *u*
dauern *v* bestå [beßtoo]; **Wie lange wird es ~?** Hur lång tid ska det ta?
dauernd *adj* konstant [konßtant] ♦ *adv* **1** (ohne Unterbrechung) konstant [konßtant], oavbrutet [uuaawbrüütet] **2** (für immer) för alltid [föör alltid], permanent [permanent]
Daumen *m* tumme [tumm^e] *u*
Debitkarte *w* bankkort [bangkkurt] *s*
Deck *s* däck [däkk] *s*
Decke *w* **1** (im Bett) filt [filt] *u*, täcke [täkk^e] *s* **2** (im Zimmer) innertak [innertaak] *u*
Deckel *m* hölje [hölj^e] *u*, (Kofferdeckel usw.) lock [lokk] *s*
decken *v* **1** (schützen) *j-n/etw.* skydda [chydda] *ngn/ngt* **2** *Tisch* ~ duka [düüka] **3** *etw. Akk mit etw.* täcka [täkka] *ngt med ngt* **4** (finanziell) *etw. Akk* täcka [täkka], betala [betaala] ► **die Kosten ~** täcka kostnaderna
defekt *adj* defekt [defekt], trasig [traaßig]; **~ sein** ha en defekt, krångla, fungera dåligt
Defekt *m* defekt [defekt] *u*
Deich *m* damm [damm] *u*
dein, deine *pron* din, ditt, dina [din, ditt, diina]
demnächst *adv* snart [ßnaart]
Demokratie *w* demokrati [demokraßii] *u*
Demonstration *w* demonstration [demonßtrachuun] *u*
denken *v* **1** (im Kopf haben) *an etw. Akk* tänka [tängka] *på ngt* **2** (Meinung haben) tycka [tykka] **3** (sich erinnern) *an j-n/etw.* tänka [tängka] *på ngn/ngt* **4** (vorhaben) *an etw. Akk* tänka [tängka] *på ngt*
Denkmal *s* monument [monument] *s*, minnesmärke [minneßmäärk^e] *s*
dennoch *conj* likväl [likwääl], icke desto mindre [ikk^e deßtu mindr^e]
Deodorant *s* deodorant [deodorant] *u*
der, die, das *pron* **1** den, det [den, d^e] **2** (bei Personen) vem [wem], (Relativpronomen) vilken [wilken]
derb *adj* ohyfsad [uuhyfßad]
derjenige, diejenige, dasjenige *pron* den, det [den, d^e]
deshalb *adv* därför [däärföör]
Design *s* design [dißajn] *u*
Desinfektion *w* desinfektion [deßinfekchuun] *u*
Desinfektionsmittel *s* desinfektionsmedel [deßinfekchuunßmeedel] *s*
desinfizieren *v* desinficera [deßinfißeera]
dessen *pron* hans [hanß]
Dessert *s* dessert [deßäär] *u*, efterrätt [efterrätt] *u*
desto **je... ~** ju... desto
deswegen *adv* därför [däärfföör]
deutlich *adj* **1** (Änderung usw.) betydande [betüdand^e] **2** (klar erkennbar) distinkt [dißtingkt] ♦ *adv* **1** (geschrieben usw.) förståeligt [förschtooelit], klart [klaart], tydligt [tüdlit] **2** (hören usw.) tydligt [tüdlit], klart [klaart] **3** (verständlich usw.) klart [klaart]

deutsch *adj* tysk [tyßk] ♦ *adv* tyska [tyßka]
Deutsch(e) *s* tyska [tyßka] *u*
Deutsche *m* tysk [tyßk] *m*, tysk [tyßk] *u*
Deutschland *s* Tyskland [tyßkland] *s*
Devise *w* valuta [walüüta] *u*
Dezember *m* december [deßember] *u*
Dezimalkomma *s* decimaltecken [deßimaaltekken] *s*
Dia *s* diabild [diiabild] *u*
Diabetes *m* diabetes [diabeeteß] *u*
Diamant *m* diamant [diamant] *u*
Diät *w* diet [dieet] *u*; **Ich halte ~.** Jag bantar.
dich *pron* dig [dej]
dicht *adj* **1** tät [täät], tjock [schokk], kompakt [kompakt] **2** (Soße usw.) tjock [schokk]
Dichter *m* diktare [diktar^e] *u*
Dichtung *w* tätning [täätning] *u*
dick *adj* tjock [schokk]
die *pron* de [dom]; **~ (da)** de där
Dieb *m* inbrottstjuv [inbrottßschüüw] *u*, tjuv [schüüw] *u*
Diebstahl *m* stöld [ßtöld] *u*
dienen *v* **1** *j-m/etw.* tjäna [schääna] **2** (Zweck haben) *als etw. Nom, zu etw.* tjäna [schääna] *till ngt*
Dienst *m* tjänst [schänßt] *u*; **~e leisten** *j-m/etw.* tjäna *ngn/ngt*
Dienstag *m* tisdag [tiißta] *u*
Dienstleistungen *w Mz* tjänster [schänßt^er] *u Mz*
diese *pron* de här [dom häär]
Diesel *m* diesel [diißel] *u*
dieser, diese, dieses *pron* den, det [den, d^e], den här, det här [den häär, d^e häär]; **dieses Jahr** i år
diesmal *adv* den här gången [den häär gongen]
Digitalkamera *w* digitalkamera [digitaalkaamera] *u*
Ding *s* sak [ßaak] *u*
dir *pron* dig [dej]
direkt *adj* **1** rättfram [rättfram] **2** (Lösung usw.) entydig [entüdi] ♦ *adv* **1** (ohne Umstände) direkt [direkt] **2** (sofort) rakt [rakt], direkt [direkt]
Direktor *m* direktör [direktöör] *u*, chef [cheef] *u*
Diskothek *w* diskotek [dißkoteek] *s*
Diskussion *w* diskussion [dißkuchuun] *u*
diskutieren *v über etw. Akk* debattera [debateera] *ngt*, *über etw. Akk* diskutera [dißkuteera] *ngt*
dividieren *v etw. Akk durch etw.* dividera [diwideera] *ngt i ngt*
doch *part* **1** ju [ju] **2** ändå [ändoo]

Doktor *m* läkare [lääkar^e] *u*
Dollar *m* dollar [dollar] *u*
dolmetschen *v etw. Akk in etw. Akk* tolka [tolka] *ngt till ngt*
Dolmetscher *m* tolk [tolk] *u*
Dom *m* domkyrka [dumschyrka] *u*
Donner *m* dunder [dund^er] *s*
Donnerstag *m* torsdag [tuurschta] *u*
doppelt *adj* dubbel [dubbel] ♦ *adv* dubbelt [dubbelt] ► **~ so viel** dubbelt så mycket
Doppelzimmer *s* dubbelrum [dubbelrum] *s*
Dorf *s* by [bü] *u*
dort *adv* där [däär]
dorthin *adv* dit [diit]
Dose *w* konserv [konßerw] *u*, konservburk [konßerwburk] *u*
Dosenbier *s* burköl [burkööl] *u*
Dosenöffner *m* konservöppnare [konßerwöppnar^e] *u*
Draht *m* tråd [trood] *u*
dramatisch *adj* dramatisk [dramaatißk]
draußen *adv* ute [üüt^e], utomhus [üütomhüüß]; **nach ~** ut
drehen *v* **1** *etw. Akk* snurra [ßnurra], rotera [roteera] **2** *sich* **~** vända sig [wända ßej] **3** *sich* **~** (Rad usw.) snurra [ßnurra], rotera [roteera] **4** (Schiff, Wind usw.) återvända [ooterwända] **5** (formen) *etw. Akk* vrida [wriida] **6** (Film) filma [filma] **7** *sich* **~** (übertr.) *um etw.* rotera runt [roteera runt] *ngt*, snurra runt [ßnurra runt] *ngt*
drei *num* tre [tree]
Dreieck *s* triangel [triangel] *u*
dreißig *num* trettio [tretti]
dreizehn *num* tretton [tretton]
dringend *adj* angelägen [anjeelääg en], brådskande [broodskand^e] ♦ *adv* trängande [trängand^e]
drinnen *adv* inne [inn^e], inuti [inutii]
dritt(er,e,es) *num* tredje [tredj^e]
Drittel *s* tredjedel [tredjedeel] *u*
Droge *w* drog [drug] *u*
drohen *v j-m mit etw.* hota [huuta] *med ngt*
Drohung *w* hot [huut] *s*, hotelse [huut^elß^e] *u*
drüben *adv* tvärs över [twärsch ööwer]
Druck[1] *m* (Kraft usw.) tryck [trykk] *s*
Druck[2] *m* (Prozess) *etw. Gen* tryck [trykk] *s*
drucken *v* skriva ut [ßkriiwa üüt], trycka [trykka], *etw. Akk* skriva ut [ßkriiwa üüt]
drücken *v* **1** (in der Hand usw.) *etw. Akk* trycka [trykka] **2** (Knopf usw.) *etw. Akk* trycka ihop [trykka ihup] **3** trycka [trykka], pressa [preßßa] **4** (mit der Hand usw.) *auf etw. Akk* skjuta [chüüta] *på ngt* **5** (zu eng sein) klämma [klämma] **6** *sich* **~** *an*

j-n/etw. trycka sig [trykka ßej] *intill ngn/ngt*, pressa sig [preßßa ßej] *intill ngn/ngt* **7** *j-n/etw. in/an etw. Akk* klämma [klämma] *ngn mot ngt*, pressa [preßßa] *ngn mot noe*

Druckerei *w* tryckeri [trykerii] *s*

Druckknopf *m* **1** (zum Verschließen) stift [ßtift] *s*, tryckknapp [trykknapp] *u* **2** (Maschinenteil usw.) knapp [knapp] *u*

Drüse *w* körtel [schörtel] *u*

du *pron* du [düü]

Dudelsack *m* säckpipa [ßäkkpiipa] *u*

Duft *m* doft [doft] *u*

duften *v* lukta gott [lukta gott]

dumm *adj* dum [dum], fånig [fooni] ♦ *adv* dumt [dumt]

Dummheit *w* dumhet [dumheet] *u*

Düne *w* sanddyn [ßanddün] *u*

Dünger *m* gödsel [jößßel] *u*

dunkel *adj* **1** (fast schwarz) mörk [mörk] **2** (wenig beleuchtet) dunkel [dungkel], mörk [mörk] **3** (mit dunkler Haut) brunhyad [brüünhüad] ♦ *adv* mörkt [mörkt]

dunkelhaarig *adj* mörkhårig [mörkhoori]

Dunkelheit *w* mörker [mörker] *s*

dünn *adj* tunn [tunn]

durch *prep* **1** *etw. Akk* genom [jeenom] **2** (Methode) *j-n/etw.* med [m^{e}] *ngt*

durcheinanderbringen *v* röra till [rööra till], *etw. Akk* förväxla [förwäkßla] *ngt*, (verwechseln usw.) blanda ihop [blanda ihup] *ngt*

durchfahren[1] *v* (durch Tunnel usw.) *durch etw.* köra genom [schööra jeenom]

durchfahren[2] *v* (durchreisen) resa genom [reeßa jeenom], *etw. Akk* resa runt omkring [reeßa runt omkring]

Durchfahrt *w* **1** (Durchfahren) *durch etw.* genomfart [jeenomfaart] *u* **2** (Stelle) genomfart [jeenomfaart] *u*

Durchfall *m* **1** (Erkrankung) diarré [diaree] *u* **2** (Film usw.) fiasko [fiaßko] *s*

durchfallen *v* **1** *durch etw.* falla genom [falla jeenom] *ngt* **2** *in etw. Dat* bli underkänd [blii underschänn] *i ngt*

durchführen *v* **1** (durch Stadt usw.) *j-n durch etw.* visa *ngn* omkring [wiißa omkring] **2** (Aufgabe usw.) *etw. Akk* fullfölja [fullfölja] *ngt* **3** (Vorhaben usw.) *etw. Akk* genomföra [jeenumfööra] *ngt* **4** (Experiment usw.) genomföra [jeenumfööra] **5** (realisieren) *etw. Akk* genomföra [jeenumfööra]

Durchgang *m* passage [paßaash] *u*

durchgehen *v* **1** *durch etw.* gå genom [goo jeenom] **2** (lesen usw.) *etw. Akk* gå igenom [goo ijenom]

Durchmesser *m etw. Dat* diameter [diameet^{e}r] *u*

Durchreise *w durch etw.* genomfart [jeenomfaart] *u*

durchreisen *v* resa genom [reeßa jeenom]

Durchschnitt *m* genomsnitt [jeenomßnitt] *s*

durchschnittlich *adj* genomsnittlig [jeenomßnittli]

durchsehen *v etw. Akk* utforska [üütforschka] *ngt*

durchsichtig *adj* genomskinlig [jeenomchiinli]

durchsuchen *v j-n/etw.* söka igenom [ßööka ijenom] *ngn/ngt*

dürfen *v* få [foo]; **nicht ~** få inte

Durst *m* törst [törscht] *u*; **~ haben** vara törstig

durstig *adj* törstig [törschtig]; **~ sein** vara törstig

Dusche *w* dusch [dusch] *u*; **eine ~ nehmen** duscha

duschen **(sich) ~** duscha

Dutzend *s* dussin [dußßin] *s*

D-Zug *m* snabbtåg [ßnabbtoog] *s*

E

Ebbe *w* ebb [ebb] *u*

eben[1] *adj* jämlik [jämliik]; **~ machen** släta ut

eben[2] *adv* just [jußt]

eben[3] *part* helt enkelt [heelt engkelt]

Ebene *w* **1** slätt [ßlätt] *u*, lågland [looglann] *s* **2** (geometrische usw.) plan [plaan] *s*

ebenfalls *adv* också [okkßo]

ebenso *adv* lika [liika]

Echo *s* eko [eeko] *s*

echt *adj* äkta [äkta] ♦ *adv* verkligen [wärklien] ♦ *part* verkligen [wärklien]

Ecke *w* hörn [höörn] *s*

eckig *adj* kantig [kanti], vinkelformad [wingkelformad]

edel *adj* ädelmodig [äädelmuudi], (Mensch usw.) ädel [äädel]

Edelstein *m* ädelsten [äädelßteen] *u*

egal **~ wie** om än; **Es ist mir ~.** Jag bryr mig inte.

Ehe *w* äktenskap [äktenßkaap] *s*

Ehefrau *w* fru [früü] *u*, hustru [hußtru] *u*

Eheleute *Mz* makar [maakar] *u*

ehemalig *adj* föregående [fööregooend^{e}], tidigare [tiidigar^{e}], ex- [ekß]

Ehemann *m* make [maak^{e}] *u*

Ehepaar *s* makar [maakar] *u*

eher *adv* tidigare [tiidigar^{e}] ♦ *part* hellre [hellr^{e}]

Ehre *w* **1** ära [äära] *u* **2** (Ehrenerweisung) heder [heeder] *u*, ära [äära] *u*

ehrlich *adj* **1** ärlig [äärli] **2** (offen) uppriktig [upprikti], ärlig [äärli] ♦ *adv* ärligt [äärlit], hederligt [heederlit], uppriktigt [uppriktit] ► **E~?** Verkligen?

Ei *s* ägg [ägg] *s*

Eiche *w* ek [eek] *u*

Eidechse *w* ödla [öödla] *u*

Eierschale *w* äggskal [äggßkaal] *s*

Eierstock *m* äggstock [äggßtokk] *u*

Eifersucht *w* svartsjuka [ßwartchüüka] *u*

eifersüchtig *adj* svartsjuk [ßwartchüük]; **~ sein** *auf j-n* vara svartsjuk

eigen *adj* egen [eegen]

Eigenschaft *w j-s/etw.* egenskap [eegenßkaap] *u*

eigentlich *part* egentligen [ijentlijen]; **~ nicht** inte direkt

Eigentum *s* egendom [eegenduum] *u*

Eigentümer *m etw. Gen* ägare [äägar^e] *u*

Eile *w* brådska [broodßka] *u*

eilen *v* skynda sig [chynda ßej]

eilig *adj* angelägen [anjeelääagen] ♦ *adv* **1** fort [fuurt] **2** (schicken usw.) express [ekßpreßß] ► **Ich habe es ~.** Jag har bråttom.

Eimer *m* hink [hingk] *u*

einatmen *v* **1** (Atem holen) andas in [andaß in], ta ett andetag [taa ett andetaag] **2** (Dämpfe usw.) *etw. Akk* andas in [andaß in] *ngt* **3** (Rauch usw.) *etw. Akk* inandas [inanndaß] *ngt*

einbahnig *adj* enkelriktad [engkelriktad]

Einbahnstraße *w* enkelriktad gata [engkelriktad gaata] *u*

Einbettzimmer *s* enkelrum [engkelrum] *s*

einbrechen *v* **1** (Dieb usw.) *in etw. Akk* bryta sig in [brüta ßej in] *i ngt* **2** (Feind usw.) *in etw. Akk* invadera [inwadeera] **3** (Decke usw.) falla samman [falla ßamman], ramla in [ramla in]

Einbruch *m* **1** (in ein Haus usw.) inbrott [inbrott] *s* **2** (der Aktien usw.) ras [raaß] *s*

einchecken *v j-n* checka in [schekka in] *ngn*

Eindruck *m* intryck [intrykk] *s*

Einfahrt *w* infart [infaart] *u*

einfallen *v* **1** (Idee usw.) *j-m* falla in [falla in] **2** (in ein Land usw.) *irgendwohin* invadera [inwadeera] *ngt*

einfliegen *v* anlända [anlända]

Einfluss *m* inflytande [inflütand^e] *s*

einfrieren *v* **1** (zu Eis werden) frysa [früßa] **2** (Lebensmittel usw.) frysa (ned) [früßa (need)] *ngt*, djupfrysa [jupfrüßa] *ngt*, (Lebensmittel usw.) frysa ner [früßa neer]

einführen *v* **1** *etw. Akk irgendwohin* importera [importeera] **2** (Maßnahme usw.) införa [inföóra] **3** (ein Produkt) införa [inföóra]

Eingang *m* ingång [ingong] *u*

Eingeborene *m* inföding [inföóding] *u*

Eingemachte *s* sylt [ßylt] *u*

eingeschaltet *adj* i gång [i gong]

eingießen *v etw. Akk in etw. Akk* hälla [hälla]

einheimisch *adj* infödd [infödd]

Einheit *w* enhet [enheet] *u*

einheitlich *adj* **1** (Einheit bildend) enhets- [enheeds] **2** (für alle gleich) enhetlig [enheetli] ♦ *adv* enhetligt [enheetlit]

einig *adj* enig [eeni]

einig(er,e,es) *pron* någon [non]; **einige** flera; **einige Male** flera gånger

einigen *v* **1** (Volk usw.) förena [föreena] **2** *sich* **~** *über etw. Akk* komma överens [komma ööwerenß] *med ngn*

einjährig *adj* årlig [oorli], års- [oorsch]

Einkauf *m* köp [schööp] *s*; **~/Einkäufe machen** gå och handla, handla

einkaufen *v* gå och handla [goo o handla], handla [handla]

Einkaufspassage *w* galleria [galleria] *u*, köpcenter [schööpßennt^er] *s*

Einkaufswagen *m* kundvagn [kundwangn] *u*, shoppingvagn [schoppingwangn] *u*

Einkaufszentrum *s* köpcenter [schööpßennt^er] *s*

Einkommen *s* inkomst [ingkomßt] *u*

einladen *v j-n irgendwohin* bjuda [bjuda]

Einladung *w* inbjudan [inbjudan] *u*

einlegen *v* **1** *etw. Akk in etw. Akk* sätta in [ßätta in] **2** (Geld) *etw. Akk irgendwo* sätta in [ßätta in] *ngt någonstans* **3** (Gurken usw.) lägga in [lägga in]

Einlegesohlen *w Mz* inläggssula [inläggßßüüla] *u*

Einleitung *w* inledning [inleedning] *u*

einloggen *v* *sich* **~** logga in [logga in]

einlösen *v* inlösa [inlöößa]

einmal *adv* en gång [en gong], förr [förr] ♦ *num* en gång [en gong] ► **auf ~** plötsligt, samtidigt, på en gång

einmalig *adj* engångs- [engongß]

einmischen *v* *sich* **~** *in etw. Akk* blanda sig [blanda ßej] *i ngt*

einpacken *v* packa [pakka], *etw. Akk* slå in [ßloo in] *ngt*

Einreisevisum *s* inresevisum [inreeßewißum] *s*

einrichten *v* **1** (Wohnung usw.) *etw. Akk* inreda [inreeda] **2** (Ausschuss usw.) stifta [ßtifta]

Einrichtung *w* inredning [inreedning] *u*

einsam *adj* ensam [enßam]

einsammeln *v* hämta [hämta]
einschalten *v* sätta på [ßätta poo]
► **(Licht) ~** tända (ljuset)
einschenken *v etw. Akk in etw. Akk* hälla [hälla]
einschiffen **sich ~** gå ombord *på ngt*, stiga ombord *på ngt*
einschlafen *v* **1** (in Schlaf sinken) somna [ßomna] **2** (Bein usw.) avdomna [aawdomna]
einschließen *v etw. Akk* inkludera [ingkludeera] *ngt*
einschließlich *adv etw. Gen* inklusive [ingklußiiwe] *ngt* ♦ *prep etw. Gen* inklusive [ingklußiiwe] *ngt*
Einschreiben *s* ett rekommenderat brev [ett rekomendeerat breew] *s*
einseitig *adj* ensidig [enßiidi]
einsteigen *v in etw. Akk* sätta sig [ßätta ßej]
einstellen *v* **1** (Arbeiter usw.) *j-n* angagera [anggacheera] *ngn*, *j-n* anställa [anßtälla] *ngn* **2** (Maschine usw.) justera [jußteera] **3** (Radio) ställa in [ßtälla in] **4** (Tätigkeit usw.) *etw. Akk* sluta [ßlüüta] *med ngt*, (Tätigkeit) *etw. Akk* sluta [ßlüüta] *ngt* **5** ***sich ~*** (kommen) *bei j-m* inställa sig [inßtälla ßej]
Einstellung *w* **1** (von Tätigkeit usw.) suspendering [ßußpendeering] *u* **2** (Meinung) attityd [atitüd] *u* **3** (von Software usw.) insättning [inßättning] *u*
Einstieg *m* ombordstigning [ombordschtiingning] *u*
einstoßen *v etw. Akk in etw. Akk* sticka [ßtikka] *ngt i ngt*
einstürzen *v* störta samman [ßtörta ßamman], (Gebäude usw.) störta (samman) [ßtörta (ßamman)]
einteilen *v* **1** (in Stücke) *etw. Akk in etw. Akk* dela upp [deela upp] *ngt i ngt* **2** (planen) planlägga [plaanlägga]
eintreten *v* **1** *in etw. Akk* gå in [goo in], stiga in [ßtiiga in] **2** *für j-n/etw.* försvara [förschwaara] *ngn/ngt* **3** inträffa [inträffa], (geschehen) bli [blii], inträda [inträäda], komma [komma]
Eintritt *m* **1** inträde [inträäde] *s* **2** (Geld) inträdesavgift [inträäde ßaawjift] *u* **3** (der Dunkelheit usw.) början [början] *u*, start [ßtart] *u* ► **~ frei** fritt inträde
Eintrittsgeld *s* inträdesavgift [inträädeßaawjift] *u*
Eintrittskarte *w* biljett [biljett] *u*
einverstanden **E~?** Okej?
einwerfen *v etw. Akk in etw. Akk* kasta *ngt* in i [kaßta in i] *ngt*
einwickeln *v etw. Akk in etw. Akk* slå in [ßloo in] *ngt*
Einwohner *m* invånare [inwoonare] *u*
einzahlen *v etw. Akk auf etw. Akk* sätta in [ßätta in] *ngt någonstans*
Einzahlung *w* betalning [betaalning] *u*
Einzelheit *w* detalj [detalj] *u*
einzeln *adj* enskild [enchild], enstaka [eenßtaaka]
Einzelzimmer *s* enkelrum [engkelrum] *s*
einzig *adj* enda [enda] ♦ *adv* bara [baara], endast [endaßt], uteslutande [üüteßlüütande], enbart [enbaart] ♦ *num* enda [enda] ► **kein ~er** ingen
einzigartig *adj* unik [uniik], enastående [eenaßtooende]
Eis *s* **1** (Wasser) is [iiß] *u* **2** (Speiseeis) glass [glaßß] *u*
Eisbecher *m* en skål med glass, frukt osv.
Eisdiele *w* glassbar [glaßßbaar] *u*
Eisen *s* järn [jäärn] *s*
Eisenbahn *w* järnväg [jäärnwääg] *u*
Eisenbahnwagen *m* järnvägsvagn [jäärnwääkßwangn] *u*
eisig *adj* iskall [iißkall], (Wetter usw.) frostig [froßti]
eiskalt *adj* iskall [iißkall]
Eiter *m* var [wa] *s*
Ekel *m* äckel [äkkel] *s*
ekelhaft *adj* äcklig [äkkli]
elastisch *adj* elastisk [elaßtißk], spänstig [ßpänßti]
Elch *m* älg [älj] *u*
Elefant *m* elefant [elefant] *u*
elegant *adj* elegant [elegant]
Elektriker *m* elektriker [elektriiker] *u*
elektrisch *adj* elektrisk [elektrißk]
Elektrizität *w* elektricitet [elektrißiteet] *u*
Element *s* element [element] *s*
Elend *s* vedermöda [weedermööda] *u*
elf *num* elva [elwa]
Elfenbein *s* elfenben [elfenbeen] *s*
Ellbogen *m* armbåge [armbooge] *u*
Eltern *Mz* föräldrar [föräldrar] *u Mz*
E-Mail *w* e-mail [iimejl] *u*; **~ schicken** *j-m* skicka e-mail *till ngn*
Empfang *m* **1** (von Ware usw.) antagande [antaagande] *s*, mottagande [muuttaagande] *s* **2** (von Gästen usw.) mottagande [muuttaagande] *s* **3** (Signal usw.) mottagning [muuttaangning] *u* **4** (Veranstaltung) bankett [bangkett] *u*, reception [reßepchuun] *u*
empfangen *v* **1** (Gäste usw.) *j-n* ta emot [taa emuut] *ngn* **2** (ein Kind usw.) bli med barn [blii me baarn]
Empfänger *m* **1** *etw. Gen* mottagare [muuttaagare] *u*, (eines Briefes usw.) adressat [adreßaat] *u* **2** (Gerät) mottagare [muuttaagare] *u*

Empfängnisverhütung *w* födelsekontroll [föödᵉlßekontroll] *u*
empfehlen *v j-n/etw. j-m* rekommendera [rekomendeera]
Empfehlung *w* referens [referenß] *u*, rekommendation [rekomendachuun] *u*
empfindlich *adj* **1** (leicht beleidigt) lättstött [lättßtött] **2** (gegen Kälte usw.) *gegen etw.* känslig [schänßli] *för ngt*, (wenig beständig) ömtålig [ömtooli] **3** (Verlust usw.) märkbar [märkbaar]
Ende *s* **1** (einer Ära usw.) avslutning [aafßlüütning] *u*, (Zeitpunkt) slut [ßlüüt] *s* **2** (von Stock usw.) ända [ända] *u* ► **zu ~ bringen** *etw. Akk* avsluta *ngt*; **zu ~ sein** sluta, avsluta
enden *v* sluta [ßlüüta], avsluta [awßlüüta]
endgültig *adj* slutgiltig [ßlüütjilti], slutlig [ßlüütli], definitiv [definitiiw]
Endhaltestelle *w* slutstation [ßlüüdstachuun] *u*
endlich *adv* äntligen [äntlien]
Endstation *w* slutstation [ßlüüdstachuun] *u*
Energie *w* energi [enerchii] *u*
eng *adj* **1** smal [ßmaal] **2** (Zusammenhang usw.) nära [näära] ► **~er werden** smalna; **zu ~ sein** vara för stram
Engel *m* ängel [ängel] *u*
England *s* England [englann] *s*
Engländer *m* engländare [engländarᵉ] *m*, (Person) engelsman [engᵉlßman] *u*
englisch *adj* engelsk [engᵉlßk] ♦ *adv* (på) engelska [(poo) engᵉlßka]
Enkel *m* sonson [ßoonßoon] *u*, dotterson [dotterschoon] *u*
Enkelin *w* sondotter [ßoondotter] *u*, dotterdotter [dotterdotter] *u*
entdecken *v* **1** (Kontinent usw.) *etw. Akk* upptäcka [upptäkka] *ngt* **2** (Verbrechen usw.) *etw. Akk* avslöja [aafßlööja]
Entdeckung *w* upptäckt [upptäkt] *u*
Ente *w* anka [angka] *u*
entfernen *v* **1** *etw. Akk* avlägsna [aawläkßna], ta bort [taa bort] *ngt* **2** (in Ferne bringen) *etw. Akk von etw.* avlägsna [aawläkßna] *ngt från ngt* **3** ***sich*** **~** *von etw.* avlägsna sig [aawläkßna ßej]
entfernt *adj* **1** avlägsen [awläägßen], avsides [aafßiideß] **2** (Ähnlichkeit usw.) avlägsen [awläägßen]
Entfernung *w* avstånd [aafßtonn] *s*
entführen *v etw. Akk* kapa [kaapa], *j-n* kidnappa [kidnappa] *ngn*
Entführung *w* kidnappning [kidnappning] *u*, (eines Flugzeugs usw.) kapning [kaapning] *u*
entgegengesetzt *adj* omvänd [omwänn]
enthalten *v* **1** *etw. Akk* innehålla [inneholla] **2** ***sich*** **~** *etw. Gen* neka sig [neeka ßej] *ngt* **3** ***sich*** **~** *etw. Gen* (Abstimmung usw.) avstå [aafßtoo] *ngt*
entladen *v* **1** (Ladung usw.) lossa [loßßa] **2** (Akkumulator usw.) urladda [üürladda]
entlang *prep etw. Dat* utmed [üütmeed], längs [längß]
entlassen *v* **1** (aus dem Krankenhaus usw.) skriva ut [ßkriiwa üüt] **2** (Arbeiter usw.) *j-n* avskeda [aafcheeda]
entschädigen *v j-n für etw.* kompensera [kompenßeera] *ngn för ngt*, *j-n für etw.* kompensera [kompenßeera] *ngn till ngt*
Entschädigung *w* kompensation [kompenßachuun] *u*
entscheiden *v* **1** *etw. Akk* bestämma [beßtämma] *ngt*, avgöra [aawjööra] *ngt* **2** ***sich*** **~** besluta [beßlüüta], bestämma sig [beßtämma ßej]
Entscheidung *w* beslut [beßlüüt] *s*
Entschluss *m* sammanfattning [ßammanfattning] *u*
entschuldigen *v* **1** ***sich*** **~** *bei j-m für etw.* be om ursäkt [bee om üürschäkt] *för ngt till ngn* **2** (Grund mitteilen) *j-n/etw.* ursäkta [urschäkta] *ngn/ngt* **3** (Verständnis zeigen) *j-n/etw.* ursäkta [urschäkta] *ngn/ngt* ► **E~ Sie!** Ursäkta!
Entschuldigung *w für etw.* ursäkt [üürschäkt] *u* ► **~!** Ursäkta!
entspannen *v* ***sich*** **~** koppla av [koppla aaw]
entsprechen *v etw. Dat* motsvara [muudswaara] *osv.*
entsprechend *adj* **1** *etw. Dat* motsvarande [muudswaarandᵉ] *ngt* **2** (Amt usw.) tillhörande [tillhöörandᵉ] ♦ *adv* rimligt [rimlit], skäligt [chäälit]
entstehen *v* uppstå [uppßtoo], bli till [blii till]
enttäuschen *v j-n* desillusionera [deßilußioneera] *ngn*, *j-n* göra besviken [jööra beßwiiken]
Enttäuschung *w* besvikelse [beßwiikelßᵉ] *u*
entweder **~… oder** antingen … eller
entwenden *v j-m etw. Akk* stjäla [chääla] *ngt*
entwerfen *v* utforma [üütforma], *etw. Akk* designa [dißajna] *ngt*
entwickeln *v* **1** *etw. Akk* utveckla [üütwekkla] *ngt* **2** (entstehen lassen) *etw. Akk* utveckla [üütwekkla] **3** (Druck usw.) utveckla [üütwekkla] **4** (Film) framkalla [framkalla]
Entwicklung *w* utveckling [üütwekkling] *u*

Entwurf *m* **1** (einer Konstruktion usw.) konstruktion [konßtrukchuun] *u* **2** (schriftlicher) utkast [üütkaßt] *s*
Entzündung *w* inflammation [inflamachuun] *u*
er *pron* han [han]
erbauen *v* bygga [bygga], bygga upp [bygga upp]
Erbe[1] *s* arv [arw] *s*
Erbe[2] *m etw. Gen* arvinge [arwing^{e}] *u*
erben *v etw. Akk von j-m* ärva [äärwa] *ngt efter ngn*, få i arv [foo i arw]
Erbse **~n** ärta *u*
Erdapfel *m* (ÖrD) potatis [potaatiß] *u*
Erdbeben *s* jordbävning [juurdbääwning] *u*
Erdbeere *w* jordgubbe [juurdgubb^{e}] *u*
Erde *w* **1** jord [juurd] *u* **2** (Oberfläche) jord [juurd] *u*, mark [mark] *u* **3** (Planet) Jorden [juurden] *u* ► **unter der ~** under jorden
Erdgeschoss *s* bottenvåning [bottenwooning] *u*
Erdnuss *w* jordnöt [juurdnööt] *u*
Erdöl *s* råolja [rooolja] *u*, petroleum [petroleeum] *s*, mineralolja [mineraalolja] *u*
Ereignis *s* händelse [händ^{e}lß^{e}] *u*, upplevelse [uppleew^{e}lß^{e}] *u*
erfahren[1] *v etw. Akk, über etw. Akk* få veta [foo weeta] *ngt*
erfahren[2] *adj* *adj* erfaren [eerfaaren] ♦ *adv* sakkunnigt [ßaakkunnit]
Erfahrung *w* erfarenhet [eerfaarenheet] *u*
erfinden *v* tänka ut [tängka üüt], (Glühbirne usw.) *etw. Akk* uppfinna [uppfinna]
Erfindung *w* **1** (Gerät usw.) uppfinning [uppfinning] *u* **2** (Erdichtung) påhitt [poohitt] *u*
Erfolg *m* framgång [framgoong] *u*; **~ haben** *bei etw.* lyckas *med ngt*
erfolgreich *adj* framgångsrik [framgongßriik] ♦ *adv* framgångsrikt [framgongßrikt]
erforschen *v etw. Akk* forska [forschka]
erfrischen *v* förfriska [förfrißka], friska upp [frißka upp] ► **sich ~** *mit etw.* förfriska sig
Erfrischung *w* förfriskning [förfrißkning] *u*
ergänzen *v* komplettera [kompleteera]
Ergänzung *w* tillägg [tillägg] *s till ngt*
Ergebnis *s etw. Gen* resultat [reßultaat] *s*
ergreifen *v* **1** (mit der Hand) *etw. Akk* gripa [griipa] *ngt* **2** (beherrschen) *etw. Akk* beslagta [beßlaagtaa] *ngt* **3** (anfangen) *etw. Akk* sätta igång [ßätta igong] *med ngt* **4** (Krankheit usw.) *etw. Akk* drabba [drabba] *ngt*
erhalten *v* **1** (Brief usw.) *etw. Akk* ta emot [taa emuut] **2** (Entwicklung usw.) bevara [bewaara], upprätthålla [upprättholla] **3** ***sich*** **~** vara bevarat [waara bewaarat] ► **sich ~** vara väl bevarad
erhöhen *v* **1** (Mauer usw.) höja [höja] **2** (Wert usw.) *etw. Akk* öka [ööka], höja [höja] **3** ***sich*** **~** (Volumen usw.) öka [ööka] **4** (Spannung usw.) öka [ööka], förhöja [förhööja] ► **den Lohn ~** *j-m* öka, ge mer
erholen *v* **1** ***sich*** **~** (ausruhen) slappna av [ßlappna aaw], vila [wiila] **2** ***sich*** **~** (gesund werden) *von etw.* tillfriskna [tillfrißkna] **3** ***sich*** **~** *von etw.* ta sig samman [taa ßej ßamman] *efter ngt*, *von etw.* tillfriskna [tillfrißkna]
Erholung *w* **1** (von Krankheit) tillfrisknande [tillfrißknand^{e}] *s* **2** (Ausruhen usw.) rekreation [rekreeachuun] *u*
erinnern *v* **1** ***sich*** **~** *an j-n/etw.* komma ihåg [komma ihoog] *ngn/ngt*, minnas [minnaß] *ngn/ngt*, *an j-n/etw.* komma ihåg [komma ihoog] *ngt/ngn* **2** (an Erlebnis usw.) *j-n an etw. Akk* erinra sig [erinra ßej] *om ngt* **3** (an Pflicht usw.) *j-n an etw. Akk* påminna [poominna] *ngn om ngt*
Erinnerung *w* **1** *an j-n/etw.* minne [minn^{e}] *s av ngn/ngt* **2** *etw. Dat* påminnelse [poominn^{e}lß^{e}] *u*
Erkältung *w* förkylning [förschülning] *u*
erkennen *v* **1** (in der Ferne usw.) känna igen [schänna ijen] **2** (Freund usw.) *j-n/etw.* känna igen [schänna ijen] *ngn* **3** (Umrisse in Dunkelheit usw.) *etw. Akk* känna igen [schänna ijen] *ngt*
erklären *v* **1** (Problematik usw.) *j-m etw. Akk* förklara [förklaara] **2** (sagen) tillkännage [tillschännajee]
Erklärung *w* **1** förklaring [förklaaring] *u* **2** (Mitteilung) redogörelse [reedojöör^{e}lß^{e}] *u*
erkranken *v an etw. Dat* bli sjuk [blii chüük]
erkundigen *v* ***sich*** **~** *nach j-m/etw.* fråga [frooga]
erlauben *v* tillåta [tilloota], *j-m etw. Akk* möjliggöra [möjligjööra] *ngt*
Erlaubnis *w* tillåtelse [tilloot^{e}lß^{e}] *u*, tillstånd [tillßtond] *s*
erlaubt *adj* tillåten [tillooten]
erleben *v* **1** *etw. Akk* uppleva [uppleewa] *ngt* **2** (Alter) *etw. Akk* leva [leewa] *till*
Erlebnis *s* upplevelse [uppleew^{e}lß^{e}] *u*
erledigen *v etw. Akk* arrangera [arancheera] *ngt*, (Bestellung usw.) lösa [löößa]
erleichtern *v* **1** göra *ngt* lättare [jööra lättar^{e}], *j-m etw. Akk* lätta [lätta] *ngt för ngnn*, (einfacher machen) *etw. Akk* underlätta [und^{e}rlätta] *ngt* **2** (seelisch) *etw. Akk* lätta [lätta]
Ermäßigung *w* rabatt [rabatt] *u*

ermöglichen *v (j-m) etw. Akk* göra *ngt* möjligt [jööra möjlit] *för ngn*, möjliggöra [möjligjööra] *ngt för ngn*

ermorden *v j-n* mörda [möörda] *ngn*

ermüden *v* **1** bli trött [blii trött] *av ngt* **2** *j-n* trötta [trötta]

Ernährung *w* näring [nääring] *u*, (Regime) kost [koßt] *u*

ernst *adj* **1** allvarlig [allwaarli] **2** (Lage usw.) allvarlig [allwaarli], viktig [wikti] ♦ *adv* allvarligt [allwaarlit], seriöst [ßeriöößt] ► **Meinen Sie das ~?** Menar du det på allvar?

Ernst *m* allvarlighet [allwaarliheet] *u*, allvar [allwaar] *s*; **Im ~?** Verkligen?

ernsthaft *adj* allvarlig [allwaarli] ♦ *adv* allvarligt [allwaarlit]

ernstlich *adv* allvarligt [allwaarlit]

Ernte *w* skörd [chöörd] *u*

ernten *v* **1** (Getreide usw.) *etw. Akk* skörda [chöörda] **2** (Ergebnisse seiner Bemühungen usw.) skörda [chöörda]

eröffnen *v* **1** (Ausstellung usw.) *etw. Akk* öppna [öppna], inviga [inwiiga] **2** (Aktion usw.) *etw. Akk* lansera [lanßeera] *ngt*, starta [ßtarta] *ngt*, (Aktion usw.) *etw. Akk* sätta igång [ßätta igong]

Eröffnung *w* öppnande [öppnande] *s*

erpressen *v etw. Akk von j-m* pressa [preßßa] *ngt av ngn*, *j-n* utpressa [üütpreßßa]

erraten *v* gissa korrekt [jißßa korekt], hitta på [hitta poo] *ngt*

erregen *v* **1** (emotional) *j-n* hetsa upp [hedsa upp] *ngn* **2** (sexuell) *j-n* upphetsa [upphedsa] *ngn* **3** (hervorrufen) *etw. Akk* ge upphov till [jee upphuuw till] *ngt*

erreichbar *adj* tillgänglig [tilljenglig], åtkomlig [ootkomli]

erreichen *v* **1** (berühren) *etw. Akk* uppnå [uppnoo] **2** (zu Hause usw.) *j-n* hinna ifatt [hinna ifatt] *ngn* **3** (Niveau usw.) *etw. Akk* uppnå [uppnoo] *ngt* **4** *etw. Akk* uppnå [uppnoo] *ngt*, (realisieren) *etw. Akk* åstadkomma [ooßtadkomma]

errichten *v* grunda [grunda], *etw. Akk* bygga [bygga]

Ersatz *m* **1** *für etw.* surrogat [ßurogaat] *s*, erstättning [eerschtättning] *u* **2** *für etw.* kompensation [kompenßachuun] *u*

Ersatzteile *s Mz* reservdelar [reßerwdeelar] *u Mz*

erscheinen *v* visa sig [wiißa ßej], uppträda [uppträäda]

erschießen *v j-n* skjuta ihjäl [chüüta ijääl]

erschöpfen *v j-n* trötta ut [trötta üüt] *ngn*, *j-n* utmatta [üütmatta] *ngn*

erschöpft *adj* utmattad [üütmattad]

erschrecken[1] *v* (Angst bekommen) bli förskäckt [blii förchäkkt] *över ngt*, bli skrämd [blii ßkrämd], *vor j-m, über etw. Akk* bli skrämd [blii ßkrämd] *av ngt*, *vor j-m/etw.* bli rädd [blii rädd] *för ngt/ngn*

erschrecken[2] *v* (Angst einjagen) skrämma [ßkrämma], *j-n* skrämma upp [ßkrämma upp] *ngn*

ersetzen *v* **1** *j-n/etw. durch j-n/etw.* ersätta [eerschätta] *ngn/ngt* **2** (Nachfolger usw.) *j-n/etw.* ersätta [eerschätta] *ngn/ngt* **3** (Geldverlust usw.) *j-m etw. Akk* kompensera [kompenßeera] *ngn till ngt*

ersparen *v etw. Akk* spara [ßpaara], (Geld) spara till [ßpaara till] *ngt*

erst *part* **1** (nicht früher als) först [förscht], först sedan [förscht ßen] **2** (vor kurzer Zeit) endast [endaßt]

erst(er,e,es) *num* första [förschta]

Erste-Hilfe-Kasten *m* förbandslåda [förbanndslooda] *u*

ersticken *v* **1** kvävas [kwääwaß] **2** *j-n* kväva [kwääwa] *ngn*, (töten) kväva [kwääwa] *ngn*

erstmals *adv* första gången [förschta gongen], först [förscht]

Ertrag *m* avkastning [aafkaßtning] *u*

ertragen *v* tåla [toola], *etw. Akk* stå ut [ßtoo üüt], tåla [toola] *ngn/ngt*, uthärda [üüthäärda] *ngt*

ertrinken *v* drunkna [drungkna]

erwachsen *adj* vuxen [wukßen]; **~ werden** växa upp, bli vuxen

Erwachsene *m* vuxen [wukßen] *u*

erwägen *v etw. Akk* beakta [beakta] *ngt*, *etw. Akk* överväga [ööwerwääga] *ngt*

Erwägung *w* övervägande [ööwerwäägande] *s*; **in ~ ziehen** *etw. Akk* beakta *ngt*

erwähnen *v j-n/etw.* nämna [nämna] *ngt, om ngt*, (Quelle usw.) *etw. Akk* nämna [nämna] *ngt*

erwärmen *v* **1** *etw. Akk* värma [väärma] *ngt*, värma upp [wäärma upp] *ngt* **2** ***sich* ~** (warm werden) värma sig [wäärma ßej]

erwarten *v* **1** (Besuch usw.) *j-n/etw.* invänta [inwännta] *ngt*, vänta på [wänta poo] *ngn/ngt* **2** (voraussetzen usw.) *etw. Akk* vänta sig [wänta ßej] *ngt*

Erwartung *w* förväntning [förwäntning] *u*

erwecken *v etw. Akk* väcka [wäkka]

erweitern *v* **1** (Weg usw.) *etw. Akk* utvidga [üütwidga] **2** ***sich* ~** vidga [widdga] **3** (Kenntnisse usw.) *etw. Akk* utvidga [üütwidga] *ngt*

erzählen *v j-m etw. Akk* berätta [berätta] *om ngt för ngn*, *j-m etw. Akk* berätta [berätta] *ngn om ngt*

Erzählung *w* **1** (von Erlebnis usw.) berättande [berättande] *s*, berättelse [berättelße] *u* **2** (Werk) berättelse [berättelße] *u*
erzeugen *v* producera [produßeera], framställa [framßtälla], tillverka [tillwerka], (Energie usw.) alstra [alßtra]
Erzeuger *m von etw.* tillverkare [tillwerkare] *u*, producent [produßent] *u*
Erzeugnis *s* produkt [produkt] *u*
erziehen *v j-n* träna [trääna] *ngn*, *j-n* uppfostra [uppfoßtra] *ngn*
Erziehung *w* uppfostran [uppfoßtran] *u*
es *pron* det [de], den [den]
Esel *m* åsna [ooßna] *u*
essbar *adj* ätbar [äätbaar]
essen *v* äta [ääta]; **zu Abend ~** äta middag
Essen *s* mat [maat] *u*, föda [fööda] *u*
Essig *m* ättika [ättika] *s*
Esszimmer *s* matsal [maadsaal] *u*
Etage *w* våning [wooning] *u*
Etui *s* pennfodral [pennfudraal] *s*
etwa *adv* ungefär [ungefäär], cirka [ßirka]
etwas *adv* obetydligt [uubetüdlit] ♦ *pron* något [not]
euer, eure *pron* er, era [eer, eera]
Eule *w* uggla [uggla] *u*
Euro *m* euro [eeuro] *u*
Europa *s* Europa [euroopa] *s*
Europäer *m* europé [europee] *m*
europäisch *adj* europeisk [europeeißk]
ewig *adj* evig [eewi] ♦ *adv* **1** för alltid [föör alltid] **2** (für immer) evigt [eewit], för evigt [föör eewit]
existieren *v* existera [ekßißteera]
Experiment *s* experiment [ekßperiment] *s*
extra *adv* **1** (noch dazu) extra [ekßtra] **2** (eingepackt usw.) separat [ßeparaat]

F

Fabrik *w* fabrik [fabriik] *u*
Fach *s* **1** (im Schrank usw.) fack [fakk] *u* **2** (in der Schule usw.) ämne [ämne] *s*
Fachausdruck *m* term [term] *u*
Fächer *m* solfjäder [ßuulfjääder] *u*
fachlich *adj* fack- [fakk] ♦ *adv* professionellt [profechunellt]
Fachmann *m für etw.* expert [ekßpert] *u på ngt*, sagesman [ßaageßman] *u på ngt*
fade *adj* svag [ßwaag]
Faden *m* tråd [trood] *u*
fähig *adj* **1** (geschickt usw.) duktig [dukti], kapabel [kapaabel] **2** *zu etw.* duktig [dukti] *på ngt*, skicklig [chikkli] *på ngt*, kapabel [kapaabel] *av ngt*
Fähigkeit *w* förmåga [förmooga] *u*
Fahne *w* flagga [flagga] *u*
Fahrbahn *w* körbana [schöörbaana] *u*
Fähre *w* färja [färja] *u*
fahren *v* **1** (sich bewegen) *irgendwohin* åka [ooka] *någonstans* **2** (transportiert werden) *mit etw.* åka [ooka] *ngt* **3** *j-n irgendwohin* köra [schööra] *ngn någonstans*, *j-n/etw. irgendwohin* köra [schööra] *ngn/ngt bort* **4** *j-n/etw. irgendwohin* transportera [tranßporteera] *ngn/ngt någonstans* **5** (Auto) *etw. Akk* köra [schööra] **6** (Fahrrad usw.) *etw. Akk* åka [ooka] *ngt* **7** (mit der Bahn usw.) *mit etw.* åka [ooka] *ngt* **8** *j-n irgendwohin* skjutsa [chudsa] *ngn* **9** (mit dem Auto) *in etw. Akk* köra [schööra] *någonstans, i ngt*
Fahrer *m* **1** chaufför [schoföör] *u*, (Motorradfahrer usw.) förare [föörare] *u* **2** (von Beruf usw.) chaufför [schoföör] *u*
Fahrgeld *s* biljetpris [biljetpriiß] *s*
Fahrkarte *w* biljett [biljett] *u*
Fahrkartenautomat *m* biljettautomat [biljettautomaat] *u*
Fahrplan *m* tidtabell [tiittabell] *u*
Fahrpreis *m* biljettpris [biljettpriiß] *s*
Fahrrad *s* cykel [ßükel] *u*
Fahrschein *m* biljett [biljett] *u*
Fahrspur *w* fil [fiil] *u*
Fahrstuhl *m* hiss [hißß] *u*
Fahrt *w* skjuts [chüüds] *u*; **Gute ~.** Trevlig resa!
Fahrzeug *s* **1** (Wagen usw.) fordon [furdon] *s* **2** (Schiff, Boot usw.) fartyg [fartüg] *s*
fair *adj* rättvis [rättwiiß] ♦ *adv* schysst [chyßßt], skäligt [chäälit]
Fakt *m/s* faktum [faktum] *s*
Fall *m* **1** fall [fall] *s* **2** (Grammatik) kasus [kaaßuß] *u* ▶ **im ~, dass...** ifall (att)...
Falle *w* fälla [fälla] *u*
fallen *v* **1** (zum Boden) falla (ner) [falla (neer)] **2** (Preise usw.) sjunka [chungka], tappa [tappa] **3** (stürzen) landa [landa] **4** (im Krieg) stupa [ßtüüpa] **5** (in eine Kategorie) *in etw. Akk* falla in [falla in] *under* ▶ **~ lassen** *etw. Akk* tappa *ngt*
falls *conj* om [om]; **~...** ifall (att)...
falsch *adj* **1** (Diamant usw.) oäkta [uuäkta] **2** (Antwort usw.) felaktig [feelakti], orätt [uurätt] ♦ *adv* **1** (antworten usw.) felaktig [feelakti] **2** (beschuldigen) falskt [falßkt], med orätt [me uurätt]
Falte *w* **1** (Stoff usw.) veck [wekk] *s* **2** (Runzel) rynka [ryngka] *u* ▶ **~n** (im Gesicht) rynkor *u Mz*
falten *v* vika [wiika]
Familie *w* familj [familj] *u*
Familienname *m* efternamn [efternamn] *s*

fangen *v* **1** (Tier usw.) *etw. Akk* fånga [fonga] *ngt* **2** (Ball usw.) fånga [fonga]
Fantasie *w* fantasi [fantaßii] *u*
fantastisch *adj* fantastisk [fantaßtißk], underbar [underbaar] ♦ *adv* fantastiskt [fantaßtißt]
Farbe *w* färg [fäärj] *u*
färben *v* färga [fäärja], (malen usw.) färglägga [fäärjlägga]
Farbton *m* nyans [nyanß] *u*
Fass *s* fat [faat] *s*, tunna [tunna] *u*
Fassade *w* fasad [faßaad] *u*
fassen *v* **1** (festhalten) ta [taa], gripa [griipa] **2** (Täter usw.) gripa [griipa], arrestera [areßteera] **3** (in Worte usw.) träffa [träffa] **4** *sich* ~ hämta sig [hämta ßej], komma till sanns [komma till ßannß]
fast *adv* nästan [näßtan]
Fastenzeit *w* fasta [faßta] *u*
faul *adj* **1** (Obst usw.) rutten [rutten] **2** (Mensch usw.) lat [laat]
Faust *w* näve [nääwe] *u*
Fax *s/m* fax [fakß] *s*, (Gerät) fax [fakß] *u*
Faxgerät *s* fax [fakß] *u*
Februar *m* februari [februaari] *u*
Feder *w* **1** fjäder [fjääder] *u* **2** (aus Stahl usw.) fjäder [fjääder] *u*, spiraljäder [ßpiraaljääder] *u*
fegen *v etw. Akk* sopa [ßuupa]
fehlen *v* **1** *j-m an etw. Dat* saknas [ßaaknaß] **2** (gestohlen werden usw.) fattas [fattaß], saknas [ßaaknaß] **3** (nicht teilnehmen) *irgendwo* vara frånvarande [waara froonwaarande] **4** *j./etw. j-m* sakna [ßaakna] *ngt/ngn*
Fehler *m* **1** (Verstoß) fel [feel] *s* **2** (an einer Ware usw.) brist [brißt] *u*, fel [feel] *s* **3** (Funktionsfehler usw.) fel [feel] *s*
fehlerhaft *adj* felaktig [feelakti]
Fehlgeburt *w* missfall [mißßfall] *s*
Feier *w* fest [feßt] *u*, firande [fiirande] *s*
feierlich *adj* ceremoniell [ßeremoniell]
feiern *v* **1** fira [fiira] **2** (eine Party haben) festa [feßta]
Feiertag *m* helgdag [heljdaa] *u*
feige *adj* feg [feeg]
Feige *w* fikon [fiikon] *s*
Feile *w* fil [fiil] *u*
feilschen *v mit j-m um etw.* pruta [prüüta] *med ngn om ngt*, förhandla [förhandla] *med ngn om ngt*
fein *adj* **1** fin [fiin] **2** (Figur usw.) subtil [ßubtiil] ♦ *adv* fint [fiint]
Feind *m* fiende [fiende] *u*, ovän [uuwän] *u*
feindlich *adj* fientlig [fientli], ovänlig [uuwänli]
Feld *s* **1** (Grundstück) fält [fält] *s* **2** (im Fragebogen usw.) ruta [rüüta] *u*
Fell *s* päls [pälß] *u*
Felsen *m* klippa [klippa] *u*
Fenchel *m* fänkål [fängkool] *u*
Fenster *s* fönster [fönßter] *s*
Ferien *Mz* lov [loow] *s*
Ferienhaus *s* sommarhus [ßommarhüüß] *s*
Ferienwohnung *w* semesterlägenhet [ßemeßterlägenheet] *u*
fern *adj* avlägsen [awläägßen]
Fernbedienung *w* fjärrkontroll [fjärrkontroll] *u*, fjärrstyrning [fjärrschtürning] *u*
Ferngespräch *s* rikssamtal [riikßßamtaal] *s*
Fernglas *s* kikare [schiikare] *u*
fernsehen *v* titta på TV [titta poo teewe]
Fernsehen *s* television [telewichuun] *u*, teve [teewee] *u*
Fernseher *m* television [telewichuun] *u*
Fernstraße *w* landsväg [landswääg] *u*
Ferse *w* häl [hääl] *u*
fertig *adj* **1** (Arbeit usw.) färdig [fäärdi], avklarad [aafklaarad] **2** (Essen usw.) beredd [beredd] ► **(gerade) ~ sein** *mit etw.* (just) avsluta *ngt*
fest *adj* **1** fast [faßt] **2** (klar bestimmt) fix [fikß] ♦ *adv* fast [faßt] ► **~ (angezogen)** (Schraube usw.) åtdragen
Fest *s* festmåltid [feßtmooltiid] *u*, (Veranstaltung) fest [feßt] *u*, firande [fiirande] *s*
Festland *s* fastland [faßtlann] *s*
festlegen *v* fastställa [faßdställa], (Termin usw.) *etw. Akk* bestämma [beßtämma]
festlich *adj* festlig [feßtli]
festnehmen *v j-n* kvarhålla [kwaarholla] *ngn*
feststellen *v etw. Akk* ta reda på [taa reeda poo] *ngt*, (sagen usw.) konstatera [konßtateera], slå fast [ßloo faßt]
Festung *w* fästning [fäßtning] *u*
fett *adj* **1** (Fleisch usw.) fet [feet] **2** (Mensch) tjock [schokk]
Fett *s* fett [fett] *s*
fettig *adj* fet [feet]
feucht *adj* fuktig [fukti], blöt [blööt] ♦ *adv* fuktigt [fuktit]
Feuchtigkeit *w* **1** (der Luft) fuktighet [fuftiheet] *u* **2** (Wassertropfen usw.) fukt [fukt] *u*
Feuer *s* **1** (Flammen) eld [eld] *u* **2** bål [bool] *s*, brasa [braaßa] *u* ► **das ~ anmachen** tända upp
Feuerlöscher *m* brandsläckare [brandsläkkare] *u*
feuern *v j-n* avskeda [aafcheeda] *ngn*
Feuerwaffe *w* skjutvapen [chüütwaapen] *s*
Feuerwehr *w* brandkår [brandkoor] *u*

Feuerwehrmann *m* brandman [brandman] *u*
Feuerzeug *s* tändare [tändar^{e}] *u*
Fieber *s* feber [feeb^{e}r] *u*
Figur *w* **1** figur [figüür] *u* **2** (eines Films usw.) karaktär [karaktäär] *u*
Filet *s* filé [filee] *u*
Filiale *w* filial [filiaal] *u*
Film *m* **1** (Spielfilm) film [film] *u* **2** (Schicht) beläggning [beläggning] *u*
filmen *v* filma [filma]
Filter *m* filter [filter] *s*
finanziell *adj* finansiell [finanßiell]
finden *v* **1** hitta [hitta] **2** *etw. Akk irgendwie* tycka [tykka] ► **(den Weg)** ~ *irgendwohin* hitta fram, hitta vägen; **Gefallen** ~ *an j-m/etw.* fatta tycke *för ngn/ngt*
Finger *m* finger [fing^{e}r] *s*
finster *adj* bister [bißt^{e}r]; ~ **ansehen** *j-n* se buttert *på ngn*
Firma *w* firma [firma] *u*
Fisch *m* **1** fisk [fißk] *u* **2** ~**e** Fiskarna [fißkarna] *u Mz*
Fischer *m* fiskare [fißkar^{e}] *u*
flach *adj* **1** platt [platt], slät [ßläät] **2** (Stein usw.) platt [platt] **3** (Teich, Teller usw.) grund [grund]
Fläche *w* **1** (sehr große usw.) vidd [widd] *u*, areal [areaal] *u* **2** (Arbeitsfläche usw.) yta [üta] *u* **3** (Ausmaß) yta [üta] *u*
Flagge *w* flagga [flagga] *u*
Flamme *w* låga [looga] *u*
Flasche *w* flaska [flaßka] *u*
Flaschenöffner *m* flasköppnare [flaßköppnar^{e}] *u*
Fleck *m* fläck [fläkk] *u*
Fledermaus *w* fladdermus [fladdermüüß] *u*
Fleisch *s* kött [schött] *s*
Fleischer *m* slaktare [ßlaktar^{e}] *u*
Fleischerei *w* slakteri [ßlakterii] *s*
fleißig *adj* arbetsam [arbeedsam], flitig [fliiti]
flicken *v* laga [laaga], stoppa [ßtoppa]; **den Schlauch** ~ laga punktering
Fliege *w* fluga [flüüga] *u*
fliegen *v* **1** flyga [flüga] **2** *etw. Nom aus etw.* flyga ut [flüga üüt] *ur ngt*
fliehen *v irgendwoher* fly [flü] *från ngt*, rymma [rymma] *från ngt*
fließen *v* strömma [ßtrömma], (Wasser, Tränen usw.) flyta [flüta], rinna [rinna]
flirten *v mit j-m* flörta [flöörta]
Floh *m* loppa [loppa] *u*
Flosse *w* fena [feena] *s*
Flöte *w* flöjt [flöjt] *u*
fluchen *v* skälla [challa] *på ngn*, gräla [gräala] *på ngn*, svära [ßwääara]
Flug *m* flygning [flügning] *u*
Flugbegleiter *m* steward [ßtjuuard] *u*
Flugbegleiterin *w* flygvärdinna [flügwärdinna] *u*
Flügel *m* **1** (Körperteil) vinge [wing:^{e}] *u* **2** (einer Armee usw.) flank [flangk] *u*
Fluggesellschaft *w* flygbolag [flügbulaag] *s*
Flughafen *m* flygplats [flügplads] *u*
Flughafenterminal *m/s* terminal [terminaal] *u*
Flugkarte *w* flygbiljett [flügbiljett] *u*
Flugschein *m* flygbiljett [flügbiljett] *u*
Flugticket *s* flygbiljett [flügbiljett] *u*
Flugzeug *s* flygplan [flügplaan] *s*
Flur *m* korridor [koridoor] *u*
Fluss *m* **1** (Gewässer) flod [fluud] *u*, älv [älw] *u* **2** (des Verkehrs usw.) flöde [flööd^{e}] *s*
flüssig *adj* **1** flytande [flütand^{e}] **2** (Bewegung usw.) kontinuerlig [kontinueerli] ♦ *adv* **1** (reden usw.) flytande [flütand^{e}] **2** (zügig) kontinuerligt [kontinueerlit], oavbrutet [uuaawbrüütet]
Flüssigkeit *w* **1** vätska [wädska] *u* **2** (Sprachgewandtheit) flytande [flütand^{e}]
flüstern *v* viska [wißka]
Flut *w* **1** flod [fluud] *u* **2** (von Geld usw.) *von etw.* tillströmning [tillßtrömmning] *u av ngt*
Föhn *m* hårtork [hoortork] *u*
Folge *w* **1** (von Zahlen usw.) följd [följd] *u* **2** (einer Tat usw.) *etw. Gen, von etw.* konsekvens [konßekwenß] *u* **3** (Ergebnis) *etw. Gen, von etw.* följd [följd] *u* **4** (Film usw.) *von etw.* fortsättning [furtschättning] *u* ► **als** ~ *etw. Gen* till följd *av ngt*
folgen *v* **1** (nachgehen) *j-m/etw.* följa [följa] *ngn/ngt*, efterträda [efterträäda] *ngn/ngt* **2** (einen Verdächtigen usw.) *j-m/etw.* följa (efter) [följa (efter)] **3** (in gewisser Reihenfolge) *nach etw.* följa [följa] *efter ngt* **4** (Chef usw.) *j-m/etw.* lyda [lüda] *ngn/ngt* **5** (Schluss usw.) *aus etw.* framgå [framgoo] *av ngt*
Folklore *w* folklore [folkloor] *u*
fordern *v* **1** *etw. Akk* fordra [furdraa] *ngt* **2** *etw. Akk von j-m* fordra [furdraa], kräva [krääwa] **3** (viel Zeit usw.) *etw. Akk* kräva [krääwa] **4** (Unfall – Opfer) *etw. Akk* kräva [krääwa] *ngt*
fördern *v* **1** (Entwicklung usw.) *etw. Akk* främja [främja] **2** (Kohle usw.) bryta [brüta], *etw. Akk* utvinna [üütwinna] *ngt*
Forderung *w* **1** krav [kraaw] *s* **2** (finanzieller Anspruch) fordring [furdring] *u* ► ~**en** *an j-n/etw.* begäran *u av ngn/ngt*
Forelle *w* forell [forell] *u*
Form *w* form [form] *u*

Formular *s* formulär [formuläär] *s*
Forschung *w* forskning [forschkning] *u*
fortgeschritten *adj* **1** (Technik usw.) avancerad [awanßeerad] **2** (Stufe usw.) mellanliggande [mellanliggand^{e}]
Fortschritt *m* **1** framsteg [framßteeg] *s* **2** (einer Krankheit usw.) förlopp [förlopp] *s*
fortsetzen *v etw. Akk* fortsätta [furtschätta]
Fortsetzung *w* **1** (einer Tätigkeit usw.) *etw. Dat* fortsättning [furtschättning] *u* **2** (Film usw.) *von etw.* fortsättning [furtschättning] *u*
Foto *s* fotografi [fotografii] *s*, foto [footo] *s*
Fotoapparat *m* kamera [kaamera] *u*
Fotografie *w* **1** fotografi [fotografii] *s*, foto [footo] *s* **2** (Hobby, Bereich usw.) fotografering [fotografeering] *u*
fotografieren *v etw. Akk* fotografera [fotografeera], ta en bild [taa en bild], *j-n/etw.* fotografera [fotografeera] *ngn/ngt*, ta bilder av [taa bilder aaw] *ngn/ngt*
fotokopieren *v* fotokopiera [fotokopiiera], *etw. Akk* kopiera [kopieera] *ngt*
Fracht *w* last [laßt] *u*
Frage *w* fråga [frooga] *u* ► *j-m* **eine ~ stellen** ställa en fråga
Fragebogen *m* frågeformulär [froogeformuläär] *s*
fragen *v* **1** *j-n nach j-m/etw.* fråga [frooga] *ngn om ngn/ngt*, *j-n nach j-m/etw.* fråga [frooga] *ngn om ngt* **2** ***sich*** *etw. Akk* ~ fundera [fundeera] *över ngt* ► **Ich frage mich, ob…** Jag undrar om…
Fragezeichen *s* frågetecken [froogetekken] *s*
Frankreich *s* Frankrike [frangkriik^{e}], Frankrike [frangkriik^{e}] *s*
Franzose *m* fransman [franßman] *m*, fransman [franßman] *u*
französisch *adj* fransk [franßk] ♦ *adv* franska [franßka]
Frau *w* **1** (weibliche Person) kvinna [kwinna] *u* **2** (Gattin) fru [früü] *u*, hustru [hußtru] *u* ► ~ X fru X
Fräulein *s* fröken [frööken] *u*
frech *adj* fräck [fräkk] ♦ *adv* fräckt [fräkkt]
frei *adj* **1** fri [frii] **2** (Platz) ledig [leedig] **3** (umsonst) kostnadsfri [koßtnadsfrii] ♦ *adv* fritt [fritt] ► ~ **machen** (Weg usw.) göra fri väg
Freibad *s* friluftsbad [friilufdsbaad] *s*
Freiheit *w* frihet [friiheet] *u*
Freitag *m* fredag [freeda] *u*
freiwillig *adj* frivillig [friiwilli] ♦ *adv* frivilligt [friiwillit]
Freizeit *w* fritid [friitiid] *u*
Freizeitpark *m* nöjespark [nööjeßpark] *u*
fremd *adj* **1** (ausländisch) utländsk [üütländsk], främmande [främmand^{e}] **2** (nicht mein) någon annans [non annanß] **3** (unbekannt) främmande [främmand^{e}]
Fremde *m* främling [främling] *u*
Freude *w* glädje [gläädj^{e}] *u*; ~ **machen** *j-m* glädja *ngn*, vara till behag *ngn*
freuen *v* **1** ***sich*** ~ *über etw. Akk* glädja sig [gläädja ßej] *över ngt* **2** ***sich*** ~ *auf etw. Akk* se fram emot [ßee fram emuut] *ngt* **3** *j-n* glädja [gläädja] *ngn* ► **Freut mich.** Trevligt att träffas.
Freund *m* **1** (Bekannter) kompis [kompiß] *u*, kamrat [kamraat] *u*, (Bekannter) vän [wän] *u* **2** (Partner) pojkvän [pojkwän] *u*
Freundin *w* **1** väninna [wäninna] *u* **2** (Partnerin) flickvän [flikkwän] *u*
freundlich *adj* vänlig [wänli]
Frieden *m* **1** (nicht Krieg) fred [freed] *u* **2** (Ungestörtheit) lugn [lungn], lugn [lungn] *s*
Friedhof *m* kyrkogård [schyrkogoord] *u*
frieren *v* **1** (Wetter) frysa på [früßa poo] **2** (Wasser usw.) frysa [früßa]
frisch *adj* **1** färsk [färschk] **2** (Aussehen usw.) fräsch [fräsch] ♦ *adv* ny- [nü]
Friseur *m* frisör [frißöör] *u*
Friseursalon *m* frisörsalong [frißöörschalong:] *u*
Frist *w* frist [frißt] *u*
Frisur *w* hårfrisyr [hoorfrißür] *u*
froh *adj* glad [glaad], glädjande [gläädjand^{e}]; ~ **sein** *über etw. Akk* vara glad *över ngt*
fröhlich *adj* glad [glaad]
Frosch *m* groda [gruuda] *u*
Frost *m* frost [froßt] *u*
Frucht *w* frukt [frukt] *u*, (ungeboren) foster [fußt^{e}r] *s*; **Früchte tragen** bära frukt
fruchtbar *adj* **1** (Feld usw.) bördig [böördi] **2** (Frau usw.) fertil [fertiil] **3** (Schriftsteller usw.) fruktbar [fruktbaar]
früh *adj* **1** tidig [tiidi] **2** (Gemüse usw.) färsk [färschk] ♦ *adv* tidigt [tiidit], bitti [bitti]
früher *adv* **1** tidigare [tiidigar^{e}] **2** (einst) tidigare [tiidigar^{e}], förr [förr], förut [föruüt] ♦ *adj* föregående [fööregooend^{e}]
frühestens *adv* först [förscht], tidigast [tiidigaßt]
Frühling *m* vår [woor] *u*; **im ~** på våren
Frühstück *s* frukost [frukoßt] *u*; **Übernachtung mit ~** övernattning med frukost
frühstücken *v* äta frukost [äata frukoßt]
Fuchs *m* räv [rääw] *u*
fühlen *v etw. Akk* känna [schänna] *ngt*
führen *v* **1** *j-n irgendwohin* leda [leeda] *ngn någonstans* **2** (auf die andere Seite usw.) *j-n über etw. Akk* leda [leeda] *ngn över ngt*

3 (begleiten) *j-n irgendwohin* följa [följa] *ngn, j-n irgendwohin* leda [leeda] *ngn någonstans* **4** (Unternehmen usw.) *etw. Akk* leda [leeda] **5** (im Wettkampf usw.) leda [leeda] **6** (Weg) *irgendwohin/durch etw.* leda [leeda] *till ngt*

Führer *m* **1** ledare [leedar^{e}] *u* **2** (Buch) reseguide [reeßegajd] *u*

Führerschein *m* körkort [schöörkurt] *s*

Führung *w* **1** (eines Betriebes usw.) ledning [leedning] *u* **2** (Führungsorgane) ledning [leedning] *u*, (Personen) ledarskap [leedarschkaap] *s* **3** (Führungsposition) ledning [leedning] *u* **4** (Besichtigung) rundvisning [rundwiißning] *u*

füllen *v* fylla [fylla]

Füllung *w* **1** fyllning [fyllning] *u* **2** (Tätigkeit) påfyllning [poofyllning] *u*

Fundbüro *s* hittegodsexpedition [hittegudsekßpedichuun] *u*

fünf *num* fem [fem]

fünft(er,e,es) *num* femte [femt^{e}]

fünfzehn *num* femton [femton]

fünfzig *num* femtio [femti]

Funke *m* gnista [gnißta] *u*

Funktion *w* **1** (Zweck) *etw. Gen* funktion [fungkchuun] *u* **2** (Posten) funktion [fungkchuun] *u*

funktionieren *v* fungera [fungeera]; **nicht richtig ~** ha en defekt, krångla, fungera dåligt

funktionsfähig *adj* fungerande [fungeerand^{e}]

für *prep* **1** (Zweck usw.) *etw.* för [föör] *ngt* **2** (Geschenk, Nachricht usw.) *j-n* för [föör] *ngn*, till [till] *ngn* **3** (anstatt usw.) *j-n* istället för [ißtället föör] **4** (Preis usw.) *etw.* för [föör] *ngt* **5** (Zeitdauer usw.) i [i], på [poo] ► **Ich brauche ein Zimmer ~ drei Tage.** Jag behöver ett rum för tre dagar.

Furcht *w* skräck [ßkräkk] *u*

furchtbar *adj* förskräcklig [förschkräkkli], förfärlig [förfäärli] ♦ *adv* hemskt [hemßkt]

fürchten *v* **1** *j-n/etw.* vara rädd [waara rädd] *för ngn/ngt*, frukta [frukta] *ngt, etw. Akk* vara rädd för [waara rädd föör] *ngt* **2** *für j-n/etw., um j-n/etw.* bry sig [brü ßej] *om ngn/ngt, für j-n/etw., um j-n/etw.* vara orolig [waara uuruuli] *för ngn*

Fuß *m* fot [fuut] *u* ► **zu ~** till fots

Fußball *m* fotboll [futboll] *u*

Fußboden *m* golv [golw] *s*

Fußgänger *m* fotgängare [fuutgängar^{e}] *u*

Fußgängerübergang *m* övergångsställe [ööwergongßtäll^{e}] *s*

Fußgängerüberweg *m* övergångsställe [ööwergongßtäll^{e}] *s*

Fußgängerzone *w* gågata [googaata] *u*

Fußknöchel *m* ankel [angkel] *u*

Futter[1] *s* (Nahrung) foder [fuud^{e}r] *s*

Futter[2] *s* (Stoff) foder [fuud^{e}r] *s*

füttern *v j-n mit etw.* mata [maata] *ngn med ngt*

G

Gabel *w* **1** gaffel [gaffel] *u* **2** (für Heu usw.) högaffel [höögaffel] *u* **3** (eines Fahrrades usw.) framgaffel [framgaffel] *u*

gähnen *v* gäspa [jäßpa]

Galerie *w* galleri [galerii] *s*

Galle *w* galla [galla] *u*

Gang *m* **1** (Art des Gehens) trav [traaw] *s* **2** (Geschwindigkeit) växel [wäkßel] *u* **3** (im Haus usw.) korridor [koridoor] *u* **4** (zwischen den Sitzen usw.) mittgång [mittgong] *u* **5** (Gericht) maträtt [maaträtt] *u* ► **im Gange sein** äga rum, förlöpa; **in ~ sein** pågå; **in ~ setzen** *etw. Akk* sätta igång, starta

gangbar *adj* framkomlig [framkomli], gångbar [gongbaar]

Gans *w* gås [gooß] *u*

ganz *adj* **1** (völlig) hel [heel] **2** (komplett) hel [heel], fullständig [fullßtändi] **3** (nicht beschädigt) hel [heel] ♦ *adv* absolut [apßolüüt], (allein usw.) helt [heelt] ♦ *part* ganska [ganßka]

ganztägig *adj* hela dagen [heela daagen]

gar *adj* välgjord [wääljuurd] ♦ *part* alls [allß] ► **~ nicht** inte alls

Garage *w* garage [garaash] *s*

Garantie *w* garanti [garantii] *u*

garantieren *v* garantera [garanteera]

Garderobe *w* kapprum [kapprum] *s*, garderob [garderoob] *u*

Gardine *w* gardin [gardiin] *u*

Garnitur *w etw. Gen* uppsättning [uppßättning] *u av ngt*, servis [ßerwiiß] *u av ngt*

Garten *m* trädgård [träädgoord] *u*

Gas *s* **1** (Stoff) gas [gaaß] *u* **2** (Pedal usw.) gaspedal [gaaßpedaal] *u*

Gashebel *s* gaspedal [gaaßpedaal] *u*

Gaspedal *s* gaspedal [gaaßpedaal] *u*

Gasse *w* gränd [gränn] *u*

Gast *m* gäst [jäßt] *u*

gastfreundlich *adj* gästfri [jäßtfrii]

Gastgeber *m* värd [wäärd] *u*

Gasthaus *s* värdshus [wäärdschhüüß] *s*

Gaststätte *w* värdshus [wäärdschhüüß] *s*

Gebäck *s* bakverk [baakwerk] *s*

gebären *v etw. Akk* föda [fööda] *ngn*; **geboren sein/werden** födas

Gebärmutter *w* livmoder [liiwmuuder] *u*

Gebäude *s* byggnad [byggnad] *u*

geben *v j-m etw.* ge [jee] *ngn, ngt till ngn;* **es gibt** det finns
Gebet *s* bön [böön] *u*
Gebiet *s* **1** (Region) område [omroode] *s*, territorium [teritoorium] *s* **2** (einer Tätigkeit usw.) område [omroode] *s*, sfär [ßfäär] *u*
gebildet *adj* **1** (Bildung besitzend) bildad [bildad] **2** *aus etw.* uppbyggd [uppbygd] *av ngt*
Gebirge *s* bergskedja [berjßschedja] *u*, fjäll [fjäll] *s*; **im ~** i fjällen
Gebiss *s* tandrad [tandraad] *u*
gebraten *adj* stekt [ßteekt]
Gebrauch *m etw. Gen* användning [anwändning] *u*, *etw. Gen* bruk [brüük] *s av ngt*, användning [anwändning] *u av ngt*
Gebrauchsanweisung *w* anvisning [anwiißning] *u*, instruktion [inßtrukchuun] *u*
gebraucht *adj* begagnad [begangnad]
gebrochen *adj* bruten [brüüten]
Gebühr *w für etw.* avgift [aawjift] *u*
Geburt *w* **1** (Gebären) förlossning [förloßßning] *u* **2** (einer Tochter usw.) födelse [föödelße] *u*
Geburtsjahr *s* födelseår [föödelßeoor] *s*
Geburtstag *m* födelsedag [föödelßedaa] *u*
Gebüsch *s* buskar [bußkar] *u Mz*
Gedächtnis *s* minne [minne] *s*
Gedanke *m* tanke [tangke] *u*
Gedicht *s* dikt [dikt] *u*
Geduld *w* tålamod [toolamuud] *s*
geduldig *adj* tålmodig [toolmuudi]
geeignet *adj für etw., zu etw.* lämplig [lämplig] *till ngt*, lämpad [lämpad] *till ngt*, (passend) *zu etw., für etw.* lämplig [lämplig] *för ngt* ♦ *adv* passande [paßßande], lämpligt [lämplit]
Gefahr *w* fara [faara] *u*, risk [rißk] *u*
gefährlich *adj* farlig [faarli], riskabel [rißkaabel] ♦ *adv* farligt [faarlit]
gefallen *v j-m* tilltala [tilltaala] *ngn;* **Es gefällt mir.** Jag tycker om det.
Gefallen *m* tjänst [schänßt] *u*
gefangen nehmen *v j-n* fånga [fonga] *ngn*
Gefängnis *s* fängelse [fängelße] *s*
Gefäß *s* **1** (Behälter) container [kontejner] *u*, behållare [behollare] *u* **2** (Ader usw.) blödkärl [blöödschäärl] *s*
Geflügel *s* fjäderfä [fjääderfää] *s*
Gefrierschrank *m* frys [früß] *u*
Gefriertruhe *w* frysbox [früßbokß] *u*
gefroren *adj* frusen [früüßen]
Gefühl *s* **1** känsla [schänßla] *u* **2** (in Fingern usw.) känsel [schänßel] *s*
gegen *prep* **1** (wirken usw.) *j-n/etw.* emot [emuut] *ngn/ngt* **2** *etw.* i jämförelse med [i jämföörelße me] *ngt* **3** (Menge) ungefär [ungefäär] ► **schützen** *j-n/etw.* **~** *etw.* skydda *ngn/ngt* mot *ngt*
Gegend *w* område [omroode] *s*
Gegensatz *m zu etw.* motsats [muudsattß] *u till ngt*
gegenseitig *adj* ömsesidig [ömßeßiidi] ♦ *adv* varandra [warandra]
Gegenstand *m* **1** (Sache) föremål [föoremool] *s* **2** (Thema usw.) *etw. Gen* föremål [fööremool] *s*, ämne [ämne] *s*
Gegenteil *s von etw.* motsats [muudsattß] *u;* **im ~** tvärtom
gegenüber *prep* **1** (sitzen usw.) *j-m/etw.* mittemot [mittemuut] **2** (Verhalten usw.) *j-m/etw.* gentemot [jeentemuut] **3** (verglichen) *etw.* i jämförelse med [i jämföörelße me] *ngt* ♦ *adv* tvärs över [twärsch ööwer]
Gegenwart *w* samtid [ßamtiid] *u*
Gegner *m* motståndare [muudstondare] *u*, motpart [muutpart] *u*
geheim *adj* **1** hemlig [hemli], dold [dold] **2** (Dokument usw.) hemligstämplad [hemlikßtämplad] **3** (Tätigkeit usw.) hemlig [hemli] **4** (Agent usw.) hemlig [hemli] **5** (Angst usw.) hemlig [hemli] ♦ *adv* i hemlighet [i hemliheet]
Geheimnis *s* hemlighet [hemliheet] *u*
Geheimzahl *w* PIN-kod [pinkood] *u*
gehen *v* **1** gå [goo] **2** (weg) gå (iväg) [goo (iwääg)], gå iväg [goo iwääg] **3** *um etw.* handla om [handla om] *ngt*, bero på [beruu poo] *ngt*, gälla [jälla] *ngt* **4** *j-m irgendwie* mår [moor] **5** *mit j-m* ha sällskap [haa ßällßkaap] *med ngn* **6** (akzeptabel sein) vara skaplig [waara ßkaapli] ► **es geht** *etw. Akk zu tun* man kan göra ngt, det är möjligt *att göra ngt;* **Mir geht es gut.** Jag har det bra.; **Wie geht es Ihnen?** Hur mår du?
Gehirn *s* hjärna [jäärna] *u*
Gehirnerschütterung *w* hjärnskakning [jäärnschaakning] *u*
Gehör *s* hörsel [hörschel] *u*
gehorchen *v j-m/etw.* lyda [lüda] *ngn/ngt*
gehören *v* **1** *j-m* tillhöra [tillhööra] *ngn* **2** *zu etw.* höra hemma [hööra hemma] *någonstans*, höra till [hööra till] *ngt/någonstans*
Gehweg *m* trottoar [trotoaar] *u*
Geige *w* fiol [fiuul] *u*
Geisel *w* gisslan [jißßlan] *u*
Geist[1] *m* (Gedanken usw.) sinne [ßinne] *s*
Geist[2] *m* (übernatürliches Wesen) ande [ande] *u*
geizig *adj* girig [jiiri], gnidig [gniidi]
gekocht *adj* kokt [kokt]
Gel *s* gel [shel] *u*, gelé [shelee] *u*
Geländer *s* trappräcke [trappräkke] *s*
Geländewagen *m* terrängbil [terängbiil] *u*

gelangen *v irgendwohin* komma [komma] *någonstans*
gelb *adj* gul [guul]
Geld *s* pengar [pengar] *u Mz*
Geldautomat *m* bankomat [bangkomaat] *u*
Geldbörse *w* plånbok [ploonbuuk] *u*, börs [börsch] *u*
Geldstrafe *w* bot [buut] *u*; **mit einer ~ belegen** *j-n* ge böter *till ngn*
Geldtasche *w* plånbok [ploonbuuk] *u*, börs [börsch] *u*
Gelegenheit *w etw. Akk zu tun* tillfälle [tillfälle] *s*, möjlighet [möjligheet] *u att göra ngt*
Gelenk *s* led [leed] *u*
Geliebte[1] *m* älskling [älßkling] *u*, raring [raaring] *u*
Geliebte[2] *w* älskarinna [älßkarinna] *u*
gelingen *v* **1** *j-m etw. Nom* lyckas [lykkaß] *med ngt, i ngt* **2** (Sache usw.) gå som förväntat [goo ßom förwäntat], lyckas [lykkaß]
gelten *v* **1** (Anordnung usw.) gälla [jälla] **2** *für j-n/etw.* gälla [jälla] *ngn/ngt*
Geltung *w* giltighet [jiltiheet] *u*; **zur ~ bringen** *etw. Akk* använda
gemahlen *adj* malen [maalen]
Gemälde *s* målning [moolning] *u*
gemein *adj* vulgär [wulgäär]
Gemeinde *w* **1** (Dorf, Stadt usw.) kommun [komüün] *u* **2** (Bezirk) församling [förschamling] *u*
gemeinsam *adj* gemensam [jemeenßam] ♦ *adv* tillsammans [tillßammanß]
Gemeinschaft *w* **1** (von Menschen) förbund [förbunn] *s* **2** (von Staaten usw.) samhälle [ßamhälle] *s*
gemischt *adj* **1** blandad [blandad] **2** (Getränk usw.) mixerad [mikßeerad]
Gemüse *s* grönsaker [gröönßaaker] *u Mz*
gemütlich *adj* mysig [müßi], (anheimelnd) gemytlig [jemütli]
genau *adj* **1** precis [preßiiß] **2** (Arbeit usw.) ackurat [akuraat] ♦ *adv* **1** (richtig) exakt [ekßakt] **2** precis [preßiiß], exakt [ekßakt]
genehmigen *v etw. Akk* godkänna [guudschänna] *ngt*
Genehmigung *w* **1** (Urkunde usw.) tillstånd [tillßtond] *s*, licens [lißenß] *u* **2** godkännande [guudschännande] *s*
genesen *v* vara konvalescent [waara konwaleßent]
genießen *v* **1** *etw. Akk* njuta [njuta] *av ngt* **2** (Speise, Getränk) *etw. Akk* njuta av [njuta aaw] *ngt*
genug *adv* tillräckligt [tillräkklit]; **Ist das ~?** Räcker det?
genügen *v* räcka [räkka], vara tillräcklig [waara tillräkkli]
genügend *adj* tillräcklig [tillräkkli] ♦ *adv* tillräckligt [tillräkklit]
Genuss *m* välbehag [wäälbehaag] *s*
geöffnet *adj* **1** (Fenster usw.) öppen [öppen] **2** (Blüte usw.) fullblom [fullbluum] ► **~ von... bis...** öppet från...till...
Gepäck *s* bagage [bagaash] *s*; **~ einchecken** checka in sitt baggage
Gepäckaufbewahrung *w* förvaring [förwaaring] *u*, bagageförvaring [bagaashförwaaring] *u*
Gepäckstück *s* bagage [bagaash] *s*
Gepäckträger *m* portier [portiier] *u*, bärare [bäärare] *u*
gepflegt *adj* prydlig [prüdli]
gerade[1] (Linie usw.) *adj* **1** (Linie usw.) rak [raak] **2** (Zahl) jämn [jämn] ♦ *adv* rakt [rakt], upprätt [upprätt] ► **~ machen** räta ut
gerade[2] *adv* (in dem Zeitpunkt) just [jußt], (momentan) just nu [jußt nü], nyss [nyßß]
geradeaus *adv* rakt fram [rakt fram]
Gerät *s* **1** (Zange usw.) instrument [inßtrument] *s* **2** (elektrisches usw.) apparat [aparaat] *u* **3** (Messgerät usw.) instrument [inßtrument] *s* **4** (Ausrüstung usw.) redskap [reedskaap] *s*, verktyg [wärktüg] *s*
geräuchert *adj* rökt [röökt]
Geräusch *s* ljud [jud] *s*
gerecht *adj* rättvis [rättwiiß] ♦ *adv* berättigad [berättigad], rimligt [rimlit]
gerechtfertigt *adj* berättigad [berättigad]
Gericht *s* **1** tribunal [tribunaal] *u* **2** maträtt [maaträtt] *u*
gern *adj etw. Akk tun* gärna [jäärna]
Gerste *w* korn [korn] *s*
Geruch *m* lukt [lukt] *u*
Gerüst *s* ställning [ßtällning] *u*, (Grundkonstruktion usw.) stomme [ßtumme] *u*
Gesamtheit *w etw. Gen* samling [ßamling] *u*, hop [huup] *u*
Gesandte *m* sändebud [ßändebüüd] *s*
Gesang *m* sång [ßoong] *u*
Gesäß *s* ända [ända] *u*, säte [ßääte] *s*, sjärt [chärt] *u*
Geschäft *s* **1** (Raum) affär [afäär] *u* **2** (Transaktion) avtal [aaftaal] *s*
geschäftlich *adj* handels- [handelß]
Geschäftsführer *m* verkställande direktör [werkßtällande direktöör] *u*
Geschäftsmann *m* affärsman [afäärschman] *u*
geschehen *v* hända [hända], ske [chee]
Geschenk *s* present [preßent] *u*
Geschichte *w* historia [hißtuuria] *u*

geschickt *adj* duktig [dukti], händig [händi], skicklig [chikkli] ♦ *adv* skickligt [chikklit]
geschieden *adj* frånskild [froonchild]
Geschirr *s* **1** (zum Essen) disk [dißk] *u*, (zum Kochen) köksredskap [schöökßreedskaap] *s* **2** (von Zugtieren) sele [ßeel^e] *u*
Geschlecht *s* **1** (sexuell) kön [schöön] *s* **2** (Familie) släkt [ßläkt] *u*
geschlechtlich *adj* köns [schönnß]
Geschlechtsverkehr *m* samlag [ßamlaag] *s*
geschlossen *adj* stängd [ßtängd]
Geschmack *m* **1** (des Essens usw.) smak [ßmaak] *u*, arom [aroom] *u av ngt* **2** (von Erdbeeren usw.) smak [ßmaak] *u* **3** (Sinn) smaksinne [ßmaakßinn^e] *s* **4** (Vorliebe) smak [ßmaak] *u*
Geschwindigkeit *w* hastighet [haßtiheet] *u*
Geschwister *s* syskon [ßyßkun] *s*
Gesellschaft *w* företag [fööretaag] *s*, (menschliche) samhälle [ßamhäll^e] *s*; **~ leisten** *j-m* göra sällskap *ngn*
gesellschaftlich *adj* sällskaplig [ßällßkaapli]
Gesetz *s* lag [laag] *u*
gesetzlich *adj* laglig [laagli]
Gesicht *s* ansikte [anßikt^e] *s*
gespannt *adj* **1** (Muskeln, Seil usw.) spännd [ßpänn] **2** (Atmosphäre usw.) spänd [ßpänn], stram [ßtraam]
Gespräch *s* samtal [ßamtaal] *s*
Gestalt *w* **1** form [form] *u* **2** (in einem Roman usw.) karaktär [karaktäär] *u*
gestehen *v etw. Akk* erkänna [eerschänna] *till ngt*, bekänna [beschänna]
gestern *adv* igår [igoor]
gestrig *adj* gårdags- [goordakß], gårdagens [goordaagenß]
Gestrüpp *s* busksnår [bußkßnoor] *s*
gesund *adj* **1** frisk [frißk] **2** (gut für Gesundheit) hälsosam [hälßußam] ► **~er Menschenverstand** sunt förnuft *s*
Gesundheit *w* hälsa [hälßa] *u*
gesundheitlich *adj* hälso- [hälßu]
Getränk *s* dryck [drykk] *u*, dricka [drikka] *u*
Getreide *s* korn [korn] *s*, spannmål [ßpannmool] *s*
getrennt *adj* åtskild [ootchild], separat [ßeparaat]
Getriebe *s* **1** (System) växellåda [wäkßelooda] *u* **2** (Betriebsamkeit) rusning [rüüßning] *u*
Gewalt *w* våld [wolt] *s*
gewaltsam *adj* våldsam [woldsam], vålds- [wolds], (unter Gewaltanwendung) tvångs- [twoongß] ♦ *adv* våldsamt [woldsamt]
Gewehr *s* bössa [bößßa] *u*, gevär [jewäär] *s*
Gewerbe *s* näring [nääring] *u*
Gewerkschaft *w* fackförening [fakkföreening] *u*
Gewicht *s* **1** (Schwere) *etw. Gen* vikt [wikt] *u* **2** (Gegenstand) vikt [wikt] *u* **3** (Bedeutung) *etw. Gen* vikt [wikt] *u*
Gewinn *m* **1** (finanzieller) avkastning [aafkaßtning] *u* **2** (im Lotto usw.) vinst [winßt] *u*
gewinnen *v* **1** (Wettkampf usw.) *etw. Akk, in etw. Dat* vinna [winna] *ngt, i ngt* **2** *etw. Akk aus etw.* vinna [winna] *ngt ut av ngt, etw. Akk* vinna [winna], få [foo] **3** *j-n* vinna över *ngn* till sin sida [winna ööwer till ßin ßiida], (erobern) *j-n* hänföra [hänfööra] *ngn*
Gewinner *m etw. Gen* vinnare [winnar^e] *u*
gewiss *adj* viss [wißß] ♦ *adv* säkert [ßääkert], garanterat [garanteerat] ♦ *part* säkert [ßääkert], visst [wißßt]
Gewissen *s* samvete [ßamweet^e] *s*; **ins ~ reden** *j-m* förmana *ngn*
Gewitter *s* åska [oßka] *u*, storm [ßtorm] *u*
gewöhnen *v* ***sich*** **~** *an etw. Akk* vänja sig [wänja ßej] *vid ngt*
Gewohnheit *w* vana [waana] *u*; **schlechte ~** ovana *u*
gewöhnlich *adj* **1** (normal usw.) vanlig [waanli], (normal) vardaglig [waardaagli], vardags- [waardakß] **2** (Zeit usw.) vanlig [waanli] ♦ *adv* normalt [normaalt], vanligt [waanlit], vanligtvis [waanligtwiiß], vanligen [waanlien]
Gewürz *s* krydda [krydda] *u*
Gezeiten *w Mz* ebb och flod [ebb o fluud] *u*
gierig *adj nach etw.* angelägen [anjeeläägen] *om ngt*, (Blick usw.) girig [jiiri]
gießen *v* **1** (Wasser in die Tasse usw.) *etw. Akk in etw. Akk* hälla [hälla] *upp ngt* **2** (durch Gießen verteilen) *etw. Akk in etw. Akk* hälla [hälla] **3** (Blume usw.) *etw. Akk* vattna [wattna]
Gift *s* gift [jift] *s*
giftig *adj* giftig [jifti]
Giftschlange *w* giftorm [jifturm] *u*
Gipfel *m* **1** (Berg usw.) *etw. Gen* topp [topp] *u av ngt* **2** (Wert usw.) topp [topp] *u*
Gips *m* gips [jipß] *u*
Girokonto *s* giro [jiiru] *u*
Gitarre *w* gitarr [jitarr] *u*
Gitter *s* **1** (am Fenster usw.) stänger [ßtänger] *u Mz* **2** (Lüftunggitter usw.) galler [gall^er] *s* **3** (Netz usw.) galler [gall^er] *s*
glänzen *v* **1** (in der Sonne usw.) glänsa [glänßa] **2** briljera [briljeera] **3** (sich hervortun) *in etw. Dat* överträffa [ööwerträffa]

glänzend *adj* **1** (Oberfläche usw.) glänsande [glänßande] **2** (Haar usw.) blank [blangk]
Glas *s* glas [glaaß] *s*
gläsern *adj* glas- [glaaß]
glatt *adj* **1** (Oberfläche usw.) slät [ßläät] **2** (Gehweg usw.) hal [haal] ► **~ sein** glida
Glatteis *s* halka [halka] *u*, ishalka [iißhalka] *u*
Glaube *m* övertygelse [ööwertügelße] *u*
glauben *v* **1** *j-m/etw.* tro [truu] *ngn/ngt, j-m etw. Akk* tro [truu] *på ngn/ngt* **2** (Ansicht haben) tycka [tykka] **3** *an etw. Akk* tro [truu] *på ngt* ► **Ich glaube schon./Das glaube ich nicht.** Det trot jag./Det tror jag inte.
gleich *adj* **1** (mit denselben Eigenschaften) likadan [liikadaan] **2** (Niveau) samma [ßamma] **3** (Chancen usw.) lik [liik] ♦ *adv* genast [jeenaßt] ► **~ (sein)** *etw. Nom* motsvarar *ngt*
gleichen *v* likna [liikna]
gleichfalls *adv* (tack) detsamma [(takk) deßamma]
Gleichgewicht *s* balans [balanß] *u*, jämvikt [jämwikt] *u*
gleichgültig *adj* likgiltig [liikilti]
gleichzeitig *adv* samtidigt [ßamtiidit], på en gång [poo en gong]
Gleis *w* linje [linje] *u*
Gletscher *m* glaciär [glaßiäär] *u*
Glied *s* **1** (einer Kette) länk [längk] *u* **2** (Gliedmaße) lem [leem] *s*, extremitet [ekßtremiteet] *u* **3** (Penis) penis [peeniß] *u*
Glocke *w* klocka [klokka] *u*
Glück *s* **1** (Erfolg) tur [tüür] *u* **2** (Fortuna) lycka [lykka] *u* **3** (Gefühl) lycka [lykka] *u* ► **~ haben** ha tur; **wenig ~** otur *u*; **zum ~** lyckligtvis, som tur är
glücklich *adj* **1** (Gewinner usw.) med tur [me tüür], (Zahl usw.) lycko- [lykku] **2** (Mensch usw.) lycklig [lykkli] ♦ *adv* lyckligt [lkklit]
glücklicherweise *part* lyckligtvis [lykkligtwiiß], som tur är [ßom tüür ää]
Glücksspiel *s* hasard [haßaard] *u*
Glückwunsch *m* gratulera [gratuleera]; **Herzlichen ~!** Grattis!
Glühbirne *w* glödlampa [glöödlampa] *u*
glühen *v* glöda [glööda]
Glühwein *m* glödgat vin [glöödgaat wiin] *s*
Gold *s* guld [guld] *s*
golden *adj* gyllene [jyllene]
Gott *m* gud [güüd] *u*, Gud [güüd] *u*
Gottesdienst *m* gudstjänst [güüdsschänßt] *u*
Grab *s* grav [graaw] *u*
graben *v etw. Akk* gräva [grääwa] *ngt*
Graben *m* grävning [grääwning] *u*, (Straßengraben usw.) dike [diike] *s*
Grad *m* grad [graad] *u*
Gramm *s* gram [gramm] *s*
Grammatik *w* grammatik [gramatiik] *u*
Grapefruit *w* grapefrukt [grejpfrukt] *u*
Gras *s* gräs [grääß] *s*
gratis *adv* gratis [graatiß], kostnadsfritt [koßtnadsfritt]
gratulieren *v j-m zu etw.* gratulera [gratuleera]
grau *adj* grå [groo]
Graupen *w* gryn [grün] *s*
grausam *adj* grym [grüm]
greifen *v* **1** (mit Hand usw.) *nach etw.* sträcka [ßträkka] **2** (Maßnahmen usw.) *zu etw.* tillgripa [tillgriipa] *ngt*
Grenze *w* **1** gräns [gränß] *u*, gränstrakt [gränßtrakt] *u* **2** (Trennungslinie) gränslinje [gränßlinnje] *u* **3** (Beschränkung usw.) *etw. Gen* gräns [gränß] *u*, (Limit usw.) tröskel [trößkel] *u*
Grenzübergang *m* gränspassage [gränßpaßaash] *u*
Grill *m* grill [grill] *u*
Grippe *w* influensa [influenßa] *u*
grob *adj* **1** (Oberfläche usw.) grov [gruuw], sträv [ßträäw] **2** (Struktur usw.) grov [gruuw] **3** (Manieren usw.) ohyfsad [uuhyfßad], (unhöflich) grov [gruuw], oartig [uuaarti] **4** (ungefähr) grov [gruuw]
groß *adj* **1** (Maß, Menge) stor [ßtuur] **2** (hoch usw.) lång [long] **3** (erwachsen) stor [ßtuur]
großartig *adj* underbar [underbaar], (ausgezeichnet usw.) utmärkt [üütmärkt], lysande [lüßande], (Bauwerk usw.) praktfull [praktfull]
Größe *w* **1** storlek [ßtuulek] *u* **2** (in Physik) kvantitet [kwantiteet] *u*
Großmutter *w* farmor [farmur] *u*, mormor [murmur] *u*
Großvater *m* morfar [muurfaar] *u*, farfar [faarfaar] *u*
großzügig *adj* storsint [ßturschint]
grün *adj* grön [gröön]
Grund *m* **1** (Oberfläche) jord [juurd] *u*, mark [mark] *u* **2** (für Tat usw.) *für etw.* orsak [urschaak] *u*, grund [grund] *u* ► **auf ~** *etw. Gen* på grund av *ngt*
gründen *v* grunda [grunda]
Grundlage *w etw. Gen* bas [baaß] *u*
gründlich *adj* grundlig [grundli] ♦ *adv* väsentligt [wääßentlit], (untersuchen usw.) grundligt [grundlit], (wie es sein soll) ordentligt [urdentlit]
grundsätzlich *adj* grundläggande [grundläggande] ♦ *adv* väsentligt [wääßentlit]
Grundschule *w* grundskola [grundskuula] *u*

Grundstück *s* tomt [tumt] *u*; **eingezäuntes ~** inhägnad *u*

Gruppe *w* **1** grupp [grupp] *u* **2** (von Fachleuten usw.) grupp [grupp] *u*, team [tiim] *s* **3** (Rettungsgruppe usw.) trupp [trupp] *u*

Gruß *m* hälsning [hälßning] *u*

grüßen *v* **1** *j-n* hälsa [hälßa] *ngn*, heja [heja] *på ngn* **2** *j-n von j-m* hälsa [hälßa] *ngn*

gültig *adj* giltig [jiltig]

Gummi *m/s* **1** gummi [gummi] *s* **2** (zum Radieren) radergummi [radeergummi] *s*, suddgummi [ßuddgummi] *s*

Gummiband *s* gummiband [gummibann] *s*, resår [reßoor] *s*

Gummistiefel *m Mz* gummistövel [gummißtööwel] *u*

Gunst *w* gunst [gunßt] *u*

günstig *adj* **1** fördelaktig [föördeelakkti] **2** (Bedingungen usw.) gynnsam [jynnßam] **3** (Augenblick usw.) läglig [läägli]

Gurke *w* gurka [gurka] *u*

Gurt *m* **1** (Gürtel) bälte [bält^{e}] *s* **2** (zum Anschnallen) rem [rem] *u*

Gürtel *m* bälte [bält^{e}] *s*, skärp [chärp] *s*

gut *adj* **1** (qualitätvoll usw.) bra [braa] **2** (nett) *zu j-m* snäll [ßnäll] *mot ngn* ♦ *adv* bra [braa] ► **ziemlich ~** skaplig, rimlig, hygglig; **Also ~.** Bra.; **G~e Fahrt.** Trevlig resa!

Gutachten *s* bedömning [bedömning] *u*, utvärdering [üütwärdeering] *u*

Gutschein *m* kupong [kupong] *u*

Gymnasium *s* gymnasium [jymnaaßium] *s*

Gymnastik *w* gymnastik [jymnaßtiik] *u*

H

Haar *s* **1** (einzelnes, auf dem Kopf) hårstrå [hoorschtroo] *s* **2** (blondes, lockiges usw.) hår [hoor] *s* ► **sich die ~e schneiden lassen** låta klippa sig

Haarschnitt *m* frisyr [frißür] *u*

Haarspray *m/s* hårspray [hoorschprej] *u*

haben *v* **1** *etw. Akk* ha [haa] **2** *+ zu + Inf.* böra [bööra] *+ inf.*, ska [ßka] *+ inf.*

hacken *v* **1** *j-n* hugga [hugga] *ngn*, (verletzen) *in etw. Akk* skära [chääara] *ngt* **2** hacka [hakka], hugga [hugga] **3** (ein Beet usw.) hacka [hakka] **4** (Fleisch usw.) mala [maala]

Hackfleisch *s* köttfärs [schöttfärsch] *u*

Hafen *m* hamn [hamn] *u*

Hafer *m* havre [haawr^{e}] *u*

haften *v* **1** *auf/an etw. Akk* klistra sig [klißtra ßej] *på ngt* **2** (für Qualität usw.) *für etw.* garantera [garanteera] **3** *für j-n* gå i borgen [goo i borjen] *för ngn*

Haftung *w* ansvarighet [anßwariheet] *u*

Hagel *m* hagel [haagel] *s*

Hahn *m* **1** (Vogel) tupp [tupp] *u*, hane [haan^{e}] *u* **2** (Wasserhahn usw.) kran [kraan] *u* **3** (an Schusswaffen) hane [haan^{e}] *u*

Hähnchen *s* höns [hönß] *s*

Hai *m* haj [haj:] *u*

Haken *m* **1** krok [kruuk] *u* **2** (Schwierigkeit) hake [haak^{e}] *u*

halb *adj* halv [halw] ♦ *adv* halvt [halft] ► **um ~ fünf** klockan halv fem; **vor einer ~en Stunde** för en halvtimme sedan

Halbinsel *w* halvö [halwöö] *u*

Halbmesser *m* radie [raadj^{e}] *u*

Hälfte *w* hälft [hälft] *u*, *etw. Gen* halva [halwa] *u*

Halle *w* hall [hall] *u*

hallo **H~!** Hallå!, Hej!

Hals *m* hals [halß] *u*

Halsband *s* hundhalsband [hundhalßbann] *u*

halt **H~!** Stopp!

Halt *m* uppehåll [uppeholl] *s*

haltbar *adj* hållbar [hollbaar]

halten *v* **1** (in der Hand) *etw. Akk* hålla [holla] *ngt* **2** (fest sein usw.) hålla [holla] **3** (in einer Lage usw.) behålla [beholla] **4** (in bestimmten Zustand usw.) *etw. Akk* behålla [beholla], (in Ordnung usw.) *etw. Akk* underhålla [und^{e}rholla], upprätthåla [upprätthoola] **5** *j-n irgendwohin* hålla [holla] *ngn* **6** (Zug usw.) *irgendwo* stanna [ßtanna] **7** *sich ~* (sich nicht entfernen) *irgendwo* hålla sig [holla ßej] *någonstans* **8** *j-n/etw. für j-n/etw.* anse [anßee] *att vara ngn/ngt* **9** (Haustier usw.) *etw. Akk* föda upp [fööda upp] *ngt* **10** *sich ~ an etw. Akk* (Anweisungen usw.) hålla sig till [holla ßej till] *ngt*, följa [följa] *ngt/ngn* **11** (frisch bleiben usw.) hålla sig [holla ßej] ► **das Wort ~** hålla sitt ord; **~ (können)** *etw. Akk* hålla; **Halt die Klappe!** Håll mun!

Halter *m* hållare [hollar^{e}] *u*

Haltestelle *w* hållplats [hollplads] *u*

Hammer *m* hammare [hammar^{e}] *u*

Hand *w* hand [hand] *u*

Handbuch *s* anvisning [anwiißning] *u*, handbok [handbuuk] *u*

Handel *m* handel [handel] *u*

handeln *v* **1** (tun) handla [handla] **2** (Buch) *von etw., über etw. Akk* behandla [behandla] *ngt* **3** pruta [prüüta], förhandla [förhandla] *med ngn om ngt* **4** (Geschäft betreiben) *mit etw.* handla [handla] *med ngt*

Handfläche *w* handflata [handflaata] *u*

Handgelenk *s* handled [handleed] *u*

Handgepäck *s* handbagage [handbagaash] *s*
Händler *m* affärsman [afäärschman] *u*, handlare [handlar^e] *u*
Handlung *w* **1** akt [akt] *u*, handling [handling] *u* **2** (eines Films usw.) handling [handling] *u*
Handschellen *w Mz* handbojor [handbuujur] *u Mz*, handkolvar [handkulwar] *u Mz*; **~ anlegen** *j-m* sätta handbojor *på ngn*
Handschrift *w* **1** (schön usw.) handstil [handstiil] *u* **2** (Urkunde usw.) manuskript [maanußkript] *s*
Handschuh *m* handske [handsk^e] *u*
Handschuhfach *s* handskfack [handskfakk] *u*
Handtasche *w* handväska [handwäßka] *u*
Handtuch *s* handduk [handdüük] *u*
Handwerk *s* hantverk [hantwärk] *s*
Handwerker *m* hantverkare [hantwärkar^e] *u*
Handy *s* mobiltelefon [mobiiltelefoon] *u*
Hang *m* **1** (steil usw.) backe [bakk^e] *u* **2** (Tendenz) *zu etw.* anlag [anlaag] *s för ngt*
hängen1 *v* (im Schrank usw.) **1** hänga [hänga] **2** (nicht verzichten) *an etw. Dat* hålla fast vid [holla faßt wiid] *ngt* **3** (an Mutter usw.) *an j-m* knyta an till [knüta an till] *ngn*
hängen2 *v* **1** (Bild usw.) *etw. Akk* hänga [hänga] **2** (Wäsche usw.) *etw. Akk* hänga [hänga] *ngt* **3** (hinrichten) *j-n* hänga [hänga] *ngn*
harmlos *adj* menlös [meenlööß], oskuldsfull [uußkuldsfull]
hart *adj* **1** hård [hoord] **2** (Tag usw.) jobbig [jobbi] ♦ *adv* hårt [hoort]
hartnäckig *adj* hårdnackad [hoordnakkad]
Hase *m* hare [haar^e] *u*
Haselnuss *w* hasselnöt [haßßelnööt] *u*
Hass *m* hat [haat] *s*
hassen *v j-n/etw.* avsky [aafchü] *ngt/ngn*, *j-n/etw.* hata [haata]
hässlich *adj* avskyvärd [aafchywäärd], vidrig [wiidri], ful [füül]
Haufen *m* hög [höög] *u*
häufig *adj* vanlig [waanli] ♦ *adv* ofta [ofta]
Hauptbahnhof *m* centralstation [ßentraalßtachuun] *u*
Hauptgericht *s* huvudrätt [hüüwüüdrätt] *u*
hauptsächlich *part* huvudsakligen [hüüwpufdßaakligen]
Hauptstadt *w* huvudstad [hüüwüüdßtaad] *u*
Hauptstelle *w* centrum [ßentrum] *s*
Hauptstraße *w* huvudväg [hüüwüüdwääg] *u*, (für Fußgänger usw.) huvudgata [hüüwüüdgaata] *u*
Haus *s* hus [hüüß] *s*; **nach ~(e)** hem; **zu ~e** hemma
Hausaufgaben *w Mz* läxor [läkßor] *u Mz*
Häuserblock *m* kvarter [kwart^er] *s*
Hausfrau *w* husmor [hüüßmuur] *u*
hausgemacht *adj* hemgjord [hemjuurd]
Haushalt *m* hushåll [hüüßholl] *s*
Haushaltsgerät *s* hushållsapparat [hüüßhollßaparaat] *u*
Haushaltswaren *Mz* husgeråd [hüüßjerood] *s*
Haustier *s* keldjur [schelljur] *s*
Haut *w* **1** (Körpergewebe) skinn [chinn] *s*, hud [hüüd] *u* **2** (von Pfirsich usw.) skal [ßkaal] *s*
Havarie *w* olycka [uulykka] *u*
Hebel *m* handtag [handtaag] *s*, spak [ßpaak] *u*
heben *v etw. Akk* lyfta [lyfta], höja [höja]
Hecke *w* häck [häkk] *u*
Heer *s* armé [armee] *u*
Heft *s* häfte [häft^e] *s*
heftig *adj* **1** (stark) häftig [häfti] **2** (Leidenschaft usw.) stark [ßtark] ♦ *adv* **1** (sehr energisch usw.) häftigt [häftit] **2** (regnen usw.) kraftigt [kraftit]
Heidelbeere *w* blåbär [bloobäär] *s*
heilen *v* läka [lääka], (Wunde usw.) läkas [lääkaß]
heilig *adj* **1** (Person) sankt [ßangkt] **2** (Sakrament usw.) helig [heeli] **3** (Ort usw.) helig [heeli]
heim *adv* hem [hem]
Heim *s* **1** hem [hem] *s* **2** (für Obdachlose usw.) härbärge [häärbärjee] *s*
Heimat *w* fosterland [fußterlann] *s*
heiraten *v* **1** (Ehe schließen) gifta sig [jifta ßej] **2** (die Ehe eingehen) *j-n* gifta sig med [jifta ßej m^e] *med ngn*
heiser *adj* hes [heeß]
heiß *adj* **1** (Gegenstand usw.) het [heet], varm [warm] **2** (Liebe usw.) ivrig [iiwri] ♦ *adv* hett [hett] ► **Mir ist ~.** Jag är varm.
heißen *v irgendwie* heta [heeta], kallas [kallaß] *ngt*; **das heißt** det vill säga; **willkommen ~** *j-n* välkomna, hälsa välkommen; **Ich heiße…** Jag heter…; **Wie heißt du?** Vad heter du?
heiter *adj* **1** (Stimmung) glad [glaad] **2** (Tag usw.) klar [klaar]
heizen *v* **1** *irgendwo* elda [elda] **2** (Zimmer usw.) elda (upp) [elda (upp)]
Heizung *w* värme [väärm^e] *u*
Hektar *s/m* hektar [hektaar] *s*
Held *m* hjälte [jält^e] *u*
helfen *v j-m mit etw., bei etw.* hjälpa [jälpa] *ngn med ngt*

hell *adj* ljus [juß] ♦ *adv* klart [klaart]
Helm *m* hjälm [jälm] *u*
Hemd *s* skjorta [churta] *u*
Henkel *m* handtag [handtaag] *s*, öra [ööra] *s*
Henne *w* höna [hööna] *u*
her *adv* hit [hiit]
heraus *adv aus etw.* ute [üüt^e], (vom Sprecher) ut [üüt]
herausfinden *v etw. Akk* komma på [komma poo] *ngt*, hitta på [hitta poo] *ngt*
herausnehmen *v* dra upp [draa upp], *etw. Akk aus etw.* ta ut [taa üüt] *ngt av ngt*
Herberge *w* härbärge [häärbärjee] *s*, vandrarhem [wandrarhem] *s*
Herbst *m* höst [hößt] *u*
Herd *m* spis [ßpiiß] *u*
Herde *w* hjord [jurd] *u*
Herdplatte *w* kokplatta [kuukplatta] *u*
herein *adv* inåt [inoot], in [in]; **H~!** Kom in!
hereinkommen *v in etw. Akk* gå in [goo in], stiga in [ßtiiga in]; **Kommen Sie herein.** Kom in.
Hering *m* **1** (Fisch) sill [ßill] *u* **2** (Pflock) tältpinne [tältpinn^e] *u*
Herkunft *w* ursprung [üürschprung] *s*, härkomst [häärkomßt] *u*, upphov [upphuuw] *s*
Herpes *m* munsår [munßoor] *s*
Herr *m* **1** herr [herr] *u* **2** (Besitzer) herre [herr^e] *u* ► **~ X** herr X
herrlich *adj* underbar [und^{e}rbaar] ♦ *adv* vackert [wakkert], skönt [chöönt], utmärkt [üütmärkt]
herrschen *v* härska [härschka], regera [rejeera]
herstellen *v* **1** producera [produßeera], framställa [framßtälla], tillverka [tillwerka] **2** (Ordnung usw.) införa [infööra]
Hersteller *m von etw.* tillverkare [tillwerkar^e] *u*, producent [produßent] *u*
herunter *adv* nedåt [needoot]
hervorragend *adj* **1** utmärkt [üütmärkt] **2** (Persönlichkeit usw.) framstående [framßtoend^e]
Herz *s* **1** (Organ) hjärta [jäärta] *s* **2** (Karten) hjärter [jäärt^{e}r] *u*
herzlich *adj* hjärtlig [jäärtli] ♦ *adv* hjärtligt [jäärtlit]
Heu *s* hö [höö] *s*
heucheln *v etw. Akk* låtsa [loßßa], låtsas [loßßaß]
heute *adv* idag [idaa]
heutig *adj* **1** (Tag usw.) dagens- [daagenß] **2** (Entwicklung usw.) modern [mudäärn]
Hexe *w* häxa [häkßa] *u*
hier *adv* här [häär]; **~ (durch)** den här vägen; **von ~ (aus)** härifrån
hierher *adv* hit [hiit]
Hilfe *w* hjälp [jälp] *u* ► **erste ~** första hjälpen
Hilfsmittel *s* hjälpmedel [jälpmeedel] *u*
Himbeere *w* hallon [hallon] *s*
Himmel *m* himmel [himmel] *u*; **klarer ~** klarhet *u*
hin *adv* dit [diit]
hinabsteigen *v* gå ner [goo neer]
hinaufsteigen *v etw. Akk* stiga [ßtiiga] *ngt*
hinaus *adv* ut [üüt]
hindern *v* **1** *j-n an etw. Dat* hindra [hindra] *ngn/ngt i/från ngt* **2** (im Wege stehen) *j-n* hindra [hindra]
Hindernis *s* **1** *für etw.* hinder [hind^{e}r] *s*, *in etw. Dat* förhinder [förhind^{e}r] *s* **2** (in Athletik usw.) häck [häkk] *u*
hineingehen *v* **1** *in etw. Akk* gå in [goo in] **2** (Gepäck usw.) *in etw. Akk* få plats [foo plads]
Hinfahrt *w* utresa [üütreeßa] *u*
hinfallen *v* ramla omkull [ramla omkull]
hinlegen *v* **1** *etw. Akk irgendwohin* lägga [lägga] *ngt på ngt*, sätta [ßätta] *ngt på ngt* **2** *sich* ~ lägga sig [lägga ßej]
hinten *adv* bak [baak]; **nach ~** bakåt; **von ~** bakifrån
hinter *prep etw. Dat* utom [üütom], utanför [üütanföör], (einem Haus usw.) bakom [baakom]; **fallen ~** *etw. Akk* ramla bakom *ngt*
hinter(er,e,es) *adj* bak- [baak]
Hintergrund *m* bakgrund [baakgrunn] *u*
hinunter *adv* nedåt [needoot]; **die Treppe ~** nedför trappan
Hinweis *m* **1** (Warnung usw.) notis [notiiß] *u*, anslag [anßlaag] *s* **2** (Rat usw.) ledtråd [leetrood] *u* **3** (auf eine Quelle usw.) *auf etw. Akk* hänvisning [hänwiißning] *u*
hinweisen *v auf etw. Akk* göra uppmärksam [jööra uppmärkßam], hänvisa [hänwiißa] *till ngt*, *auf etw.* påpeka [poopeeka] *ngt*
hinzufügen *v etw. Akk* tillägga [tillägga] *ngt*
Hirsch *m* hjort [jurt] *u*
Hirt *m* fåraherde [fooraheerd^e] *u*, herde [heerd^e] *u*
historisch *adj* historisk [hißtuurißk]
Hitze *w* hetta [hetta] *u*, värme [wäärm^e] *u*, (Wetter) värmebölja [wäärmebölja] *u*
Hobby *s* hobby [hobby] *u*
hoch *adj* hög [höög] ♦ *adv* **1** (nach oben) högt [hökt], (oben) högt (uppe) [hökt (upp^e)] **2** högt [hökt]
Hochland *s* högland [hööglann] *s*
höchstens *adv* högst [höögßt], överst [ööwärscht]

Hochwasser *s* **1** översvämning [ööwärschwämning] *u* **2** (der Flut) högvatten [höögwatten] *s*
Hochzeit *w* bröllop [bröllop] *s*
hochziehen *v* dra upp [draa upp]
Hocker *m* pall [pall] *u*
Hoden *m* testikel [teßtiikel] *u*
Hof *m* **1** (Platz) gård [goord] *u* **2** (landwirtschaftlicher) gård [goord] *u*, bondgård [bundgoord] *u*
hoffen *v auf etw. Akk* hoppas [hoppaß] *på ngt*
hoffentlich *part* förhoppningsvis [förhoppningßwiiß]
Hoffnung *w auf etw. Akk* hopp [hopp] *s*
höflich *adj* hövlig [hööwli] ♦ *adv* artigt [aartit], hövligt [hööwlit]
Höflichkeit *w* artighet [aartiheet] *u*
Höhe *w* **1** (Maß) höjd [höjd] *u* **2** (Summe usw.) storlek [ßtuulek] *u* **3** (über dem Meeresspiegel) höjd över havet [höjd ööwer haawet] *u*
Höhepunkt *m* höjdpunkt [höjdpungkt] *u*
höher *adj* högre [hööggr^e^] ♦ *adv* högre [hööggr^e^]
hohl *adj* ihålig [iihooli]
Höhle *w* **1** grotta [grotta] *u* **2** (eines Tieres) kula [küüla] *u*, (Tierbehausung) lya [lüa] *u*
holen *v etw. Akk* hämta [hämta] *ngt*, (Brot usw.) *j-n/etw.* (gå och) hämta [(goo o) hämta] *ngn/ngt*
Hölle *w* helvete [helwet^e^] *s*
Holz *s* trä [trää] *s*
hölzern *adj* av trä [aaw trää]
Honig *m* honung [hoonung] *u*
hören *v* **1** (wahrnehmen) *etw. Akk* höra [hööra] **2** (erfahren) *etw. Akk* höra [hööra] *ngt*
Hörer *m* telefonlur [telefoonlüür] *u*, hörlur [höörlüür] *u*
Horizont *m* horisont [horißonnt] *u*
Horn *s* horn [huurn] *s*
Hose *w* byxor [bykßur] *u Mz*
Hotel *s* hotell [hotell] *s*
hübsch *adj* vacker [wakker], fin [fiin] ♦ *adv* fint [fiint], vackert [wakkert]
Hubschrauber *m* helikopter [helikopt^e^r] *u*
Huf *m* hov [huuw] *u*
Hufeisen *s* hästsko [häßdskuu] *u*
Hüfte *w* höft [höfft] *u*
Hügel *m* ås [ooß] *u*, backe [bakk^e^] *u*, kulle [kull^e^] *u*
Huhn *s* höna [hööna] *u*
Humor *m* humor [hüümor] *u*
Hund *m* hund [hund] *u*
hundert *num* hundra [hundra]
Hunger *m* hunger [hung^e^r] *u*; **Ich habe ~.** Jag är (inte) hungrig.
hungern *v* **1** svälta [ßwälta] **2** *nach etw.* längta [längta] *efter ngt*
hungrig *adj* hungrig [hungri]; **Ich bin ~.** Jag är (inte) hungrig.
Hupe *w* bilhorn [biilhuurn] *s*
hupen *v* tuta [tüüta], (Hupe usw.) tjuta [schüüta]
hüpfen *v* hoppa [hoppa]
husten *v* hosta [hußta]
Husten *m* hosta [hußta] *u*
Hut *m* hatt [hatt] *u*
hüten *v* **1** (Kinder usw.) *j-n* vakta [wakta] *ngn*, bevaka [bewaaka] **2** (Schafe usw.) *etw. Akk* valla [walla] *ngt* **3** *sich* ~ *vor j-m/etw.* akta sig [akta ßej] *för ngt* ► **Kinder** *j-s* ~ sitta barnvakt *åt ngn*
Hütte *w* **1** (Berghütte usw.) stuga [ßtüüga] *u*, (primitive) hydda [hydda] *u* **2** (Hüttenwerk) hytta [hytta] *u*
Hygiene *w* hygien [hygieen] *u*
hygienisch *adj* hygienisk [hygieenißk]

I

ich *pron* jag [ja]
ideal *adj* ideal [ideaal]
Idee *w* idé [idee] *u*
Idiot *m* dumskalle [dumßkall^e^] *u*, idiot [idioot] *u*
Igel *m* igelkott [iigelkott] *u*
ihm *pron* honom [honom]
ihn *pron* honom [honom]
ihr *pron* **1** (3. Person Sg. possessiv) hennes [henneß] **2** (3. Person Pl. possessiv) deras [deeraß] **3** *I~, I~e* er, ert, era [eer, eert, eera] **4** (2. Person Pl., Duzen) ni [ni] **5** (einer Frau usw.) henne [henn^e^]
im **~ Gebirge** i fjällen; **~ Gegenteil** tvärtom; **~ schlimmsten/besten Fall** i sämsta/bästa fall
Imbiss *m* **1** (Gericht) mellanmål [mellanmool] *s* **2** (Bahnhof) buffé [buffee] *u*
immer *adv* alltid [alltid]; **wer auch ~** vem som helst; **für/auf ~** för alltid
impfen *v* vaccinera [wakßineera]
importieren *v etw. Akk irgendwohin* importera [importeera]
in *prep* **1** (einem Raum usw.) i [i] **2** (der Wüste usw.) på [poo] **3** (Richtung) in i [in i] **4** (die Stadt usw.) till [till] **5** (Dauer) om [om] ► **~ Sicherheit sein** vara i trygghet
indisch *adj* indisk [indißk]
Industrie *w* industri [indußtrii] *u*
industriell *adj* industriell [indußtriell]
Infektion *w* smitta [ßmitta] *u*, infektion [infekchuun] *u*

Information *w* information [informachu-un] *u*
informieren *v j-n über etw. Akk* informera [informeera] *ngn om ngt, j-n über etw. Akk* upplysa [upplüßa] *ngn om ngt*, informera [informeera] *ngn om ngt*, underrätta [underrätta] *ngn om ngt*
Ingenieur *m* ingenjör [inchenöör] *u*
Inhaber *m etw. Gen* ägare [äägar^e] *u*
Inhalt *m* innehåll [inneholl] *s*, (eines Dreiecks usw.) area [aarea] *u*
Inhaltsverzeichnis *s* innehåll [inneholl] *s*
Injektion *w* spruta [ßprüüta] *u*
Injektionsspritze *w* injektionsspruta [injekchuunßßprüüta] *u*
Inland *s* inland [inlann] *s*
inmitten *adv* mitt i [mitt i]
innen *adv* inne [inn^e], inuti [inutii], på insidan [poo inßiidan]; **von ~** inifrån
inner(er,e,es) *adj* inre [inr^e]
innerhalb *prep* **1** *etw. Gen* inom [inom] *ngt* **2** *etw. Gen* under [under], inom [inom]
Insekt *s* insekt [inßekt] *u*
Insel *w* ö [öö] *u*
insgesamt *adv* sammanfattat [ßammanfattat], sammanlagt [ßammanlakt], totalt [totaalt], tillsammans [tillßammanß]
Institut *s* institut [inßtitüüt] *s*
Instrument *s* **1** instrument [inßtrument] *s* **2** (Geige usw.) musikinstrument [mußiikinßtrument] *s*, instrument [inßtrument] *s*
intelligent *adj* intelligent [intelijennt]
interessant *adj* intressant [intreßant] ♦ *adv* intressant [intreßant] ► **~e Sache** kuriositet *u*
Interesse *s an etw. Dat* intresse [intreßß^e] *s*; *j-s* **~ wecken** fängsla *ngn*; **Ich habe kein ~.** Jag är inte intresserad.
interessieren *v* **1** (Interesse haben) *j-n* intressera [intreßeera] *ngn* **2** (j-n gewinnen suchen) *j-n für etw., an etw. Dat* blanda in [blanda in] *ngn i ngt* ► **sich ~** *für j-n/etw.* intressera sig för *ngn/ngt*
interessiert *adj an etw. Dat* (livligt) intresserad [(liiwlit) intreßeerad] ♦ *adv* intresserat [intreßeerat], med intresse [m^e intreßß^e]
international *adj* internationell [internatchunell]
Internet *s* Internet [internet] *s*
Internetanschluss *m* Internetuppkoppling [internetupkoppling] *u*
Interview *s* intervju [interwjuu] *u*
inzwischen *adv* under tiden [under tiiden]
irgendein *pron* någon [non], viss [wißß]
irgendwann *adv* en dag [en daa]
irgendwie *adv* på något sätt [poo not ßätt]
irgendwo *adv* någonstans [nonßtanß]
irgendwohin *adv* någonstans [nonßtanß]
irren *v* **sich ~** *in etw. Dat* missta sig [mißßta ßej] *på ngt*
Irrtum *m* misstag [mißßtaag] *s*; **über seinen ~ aufklären** *j-n* öppna *någons* ögon

J

ja *part* **1** (Zustimmung) ja [jaa] **2** ju [ju]
Jacke *w* jacka [jakka] *u*
Jagd *w* jakt [jakt] *u*
jagen *v* **1** (Wildtiere usw.) jaga [jaaga] **2** *j-n* jaga [jaaga] *ngn*
Jäger *m* jägare [jäägar^e] *u*
Jahr *s* år [oor] *s*; **in diesem ~** i år; **voriges ~** förra året
Jahrestag *m etw. Gen* årsdag [oorschdaa] *u av ngt*
Jahreszeit *w* årstid [oorschtiid] *u*
Jahrhundert *s* århundrade [oorhundrad^e] *s*
jährlich *adj* **1** (für ein Jahr usw.) års- [oorsch] **2** (ein Jahr dauernd) årlig [oorli], års- [oorsch] ♦ *adv* årligen [oorlien]
Jahrzehnt *s* decennium [deßennium] *s*
Januar *m* januari [januaari] *u*
je **~... desto** ju... desto
Jeans *Mz* jeans [shiinß] *u*
jed(er,e,es) *pron* var och en [wa o en], (beliebige Person) någon [non], (ohne Ausnahme) varje [warj^e]; **jedes Mal** alltid; **jedes Mal wenn** när som helst
jedenfalls *adv* i alla fall [i alla fall], hur som helst [hüür ßom helßt]
jedermann *pron* var och en [wa o en]
jederzeit *adv* när som helst [näär ßom helßt]
jedoch *conj* än [än], ju [ju], dock [dokk]
jemand *pron* någon [non]
jenseits *prep etw. Gen* bakom [baakom] *ngt*
jetzt *adv* nu [nü]; **bis ~** fortfarande; **für ~** än så länge
jeweils *adv* alltid [alltid]
Joghurt *m/s* yoghurt [jogurt] *u*
Johannisbeere *w* vinbär [wiinbäär] *s*
Journalist *m* journalist [churnalißt] *u*
jucken *v* klia [kliia]
Jude *m* jude [jud^e] *u*
Jugend *w* ungdom [pngdum] *u*
Jugendliche *m* ungdom [pngdum] *u*
Juli *m* juli [juli] *u*
jung *adj* ung [ung]; **~er Mann** yngling *u*
Junge[1] *m* pojke [pojk^e] *u*
Junge[2] *s* djurunge [jurung^e] *u*
Juni *m* juni [juni] *u*

Juwelier *m* juvelerare [juweleerar^e] *u*

K

Kabel *s* sladd [ßladd] *u*, kabel [kaabel] *u*
Kabeljau *m* torsk [torschk] *u*
Kabine *w* **1** (für Passagiere usw.) kabin [kabiin] *u* **2** (zum Umkleiden usw.) omklädningsrum [omkläädningßrum] *s*
Käfer *m* skalbagge [ßkaalbagg^e] *u*
Kaffee *m* kaffe [kaff^e] *s*
Käfig *m* bur [büür] *u*
kahl *adj* bar [baar], tom [tum], blott [blott], kal [kaal]
Kai *m* kaj [kaj] *u*, pir [piir] *u*
Kaiser *m* kejsare [schej:ßar^e] *u*
Kajüte *w* hytt [hytt] *u*
Kakao *m* kakao [kaakao] *u*
Kalb *s* kalv [kalw] *u*
Kalbfleisch *s* kalvkött [kalwschött] *s*
Kalender *m* kalender [kalend^er] *u*
Kalk *m* kalk [kalk] *u*
kalt *adj* kall [kall] ♦ *adv* kallt [kallt], kyligt [schülit] ► **~es Büfett** buffé *u*
Kälte *w* kyla [schüla] *u*
Kamera *w* kamera [kaamera] *u*
Kamin *m* öppen spis [öppen ßpiiß] *u*
Kamm *m* **1** (zum Kämmen) kam [kaam] *u* **2** (Gebirge usw.) kam [kaam] *u*, ås [ooß] *u* **3** (Wellenkamm usw.) kam [kaam] *u*
kämmen *v j-n/etw.* kamma [kamma] *ngn/ngt*; **sich ~** kamma *sitt* hår
Kammer *w* **1** (Abstellraum) klädkammare [kläädkammar^e] *u* **2** (im Gerät usw.) kammare [kammar^e] *u* **3** (eines Parlaments) kammare [kammar^e] *u*
Kampf *m* **1** kamp [kamp] *u*, strid [ßtriid] *u* **2** (Wettkampf) match [matsch] *u*
kämpfen *v* **1** (mit Waffen) bekämpa [beschämpa] **2** (um Macht usw.) *mit j-m/etw.* kämpa [schämmpa] *med ngn/ngt*, strida [ßtriida] *med ngn/ngt* **3** (wetteifern) *mit j-m* tävla om [tääwla om] *med ngn/ngt* **4** (mit Problemen usw.) *mit etw.* hävda [häävda] *ngt*
Kanal *m* **1** (für Schiffe usw.) kanal [kanaal] *u* **2** (für Abwässer) kloak [kloaak] *u* **3** (Wasserleitung usw.) kanal [kanaal] *u* **4** (TV) kanal [kanaal] *u* **5** (diplomatischer usw.) kanal [kanaal] *u*
Kaninchen *s* kanin [kaniin] *u*
Kanister *m* dunk [dungk] *u*
Kanne *w* kanna [kanna] *u*
Kanone *w* **1** kanon [kanoon] *u* **2** (Könner) *in etw. Dat* fenomen [fenomeen] *på ngt*
Kante *w* kant [kant] *u*
Kantine *w* kantin [kantiin] *u*, matsal [maadsaal] *u*
Kap *s* udde [udd^e] *u*
Kapazität *w* kapacitet [kapaßiteet] *u*
Kapelle *w* **1** (Bau) kapell [kapell] *s* **2** (Band) band [bann] *s*
Kapital *s* **1** (Geld usw.) kapital [kapitaal] *u* **2** (verfügbare Geldsumme) grundkapital [grundkapitaal] *s*
Kapitän *m* kapten [kapten] *u*
Kapitel *s* kapitel [kapiitel] *s*
kaputt *adj* defekt [defekt], trasig [traaßig]; **~ machen** *etw. Akk* ha sönder *ngt*
kaputtgehen *v* gå sönder [goo ßönder]
kaputtmachen *v etw. Akk* ha sönder [haa ßönder]
Kapuze *w* huva [hüüwa] *u*
Karosserie *w* karosseri [karoßerii] *s*
Karpfen *m* karp [karp] *u*
Karriere *w* karriär [kariäär] *u*
Karte *w* **1** (Plastikkarte usw.) kort [kurt] *s* **2** (für Kino usw.) biljett [biljett] *u* **3** (für Skat usw.) spelkort [ßpeelkurt] *s*, kort [kurt] *s* **4** (geografisch) karta [karta] *u*
Kartoffel *w* potatis [potaatiß] *u*
Käse *m* ost [ußt] *u*
Kasse *w* **1** (Zahlstelle) kassa [kaßßa] *u* **2** (im Kino usw.) biljettkontor [biljettkontuur] *s*, kassa [kaßßa] *u*
Kassette *w* kassett [kaßett] *u*
kassieren *v* kassera in [kaßeera in]
Kassierer *m* kassör [kaßöör] *u*
Kassiererin *w* kassörska [kaßöörschka] *u*
Kastanie *w* kastanjeträd [kaßtanjeträäd] *s*, (Frucht) kastanj [kaßtanj] *u*
Kasten *m* låda [looda] *u*
Kathedrale *w* katedral [katedraal] *u*, domkyrka [dumschyrka] *u*
Katze *w* katt [katt] *u*
kauen *v etw. Akk* tugga [tugga] *på ngt*
Kauf *m* köp [schööp] *s*, inköp [inschööp] *s*
kaufen *v etw. Akk* köpa [schööpa] *ngt*
Käufer *m* köpare [schööpar^e] *u*
Kaufhaus *s* varuhus [waaruhüüß] *s*
Kaugummi *m* tuggummi [tuggummi] *s*
kaum *adv* knappast [knappaßt], knappt [knappt] ♦ *conj* så snart som [ßoo ßnaart ßom]
Kegel *m* **1** (Körper) kon [kuun] *u* **2** (Spielfigur) kägel [schäägel] *u*
Kehle *w* strupe [ßtrüüp^e] *u*
kehren *v* (SüD) *etw. Akk* sopa [ßuupa]
Keil *m* kil [schiil] *u*
Keilriemen *m* fläktrem [fläktrem] *u*
kein *pron* **1** (nicht ein) ingen [ingen] **2** (von beiden) varken… eller [warken…eller], ingen [ingen] **3** (nicht einmal) inte ens… [int^e enß]

keineswegs *adv* ingalunda [ingalunda], på intet sätt [poo intet ßätt]
Keller *m* källare [schällar^{e}] *u*
Kellner *m* kypare [schüpar^{e}] *u*
kennen *v j-n/etw.* känna [schänna] *ngn*
kennenlernen *v* **1** *j-n* lära känna [läära schänna] *ngn*, (neue Freunde usw.) *j-n* bli bekant [blii bekant] *med ngn* **2** *j-n/etw.* lära känna [läära schänna] *ngn/ngt*
Kenntnis **~se** kunskaper *u Mz*
Kennzeichen *s* märke [märk^{e}] *s*
Keramik *w* keramik [scheramiik] *u*
Kerl *m* karl [kaar] *u*
Kern *m* kärna [schäärna] *u*
Kerze *w* stearinljus [ßteariinjuß] *s*
Kessel *m* **1** (zum Wasserkochen) vattenkokare [wattenkuukar^{e}] *u* **2** (Gaskessel usw.) panna [panna] *u* **3** (Tal) bäcken [bäkken] *s*
Kette *w* **1** (eisern usw.) kedja [schedja] *u* **2** (Schmuck) halsband [halßbann] *s* **3** (Reihe von Dingen usw.) kedja [schedja] *u* **4** (im Gewebe usw.) varp [warp] *u*
Keule *w* **1** (zum Schlagen usw.) klubba [klubba] *u* **2** (bei Schlachtvieh) lägg [lägg] *u*
Kiefer *m* käke [schääk^{e}] *u*
Kilogramm *s* kilo [schiilo] *s*
Kilometer *m* kilometer [schilomeeter] *u*
Kind *s* barn [baarn] *s*; **ein ~ wickeln** byta blöja (på ett barn)
Kinderarzt *m* barnläkare [baarnlääkar^{e}] *u*
Kindergarten *m* daghem [daaghem] *s*, dagis [daagiß] *u*
Kinderwagen *m* barnvagn [baarnwangn] *u*
Kindheit *w* barndom [baarnduum] *u*
Kinn *s* haka [haaka] *u*
Kino *s* biograf [biograaf] *u*, bio [biio] *u*
Kiosk *m* kiosk [schioßk] *u*
Kirche *w* **1** (Gebäude) kyrka [schyrka] *u* **2** (Glaubensgemeinschaft) församling [förschamling] *u*
Kirsche *w* **1** (süße, Frucht) körsbär [schörschbäär] *s* **2** (Baum) körsbärsträd [schörschbärschträäd] *s* **3** (saure) surkörsbär [ßüürschörschbäär] *u*
Kissen *s* kudde [kudd^{e}] *u*, (zum Sitzen usw.) sittdyna [ßittdüna] *u*
Kiste *w* kista [schißßta] *u*, låda [looda] *u*, skrin [ßkriin] *s*
Klage *w* åtal [ootaal] *s*; **~ erheben** *gegen j-n* åtala *ngn*
Klammer *w* **1** (Gerät) klämma [klämma] *u* **2** (Schriftzeichen) parentes [paranteeß] *u*
Klang *m* ljud [jud] *s*
klar *adj* klar [klaar] ► **~er Himmel** klarhet *u*; **sich ~ werden** *über etw. Akk* få ordning *på ngt*
klären *v etw. Akk* klargöra [klaarjööra], *etw. Akk* uppklara [uppklaara] *ngt*
Klarheit *w* klarhet [klaarheet] *u*
Klasse *w* klass [klaßß] *u*
klassisch *adj* klassisk [klaßßißk]
Klavier *s* piano [piaanu] *s*
Klebeband *s* tejp [teip] *u*
kleben *v* **1** *etw. Akk* klistra ihop [klißtra ihup], (befestigen) *etw. Akk an/auf etw. Akk* klistra fast [klißtra faßt] *ngt på ngt* **2** (Klebkraft haben) klibba [klibba] **3** (klebrig sein) *an etw. Dat* klistra sig [klißtra ßej]
klebrig *adj* klibbig [klibbi]
Klebstoff *m* lim [liim] *s*
Kleid *s* klänning [klänning] *u*
Kleider *s Mz* kläder [klääder] *Mz*, klädsel [kläädsel] *u*
Kleiderbügel *m* galge [galj^{e}] *u*
Kleiderschrank *m* klädskåp [kläädskoop] *s*, garderob [garderoob] *u*
Kleidung *w* kläder [klääder] *Mz*, klädsel [kläädsel] *u*
klein *adj* liten [liiten]
kleiner *adj* mindre [mindr^{e}]
Kleingeld *s* växel [wäkßel] *u*
Kleinigkeit *w* småsak [ßmooßaak] *u*
kleinlich *adj* småaktig [ßmooakti], pedantisk [pedantißk]
klettern *v* **1** (auf eine Leiter usw.) *auf etw. Akk* klättra (upp) [klättra (upp)] *ngt* **2** (hinauf) *auf etw. Akk* klättra [klättra] *ngt* **3** (herauskommen usw.) *aus etw.* krypa ut [krüpa üüt] *ur ngt* **4** (durchs Fenster usw.) *irgendwohin* klättra i [klättra i] *ngt* **5** (im Gebirge usw.) bestiga [beßtiiga]
Klima *s* klimat [klimaat] *s*
Klimaanlage *w* luftkonditionering [luftkondichuneering] *u*
Klinge *w* blad [blaad] *s*
Klingel *w* ringklocka [ringklokka] *u*
klingeln *v* ringa [ringa]
klingen *v* **1** (hörbar sein) ljuda [juda] **2** (Glocke) ringa [ringa], klinga [klinga] **3** (Eindruck vermitteln) *irgendwie* låta [loota] *som ngt*
Klinik *w* klinik [kliniik] *u*
Klinke *w* handtag [handtaag] *s*
klopfen *v* **1** *an etw. Akk* knacka [knakka] *på ngt* **2** (Fleisch) *etw. Akk* banka [bangka] *ngt*
Klosett *s* toalett [toalett] *u*
Kloß *m* klimp [klimp] *u*
Kloster *s* kloster [kloßter] *s*
klug *adj* klok [kluuk], begåvad [begoowad]
Knall *m* smäll [ßmäll] *u*, knall [knall] *u*
knapp *adj* **1** (Kleidung) snäv [ßnääw] **2** (gekürzt) kort [kort]
Kneipe *w* krog [kruug] *u*

Knie *s* knä [knää] *s*
knien *v* stå på knä [ßtoo poo knää]; **sich ~** ställa sig på knä
Knoblauch *m* vitlök [wiitlöök] *u*
Knöchel *m* ankel [angkel] *u*
Knochen *m* ben [been] *s*
Knopf *m* knapp [knapp] *u*
Knospe *w* knopp [knopp] *u*
Knoten *m* **1** (in Schnur usw.) knut [knüüt] *u* **2** (Lymphknoten usw.) lymfkörtel [lymfschörttel] *u*
Knotenpunkt *m* **1** (im Verkehr usw.) korsning [korschning] *u* **2** (Verknüpfung) knut [knüüt] *u* **3** (von Aktivitäten usw.) centrum [ßentrum] *s*
Koch *m* kock [kokk] *u*
kochen *v* **1** (im Wasser usw.) *etw. Akk* koka [kuuka] **2** (zubereiten) laga mat [laaga maat] **3** (Wasser usw.) koka [kuuka]
Kochherd *m* spis [ßpiiß] *u*
Kochplatte *w* kokplatta [kuukplatta] *u*
Koffer *m* koffert [koffert] *u*, resväska [reeßwäßka] *u*
Kofferraum *m* bagageutrymme [bagaashüütrymme] *s*
Kohl *m* **1** (Weißkohl usw.) kål [kool] *u* **2** (Pflanze) kålrabbi [koolrabbi] *u* **3** (ÖrD) (Rosenkohl usw.) kål [kool] *u*
Kohle *w* **1** (Brennstoff) kol [kool] *s* **2** (ugs.) (Geld) degar [deegar] *u Mz*, stålar [ßtoolar] *u Mz*
Kohlrabi *m* kålrabbi [koolrabbi] *u*
Kollege *m* kollega [koleega] *u*
komisch *adj* komisk [koomißk] ♦ *adv* roligt [ruulit], skojigt [ßkojit]
Komma *s* **1** (Satzzeichen) komma [komma] *s* **2** (in Zahlen) decimaltecken [deßimaaltekken] *s*
kommen *v* **1** *irgendwohin* komma [komma] *någonstans* **2** (gelangen) *irgendwohin* komma [komma] **3** (Ansicht usw.) *zu etw.* komma till slutsats [komma till ßlüüdsads] *till ngt* **4** (verlieren) *um etw.* förlora [förluura] *ngt* **5** (entfallen) *auf j-n/etw.* få [foo] **6** (Zeit) inträda [inträäda] ► **gelegen ~** *j-m etw. Nom* passa; **Komm schon!** Kom igen!
Kommunikation *w* kommunikation [komunikachuun] *u*
kommunizieren *v mit j-m* kommunicera [komunißeera]
Komödie *w* komedi [komedii] *u*
Kompass *m* kompass [kompaßß] *u*
komplett *adj* komplett [komplett] ♦ *adv* komplett [komplett], fullständigt [fullßtändit]
Kompliment *s* komplimang [komplimang] *u*
kompliziert *adj* komplicerad [komplißeerad] ♦ *adv* komplicerad [komplißeerad]
Komponist *m* kompositör [kompoßitöör] *u*
Konditorei *w* konditori [konditorii] *s*
Kondom *s/m* kondom [kondoom] *u*
Konfitüre *w* sylt [ßylt] *u*
König *m* kung [kung] *u*
Königin *w* drottning [drottning] *u*
können[1] *v* (beherrschen usw.) *etw. Akk* kunna [kunna] *göra ngt*
können[2] *v* (fähig sein) *tun etw. Akk* kunna [kunna] *göra ngt*; **Ich kann nicht mehr.** Jag kan inte fortsätta.
konservativ *adj* konservativ [konßerwatiiw]
Konserve *w* konserv [konßerw] *u*, konservburk [konßerwburk] *u*
Konstruktion *w* konstruktion [konßtrukchuun] *u*
Konsul *m* konsul [konßul] *u*
Konsulat *s* konsulat [konßulaat] *s*
Kontakt *m* kontakt [kontakt] *u*; **in ~ stehen** *mit j-m* vara i kontakt *med ngn*; **~ aufnehmen** *mit j-m* kontakta
kontaktieren *v j-n* kontakta [kontakta]
Kontaktlinse **~n** kontaktlinser *u Mz*
Konto *s* konto [konto] *s*
Kontoauszug *m* kontoutdrag [kontoüütdraag] *s*
Kontostand *m* saldo [ßaldu] *s*
Kontrolle *w* kontroll [kontroll] *u*
Kontrolleur *m* **1** inspektör [inßpektöör] *u* **2** (in der Straßenbahn usw.) revisor [rewiißor] *u*
kontrollieren *v* **1** (überwachen) *etw. Akk* kontrollera [kontroleera] *ngn/ngt*, kolla [kolla] *ngt* **2** (Gebiet usw.) kontrollera [kontroleera]
Konzert *s* konsert [konßäär] *u*
Kopf *m* **1** huvud [hüüwüüd] *s* **2** (einer Zeitung usw.) rubrik [rubriik] *u*
Kopfhörer *m Mz* hörlurar [höörlüürar] *u Mz*
Kopie *w* kopia [kopiia] *u*
kopieren *v* kopiera [kopieera]
Korb *m* korg [korj] *u*
Korken *m* kork [kork] *u*
Korkenzieher *m* korkskruv [korkßkrüüw] *u*
Korn *s* korn [korn] *s*
Körper *m* kropp [kropp] *u*
korrekt *adj* **1** (richtig) riktig [rikti], rätt [rätt] **2** (Benehmen usw.) korrekt [korekt]
Korrektur *w* **1** (eines Fehlers usw.) rättelse [rätteIße] *u* **2** (Fahnenkorrektur usw.) korrektur [korektüür] *s*
Korridor *m* korridor [koridoor] *u*

korrigieren *v* rätta [rätta], (ändern) korrigera [korigeera]
Kosmetik *w* kosmetika [koßmeetika] *u Mz*
Kost *w* mat [maat] *u*, föda [fööda] *u*
kostbar *adj* kostbar [koßtbaar]
kosten *v* **1** (Speise) *etw. Akk* smaka [ßmaaka] **2** (Preis haben) *wie viel* kosta [koßta]
► **Was/Wie viel kostet es?** Vad kostar det?
Kosten *Mz* kostnad [koßtnad] *u av ngt*
kostenfrei *adj* kostnadsfri [koßtnadsfrii]
kostenlos *adj* kostnadsfri [koßtnadsfrii] ♦ *adv* gratis [graatiß], kostnadsfritt [koßtnadsfritt]
Kostüm *s* **1** (für Frauen) dräkt [dräkt] *u* **2** (für Schauspieler usw.) maskeradkläder [maßkeraadklääd^{e}r] *u Mz*
Kot *m* avföring [aafflööring] *u*, bajs [bajß] *s*, dynga [dynga] *u*
Kotelett *s* kotlett [kotlett] *u*
Krach *m* buller [bull^{e}r] *s*, larm [larm] *s*
Kraft *w* kraft [kraft] *u*
Kraftstoff *m* bränsle [brännßl^{e}] *s*, drivmedel [driiwmeedel] *s*
Kraftwerk *s* kraftverk [kraftwärk] *s*
Kragen *m* krage [kraag^{e}] *u*
Kralle *w* **1** (eines Vogels usw.) klo [kluu] *u* **2** (Vorrichtung) hjulboja [julbooja] *u*
Krampf *m* kramp [kramp] *u*, (krampfhafte Bewegung) konvulsion [konwulchuun] *u*
krank *adj* sjuk [chüük]
Krankenhaus *s* sjukhus [chüükhüüß] *s*
Krankenschwester *w* sjuksköterska [chüükchöötärschka] *u*
Krankenversicherung *w* sjukförsäkring [chüükförschääkring] *u*
Krankenwagen *m* ambulans [ambulanß] *u*
Krankheit *w* sjukdom [chüükdum] *u*
kratzen *v* **1** (ritzen) skrapa [ßkraapa] **2** (reiben) klia sig [kliia ßej]
Kraut *s* **1** (Heilpflanze usw.) ört [ört] *u* **2** (der Kartoffeln usw.) blast [blaßt] *u*
Krawatte *w* slips [ßlipß] *u*
Krebs *m* **1** (Tier) kräfta [kräfta] *u* **2** (Krankheit) cancer [kanßer] *u* **3** (Sternzeichen) Kräftan [kräftan] *u*
Kredit *m* kredit [krediit] *u*, krita [kriita] *u*
Kreditkarte *w* kreditkort [krediitkurt] *s*
Kreide *w* krita [kriita] *u*
Kreis *m* runda [runda] *u*
kreisen *v um etw.* cirkulera [ßirkuleera] *runt*
Kreislauf *m* kretslopp [kreedslopp] *s*
Kreisverkehr *m* rondell [rondell] *u*
Kreuz *s* **1** kors [korsch] *s* **2** (im Kartenspiel) klöver [klööw^{e}r] *u*
Kreuzfahrt *w* kryssning [kryßßning] *u*
Kreuzung *w* korsning [korschning] *u*
kriechen *v* **1** krypa [krüpa] **2** hasa [haaßa] **3** *aus etw.* krypa ut [krüpa üüt] *mot ngt* **4** *vor j-m* fjäska [fjäßka] *för ngn*, (sich erniedrigen usw.) *vor j-m* krypa [krüpa] *för ngn*
Krieg *m* krig [kriig] *s*
kriegen *v* **1** (Krankheit) få [foo] **2** (hineinpressen usw.) *etw. Akk irgendwohin* få [foo] *ngt någonstans*
Krise *w* kris [kriiß] *u*
Kritik *w* kritik [kritiik] *u*, anmärkning [anmäärkning] *u*
kritisch *adj* kritisk [kriitißk]
kritisieren *v* kritisera [kritißeera] *ngn/ngt*
Krone *w* krona [kruuna] *u*
Krug *m* kruka [krüüka] *u*
krumm *adj* krokig [kruukig]
Küche *w* kök [schöök] *s* ► **häusliche ~** husmanskost *s*
Kuchen *m* kaka [kaaka] *u*, bakelse [baakelß^{e}] *u*
Kugel *w* **1** (Körper) sfär [ßfäär] *u* **2** (Geschoss) kula [küüla] *u*, (Kügelchen) en liten kula [en liiten küüla] *u* **3** (Eiskugel usw.) kula [küüla] *u*
Kugelschreiber *m* kulspetspenna [küülßpeedspenna] *u*
Kuh *w* ko [kuu] *u*
kühl *adj* **1** kylig [schüli] **2** (Getränk usw.) kyld [schyld]
kühlen *v* kyla ner [schüla neer]
Kühler *m* kylare [schülar^{e}] *u*
Kühlschrank *m* kylskåp [schülßkoop] *s*
Kultur *w* kultur [kultüür] *u*
Kümmel *m* kummin [kumin] *u*
kümmern *v* **sich ~** *um j-n/etw.* ta hand om [taa hand om] *ngn*, *um j-n/etw.* ta hand [taa hand] *om ngn/ngt*, (behilflich sein usw.) ägna sig åt [äängna ßej oot] *ngt*
Kunde *m* klient [klient] *u*, (im Geschäft usw.) kund [kunn] *u*
kündigen *v etw. Akk* avskeda [aafcheeda], säga upp [ßäja upp] *ngt*
Kunst *w* **1** (Gestalten) konst [konßt] *u* **2** (Geschick) förmåga [förmooga] *u* ► **bildende ~** bildkonst *u*
Kunsthandwerk *s* hantverk [hantwärk] *s*
Künstler *m* konstnär [konßtnäär] *u*
künstlich *adj* konstgjord [konßtjurd]
Kunststoff *m* plast [plaßt] *u*
Kupfer *s* koppar [koppar] *u*
Kuppel *w* kupol [kupol] *u*
Kupplung *w* koppling [koppling] *u*
Kürbis *m* pumpa [pumpa] *u*
Kurort *m* kurort [küürurt] *u*
Kurs *m* kurs [kusch] *u*
Kurve *w* kurva [kurwa] *u*
kurz *adj* kort [kort] ♦ *adv* **1** (geschnitten usw.) kort [kort] **2** (besprechen usw.) kort

[kort], kortfattat [kortfattat] **3** kort [kort], kortfattat [kortfattat] ► **~ weggehen** *irgendwohin* springa över, avlägsna sig för en stund; **vor ~em** nyligen

kürzen *v* **1** (kürzer machen) *etw. Akk* förkorta [förkorta] *ngt* **2** (Geld) *etw. Akk* reducera [redußeera], inskränka [inßkrängka]

kürzlich *adv* nyligen [nülien]

Kurzschluss *m* kortslutning [kortßlüütning] *u*

Kuss *m* puss [pußß] *u*

küssen *v j-n/etw.* kyssa [schyßßa] *ngn, j-n* kyssa [schyßßa] *ngn*

Küste *w* kust [kußt] *u*

Kuvert *s* kuvert [kuwert] *s*

L

lächeln *v* le [lee]

Lächeln *s* leende [leende] *s*

lachen *v über j-n/etw.* skratta [ßkratta] *åt ngt/ngn*

Lachen *s* skratt [ßkratt] *s*

lächerlich *adj* löjlig [löjli], (absurd) skrattretande [ßkrattreetandeᵉ]

Lachs *m* lax [lakß] *u*

Lack *m* lack [lakk] *s*

Ladegerät *s* laddare [laddareᵉ] *u*

laden *v* **1** (beladen) *etw. Akk auf etw. Akk* lasta [laßta] *ngt*, belasta [belaßta] *ngt* **2** (Waffe) ladda [ladda] **3** (Batterie) ladda upp [ladda upp]

Laden *m* affär [afäär] *u*

Ladung *w* **1** (Frachtgut) last [laßt] *u* **2** (von Munition) sprängladdning [ßprängladdning] *u* **3** (elektrische) laddning [laddning] *u* **4** (Warenmenge usw.) sats [ßads] *u*

Lage *w* läge [läägeᵉ] *s*, *etw. Gen* position [poßichuun] *u*

Lager *s* **1** (Unterkunft) läger [lääger] *u* **2** (für Vorräte usw.) förråd [förood] *s*, lager [laager] *s*, (für Vorräte usw.) lager [laager] *s*, lagerlokal [laagerlokaal] *u* **3** (Gesteinsschicht) lager [laager] *s* **4** (Maschinenelement) kullager [kulaager] *u*

lagern *v* **1** (im Wald usw.) campa [kampa] **2** (Vorräte usw.) *etw. Akk irgendwohin* förvara [förwaara] *ngt någonstans*

Laib *m* limpa [limpa] *u*

Laken *s* lakan [laakan] *s*

Lamm *s* lamm [lamm] *s*

Lammfleisch *s* lammkött [lammschött] *s*

Lampe *w* lampa [lampa] *u*

Land *s* **1** (Festland) land [land] *s* **2** (Grundstück) mark [mark] *u* **3** (ländliches Gebiet) landsbygd [landsbykt] *u* **4** (Staat) land [land] *s*

landen *v* landa [landa]

Landkarte *w* karta [karta] *u*

Landschaft *w* landskap [landskaap] *s*

Landung *w* landning [landning] *u*

Landwirt *m* bonde [bundeᵉ] *u*

Landwirtschaft *w* jordbruk [juurdbrüük] *u*

lang *adj* lång [long]

lange *adv* länge [läng:ᵉ]

Länge *w* längd [längd] *u*

Langeweile *w* leda [leeda] *u*, tråkighet [trookiheet] *u*

langfristig *adj* långvarig [longwaari]

langsam *adj* långsam [longßam] ♦ *adv* långsamt [longßammt]

längst *adv* länge sedan [läng:ᵉ ßen]

langweilen *v j-n* tråka ut [trooka üüt] *ngn*; **sich ~** vara uttråkad

langweilig *adj* långtråkig [longtrooki], tråkig [trooki]

Lappen *m* **1** (zum Abwischen usw.) trasa [traaßa] *u* **2** (eines Organs usw.) lapp [lapp] *u*

Lärm *m* oväsen [uuwääßen] *s*

lassen *v* **1** (erlauben) *j-n etw. Akk zu tun* låta [loota] *ngn göra ngt* **2** (nicht ändern) *etw. Akk* lämna [lämna] *ngt* **3** (nicht wegnehmen) *j-m etw. Akk* låta *ngn* få/ha [loota foo/haa] *ngt* **4** *sich* **~** (machen usw.) låta [loota] **5** *sich* **~** *etw. Akk tun* (veranlassen) låta [loota] *göra ngt* ► **Das lässt sich leicht reparieren.** Det är lätt att laga det.

Last *w* **1** last [laßt] *u* **2** (Sorge usw.) belastning [belaßtning] *u*

lästig *adj* besvärlig [beßwäärli], långtråkig [longtrooki], otrevlig [uutreewli], obehaglig [uubehaagli]

Lastwagen *m* lastbil [laßtbiil] *u*

Laub *s* löv [lööw] *s*

Lauf *m* **1** (physische Aktivität) lopp [lopp] *s* **2** (einer Maschine usw.) *etw. Gen* gång [gong] *u* **3** (eines Gewehrs) gevärspipa [jewäärschpiipa] *u* ► **im ~e** *etw. Gen* under *ngt*

laufen *v* **1** (Person usw.) springa [ßpringa] **2** (hinüberlaufen) *über etw. Akk* springa [ßpringa] *över ngt* **3** (zu Fuß gehen) gå [goo] **4** (in Gang sein) löpa [lööpa], gå [goo] **5** (Gefäß usw.) läcka [läkka]

Laune *w* **1** (gute usw.) humör [humöör] *s* **2** (Einfall) infall [infall] *s*

launisch *adj* nyckfull [nykfull], lynnig [lynni]

Laus *w* lus [lüüß] *u*

laut *adj* högljudd [höögjudd] ♦ *adv* högt [hökt] ► **~er stellen** *etw. Akk* (Radio usw.) förstärka

läuten *v* ringa [ringa], klinga [klinga]
Lautsprecher *m* högtalare [höögtaalar^e] *u*
lauwarm *adj* ljummen [jummen]
Lawine *w* lavin [lawiin] *u*
leben *v* leva [leewa]
Leben *s* liv [liiw] *s*; **am ~** levande
lebendig *adj* levande [leewand^e] ♦ *adv* levande [leewand^e]
Lebensmittel *s* **1** livsmedel [liiwßmeedel] *s* **2** livsmedel [liiwßmeedel] *s Mz*
Lebensmittelgeschäft *s* livsmedelsaffär [liiwßmeedelßafäär] *u*
Leber *w* lever [leewer] *u*
lebhaft *adj* **1** (Kind usw.) pigg [pigg], (Mensch) livlig [liiwli], energisk [energißk] **2** (Fantasie usw.) livlig [liiwli] **3** (Erinnerung usw.) livlig [liiwli], levande [leewand^e] ♦ *adv* levande [leewand^e]
lecken *v* **1** slicka [ßlikka] **2** (Fass usw.) läcka [läkka]
lecker *adj* utsökt [üüdsöökt]
Leckerbissen *m* delikatess [delikateßß] *u*, godbit [guudbiit] *u*, läckerhet [läkkerheet] *u*
Leder *s* läder [lääd^er] *s*
ledig *adj* ogift [uujift]
leer *adj* **1** (Gefäß usw.) tom [tum] **2** (Blatt usw.) blank [blangk] ▸ **~e Batterie** urladdat batteri
leeren *v etw. Akk* tömma [tömma] *ngt*
legal *adj* laglig [laagli] ♦ *adv* legalt [legaalt]
legen *v* **1** *etw. Akk irgendwohin* lägga [lägga] *ngt på ngt*, sätta [ßätta] *ngt på ngt* **2** (in Mappe usw.) *etw. Akk in etw. Akk* placera [plaßeera] **3** (Fundament usw.) lägga [lägga], (Gleise usw.) lägga ner [lägga neer] **4** (Eier) värpa [wärpa]
Lehm *m* lera [leera] *u*
Lehrbuch *s* lärobok [läärubuuk] *u*
lehren *v j-n etw. Akk* lära [läära] *ngn*
Lehrer *m* lärare [läärar^e] *u*
Leiche *w* lik [liik] *s*
leicht *adj* **1** (wenig wiegend) lätt [lätt] **2** (Aufgabe usw.) lätt [lätt] **3** (Berührung usw.) mild [mild] **4** (Husten usw.) lätt [lätt] ♦ *adv* **1** (ohne Problem) enkelt [engkelt] **2** (einfach) lätt [lätt] **3** (erreichbar usw.) enkelt [engkelt], lätt [lätt] **4** (nur wenig) lätt [lätt] **5** (berühren usw.) lätt [lätt] ▸ **ein ~er Hang** slänt *u*
leiden *v* **1** *an/unter etw. Dat* lida [liida] *av ngt* **2** (Beleidigung usw.) *etw. Akk* tåla [toola] *ngt*, finna sig [finna ßej] *i ngt*
Leidenschaft *w* passion [pachuun] *u*
leider *part* tyvärr [tywärr]
leidtun *v j-m etw. Nom* vara ledsen [waara leßen] *ledsen*; **Es tut mir leid.** Jag är ledsen.
leihen *v* **1** *j-m etw. Akk* låna ut [loona üüt] **2 (sich) ~** *etw. Akk von j-m* låna [loona] *ngt från ngn*
Leim *m* lim [liim] *s*
Leine *w* koppel [koppel] *s*, hundkoppel [hundkoppel] *s*; **den Hund an der ~ haben** ha hunden i koppel
leise *adj* tyst [tyßt], lågmäld [loogmäld] ♦ *adv* tyst [tyßt], stilla [ßtilla] ▸ **~r stellen** skruva ner
leisten *v j-m etw. Akk* ge [jee], bevilja [bewilja]; **Dienste ~** *j-m/etw.* tjäna *ngn/ngt*; **sich** *etw. Akk* **~ können** (finanziell usw.) ha råd med *ngt*
Leistung *w* **1** (sportliche usw.) uppträdande [uppträädand^e] *s* **2** (einer Maschine usw.) prestation [preßtachuun] *u* **3** (Betrag) bidrag [bidraag] *s*
leiten *v* **1** (Firma usw.) *etw. Akk* leda [leeda] **2** *j-n irgendwohin* följa [följa] *ngn*, *j-n irgendwohin* leda [leeda] *ngn någonstans* **3** (Wasser usw.) leda [leeda] **4** (durchziehen usw.) *etw. Akk durch etw.* föra [fööra] **5** (leitfähig sein) ledningsförmåga [leedningßförmooga]
Leiter[1] *m* **1** (einer Abteilung usw.) chef [cheef] *u*, (Person) ledare [leedar^e] *u* **2** (einer Bewegung usw.) ledare [leedar^e] *u* **3** (Stoff) ledare [leedar^e] *u*
Leiter[2] *w* stege [ßteeg^e] *u*
Leitung *w* **1** (einer Firma usw.) ledning [leedning] *u* **2** (Hauptvertreter) ledarskap [leedarschkaap] *s* **3** (Telefonleitung usw.) ledning [leedning] *u*
lenken *v* **1** (Richtung bestimmen) *etw. Akk* styra [ßtüra] *ngt*, inrikta [inrikta] *ngt* **2** (zum Ziel) *etw. Akk irgendwohin* leda [leeda] *ngt till ngt*
Lenkrad *s* ratt [ratt] *u*
lernen *v* **1** (Fertigkeiten erwerben) *etw. Akk* lära sig [läära ßej] *att göra ngt* **2** (für eine Prüfung usw.) lära sig [läära ßej], studera [ßtudeera] **3** (durch Erfahrungen) *aus etw.* lära [läära] *av ngn*, ta lärdom [taa läärdum] *av ngn* **4** (Handwerk) *etw. Akk* utbilda sig [üütbilda ßej] *till ngt*
lesbisch *adj* lesbisk [leßbißk]
lesen *v* **1** (ein Buch usw.) *etw. Akk* läsa [läßa] **2** (Vorlesungen halten) föreläsa [fööreläßa]
Leser *m* läsare [läßar^e] *u*
letzt(er,e,es) *adj* **1** (in einer Reihe) sist [ßißt] **2** (Woche usw.) förra [förra] **3** (neuester) senaste [ßeenaßt^e] ▸ **das letzte Mal** förra gången; **zum letzten Mal** sist, sista gången
leuchten *v* **1** (Lampe usw.) skina [chiina] **2** (mit Taschenlampe usw.) *auf etw. Akk* lysa [lüßa] *på ngt*

Leuchtturm *m* fyr [für] *u*
Leute *Mz* människor [männichur] *u Mz*, folk [folk] *s*
Licht *s* ljus [juß] *s*
Lid *s* ögonlock [öögonlokk] *s*
Lidschatten *m* ögonskugga [öögonßkugga] *u*
lieb *adj* raring [raaring], (in der Anrede usw.) käraste [schääraßt^e]; **Das ist ~ von Ihnen.** Det är snällt av dig.
Liebe *w* kärlek [schäärleek] *u*; **~ machen** *mit j-m* älska *med ngn*
lieben *v j-n/etw.* älska [älßka] *ngn/ngt*; **sich ~** älska varandra
lieber *adv* hellre [hellr^e]; **Ich möchte ~...** Jag vill hellre...
Liebhaber *m* **1** (Geliebter) älskare [älßkar^e] *u* **2** uppfödare [uppföödar^e] *u*, (Anhänger) *von etw.* älskare [älßkar^e] *u*
Liebling *m* **1** älskling [älßkling] *u* **2** (Favorit) favorit [faworiit] *u*
liebst(er,e,es) **am liebsten** helst
Lied *s* sång [ßoong] *u*
liefern *v j-m etw. Akk* leverera [lewereera]
Lieferung *w* leverans [leweranß] *u*
Lieferwagen *m* varubil [waarubiil] *u*
Liege *w* liggvagnsplats [liggwangnßplads] *u*
liegen *v* **1** (Mensch) ligga [ligga] **2** (Sache) *irgendwo* ligga [ligga] *någonstans* **3** (Problem usw.) *in etw. Dat* bero [beruu] *på ngt* **4** (an Umständen usw.) *an j-m/etw.* bero [beruu] **5** (schätzen) *j-m an etw. Dat* bry sig om [brü ßej om] *ngn/ngt* **6** (wichtig sein) *an etw. Dat* bero på [beruu poo]
Lift *m* hiss [hißß] *u*
Likör *m* likör [liköör] *u*
Limo *w/s* lemonad [lemonaad] *u*, läsk [läßk] *u*
Limonade *w* lemonad [lemonaad] *u*, läsk [läßk] *u*
Linie *w* linje [linj^e] *u*
link(er,e,es) *adj* vänster [wänßter]
links *adv* till vänster [till wänßter]; **nach ~** (wohin) till vänster; **von ~** från vänster
Linse *w* lins [linß] *u*
Lippe *w* läpp [läpp] *u*
Lippenstift *m* läppstift [läppßtifft] *s*
Liste *w etw. Gen* lista [lißta] *u av ngt*
Liter *m/s* liter [liiter] *u*
Literatur *w* litteratur [literatüür] *u*
Lkw *m* lastbil [laßtbiil] *u*
loben *v j-n für etw.* uppskatta [uppßkatta] *ngn för ngt*
Loch *s* hål [hool] *s*
Locke *w* lock [lokk] *u*
Lockenwickler *m* hårspole [hoorschpuul^e] *u*
locker *adj* **1** lös [löößß] **2** (Atmosphäre usw.) trivsam [triiwßam] **3** (Gebäck usw.) pösig [pöößi] **4** (Mensch) lättsam [lättßam]
Löffel *m* **1** sked [cheed] *u* **2** (kleiner) tesked [teecheed] *u* **3** (Maßangabe) *etw. Akk* skedfull [cheedfull] *u*
logisch *adj* logisk [loogißk]
Lohn *m* lön [löön] *u*; **den ~ erhöhen** *j-m* öka, ge mer
lohnen *v* ***sich*** ~ löna sig [lööna ßej]
lokal *adj* lokal [lokaal]
Lokal *s* ställe [ßtäll^e] *s*
Lokomotive *w* lok [luuk] *s*, lokomotiv [lokomotiiw]
Los *s* **1** (Lotterieschein) lott [lott] *u* **2** (Losen) lottdragning [lottdraagning] *u*
löschen *v* **1** släcka [ßläkka] **2** (Daten) radera [radeera]
lose *adj* lös [löößß]
lösen *v* **1** (Krawatte usw.) *etw. Akk* lossa [loßßa] *ngt* **2** (Problem usw.) *etw. Akk* lösa [löößa] *ngt*
losfahren *v* ge sig iväg [jee ßej iwääg]
loslassen *v etw. Akk* släppa [ßläppa] *ngt*
Lösung *w* **1** (einer Aufgabe) *etw. Gen* lösning [löößning] *u* **2** (eines Geheimnisses usw.) lösning [löößning] *u* **3** (Flüssigkeit) lösning [löößning] *u*
loswerden *v j-n/etw.* befria sig [befriia ßej] *från ngt*, kvitt [kwitt]
Lotterie *w* lotteri [loterii] *s*
Löwe *m* **1** (Tier) lejon [lejon] *s* **2** (Sternzeichen) Lejonet [lejonet] *s*
Luchs *m* lodjur [loojufr] *s*
Lücke *w* lucka [lukka] *u*
Luft *w* luft [luft] *u*; **sich in ~ auflösen** försvinna ut i tomma luften
lüften *v* ventilera [wentileera], vädra [wäädra]
Lüfter *m* fläkt [fläkt] *u*
Luftmatratze *w* luftmadrass [luftmadraßß] *u*
Luftpost *w* flygpost [flügpoßt] *u*
Lüge *w* lögn [löngn] *u*
lügen *v j-m* ljuga [juga]
Lunge *w* lunga [lunga] *u*
Lungenentzündung *w* lunginflammation [lunginflamachuun] *u*
Lust *w an etw. Akk* önskan [önßkan] *u*; **~ haben** *etw. Akk zu tun* ha lust *att göra ngt*; **~ zu essen** matlust *u*
lustig *adj* rolig [ruuli], festlig [feßtli]; **sich ~ machen** *über j-n/etw.* skoja
lutschen *v* **1** (Bonbon usw.) *etw. Akk* suga [ßüüga] **2** (Daumen usw.) *an etw. Dat* suga [ßüüga] *på ngt*
Luxus *m* lyx [lykß] *u*

M

machen *v* **1** (durchführen) göra [jööra] *ngt* **2** (entstehen lassen) göra [jööra] **3** (erzeugen) göra [jööra] **4** *etw. Akk irgendwie* göra [jööra] **5** ***sich*** ~ *an etw. Akk* börja [börja], sätta igång [ßätta igong] **6** (Summe) uppgå till [uppgoo till] *ngt* ► **eine Aufnahme** *von etw.* ~ ta bilder; **einen Kopfsprung** ~ dyka; **geltend** ~ *etw. Akk* (Rechte usw.) utöva *ngt*; **Macht es nicht!** Gör det inte!; **sich bekannt** ~ *mit etw.* bekanta sig *med ngt*; **Spaß** ~ *j-m etw. Nom* tycka om *att göra ngt*; **unmöglich** ~ *etw. Akk* omöjliggöra *ngt*; **Und was soll ich ~?** Vad ska jag göra då?

Macht *w* makt [makt] *u*

mächtig *adj* mäktig [mäkti]

Mädchen *s* flicka [flikka] *u*

Magazin *s* **1** (einer Waffe) magasin [magaßiin] *s* **2** (Zeitschrift) tidskrift [tiidskrift] *u*

Magen *m* mage [maag^{e}] *u*

mager *adj* mager [maager]

Magnet *m* magnet [mangnet] *u*

mahlen *v* mala [maala]

Mahlzeit *w* maträtt [maaträtt] *u*; **~!** Smaklig måltid!

Mai *m* maj [maj] *u*

Mais *m* majs [majß] *u*

Make-up *s* smink [ßmingk] *s*, sminkning [ßmingkning] *u*

mal *adv* gånger [gong:er]

Mal *s* gång [gong]; **das nächste** ~ nästa gång; **zum ersten** ~ första gången

malen *v* måla [moola]

Maler *m* målare [moolar^{e}] *u*

Malerei *w* målning [moolning] *u*

manchmal *adv* ibland [iblann], emellanåt [emellanoot]

Mandarine *w* mandarin [mandariin] *u*

Mandel *w* **1** (Samen) mandel [mandel] *u* **2** ***~n*** tonsiller [tonßill^{e}r] *u Mz*

Mangel *m* **1** (Unvollkommenheit) brist [brißt] *u* **2** (Knappheit) *an etw. Dat* brist [brißt] *u på ngt* **3** (an einem Produkt usw.) brist [brißt] *u*, fel [feel] *s* **4** (Defekt usw.) fel [feel] *s*

Mann *m* man [man] *u*

männlich *adj* **1** manlig [manli] **2** (Pflanze usw.) han- [han]

Mannschaft *w* lag [laag] *s*

Mantel *m* **1** (Kleidung) jacka [jakka] *u* **2** (Reifen) gummidäck [gummidäkk] *u*

Mappe *w* mapp [mapp] *u*, (Aktenhefter usw.) pärm [päärm] *u*

Märchen *s* saga [ßaaga] *u*

Margarine *w* margarin [margariin] *s*

Mark *s* **1** (Gewebe) märg [märj] *u* **2** (aus Tomaten usw.) puré [püüree] *u*

Marke *w* **1** (Ware) märke [märk^{e}] *s* **2** (Wertzeichen) frimärke [friimärk^{e}] *s* **3** (Zeichen usw.) markör [marköör] *u*

Markt *m* marknad [marknad] *u*

Markthalle *w* saluhall [ßalüühall] *u*

Marmelade *w* marmelad [marmelaad] *u*

Marmor *m* marmor [marmur] *u*

März *m* mars [masch] *u*

Maschine *w* **1** maskin [machiin] *u* **2** ***~n*** (Maschinenausstattung) maskiner [machiin^{e}r] *u Mz*

Maß *s* **1** (Größe) mått [mott] *s* **2** (Grad usw.) *etw. Gen* mått [mott] *s*

Massage *w* massage [maßaash] *u*

Masse *w* massa [maßßa] *u*, massor [maßßur] *u Mz*

Maßeinheit *w* enhet [enheet] *u*

mäßig *adj* moderat [moderaat], mild [mild], (im Essen usw.) måttlig [mottli], (Wind usw.) tempererad [tempereerad]

Maßnahme *w* åtgärd [ootjäärd] *u*, anstalt [anßtalt] *u*

Maßstab *m* **1** (Verhältnis) skala [ßkaala] *u* **2** (zum Vergleich) riktmärkning [riktmärkning] *u*

Mast *m* **1** (Telefonmast usw.) stolpe [ßtolp^{e}] *u* **2** (auf dem Schiff) mast [maßt] *u*

Material *s* material [materiaal] *s*

Materie *w* materia [mateeria] *u*, stoff [ßtoff] *s*

Matratze *w* madrass [madraßß] *u*

Matte *w* matta [matta] *u*

Mauer *w* mur [müür] *u*

Maurer *m* murare [müürar^{e}] *u*

Maus *w* mus [mußß] *u*

Maut *w* tull [tull] *u*

Mayonnaise *w* majonnäs [majonääß] *u*

Mechaniker *m* mekaniker [mekaniiker] *u*

Medikament *s* läkemedel [lääkemeedel] *s*, medicin [medißiin] *u*, medikament [medikamennt] *s*

Medizin *w* medicin [medißiin] *u*

Meer *s* hav [haaw] *s*; **am** ~ vid havet

Meerrettich *m* pepparrot [pepparuut] *u*

Mehl *s* mjöl [mjööl] *s*

mehr *adv* mer [meer]

Mehrheit *w j-s/etw.* majoritet [majoriteet] *u*

mehrmals *num* flera gånger [fleera gong:er]

Mehrwertsteuer *w* MOMS [momß] *u*

Meile *w* engelsk mil [eng^{e}lßk miil] *u*

mein, meine *pron* min, mitt, mina [min, mitt, miina]

meinen *v* **1** tycka [tykka] **2** *etw. Akk irgendwie* mena [meena] ► **Was ~ Sie damit?** Vad menar du med det?

Meinung *w über etw. Akk* åsikt [ooßikt] *u*

meistens *adv* för det mesta [fööŕ d^{e} meßta], i regel [i reegel], vanligtvis [waanligtwiiß]
Meister *m* **1** (Weltmeister usw.) mästare [mäßtar^{e}] *u* **2** (Könner) *in etw. Dat* mästare [mäßtar^{e}] *u*
Meisterschaft *w* mästerskap [mäßßtärschkaap] *s*
melden *v* **1** (öffentlich usw.) *etw. Akk* offentliggöra [ofentlijööra] *ngt* **2** (benachrichtigen) *j-m etw. Akk* anmäla [anmääla] **3** ***sich*** **~** (beim Chef usw.) *bei j-m* anmäla [anmääla] **4** ***sich*** **~** (anrufen, schreiben usw.) *bei j-m* höra av sig [hööra aaw ßej] *till ngn* **5** ***sich*** **~** (Schüler usw.) räcka upp handen [räkka upp handen]
Meldung *w* **1** (amtliche) tillkännagivande [tillschännajiiwand^{e}] *s*, offentliggörande [ofentlijöörand^{e}] *s* **2** (dienstliche) *über etw. Akk* rapport [raport] *u*, berättelse [berätt^{e}lß^{e}] *u*
Melodie *w* **1** melodi [melodii] *u* **2** (eines Werbespots usw.) jingel [jingell] *u*
Melone *w* melon [meluun] *u*
Menge *w* **1** mängd [mängd] *u*, kvantitet [kwantiteet] *u* **2** (von Ideen usw.) mängd [mängd] *u* **3** (von Elementen) mängd [mängd] *u* ► **eine ~** *von etw.* massor *u Mz av ngt*
Mensch *m* man [man] *u*, människa [männicha] *u*
Menschheit *w* mänsklighet [männßkliheet] *u*
menschlich *adj* **1** (Körper, Wesen usw.) mänsklig [mänßkli] **2** (Behandlung usw.) human [humaan]
Menstruation *w* menstruation [menßtruachuun] *u*
Menü *s* meny [menü] *u*
merken *v* **1** *j-n/etw.* märka [märka] *ngn/ngt* **2** ***sich*** **~** *etw. Akk* minnas [minnaß]
Merkmal *s* karaktärsdrag [karaktäärschdraag] *u*
merkwürdig *adj* märklig [märkli], konstig [konßti], underlig [und^{e}rli] ♦ *adv* konstigt [konßtit], märkligt [märklit]
Messe *w* **1** (Gottesdienst) mässa [mäßßa] *u* **2** (Ausstellung) marknad [marknad] *u*
messen *v* **1** (Größe bestimmen) *j-n/etw.* mäta [määta] **2** (Größe haben) *wie viel* mäta [määta]
Messer *s* kniv [kniiw] *u*
Messing *s* mässing [mäßßing] *u*
Metall *s* metall [metall] *u*
Meter *m/s* meter [meet^{e}r] *u*
Methode *w* metod [metuud] *u*
Metzger *m* (SüD) slaktare [ßlaktar^{e}] *u*
Metzgerei *w* (SüD) slakteri [ßlakterii] *s*
Miete *w* **1** (Geld) hyra [hüra] *u* **2** (Verhältnis) hyra [hüra] *u*, uthyrning [üüthürning] *u*
mieten *v etw. Akk* hyra [hüra] *ngt*
Mieter *m* hyresgäst [hüreßjäßßt] *u*
Migräne *w* migrän [migrään] *u*
Mikrofon *s* mikrofon [mikrofoon] *u*
Mikrowelle *w* mikrovågsugn [mikrowoogßungn] *u*; **in der ~ aufwärmen** *etw. Akk* värma upp *ngt* i mikrovågsugn
Mikrowellengerät *s* mikrovågsugn [mikrowoogßungn] *u*
Mikrowellenofen *m* mikrovågsugn [mikrowoogßungn] *u*
Milch *w* mjölk [mjölk] *u*
Milchgeschäft *s* mjölkaffär [mjöllkafäär] *u*
milde *adj* **1** mild [mild] **2** (Essen usw.) mjuk [mjuk]
militärisch *adj* militär [militäär]
Milliarde *w* miljard [miljard] *u*
Million *w* miljon [miljoon] *u*
Milz *w* mjälte [mjält^{e}] *u*
Minderheit *w* minoritet [minoriteet] *u*
minderjährig *adj* minderårig [minderoori]
minderwertig *adj* lågkvalitets- [loogkwaliteeds], mindervärdig [minderwäärdi], undermålig [und^{e}rmooli]
mindestens *adv* åtminstone [otminßton^{e}], minimal [minimaal], minst [minßt]
Mineral *s* mineral [mineraal] *s*
Mineralwasser *s* mineralvatten [mineraalwatten] *s*
minimal *adj* minimal [minimaal]
Minister *m* minister [minißt^{e}r] *u*
Ministerium *s* departement [departement] *s*
Ministerpräsident *m* premiärminister [premiäärminißt^{e}r] *u*
minus *adv* minus [miinuß]
Minute *w* minut [minüüt] *u*
Minze *w* mynta [mynta] *u*
mischen *v* **1** *etw. Akk* blanda ihop [blanda ihup], röra ihop [rööra ihup] **2** ***sich*** **~** (Einflüsse usw.) blanda [blanda] **3** ***sich*** **~** (unter Menge usw.) blanda sig [blanda ßej]
Mischung *w etw. Gen* blandning [blandning] *u*
Missbrauch *m* missbruk [mißßbrüük] *s*, (sexueller usw.) övergrepp [ööwergrepp] *s*
missbrauchen *v j-n/etw.* missbruka [mißßbrüüka] *ngt*
Misserfolg *m* misslyckande [mißßlykkand^{e}] *s*
Misstrauen *s* misstro [mißßtruu] *u*
misstrauisch *adj* misstänksam [mißßtängkßam], misstrogen [mißßtruugen]

Missverständnis *s* missförstånd [mißßförschtond] *s*
missverstehen *v etw. Akk* missförstå [mißßförschtoo]
mit *prep* **1** *j-m/etw.* med [m^e] **2** (Mittel) *j-m/etw.* med [m^e] *ngt* ♦ *pron* med [m^e]
Mitarbeiter *m* kollega [koleega] *u*
mitbringen *v etw. Akk irgendwohin/j-m* hämta [hämta] *ngt till ngn*, ta med [taa m^e] *ngt någonstans, ngt till ngn, j-n* ta med [taa m^e] *ngn*
miteinander *adv* tillsammans [tillßammanß]
mitfahren *v bei j-m* samåka [ßamooka] *med ngn*
Mitgefühl *s* sympati [ßympatii] *u*, medkänsla [meedkännßla] *u*
Mitglied *s etw. Gen* medlem [meedlem] *u*
Mitleid *s* medlidande [meedliidand^e] *s*, sympati [ßympatii] *u*, medkänsla [meedkännßla] *u*
mitnehmen *v* **1** *etw. Akk* ta *ngt* med sig [taa m^e ßej] **2** (mit dem Auto usw.) *j-n/etw. irgendwohin* ta med [taa m^e] *ngn/ngt*, (mit dem Auto) *j-n irgendwohin* skjutsa [chudsa] *ngn*
Mittag *m* middag [midda] *u*; **zu ~ essen** äta lunch
Mittagessen *s* lunch [lunsch] *u*
Mitte *w etw. Gen* mitt [mitt] *u*, medelpunkt [meedelpungkt] *u*; **in der ~** *etw. Gen* mittemellan, mitt i *ngt*
mitteilen *v j-m etw. Akk* meddela [meedeela] *ngt till ngn, j-m etw.* meddela [meedeela] *ngn ngt*, underrätta [underrätta] *ngn om ngt*
Mitteilung *w* meddelande [meeddeeland^e] *s*
Mittel *s* **1** (Hilfsmittel) medel [meedel] *s* **2** (Arzneimittel usw.) *gegen etw.* botemedel [buutemeedel] *s* **3** (Substanz) medel [meedel] *s* **4** (finanzielle) medel [meedel] *s Mz*
mittels *prep j-s/etw.* medelst [meedelßt], med hjälp av [m^e jälp aaw]
mitten *adv* **1** (räumlich) *in etw. Dat* mittemellan [mittemellan], mitt i [mitt i] *ngt* **2** (irgendwohin) i mitten [i mitten] **3** (Tätigkeit usw.) *in etw. Dat* i mitten [i mitten] *av ngt*
Mitternacht *w* midnatt [midnatt] *u*
mittler(er,e,es) *adj* **1** (Finger usw.) mellersta [melleschta] **2** (durchschnittlich) medel- [meedel]
Mittwoch *m* onsdag [unßta] *u*
Mixer *m* mixer [mikßer] *u*
Möbel *s Mz* möbler [mööbl^er] *u Mz*
Mode *w* mode [muud^e] *s*
Modell *s* **1** modell [modell] *u* **2** (Frau) modell [modell] *u*, (Mann) manlig modell [manli modell] *u* **3** (Grundlage usw.) mönster [mönßt^er] *s*

modern *adj* modern [mudäärn]
mögen[1] *v* (verlangen) *etw. Akk von j-m* behöva [behööwa] *ngt från ngn*, vilja [wilja] *ngt från ngn*; **Ich möchte (mit)... sprechen.** Jag skulle vilja prata med...
mögen[2] *v* (gernhaben) *j-n/etw.* tycka om [tykka om] *ngn/ngt*; **am liebsten ~** *j-n/etw.* tycka bäst om *ngt/ngn*
möglich *adj* **1** möjlig [möjli] **2** (potenziell) eventuell [ewentuell], möjlig [möjli] ► **es ist ~** *etw. Akk zu tun* man kan *göra ngt*, det är möjligt *att göra ngt*; **so bald wie ~** så tidigt som möjligt
möglicherweise *adv* kanske [kansch^e], möjligtvis [möjlitwiiß] ♦ *part* kanske [kansch^e], möjligt [möjlit]
Möglichkeit *w* möjlighet [möjligheet] *u*
Mohn *m* vallmo [wallmu] *u*, (Samen) vallmofrö [wallmufröö] *s*
Möhre *w* morot [muuruut] *u*
Moment *m* **1** (kurzer usw.) stund [ßtund] *u*, ögonblick [öögonblikk] *s* **2** (Punkt) stund [ßtund] *u*
Monat *m* månad [moonad] *u*
monatlich *adj* månatlig [monaatli] ♦ *adv* månatligt [monaatlit]
Mönch *m* munk [mungk] *u*
Mond *m* måne [moon^e] *u*
Montag *m* måndag [monda] *u*
Moor *s* myr [mür] *u*
Mord *m* mord [muurd] *s*
Mörder *m* mördare [möördar^e] *u*
morgen *adv* i morgon [i moron]
Morgen *m* morgon [moron] *u*; **am ~** på morgonen; **Guten ~.** God morgon.
Morgendämmerung *w* gryning [grüning] *u*
morgens *adv* på morgonen [poo moronen]
Moschee *w* moské [moßkee] *u*
Moskitonetz *s* moskitnät [moßkiitnäät] *s*
Motiv *s* motiv [motiiw] *s*
Motor *m* motor [mootor] *u*
Motorhaube *w* motorhuv [mootorhüüw] *u*
Motorrad *s* motorcykel [mootorßykel] *u*
Möwe *w* mås [mooß] *u*
Mücke *w* mygga [mygga] *u*
müde *adj* trött [trött]; **~ machen** *j-n* trötta; **~ sein** vara sömnig; **~ werden** bli trött *av ngt*
Mühe *w* ansträngning [anßträngning] *u*
Mühle *w* kvarn [kwaarn] *u*
Müll *m* sopor [ßuupur] *u Mz*
Mülleimer *m* soptunna [ßuuptunna] *u*
multiplizieren *v etw. Akk mit etw.* multiplicera [multiplißeera]
Mund *m* mun [munn] *u*, klaff [klaff] *u*
mündlich *adj* muntlig [muntli] ♦ *adv* muntligt [muntlit]

Mündung *w* mynning [mynning] *u*
Mundwasser *s* munvatten [munwatten] *s*
Münzautomat *m* automat [automaat] *u*
Münze *w* mynt [mynt] *s*, slant [ßlant] *u*
Muschel *w* mussla [mußßla] *u*
Museum *s* museum [mußeeum] *s*
Musik *w* musik [mußiik] *u*
musikalisch *adj* musikalisk [mußikaa-lißk]
Musiker *m* musiker [mußiiker] *u*
Muskel *m* muskel [mußkel] *u*
Muslim *m* muslim [mußliim] *u*
müssen *v etw. Akk tun* måste [moßt^e] *göra ngt*
Muster *s* **1** mönster [mönßt^er] *s* **2** (einer Ware usw.) prov [pruuw] *s*
Mut *m* mod [muud] *s*
mutig *adj* modig [muudi], vågad [woogad]
Mutter[1] *w* (Frau) mor [muur] *u*, moder [mooder] *u*
Mutter[2] *w* (Schraube) mutter [mutt^er] *u*
Muttersprachler *m* infödd talare [infödd taalar^e]
Mütze *w* mössa [mößßa] *u*

N

Nabel *m* navel [naawel] *u*
nach *prep* **1** (räumlich usw.) på [poo] **2** (später) efter [efter] **3** (Vorbild) *etw.* enligt [eenlit]
nachahmen *v j-n/etw.* imitera [imiteera] *ngn/ngt*, härma [häärma] *ngn/ngt*, *j-n* framställa [framßtälla] *ngn*, härma [häärma] *ngn*
Nachbar *m* granne [grann^e] *u*
nachdem *conj* efteråt [efteroot]
nachdenken *v über etw. Akk* tänka [tängka], fundera [fundeera] *på/över ngt*, *über etw. Akk* tänka [tängka] *över ngt*, grubbla [grubbla] *över ngt*
Nachfolger *m j-s* efterträdare [eftärtrăädar^e] *u*; *j-s* **~ sein** efterträda
Nachfrage *w nach etw.* efterfrågan [efterfroogan] *s av ngt*
Nachkomme *m* ättling [ättling] *u*
nachkommen *v j-m* hinna med [hinna m^e] *ngn*
nachlassen *v* **1** (in Leistung) minska [minßka], (Intensität) släppa [ßläppa], (Interesse usw.) avta [aaftaa], (Schmerz usw.) avta [aaftaa] **2** (Rabatt) *j-m wie viel* ge rabatt [jee rabatt] *ngn/ngt*
nachlässig *adj* avklarad [aafklaarad], (Mensch usw.) slarvig [ßlarwi], vårdslös [woordschlööß] ♦ *adv* slarvigt [ßlarwit]
Nachmittag *m* eftermiddag [eftermidda] *u*
nachmittags *adv* på eftermiddagen [poo eftermiddan]; **~ um drei** klockan tre på eftermiddagen
Nachname *m* efternamn [efternamn] *s*
Nachricht *w* **1** nyhet [nüheet] *u* **2** (E-Mail usw.) meddelande [meeddeeland^e] *s*, besked [becheed] *s* **3** **~en** (im Fernsehen usw.) nyheter [nüheet^er] *u Mz*
Nachspeise *w* efterrätt [efterrätt] *u*
nächst(er,e,es) *adj* **1** (in Reihenfolge usw.) nästa [näßta] **2** (in der Zukunft) följande [följand^e], kommande [kommand^e], (in der Zukunft) nästa [näßta] **3** (in der Nähe) närmast [näärmaßt]
Nacht *w* natt [natt] *u*; **über ~** över natten; **Gute ~!** God natt!
Nachteil *m* minus [miinuß] *s*, nackdel [nakkdeel] *u*, (Mangel usw.) olägenhet [uulägenheet] *u*
Nachtisch *m* dessert [deßäär] *u*, efterrätt [efterrätt] *u*
nachts *adv* på natten [poo natten]
nachweisen *v etw. Akk* bevisa [bewiißa]
nachzahlen *v etw. Akk* betala i efterskott [betaala i efterschkott]
Nacken *m* nacke [nakk^e] *u*, nackskinn [nakkchinn] *s*
nackt *adj* **1** (Körper) naken [naaken] **2** (Stelle usw.) bar [baar], tom [tum], blott [blott]
Nadel *w* **1** (Nähnadel) nål [nool] *u* **2** (Stecknadel) knappnål [knappnool] *u* **3** (eines Kompasses usw.) nål [nool] *u*
Nagel *m* **1** (Metallstift) spik [ßpiik] *u* **2** (Fingernagel) nagel [naagel] *u*
Nagellack *m* nagellack [naagelakk] *s*
nahe *adj* närbelägen [näärbeläägen], (nicht weit entfernt) nära [näära] ♦ *adv* **1** (nicht weit entfernt) nära [näära] **2** (verwandt usw.) nära [näära]
Nähe *w* närhet [näärheet] *u*; **aus der ~** nära, på nära håll
nähen *v* **1** (Kleid usw.) sy [ßü] **2** (befestigen) *etw. Akk* sy fast [ßü faßt]
nähern *v* **1** ***sich* ~** *j-m/etw.* närma sig [näärma ßej] *ngn/ngt* **2** *j-m etw. Akk* närma [näärma]
Nähmaschine *w* symaskin [ßümachiin] *u*
Nahrung *w* föda [fööda] *u*, näring [nääring] *u*
Nahrungsmittel *s* livsmedel [liiwßmeedel] *s*
Naht *w* söm [ßööm] *u*
naiv *adj* naiv [nai:w]
Name *m* namn [namn] *s*
Namenstag *m* namnsdag [namnßtaa] *u*

nämlich *adv* nämligen [näämlien]
Narbe *w* ärr [ärr] *s*
Nase *w* näsa [nääßa] *u*; **Ich habe davon die ~ voll.** Nu har jag fått nog.
Nasenloch *s* näsborre [nääßborre] *u*
nass *adj* blöt [blööt] ♦ *adv* fuktigt [fuktit]
Nation *w* nation [natchuun] *u*, folk [folk] *s*
national *adj* national- [nachunaal], folk- [folk], national [natchunaal], nationell [natchunell]
Nationalität *w* nationalitet [natchunaliteet] *u*
Natur *w* natur [natüür] *u*
natürlich *adj* **1** natur- [natüür] **2** (Tod usw.) naturlig [natüürli] ♦ *part* självklart [chälfklaart]
Navigation *w* navigation [nawigachuun] *u*
Navigationsgerät *s* satellitnavigering [ßateliitnawigeering] *u*
Nebel *m* **1** dimma [dimma] *u* **2** (im Weltraum) nebulosa [nebulooßa] *u*, stjärntöcken [chäärntökken] *s*
Nebelscheinwerfer *m Mz* dimljus [dimjuß] *s Mz*
neben *prep* **1** (an der Seite) *etw. Dat* bredvid [brewiid] *ngt* **2** (zusätzlich) *etw. Dat* dessutom [deßüütom]
nebenan *adv* bredvid [brewiid]
Nebenfluss *m* tillflöde [tillflööde] *s*, biflod [bifluud] *u*
Nebenkosten *Mz* merkostnader [meerkoßtnader] *u Mz*
nebensächlich *adj* sekundär [ßekundäär], tillfällig [tillfällig], underordnad [underoordnad]
Neffe *m* nevö *u*, brorson *u* [newöö, bruurschoon], systerson [ßyßterschoon] *u*
negativ *adj* negativ [negatiiw]
nehmen *v* **1** (in die Hand) *etw. Akk* ta [taa] **2** (Essen usw.) ta [taa] *ngt* **3** (Essen usw.) ta [taa] *ngt* **4** (Pillen usw.) *etw. Akk* ta [taa] **5** (Risiko usw.) åtaga [ootaaga] **6** (Einstellung) uppta [upptaa], anta [antaa] **7** (schöpfen usw.) plocka [plokka] **8** (essen usw.) inta [intaa], förtära [förtära] ▸ **in Anspruch ~** (Zeit) ta; **Wir ~ ein Taxi.** Vi åker taxi.
neidisch *adj* avundsjuk [aawundsjuk]
neigen *v* **1** (Kopf usw.) *etw. Akk* böja [bööja] *ngt*, (senken) *etw. Akk* luta [lüüta] *ngt* **2** *zu j-m/etw.* tendera [tendeera] *till ngn/ngt*, (Vorliebe haben) *zu etw.* känna en dragning [schänna en draangning] *till ngn* **3** (Ansicht) *zu etw.* inklinera [ingklineera] *till ngt* **4** *sich* ~ (zu Ende gehen) närma sig [näärma ßej]
nein *part* nej [nej]
Nektarine *w* nektarin [nektariin] *u*
Nelke *w* **1** (Blume) nejlika [neiliika] *u* **2** (Gewürz) kryddnejlika [kryddnejliika] *u*, nejlika [neiliika] *u*
nennen *v* **1** (einen Namen geben) *j-n/etw. irgendwie* uppkalla [uppkalla] *ngn*, benämna [benämna] *ngn*, ge namn [jee namn] *åt ngn* **2** (bezeichnen) *j-n irgendwie* kalla [kalla] *ngn ngt* **3** (namentlich) rabbla upp [rabbla upp]
Neoprenanzug *m* våtdräkt [wootdräkt] *u*
Nerv *m* **1** nerv [nerw] *u* **2** *~en* (System) nerver [nerwer] *u Mz*
nervös *adj wegen etw.* nervös [nerwööß]
Nest *s* näste [näßte] *s*, fågelbo [foogelbuu] *s*
nett *adj* **1** (Person) vänlig [wänli] **2** (angenehm) angenäm [anjeenäm], trevlig [treewlig], snäll [ßnäll]
Netz *s* nät [näät] *s*
neu *adj* ny [nü] ♦ *adv* på ett nytt sätt [poo ett nytt ßätt], (eröffnet usw.) nytt [nytt], ny- [nü]
neuerdings *adv* nyligen [nülien]
neuest(er,e,es) *adj* nyligen [nülien], (Nachricht usw.) senaste [ßeenaßte]
neugierig *adj* nyfiken [nüfiiken]
Neuigkeit *w* nyhet [nüheet] *u*
Neujahr *s* nyår [nüoor] *s*
neulich *adv* nyligen [nülien]
neun *num* nio [niio]
neunt(er,e,es) *num* nionde [niionde]
neunzehn *num* nitton [nitton]
neunzig *num* nittio [nitti]
neutral *adj* neutral [neutraal]
nicht *part* inte [inte]; **eigentlich ~** inte direkt; **~ (ein)mal** inte heller; **noch ~** inte än; **überhaupt ~** inte alls; **N~ wahr?** Eller hur?, Inte sant?
Nichte *w* niece [nieeß] *u*, dotterdotter [dotterdotter] *u*, sondotter [ßoondotter] *u*
Nichtraucher *m* icke-rökare [ikkeröökare] *u*
nichts *pron* ingenting [ingenting]; **(Das) Macht ~!** Det gör ingenting!; **N~ zu danken.** Ingen orsak.
Nichtschwimmer *m* icke-simmare [ikkeßimmare] *u*
nie *adv* aldrig [aldri]
Niederlage *w* nederlag [neederlaag] *s*, (im Spiel usw.) förlust [förlußt] *u*
Niederschläge *w Mz* nederbörd [neederböörd] *u*
niedlich *adj* ljuvlig [juwli], söt [ßööt], gullig [gulli]
niedrig *adj* låg [loog] ♦ *adv* lågt [loogt]
niemals *adv* aldrig [aldri]
niemand *pron* ingen [ingen]
Niere *w* njure [njure] *u*

niesen *v* nysa [nüßa]
nirgends *adv* ingenstans [ingenßtanß]
nirgendwo *adv* ingenstans [ingenßtanß]
nirgendwohin *adv* ingenstans [ingenßtanß]
noch[1] *adv* **1** (dauern usw.) än [än], ännu [ännüü] **2** (ein Bier usw.) mer [meer] ► **~ einer** en annan, en till; **~ einmal** igen, en gång till; **~ nicht** inte än; **~ schlimmer/mehr** ännu värre/mer
noch[2] *conj* varken [warken]; **weder… ~** varken… eller
nochmals *adv* igen [ijen], en gång till [en gong till]
Nonne *w* nunna [nunna] *u*
Norden *m* norr [norr] *u*
nördlich *adj* nordlig [nuurdli]
normal *adj* normal [normaal]
Not *w* **1** (Armut) nöd [nööd] *u*, (Mangel an Geld usw.) fattigdom [fattigduum] *u* **2** nöd [nööd] *u*, nödläge [nöödlääg^{e}] *s*
Notar *m* notarie [notaari^{e}] *u*
Notarzt *m* akutläkare [aküütlääkar^{e}] *u*
Notaufnahme *w* intensivvård [intenßiiwwoord] *u*
Notausgang *m* nödutgång [nööduütgong] *u*
Notdienst *m* akutmottagning [aküütmutaangning] *u*
Note *w* **1** (Notenzeichen) not [nuut] *u* **2** (in der Schule) betyg [betüg] *s*
Notfall *m* nödläge [nöödlääg^{e}] *s*, nödsituation [nöödßituachuun] *u*
notieren *v* anteckna [antekkna]
nötig *adj* nödvändig [nöödwändig]; **Das ist nicht ~.** Det är inte nödvändigt.
Notiz *w* anteckning [antekkning] *u*
Notizblock *m* block [blokk] *s*
Notlage *w* nöd [nööd] *u*, nödläge [nöödlääg^{e}] *s*
Notlandung *w* nödlandning [nöödlandning] *u*
notwendig *adj* nödvändig [nöödwändig] ♦ *adv* nödvändigt [nöödwändit], nödvändigtvis [nöödwändigtwiiß] ► **~ sein** vara nödvändig; **wenn ~** om det behövs
November *m* november [nowember] *u*
nüchtern *adj* nykter [nykt^{e}r]
Nudeln *w Mz* nudlar [nudlar] *u Mz*
Null *w* noll [noll] *u*; **Temperaturen unter ~** temperaturer under noll grader
Nummer *w* **1** (zwei usw.) nummer [nummer] *s* **2** (Schuhe usw.) storlek [ßtuulek] *u* **3** (Zeitschrift usw.) nummer [nummer] *s*
Nummernschild *s* registreringsskylt [rejißtreeringßchylt] *u*
nun *adv* nu [nü]
nur *adv* bara [baara]; **nicht ~** inte bara; **~ dass** men, endast
Nuss *w* nöt [nööt] *u*
nutzen *v* **1** (Nutzen ziehen) *etw. Akk* utnyttja [üütnyttja] *ngt*, nyttja [nyttja] *ngt* **2** (Nutzen bringen) *j-m* gagna [gangna] *ngn*, tjäna [schääna] *ngn*
nützlich *adj für j-n/etw.* nyttig [nytti] *för ngn/ngt*
nutzlos *adj* fåfäng [foofäng], onödig [uunöödi] ♦ *adv* onyttigt [uunyttit]

O

ob *conj* om [om]
obdachlos **~ sein** vara hemlös
oben *adv* **1** (höher) uppe [upp^{e}] **2** (an der oberen Stelle) på [poo] *ngt* **3** (auf dem Himmel usw.) uppe [upp^{e}] **4** (im Stockwerk) uppför (trappan) [uppföör (trappan)] **5** (im Text) ovan [oowaan] ► **~ ohne** topless
Ober *m* hövmästare [hööwmäßtar^{e}] *u*
ober(er,e,es) *adj* övre [ööwr^{e}]
Oberfläche *w etw. Gen* yta [üta] *u*
Oberschenkel *m* lår [loor] *s*
objektiv *adj* objektiv [objektiiw] ♦ *adv* objektivt [objektiiwt]
Obst *s* frukt [frukt] *u*
obwohl *conj* även om [äawen om], fastän [faßtän], fast [faßt], trots att [trods att]
oder *conj* eller [eller] ► **O~?** Eller hur?, Inte sant?
Ofen *m* **1** (im Zimmer usw.) spis [ßpiiß] *u* **2** (zum Backen usw.) ugn [ungn] *u* **3** (Schmelzofen, Glutofen usw.) masugn [maaßungn] *u*
offen *adj* **1** öppen [öppen] **2** (noch unbezahlt) obetald [uubetaald] ♦ *adv* öppet [öppet]
offensichtlich *adj* uppenbar [uppenbaar], (klar usw.) helt uppenbar [heelt uppenbaar] ♦ *adv* uppenbarligen [uppenbaarligen], tydligen [tüdligen], uppenbart [uppenbaart]
öffentlich *adj* allmän [allmän], offentlig [ofentli] ♦ *adv* offentligt [ofentlit]
offiziell *adj* ämbets- [ämbeeds], tjänste- [schänßt^{e}], officiell [ofißiell] ♦ *adv* officiellt [ofißiellt]
öffnen *v* **1** (Tür usw.) *etw. Akk* öppna [öppna] **2** (Bluse usw.) *etw. Akk* knäppa upp [knäppa upp] *ngt*, (Reißverschluss) öppna med blixtlås [öppna m^{e} blikßtlooß]
Öffner *m* öppnare [öppnar^{e}] *u*
Öffnung *w* öppning [öppning] *u*
Öffnungszeiten *w Mz* öppettider [öppettiider] *u Mz*

oft *adv* ofta [ofta]
ohne *prep j-n/etw.* utan [üütan] ♦ *conj etw. Akk zu tun* utan att [üütan att]
Ohr *s* öra [ööra] *s*
Ohrring *m* örhänge [öörhäng^{e}] *s*
ökologisch *adj* ekologisk [ekoloogißk]
Oktober *m* oktober [oktoober] *u*
Öl *s* **1** (Flüssigkeit) olja [olja] *u* **2** (Rohstoff) råolja [rooolja] *u*, petroleum [petroleeum] *s*, mineralolja [mineraalolja] *u*
Olive *w* oliv [oliiw] *u*
Omelett *s* omelett [omelett] *u*
Onkel *m* farbror [faarbruur] *u*, morbror [muurbruur] *u*
Oper *w* opera [oopera] *u*
Operation *w* operation [operachuun] *u*
Opfer *s* **1** offer [off^{e}r] *s* **2** (an die Götter usw.) offer [off^{e}r], offer [off^{e}r] *s*
opfern *v etw. Akk* offra [offra]
Opposition *w* opposition [opoßichuun] *u*
Optiker *m* optiker [optiiker] *u*
orange *adj* orange [oransh]
Orange *w* apelsin [apelßiin] *u*
Orchester *s* orkester [orkeßt^{e}r] *u*
Orden *m* orden [uurden] *u*
ordentlich *adj* **1** (ordnungsliebend) ordentlig [urdentli] **2** (angemessen) ordentlig [urdentli], ordinarie [ordinaarj^{e}] ♦ *adv* **1** (angemessen) ordentligt [urdentlit] **2** (angemessen) tillbörlig [tillbörli] **3** (viel) ordentligt [urdentlit]
ordnen *v etw. Akk* arrangera [arancheera] *ngt*, ordna [oordna] *ngt*; **sich ~** rada upp sig
Ordnung *w* **1** ordning [oordning] *u* **2** (Tagesordnung usw.) system [ßyßteem] *s* ▸ **in ~ bringen** *etw. Akk* ordna, göra *ngt* i ordning; **Ich bin in ~.** Det är bra med mig.
Organ *s* organ [orgaan] *s*
organisieren *v etw. Akk* organisera [organißeera] *ngt*
Orgasmus *m* orgasm [orgaßm] *u*
Orgel *w* orgel [orjel] *u*
orientieren *v* ***sich*** **~** orientera sig [orienteera ßej]
original *adj* originell [orginell]
Original *s* original [orginaal] *s*
Orkan *m* orkan [orkaan] *u*
Ort *m* plats [plads] *u*, ställe [ßtäll^{e}] *s*
örtlich *adj* lokal [lokaal] ♦ *adv* här och var [häär o wa]
Osten *m* öster [ößter] *u*; **im ~** i öster
Ostern *s* påsk [poßk] *u*
Österreich *s* Österrike [ößterriik^{e}] *s*
Österreicher *m* österrikare [ößterriikar^{e}] *m*, österrikare [ößterriikar^{e}] *u*
österreichisch *adj* österrikisk [ößterriikißk]
östlich *adj* östlig [ößtli]
Ozean *m* ocean [oßeaan] *u*

P

paar **ein ~** ett par, flera
Paar *s* par [paar] *s*
packen *v* **1** (in Papier usw.) packa [pakka] **2** (Koffer) *etw. Akk* packa [pakka] **3** (fest usw.) *etw. Akk* gripa [griipa] *ngt* **4** (schnell, fest usw.) *etw. Akk* gripa [griipa]
Packung *w* **1** (Hülle usw.) omslag [omßlaag] *s* **2** (Menge) förpackning [förpakning] *u*
Paket *s* **1** (Verpacktes) packe [pakk^{e}] *u* **2** (Sendung) paket [pakeet] *s* **3** (Ware) förpackning [förpakning] *u*
Palast *m* palats [palads] *s*
Palme *w* palm [palm] *u*
Panne *w* motorstopp [mootorschtopp] *s*
Pantoffel *m* toffel [toffel] *u*
Panzer *m* **1** (von Schildkröte usw.) skal [ßkaal] *s* **2** (Kampffahrzeug) stridsvagn [ßtriidswangn] *u*
Papier *s* **1** papper [papper] *s* **2** **~e** handlingar [handlingar] *u Mz*
Pappe *w* papp [papp] *u*
Paprika *m* paprika [paaprika] *u*
Papst *m* påve [poow^{e}] *u*
Paradies *s* paradis [paaradiiß] *s*
Parfüm *s* parfym [parfüm] *u*
Park *m* park [park] *u*
parken *v irgendwo* parkera [parkeera]
Parkkralle *w* hjulboja [julbooja] *u*
Parkplatz *m* bilparkering [biilparkeering] *u*
Parkscheibe *w* parkeringsskiva [parkeringßchiiwa] *u*, parkeringsbricka [parkeeringßbrikka] *u*
Parkuhr *w* parkeringsautomat [parkeeringßautomaat] *u*
Parlament *s* parlament [parlam^{e}nnt] *s*
Partei *w* parti [partii] *s*
Parterre *s* bottenvåning [bottenwooning] *u*
Partner *m* partner [paartner] *u*, (Begleiter) följeslagare [följeßlaagar^{e}] *u*, sambo [ßambuu] *u*
Party *w* fest [feßt] *u*
Pass *m* **1** (zum Reisen) pass [paßß] *s* **2** (im Gebirge) bergspass [berjßpaßß] *s*
Passage *w* **1** (Ladenpassage) galleria [galleria] *u* **2** (eines Textes usw.) passage [paßaash] *u*, avsnitt [aafßnitt] *s*, stycke [ßtykk^{e}] *s*
Passagier *m* passagerare [paßacheerar^{e}] *u*

passen *v* **1** (Kleidung) *j-m* passa [paßßa] **2** (Farben usw.) *zu etw.* matcha [matscha], *zu etw.* passa [paßßa] **3** (gefallen) *j-m* passa [paßßa] *ngn*

passend *adj* **1** (geeignet) passande [paßßand^{e}], lämplig [lämplig] **2** (Name usw.) passande [paßßand^{e}] ♦ *adv* passande [paßßand^{e}], lämpligt [lämplit]

passieren *v* hända [hända]

Passwort *s* lösenord [löößenuurd] *s*

Paste *w* pasta [paßta] *u*

Pate *m* gudfar [güüdfaar] *u*

Patenkind *s* gudbarn [güüdbaarn] *s*

Patient *m* patient [paßient] *u*

Pauschalreise *w* charterresa [charterreeßa] *u*

Pause *w* **1** (während Tätigkeit) paus [pauß] *u* **2** (während Vorstellung usw.) mellanakt [mellanakt] *u*, paus [pauß] *u* **3** (in Rede usw.) paus [pauß] *u* ▶ **Machen wir eine ~.** Låt oss ta en paus.

Pech *s* otur [uutüür] *u*

Pedal *s* pedal [pedaal] *u*

peinlich *adj* pinsam [piinßam] ♦ *adv* pinsamt [piinßamt] ▶ **sich ~ fühlen** känna sig pinsamt

Pelz *m* päls [pälß] *u*

Penis *m* penis [peeniß] *u*

Pension *w* **1** pension [penchuun] *u* **2** (Gebäude usw.) pensionat [penchunaat] *s* **3** (Verpflegung) inackordering [innakordeering] *u*

perfekt *adj* perfekt [perfekkt] ♦ *adv* perfekt [perfekkt]

Periode *w* period [periuud] *u*

Perle *w* **1** pärla [päärla] *u* **2** (aus Glas usw.) glaspärla [glaaßpäärla] *u*

Person *w* **1** (Mensch) person [peschuun] *u* **2** (juristische usw.) entitet [entiteet] *u*

Personalausweis *m* identitetskort [identiteedskurt] *s*, ID-kort [iideekurt] *s*, legitimationskort [legitimachuunßkurt] *s*

Personaldaten *w Mz* personuppgifter [peschuunupjifter]

persönlich *adj* personlig [perschuunli] ♦ *adv* personligen [perschuunlien]

Perspektive *w* **1** (Sicht) perspektiv [perschpektiiw] *s* **2** (Zukunft) *etw. Gen* perspektiv [perschpektiiw] *s*

Perücke *w* peruk [perüük] *u*

Petersilie *w* persilja [peschilja] *u*

Pfad *m* stig [ßtiig] *u*

Pfand *s* deposition [depoßichuun] *u*, försäkran [förschääkran] *u*

Pfanne *w* panna [panna] *u*

Pfeffer *m* peppar [peppar] *u*

Pfeife *w* **1** (Musikinstrument) blockflöjt [blokkflöjt] *u* **2** (zum Rauchen) pipa [piipa] *u* **3** (eines Schiedsrichters usw.) visselpipa [wißßelpiipa] *u*

pfeifen *v* **1** vissla [wißßla] **2** (mit Pfeife) blåsa i flöjten [blooßa i flöjten] **3** (missachten) *etw. Akk* strunta i [ßtrunta i] *ngn/ngt*

Pfeil *m* pil [piil] *u*

Pfeiler *m* pelare [peelar^{e}] *u*

Pferd *s* häst [häßt] *u*

Pfirsich *m* persika [peschiika] *u*

Pflanze *w* växt [wäkßt] *u*

pflanzen *v etw. Akk* plantera [planteera]

Pflaster *s* **1** (Straßenbelag) stenläggning [ßteenläggning] *u* **2** (Verband) plåster [ploßter] *s*

Pflaume *w* krikon [kriikon] *s*, plommon [plummun] *s*

Pflege *w j-s* omsorg [omßorj] *u*

pflegen *v j-n/etw.* sköta om [chööta om] *ngn/ngt*

Pflicht *w* plikt [plikt] *u*

pflücken *v* plocka [plokka]

Pflug *m* plog [pluug] *u*

pflügen *v* ploga [pluuga], *etw. Akk* plöja [plööja] *ngt*

Pförtner *m* portvakt [purtwakt] *u*

Pfote *w* tass [taßß] *u*

Pfund *s* pund [pund] *s*

Pfütze *w* pöl [pööl] *u*

Phase *w* fas [faaß] *u*

Pickel *m* **1** (Arbeitsgerät) spetshacka [ßpedshakka] *u* **2** (in der Haut) finne [finn^{e}] *u*

Picknick *s* picknick [pikknikk] *u*

Pille *w* **1** piller [pill^{e}r] *s* **2** (Verhütungsmittel) p-piller [peepill^{e}r] *s*

Pilot *m* flygare [flügar^{e}] *u*, pilot [piloot] *u*

Pilz *m* svamp [ßwamp] *u*

pinkeln *v* kissa [kißßa]

Pinsel *m* pensel [penßel] *u*

Pinzette *w* pinsett [pinßett] *u*

Piste *w* pist [pißt] *u*

Pistole *w* pistol [pißtuul] *u*

Pkw *m* bil [biil] *u*

Plakat *s* poster [poußter] *u*

Plan *m* plan [plaan] *u*

planen *v etw. Akk* planera [planeera]

Planet *m* planet [planeet] *u*

planmäßig *adv* systematiskt [ßyßtemaatißkt]

platt *adj* platt [platt]

Platte *w* **1** platta [platta] *u* **2** (Bauteil) byggpanel [bygg paneel] *u* **3** (Schallplatte) skiva [chiiwa] *u* **4** (zum Servieren) bricka [brikka] *u* **5** (Festplatte) hårddisk [hoorddißk] *u*

Platten *m* punktering [pungkteering] *u*; **Ich habe einen ~.** Jag har fått punktering.

Plattenspieler *m* grammofon [gramofoon] *u*
Platz *m* **1** (umbaute Fläche) torg [torj] *s* **2** (Teil eines Raumes) plats [plads] *u*, ställe [ßtälle] *s* **3** (Kapazität usw.) utrymme [üütrymme] *s*
platzen *v* spricka [ßprikka], (durch Innendruck) brista [brißta]
platzieren *v etw. Akk irgendwohin* placera [plaßeera]
Platzkarte *w* sittplatsbiljett [ßittpladsbiljett] *u*
plaudern *v* pladdra [pladdra], småprata [ßmoopraata]
Plombe *w* plomb [plomm] *u*
plötzlich *adj* plötslig [plödsli] ♦ *adv* plötsligt [plödslit]
plus *adv* plus [pluß]
Pokal *m* bägare [bäägare] *u*, (Trophäe) pokal [pokaal] *u*
polieren *v etw. Akk* polera [poleera]
Politik *w* politik [politiik] *u*
Politiker *m* politiker [poliitiker] *u*
politisch *adj* politisk [poliitißk]
Polizei *w* polis [poliiß] *u*
Polizeidienststelle *w* polisstation [poliißßtachuun] *u*
Polizeiwache *w* polisstation [poliißßtachuun] *u*
Polizist *m* polisman [poliißman] *u*
Polohemd *s* pikéskjorta [pikeechurta] *u*
Pope *m* pop [pop] *u*
Porree *m* purjolök [purjulöök] *u*
Portemonnaie *s* plånbok [ploonbuuk] *u*, börs [börsch] *u*, portmonnä [portmonää] *u*
Portion *w* portion [porchuun] *u*
Porto *s* porto [porto] *s*
Porträt *s* porträtt [purträtt] *s*
Porzellan *s* porslin [porschliin] *s*
Position *w* **1** (räumliche) *etw. Gen* position [poßichuun] *u* **2** (Haltung) position [poßichuun] *u* **3** (einer Liste) post [poßt] *u*
positiv *adj* **1** (Antwort usw.) jakande [jaakande] **2** (Wirkung usw.) positiv [poßitiiw] **3** (Zahl usw.) positiv [poßitiiw]
Post *w* post [poßt] *u*
Postamt *s* post [poßt] *u*
Posten *m* post [poßt] *u*
Postfach *s* postfack [poßtfakk] *u*
Postkarte *w* vykort [wükurt] *s*
Postleitzahl *w* postnummer [poßtnummer] *s*
Postsendung *w* postförsändelse [poßtförschändelße] *u*
prahlen *v mit etw.* skryta [ßkrüta], pråla [proola] *med ngt*
praktisch *adj* praktisk [praktißk] ♦ *adv* **1** (eigentlich) i huvudsak [i hüüwüüdßaak], i princip [i prinßiip], (orientiert usw.) praktiskt [praktißkt] **2** (im Prinzip usw.) praktiskt taget [praktißkt taaget], (quasi) i huvudsak [i hüüwüüdßaak], i princip [i prinßiip]
Präservativ *s* kondom [kondoom] *u*
Präsident *m* president [preßident] *u*
Praxis *w* **1** (praktische Anwendung) praktik [praktiik] *u* **2** (Berufserfahrung) erfarenhet [eerfaarenheet] *u*
Preis *m* **1** (Betrag) pris [priiß] *s* **2** (für Beschaffung usw.) *etw. Gen* pris [priiß] *s*, kostnad [koßtnad] *u* **3** (Belohnung) pris [priiß] *s*
Presse *w* press [preßß] *u*
Priester *m* präst [prääßt] *u*
Prinz *m* prins [prinß] *u*
Prinzessin *w* prinsessa [prinßeßßa] *u*
Prinzip *s* princip [prinßiip] *u*
privat *adj* privat [priwaat]
pro *prep* per [per]
Probe *w* prov [pruuw] *s*, test [teßt] *n,u*
proben *v* öva [ööwa]
probieren *v etw. Akk* pröva [prööwa] *ngt*
Problem *s* problem [probleem] *s*
Produkt *s* produkt [produkt] *u*
Produktion *w* tillverkning [tillwerkning] *u*, produktion [produkchuun] *u*; **landwirtschaftliche ~** jordbruksprodukter *u Mz*
Produzent *m* **1** *von etw.* tillverkare [tillwerkare] *u*, producent [produßent] *u* **2** (von Filmen usw.) producent [produßent] *u*
produzieren *v* producera [produßeera], framställa [framßtälla], tillverka [tillwerka]
Professor *m* professor [profeßßor] *u*
Programm *s* **1** (Ablauf) *etw. Gen* program [program] *s* **2** (Computer) program [program] *s* **3** (TV) kanal [kanaal] *u*
Prospekt *m* brochyr [broschür] *u*
Prostituierte *w* prostituerad [proßtitueerad] *s*
Protest *m* protest [proteßt] *u*
protestieren *v* **1** (öffentlich usw.) *gegen etw.* protestera [proteßteera] *mot ngt* **2** (zurückweisen) *gegen j-n/etw.* protestera [proteßteera] *mot ngt/ngn*
Provinz *w* provins [prowinß] *u*
Prozent *s* procent [proßent] *u*
Prozess *m* process [proßeßß] *u*
prüfen *v* **1** (Bremsen usw.) testa [teßta], (Qualität) *etw. Akk* prova [pruuwa] *ngt*, pröva [prööwa] *ngt* **2** förhöra [förhööra], *j-n in etw. Dat* förhöra [förhööra] *ngn på ngt*, *j-n in etw. Dat* pröva [prööwa] *ngn i ngt*, examinera [ekßamineera]

Prüfung *w* **1** (Qualität usw.) prov [pruuw] *s*, test [teßt] *n,u* **2** (Kenntnisse) prov [pruuw] *s* **3** (im Theater usw.) repetition [repetichuun] *u*
prügeln *v j-n* slå [ßloo] *ngn* ► **sich ~** *mit j-m* slåss
Publikum *s* publik [publiik] *u*, publik [publiik] *u Mz*
Puder *m* **1** (Kosmetik usw.) puder [püüd^e^r] *s* **2** (Kinderpuder usw.) talkpuder [talkpüüd^e^r] *s*
Pullover *m* tröja [trööja] *u*
Pulver *s* pulver [pulw^e^r] *s*
Pumpe *w* cykelpump [ßykelpump] *u*, pump [pump] *u*
pumpen *v* pumpa [pumpa], *etw. Akk* pumpa upp [pumpa upp] *ngt*
Punkt *m* **1** punkt [pungkt] *u* **2** (Tupfen) prick [prikk] *u* **3** (Bewertung) poäng [poäng] *u*
pünktlich *adj* punktlig [pungktli] ♦ *adv* prick [prikk]
Pupille *w* pupill [pupill] *u*
Puppe *w* **1** docka [dokka] *u* **2** (eines Schmetterlings usw.) puppa [puppa] *u*
Pute *w* kalkonhöna [kalkunhööna] *u*
putzen *v etw. Akk* rengöra [renjööra] *ngt* ► **sich die Zähne ~** borsta tänder
Putzfrau *w* städerska [ßtääd^e^rschka] *u*

Q

Quadrat *s* kvadrat [kwadraat] *u*
Qual *w* lidande [liidand^e^] *s*, plåga [plooga] *u*
quälen *v* **1** pina [piina], tortera [torteera], (physisch) *j-n* plåga [plooga] *ngn* **2** (seelisch) *j-n* plåga [plooga] **3** *sich* ~ (sich abmühen) *mit etw.* slita [ßliita] *med ngt*, sträva [ßträäwa] *med ngt*
Qualifikation *w* **1** *für etw.* kompetens [kompetenß] *u för ngt*, (Ausbildung) kvalifikation [kwalifikachuun] *u* **2** (Wettbewerb) kvalifikation [kwalifikachuun] *u*
Qualität *w* kvalitet [kwaliteet] *u*
Qualle *w* manet [maneet] *u*
Quantität *w* kvantitet [kwantiteet] *u*, mängd [mängd] *u*
Quark *m* keso [keeßo] *u*, kvark [kwark] *u*, ostmassa [ußtmaßßa] *u*
Quatsch *m* struntprat [ßtruntpraat] *s*, smörja [ßmörja] *u*
Quelle *w* **1** (eines Flusses usw.) källa [schälla] *u* **2** *etw. Gen* källa [schälla] *u*
quer *adj* tvär- [twäär], tvärgående [twäärgooend^e^] ♦ *prep durch etw., über etw. Akk* genom [jeenom] *ngt*
Querstraße *w* tvärgata [twäärgaata] *u*
Quittung *w* kvitto [kwitto] *s*

R

Rabatt *m* rabatt [rabatt] *u*
Rabe *m* råka [rooka] *u*
Rache *w* hämnd [hämnn] *u*
rächen *v* **1** *j-n/etw.* hämnas [hämnaß] *ngn/ngt* **2** *sich ~ an j-m (für etw.)* hämna sig på [hämna ßej poo] *ngn* **3** *sich* ~ (Irrtum usw.) *j-m* hämnas [hämnaß] *mot ngn*
Rad *s* hjul [jul] *s*
Radiergummi *m* radergummi [radeergummi] *s*, suddgummi [ßuddgummi] *s*
Radieschen *s* rädisa [räädißa] *u*
Radio *s* radio [raadio] *u*
Rahmen *m* **1** ram [raam] *u* **2** (einer Tätigkeit usw.) område [omrood^e^] *s* ► **im ~** *etw. Gen* inom
Rakete *w* **1** raket [rakeet] *u* **2** missil [mißiil] *u*
Rand *m* kant [kant] *u*
Rang *m* **1** (Posten usw.) position [poßichuun] *u* **2** (militärischer) rang [rang] *u* **3** (im Theater usw.) rad [raad] *u*
rasch *adj* **1** (Gang usw.) snabb [ßnabb], kvick [kwikk] **2** (Genesung usw.) snabb [ßnabb], hastig [haßti] ♦ *adv* snabbt [ßnabt], raskt [raßkt]
Rasen *m* gräsmatta [grääßmatta] *u*, turf [turf] *u*
Rasierapparat *m* rakapparat [raakaparaat] *u*
rasieren *v j-n/etw.* raka [raaka]; **sich ~** raka sig
Rasse *w* ras [raaß] *u*
Rast *w* andrum [andrum] *s*, (Pause) vilopaus [wiilopauß] *u*
Raststätte *w* vägkrog [wäägkruug] *u*
Rat *m* råd [rood] *s*
raten *v* **1** *j-m etw. Akk* råda [rooda] *ngn att göra ngt* **2** *etw. Akk* gissa [jißßa]
Rathaus *s* rådhus [roodhüüß] *s*
Ratschlag *m* råd [rood] *s*
Rätsel *s* **1** (Denkaufgabe) gåta [goota] *u* **2** (Geheimnis) gåta [goota] *u*, mysterium [myßteerium] *s*
rätselhaft *adj* gåtfull [gootfull], mystisk [myßtißk], oförklarlig [uuförklaarli]
Ratte *w* råtta [rotta] *u*
rau *adj* **1** (Oberfläche usw.) grov [gruuw], sträv [ßträäw] **2** (Klima usw.) bister [bißt^e^r] **3** (Sitten usw.) rå [roo], barsk [barschk] **4** (Geräusch usw.) skarp [ßkarp]
Raub *m* rån [roon] *s*

Räuber *m* rånare [roonar^{e}] *u*, rövare [rööwar^{e}] *u*
Raubtier *s* rovdjur [ruuwjur] *s*
Rauch *m* rök [röök] *u*
rauchen *v* röka [rööka] ▶ **R~ verboten** Rökning förbjuden
Raucher *m* rökare [röökar^{e}] *u*
Raum *m* **1** (im Haus) rum [rum] *s* **2** (leerer usw.) utrymme [üütrymm^{e}] *s* **3** (Gebiet) rymd [rymd] *u*
räumen *v* **1** (Geschirr usw.) *etw. Akk* plocka undan [plokka undan] *ngt* **2** (Zimmer usw.) tömma [tömma], utrymma [üütrymma]
Raureif *m* rimfrost [rimfroßt] *u*
reagieren *v auf etw. Akk* reagera [reageera]
rechnen *v* **1** (Rechenaufgabe) *etw. Akk* räkna [rääkna] *ngt*, beräkna [beräkna] *ngt* **2** (Risiko usw.) *mit etw.* räkna med [rääkna m^{e}] *ngt* **3** (annehmen) *mit etw.* räkna [rääkna] *med ngt* **4** *mit etw.* räkna [rääkna] *med ngt*
Rechnung *w* faktura [faktüüra] *u*, (im Restaurant usw.) räkning [rääkning] *u*; **laufende ~** kurantkonto
Recht *s* **1** (Rechtsordnung) rätt [rätt] *u*, rättighet [rättiheet] *u* **2** (Berechtigung) *zu etw.* rättighet [rättiheet] *u till ngt* ▶ **~ geben** *j-m zu etw.* ge *ngn* tillstånd *till ngt*, ge *ngn* rätt *att göra ngt*; **Sie haben ~.** Du har rätt.
recht(er,e,es) *adj* höger [hööger]
rechtfertigen *v* **1** (entschuldigen) *etw. Akk* rättfärdiga [rättfäärdia] **2** (eine Tat usw.) försvara [förschwaara], rättfärdiga [rättfäärdia]
rechtlich *adj* rättslig [rättßli]
rechts *adv* till höger [till hööger]; **nach ~** till höger; **von ~** från höger
Rechtsanwalt *m* advokat [adwokaat] *u*
Rechtschreibung *w* stavning [ßtaawning] *u*
rechtzeitig *adj* läglig [läägli] ♦ *adv* i tid [i tiid], i god tid [i gud tiid]
Recycling *s* återvinning [ooterwinning] *u*
Rede *w* tal [taal] *s*
reden *v* **1** (etwas äußern) *mit j-m von etw., über etw. Akk* tala [taala] *om ngt med ngn* **2** (sich unterhalten) *mit j-m von etw., über etw. Akk* tala [taala] *med ngn*, prata [praata] *med ngn*
reduzieren *v* begränsa [begränßa], banta ner [banta neer], (Ausgaben usw.) minska [minßka]
Regal *s* hylla [hylla] *u*
Regel *w* regel [reegel] *u*
regelmäßig *adj* regelbunden [reegelbunden] ♦ *adv* regelbundet [reegelbundet]
regeln *v etw. Akk* reglera [regleera]
Regelung *w* reglering [regleering] *u*
Regen *m* regn [rengn] *s*
Regenbogen *m* regnbåge [rengnboog^{e}] *u*
Regenmantel *m* regnkappa [rengnkappa] *u*, regnrock [rengnrokk] *u*
Regenschauer *m* regnskur [rengnßküür] *u*
Regenschirm *m* paraply [paraplü] *s*
regieren *v* härska [härschka]
Regierung *w* regering [rejeering] *u*
Region *w* region [regiuun] *u*
regional *adj* regional [regiunaal]
Regisseur *m* regissör [reschißöör] *u*
registrieren *v* **1** (amtlich) *j-n/etw.* registrera [rejißtreera] **2** (bemerken) *j-n/etw.* märka [märka] *ngn/ngt* **3** (statistisch usw.) *etw. Akk* registrera [rejißtreera]
regnen *v* regna [rengna]
reiben *v* **1** (Hände usw.) *etw. Akk* gnida [gniida] **2** skrapa [ßkraapa], (Gemüse usw.) *etw. Akk* riva [riiwa] **3** (raspeln) riva [riiwa] *ngt*
reich *adj* rik [riik]
reichen *v* **1** (geben) *j-m etw. Akk* räcka [räkka] **2** (Menge usw.) räcka [räkka], vara tillräcklig [waara tillräkkli]
Reichtum *m* rikedom [riikeduum] *u*
reif *adj* mogen [muugen] ▶ **~ werden** mogna
Reifen *m* **1** däck [däkk] *s* **2** (aus Metall) båge [boog^{e}] *u* ▶ **platter ~** punktering *u*
Reifenpanne *w* punktering [pungkteering] *u*
Reihe *w* **1** rad [raad] *u* **2** (Schlange usw.) kö [köö] *u* **3** (von Zahlen) följd [följd] *u*
Reihenfolge *w* ordningsföljd [oordningßföj:d] *u*, sekvens [ßekwenß] *u*
rein *adj* **1** (Gold usw.) ren [reen] **2** (Gefühl usw.) genuin [jenuiin], (Unsinn usw.) ren [reen]
reinigen *v* **1** *etw. Akk* rengöra [renjööra] *ngt* **2** (von Zusatzstoffen usw.) rensa [renßa]
Reinigung *w* **1** rengöring [renjööring] *u* **2** (Geschäft) kemtvätt [schemtwätt] *u*
Reinigungsmittel *s* rengöringsmedel [renjööringßmeedel] *s*
Reis *m* ris [riiß] *s*
Reise *w* resa [reeßa] *u*, utflykt [üütflykt] *u*; **Gute ~.** Trevlig resa!
Reisebüro *s* resebyrå [reeßebyroo] *u*
Reisebus *m* långfärdsbuss [longfärdßbußß] *u*, turistbuss [turißtbußß] *u*
Reiseführer *m* guide [gaid] *u*
reisen *v* resa [reeßa]
Reisende *m* resande [reeßand^{e}] *u*, resenär [reeßenäär] *u*
Reisepass *m* pass [paßß] *s*
Reiseschecks *m Mz* resecheckar [reeßechekkar] *u Mz*

reißen *v* **1** (Papier usw.) *etw. Akk* riva [riiwa] **2** (in Stücke) *etw. Akk* riva sönder [riiwa ßönder] **3** *an etw. Dat* rycka [rykka] *i ngt*

Reißverschluss *m* blixtlås [blikßtlooß] *s*

reiten *v* rida [riida]

Reiten *s* ridning [riidning] *u*

reizen *v* irritera [iriteera]

Reklamation *w* reklamation [reklamachuun] *u*

Reklame *w* reklam [reklaam] *u*

reklamieren *v etw. Akk* reklamera [reklameera] *ngt*

rekonstruieren *v etw. Akk* rekonstruera [rekonßtrueera] *ngt*

Rekord *m* rekord [rekoord] *s*

relativ *adj* relativ [relatiiw] ♦ *adv* relativt [relatiiwt], ganska [ganßka]

Religion *w* religion [r^{e}lijuun] *u*

religiös *adj* religiös [r^{e}lichööß]

rennen *v* springa [ßpringa]

Rennen *s* tävling [tääwling] *u*

Rente *w* pension [penchuun] *u*

Rentner *m* pensionär [panchunäär] *u*

Reparatur *w* reparation [reparachuun] *u*

Reparaturwerkstatt *w* reparationsverkstad [reparachuunßwärkßtaad] *u*

reparieren *v etw. Akk* reparera [repareera] *ngt*, greja [greja] *ngt*, laga [laaga] *ngt*

Reporter *m* reporter [repoort^{e}r] *u*

Republik *w* republik [republiik] *u*

Reserve *w* reserv [reßerw] *u*

Reserverad *s* reservhjul [reßerwjul] *s*

Reservereifen *m* reservhjul [reßerwjul] *s*

reservieren *v etw. Akk* boka [buuka], beställa [beßtälla], (Tisch usw.) *etw. Akk* reservera [reßerweera] *ngt*, boka [buuka] *ngt*

Reservierung *w* reservering [reßerweering] *u*, bokning [buukning] *u*, beläggning [beläggning] *u*

Respekt *m vor j-m* respekt [reßpekt] *u för ngn*

respektieren *v etw. Akk* respektera [reßpekteera]

Rest *m* **1** (beim Verbrauch) *etw. Gen* rest [reßt] *u*, (nach Entnahme usw.) återstod [ooterschtuud] *u* **2** (die Anderen) *j-s/etw.* övrig [ööwri]

Restaurant *s* restaurang [reßtorang] *u*

retten *v j-n/etw. vor j-m/etw.* rädda [rädda] *ngn från ngt*

Rettung *w* räddning [räddning] *u*

Rettungsring *m* frälsarkrans [frälßarkranß] *u*

Rettungswagen *m* ambulans [ambulanß] *u*

Rezept *s* **1** (Heilmittel) recept [reßept] *s* **2** (Gericht) *für etw.* recept [reßept] *s*

Rezeption *w* reception [reßepchuun] *u*

R-Gespräch **~ führen** mottagaren betalar

richten *v* **1** (Fernrohr usw.) *etw. Akk auf j-n/etw.* sikta [ßikta] *på ngn* **2** (Augen usw.) spänna [ßpänna] **3** *etw. Akk irgendwohin* styra [ßtüra] *ngt någonstans* **4** (eine Tätigkeit usw.) *etw. Akk auf etw. Akk* rikta [rikta] *ngt på ngt* **5** (seine Anstrengung usw.) *auf etw. Akk* sikta [ßikta] *mot ngt* **6** (vor dem Gericht usw.) *j-n* döma [dööma] *ngn*

Richter *m* domare [dumar^{e}] *u*

richtig *adj* **1** (nicht falsch) riktig [rikti], rätt [rätt] **2** (entsprechend usw.) ordentlig [urdentli] ♦ *adv* **1** (korrekt) riktigt [riktit] **2** (viel) ordentligt [urdentlit]

Richtung *w* riktning [riktning] *u*

riechen *v* **1** *etw. Akk* lukta [lukta] *ngt*, (durch den Geruchssinn) lukta [lukta] **2** (Rosen usw.) *nach etw.* stinka [ßtingka] **3** *an etw. Dat* lukta [lukta] *på ngt*

Riese *m* jätte [jätt^{e}] *u*

riesig *adj* **1** enorm [enorm], jättestor [jätteßtuur], jätte- [jätt^{e}] **2** (Summe usw.) kolossal [koloßaal]

Riff *s* rev [reew] *s*

Rind *s* nötkreatur [nöötkreatuur] *s Mz*

Rinde *w* bark [bark] *u*

Rindfleisch *s* nötkött [nöötschött] *s*

Ring *m* ring [ring] *u*

Ringstraße *w* ringväg [ringwääg] *u*

ringsum *adv* runt [runt], omkring [omkring]

Rippe *w* revben [reewbeen] *s*

Risiko *s* risk [rißk] *u*, (einer Ansteckung usw.) fara [faara] *u*; **~** *etw. Gen* **eingehen** riskera

riskant *adj* riskabel [rißkaabel] ♦ *adv* riskabelt [rißkaabelt]

riskieren *v etw. Akk* riskera [rißkeera]

Riss *m* **1** reva [reewa] *u*, spricka [ßprikka] *u* **2** (Zeichnung) skiss [chißß] *u*

Rock *m* kjol [school] *u*

Roggen *m* råg [roog] *u*

roh *adj* **1** rå [roo] **2** (Tat usw.) brutal [brutaal]

Rohr *s* rör [röör] *s*

Röhre *w* rör [röör] *s*

Rohstoff *m* råvara [roowaara] *u*

Rolle *w* **1** (Papier usw.) rulle [rull^{e}] *u* **2** (Schauspiel) roll [roll] *u* **3** (des Flaschenzuges) trissa [trißßa] *u*, (Möbelrolle usw.) hjul [jul] *s* **4** (Rad) cylinder [ßylind^{e}r] *u* **5** (Purzelbaum) kullerbytta [kullerbytta] *u* **6** (Fleischrolle usw.) rulle [rull^{e}] *u*

rollen *v* **1** (Fass usw.) *etw. Akk* rulla [rulla] **2** (sich rollend bewegen) rulla sig [rulla ßej] **3** (Teig usw.) *etw. Akk* kavla [kaawla] *ngt*

Rollstuhl *m* rullstol [rullßtuul] *u*

Rolltreppe *w* rulltrappa [rulltrappa] *u*

Roman *m* roman [romaan] *u*
Röntgenaufnahme *w* röntgenbild [röntkenbild] *u*
rosa *adj* rosa [ruußa]
Rose *w* ros [ruuß] *u*
Rosenkohl *m* brysselkål [bryßßelkool] *s*
rosig *adj* rosa [ruußa], skär [chäär]
Rosinen *w Mz* russin [rußßin] *s Mz*
Rosmarin *m* rosmarin [roßmariin] *u*
Rost *m* rost [rußt] *u*
rot *adj* röd [rööd]; **~ werden** rodna
Route *w* sträcka [ßträkka] *u*
Rübe *w* beta [beeta] *u*
Rücken *m* rygg [rygg] *u*
Rückfahrkarte *w* returbiljett [retüürbiljett] *u*
Rückfall *m* återfall [ooterfall] *s*
Rückkehr *w* återkomst [ooterkomßt] *u*
Rucksack *m* ryggsäck [ryggßäkk] *u*
Rückseite *w* aviga [awiiga] *u*, (eines Gebäudes) bakdel [baakdeel] *u*
Rücksicht *w* åtanke [ootangk^{e}] *u*, *auf etw. Akk* hänsyn [hänßün] *u till ngn/ngt*; **mit ~** *auf etw. Akk* med hänsyn till *ngt*
Rückspiegel *m* backspegel [bakkßpeegel] *u*
rückwärts *adv* bakåt [baakoot], baklänges [baaklängeß]
Rückwärtsgang *m* backväxel [bakkwäkßel] *u*
Rudel *s* flock [flokk] *u*
Ruder *s* **1** åra [oora] *u* **2** (Steuerruder) roder [rood^{e}r] *s*
Ruderboot *s* roddbåt [roddboot] *u*
rudern *v* ro [ruu]
Ruf *m* **1** (guter usw.) rykte [rykt^{e}] *s* **2** (Ausruf usw.) rop [ruup] *s*
rufen *v* **1** (schreien usw.) *j-n* ropa [ruupa] *på ngn* **2** (Arzt usw.) *j-n* tillkalla [tillkalla] *ngn*
Ruhe *w* **1** (Ungestörtheit) lugn [lungn], lugn [lungn] *s* **2** (Untätigkeit) ro [ruu] *u*, lugn [lungn] *s* **3** (Erholung) vila [wiila] *u*, avkoppling [aafkoppling] *u* **4** (Stille) tystnad [tyßtnad] *u*
ruhig *adj* lugn [lungn] ♦ *adv* lugnt [lungnt]
rühren *v* **1** (Suppe usw.) *etw. Akk* röra [rööra], blanda [blanda] **2** ***sich ~*** röra på sig [rööra poo ßej], röra sig [rööra ßej] **3** (innerlich) *j-n* röra [rööra] *ngn*, gripa [griipa] *ngn*
Ruine *w* ruin [ruiin] *u*
rund *adj* rund [rund]
Runde *w* rond [ronn] *u*, omgång [omgong] *u*, (in einem Rennen) varv [warw] *s*
Rundreise *w* rundtur [rundtüür] *u*
Rüssel *m* **1** (des Elefanten) snabel [ßnaabel] *u*, (eines Schweines) tryne [trün^{e}] *s* **2** (der Insekten) snabel [ßnaabel] *u*
russisch *adj* rysk [ryßk] ♦ *adv* ryska [ryßka]
Russland *s* Ryssland [ryßßlann] *s*
rutschen *v* **1** (auf Rutsche usw.) *auf etw. Dat* glida [gliida] *på ngt* **2** halka [halka] **3** (herunterrutschen) glida [gliida], glida ner [gliida neer]
rutschig *adj* hal [haal]

S

Saal *m* sal [ßaal] *u*
Sache *w* **1** (Gegenstand) sak [ßaak] *u* **2** (Sachverhalt) affär [afäär] *u* ► **~n** saker *u Mz*
sachlich *adj* saklig [ßaakli]
Sachschaden *m* skada på egendom [ßkaada poo eegenduum] *u*, sakskada [ßaakßkaada] *u*
Sack *m* säck [ßäkk] *u*, väska [wäßka] *u*
säen *v* så [ßoo]
Safe *m/s* kassaskåp [kaßßaßkoop] *s*
Saft *m* **1** (aus Obst usw.) juice [juuß] *u* **2** (Pflanzensaft) saft [ßaft] *u* **3** (Fleischsaft) köttsås [schöttßooß] *u*
Säge *w* såg [ßoog] *u*
sagen *v* **1** (aussprechen) *etw. Akk* säga [ßäja] **2** *j-m etw. Akk* berätta [berätta] *ngt (om) ngn*, (mitteilen) *j-m etw. Akk* säga [ßäja] *ngn ngt* ► **kurz gesagt** kort sagt
sägen *v* **1** (arbeiten) såga [ßooga] **2** (Baumstamm usw.) *etw. Akk* såga upp [ßooga upp]
Sahne *w* grädde [grädd^{e}] *u*
Saison *w* säsong [ßäßong] *u*
Sakko *m/s* kavaj [kawaj] *u*
Salami *w* salami [ßalaami] *u*
Salat *m* sallad [ßallad] *u*
Salbe *w* salva [ßalwa] *u*
Salbei *m/w* salvia [ßalwiia] *u*
Salz *s* salt [ßalt] *u*
salzen *v etw. Akk* salta [ßalta]
salzig *adj* salt [ßalt]
Salzstreuer *m* saltkar [ßaltkaar] *s*
Samen *m* **1** (Samenkorn) frö [fröö] *s* **2** (Sperma) säd [ßääd] *u*
sammeln *v* **1** (Briefmarken usw.) samla på [ßamla poo] **2** (ein Heer usw.) mönstra [mönßtra]
Sammlung *w* **1** (von Gemälden usw.) samling [ßamling] *u* **2** (von Altpapier usw.) insamling [inßamling] *u* **3** (von Müll usw.) insamling [inßamling] *u*
Samstag *m* lördag [löörda] *u*
Sand *m* sand [ßann] *u*
Sandalen *w Mz* sandaler [ßandaaler] *u Mz*

sanft *adj* **1** (nicht stark usw.) mild [mild] **2** (Geschmack usw.) mjuk [mjuk] ♦ *adv* lätt [lätt]
Sänger *m* sångare [ßoongar^e] *u*
Sardine *w* sardin [ßardiin] *u*
Sarg *m* kista [schißßta] *u*
satt *adj* mätt [mätt]
Sattel *m* sadel [ßaadel] *u*
Satz *m* **1** (Aussage) mening [meening] *u* **2** (Teller usw.) *von etw.* set [ßett] *s, von etw.* uppsättning [uppßättning] *u av ngt,* servis [ßerwiiß] *u av ngt* **3** (Gebühr usw.) taxa [takßa] *u,* tariff [tariff] *u* **4** (im Tennis usw.) set [ßett] *s* **5** (Bodensatz) sediment [ßedimennt] *s*
sauber *adj* ren [reen]; ~ **machen** *etw. Akk* rengöra
säubern *v* **1** (Wasser usw.) rensa [renßa] **2** (Partei usw.) *etw. Akk* rensa [renßa]
sauer *adj* **1** (Geschmack) sur [ßüür] **2** (Gärung usw.) syrlig [ßürli] **3** *auf j-n* arg [arj]
Sauerkirsche *w* surkörsbär [ßüürschörschbäär] *u*
Sauerstoff *m* syre [ßür^e] *s*
Säule *w* **1** (Stütze usw.) kolonn [kolonn] *u* **2** (Rauchsäule usw.) rökpelare [röökpeelar^e] *u*
Säure *w* syra [ßüra] *u*
Schach *s* schack [chakk] *u*
Schachtel *w* **1** (große) låda [looda] *u,* box [bokß] *u* **2** (Packung usw.) *etw. Gen* ask [aßk] *u*
schade **Das ist ~.** Vad synd.
Schädel *m* skalle [ßkall^e] *u*
schaden *v j-m/etw.* skada [ßkaada] *ngn, j-m/etw.* skada [ßkaada] *ngn/ngt*
Schaden *m* **1** (Einbuße) skada [ßkaada] *u* **2** (Fehler) fel [feel] *s*
schädlich *adj* skadlig [ßkaadli]
Schaf *s* får [foor] *s*
schaffen[1] *v* (hervorbringen) skapa [ßkaapa]
schaffen[2] *v* **1** (bewältigen) *etw. Akk* klara [klaara], *etw. Akk* klara av [klaara aaw] *ngt* **2** (rechtzeitig machen) *etw. Akk* hinna [hinna] *ngt* **3** (rechtzeitig kommen) *etw. Akk* hinna med [hinna m^e]
Schaffner *m* konduktör [konduktöör] *u*
Schal *m* schal [chaal] *u,* halsduk [halßtüük] *u*
Schale *w* **1** skal [ßkaal] *s* **2** (Ei) äggskal [äggßkaal] *s* **3** (kleines Gefäß) skål [ßkool] *u*
schälen *v* skala [ßkaala]
Schallplatte *w* skiva [chiiwa] *u*
schalten *v* **1** (Kamera usw.) *etw. Akk auf etw. Akk* byta [büta] *ngt till ngt* **2** (Gang) växla [wäkßla] ► **in den ersten/zweiten Gang ~** lägga i ettan/ tvåan

Schalter *m* **1** (elektrischer) kontakt [kontakt] *u,* strömbrytare [ßtröömbrütar^e] *u,* (elektrischer) startknapp [ßtartknapp] *u* **2** (zur Abfertigung) disk [dißk] *u*
schämen *v* **1** ***sich*** ~ *für j-n/etw.* skämmas [chämmaß] *för ngt* **2** ***sich*** ~ (scheu sein) vara blyg [waara blüg]
Schande *w* skam [ßkaam] *u,* (Unehre) vanära [waanäära] *u*
scharf *adj* **1** (Messer usw.) skarp [ßkarp] **2** (Paprika usw.) het [heet], stark [ßtark] **3** (Foto usw.) skarp [ßkarp] ♦ *adv* tvärt [twärt], skrapt [ßkrapt]
Schatten *m etw. Gen* skugga [ßkugga] *u*
schätzen *v* **1** (bestimmen) *etw. Akk* uppskatta [uppßkatta] **2** (taxieren) *etw. Akk* värdera [wärdeera] **3** (hochachten) *j-n/etw.* respektera [reßpekteera] *ngn, j-n/etw.* uppskatta [uppßkatta] *ngn/ngt* **4** (Verdienst usw.) *etw. Akk* uppskatta [uppßkatta] *ngt*
Schätzung *w* **1** (von Entfernung usw.) uppskattning [uppßkattning] *u* **2** (des Preises) värdering [wärdeering] *u*
schauen *v* **1** *auf j-n/etw.* titta [titta] *på ngn/ngt* **2** (dreinblicken) *irgendwie* ställa sig [ßtälla ßej]
Schauer *m* regnskur [rengnßküür] *u*
Schaufel *w* spade [ßpaad^e] *u*
Schaufenster *s* skyltfönster [chyltfönßt^er] *s*
Schaum *m* skum [ßkum] *s*
Schauspieler *m* skådespelare [ßkoodeßpeelar^e] *u*
Scheck *m* check [schekk] *u*
Scheibe *w* **1** (Gegenstand) skiva [chiiwa] *u* **2** (aus Metall) platta [platta] *u* **3** (Brot usw.) *etw. Gen* skiva [chiiwa] *u*
Scheibenwischer *m* vindrutetorkare [windrüütetorkar^e] *u*
Scheide *w* **1** (Schwert) slida [ßliida] *u* **2** (Vagina) slida [ßliida] *u,* vagina [wagiina] *u*
Scheidung *w* skilsmässa [chilßmäßßa] *u*
Schein *m* **1** (Urkunde) attest [ateßt] *u* **2** (Geld) sedel [ßeedel] *u* **3** (des Lichts) sken [cheen] *s,* ljus [juß] *s* **4** (Eindruck usw.) sken [cheen] *s*
scheinbar *adj* skenbar [cheenbaar] ♦ *adv* skenbart [cheenbaart]
scheinen *v* **1** (Licht ausstrahlen) skina [chiina] **2** (vorkommen) *j-m irgendwie* verka [wärka] *ngt till ngn*
Scheinwerfer *m* strålkastare [ßtroolkaßtar^e] *u*
Schenkel *m* lår [loor] *s*
schenken *v j-m etw. Akk* skänka [chängka] *ngt ngn*
Schere *w* **1** (Werkzeug) sax [ßakß] *u* **2** (bei Krebsen) klo [kluu] *u*

Scherz *m* skämt [chämt] *s*; **~e machen** skoja
Scheune *w* ladugård [ladugoord] *u*
Schicht *w* **1** (Masse) lager [laager] *s* **2** (Gesellschaftsschicht usw.) skikt [chikt] *s* **3** (Arbeitsabschnitt) skift [chift] *s*
schicken *v* **1** *j-m etw. Akk* skicka [chikka] **2** *j-n irgendwohin* skicka [chikka] *ngn någonstans*
Schicksal *s* öde [ööde] *s*
schieben *v* **1** *etw. Akk irgendwohin* skjuta [chüüta] *på ngt* **2** (heimlich usw.) *etw. Akk irgendwohin* sticka [ßtikka] *ngt någonstans*
Schiedsrichter *m* domare [dumare] *u*
schief *adj* sned [ßneed], skev [cheew] ♦ *adv* snett [ßnett]
Schienbein *s* skenben [cheenbeen] *s*
Schiene *w* **1** (für einen Zug usw.) skena [cheena] *u*, spår [ßpoor] *s*, räls [rälß] *u* **2** (für Frakturen) spjäla [ßpjääla] *u*
schießen *v* **1** (losschießen) skjuta [chüüta] **2** (sich bewegen) *von etw.* starta [ßtarta] **3** (Tränen in die Augen) spruta [ßprüüta]
Schiff *s* fartyg [fartüg] *s*, skepp [chepp] *s* ▶ **mit einem ~ fahren** segla
Schifffahrt *w* sjöfart [chööfaart] *u*, båtresa [bootreeßa] *u*
Schild[1] *m* sköld [chöld] *u*
Schild[2] *s* **1** (mit Warnung usw.) skylt [chylt] *u*, affisch [afisch:] *u* **2** (Reklameschild usw.) skylt [chylt] *u* **3** (Türschild usw.) skylt [chylt] *u*
Schilf *s* vass [waßß] *s*
Schimmel *m* mögel [möögel] *s*
schimpfen *v mit j-m* gräla [gräälа] *på ngn*
Schinken *m* skinka [chingka] *u*
Schirm *m* **1** (Regenschutz) paraply [paraplü] *s* **2** (einer Lampe usw.) skugga [ßkugga] *u*
Schlacht *w* slag [ßlaag] *s*
schlachten *v* slakta [ßlakta]
Schlaf *m* sömn [ßömn] *u*
Schlafanzug *m* pyjamas [pyshaamaß] *u*
schlafen *v* **1** (gut, lange usw.) sova [ßoowa] **2** (koitieren) *mit j-m* ligga [ligga] *med ngn*
Schlafsack *m* sovsäck [ßuuwßäkk] *u*
Schlaftablette *w* sömntablett [ßömntablett] *u*
Schlafwagen *m* sovvagn [ßuuwwangn] *u*
Schlafzimmer *s* sovrum [ßuuwrum] *s*
Schlag *m* **1** (mit Faust usw.) slag [ßlaag] *s*, dunk [dungk] *u* **2** (des Herzens usw.) slag [ßlaag] *s*
Schlaganfall *m* slag [ßlaag] *s*
schlagen *v* **1** *j-n* slå [ßloo] *ngn* **2** (an den Tisch usw.) *an etw. Akk* slå [ßloo] *på ngt*, (an die Tür usw.) *an etw. Akk* bulta [bulta], slå [ßloo] *på ngt* **3** (Herz) slå [ßloo] **4** (Uhr) slå [ßloo] **5** (im Wettkampf, Krieg) *j-n* besegra [beßeegra] **6** (Eiweiß usw.) vispa [wißpa] ▶ **k.o. ~** *j-n* slå medvetslös
Schläger *m* **1** (für Baseball usw.) slagträ [ßlaagträä] *s*, (Tennis usw.) racket [rakket] *u* **2** (Raufbold) bråkmakare [brookmaakare] *u*
Schlagzeile *w* rubrik [rubriik] *u*
Schlamm *m* slask [ßlaßk] *s*, gyttja [jyttja] *u*, slam [ßlaam] *s*
Schlange *w* **1** (Tier) orm [urm] *u* **2** (Reihe) kö [köö] *u* ▶ **in der ~ warten** *auf etw. Akk* köa
schlank *adj* slank [ßlangk], smal [ßmaal]
schlau *adj* förutseende [förüüdseeende], listig [lißti], slug [ßlüüg], smart [ßmaart]
Schlauch *m* **1** (Röhre) slang [ßlang] *u* **2** (bei Reifen) slang [ßlang] *u*, (Weinschlauch usw.) vinsäck [wiinßäkk] *u*
Schlauchboot *s* gummibåt [gummiboot] *u*
schlecht *adj* dålig [dooli] ♦ *adv* **1** (minderwertig) dåligt [doolit] **2** (körperlich unwohl) illa [illa] ▶ **~ werden** ruttna; **Mir ist ~.** Jag mår illa.
Schleife *w* band [bann] *s*, (im Haar usw.) rosett [roßett] *u*
schleppen *v* **1** *etw. Akk* släpa [ßlääpa], (schleifen) släpa [ßlääpa] *ngt* **2** (Koffer usw.) *etw. Akk* släpa [ßlääpa] *ngt* **3** (mit Gewalt hinbringen) *j-n irgendwohin* dra [draa] *ngn någonstans* **4** ***sich ~*** släpa sig [ßlääpa ßej], slita [ßliita]
schließen *v* **1** (Fenster usw.) *etw. Akk* stänga [ßtänga] **2** (Betrieb) stänga [ßtänga], stänga ner [ßtänga neer] **3** (mit dem Schlüssel) låsa [looßa] **4** (Vertrag) sammanfatta [ßammanfatta] **5** (Tatsache usw.) härleda [häärleeda], dra slutsatser [draa ßlüüdsadser]
Schließfach *s* förvaringsskåp [förwaaringßßkoop] *s*
schließlich *adv* till slut [till ßlüüt] ♦ *part* när allt kommer omkring [näär allt kommer omkring]
Schlitten *m* släde [ßläädе] *u*
Schlittschuh *m* skridsko [ßkriidskuu] *u*; **~ laufen** åka skridskor
Schloss *s* **1** (Türschloss) lås [looß] *s* **2** (Palast) slott [ßlott] *s*
Schlucht *w* ravin [rawiin] *u*
Schluck *m etw. Gen* klunk [klungk] *u*
schlucken *v* **1** (Wasser usw.) *etw. Akk* svälja [ßwälja] *ngt* **2** (Firma usw.) sluka [ßlüüka]
Schluss *m* **1** (einer Ära usw.) avslutning [aafßlüütning] *u* **2** (gezogener usw.) sammanfattning [ßammanfattning] *u* ▶ **zu dem ~ kommen** dra slutsatser

Schlüssel *m* **1** (zum Schließen) nyckel [nykkel] *u* **2** (Lösung) *zu etw.* nyckel [nykkel] *u*
schmackhaft *adj* smaklig [ßmaakli]
schmal *adj* smal [ßmaal], slank [ßlangk]
schmecken *v* **1** (Beigeschmack haben) *nach etw.* smaka [ßmaaka] *ngt* **2** (lecker sein) *j-m etw. Akk* smaka [ßmaaka] ► **Es schmeckt mir nicht.** Jag tycker inte om det.
schmeicheln *v j-m* smickra [ßmikkra] *ngn*
schmelzen *v* smälta [ßmälta]
Schmerz *m* smärta [ßmärta] *u*, ont [unt] *s*
Schmetterling *m* fjäril [fjääril] *u*
Schminke *w* smink [ßmingk] *s*
schminken *v j-n/etw.* sminka [ßmingka] *ngn*; **sich ~** sminka sig
Schmuck *m* smycke [ßmykk^e] *s*, (Zierde) dekoration [dekorachuun] *u*
schmücken *v etw. Akk mit etw.* pryda [prüda], pynta [pynta], utsmycka [üüdsmykka], dekorera [dekoreera]
Schmutz *m* smuts [ßmuds] *u*
schmutzig *adj* **1** smutsig [ßmudsi] **2** (Details usw.) äcklig [äkkli], vidrig [wiidri] **3** (Wort usw.) ful [füül] ► **~ machen** *etw. Akk* smutsa ner
Schnabel *m* näbb [näbb] *u*
Schnaps *m* brännvin [brännwiin] *s*
schnarchen *v* snarka [ßnarka]
Schnauze *w* nos [nuuß] *u*, tryne [trün^e] *s*
Schnecke *w* snigel [ßniigel] *u*
Schnee *m* snö [ßnöö] *u*
schneiden *v* **1** skära [chäära] **2** (in Teile) *etw. Akk* dela [deela] *ngt* **3** (mit Schere) klippa [klippa] **4** (mit Schere) klippa [klippa] *ngt* **5** (Haar) *j-n* klippa [klippa] *ngn* **6** (Schaf usw.) flå [floo] **7** (Film usw.) redigera [redicheera] ► **sich die Haare ~ lassen** låta klippa sig; **sich ~** *an etw. Dat, in etw. Akk* (Schnittwunde) skära *sig på ngt*
Schneider *m* skräddare [ßkräddar^e] *u*
schneien *v* snöa [ßnööa]
schnell *adj* **1** (Bewegung usw.) snabb [ßnabb], kvick [kwikk] **2** (Erledigung usw.) snabb [ßnabb], hastig [haßti] ♦ *adv* **1** (sich bewegen usw.) snabbt [ßnabt] **2** (eilig usw.) snabbt [ßnabt]
Schnellstraße *w* motorväg [mootorwääg] *u*
Schnitt *m* **1** (Kleider) snitt [ßnitt] *s* **2** (im Film) klippning [klippning] *u* **3** (Haar) frisyr [frißür] *u* **4** (mit dem Messer usw.) snitt [ßnitt] *s*
Schnittlauch *m* gräslök [grääßlöök] *u*
Schnitzel *s* schnitzel [schnidsel] *u*
Schnorchel *m* snorkel [ßnorkel] *u*
Schnuller *m* napp [napp] *u*
Schnupfen *m* snuva [ßnüüwa] *u*
Schnur *w* lina [liina] *u*, snöre [ßnöör^e] *s*
Schnurrbart *m* mustasch [mußtaasch] *u*
Schnürsenkel *m* skosnöre [ßkuußnöör^e] *s*
Schock *m* chock [schokk] *u*
Schokolade *w* choklad [choklaad] *u*; **heiße ~** varm choklad
schon *adv* redan [reedan]
schön *adj* **1** (Person) vacker [wakker], fin [fiin] **2** (Sache) fin [fiin], vacker [wakker], snygg [ßnygg] **3** (Gehalt usw.) bra [braa], fin [fiin] ♦ *adv* fint [fiint], bra [braa] ► **~es Wetter** fint väder; **Das Wetter ist ~.** Det är fint väder.
schonen *v j-n/etw.* bespara [beßpaara] *ngn ngt*
Schönheit *w* skönhet [chöönheet] *u*
Schornstein *m* skorsten [ßkorschten] *u*
schräg *adj* sned [ßneed], skev [cheew] ♦ *adv* snett [ßnett]
Schrank *m* skåp [ßkoop] *s*
Schranke *w* **1** bom [buum] *u* **2** *etw. Gen* gräns [gränß] *u*
Schraube *w* skruv [ßkrüüw] *u*
schrauben *v etw. Akk irgendwohin* skruva [ßkrüüwa] *ngt*
Schraubenmutter *w* mutter [mutt^er] *u*
Schraubenschlüssel *m* nyckel [nykkel] *u*
Schraubenzieher *m* skruvmejsel [ßkrüüwmejßel] *u*
Schrecken *m* skräck [ßkräkk] *u*
schrecklich *adj* **1** förskräcklig [förschkräkkli], förfärlig [förfäärli], gräslig [grääßli], ryslig [rüßli] **2** (Qualität usw.) fruktansvärd [fruktanßwäärd] ♦ *adv* fruktansvärt [fruktanßwäärt], hemskt [hemßkt]
Schrei *m* skrik [ßkriik] *s*
schreiben *v* **1** (aufzeichnen) skriva [ßkriiwa] **2** (formulieren) *etw. Akk* skriva [ßkriiwa] *ngt* ► **Maschine ~** skriva; **S~ Sie es mir auf die Rechnung.** För över det på mitt konto.
Schreibtisch *m* skrivbord [ßkriiwbuurd] *s*
Schreibwaren *Mz* kontorsmaterial [kontuurßmateriaal] *s*
schreien *v* **1** skrika [ßkriika], (laut sprechen) ropa [ruupa] **2** (Eule) hoa [huua]
Schrift *w* **1** (System) skrift [ßkrift] *u* **2** (lesbar usw.) handstil [handstiil] *u* **3** (Druckschrift) typsnitt [tüpßnitt] *u*
schriftlich *adj* skriftlig [ßkriftli] ♦ *adv* skriftligt [ßkriftlit]
Schriftsteller *m* författare [författar^e] *u*
Schritt *m* **1** (Bewegung) steg [ßteeg] *s* **2** (Tempo) steg [ßteeg] *s*, tempo [tempu] *s* **3** (Körpergegend) skrev [ßkreew] *s* **4** (Handlung) arbete [arbeet^e] *s*
Schrott *m* skrot [ßkruut] *s*

Schublade *w* låda [looda] *u*
schüchtern *adj* blyg [blüg], tillbakadragen [tillbakadraagen]
Schuh *m* sko [ßkuu] *u*; **~e** skor *u Mz*
schuld **~ sein** *an etw. Dat* vara skyldig *för ngt*
Schuld *w* **1** (Verantwortung usw.) *an etw. Dat* skylla på [chylla poo] *ngt* **2** (Fehler) skuld [ßkuld] *u* **3** (Betrag) skuld [ßkuld] *u* ► *j-m* **die ~** *an etw. Dat* **geben** skylla på *ngn för ngt*; **Es ist nicht meine ~!** Det är inte mitt fel!
schulden *v j-m etw. Akk* vara skyldig [waara chyldi]
schuldig *adj* **1** *etw. Gen* skyldig [chyldi] *till ngt* **2** (Summe) skyldig [chyldi]
Schule *w* skola [ßkuula] *u*; **in der ~** i skolan
Schüler *m* elev [eleew] *u*, student [ßtudent] *u*
Schuljahr *s* årskurs [oorschkursch] *u*
Schulter *w* axel [akßel] *u*
Schuppe *w* **1** (von Fisch usw.) fjäll [fjäll] *s* **2** **~n** mjäll [mjäll] *s*
Schürze *w* förkläde [förkläädᵉ] *s*
Schuss *m* skott [ßkott] *s*
Schüssel *w* skål [ßkool] *u*
Schusswaffe *w* skjutvapen [chüütwaapen] *s*
Schuster *m* skomakare [ßkuumaakarᵉ] *u*
schütteln *v* **1** *etw. Akk* skaka [ßkaaka] *ngt*, *j-n/etw.* skaka [ßkaaka], darra [darra] **2** *sich* **~** skälva [chälwa], (vor Kälte usw.) darra [darra] **3** *sich* **~** (Hund usw.) skaka av [ßkaaka aaw] ► **den Kopf ~** skaka på huvudet
schütten *v etw. Akk irgendwohin* strö [ßtröö] *ngt i ngt*
Schutz *m* **1** *gegen etw., vor etw. Dat* skydd [chydd] *s*, beskydd [bechydd] *s*, protektion [protekchuun] *u* **2** (Naturschutz usw.) konservering [konßerweering] *u*
schützen *v j-n/etw.* skydda [chydda]
schwach *adj* svag [ßwaag] ♦ *adv* svagt [ßwaat]
Schwäche *w* svaghet [ßwaagheet] *u*
Schwager *m* svåger [ßwooger] *u*
Schwamm *m* tvättsvamp [twättßwamp] *u*
Schwan *m* svan [ßwaan] *u*
schwanger *adj* gravid [grawiid]
Schwanz *m* svans [ßwanß] *u*
schwarz *adj* svart [ßwart] ♦ *adv* svart [ßwart]
schwarzfahren *v* åka med som fripassagerare [ooka mᵉ ßom friipaßacheerarᵉ]
Schwebebahn *w* linbana [liinbaana] *u*
Schwefel *m* svavel [ßwaawel] *s*
schweigen *v* tiga [tiiga]
Schwein *s* gris [griiß] *u*
Schweinefleisch *s* fläsk [fläßk] *s*
Schweiß *m* svett [ßwett] *u*
Schweiz *w* Schweiz [schweids] *u*
Schweizer *m* schweizare [schweidsarᵉ] *m*
schweizerisch *adj* schweizisk [schweidsißk]
Schwellung *w* svullnad [ßwullnad] *u*
schwer *adj* **1** (Gewicht) tung [tung] **2** (intensiv) intensiv [intenßiiw], stark [ßtark] ♦ *adv* tungt [tungt]
Schwert *s* svärd [ßwäärd] *s*
Schwester *w* syster [ßyßter] *u*
Schwiegermutter *w* svärmor [ßwäärmur] *u*
Schwiegersohn *m* svärson [ßwäärschon] *u*
Schwiegertochter *w* svärdotter [ßwäärdotter] *u*
Schwiegervater *m* svärfar [ßwäärfaar] *u*
schwierig *adj* **1** svår [ßwoor] **2** (Zeit usw.) svår [ßwoor], besvärlig [beßwäärli] ♦ *adv* svårt [ßwoort]
Schwierigkeit *w* **1** svårighet [ßwooriheet] *u*, besvär [beßwäär] *s*, krångel [kroongel] *s* **2** (Eigenschaft) *etw. Gen* svårighet [ßwooriheet] *u av ngt*
Schwimmbad *s* simbassäng [ßimbaßäng:] *u*
Schwimmbecken *s* simbassäng [ßimbaßäng:] *u*
schwimmen *v* **1** (Mensch) simma [ßimma] **2** (Papierschiff) flyta [flüta]
Schwimmen *s* simning [ßimning] *u*
Schwimmer *m* **1** simmare [ßimmarᵉ] *u* **2** (Hilfsmittel) livboj [liiwboj] *u*
Schwimmflossen *w Mz* simfötter [ßimfötter] *u Mz*
Schwimmweste *w* flytväst [flütwäßt] *u*
schwindelig **~ werden** vara yr
schwindeln *v j-m* bli yr i huvudet [blii ür i hüüwüüdet], *j-m* snurra [ßnurra] ► **Mir schwindelt.** Jag känner mig yr.
schwitzen *v* svettas [ßwettaß]
schwul *adj* gay [gej]
sechs *num* sex [ßekß]
sechst(er,e,es) *num* sjätte [chättᵉ]
sechzehn *num* sexton [ßekßton]
sechzig *num* sextio [ßekßti]
See¹ *m* sjö [chöö] *u*
See² *w* hav [haaw] *s*; **an der ~** vid havet
Seeigel *m* sjöborre [chööborrᵉ] *u*
Seele *w* själ [chääl] *u*
seelisch *adj* själslig [chälßli]
Seemann *m* sjöman [chööman] *u*
Segel *s* segel [ßeegel] *s*
sehen *v j-n/etw.* se [ßee] *ngn/ngt*
Sehenswürdigkeit *w* minnesmärke [minneßmäärkᵉ] *s*, sevärdhet [ßeewärdheet] *u*

sehr *adv* betydligt [betüdlit], mycket [mykke]
Seide *w* siden [ßiiden] *s*
Seife *w* tvål [twool] *u*
Seil *s* rep [reep] *s*
Seilbahn *w* linbana [liinbaana] *u*
sein[1] *v* vara [waara] ► **auf ~** vara uppe; **ähnlich ~** *j-m/etw.* likna *ngn/ngt*, vara lik *ngn/ngt*; **wach ~** vara vaken; **Ist das Ihr Ernst?** Menar du det på allvar?; **Mir ist kalt.** Jag fryser.; **Was ist (los)?** Vad står på?; **Wo ist das?** Var är den?
sein[2] *pron* hans [hanß]
seit *conj* sedan [ßen] ♦ *prep* från [froon]
Seite *w* **1** sida [ßiida] *u* **2** (Seitenteil usw.) höft [höfft] *u* **3** (Standpunkt) *etw. Gen* aspekt [aßpekt] *u*
seitlich *adj* sido- [ßiidu]
Sekretär *m* **1** (einer Partei usw.) sekreterare [ßekreteerare] *u* **2** (Möbelstück) sekretär [ßekretäär] *u*
Sekretärin *w* sekreterare [ßekreteerare] *u*
Sekt *m* sekt [ßekt] *u*, mousserande vin [mußßeerande wiin]
Sekunde *w* sekund [ßekund] *u*
selbst *adj* själv [chälw]
Selbstbedienung *w* självbetjäning [chälwbeschääning] *u*, självservering [chälwßerweering] *u*
Selbstmord *m* självmord [chälwmuurd] *s*
selbstständig *adj* självständig [chälwßtändi]
selbstverständlich *adj* självklar [chälfklaar] ♦ *part* naturligtvis [natüürligtwiiß], självklart [chälfklaart]
Sellerie *m* rotselleri [ruudselerii] *u*
selten *adj* sällsynt [ßällßünt] ♦ *adv* sällan [ßällan]
seltsam *adj* förunderlig [förunderli], konstig [konßti], besynnerlig [beßynnerli], märklig [märkli] ♦ *adv* konstigt [konßtit], märkligt [märklit]
Semester *s* termin [termiin] *u*
Seminar *s* seminarium [ßeminaarium] *s*
senden *v* **1** (Brief usw.) *j-m etw. Akk* skicka [chikka] **2** (ausstrahlen) sända [ßända]
Sendung *w* **1** (Ware) avsändning [aafßändning] *u* **2** (Ausstrahlen) sändning [ßändning] *u* **3** (Programm) program [program] *s*, sändning [ßändning] *u*
Senf *m* senap [ßeenap] *u*
senken *v* **1** sänka [ßängka] **2** (Summe usw.) *etw. Akk* sänka ner [ßängka neer] ► **sich ~** bli blantare
September *m* september [ßeptember] *u*
Serie *w* **1** (Fotos usw.) set [ßett] *s* **2** (Geschehnisse usw.) serie [ßeerie] *u* **3** (TV usw.) TV-serie [teeweeßeerie] *u*
Service[1] *s* (Geschirr) servis [ßerwiiß] *u*
Service[2] *m/s* (Dienst) service [ßörwiß] *u*
servieren *v* servera [ßerweera]
Serviette *w* servett [ßerwett] *u*
Sessel *m* fåtölj [fotölj] *u*
setzen *v* **1** *j-n irgendwohin* sätta [ßätta] *ngn till ngt* **2** *sich* ~ sätta (sig) [ßätta (ßej)] **3** (außer Betrieb usw.) *etw. Akk in etw. Akk* sätta [ßätta], lägga [lägga] ► **in Gang** ~ *etw. Akk* sätta igång, starta
Sex *m* sex [ßekß] *s*
Shampoo *s* schampo [champuu] *s*
sich *pron* sig [ßej] ► **mit ~** (bringen usw.) med
sicher *adj* **1** trygg [trygg] **2** (ohne Zweifel usw.) säker [ßääker] ♦ *adv* ofarligt [uufaarlit], säkert [ßääkert] ♦ *part* säkert [ßääkert] ► **sich** *etw. Gen* **~ sein** vara säker *på ngn*
Sicherheit *w* **1** säkerhet [ßääkerheet] *u* **2** (Zustand) trygghet [tryggheet] *u* **3** (Platz) trygghet [tryggheet] *u* **4** (von Betrieb usw.) *etw. Gen* trygghet [tryggheet] *u*, säkerhet [ßääkerheet] *u* **5** (Geld usw.) försäkran [förschääkran] *u* ► **in ~ sein** vara i trygghet
Sicherheitsgurt *m* säkerhetsbälte [ßääkerheedsbälte] *s*; **den ~ anlegen** spänna fast säkerhetsbältet
Sicherheitsnadel *w* säkerhetsnål [ßääkerheedsnool] *u*
sichern *v* **1** (schützen) *j-n/etw.* säkra [ßääkra], (vor Gefahr) *etw. Akk* trygga [trygga] *ngt* **2** (Wagen, Waffe usw.) *etw. Akk irgendwohin* säkra [ßääkra] *om ngt* **3** (garantieren) *etw. Akk* säkra [ßääkra] *ngt*
Sicherung *w* **1** (Sicherheitsschloss usw.) försäkringsbrev [förschääkringßbreew] *s* **2** (Stromkreis) säkring [ßääkring] *u* **3** (Schutz) trygghet [tryggheet] *u* ► **Die ~ ist herausgesprungen.** Säkringen har gått.
Sicht *w* synpunkt [ßünpungkt] *u*
sichtbar *adj* synlig [ßyynli]
sie *pron* **1** (Fem. Singular) hon [hun] **2** (Plural) de [dom]
Sie *pron* Ni [ni]
sieben *num* sju [chüü]
siebent(er,e,es) *num* sjunde [chunde]
siebt(er,e,es) *num* sjunde [chunde]
siebzehn *num* sjutton [chutton]
siebzig *num* sjuttio [chutti]
Sieg *m* seger [ßeeger] *u*, vinst [winßt] *u*
siegen *v in etw. Dat* vinna [winna] *ngt, i ngt*
Sieger *m* segrare [ßeegrare] *u*, vinnare [winnare] *u*
siezen *v j-n* nia [niia] *ngn*
Signal *s* signal [ßingnal] *u*
Silbe *w* stavelse [ßtaawelße] *u*

Silber *s* silver [ßilwer] *s*
singen *v* sjunga [chunga]
sinken *v* **1** (Flugzeug usw.) sjunka [chungka], stiga ned [ßtiiga need] **2** (Wasser usw.) avta [aaftaa] **3** (Boot) sänka [ßängka] **4** (Wert usw.) sjunka [chungka]
Sinn *m* **1** (Sehkraft usw.) sinne [ßinne] *s* **2** (Gerechtigkeit usw.) *für etw.* sinne [ßinne] *s* **3** (Gedanken usw.) sinne [ßinne] *s* **4** (Bedeutung) mening [meening] *u* **5** (Zweck) *etw. Gen* betydelse [betüdelße] *u* ► **~ ergeben** vara begripligt
sinnlich *adj* **1** (förm.) (Wahrnehmung usw.) sinnes- [ßinneß], sensorisk [ßenßoorißk] **2** (Lippen usw.) sensuell [ßenßuell]
sinnlos *adj* meningslös [meeningßlööß], onödig [uunöödi]
sinnvoll *adj* **1** (Lösung usw.) finurlig [finüürli], skarpsinnig [ßkarpßinni] **2** (Sinn habend) meningsfull [meeningßfull] ♦ *adv* meningsfullt [meeningßfullt]
Sitte *w* sed [ßeed] *u*, sedvänja [ßeedwännja] *u*
Situation *w* situation [ßituachuun] *u*
Sitz *m* **1** säte [ßääte] *s* **2** (Haltung) sittande position [ßittande poßichuun]
sitzen *v* sitta [ßitta]
Sitzplatz *m* sittplats [ßittplads] *u*
Ski *m* skida [chiida] *u*; **~ fahren** åka skidor
Skifahrer *m* skidåkare [chiidookare] *u*, skidlöpare [chiidlööpare] *u*
Skilift *m* skidlift [chiidlift] *u*
Skipass *m* liftkort [liftkurt] *s*
Skipiste *w* pist [pißt] *u*
Skistöcke *m Mz* skidstavar [chiidstaawar] *u Mz*
Skizze *w* skiss [chißß] *u*
Skulptur *w* plastik [plaßtiik] *u*
so *adv* **1** (auf diese Weise) på så sätt [poo ßoo ßätt], så [ßoo] **2** (so sehr) så [ßoo] ► **und ~ weiter** och så vidare
sobald *conj* tidigast [tiidigaßt]
Socke *w* socka [ßokka] *u*
Sofa *s* soffa [ßoffa] *u*
sofort *adv* omedelbart [oomeedelbaart]; **Jetzt ~?** Nu genast?
sofortig *adj* omedelbar [oomeedelbaar]
sogar *adv* till och med [till o me], rent av [rent aaw]
Sohle *w* skosula [ßkuußüüla] *u*
Sohn *m* son [ßoon] *u*
solange *adv* så länge [ßoo läng:e]
solch(er,e,es) *pron* sådan [ßoon]
Soldat *m* militär [militäär] *u*, soldat [ßoldaat] *u*
sollen *v* böra [bööra] + *inf.*, ska [ßka] + *inf.*; **Sag ihnen, sie ~ warten!** Säg till dem att vänta.
Sommer *m* sommar [ßommar] *u*
Sonderangebot *s* specialerbjudande [ßpeßiaalerbjudande] *s*
sondern *conj* men [men]
Sonnabend *m* (NoD) lördag [löörda] *u*
Sonne *w* sol [ßuul] *u*
Sonnenaufgang *m* soluppgång [ßuulupgong:] *u*
Sonnenblume *w* solros [ßuulruuß] *u*
Sonnenbrand *m* solbränna [ßuulbränna] *u*
Sonnencreme *w* solkräm [ßuulkrääm] *u*
Sonnenstich *m* solsting [ßuulßting:] *s*
Sonnenuntergang *m* solnedgång [ßuulneedgong:] *u*
sonnig *adj* solig [ßuuli]
Sonntag *m* söndag [ßönda] *u*
sonst *adv* annorlunda [annorlunda]
Sorge *w* **1** *um j-n/etw.* bekymmer [bekymmer] *s* **2** *für j-n* omsorg [omßorj] *u* ► **sich ~n machen** *um j-n/etw.* oroa sig över,för ngt
sorgen *v* **1** *für j-n/etw.* sköta om [chööta om] *ngn/ngt*, (pflegen) *für j-n/etw.* ta hand [taa hand] *om ngn/ngt*, (sich kümmern) *für etw.* ta hand om [taa hand om] *ngn* **2** (Problem lösen usw.) *für etw.* ta hand om [taa hand om] *ngn* **3** *sich* **~** *um j-n/etw.* bry sig [brü ßej] *om ngn/ngt*
Sorgfalt *w* försiktighet [förschiktiheet] *u*, noggrannhet [nuugranheet] *u*
sorgfältig *adj* noggrann [nuugrann] ♦ *adv* omsorgsfull [omßorjßfull]
Sorte *w* sort [ßort] *u*
Sortiment *s* samling [ßamling] *u*, sortiment [ßortiment] *s*
Soße *w* sås [ßooß] *u*
Souvenir *s* souvenir [ßoweniir] *u*
soviel *conj* såvitt [ßoowitt]
sowie *conj* **1** (beides) liksom [likßom] **2** (gleich usw.) tidigast [tiidigaßt]
sowieso *adv* i alla fall [i alla fall], hur som helst [hüür ßom helßt] ♦ *part* hursomhelst [hüürschomhelßt]
sowohl **~ – als auch** både… och…
sozial *adj* social [ßoßiaal]
Spalte *w* **1** (Riss) spricka [ßprikka] *u*, springa [ßpringa] *u* **2** (in einem Text) kolumn [kolumn] *u*, spalt [ßpalt] *u* **3** (Gaumenspalte usw.) spalt [ßpalt] *u*
spalten *v* hugga ut [hugga üüt], (Atomkerne usw.) *etw. Akk* klyva [klüwa] *ngt*, (chemische Verbindung usw.) splittra [ßplittra]
Spanien *s* Spanien [ßpaanien] *s*
spanisch *adj* spansk [ßpanßk] ♦ *adv* spanska [ßpanßka]

spannen *v* **1** (Seil usw.) *etw. Akk* spänna [ßpänna] **2** (einspannen) *etw. Akk* klammer [klammer]

Spannung *w* **1** spänning [ßpänning] *u* **2** (elektrische) (elektrisk) spänning [(elektrißk) ßpänning] *u*

sparen *v* **1** *auf etw. Akk* spara [ßpaara] *till ngt* **2** (Wasser usw.) *etw. Akk* hushalla [hüüßhalla] *med ngt*

Spargel *m* sparris [ßparriß] *u*

Sparkasse *w* sparbank [ßpaarbangk] *u*

sparsam *adj* **1** (Person) sparsam [ßpaarscham] **2** (Wagen usw.) sparsam [ßpaarscham], ekonomisk [ekonoomißk] ♦ *adv* sparsamt [ßpaarschamt], ekonomiskt [ekonoomißkt]

Spaß *m* nöje [nööje] *s*, underhållning [underhollning] *u*, skoj [ßkoj] *s*

spät *adv* sent [ßent], (verspätet) för sent [föör ßent]; **Wie ~ ist es?** Vad är klockan?

spätestens *adv* senast [ßeenaßt]

Spatz *m* sparv [ßparw] *u*

spazieren *v* promenera [promeneera]; **~ gehen** gå på en promenad

Spaziergang *m* promenad [promenaad] *u*

Speck *m* bacon [bejkon] *s*, (Schweinespeck) fett [fett] *s*

Speichel *m* saliv [ßaliiw] *u*

Speicher *m* **1** (Computer) minne [minne] *s* **2** (für Getreide) spannmålsmagasin [ßpannmolßmagaßiin] *s*

Speise *w* maträtt [maaträtt] *u*

Speisekarte *w* meny [menü] *u*

Speisesaal *m* matsal [maadsaal] *u*

Speisesoda *w* bikarbonat [bikarbonaat] *n,u*

Speisewagen *m* buffévagn [büüfeewangn] *u*

Spende *w* gåva [goowa] *u*

sperren *v* spärra [ßpärra], blockera [blokeera], stänga [ßtänga]

Spezialität *w* specialitet [ßpeßialiteet] *u*

speziell *adv* speciellt [ßpeßiellt]

Spiegel *m* **1** (Glas) spegel [ßpeegel] *u* **2** (Oberfläche) vattennyta [wattennüta] *u*

Spiel *s* **1** (Spielen) spel [ßpeel] *s* **2** (Match) match [matsch] *u* ► **auf dem ~ stehen** slå vad

spielen *v* **1** (Kinder usw.) *mit etw.* leka [leeka] *ngt, med ngt* **2** (Spiele usw.) *etw. Akk* spela [ßpeela] *ngt* **3** (Instrument) *etw. Akk* spela [ßpeela] *ngt* **4** (im Theater usw.) uppträda [uppträäda], spela [ßpeela] **5** (Film usw.) *etw. Akk* visa [wiißa] **6** (Wettkampf austragen) spela [ßpeela] **7** (leichtfertig) *mit etw.* leka [leeka] *med ngt*

Spielkarte *w* spelkort [ßpeelkurt] *s*, kort [kurt] *s*

Spielkasino *s* spelhall [ßpeelhall] *u*, kasino [kaßiino] *s*

Spielplatz *m* lekplats [leekplads] *u*

Spielzeug *s* leksak [leekßaak] *u*

Spinat *m* spenat [ßpenaat] *u*

Spinne *w* spindel [ßpindel] *u*

spinnen *v* **1** (Flachs usw.) spinna [ßpinna] **2** (verrückt sein) bära sig åt som en galning [bäära ßej oot ßom en gaalning]

Spirale *w* spiral [ßpiraal] *u*

spitz *adj* spetsig [ßpedsi]

Spitze *w* **1** (eines Pfeils usw.) spets [ßpeds] *u* **2** (Turm usw.) *etw. Gen* topp [topp] *u av ngt* **3** (Vorderteil) *etw. Gen* framsida [framßiida] *u* **4** (Posten) topp [topp] *u* **5** (Gewebe) spets [ßpeds] *u*

Splitter *m* **1** (im Finger usw.) sticka [ßtikka] *u* **2** fragment [fragment] *s* **3** (Granatsplitter usw.) splitter [ßplitter] *s*

Sport *m* sport [ßport] *u*

Sportler *m* idrottsman [idrottßman] *u*

sportlich *adj* idrotts- [idrottß], sport- [ßport], (Aussehen usw.) sportig [ßporti]

Sportplatz *m* spelplan [ßpeelplaan] *u*

spotten *v über j-n/etw.* hånflina [hoonfliina], *über j-n/etw.* skratta ut [ßkratta üüt] *ngn/ngt*, håna [hoona] *ngn/ngt*

Sprache *w* **1** (Sprachfähigkeit) tal [taal] *s* **2** (als Kommunikation) språk [ßprook] *s*

Spray *m/s* sprej [ßprej:] *u*, spray [ßprej] *u*

sprechen *v* **1** *mit j-m von etw., über etw. Akk* prata [praata], tala [taala] *med ngn om ngt*, (etwas äußern) *mit j-m von etw., über etw. Akk* tala [taala] *om ngt med ngn* **2** (sich unterhalten) *mit j-m von etw., über etw. Akk* tala [taala] *med ngn*, prata [praata] *med ngn* ► **Ich spreche kein Englisch/Deutsch/Französisch.** Jag talar inte engelska/tyska/franska.

Sprecher *m* **1** (Vertreter) talesman [taaleßmann] *u* **2** (im Fernsehen usw.) hallåman [halooman] *u*, programpresentatör [programpreeßentatöör] *u*

Sprechstunde *w* öppettider [öppettiider] *u Mz*

Sprechzimmer *s* läkarmottagning [lääkarmuttaagning] *u*, mottagning [muttaangning] *u*

springen *v* **1** hoppa [hoppa] **2** *aus etw.* hoppa ut [hoppa üüt] *ur ngt* **3** *über etw. Akk* hoppa över [hoppa ööwer] *ngt* **4** (anbrechen) spricka [ßprikka] **5** (Glas usw.) spräcka [ßpräkka]

Spritze *w* **1** (für Injektionen) injektionsspruta [injekchuunßßprüüta] *u* **2** (Dosis von Impfstoff usw.) spruta [ßprüüta] *u* **3** (zum Versprühen) spruta [ßprüüta] *u*

spritzen *v* **1** (Wasser usw.) skvätta [ßkwätta], stänka [ßtängka] **2** (mit Pestiziden usw.) spraya [ßpreja] **3** (sprudeln) spruta [ßprüüta] **4** (Fett usw.) spotta [ßpotta] **5** (mit Farbe) spreja [ßprej:a], spraya [ßpreja] **6** (Medikament usw.) *j-m etw. Akk* spruta [ßprüüta]

sprühen *v* spreja [ßprej:a], spraya [ßpreja]

Sprung *m* hopp [hopp] *s*

spucken *v* spotta [ßpotta]

Spülbecken *s* diskho [dißkhuu] *u*

spülen *v* **1** (Toilette) spola [ßpuula] **2** (Wäsche) skölja [chölja] **3** (Geschirr usw.) *etw. Akk* skölja av [chölja aaw] *ngt*

Spülmaschine *w* diskmaskin [dißkmachiin] *u*

Spur *w* **1** (im Boden) spår [ßpoor] *s* **2** (Zeichen) *etw. Gen* spår [ßpoor] *s* **3** (einer Tätigkeit usw.) spår [ßpoor] *s* **4** (Fleck usw.) spår [ßpoor] *s*

spüren *v etw. Akk* känna [schänna] *ngt*

Staat *m* stat [ßtaat] *u*

staatlich *adj* statlig [ßtaatli]

Staatsangehörigkeit *w* medborgarskap [meedborjarschkaap] *s*

Staatsanwalt *m* åklagare [ooklaagar^e] *u*

Stab *m* **1** (aus Holz usw.) spö [ßpöö] *s* **2** (Offiziere) stab [ßtaab] *u* **3** (Experten) trupp [trupp] *u*

Stachel *m* **1** (einer Pflanze) tagg [tagg] *u* **2** (des Igels usw.) tagg [tagg] *u*, torn [tuurn] *s* **3** (einer Wespe usw.) gadd [gadd] *u*

Stadt *w* stad [ßtaad] *u*

Stadtplan *m* stadsplan [ßtaadsplaan] *u*

Stadtviertel *s* kvarter [kwart^er] *s*, stadsdel [ßtaadsdeel] *u*

Stahl *m* stål [ßtool] *s*

Stall *m* stall [ßtall] *s*

Stamm *m* stam [ßtaam] *u*

stammen *v aus etw.* komma [komma] *från ngt*

Stand *m* stånd [ßton] *s*

ständig *adj* konstant [konßtant], (dauernd) ständig [ßtändi] ♦ *adv* alltid [alltid], konstant [konßtant], ständigt [ßtändit]

Stange *w* **1** stång [ßtong] *u* **2** (Stütze usw.) stav [ßtaaw] *u* **3** (aus Metall usw.) spö [ßpöö] *s*

Stängel *m* stjälk [chälk] *u*

Stapel *m etw. Gen* hög [höög] *u av ngt*

stark *adj* **1** (körperlich) kraftig [kraftig] **2** (Gefühl) stark [ßtark] **3** (wirksam) verkningsfull [wärkningßfull] ► **~e Regenfälle** skyfall *s*

Stärke *w* **1** (eines Menschen) kraft [kraft] *u* **2** (Substanz) stärkelse [ßtärkelß^e] *u*

Start *m* start [ßtart] *u*

starten *v* **1** (Rennfahrer usw.) starta [ßtarta] **2** *bei etw.* starta [ßtarta] **3** (Motor usw.) starta [ßtarta] **4** (Vorhaben usw.) *etw. Akk* lansera [lanßeera] *ngt*, starta [ßtarta] *ngt*, (Vorhaben usw.) *etw. Akk* sätta igång [ßätta igong]

Station *w* **1** (Haltestelle) station [ßtachuun] *u* **2** (in Krankenhaus) (sjukhusets) avdelning [(chüükhüüßeds) awdeelning] *u*

Stativ *s* stativ [ßtatiw] *u*

statt *prep etw. Gen* istället [ißtället] *för*

stattfinden *v* ske [chee], utspela sig [üüdspeela ßej], *irgendwo* äga rum [äägarum], försiggå [föörschigoo]

Statue *w* staty [ßtatü] *u*

Stau *m* stockning [ßtokkning] *u*, trafikstockning [trafiikßtokkning] *u*

Staub *m* damm [damm] *s*; **~ wischen** *irgendwo, von etw.* damma *ngt*

staubsaugen *v etw. Akk* dammsuga [dammßüüga] *ngt*

Staubsauger *m* dammsugare [dammßüügar^e] *u*

staunen *v über etw. Akk* häpna [häpna] *över ngt*

Stausee *m* damm [damm] *u*

stechen *v* **1** (mit Messer usw.) *j-n mit etw.* hugga [hugga] *ngn med ngt*, *j-n mit etw.* sticka [ßtikka], (mit Nadel usw.) *mit etw. in j-n/etw.* sticka [ßtikka] *ngn med ngt* **2** (Insekten) *j-n* sticka [ßtikka] **3** (Dornen usw.) sticka [ßtikka]

Steckdose *w* uttag [üüttaag] *s*, kontakt [kontakt] *u*

stecken *v* **1** *etw. Akk in etw. Akk* sätta [ßätta] *ngt i ngt*, *etw. Akk irgendwohin* sticka [ßtikka] **2** (festsitzen) *irgendwo* vara fastnad [waara faßtnad] *i ngt* ► **in die Steckdose ~** *etw. Akk* sticka in stickpropp

Stecker *m* stickpropp [ßtikkpropp] *u*; **den ~ herausziehen** dra ur uttaget

Stecknadel *w* knappnål [knappnool] *u*

stehen *v* **1** stå [ßtoo] **2** (bestehen) *zu etw.* stå fast vid [ßtoo faßt wiid] *ngt* **3** (Kleidung) *j-m* klä [klää] *ngn*

stehlen *v* **1** *j-m etw. Akk* stjäla [chääla] *ngt från ngn* **2** ***sich* ~** stryka omkring [ßtrüka omkring]

steif *adj* **1** (Material usw.) styv [ßtüw] **2** (Glieder usw.) stel [ßteel] **3** (Mensch usw.) avmätt [aawmätt]

Steigbügel *m* stigbygel [ßtiigbügel] *u*

steigen *v* **1** stiga [ßtiiga] **2** (Wasserspiegel usw.) stiga [ßtiiga], höja [höja]

steigern *v* **1** (Spannung usw.) trappa upp [trappa upp], öka [ööka] **2** (Adjektiv usw.) jämföra [jämfööra]

steil *adj* brant [brant], (Hang usw.) stupande [ßtüüpand^e]

Stein *m* sten [ßteen] *u*

steinern *adj* sten- [ßteen]

Stelle *w* **1** (Punkt, Gebiet usw.) plats [plads] *u*, ställe [ßtälle] *s* **2** (Job) anställning [anßtällning] *u*, position [poßichuun] *u*

stellen *v* **1** (auf den Tisch usw.) *etw. Akk irgendwohin* ställa [ßtälla] *ngt på ngt* **2** ***sich*** **~** (ans Fenster usw.) *irgendwohin* ställa sig [ßtälla ßej] **3** (Wecker usw.) ställa [ßtälla] **4** (Falle usw.) lägga en fälla [lägga en fälla] **5** ***sich*** **~** (widersprechen) *j-m* motsätta sig [muudsätta ßej] *ngt*

Stellung *w* **1** ställning [ßtällning] *u* **2** (Einstellung) attityd [atitüd] *u*, ståndpunkt [ßtontpungkt] *u*

Stempel *m* stämpel [ßtämpel] *u*

sterben *v an etw. Dat* dö [döö] *i ngt*

Stern *m* stjärna [chäärna] *u*

stets *adv* alltid [alltid]

Steuer[1] *s* roder [rooder] *s*

Steuer[2] *w auf etw. Akk* skatt [ßkatt] *u*

steuern *v* **1** *etw. Akk* styra [ßtüra] **2** (sich richten) *irgendwohin* styra [ßtüra] *mot ngt* **3** (Schiff – Kurs nehmen) segla [ßeegla]

Steuerung *w* kontroll [kontroll] *u*, (Steuergerät) styrning [ßtürning] *u*

Stich *m* stygn [ßtyngn] *s* ► *j-n* **im ~ lassen** svika

sticken *v etw. Akk mit etw.* brodera [brodeera] *ngt med ngt*

Stiefel *m* stövel [ßtööwel] *u*

Stiefmutter *w* styvmor [ßtüwmuur] *u*

Stiefvater *m* styvfar [ßtüffaar] *u*

Stiel *m* skaft [ßkaft] *s*

Stift *m* **1** (Schreibgerät) blyertspenna [blüertßpenna] *u* **2** (Verbindungsteil) bult [bult] *u*

Stil *m* stil [ßtiil] *u*

still *adj* tyst [tyßt], lågmäld [loogmäld] ♦ *adv* tyst [tyßt]

Stille *w* tystnad [tyßtnad] *u*

Stimme *w* röst [rößt] *u*

stimmen *v* **1** (bei Abstimmung) *für etw., gegen etw.* rösta [rößta] **2** (Geige usw.) *etw. Akk* stämma [ßtämma] ► **Stimmt so.** behåll växeln

Stimmung *w* humör [humöör] *s*

stinken *v nach etw.* stinka [ßtingka], *nach etw.* stinka [ßtingka] *av ngt*, lukta [lukta] *av ngt*

Stirn *w* panna [panna] *u*

Stock[1] *m* **1** (Zweig) pinne [pinne] *u* **2** (Stütze usw.) käpp [schäpp] *u*, promenadkäpp [promenaadschäpp] *u* **3** (als Waffe) stav [ßtaaw] *u*

Stock[2] *m* (Geschoss) våning [wooning] *u*, (Geschoss) etage [etaash] *s*

Stockwerk *s* våning [wooning] *u*

Stoff *m* **1** tyg [tüg] *s* **2** (chemischer usw.) substans [ßubßtanß] *u*, (fester usw.) materia [mateeria] *u*, stoff [ßtoff] *s* **3** (für ein Buch usw.) tema [teema] *s*

stolpern *v über etw. Akk* snava [ßnaawa] *på/över ngt*, snubbla [ßnubbla] *på/over ngt*

stolz *adj* **1** (mit Recht) *auf j-n/etw.* stolt [ßtolt] **2** (hochmütig) stolt [ßtolt]

Stolz *m* stolthet [ßtoltheet] *u*

stopfen *v* **1** laga [laaga], stoppa [ßtoppa] **2** (hineinstecken) *etw. Akk irgendwohin* stoppa [ßtoppa], proppa [proppa] *ngt i ngt*

Stöpsel *m* kork [kork] *u*, (in einer Wanne usw.) propp [propp] *u*

stören *v* **1** *j-n* störa [ßtööra] *ngn* **2** (beeinträchtigen) *etw. Akk* avbryta [aawbrüta] *ngt* **3** (missfallen) *j-n* störa [ßtööra] *ngn* ► **nicht ~** *etw. Akk j-n* störa inte

stornieren *v* avboka [aawbuuka]

Stornierung *w* avbokning [aawbuukning] *u*

Störung *w* **1** (der Ruhe usw.) störning [ßtöörning] *s* **2** (technische) motorstopp [mootorschtopp] *s* **3** (gesundheitliche) störning [ßtöörning] *u*

Stoß *m* tag [taag] *s*

Stoßdämpfer *m* stötdämpare [ßtöötdämpare] *u*

stoßen *v* **1** *etw. Akk in etw. Akk* sticka [ßtikka] *ngt i ngt* **2** *j-n/etw.* stöta [ßtööta] *på ngn/ngt*, *j-n/etw.* stöta [ßtööta] *till ngn*, knuffa [knuffa] *till ngn* **3** (mit Kopf usw.) *gegen/an etw.* stöta [ßtööta] *i/på ngt* **4** (Wand usw.) *gegen etw.* stöta till [ßtööta till] *ngt* **5** *an etw. Dat* krascha [kracha] *in i ngt*, (beschädigen usw.) *an etw.* krascha [kracha], kollidera [kolideera] **6** (begegnen) *auf j-n/etw.* komma över [komma ööwer] *ngn/ngt* **7** (Problem usw.) *auf etw. Akk* stöta på [ßtööta poo], (Probleme usw.) *auf etw. Akk* möta [mööta]

Stoßstange *w* stötfångare [ßtöötfongare] *u*

Stoßzeit *w* rusningstid [rüüßningßtiid] *u*

strafbar *adj* brottslig [brottßli], (Tat usw.) straffbar [ßtraffbaar]

Strafe *w* straff [ßtraff] *s*

Strahl *m* stråle [ßtroole] *u*

strahlen *v* skina [chiina], lysa [lüßa]

Strand *m* strand [ßtrand] *u*

Strandliege *w* däckstol [däkkßtuul] *u*

Straße *w* **1** (in Stadt) gata [gaata] *u* **2** (Verkehrsweg) väg [wääg] *u*

Straßenbahn *w* spårvagn [ßpoorwangn] *u*

Straßenzoll *m* tull [tull] *u*

Strauch *m* buske [bußke] *u*

Strauß[1] *m* (Blumen) bukett [bukett] *u*

Strauß2 *m* (Vogel) struts [ßtrüüds] *u*
Strecke *w* **1** (Rennstrecke usw.) bana [baana] *u* **2** (in Geometrie) linjestycke [linjeßtykk^e] *s*
streicheln *v* klappa [klappa], *j-n/etw.* smeka [ßmeeka] *ngn,ngt*
streichen *v* **1** (Wort usw.) *etw. Akk* stryka [ßtrüka] *ngt* **2** (Wände usw.) måla [moola]
Streichholz *s* tändsticka [tändßtikka] *u*
Streifen *m* **1** rand [rann] *u* **2** (eines Landes usw.) bälte [bält^e] *s* **3** (Stoff usw.) *etw. Gen* remsa [remßa] *u*
Streik *m für etw.* strejk [ßtrejk] *u*
Streit *m* gräl [grääl] *s*, splittring [ßplittring] *u*, tvist [twißt] *u*, dispyt [dißpüt] *u*
streiten *v mit j-m um/über etw. Akk* bråka [brooka] *med ngn om ngt*, strida [ßtriida] *med ngn om ngt*, (diskutieren) *mit j-m über etw. Akk* bråka [brooka] *med ngn om ngt*; **(sich) ~** *über etw. Akk* bråka *om ngt*
streng *adj* sträng [ßträng]
Strich *m* **1** (Linie) linje [linj^e] *u* **2** (Pinselstrich usw.) penseldrag [penßeldraag] *s*
stricken *v* sticka [ßtikka] *ngt*
Strickjacke *w* kofta [kofta] *u*
Stroh *s* halm [halm] *u*
Strohhalm *m* sugrör [ßüügröör] *s*
Strom *m* **1** (Meeresstrom usw.) vattendrag [wattendraag], ström [ßtröm] *u* **2** (Strömung) ström [ßtröm] *u* ***(elektrischer)* ~** elström [eelßtröm] *u* ► **Der ~ ist ausgefallen.** Vi har strömavbrott.
Stromausfall *m* strömavbrott [ßtröömaawbrott] *s*
strömen *v* **1** (Flüssigkeit usw.) strömma [ßtrömma] **2** (Menschen usw.) strömma [ßtrömma], välla [wälla]
Strudel *m* **1** (von Wasser usw.) virvel [wirwel] *u* **2** (Speise) strudel [schtruudel] *u*
Strumpf *m* strumpa [ßtrumpa] *u*
Strumpfhose *w* strumpbyxor [ßtrumpbykßur] *u Mz*
Stück *s* **1** (Teil eines Ganzen) *von etw.* bit [biit] *u*, del [deel] *u*, stycke [ßtykk^e] *s* **2** (einzige Sache) styck [ßtykk] *s*
Student *m* student [ßtudent] *u*
studieren *v an etw. Dat* studera [ßtudeera]
Studium *s* studium [ßtüüdium] *s*, studie [ßtüüdi^e] *u*
Stufe *w* trappsteg [trappßteeg] *s*
Stuhl *m* **1** (Möbel) stol [ßtuul] *u* **2** (Kot) avföring [aafflööring] *u*
stumm *adj* stum [ßtum]
stumpf *adj* slö [ßlöö]
Stunde *w* **1** (60 Minuten) timme [timm^e] *u* **2** (Unterricht) lektion [lekchuun] *u*
stur *adj* enträgen [enträägen]
Sturm *m* kuling [küüling] *u*, storm [ßtorm] *u*
stürmen *v in etw. Akk* storma in [ßtorma in] *i ngt*, (rennen) *irgendwohin* rusa [rüüßa] *någonstans*
Sturz *m* **1** fall [fall] *s* **2** (der Aktien usw.) ras [raaß] *s* **3** (Türsturz usw.) överdel [ööwerdeel] *u*
stürzen *v* **1** (stolpern usw.) ramla omkull [ramla omkull] **2** (fallen) störta (ner) [ßtörta (neer)], rasa [raaßa] **3** (wegeilen) *aus etw.* rusa ut [rüüßa üüt] **4** (in ein Zimmer usw.) *irgendwohin* storma in [ßtorma in] *i ngt*, (springen) *irgendwohin* kasta sig [kaßta ßej], (ungebeten usw.) *irgendwohin* rusa in [rüüßa in] *i ngt* **5** (Aktienkurse usw.) sjunka [chungka] **6** (Regierung usw.) störta [ßtörta], falla [falla] ***7 sich ~*** *in etw. Akk* (anfangen) sätta igång [ßätta igong] *i ngt* ***8 sich ~*** (angreifen) *auf j-n/etw.* kasta sig [kaßta ßej] *över ngn/ngt*
Substanz *w* materia [mateeria] *u*, stoff [ßtoff] *s*
subtrahieren *v etw. Akk von etw.* subtrahera [ßubtraheera] *ngt från ngt*
suchen *v* **1** (Verlorenes usw.) *j-n/etw.* leta efter [leeta efter] *ngt/ngn*, söka [ßööka] *ngn/ngt* **2** (dringend usw.) *j-n/etw.* vara på jakt efter [waara poo jakt efter] *ngt/ngn*, (Täter usw.) *nach j-m/etw.* leta efter [leeta efter] *ngt/ngn*
Süden *m* söder [ßööd^{e}r] *u*
südlich *adj* södra [ßöödra]
Summe *w* summa [ßumma] *u*
summen *v* surra [ßurra]
Sumpf *m* myr [mür] *u*, våtmark [wootmark] *u*
Sünde *w* synd [ßynd] *u*
Supermarkt *m* snabbköp [ßnabbschööp] *s*
Suppe *w* soppa [ßoppa] *u*
Surfbrett *s* surfbräda [ßurrfbrääda] *u*
surfen *v* surfa [ßurfa]
süß *adj* söt [ßööt]
Süßigkeiten *w Mz* godis [guudiß] *s*, sötsaker [ßöödsaaker] *u Mz*
Süßstoff *m* sötningsmedel [ßöötningßmeedel] *s*
Süßwaren *Mz* bakelse [baakelß^e] *u*, godis [guudiß] *s*
Sweatshirt *s* träningströja [trääningßtrööja] *u*
sympathisch *adj* sympatisk [ßympaatißk]
Synagoge *w* synagoga [ßünagoga] *u*
System *s* system [ßyßteem] *s*

systematisch *adj* systematisk [ßyßtemaatißk] ♦ *adv* systematiskt [ßyßtemaatißkt]

T

Tabak *m* tobak [tobaak] *u*
Tabakladen *m* tobaksaffär [tobaakßafäär] *u*
Tabelle *w* tabell [tabell] *u*
Tablett *s* bricka [brikka] *u*
Tablette *w* tablett [tablett] *u*
Tafel *w* **1** (zum Schreiben) tavla [taawla] *u* **2** (Schokolade usw.) blockchoklad [blokkchoklaad] *u*
Tag *m* dag [daa] *u* ▶ **eines ~es** en gång; **während des ~es** på dagen; **Guten ~.** Hej!
Tageszeitung *w* dagstidning [daakßtiidning] *u*
täglich *adj* daglig [daagli], (Besucher usw.) vardaglig [waardaagli] ♦ *adv* dagligen [daaglijen] ▶ **zweimal/dreimal ~** två gånger/tre gånger dagligen
tagsüber *adv* under dagen [under daagen]
Taille *w* midja [midja] *u*
Tal *s* dal [daal] *u*
Talent *s für etw.* begåvning [begoowning] *u*, talang [talang] *u*
Tampon *m* tampong [tampong] *u*
Tank *m* cistern [ßißtern] *u*, (für Benzin usw.) tank [tangk] *u*
tanken *v* tanka [tangka]
Tankstelle *w* bensinstation [benßiinßtachuun] *u*, bensinmack [benßiinmakk] *u*
Tante *w* faster [faßter] *u*, moster [mußter] *u*
Tanz *m* dans [danß] *u*
tanzen *v* dansa [danßa]
Tapete *w* tapet [tapeet] *u*
tapfer *adj* modig [muudi], tapper [tapp^e^r]
Tarif *m* tariff [tariff] *u*, taxa [takßa] *u*
Tasche *w* **1** (Behälter) kasse [kaßß^e^] *u* **2** (in Kleidungsstücken) ficka [fikka] *u*
Taschendieb *m* ficktjuv [fikkschüüw] *u*
Taschenlampe *w* ficklampa [fikklampa] *u*
Taschenmesser *s* fickkniv [fikkkniiw] *u*
Taschenrechner *m* kalkylator [kalkylaator] *u*
Taschentuch *s* näsduk [nääßtüük] *u*
Tasse *w* kopp [kopp] *u*
Tastatur *w* tangentbord [tangentbuurd] *s*
Taste *w* **1** (eines Gerätes usw.) knapp [knapp] *u* **2** (eines Computers usw.) tangent [tangent] *u*
Tat *w* handling [handling] *u*, dåd [dood] *u*
Tätigkeit *w* **1** (Sichbeschäftigen) aktivitet [aktiwiteet] *u* **2** (Funktionieren) verksamhet [wärkßamheet] *u*, funktion [fungkchuun] *u*
Tatsache *w* faktum [faktum] *s*
Tau *m* dagg [dagg] *u*
taub *adj* döv [dööw]
Taube1 *w* (Vogel) duva [düüwa] *u*
Taube2 *m* (Person) en döv person [en dööw peschuun]
tauchen *v* **1** *in etw. Akk* dyka [düka] *ner i ngt* **2** (als Taucher) dyka [düka] **3** *etw. Akk in etw. Akk* doppa [doppa] *ngt i ngt* **4** (in den Saft usw.) *etw. Akk in etw. Akk* doppa [doppa] *ngt i ngt*
Tauchen *s* dykning [dükning] *u*
Taucherbrille *w* dykarglasögon [dükarglaßöögon] *Mz*
tauen *v* smälta [ßmälta]
Taufe *w* dop [duup] *s*
tauschen *v* **1** *etw. Akk gegen etw.* byta [büta] *ngt* **2** (Blick usw.) byta [büta] *ngt*
täuschen *v* **1** (irreführen) *j-n* bedra [bedraa], *j-n* lura [lüüra] *ngn* **2** (Augen) bedra [bedraa], lura [lüüra] **3** ***sich*** **~** *in etw. Dat* missta sig [mißßta ßej] *på ngt*
tausend *num* tusen [tüüßen]
Tauwetter *s* tö [töö] *n,u*, töväder [tööwääder] *s*, blidväder [bliidwääd^e^r] *s*
Taxi *s* taxi [takßi] *u*
Taxifahrer *m* taxichaufför [takßichoföör] *u*
Technik *w* teknik [tekniik] *u*
Techniker *m* tekniker [tekniiker] *u*
technisch *adj* teknisk [teknißk]
Tee *m* te [tee] *s*
Teekanne *w* tekanna [teekanna] *u*
Teelöffel *m* tesked [teecheed] *u*
Teich *m* damm [damm] *u*, fiskdamm [fißkdamm] *u*, tjärn [schäärn] *u*
Teig *m* deg [deeg] *u*
Teigwaren *w Mz* pasta [paßta] *u*
Teil *m von etw., etw. Gen* del [deel] *u*
teilen *v* **1** (in Teile) *etw. Akk in etw. Akk* dela [deela] *ngt i ngt*, dela upp i [deela upp i] *ngt* **2** (aufteilen) *etw. Akk mit j-m* dela [deela] *ngt med ngn*, *etw. Akk mit j-m* delta [deeltaa] *ngt med ngn* **3** (gemeinsam nutzen) *etw. Akk mit j-m* dela [deela] *ngt med ngn* ▶ **sich ~** *in etw. Akk* delas in *i ngt*
teilnehmen *v an etw. Dat* delta [deeltaa] *i ngt* ▶ **an einem Wettkampf** *gegen j-n* **~** tävla
Teilnehmer *m* tävlingsdeltagare [tääwlingßdeeltaagar^e^] *u*, *etw. Gen* deltagare [deeltaagar^e^] *u*
teilweise *adv* delvis [deelwiiß]

Telefon *s* telefon [telefoon] *u*
Telefonat *s* telefonsamtal [telefoonß-amtaal] *s*
Telefonbuch *s* telefonkatalog [telefoon-kataloog] *u*
Telefongespräch *s* telefonsamtal [tele-foonßamtaal] *s*
telefonieren *v mit j-m* ringa [ringa] *till ngn*, telefonera [telefoneera] *till ngn*
Telefonzelle *w* telefonkiosk [telefoong-schioßßk] *u*
Teller *m* tallrik [tallrik] *u*
Tempel *m* dom [dum] *u*, katedral [kate-draal] *u*
Temperatur *w* temperatur [temperatüür] *u*; **erhöhte ~** feber *u*
Tempo *s* tempo [tempu] *s*
Tempomat *m* farthållare [faarthollar^e] *u*
Tennis *s* tennis [tenniß] *u*
Teppich *m* matta [matta] *u*
Teppichboden *m* heltäckningsmatta [heeltäkkningßmatta] *u*
Termin *m* **1** (Datum) datum [daatum] *s* **2** (letzter) deadline [deedlajn] *u* **3** (bei Arzt usw.) *mit j-m* möte [mööt^e] *s*, träff [träff] *u*
Terrasse *w* terrass [teraßß] *u*, avsats [aafßads] *u*
Test *m* prov [pruuw] *s*, test [teßt] *n,u*
teuer *adj* dyr [dür]; **teurer werden** bli dyrare
Teufel *m* djävel [jääwel] *u*, fan [faan] *u*
Text *m* text [tekßt] *u*
Theater *s* teater [teaater] *u*
Thema *s* tema [teema] *s*
Theorie *w* teori [teorii] *u*
Thermometer *s* termometer [termomeet^er] *u*
Thymian *m* timjan [timjaan] *u*
tief *adj* djup [jup] ♦ *adv* djupt [jupt]
Tiefe *w* djup [jup] *s*
tiefgefroren *adj* frusen [früüßen]
Tiefland *s* lågland [looglann] *s*
Tier *s* djur [jur] *s*
Tierarzt *m* veterinär [weterinäär] *u*
Tinte *w* bläck [bläkk] *s*
Tintenfisch *m* bläckfisk [bläkkfißk] *u*
tippen *v* **1** (schreiben) skriva [ßkriiwa] **2** *an etw. Akk* klappa [klappa] *på ngt* **3** (raten) tippa [tippa] **4** (auf Sieger usw.) förutspå [förüüdspoo] **5** (im Wettbüro usw.) satsa [ßadsa], slå vad [ßloo wa]
Tisch *m* bord [buurd] *s*
Tischler *m* snickare [ßnikkar^e] *u*
Titel *m* grad [graad] *u*, (Werk) titel [tiitel] *u*
Toast *m* rostat bröd [roßtat brööd] *s*, toast [toußt] *u*
Tochter *w* dotter [dotter] *u*
Tod *m* död [dööd] *u*
tödlich *adj* dödlig [döödli]
Toilette *w* toalett [toalett] *u*
Toilettenpapier *s* toalettpapper [toalett-papper] *s*
toll *adj* fantastisk [fantaßtißk], häftig [häf-ti], överväldigande [ööwerwäldigand^e], prima [priima] ♦ *adv* underbart [und^erbaart], härligt [häärlit]
Tomate *w* tomat [tomaat] *u*
Ton1 *m* (Erde) lera [leera] *u*
Ton2 *m* (Klang) ton [tuun] *u*
Tonne *w* ton [tuun] *s*
Tönung *w* nyans [nyanß] *u*
Topf *m* gryta [grüta] *u*
Tor *s* **1** (Eingang) grind [grinn] *u* **2** (im Fußball usw.) mål [mool] *s* **3** (Treffer) mål [mool] *s*
Torte *w* tårta [torta] *u*
Torwart *m* målvakt [moolwakt] *u*
tot *adj* död [dööd]
töten *v* dräpa [drääpa], *j-n/etw.* döda [drööda] *ngn*
Tourismus *m* turism [turißm] *u*
Tourist *m* turist [turißt] *u*
Tradition *w* tradition [tradichuun] *u*
tragen *v* **1** (Koffer usw.) bära [bäära] **2** (mitbringen) *etw. Akk irgendwohin* ta med sig [taa m^e ßej] *ngt någonstans* **3** (umstellen usw.) *j-n/etw. irgendwohin* föra [fööra] *ngn/ngt någonstans* **4** (Kleider) ha på sig [haa poo ßej] **5** (Gewicht) bära [bäära] **6** (bei sich haben) bära [bäära] **7** (Baum usw.) *etw. Akk* bära [bäära] ► **die Verantwortung** *für etw.* **~** ansvara *för ngt*; **Früchte ~** bära frukt; **~ (können)** *etw. Akk* bära *ngt*
Träger *m* **1** (Bauteil) bjälke [bjälk^e] *u* **2** (für Kleider) (axel) band [(akßel) bann] *s* **3** (eines Preises usw.) innehavare [innehaawar^e] *u*
tragisch *adj* tragisk [traagißk]
Tragödie *w* tragedi [trachedii] *u*
Trainer *m* tränare [träänar^e] *u*
trainieren *v* **1** (sich vorbereiten) träna [trää-na] **2** (Muskeln usw.) träna [trääna] *ngt*
Traktor *m* traktor [traktor] *u*
trampen *v* lifta [lifta]
Träne *w* tår [toor] *u*
Transport *m* transport [tranßport] *u*
transportieren *v etw. Akk irgendwohin* frak-ta [frakta] *ngt någonstans*, transportera [tranßporteera] *ngt någonstans*
Traube *w* klase [klaaß^e] *u*; **~n** druva *u*
trauen *v* **1** (Vertrauen haben) *j-m/etw.* lita på [liita poo] **2** (ehelich verbinden) *j-n* viga [wiiga] *ngn* **3** ***sich* ~** *etw. Akk zu tun* (sich wagen) våga [wooga] *ngt*
Trauer *w* **1** (Gefühl) sorgsenhet [ßorjßen-heet] *u* **2** (gehaltene) sorg [ßorj] *u*
Traum *m* dröm [dröm] *u*

träumen *v* **1** *von j-m/etw.* drömma [drömma] *om ngn/ngt* **2** *von j-m/etw.* drömmer [drömmᵉr] *om ngn/ngt*
traurig *adj* ledsen [leßen]
treffen *v* **1** (Ziel) *etw. Akk* träffa [träffa] *ngtS* **2** (begegnen) *j-n* träffa [träffa] *ngn*, möta [mööta] *ngn* **3** ***sich*** *~ mit j-m* mötas [möötaß], träffas [träffaß] **4** (erschüttern) såra [ßoora]
Treffen *s* sammankomst [ßammankomßt] *s*; **ein ~ verabreden** ordna en träff
treiben *v* **1** *j-n/etw. irgendwohin* driva [driiwa], *j-n/etw. irgendwohin* driva på [driiwa poo] *ngn/ngt någonstans* **2** (veranlassen) *j-n zu etw./in etw. Akk* driva [driiwa] *ngn till ngt* **3** (sich befassen) *etw. Akk* utöva [üütööwa] *ngt*, *etw. Akk* ägna sig åt [äängna ßej oot]
Treibstoff *m* bränsle [brännßlᵉ] *s*, drivmedel [driiwmeedel] *s*
trennen *v* **1** *j-n/etw.* separera [ßepareera] *ngt/ngn*, skilja [chilja] *ngn/ngt*, avskilja [aafchilja] *ngt/ngn* **2** ***sich*** *~ von j-m* bryta upp [brüta upp] *med ngn* **3** (Kabel usw.) frikoppla [friikoppla]
Trennung *w* brytning [brütning] *u*
Treppe *w* trappa [trappa] *u*
Tretboot *s* paddelbåt [paddelboot] *u*
treten *v* **1** (in Pfütze usw.) *auf/in etw. Akk* trampa [trampa] *på ngt* **2** *j-n/gegen etw.* sparka [ßparka] *ngn/ngt* **3** (auf dem Fahrrad usw.) *etw. Akk, auf etw. Akk* trampa [trampa]
treu *adj* **1** (zuverlässig) *j-m* trogen [truugen] **2** (genau) trogen [truugen]
Trichter *m* tratt [tratt] *u*
Trick *m* trick [trikk] *s*
Trickfilm *m* animerad film [animeerad film] *u*
trinkbar *adj* drickbar [drikkbaar]
trinken *v* **1** *etw. Akk* dricka [drikka] **2** (Durst stillen) dricka [drikka] **3** *auf j-n/etw.* skåla [ßkoola] *för ngn/ngt*
Trinkgeld *s* dricks [drikkß] *u*; **~ geben** *j-m* ge dricks *ngn*
Trinkwasser *s* dricksvatten [drikkßwatten] *s*
trocken *adj* torr [torr]
Trockenheit *w* torrhet [torrheet] *u*, (Trockenzeit) torka [torka] *u*
trocknen *v* **1** (trocken werden) torka [torka] **2** (trocken machen) torka [torka] *ngt*
Trommel *w* trumma [trumma] *u*
Trompete *w* trumpet [trumpeet] *u*
Tropen *Mz* tropikerna [tropiikerna] *u Mz*
tropfen *v* droppa [droppa]
Tropfen *m* droppe [droppᵉ] *s*
trösten *v j-n* trösta [trößta] *ngn*
trotz *prep etw. Gen* trots [trods] *ngt*
trotzdem *conj* likväl [likwääl], icke desto mindre [ikkᵉ deßtu mindrᵉ], trots [trods]
trüb *adj* **1** (Wasser usw.) slammig [ßlammi] **2** (Himmel) molnig [molni] **3** (Ort usw.) glädjelös [gläädjelööß], tröstlös [trößtlööß]
tschüss **T~!** Hejdå.
T-Shirt *s* t-shirt [tiischᵉrtt] *u*, tröja [trööja] *u*
Tube *w* tub [tüüb] *u*
Tuch *s* **1** (Kopftuch usw.) halsduk [halßtüük] *u* **2** (Gewebe) tyg [tüg] *s* **3** (auf Tisch) bordsduk [buurdschdüük] *u*, duk [düük] *u* **4** (Bettwäsche) lakan [laakan] *s*
Tulpe *w* tulpan [tulpaan] *u*
tun *v* göra [jööra] *ngt*, *etw. Akk* göra [jööra]; **so ~, als ob...** låtsas; *j-s* **Bestes ~** göra sitt bästa
Tunnel *m* tunnel [tunnel] *u*
Tür *w* dörr [dörr] *u*
Türknauf *m* knopp [knopp] *u*
Turm *m* torn [tuurn] *s*
turnen *v* träna [trääna]
Turnschuhe *m Mz* gymnastikskor [jymnaßtiikßkuur] *u Mz*
Tüte *w* kasse [kaßßᵉ] *u*, strut [ßtrüüt] *u*
typisch *adj* typisk [tüpißk]

U

U-Bahn *w* tunnelbana [tunnelbaana] *u*, T-bana [teebaana] *u*
übel *adv* dåligt [doolit], (körperlich) illa [illa]
Übelkeit *w* kväljning [kwällning] *u*
üben *v etw. Akk* öva [ööwa]
über *prep* **1** (höher) *etw. Dat* ovan [oowaan], ovanför [oowanföör] **2** (dem Niveau) över [ööwer] **3** (quer über) tvärsöver [twäärschööwᵉr] **4** (sprechen usw.) *etw. Akk* om [om] **5** (eine Oberfläche) *etw. Akk* över [ööwer] **6** (auf der Oberfläche) på [poo] **7** (mehr als) *wie viel* över [ööwer]
überall *adv* överallt [ööwerallt]
Überblick *m* översikt [ööwerschikt] *u*
► **einen (guten) ~** *über etw. Akk* **haben** orientera sig *i ngt*
übereinstimmen *v mit etw.* stämma överens [ßtämma ööwerenß] *med ngt*
überfahren[1] *v* (See usw.) *etw. Akk* segla över [ßeegla ööwer] *ngt*
überfahren[2] *v* (Fußgänger usw.) *j-n/etw.* köra ihjäl [schööra ijääl]
Überfall *m* anfall [anfall] *s*, angrepp [angrepp] *s*, attack [atakk] *u*
überfallen *v j-n* överfalla [ööwerfalla]
überflüssig *adj* överflödig [ööwerflöödi]
Überführung *w* **1** (Brücke) vägbro [wäägbruu] *u*, (für Fußgänger) gångbro [gongbruu] *u* **2** (Transportieren) transport [tranßport] *u*

überfüllt *adj* fullsatt [fullßatt]
Übergang *m* **1** (Bahnübergang usw.) järnvägskorsning [jäärnwäkßkorschning] *u*, (für Fußgänger usw.) övergångsställe [ööwergongßtälle] *s* **2** (Umwandlung) övergång [ööwergong] *u*
übergeben *v* **1** *j-m etw. Akk* överlämna [ööwerlämna] *ngt till ngn* **2** *sich* ~ spy [ßpü]
überhaupt *part* alls [allß], (eigentlich) faktiskt [faktißt], i verkligheten [i werkliheeten], (insgesamt) i allmänhet [i allmänheet]; ~ **nicht** inte alls
überholen *v j-n* köra om [schööra om] *ngn/ngt*, (vorbeigehen) *j-n* komma före [komma föör^e^] *ngn/ngt*, (vorbeilaufen) *j-n* springa om *ngn* förbi [ßpringa om förbii]
überlasten *v etw. Akk* överlasta [ööwerlaßta]
überleben *v* överleva [ööwerleewa]
übermäßig *adj* orimlig [uurimli], överdriven [ööwerdriiwen] ♦ *adv* enormt [enormt], omåttligt [oomottlit]
übermorgen *adv* övermorgon [ööwermoron]
übernachten *v irgendwo* övernatta [ööwernatta]
Übernachtung *w* övernattning [ööwernattning] *u*; ~ **mit Frühstück** övernattning med frukost
übernehmen *v* **1** (Besitz usw.) *etw. Akk* ta över [taa ööwer] *ngt* **2** (Leitung usw.) *etw. Akk* ta tag i [taa taag i] *ngt* **3** (Pflicht usw.) åtaga [ootaaga] **4** (Methode usw.) ta till sig [taa till ßej]
überprüfen *v etw. Akk* styrka [ßtyrka] *ngt*, besanna [beßanna] *ngt*, (nochmals prüfen) *etw. Akk* undersöka [und^e^rschööka]
überqueren *v etw. Akk* passera [paßeera] *över ngt*, (zu Fuß) *etw. Akk* passera [paßeera] *ngt*
Überquerung *w* överresa [ööwerreeßa] *u*
überraschen *v* **1** (erstaunen) *j-n mit etw.* överraska [ööwerraßka] *ngn med ngt* **2** (ertappen) *j-n* överraska [ööwerraßka] *ngn*
überrascht *adj von etw.* förvånad [förwoonad]
Überraschung *w* överraskning [ööwerraßkning] *u*
überreden *v j-n (zu etw.)* övertala [ööwärtaala] *ngn att göra ngt*, (etwas zu tun) *j-n zu etw.* övertala [ööwärtaala] *ngn till ngt*
Überschrift *w* överskrift [ööwerschkrift] *u*
Überschwemmung *w* översvämning [ööwärschwämning] *u*
übersetzen *v* översätta [ööwerschätta]
Übersetzer *m* översättare [ööwerschättar^e^] *u*
Übersetzung *w* översättning [ööwerschättning] *u*
überspringen *v* **1** (Sprung machen) *etw. Akk* hoppa över [hoppa ööwer] *ngt* **2** (auslassen) *etw. Akk* hoppa (över) [hoppa (ööwer)]
übertragen *v* **1** (Gegenstände usw.) *etw. Akk irgendwohin* flytta [flytta], förflytta [förflytta] *ngt* **2** (Besitz usw.) *etw. Akk auf j-n* överföra [ööwerfööra] **3** (Krankheit usw.) *etw. Akk auf j-n* överföra [ööwerfööra] *ngt till ngn*, (Krankheiten usw.) förmedla [förmeedla] **4** (senden) överföra [ööwerfööra] **5** (Befugnis usw.) *etw. Akk auf j-n* överföra [ööwerfööra] *ngn till ngn*
übertreiben *v etw. Akk* överdriva [ööwerdriiwa] *ngt*
Übertreibung *w* överdrift [ööwerdrift] *u*
überweisen *v etw. Akk* betala [betaala], överföra [ööwerfööra] *ngt*
Überweisung *w* **1** (von Geld) överföring [ööwerfööring] *u* **2** (Geldsumme) betalning [betaalning] *u*
überwiegend *adj* dominerande [domineerand^e^], övervägande [ööwerwäägand^e^] ♦ *adv* övervägande [ööwerwäägand^e^]
überzeugen *v j-n von etw.* övertyga [ööwertüga]
überzeugend *adj* övertygande [ööwertügand^e^]
Überzeugung *w* övertygelse [ööwertüg^e^lß^e^] *u*, bekännelse [beschänn^e^lß^e^] *u*, (Meinung) övertygande [ööwertügand^e^] *s*
überziehen *v* **1** *etw. Akk mit etw.* täcka [täkka] *ngt med ngt* **2** (Konto usw.) övertrassera [ööwertraßeera] **3** (Zeit) gå över tiden [goo ööwer tiiden]
üblich *adj* vanlig [waanli], gemen [jemeen] ♦ *adv* normalt [normaalt], vanligt [waanlit]
übrig *adj* kvar [kwaar] ♦ *adv* övrigt [ööwrit]
übrigens *part* apropå [apropoo], förresten [föreßten], för övrigt [föör ööwrit], emellertid [emellertiid]
Übung *w* **1** (Turnen) träning [trääning] *u* **2** (Bewegungen) övning [ööwning] *u* **3** (Aufgabe) övning [ööwning] *u* **4** (Training) övning [ööwning] *u*, träning [trääning] *u*, (Training) praktik [praktiik] *u* **5** (militärische usw.) övning [ööwning] *u* **6** (Kräftigung usw.) övning [ööwning] *u*
Ufer *s* strand [ßtrand] *u*, (Seeufer) kust [kußt] *u*
Uhr *w* **1** (Uhrzeit) timme [timm^e^] *u* **2** (Armbanduhr usw.) klocka [klokka] *u*, ur [üür] *s* ► **um sieben** ~ klockan sju
Ultraschall *m* ultraljud [ultrajud] *s*

Ultraschalluntersuchung *w* sonografi [ßonografii] *u*

um *prep* **1** (räumlich) *etw. Akk* runt [runt] *ngt* **2** (drei Uhr usw.) vid [wiid] **3** (bei Differenzangaben) med [m^e] **4** (sich handeln usw.) *etw.* om [om] ► **~... zu** för att; **Spätestens ~ fünf bin ich da.** Jag kommer dit till klockan fem.; **~ drei Uhr** klockan tre; **~ halb fünf** klockan halv fem

umarmen *v j-n* krama [kraama] *ngn*

umbinden *v etw. Akk mit etw.* linda *ngt* om [linda om] *ngt*

umbringen *v* dräpa [drääpa], *j-n/etw.* döda [dööda] *ngn*

umdrehen *v* **1** (um die Achse) *etw. Akk* svänga [ßwänga] *ngt*, *etw. Akk* vända [wända] **2** *sich* **~** rotera [roteera] **3** *sich* **~** (im Kreis) vända sig [wända ßej] **4** (Seite usw.) *etw. Akk* vända [wända] *ngt* **5** *sich* **~** (woanders gehen usw.) vända sig [wända ßej] **6** *sich* **~** (im Bett usw.) vältra över [wältra ööwer]

Umfang *m* **1** (Kugelumfang usw.) omkrets [omkreds] *u* **2** (eines Grundstücks usw.) *etw. Gen* utsträckning [üüdsträkkning] *u* **3** (einer Maßnahme usw.) *etw. Gen* räckvidd [räkkwidd] *u för ngt*

umfangreich *adj* omfattande [omfattand^e] ♦ *adv* omfångsrikt [omfongßriikt], omfattande [omfattand^e]

umgeben *v etw. Akk mit etw.* omge [omjee] ► **~ sein** *von etw.* vara omgiven *av ngt*

Umgebung *w etw. Gen* omgivning [omjiiwning] *u*

umgehen[1] *v* (sorgfältig usw.) *irgendwie mit etw.* gå fram [goo fram], (benutzen) *mit etw.* hantera [hanteera] *ngt*, (manipulieren) *mit etw. irgendwie* hantera [hanteera] *ngt*

umgehen[2] *v* **1** (herumgehen) *etw. Akk* undvika [undwiika] *ngt*, gå förbi [goo förbii] *ngt* **2** (Regeln usw.) *etw. Akk* gå runt [goo runt] *ngt*, kringgå [kringgoo] *ngt*

Umgehungsstraße *w* förbifartsled [föörbifartßleed] *u*

umgekehrt *adj* motsatt [muudsatt], omvänd [omwänn] ♦ *adv* tvärtom [twärtom]

umkehren *v* **1** (Richtung usw.) ändra [ändra], byta [büta] **2** (ins Gegenteil) *etw. Akk* vända [wända]

Umkreis *m* omkrets [omkreds] *u*

Umleitung *w* omväg [omwääg] *u*, (Strecke) omkörning [omschöörning] *u*

umrechnen *v etw. Akk in etw. Akk* konvertera [konwerteera] *ngt*

umrühren *v etw. Akk* röra [rööra], blanda [blanda]

umschalten *v* **1** (Kamera usw.) *etw. Akk auf etw. Akk* byta [büta] *ngt till ngt* **2** (Gang) växla [wäkßla]

Umschlag *m* **1** (für Briefe) kuvert [kuwert] *s* **2** (zu Heilzwecken) inpackning [inpakkning] *u*, kompress [kompreßß] *u*

umsonst *adv* **1** gratis [graatiß] **2** förgäves [förjääweß]

umsteigen *v in etw. Akk* byta [büta]

Umstieg *m* övergång [ööwergong] *u*

Umtausch *m* byte [büt^e] *s*

umtauschen *v* växla [wäkßla] *ngt*

Umweg *m* omväg [omwääg] *u*

Umwelt *w* miljö [miljöö] *u*

umweltfreundlich *adj* miljövänlig [miljööwänli]

umwenden *v* vända [wända] *ngt*

umwerfen *v* välta [wälta], *j-n/etw.* slå ner [ßloo neer] *ngn*

umziehen *v* **1** (in neue Wohnung usw.) flytta [flytta] *in, till* **2** (Umzug durchführen) *etw. Akk* flytta [flytta] *ngt* **3** (Kleidung wechseln) *j-n* byta kläder [büta klääder] *på ngn* ► **sich ~** klä om

Umzug *m* **1** (Wohnungswechsel) flyttning [flyttning] *u* **2** (Parade usw.) tåg [toog] *s*

unabhängig *adj von j-m/etw.* oberoende [uuberuuend^e] *av ngn*

unangenehm *adj* **1** obehaglig [uubehaagli], otrevlig [uutreewli] **2** (Situation usw.) pinsam [piinßam] ♦ *adv* obehagligt [uubehaaglit], oangenämt [uuanjenämt], (überrascht usw.) otrevligt [uutreewlit] ♦ *pron* obekvämt [uubekwämt], obehaglig [uubehaagli] ► **~ sein** *j-m gegenüber* vara elak

unanständig *adj* oanständig [uuanßtändi]

unbedingt *adj* ofrivillig [uufriiwilli] ♦ *adv* till varje pris [till warj^e priiß]

unbegrenzt *adj* obegränsad [uubegränßad]

unbekannt *adj* okänd [uuschänn], obekant [uubekant]

unbequem *adj* obekväm [uubekwäm]

und *conj* och [o]; **ab ~ zu** ibland, av och till; **~ so weiter** och så vidare

undankbar *adj* otacksam [uutakkßam]

unecht *adj* **1** oäkta [uuäkta] **2** (Zuneigung usw.) falsk [falßk], låtsad [loßßad]

unendlich *adj* oupphörlig [uuuphöörli], ändlös [ändlööß] ♦ *adv* oändligt [uuändlit]

unentbehrlich *adj* nödvändig [nöödwändig], oumbärlig [uuumbäärli]

unentschieden *adj* oavgjord [uuawjuurd]

unerträglich *adj* olidlig [uuliidli]

unerwartet *adj* oväntad [uuwäntad] ♦ *adv* oväntat [uuwäntat]
unfähig *adj* **1** (unbegabt) inkompetent [ingkompetent] **2** (nicht imstande) *zu etw.* oförmögen [uuförmöögen] *att göra ngt*
Unfall *m* olycka [uulykka] *u*, (Verletzung) olycksfall [uulykßfall] *s*; **einen ~ haben** (Auto) krascha
ungeduldig *adj* otålig [uutooli] ♦ *adv* otåligt [uutoolit]
ungefähr *adj* ungefärlig [ungefäärli] ♦ *adv* ungefär [ungefäär], cirka [ßirka] ♦ *prep* ungefär [ungefäär]
ungenau *adj* inexakt [inekßakt]
ungenügend *adj* otillräcklig [uutilräkkli]
ungerade *adj* ojämn [uujämn]
ungerecht *adj* orättvis [uurätwiiß] ♦ *adv* orättvis [uurätwiiß]
ungern *adv* ogärna [uujäärna]
ungeschickt *adj* klumpig [klumpig], fumlig [fumli], otymplig [uutympli], tafatt [tafatt]
ungesund *adj* ohälsosam [uuhälßußam]
ungewiss *adj* osäker [uußääker]
ungewöhnlich *adj* ovanlig [uuwaanli], (Fähigkeit usw.) extraordinär [ekßtraordinäär]
unglaublich *adj* otrolig [uutruuli] ♦ *adv* otroligt [uutruulit]
ungleich *adj* olik [uuliik], skiljaktig [chiljakti]
Unglück *s* **1** (Tragödie usw.) katastrof [kataßtroof] *u* **2** (Pech usw.) olycka [uulykka] *u*
unglücklich *adj* olycklig [uulykkli]
ungültig *adj* ogiltig [uujilti]
unhöflich *adj* oartig [uuaarti]
Uniform *w* uniform [uniform] *u*
Universität *w* universitet [uniwerschiteet] *s*
unklar *adj* oklar [uuklaar]
unmittelbar *adj* omedelbar [oomeedelbaar] ♦ *adv* omedelbart [oomeedelbaart]
unmöglich *adj* omöjlig [oomöj:li]
unnötig *adj* onödig [uunöödi]
Unordnung *w* röra [rööra] *u*
unpünktlich *adj* **1** (Zahlung usw.) försenad [förscheenad] **2** (Mensch usw.) opunktlig [uupung:ktli]
unrecht **~ haben** ha fel
Unruhe *w* **1** (innere) rastlöshet [raßtlößheet] *u* **2** **~n** (Arbeiterunruhen usw.) upplopp [upplopp] *s*, (in der Gesellschaft) förvirring [förwirring] *u*, (soziale usw.) oro [uuruu] *u*, orolighet [uuruliheet] *u*
uns *pron* oss [oßß]
unschuldig *adj* oskyldig [uuchylldi]
unser *pron* vår, våra [woor, woora]
unsicher *adj* **1** (Situation usw.) ostadig [uußtaadi] **2** (Mensch) osäker [uußääker]
unsichtbar *adj* osynlig [uußünli]
Unsinn *m* nonsens [nonßenß] *s*
unsympathisch *adj* osympatisk [uußympaatißk]
unten *adv* **1** nedanför [needanfföör] **2** (im Text usw.) nere [neer^e] ► **nach ~** nedåt; **von ~** underifrån
unter *prep* **1** (dem Tisch usw.) *etw. Dat* under [under], nedanför [needanfföör] **2** (zwischen) bland [blann]
unter(er,e,es) *adj* nedre [needr^e]
unterbrechen *v* **1** (Tätigkeit usw.) *etw. Akk* avbryta [aawbrüta] *ngt* **2** (Sprecher usw.) *j-n* avbryta [aawbrüta] *ngn*
Unterbrechung *w* avbrott [aawbrott] *s*
unterbringen *v j-n* inhysa [inhüßa] *ngn*
unterdrücken *v* **1** (Gefühle usw.) undertrycka [und^ertrykka], dämpa [dämpa] **2** (Volk usw.) undertrycka [und^ertrykka] **3** (Aufstand usw.) *etw. Akk* kuva [kuuwa], undertrycka [und^ertrykka] **4** (Bemühung usw.) undertrycka [und^ertrykka], hindra [hindra]
untereinander *adv* varandra [warandra]
Unterführung *w* undergång [und^ergoong] *u*, (für Verkehrsmittel) underfart [und^erfaart] *u*
Untergang *m* upphörande [upphöörand^e] *s*, (einer Zivilisation usw.) undergång [und^ergoong] *u*
untergehen *v* **1** (Sonne) gå ned [goo need] **2** (Schiff) sänka [ßängka] **3** (Unternehmen usw.) gå till botten [goo till botten], (zugrunde gehen) upphöra [upphööra]
unterhalb *prep* i nedre delen [i needr^e deelen] *av ngt*
Unterhalt *m* **1** (für Kind) underhållsbidrag [und^erhollßbidraag] *s* **2** (Mittel) uppehälle [uppehäll^e] *s* **3** (Einkommensquelle usw.) utkomst [üütkomßt] *u*
unterhalten *v* **1** (Verwandte usw.) *j-n* försörja [förschörja] **2** (mit Erzählungen usw.) *j-n mit etw.* underhålla [und^erholla] *ngn med ngt* **3 sich ~** *über etw. Akk* tala [taala] *med ngn*, prata [praata] *med ngn*
Unterhaltung *w* **1** (von Geräten usw.) underhåll [und^erholl] *s* **2** (Zeitvertreib) nöje [nööj^e] *s*
Unterhemd *s* undertröja [undertrööja] *u*, linne [linn^e] *s*
Unterhose *w* underbyxor [und^erbykßur] *u Mz*
Unterkunft *w* boende [buuend^e] *s*
unternehmen *v etw. Akk* agera [ageera] *ngt*

Unternehmen *s* **1** (Firma usw.) företag [fööretaag] *s* **2** (Tätigkeit) företagande [fööretaagand^e] *s*
Unterricht *m* undervisning [und^erwiißning] *u*
unterrichten *v* undervisa [und^erwiißa]
unterscheiden *v* **1** (Unterschied feststellen) *j-n/etw. von j-m/etw.* särskilja [ßäärchilja] **2** ***sich*** ~ *in etw. Dat, von etw.* skilja [chilja] *i ngt, från ngt* **3** ***sich*** ~ *in etw. Dat* (in Meinungen) avvika [aawwiika]
Unterschied *m* skillnad [chillnad] *u*
unterschiedlich *adj von etw.* olik [uuliik] *från ngt* ♦ *adv* olika [uuliika], skiljaktigt [chiljaktit]
unterschreiben *v etw. Akk* underteckna [und^ertekkna]
Unterschrift *w* underskrift [und^erschkrift] *s*
unterstreichen *v* understryka [und^erschtrüka]
unterstützen *v* **1** (helfen) *j-n* stödja [ßtöödja], backa upp [bakka upp] *ngn* **2** (ein Projekt usw.) *etw. Dat* sluta sig [ßlüüta ßej] *till ngt*
untersuchen *v* **1** (Struktur usw.) *etw. Akk* forska [forschka] **2** (Problem usw.) *etw. Akk* undersöka [und^erschööka] *ngt* **3** (Patienten usw.) *j-n* undersöka [und^erschööka] **4** (überprüfen) *etw. Akk* undersöka [und^erschööka] *ngt* **5** (auf Fehler usw.) *etw. Akk* utforska [üütforschka] *ngt*
Untersuchung *w* **1** undersökning [und^erschöökning] *u* **2** (polizeiliche) utredning [üütreedning] *u*
Unterteil *s/m* botten [botten] *u*
Unterwäsche *w* underkläder [underklääder] *Mz*
unterwegs **Ich bin schon ~.** Jag är redan på väg.
unverantwortlich *adj* oansvarig [uuanßwaari]
unvorsichtig *adj* oförsiktig [uuförschikkti]
unwohl *adv* dåligt [doolit]; **Mir ist ~.** Jag mår illa.
unzufrieden *adj mit etw.* missnöjd [mißßnöj:d] *med ngt*
Urin *m* urin [uriin] *s*
Urkunde *w* dokument [dokument] *s*, intyg [intüg] *s*
Urlaub *m* **1** (unbezahlter, mehrtägiger usw.) fritid [friitiid] *u*, semester [ßemeßter] *u* **2** (mit Familie usw.) semester [ßemeßter] *u*
Ursache *w etw. Gen* orsak [urschaak] *u*
Ursprung *m* ursprung [üürschprung] *s*, härkomst [häärkomßt] *u*, upphov [upphuuw] *s*
ursprünglich *adj* ursprunglig [üürschprungli], originell [orginell], original [orginaal] ♦ *adv* ursprungligen [üürschprungligen]
Urteil *s* **1** (richterliches) dom [dum] *u* **2** (Stellungnahme) bedömning [bedömning] *u*
Urwald *m* urskog [üürschkuug] *u*

V

Vagina *w* slida [ßliida] *u*, vagina [wagiina] *u*
Vase *w* vas [waaß] *u*
Vater *m* far [faar] *u*
vegetarisch *adj* vegetarisk [wegetaarißk]
Vene *w* åder [ood^er] *u*, ven [ween] *u*
Ventil *s* ventil [wentiil] *u*
Ventilator *m* fläkt [fläkt] *u*
verabreden *v* **1** *etw. Akk* enas om [eenaß om] *ngt*, (Treffen usw.) *etw. Akk* ordna [oordna] **2** ***sich*** ~ *mit j-m* stämma möte [ßtämma mööt^e]
Verabredung *w* date [dejt] *u*, *mit j-m* möte [mööt^e] *s*, träff [träff] *u*
verabschieden *v* ***sich*** ~ *von j-m* ta farväl [taa farwääl]
veraltet *adj* föråldrad [föroldrad]
verändern *v* förändra [förändra]; **sich ~** förändra
Veränderung *w* förändring [förändring] *u*, omslag [omßlaag] *s*, omväxling [omwäkßling] *u*
veranstalten *v etw. Akk* arrangera [arancheera] *ngt*, organisera [organißeera] *ngt*
Veranstaltung *w* evenemang [ewenemang:] *s*
verantwortlich *adj j-m für etw.* ansvarig [anßwaari] ♦ *adv* ansvarigt [anßwaarit] ► **~ sein** *für etw.* ansvara *för ngt*
Verantwortung *w für etw.* ansvar [anßwaar] *s*
Verband *m* bandage [bandaash] *s*, förband [förbann] *s*, binda [binda] *u*
Verbandkasten *m* förbandslåda [förbanndslooda] *u*
verbessern *v* **1** (Leistung usw.) *etw. Akk* förbättra [förbättra] *ngt* **2** (Fehler usw.) rätta [rätta]
Verbesserung *w* **1** förbättring [förbättring] *u* **2** (eines Fehlers usw.) förbättring [förbättring] *u*, rättelse [rätt^elß^e] *u*
verbieten *v j-m etw. Akk* förbjuda [förbjuda] *(ngn att göra) ngt*
verbilligt *adj* nedsatt [needßatt]
verbinden *v* **1** förbinda [förbinnda], lägga bandage [lägga bandaash] **2** (Schnüre usw.) *etw. Akk* binda *ngt* samman [binda

ßamman], *etw. Akk* knyta *ngt* ihop [knüta ihup] **3** (mehrere Teile usw.) *etw. Akk mit etw.* förena [föreena] **4** (Ganzes bilden) *etw. Akk mit etw.* ansluta [anßlüüta] *ngt till ngt* **5** (miteinander, zusammenschalten) förbinda [förbinnda] **6** (telefonisch) *j-n mit j-m* förena [föreena], *j-n* koppla om [koppla om] *ngn* **7** ***sich*** ~ (in Zusammenhang stehen) *mit etw.* hänga samman med [hänga ßamman me] *ngt* **8** ***sich*** ~ (telefonisch usw.) *mit j-m* kontakta [kontakta] ► **sich** ~ (zu einem Ganzen) förena

Verbindung *w* **1** (zwischen zwei Teilen) förbindelse [förbinndelße] *u* **2** (Verkehrsverbindung usw.) anslutning [anßlüütning] *u*, anknytning [angknütning] *u* **3** (Beziehung usw.) *zwischen etw.* koppling [koppling] *u* **4** (von einem Gerät usw.) anslutning [anßlüütning] *u*, förbindelse [förbinndelße] *u*, anknytning [angknütning] *u*, bindning [bindning] *u* **5** (chemische) blandning [blandning] *u*

Verbot *s etw. Gen* förbud [förbüüd] *s*

verboten *adj* förbjuden [förbjuden]

Verbrauch *m* konsumtion [konßumchuun] *u*

verbrauchen *v etw. Akk* förbruka [förbrüüka], (Vorräte usw.) förbruka [förbrüüka] *ngt*

Verbrechen *s* brott [brott] *s*

Verbrecher *m* brottsling [brottßling] *u*

verbreiten *v* **1** *etw. Akk* sprida [ßpriida] **2** (Ideen usw.) utbreda [üütbreeda] ► **sich** ~ (Nachricht usw.) sprida

verbreitern *v etw. Akk* utvidga [üütwidga]

verbrennen *v* **1** (verbrannt werden) bränna ner [bränna neer] **2** (Abfall usw.) *etw. Akk* bränna [bränna] *ngt* **3** (verbrauchen) förbränna [förbränna] **4** (durch Feuer zerstören) *etw. Akk* bränna upp [bränna upp] *ngt* **5** (verletzen) *j-n* bränna [bränna] *ngn* **6** ***sich*** ~ *an etw. Dat* bränna sig [bränna ßej] **7** (in Flammen umkommen) bränna ihjäl [bränna ijääl], omkomma i brand [omkomma i brann] **8** (als Ketzer usw.) *j-n* bränna [bränna] *ngn* (på bål)

Verbrennung *w* **1** (Prozess) förbränning [förbränning] *u* **2** (Wunde) brännsår [brännßoor] *s*

verbringen *v* tillbringa [tillbring:a]

verbunden *adj* **1** *mit etw.* kopplad [kopplad] **2** (innere Kohärenz) *mit etw.* anknuten [angknüüten] *med ngt*

Verdacht *m* misstanke [mißßtangke] *u*

verdächtig *adj etw. Gen* misstänkt [mißßtängkt] *för ngt*

Verdächtige *m* misstänkt [mißßtängkt] *u*

Verdauung *w* matsmältning [maadsmältning] *u*

verderben *v* **1** (Essen) bli rutten [blii rutten], ruttna [ruttna] **2** (Freude usw.) *etw. Akk* förstöra [förschtööra] ► **sich den Magen** ~ få magont

verdienen *v* **1** (Gehalt erwerben) tjäna [schääna] **2** (Gewinn erzielen) *an j-m/etw.* tjäna [schääna] **3** (als Belohnung) *etw. Akk* förtjäna [förschääna], (Anerkennung) *etw. Akk* få [foo]

verdoppeln *v etw. Akk* fördubbla [fördubbla] *ngt*

verehren *v j-n/etw.* hedra [heedra], ära [äära]

Verein *m* förening [föreening] *u*

Vereinbarung *w* avtal [aaftaal] *s*, överenskommelse [ööwerenßkommelße] *u*

vereinfachen *v etw. Akk* förenkla [förengkla] *ngt*

vereinigen *v etw. Akk* förena [föreena]

Vereinigung *w* **1** (Vereinigen) enande [eenande] *s* **2** (von Mengen usw.) förening [föreening] *u*

Verfahren *s* metod [metuud] *u*

Verfassung *w* grundlag [grundlaag] *u*

verfolgen *v* **1** (beschatten) *j-n* följa [följa] *ngn*, förfölja [förfölja] *ngn*, (Wild usw.) spåra [ßpoora] **2** (Polizei usw.) *j-n* jaga [jaaga] *ngn* **3** (Gegner usw.) förfölja [förfölja] *ngn* **4** (strafrechtlich) åtala [ootaala]

verführen *v j-n* förföra [förfööra] *ngn*

vergangen *adj* **1** (Woche usw.) förra [förra] **2** (Zeiten usw.) förfluten [förflüüten]

Vergangenheit *w* det förflutna [de förflutna], (Zeitform) preteritum [preteeritum] *s*

vergeblich *adj* fåfäng [foofäng], (Bemühungen usw.) onödig [uunöödi] ♦ *adv* förgäves [förjääweß]

vergehen *v* **1** (Zeit) passera [paßeera] **2** (Empfindung) gå över [goo ööwer], (Empfindung usw.) upphöra [upphööra]

vergessen *v* **1** (sich nicht erinnern) *etw. Akk* glömma [glömma] *ngt* **2** (liegen lassen) *etw. Akk irgendwo* glömma [glömma] *ngt*

vergewaltigen *v j-n* våldta [wolttaa]

Vergewaltigung *w* våldtäkt [wolttäkt] *u*

vergiften *v j-n* förgifta [förjifta]

Vergiftung *w* förgiftning [förjiftning] *u*

Vergleich *m* **1** *mit etw.* jämförelse [jämfööreIße] *u* **2** (Benennung usw.) jämförelse [jämfööreIße] *u* ► **im** ~ **zu** *etw.* i jämförelse med *ngt*

vergleichen *v* **1** (Unterschiede) *j-n/etw. mit j-m/etw.* jämföra [jämfööra] **2** (angleichen) *j-n/etw. mit j-m/etw.* jämföra [jämfööra] *ngn/ngt med ngn/ngt* ► **zu** ~ **sein** *mit etw.* kan jämföra *ngt/ngn*

vergnügen *v* ***sich*** ~ ha roligt [haa ruulit]

Vergnügen *s* **1** (Freude) nöje [nööj^{e}] *s*, glädje [glääd j^{e}] *u* **2** (Tätigkeit usw.) nöje [nööj^{e}] *s*, underhållning [und^{e}rhollning] *u* ► **mit ~** *etw. Akk tun* gärna

vergrößern *v* **1** (vermehren) öka [ööka] **2** (Foto usw.) förstora [förschtuura] **3** (optisch) förstora [förschtuura]

vergünstigt *adj* rabatterad [rabateerad]

verhaften *v j-n* gripa [griipa] *ngn*

Verhalten *s* beteende [beteend^{e}] *u*, uppförande [uppföörand^{e}] *s*

Verhältnis *s* **1** (Verwandtschaft usw.) förhållande [förholland^{e}] *s* **2** (Liebschaft) *mit j-m* förhållande [förholland^{e}] *s*, *mit j-m* kärleksaffär [schäärlekßafäär] *u*

verhandeln *v* förhandla [förhandla]

Verhandlung *w* **1** (Besprechung) förhandling [förhandling] *u* **2** (vor Gericht) rättsförhandling [rättßförhandling] *u*, utfrågning [üütfroongning] *u*

verheiratet *adj* gift [jift]

verhindern *v etw. Akk* förekomma [föörekomma] *ngt*, *etw. Akk* förhindra [förhindra]

Verhör *s* förhör [förhöör] *s*

Verhütungsmittel *s* preventivmedel [prewentiiwmeedel] *s*

verirren *v* ***sich* ~** gå vilse [goo wilß^{e}]

Verkauf *m* försäljning [förschäjning] *u*

verkaufen *v j-m etw. Akk für etw.* sälja [ßälja]

Verkäufer *m* **1** expedit [ekßpediit] *u* **2** (Angestellte) försäljare [förschäljar^{e}] *u*

Verkaufsstand *m* stånd [ßton] *s*

Verkehr *m* trafik [trafiik] *u*

Verkehrsmittel *s* trafikmedel [trafiikmeedel] *s*

Verkehrszeichen *s* vägmärke [wäägmärk^{e}] *s*

verkehrt *adj* omvänd [omwänn]

verkleben *v etw. Akk mit etw.* klistra [klißtra]

verkleinern *v etw. Akk* förminsta [förminßta], minska [minßka]

verkomplizieren *v* komplicera [komplißeera]

verkürzen *v etw. Akk* förkorta [förkorta] *ngt*

Verlag *m* förlag [förlaag] *s*

verlangen *v* **1** *etw. Akk* fordra [furdraa] *ngt*, (fordern) *etw. Akk* kräver [krääwer] *ngt*, begära [bejäära] *ngt* **2** (Konzentration usw.) *etw. Akk* kräva [krääwa] **3** *nach etw.* längta [längta] *efter ngt*

verlängern *v* **1** (räumlich) *etw. Akk* förlänga [förlänga] *ngt* **2** (zeitlich) *etw. Akk* förlänga [förlänga], prolongera [prolongeera]

Verlängerung *w* förlängning [förlängning] *u*

verlangsamen *v etw. Akk* sakta [ßakta]

verlassen *v* **1** ***sich* ~** *auf j-n/etw.* lita [liita] *på ngn/ngt*, *auf j-n/etw.* lita [liita] *på ngn* **2** *j-n/etw.* lämna [lämna] *ngt/ngn*

verlaufen *v* **1** (ablaufen) pågå [poogoo] **2** (Veranstaltung usw.) föregå [fööregoo] **3** ***sich* ~** (Hund usw.) förirra sig [förirra ßej], (in der Stadt usw.) gå vilse [goo wilß^{e}]

Verleih *m* uthyrning [üüthürning] *u*

verleihen *v* **1** (Eigenschaft usw.) *etw. Akk etw. Dat* tilldela [tilldeela] *ngt till ngn* **2** (einen Titel usw.) *j-m etw. Akk* tilldela [tilldeela] *ngn ngt*, bevilja [bewilja] *ngt till ngn*

verletzen *v* **1** (beschädigen) *j-n* göra *ngn* illa [jööra illa] **2** (kränken) såra [ßoora] **3** (Gesetz usw.) bryta [brüta], *etw. Akk* överträda [ööwerträäda]

verletzt *adj* skadad [ßkaadad], (bei Unfall usw.) sårad [ßoorad]

Verletzung *w* **1** skada [ßkaada] *u* **2** (Verstoß) *etw. Gen* brott [brott] *s*, kränkning [krängkning] *u* ► **~ des Gesetzes** brott mot lagen

verlieben *v* ***sich* ~** *in j-n* förälska sig [förälßka ßej] *i ngn*

verlieren *v* **1** (aus Unachtsamkeit) *etw. Akk* tappa [tappa] *ngt* **2** (Vertrauen usw.) *etw. Akk* förlora [förluura] *ngt* **3** (durch Fehler usw.) *etw. Akk* tappa [tappa] *ngt*, mista [mißtaa] *ngt* **4** (Kampf usw.) *etw. Akk gegen j-n* förlora [förluura] **5** (Geld) *bei etw.* förlora [förluura] **6** ***sich* ~** (in der Stadt usw.) gå vilse [goo wilß^{e}] ► **Luft ~** (Reifen) tappa luften; **verloren gehen** gå vilse

verlobt *adj* förlovad [förloowad]

Verlust *m etw. Gen* förlust [förlußt] *u av*

vermehren *v* **1** (Eigentum usw.) *etw. Akk* fortplanta [furtplanta], föröka [förööka] **2** (Pflanzen usw.) sprida [ßpriida] **3** ***sich* ~** (Unfälle usw.) föröka sig [förööka ßej] **4** ***sich* ~** (Lebewesen usw.) fortplanta sig [furtplanta ßej]

vermeiden *v etw. Akk* undvika [undwiika] *ngt*

vermieten *v etw. Akk an j-n* hyra ut [hüra üüt] *åt ngn*; **Zimmer zu ~** rum att hyra

vermindern *v* sänka [ßängka]

vermischen *v etw. Akk* blanda ihop [blanda ihup], röra ihop [rööra ihup], *etw. Akk* blanda [blanda] *ngt*

vermissen *v* **1** (Freunde usw.) *j-n/etw.* sakna [ßaakna] *ngt/ngn* **2** (verlorene Person usw.) *j-n/etw.* sakna [ßaakna] *ngn/ngt*

Vermögen *s* förmögenhet [förmöögenheet] *u*

vermuten *v* anta [antaa], förmoda [förmuuda], tycka [tykka]

Vermutung *w* förmodan [förmuudan] *u*

vernachlässigen *v etw. Akk* försumma [förschumma] *ngt*
vernichten *v* förstöra [förschtööra], ödelägga [öödelägga], tillintetgöra [tilintetjööra]
Vernunft *w* förstånd [förschtonn] *s*, förnuft [förnuft] *s*
vernünftig *adj* förnuftig [förnufti], rationell [rachunell]
veröffentlichen *v etw. Akk* publicera [publißeera] *ngt*, offentliggöra [ofentlijööra] *ngt*
verpacken *v* packa [pakka]
Verpackung *w* förpackning [förpakning] *u*, emballage [ambalaash] *s*, omslag [omßlaag] *s*
verpassen *v* **1** (Bus usw.) *etw. Akk* missa [mißßa] *ngt* **2** (Chance usw.) försumma [förschumma] **3** (Niederlage usw.) *j-m etw. Akk* ge *ngn* en lektion [jee en lekchuun] *i ngt* ► **Ich habe den Bus verpasst.** Jag missade bussen.
Verpflegung *w* kost [koßt] *u*
verpflichten *v j-n zu etw.* förplikta [förplikta] *ngn att ngt*; **sich ~** *zu etw.* förplikta sig
Verpflichtung *w* förpliktelse [förplikt^e^lß^e^] *u*
verraten *v* **1** (Geheimnis usw.) *j-m etw. Akk* förråda [förooda] **2** (Identität usw.) *j-n* avslöja [aafßlööja] **3** (Verrat begehen) *j-n/etw.* förråda [förooda] *ngn/ngt*
Verräter *m* förrädare [förrädar^e^] *u*
verringern *v etw. Akk* sänka ner [ßängka neer], (Risiko usw.) *etw. Akk* minska [minßka] *ngt*, reducera [redußeera] *ngt*, dämpa [dämpa] *ngt*
verrückt *adj* galen [gaalen], tokig [tuukig] ♦ *adv* galet [gaalet], knäppt [knäppt]
versammeln *v* samla [ßamla]
Versammlung *w* samling [ßamling] *u*
versäumen *v* **1** (Unterricht usw.) *etw. Akk* försumma [förschumma] *ngt* **2** (vergessen zu tun usw.) försumma [förschumma]
verschieben *v* **1** (Stelle wechseln) *etw. Akk irgendwohin* skjuta [chüüta], förskjuta [förchüüta] *ngt*, (Stelle wechseln) *etw. Akk irgendwohin* flytta [flytta], förflytta [förflytta] **2** (zeitlich) *etw. Akk* skjuta upp [chüüta upp] **3** (Handel treiben) *etw. Akk* driva handel [driiwa handel] *med ngt*
verschieden *adj* blandad [blandad], olik [uuliik], (nicht gleich) olik [uuliik], skiljaktig [chiljakti]
verschlechtern *v etw. Akk* försämra [förschämra]; **sich ~** försämras, bli sämre
verschlimmern *v* förvärra [förwärra], *etw. Akk* försämra [förschämra]
verschlucken *v etw. Akk* svälja [ßwälja] *ngt*
Verschluss *m* **1** (einer Flasche) kapsyl [kapßül] *u*, topp [topp] *u* **2** (eines Kleides usw.) knäppning [knäppning] *u*, fästanordning [fäßtanuurdning] *u* **3** (einer Kamera usw.) slutare [ßlüütar^e^] *u*
verschmutzen *v* **1** *etw. Akk* smutsa ner [ßmudsa neer] *ngt* **2** (Umwelt) förorena [fööroreena]
Verschmutzung *w* förorening [fööroreening] *u*
verschreiben *v* föreskriva [fööreßkriiwa], skriva ut [ßkriiwa üüt], ordinera [ordineera]
verschütten *v* **1** spilla [ßpilla] *ngt* **2** (Lawine usw.) *j-n* begrava [begraawa] *ngn*
verschwenden *v* **1** (Geldmittel usw.) *etw. Akk* slösa bort [ßlöößa bort] *ngt*, *etw. Akk* slösa [ßlöößa] *med ngt* **2** (Zeit usw.) slösa (bort) [ßlöößa (bort)]
Verschwendung *w von etw.* slöseri [ßlöößerii] *s men ngt*
verschwinden *v* försvinna [förschwinna]; **Verschwinde!** Stick!
Versehen *s* misstag [mißßtaag] *s*, missuppfattning [mißßupfattning] *u*; **aus ~** av misstag
versichern *v* **1** (Versicherung abschließen) *j-n/etw.* försäkra [förschääkra] *ngn/ngt* **2** (bestätigen) *j-n etw. Gen* försäkra [förschääkra] *ngn om ngt* ► **sich ~** *etw. Gen* försäkra sig *om ngt*, förvissa sig *om ngt*; **sich ~** *gegen etw.* (Versicherung abschließen) försäkra sig *mot ngt*
Versicherung *w* försäkring [förschääkring] *u*, försäkringsbrev [förschääkringßbreew] *s*; **eine ~ abschließen** teckna försäkring
versinken *v* sänka [ßängka]
versöhnen *v* **1** *j-n mit j-m* försona [förschuuna] *ngn med ngn*, förlika [förliika] *ngn med ngt* **2** *j-n* försona [förschuuna] *ngn*, förlika [förliika] *ngn*, blidka [blidka] *ngn* **3** ***sich ~*** *mit j-m* försona sig [förschuuna ßej], förlika sig [förliika ßej], *mit j-m* försonas [förschuunaß]
versorgen *v* **1** (beliefern) *j-n/etw. mit etw.* leverera [lewereera] *ngt i ngt* **2** (finanziell usw.) *j-n* försörja [förschörja]
Versorgung *w mit etw.* leverans [leweranß] *u av ngt*, *mit etw.* anskaffning [anßkaffning] *u*, *mit etw.* försörjning [förschörjning] *u*, (mit Lebensmitteln usw.) tillförsel [tillförschel] *u*
verspäten *v* **1** ***sich ~*** (zu spät kommen) bli försenad [blii förscheenad] **2** ***sich ~*** (später eintreten) försenas [förscheenaß], bli försenad [blii förscheenad], (später eintreten) vara fördröjd [waara fördröjd]

verspätet *adj* försenad [förscheenad], sen [ßeen], (Tätigkeit usw.) fördröjd [fördröjd]
Verspätung *w* försening [förscheening] *u*
versprechen *v* **1** *j-m etw. Akk* lova [loowa] **2** *sich* ~ försäga sig [förßäja ßej]
Versprechen *s* löfte [löft^e] *s*, (Zusicherung) förpliktelse [förplikt^elß^e] *u*
Verstand *m* förstånd [förschtonn] *s*, förnuft [förnuft] *s*
verständigen *v* **1** *j-n von etw.* informera [informeera], underrätta [underrätta], *j-n von etw.* informera [informeera] *ngn om ngt* **2** *sich* ~ (auf Englisch usw.) *auf etw.* göra sig förstådd [jööra ßej förßtodd]
verständlich *adj* förståelig [förschtoo^eli], begriplig [begriipli] ♦ *adv* förståeligt [förschtooelit], klart [klaart], tydligt [tüdlit]
verstärken *v* **1** *etw. Akk* förstärka [förschtärka] *ngt* **2** (zahlenmäßig) *etw. Akk* förstärka [förschtärka] **3** förstärka [förschtärka] **4** *etw. Akk* stegra [ßteegra] *ngt*, (Spannung usw.) trappa upp [trappa upp] ► **sich ~** bli starkare
Verstauchung *w* vrickning [wrikkning] *u*
verstecken *v etw. Akk vor j-m* gömma [jömma] *ngt för ngn*, dölja [dölja], (Drogen usw.) *etw. Akk* gömma [jömma] *ngt*
versteckt *adj* dold [dold], (geheim) förtäckt [förtäkt]
verstehen *v* **1** *j-n/etw.* förstå [förschtoo] *ngn/ngt* **2** *etw. Akk* begripa [begriipa], förstå [förschtoo], fatta [fatta] **3** *j-n/etw.* förstå sig på [förschtoo ßej poo] *ngn/ngt*, begripa [begriipa] *på ngn/ngt* ► **Ich verstehe nicht.** (was du sagst usw.) Jag förstår inte.
verstopft *adj* täppt [täppt], blockerad [blokeerad]
Verstopfung *w* förstoppning [förschtoppning] *u*
Verstoß *m* överträdelse [ööwerträäd^elß^e] *u*
Versuch *m um etw.* försök [förschöök] *s*
versuchen *v etw. Akk* försöka [förschööka]
Versuchung *w* frestelse [freßt^elß^e] *u*
verteidigen *v* **1** (vor Angriff) *j-n vor j-m/etw.* försvara [förschwaara] *ngn mot ngn/ngt* **2** (Ansichten usw.) *j-n/etw.* försvara [förschwaara] **3** (Titel usw.) försvara [förschwaara]
Verteidigung *w* försvar [förschwaar] *s*
verteilen *v* **1** (an mehrere Personen) *etw. Akk an/unter j-n* sprida [ßpriida], (Flugblätter usw.) dela ut [deela üüt], ge bort [jee bort] **2** (über eine Fläche) *etw. Akk irgendwohin* distribuera [dißtribueera] *osv.*, *etw. Akk irgendwohin* lägga ut [lägga üüt] *ngt*
vertiefen *v* **1** (einen Graben usw.) *etw. Akk* fördjupa [förjupa] *ngt* **2** *sich* ~ *in etw. Akk* (sich konzentrieren) försjunka [förchungka] *i ngt*
Vertrag *m* **1** kontrakt [kontrakkt] *s* **2** (Staatsvertrag) fördrag [fördraag] *s*
vertragen *v etw. Akk* stå emot [ßtoo emuut] *ngt*
Vertrauen *s* förtroende [förtruuend^e] *s*
vertraulich *adj* konfidentiell [konfidenßiell]
vertreten *v* **1** (einspringen) *j-n* hoppa in för [hoppa in föör] *ngn* **2** (als Beauftragter) *j-n/etw.* representera [repreßenteera] **3** (eine Meinung usw.) främja [främja], (verkünden) hysa [hüßa]
Vertreter *m* **1** (Ersatz) biträdande [biträädand^e] *u* **2** representant [repreßentant] *u* **3** (einer Theorie usw.) *etw. Gen* representativ [repreßentatiiw] *u*
vertrocknen *v* förtorka [förtorka]
Verunreinigung *w* förorening [fööroreening] *u*
verursachen *v* orsaka [urschaaka], *etw. Akk* förorsaka [fööurschaaka] *ngt*
verurteilen *v* **1** (zu Strafe) *j-n zu etw.* döma [dööma] *ngn till ngt* **2** (kritisieren) fördöma [fördööma]
vervollständigen *v* komplettera [kompleteera]
verwalten *v etw. Akk* förvalta [förwalta]
Verwaltung *w* administration [adminißtrachuun] *u*
verwandeln *v etw. Akk in etw. Akk* förvandla [förwandla] *ngt till ngt*
verwandt *adj mit j-m* besläktad [beßläktad]
Verwandte *m* släkting [ßläkting] *u*
Verwandtschaft *w* släktskap [ßläkdskaap] *u*, (Verwandte) släktningar [ßläktningar] *u Mz*
verwechseln *v j-n/etw. mit j-m/etw.* förväxla [förwäkßla] *ngt med ngt*
verwenden *v* **1** *etw. Akk* använda [anwända] *ngt* **2** (Mühe, Geld usw.) *etw. Akk auf etw. Akk* investera [inweßteera], placera [plaßeera]
Verwendung *w etw. Gen* användning [anwändning] *u*, *etw. Gen* bruk [brüük] *s av ngt*, användning [anwändning] *u av ngt*
verwirklichen *v etw. Akk* förverkliga [förwerklia], (vollziehen) *etw. Akk* genomföra [jeenumfööra] *ngt*; **sich ~** förverkliga
verwirren *v* **1** *j-n* förvirra [förwirra] *ngn* **2** desorientera [deßorienteera] **3** (Fäden usw.) trassla till [traßßla till]
verwunden *v j-n* såra [ßoora], skada [ßkaada] *ngn*
verwundet *adj* sårad [ßoorad], skadad [ßkaadad]

verzeihen *v j-m etw. Akk* förlåta [förloota]
Verzeihung *w* förlåtelse [förloot^e^lß^e^] *u*; ~! Ursäkta!
verzichten *v auf etw. Akk* avstå [aafßtoo] *från ngt*, *auf etw. Akk* ge avkall [jee aafkall] *på ngt*, *auf etw. Akk* ge upp [jee upp] *ngt*, *auf etw.* avsäga sig [awßäja ßej] *ngt*
verzieren *v etw. Akk mit etw.* dekorera [dekoreera], pryda [prüda]
Verzierung *w* dekoration [dekorachuun] *u*
verzögern *v* **1** *j-n/etw.* fördröja [fördrööja] *ngn/ngt* **2** (Prozess usw.) *etw. Akk* vänta [wänta] *med ngt* **3** ***sich*** ~ (später eintreten) försenas [förscheenaß], bli försenad [blii förscheenad], (später eintreten) vara fördröjd [waara fördröjd]
Verzögerung *w* försening [förscheening] *u*
verzweifelt *adj* desperat [deßperaat] ♦ *adv* desperat [deßperaat]
Videokamera *w* videokamera [wiideokaamera] *u*
Vieh *s* boskap [buußkaap] *u*
viel *adv* **1** (große Menge) mycket [mykk^e^] **2** (schlimmer usw.) *irgendwie* mycket [mykk^e^] ► **so ~** lika *mycket*, så mycket, så många; **~e** många; **wie ~** hur många; **wie ~e** hur många
vielleicht *part* förmodligen [förmuudlien], kanske [kansch^e^], möjligt [möjlit]
vielmals *num* många gånger [mong:a gong:er]
vier *num* fyra [füra]
viert(er,e,es) *num* fjärde [fjäärd^e^]
Viertel *s* **1** (vierter Teil) fjärdedel [fjäärdedeel] *u*, kvart [kwart] *u* **2** (in der Stadt) kvarter [kwart^e^r] *s*, stadsdel [ßtaadsdeel] *u*
vierzehn *num* fjorton [fjurton]
vierzig *num* fyrtio [forti]
Villa *w* villa [willa] *u*
violett *adj* violett [wiolett]
Visitenkarte *w* visitkort [wißiitkurt] *s*
Visum *s* visum [wiißum] *s*
Vogel *m* fågel [foogel] *u*
Volk *s* **1** nation [natchuun] *u*, folk [folk] *s* **2** (Bevölkerung) folk [folk] *s*
voll *adj* **1** (gefüllt) *etw. Gen* full [full] *av ngt* **2** (komplett) fullständig [fullßtändi] ♦ *adv* fullt [fullt]
vollenden *v etw. Akk* avsluta [awßlüüta] *ngt*
völlig *adj* absolut [apßolüüt], total [totaal] ♦ *adv* absolut [apßolüüt], (ganz) helt [heelt]
volljährig *adj* myndig [myndi]
vollkommen *adj* **1** (Lösung usw.) perfekt [perfekkt] **2** (Unsinn usw.) absolut [apßolüüt], total [totaal]
vollständig *adj* fullständig [fullßtändi]
Volumen *s* volym [wolüm] *u*
von *prep* **1** (weg) från [froon] **2** (Oberfläche usw.) bort [bort] **3** (Anfang) från [froon] **4** (Urheber usw.) från [froon] **5** (reden, hören usw.) *etw.* om [om] ► **geöffnet ~... bis...** öppet från...till...; **~ vorne** framifrån
vor *prep* **1** (auf dem Weg usw.) *j-m/etw.* före [föör^e^] *ngn/ngt*, (räumlich) framför [framföör] **2** (einem Zeitpunkt) *etw. Dat* före [föör^e^] **3** (zwei Jahren usw.) för *ngt* sedan [föör ßen] **4** (fliehen usw.) från [froon], för [föör] ► **~ allem** (Betonung) framförallt, (zuerst) framför allt; **~ einer halben Stunde** för en halvtimme sedan
Voraus **im ~** i förväg
voraussagen *v etw. Akk* förutsäga [föruüdsäja] *ngt*
voraussetzen *v* anta [antaa]
Voraussetzung *w* **1** (Idee usw.) antagande [antaagand^e^] *s* **2** (Bedingung) *für etw.* förutsättning [föruüdsättning] *u*
vorbei *adv* **1** (gehen usw.) förbi [förbii] **2** (vergangen) förbi [förbii], över [ööwer] ♦ *prep an etw. Dat* förbi [förbii]
vorbeifahren *v an etw. Dat* köra förbi [schööra förbii], *an j-m/etw.* passera [paßeera]
vorbeigehen *v an j-m/etw.* gå förbi [goo förbii] *ngt*
vorbereiten *v* **1** *etw. Akk für j-n* förbereda [föörbereeda], *etw. Akk* förbereda [föörbereeda] *ngt* **2** ***sich*** ~ *auf etw. Akk* förbereda sig [föörbereeda ßej] *på ngt*
Vorbereitung *w auf/für etw.* förberedelse [föörbereed^e^lß^e^] *u*; **~en** förberedelser *u Mz*
Vorbild *s* förebild [föörebild] *u*
vorder(er,e,es) *adj* fram [fram], främre [främr^e^], (Seite usw.) fram- [fram]
Vorfahrt *w* förkörsrätt [föörschöörschrätt] *u*
vorgestern *adv* i förrgår [i förrgoor]
vorhaben *v etw. Akk zu tun* tänka [tängka] *göra*, *etw. Akk zu tun* vara på väg att [waara poo wääg att] *ngt*
Vorhang *m* **1** (zu Hause usw.) gardin [gardiin] *u*, draperi [draperii] *s* **2** (im Theater usw.) draperi [draperii] *s*
vorher *adv* innan [innan]
Vorhersage *w* prognos [prongnooß] *u*, förutsägelse [föruüdsäjelß^e^] *u*
vorig *adj* föregående [fööregooend^e^], tidigare [tiidigar^e^], förra [förra], förre [förr^e^]
vorkommen *v* **1** (plötzlich usw.) förekomma [föörekomma] **2** (Tierart usw.) *irgendwo* förekomma [föörekomma], finnas [finnaß] **3** ***sich*** ~ *wie j./etw.* känna sig [schänna ßej] *som ngn/ngt*

vorläufig *adj* förberarande [fööbereerand[e]], preliminär [preliminäär], interims- [interimß], tillfällig [tillfällig] ♦ *adv* än så länge [än ßoo läng:[e]]
Vorlesung *w* föreläsning [fööreläßning] *u*
vorletzt(er,e,es) *adj* nästsist [näßdsißt]
Vormittag *m* förmiddag [förmidda] *u*; **am ~** på förmiddagen
vormittags *adv* på förmiddagen [poo förmiddan]; **um zehn Uhr ~** klockan tio på förmiddagen
vorn *adv* **1** (vor dem Sprecher usw.) före [fööör[e]] **2** (im vorderen Teil) framme [framm[e]] ► **nach vorne** fram, framåt
Vorname *m* förnamn [förnamn] *s*
Vorrat *m* reserv [reßerw] *u*
Vorrichtung *w* anordning [anuurdning] *u*
Vorschlag *m* förslag [förschlaag] *s*
vorschlagen *v* föreslå [fööreßloo]
Vorschrift *w* förordning [fööroordning] *u*, reglering [regleering] *u*
Vorschuss *m* förskottsbetalning [förschkottßbetaalning] *u*
Vorsicht **~!** Var försiktig!, Varning!
vorsichtig *adj* försiktig [förschikti] ♦ *adv* försiktigt [förschiktit]
Vorsitzende *m* ordförande [uurdfööörand[e]] *u*
Vorspeise *w* aptitretare [aptiitreetar[e]] *u*
Vorstadt *w* förort [förurt] *u*
vorstellen *v* **1** *j-n j-m* presentera [preßenteera] *ngn till ngn* **2** **sich ~** (Namen nennen) presentera sig [preßenteera ßej] **3** **sich ~** (sich ausmalen) föreställa sig [fööreßtälla ßej]
Vorstellung *w* **1** (Bekanntmachen) presentation [preßentachuun] *u* **2** (Ahnung) *von etw.* föreställning [fööreßtällning] *u om ngt* **3** (Aufführung) föreställning [fööreßtällning] *u*
Vorteil *m* fördel [fööördeel] *u*
Vortrag *m* **1** (wissenschaftlicher) föreläsning [fööreläßning] *u* **2** (eines Gedichts usw.) framförelse [framfööör[e]lß[e]] *u*
vorübergehend *adj* tillfällig [tillfällig] ♦ *adv* temporärt [temporärt], tillfälligt [tillfällit]
Vorurteil *s* fördom [förduum] *u*
Vorwahl *w* förval [förwaal] *s*
Vorwand *m für etw.* förevändning [fööörewändning] *u för ngt*
vorwärts *adv* före [fööör[e]], fram [fram], framåt [framoot]
Vorwurf *m* förebråelse [fööörebroo[e]lß[e]] *u*, anmärkning [anmäärkning] *u*
vorzeitig *adj* förtidig [förtiidi], förtids- [förtiids] ♦ *adv* för tidigt [fööör tiidit]
vorziehen *v etw. Akk etw. Dat* föredra [fööredraa] *ngt före ngt*
Vulkan *m* vulkan [wulkaan] *u*

W

Waage *w* **1** (Gerät) våg [woog] *u* **2** (Sternzeichen) Vågen [woogen] *u*
wach *adj* vaken [waaken]
Wachs *s* vax [wakß] *s*
wachsen *v* **1** (größer werden) växa [wäkßa], växa upp [wäkßa upp] **2** (entstehen) växa upp [wäkßa upp]
Wade *w* vad [wa] *u*
Waffe *w* vapen [waapen] *s*
wagen *v etw. Akk zu tun* våga [wooga]
Wagen *m* **1** (Eisenbahn) järnvägsvagn [jäärnwääkßwangn] *u* **2** (Auto) bil [biil] *u*
Wagenheber *m* domkraft [dumkraft] *u*
Wahl *w* val [waal] *s* ► **~en** val *s*
wählen *v* **1** välja [wälja] **2** (eine Telefonnummer) slå [ßloo] **3** (abstimmen) *j-n* rösta [rößta] *på ngn*, *j-n* välja [wälja]
wahr *adj* sann [ßann]; **~ werden** förverkliga; **Das ist nicht ~.** Det är inte sant.; **Nicht ~?** Eller hur?, Inte sant?
während *conj* medan [meedan] ♦ *prep* under [under] *ngt*
Wahrheit *w* sanning [ßanning] *u*
wahrscheinlich *adj* sannolik [ßannulik], förmodlig [förmuudli] ♦ *part* antagligen [antaaglien], förmodligen [förmuudlien]
Währung *w* valuta [walüüta] *u*
Waise *w* föräldralöst barn [föräldralööößt baarn]
Wald *m* skog [ßkuug] *u*
Wand *w* vägg [wägg] *u*
wandern *v* **1** vandra [wandra], resa [reeßa], (in den Bergen usw.) fotvandra [fuutwandra] **2** (ziellos usw.) luffa [luffa], vandra [wandra]
Wanderung *w* **1** vandring [wandring] *u*, fotvandring [fuutwandring] *u* **2** (ruhige, ohne Ziel usw.) utflykt [üütflykt] *u*
Wange *w* kind [schinn] *u*
wann *adv* när [näär]; **~ auch immer** när som helst
Wanne *w* badkar [baadkaar] *s*
Wanze *w* **1** (Insekt) vägglus [wäggluß] *u* **2** (zum Abhören) dold mikrofon [dold mikrofoon] *u*
Wappen *s* sköldemärke [chöldemärk[e]] *s*
Ware *w* vara [waara] *u*
warm *adj* varm [warm] ♦ *adv* **1** varmt [warmt] **2** (empfangen usw.) varmt [warmt], hjärtligt [jäärtlit] ► **~ machen**

etw. Akk värma *ngt*, värma upp *ngt*; **~es Büfett** buffé *u*
Wärme *w* värme [wäärm^e] *u*
wärmen *v* **1** (warm machen) *etw. Akk* värma upp [wäärma upp] *ngt* **2** (heizen) värma [wäärma] **3** (Kleider usw.) värma [wäärma] **4** (erwärmen) värma [wäärma] *ngn* (upp)
warnen *v j-n vor etw. Dat* varna [waarna] *ngn för ngt*
Warnung *w* varning [waarning] *u*
warten *v auf j-n/etw.* vänta [wänta] *på ngn/ngt*
Warteraum *m* väntrum [wäntrum] *s*
Wartezimmer *s* väntrum [wäntrum] *s*
Wartung *w* underhåll [und^erholl] *s*
warum *adv* varför [warföör]
was *pron* **1** (Frage) vad [wa] **2** (Nebensatz) vilket [wilket] ► **~ auch immer** någonting; **~ für ein** vilken
Waschanlage *w* biltvätt [biiltwätt] *u*
Waschbecken *s* handfat [handfaat] *s*, tvättställ [twättßtäll] *s*
Wäsche *w* **1** (schmutzige) tvätt [twätt] *u* **2** (Textilien) kläder [klääder] *Mz*
Wäscheklammer *w* klädnypa [kläädnüpa] *u*
waschen *v* **1** (Wäsche) *etw. Akk* tvätta [twätta] **2** (reinigen) *etw. Akk* tvätta [twätta] *ngt* **3** (Gemüse usw.) tvätta [twätta]
Wäscherei *w* tvätteri [twätterii] *s*
Wäschetrockner *m* torktumlare [torktumlar^e] *u*
Waschküche *w* tvättstuga [twättßtüüga] *u*
Waschmaschine *w* tvättmaskin [twättmachiin] *u*
Waschpulver *s* tvättmedel [twättmeedel] *s*
Waschraum *m* tvättrum [twättrum] *s*
Wasser *s* vatten [watten] *s*
wasserdicht *adj* vattentät [wattentäät]
Wasserfall *m* vattenfall [wattenfall] *s*
Wasserhahn *m* vattenkran [wattengkraan] *u*
Wasserkocher *m* vattenkokare [wattenkuukar^e] *u*
Wasserleitung *w* vattenledning [wattenleedning] *u*
Wassermelone *w* vattenmelon [wattenmelon] *u*
Wasserski *m Mz* vattenskidor [wattenchiidur] *u Mz*
Wassersportarten *w Mz* vattensporter [wattenßport^er] *u Mz*
Watte *w* vadd [wadd] *u*
weben *v* väva [wääwa] *ngt*
Wechsel *m* **1** (abwechselnd) alternering [altärneering] *u* **2** (Änderung) byte [büt^e] *s*, utbyte [üütbüt^e] *s* **3** (Ablösung) byte [büt^e] *s* **4** (Wertpapier) växel [wäkßel] *u*
Wechselgeld *s* småpengar [ßmoopengar] *u Mz*
Wechselkurs *m* kurs [kusch] *u*
wechseln *v* **1** (ersetzen) *etw. Akk für etw.* byta ut [büta üüt] **2** (Geld usw.) växla [wäkßla] *ngt* **3** (Berufe usw.) ändra [ändra] **4** (Kleingeld) *etw. Akk* växla [wäkßla] *ngt* **5** (Schalter) skifta [chifta], växla [wäkßla]
Wechselstube *w* växelkontor [wäkßelkontuur] *s*
wecken *v* **1** *j-n* väcka [wäkka] *ngn* **2** (Interesse usw.) väcka [wäkka] ► *j-s* **Interesse ~** fängsla *ngn*
Wecker *m* väckarklocka [wäkkarklokka] *u*, alarm [alarm] *s*
weder **~… noch** varken… eller
weg *adv* borta [borta]; **Er ist schon ~.** Han har gått.
Weg *m* väg [wääg] *u*; **welchen ~** vilken väg
wegen *prep j-s/etw.* på grund av [poo grund aaw] *ngt*; **~ des schlechten Wetters…** på grund av dåligt väder
wegfahren *v* köra iväg [schööra iwääg]
weggehen *v* gå iväg [goo iwääg]
weglaufen *v* springa bort [ßpringa bort]
wegnehmen *v j-m etw. Akk* ta *ngn/ngt* ifrån [taa ifroon] *ngn*
wegwerfen *v* **1** (Kippe usw.) kasta bort [kaßta bort] **2** (zum Abfall tun) kasta bort [kaßta bort] *ngt*
wegwischen *v* viska [wißka] *ngt*, *etw. Akk* torka [torka]
wehtun *v* **1** göra ont [jööra unt], värka [wärka] **2** (absichtlich usw.) *j-m* skada [ßkaada] *ngn*
Weibchen *s* hona [huuna] *u*
weiblich *adj* hon- [hun], kvinnlig [kwinnli]
weich *adj* **1** (nicht hart) mjuk [mjuk] **2** (geschmeidig) len [leen] ♦ *adv* mjukt [mjukkt] ► **~ gekocht** löskokt; **~ machen** *etw. Akk* mjukgöra *ngt*
Weihnachten *s* jul [jul] *u*
weil *conj* då [doo], eftersom [efterschom], emedan [emeedan]
Weile *w* stund [ßtund] *u*, ögonblick [öögonblikk] *s*
Wein *m* vin [wiin] *s*
Weinberg *m* vingård [wiingoord] *u*
weinen *v* gråta [groota]
Weinstube *w* vinbar [wiinbaar] *u*
Weintraube *w* vindruvsklase [windruwßklaaß^e] *u*
weise *adj* vis [wiiß]

Weise *w* **1** (Methode usw.) sätt [ßätt] *s* **2** (Melodie) visa [wiißa] *u*
weiß *adj* vit [wiit]
weit *adv* **1** (entfernt usw.) långt borta [longt borta] **2** (geöffnet usw.) brett [brett] ► **bei ~em** inte alls; **von ~em** långt bortifrån
weiter *adv* **1** (entfernt) vidare [wiidar^e], längre [läng:r^e] **2** (fortsetzen) vidare [wiidar^e] ► **und so ~** och så vidare
weiter(er,e,es) *adj* följande [följand^e]
weitergehen *v* **1** avancera [awanßeera], (sich bewegen) gå fram [goo fram], skrida fram [ßkriida fram] **2** fortsätta [furtschätta]
weitermachen *v mit etw.* fortsätta [furtschätta] *ngt, med ngt*
Weizen *m* vete [weet^e] *s*
welch(er,e,es) *pron* vilken [wilken]
welken *v* vissna [wißßna]
Welle *w* **1** (Wasser) våg [woog] *u*, bölja [bölja] *u* **2** (Maschinenteil) axel [akßel] *u*
Welt *w* värld [wäärd] *u*
Weltall *s* universum [uniwerschum] *s*, rymd [rymd] *u*
Weltraum *m* kosmos [koßmoß] *s*, universum [uniwerschum] *s*, rymd [rymd] *u*
wenden *v* **1** (Seite usw.) vända [wända] *ngt* **2** (Auto usw.) *etw. Akk* vända [wända] **3** (Auto, Schwimmer usw.) återvända [ooterwända] **4** ***sich*** ~ *an j-n/etw.* vända sig [wända ßej] *till ngn* ► **An wen soll ich mich ~?** Vem ska jag vända mig till?
wenig *adv* lite [liit^e]; **am ~sten** minst; **ein ~** *etw. Gen* smula *u ngt*; **~e** få; **~er werden** minska
weniger *adv* mindre [mindr^e], (zahlbar) färre [färr^e]
wenigstens *part* åtminstone [otminßton^e]
wenn *conj* **1** (konditional) om [om] **2** (Bedingung) när [näär] ♦ *adv* när [näär] ► **auch ~** trots att
wer *pron* vem [wem]
Werbespot *m* reklam [reklaam] *u*
Werbung *w* reklam [reklaam] *u*
werden *v etw. Akk* bli [blii]
werfen *v* **1** *etw. Akk* kasta [kaßta] *ngt* **2** (Schatten usw.) *etw. Akk irgendwohin* kasta [kaßta] **3** *etw. Akk irgendwohin* slänga [ßlänga] **4** (in Baseball usw.) kasta [kaßta] ► **sich ~** *irgendwohin* kasta sig
Werk *s* **1** (Schöpfung usw.) verk [wärk] *s* **2** (Mechanismus) maskin [machiin] *u*
Werkstatt *w* verkstad [werkßtaad] *u*
Werktag *m* arbetsdag [arbeedstaa] *u*
Werkzeug *s* **1** instrument [inßtrument] *s* **2** (Gesamtheit von Werkzeugen) redskap [reedskaap] *s*, verktyg [wärktüg] *s* ► **~e** redskap *s*, verktyg *s*
wert *adj etw. Gen* värd [wäärd] *ngt*; **~ sein** *etw. Gen* (verdienen) vara värd *ngt*
Wert *m* **1** (finanzieller) *etw. Gen* värde [wäärd^e] *s* **2** (Bedeutung) värde [wäärd^e] *s*
Wertsachen *w Mz* vädersaker [wääderschaaker] *u Mz*
wertvoll *adj* värdefull [wäärdefull], (teuer) dyr [dür]
Wesen *s* natur [natüür] *u*, substans [ßubßtanß] *u*, (Kern) väsen [wääßen] *s*
wesentlich *adj* väsentlig [wääßentli] ♦ *adv* väsentligt [wääßentlit]
Wespe *w* geting [jeting] *u*
wessen *pron* vems [wemß]
Weste *w* väst [wäßt] *u*
Westen *m* väst [wäßt] *u* ► **im ~** västerut
westlich *adj* västra [wäßtra], (Staaten usw.) västerländsk [wäßtärländsk]
Wettbewerb *m* konkurrens [kongkurangß] *u*, tävling [tääwling] *u*
Wette *w* vad [wa] *u*
wetten *v* **1** *um etw.* satsa [ßadsa] *på ngt*, spela på [ßpeela poo] *ngt* **2** *auf etw. Akk* satsa [ßadsa] *på ngt*
Wetter *s* väder [wääder] *s*
Wettervorhersage *w* väderleksrapport [wäämderleekßraportt] *u*
Wettkampf *m* konkurrens [kongkurangß] *u*, tävling [tääwling] *u*; **an einem ~** *gegen j-n* **teilnehmen** tävla
wichtig *adj* viktig [wikti], (Folgen usw.) betydelsefull [betüd^elßefull]; **das ~ste ist** det viktigaste är att
wickeln *v* **1** (Draht usw.) nysta [nyßta] **2** (Wolle usw.) *etw. Akk auf etw. Akk* linda [linda] *ngt om ngt* ► **ein Kind ~** byta blöja (på ett barn)
widersprechen *v* **1** *j-m/etw.* bestrida [beßtriida], (Behauptung usw.) *j-m/etw.* motsäga [muudsäja], (widerreden) *j-m* säga emot [ßäja emuut] **2** (in Widerspruch stehen) *etw. Dat* strida [ßtriida] *med ngt*
Widerspruch *m* **1** (Gegensatz) motsägelse [muudsäj^elß^e] *u* **2** (Widerrede) *gegen etw.* motsättning [muudsättning] *u till ngt*, oenighet [uueeniheet] *u*
Widerstand *m* **1** (Trotz) *gegen j-n/etw.* motstånd [muudstonn] *s* **2** (Bewegung) motstånd [muudstonn] *s* **3** (Kraft) motstånd [muudstonn] *s*
widerstehen *v* **1** (Änderung usw.) *etw. Dat* trotsa [trodsa], försvara sig [förschwaara ßej] **2** (Angriff, Anprall usw.) *etw. Dat* motstå [muudstoo]
Widerwille *m gegen etw.* olust [uulußt] *u till ngt*, *gegen etw.* ovilja [uuwilja] *u*, *gegen j-n/etw.* avsmak [aafßmaak] *u av ngn/ngt*

widmen *v* **1** (Zeit usw.) *etw. Akk j-m/etw.* använda [anwända] *ngt* **2** ***sich*** **~** *etw. Dat* (teilnehmen usw.) ägna sig [äängna ßej] *åt ngt* **3** ***sich*** **~** (behilflich sein usw.) *j-m/etw.* ägna sig åt [äängna ßej oot] *ngt*
wie[1] *adv* **1** (Frage) hur [hüür] **2** (Vergleich) som [ßom] ► **~ viele** hur många; **W~ ist es?** Hur är den?; **W~ geht es Ihnen?** Hur mår du?
wie[2] *conj* **1** (Ähnlichkeit) som [ßom] **2** (beides) liksom [likßom] ► **~ (zum Beispiel)** som; **W~ Sie wollen.** Som du vill.
wieder *adv* igen [ijen], åter [ooter]
wiederherstellen *v* förnya [förnüa]
wiederholen *v* **1** (nochmals machen) *etw. Akk* upprepa [uppreepa] **2** (um es zu betonen) repetera [repeteera] **3** (Lernstoff usw.) *etw. Akk* upprepa [uppreepa]
Wiederholung *w* **1** *etw. Gen* upprepning [uppreepning] *u* **2** (des Lernstoffes) repetition [repetichuun] *u*, upprepning [uppreepning] *u* **3** (eines Ereignisses) repris [repriiß] *u*
wiederkommen *v* återvända [ooterwända]
wiegen *v* **1** (Gewicht haben) väga [wääga] **2** (Gewicht feststellen) *j-n/etw.* väga [wääga] *ngt*
Wiese *w* äng [äng] *u*
wievielmal *pron* hur många gånger [hüür mong:a gong:er]
wild *adj* vild [wild] ♦ *adv* vilt [wilt]
Wild *s* **1** (wild lebend) (vilda) djur [(wilda) jur] *u* **2** (Fleisch) vilt [wilt] *s* ► **jagdbares ~** villebråd *s*
Wille *m* vilja [wilja] *u*
willkommen *adj* välkommen [wäälkommen]; **W~!** Välkommen!
Wimper *w* ögonfrans [öögonfranß] *u*
Wimperntusche *w* maskara [maßkara] *u*
Wind *m* vind [wind] *u*
Windel *w* blöja [blööja] *u*
windig *adj* blåsig [blooßi]
Windjacke *w* vindjacka [windjakka] *u*
Windmühle *w* väderkvarn [wääderkwaarn] *u*
Windschutzscheibe *w* vindruta [windrüüta] *u*
Winkel *m* **1** (geometrisch) vinkel [wingkel] *u* **2** (Ecke) hörn [höörn] *s* **3** (Augenwinkel) ögonvrå [öögonwroo] *u* **4** (verborgener) gömsle [jömßle] *s*
winken *v* **1** (Fahne usw.) *mit etw.* vinka [wingka] *åt ngn* **2** *j-m* vinka [wingka] *åt ngn*
Winter *m* vinter [winter] *u*
winzig *adj* minutiös [minußiööß], pytteliten [pytteliiten], spenslig [ßpenßli]
wir *pron* vi [wii]
Wirbel *m* **1** (von Wasser usw.) strömvirvel [ßtrömwirwel] *u*, virvel [wirwel] *u* **2** (Knochen) ryggkota [ryggkuuta] *u*
Wirbelsäule *w* ryggrad [ryggraad] *u*
wirken *v* **1** (Wirkung haben) verka [wärka], ha effekt [haa efekt], (Wirkung haben) *auf j-n/etw.* påverka [poowärka] *ngn/ngt* **2** (Eindruck machen) *auf j-n irgendwie* verka [wärka] *på ngn* **3** (Medikament usw.) verka [wärka], ha effekt [haa efekt] ► **zu ~ beginnen** värka
wirklich *adj* verklig [wärkli] ♦ *adv* **1** (in Wirklichkeit) verkligen [wärklien] **2** (in der Tat) verkligen [wärklien] ♦ *part* verkligen [wärklien] ► **W~?** Verkligen?
Wirklichkeit *w* realitet [realiteet] *u*, verklighet [wärkliheet] *u*
wirksam *adj* **1** (Maßnahme, Plan usw.) effektiv [efektiiw] **2** (im Betrieb) fungerande [fungeerande]
Wirkung *w* verkan [wärkan] *u*, (Auswirkung) *auf j-n/etw.* effekt [efekt] *u*
Wirt *m* krögare [kröögare] *u*
Wirtschaft *w* ekonomi [ekonomii] *u*
wirtschaftlich *adj* ekonomisk [ekonoomißk]
wischen *v* **1** *etw. Akk (von etw.)* torka [torka] *av ngt* **2** (reinigen) *etw. Akk* torka [torka], (Tafel) *etw. Akk* sudda ut [ßudda üüt]
wissen *v etw. Akk, von etw.* veta [weeta] *ngt*
Wissenschaft *w* vetenskap [weetenßkaap] *u*
Wissenschaftler *m* vetenskapsman [weetenßkaapßman] *u*
wissenschaftlich *adj* vetenskaplig [weetenßkaapli]
Witwe *w* änka [ängka] *u*
Witwer *m* änkling [ängkling] *u*
Witz *m* vits [wids] *u*
witzig *adj* rolig [ruuli], vitsig [wiidsi], komisk [koomißk]
wo *adv* var [wa]; **ach ~** inte alls; **~ auch immer** var som helst
Woche *w* vecka [wekka] *u*
Wochenende *s* helg [helj] *u*
Wochenendhaus *s* stuga [ßtüüga] *u*
Wochentag *m* arbetsdag [arbeedstaa] *u*
woher *adv* varifrån [waarifroon]; **W~ kommen Sie?** Varifrån kommer du?
wohin *adv* vart [wart]
wohl *part* antagligen [antaaglien], förmodligen [förmuudlien]; **Ich fühle mich nicht ~.** Jag mår illa.
wohnen *v irgendwo* bo [buu], (vorübergehend) *irgendwo* stanna [ßtanna]
Wohnmobil *s* campingbuss [kampingbußß] *u*, husbil [hüüßbiil] *u*
Wohnsitz *m* bostad [buußtad] *u*

Wohnung *w* lägenhet [läägenheet] *u*, våning [wooning] *u*

Wohnwagen *m* husvagn [hüüßwangn] *u*

Wohnzimmer *s* vardagsrum [waardagßrum] *s*

Wolf *m* varg [warj] *u*

Wolke *w* moln [moln] *s*

Wolkenkratzer *m* skyskrapa [chüßkraapa] *u*

wolkig *adv* molnigt [mulnit]

Wolle *w* ylle [yll^{e}] *s*

wollen *v* **1** (vorhaben) *etw. Akk zu tun* vilja [wilja] **2** (verlangen) behöva [behööwa] *ngt från ngn*, vilja [wilja] *ngt från ngn* ► **Was ~ Sie?** Vad vill du?

Wort *s* ord [uurd] *s*

Wörterbuch *s* ordbok [uurdbuuk] *u*

Wortschatz *m* ordförråd [uurdförrood] *s*

Wrack *s* vrak [wraak] *s*

Wunde *w* skada [ßkaada] *u*

Wunder *s* mirakel [miraakel] *s*, under [under] *s*, underverk [und^{e}rwärk] *s*

wunderbar *adj* underbar [und^{e}rbaar] ♦ *adv* underbart [und^{e}rbaart]

wundern *v* ***sich ~*** *über etw. Akk* förvånas över [förwoonaß ööwer] *ngt*

Wunsch *m* önskan [önßkan] *u*

wünschen *v* **1** (erhoffen) *j-m etw. Akk* önska [önßka] *ngn ngt* **2** ***sich ~*** *etw. Akk* önska sig [önßka ßej] *ngt* **3** (guten Appetit usw.) *j-m etw. Akk* önska [önßka] *ngn ngt*

würdig *adj* **1** (Person usw.) värdig [wäärdi] **2** (wert) *etw. Gen* värd [wäärd] *ngt*

Wurf *m* kast [kaßt] *s*

Würfel *m* **1** kub [küüb] *u* **2** (zum Spielen) tärning [tärning] *u*

Wurm *m* mask [maßk] *u*

Wurst *w* korv [korw] *u*

Würstchen *s* korv [korw] *u*

Wurzel *w* rot [ruut] *u*

Wüste *w* öken [ööken] *u*

Wut *w* ilska [ilßka] *u*

wütend *adj* rasande [raaßand^{e}]

Z

zäh *adj* **1** (Fleisch usw.) seg [ßeeg] **2** (mit Ausdauer usw.) envis [enwiiß]

Zahl *w* **1** (Zahlwort usw.) nummer [nummer] *s* **2** (Angabe) tal [taal] *s* **3** *etw. Gen* antal [antaal] *s*

zahlen *v j-m für etw.* betala [betaala]; **Bitte ~!** Jag vill betala!, Kan jag få notan?

zählen *v* **1** *bis wie viel* räkna [rääkna] *upp till* **2** (Anzahl feststellen) räkna [rääkna] **3** (zuordnen) *j-n/etw. zu j-m/etw.* räkna [rääkna] *ngn/ngt* **4** (gehören) *zu j-m/etw.* räknas [rääknaß] *till ngt* **5** (Anzahl haben) omfatta [omfatta] **6** *auf etw. Akk* räkna [rääkna] *med ngt*

zahlreich *adj* talrik [talriik]

Zahlung *w* betalning [betaalning] *u*

zahm *adj* tam [taam]

Zahn *m* tand [tann] *u* ► **sich die Zähne putzen** borsta tänder

Zahnarzt *m* tandläkare [tandlääkar^{e}] *u*

Zahnbürste *w* tandborste [tandborscht^{e}] *u*

Zahnfüllung *w* fyllning [fyllning] *u*

Zahnpasta *w* tandkräm [tandkrääm] *u*

Zahnspange *w* tandställning [tandställning] *u*

Zahnstocher *m* tandpetare [tantpeetar^{e}] *u*

Zange *w* tång [toong] *u*

Zapfen *m* **1** (Tannenzapfen usw.) kotte [kott^{e}] *u* **2** (Lagerzapfen usw.) tapp [tapp] *u*

zart *adj* **1** (körperlich) bräcklig [bräkkli] **2** (Struktur usw.) fin [fiin] **3** (empfindlich usw.) kärleksfull [schäärlekßfull], ömsint [ömßint]

zärtlich *adj* kärleksfull [schäärlekßfull], ömsint [ömßint]

Zauber *m* **1** (Zauberkraft) trolldom [trolldum] *u* **2** (Reiz) behag [behaag] *u*

Zaun *m* hage [haag^{e}] *u*, inhägnad [inhängnad] *u*, staket [ßtaaket] *s*

Zebrastreifen *m* övergångsställe [ööwergongßtäll^{e}] *s*

Zecke *w* fästing [fäßting] *u*

Zehe *w* **1** (am Fuß) tå [too] *u* **2** (von Knoblauch) klyfta [klyfta] *u* ► **auf den ~n** (gehen usw.) gå på tå; **große ~** stortå *u*

zehn *num* tio [tii^{e}]

zehnt(er,e,es) *num* tionde [tiiond^{e}]

Zehntel *s* tiondel [tiiondeel] *u*

Zeichen *s* **1** (Geste usw.) tecken [tekken] *s* **2** (Symbol) märke [märk^{e}] *s* **3** (zum Unterscheiden) märke [märk^{e}] *s* **4** tecken [tekken] *s* **5** (Buchstabe usw.) skrivtecken [ßkriiwtekken] *s*

zeichnen *v* rita [riita] *ngt*, teckna [tekkna] *ngt*

Zeichnung *w* ritning [riitning] *u*, teckning [tekkning] *u*

zeigen *v* **1** (vorzeigen usw.) *j-m etw. Akk* visa [wiißa] *ngt ngn* **2** (in einer Richtung) *auf j-n/etw.* peka [peeka] *at sb/sth* **3** ***sich ~*** (sich sehen lassen) visa sig [wiißa ßej] **4** ***sich ~*** (Wahrheit usw.) visa sig [wiißa ßej] **5** (Qualität usw.) *etw. Akk* visa [wiißa] *ngt* **6** (Freude usw.) *etw. Akk* uttrycka [üüttrykka] *ngt*, *etw. Akk* visa [wiißa] *ngt*, tillkännage [tillschännajee] *ngt* **7** (Fähigkeit usw.) *etw. Akk* visa [wiißa] *ngt*

Zeile *w* rad [raad] *u*

Zeit *w* **1** tid [tiid] *u* **2** (Ära) era [eera] *u* ► **in letzter ~** på den senaste tiden

zeitgenössisch *adj* dagens [daagenß], modern [mudäärn], samtida [ßamtiida]

Zeitpunkt *m* stund [ßtund] *u*

Zeitschrift *w* tidskrift [tiidskrift] *u*, magasin [magaßiin] *s*

Zeitung *w* tidning [tiidning] *u*

Zelle *w* cell [ßell] *u*

Zelt *s* tält [tält] *s*; **ein ~ aufstellen** sätta upp ett tält

Zentimeter *m/s* centimeter [ßentimeet^{e}r] *u*

zentral *adj* central [ßentraal]

Zentrale *w* **1** (einer Organisation usw.) högkvarter [höögkwart^{e}r] *s* **2** (Telefonzentrale) central [ßentraal] *u*, telefonväxel [telefoonwäkßel] *u*

Zentrum *s* **1** (Mitte) mitt [mitt] *u* **2** (Stadtzentrum usw.) centrum [ßentrum] *s* **3** (Einrichtung) centrum [ßentrum] *s*

zerbrechen *v* bryta av [brüta aaw]

zerbrechlich *adj* ömtålig [ömtooli]

Zeremonie *w* ceremoni [ßeremonii] *u*

zerreißen *v* **1** (in Stücke) *etw. Akk* riva sönder [riiwa ßönder] **2** (Seil usw.) slita [ßliita] **3** (zerfleischen) sarga [ßarja]

zerschlagen *v etw. Akk* slå sönder [ßloo ßönder] ♦ *adj* trasig [traaßig], sönderslagen [ßönd^{e}rschlaagen]

zerstören *v* förstöra [förschtööra]

Zerstörung *w* förstörelse [förschtöör^{e}lß^{e}] *u*, destruktion [deßtrukchuun] *u*

Zettel *m* **1** papperslapp [papperschlapp] *u*, etikett [etikett] *u*, (Notizzettel usw.) lapp [lapp] *u* **2** (Kassenzettel usw.) kvitto [kwitto] *s*

Zeuge *m etw. Gen* vittne [wittn^{e}] *s* ► **~** *etw. Gen* **sein** (Unfalls usw.) vara vittne *till ngt*

Zeugnis *s* attest [ateßt] *u*, certifikat [ßertifikaat] *s*, (vom Arbeitgeber) intyg [intüg] *s*

Ziege *w* get [jeet] *u*

Ziegel *m* **1** (Baustein) tegelsten [teegelßteen] *u* **2** (zum Dachdecken) takpanna [taakpanna] *u*

ziehen *v* **1** (Handwagen usw.) *etw. Akk irgendwohin* dra [draa] **2** (Bremse usw.) *an etw. Dat* dra [draa] *ngt* **3** (herbeischleppen) *etw. Akk irgendwohin* släpa [ßlääpa] *ngt någonstans*, (schleppen) *etw. Akk irgendwohin* dra [draa] *ngt någonstans* **4** *etw. Akk aus etw.* dra fram [draa fram], ta ut [taa üüt] **5** (Los usw.) utlotta [üütlotta] *ngt* **6** (Waffe) dra [draa], dra till [draa till] ► **Nutzen ~** *aus etw.* gagna *ngn*

Ziel *s* mål [mool] *s* ► **ans ~ führen** *j-n* (Fahrer usw.) navigera

ziemlich *adv* ganska [ganßka], rätt [rätt] ♦ *part* ganska [ganßka]

Zigarette *w* cigarett [ßigarett] *u*

Zigarre *w* cigarr [ßigarr] *u*

Zimmer *s* rum [rum] *s*; **~ zu vermieten** rum att hyra

Zimmermädchen *s* rumsstäderska [rumßßtääd^{e}rschka] *u*

Zimt *m* kanel [kaneel] *u*

Zinn *s* tenn [tenn] *s*

Zins *m* ränta [ränta] *u*

Zirkus *m* cirkus [ßirkuß] *u*

Zitrone *w* citron [ßitruun] *u*

Zitronenlimonade *w* citronsaft [ßitrunßaft] *u*

zittern *v* skaka [ßkaaka], darra [darra], skälva [chälwa]

zögern *v* förhala [förhaala], tveka [tweeka]

Zoll *m* tull [tull] *u*

Zollabfertigung *w* tullkontroll [tullkontroll] *u*

Zollamt *s* tull [tull] *u*

Zollbeamte *m* tulltjänsteman [tullschänßteman] *u*

Zoo *m* djurpark [jurpark] *u*, zoo [ßoo] *s*

Zopf *m* fläta [flääta] *u*

zu[1] *prep* **1** (Richtung) *etw.* till [till] **2** (zum Arzt usw.) *j-m* hos [huß] *ngn*

zu[2] *adv* (schwer usw.) för [föör]

Zubehör *s* tillbehör [tillbehöör] *s*

Zubereitung *w von etw.* matlagning [maatlaangning] *u*

Zucchini *w* zucchini [ßukkiini] *u*

züchten *v etw. Akk* odla [uudla] *ngt*

Zucker *m* socker [ßokker] *s*

Zuckermelone *w* melon [meluun] *u*

Zuckerwürfel *m* sockerbit [ßokkerbiit] *u*

zudecken *v* **1** (mit einer Decke usw.) *j-n/etw. mit etw.* täcka över [täkka ööwer] *ngn/ngt* **2** (mit Deckel usw.) *etw. Akk mit etw.* täcka [täkka] *ngt till med ngt*

zuerst *adv* först [förscht], främst [främßt]

Zufall *m* tillfällighet [tillfäliheet] *u*

zufällig *adj* tillfällig [tillfällig] ♦ *adv* tillfälligtist [tillfäligtißt]

zufrieden *adj mit j-m/etw.* nöjd [nöjd] *med ngt*, (Lächeln usw.) belåten [belooten]

Zug *m* **1** (Verkehrsmittel) tåg [toog] *s* **2** (Wesenszug) drag [draag] *s* **3** (militärische Abteilung) pluton [plutoon] *u* **4** (im Schach usw.) drag [draag] *s*

Zugang *m* **1** (Stelle usw.) tillgång [tillgong] *u* **2** (Wasser, Informationen usw.) *zu etw.* tillgång [tillgong] *u*

zugänglich *adj* tillgänglig [tilljenglig]; **für die Öffentlichkeit ~** tillgänglig för allmänheten

zugeben *v* **1** (hinzufügen) *etw. Akk irgendwohin* lägga till [lägga till] *ngt*, addera [adeera] **2** erkänna [eerschänna]

zugleich *adv* samtidigt [ßamtiidit]

zuhören *v j-m/etw.* lyssna [lyßßna] *på ngn*

zukleben *v* **1** (Umschlag usw.) *etw. Akk* klistra igen [klißtra ijen] **2** *etw. Akk mit etw.* klistra [klißtra] ► **mit Klebeband ~** *etw. Akk* klistra med tejp *ngt*

zuknöpfen *v* knäppa [knäppa] *ngt*

Zukunft *w* framtid [framtiid] *u*

zukünftig *adj* framtida [framtiida], blivande [bliiwand^{e}]

zulassen *v etw.* tillåta [tilloota]

zuletzt *adv* till sist [till ßißt], till slut [till ßlüüt]

zum **~ Beispiel** till exempel; **~ dritten Mal** för tredje gången; **~ letzten Mal** sist, sista gången

zumachen *v etw. Akk* stänga [ßtänga]

Zündkerze *w* tändstift [tändstift] *s*

zunehmen *v* **1** (an Gewicht) bli fet(are) [blii feet(aar^{e})], bli tjock(are) [blii schokk(aar^{e})], (dicker werden) gå upp i vikt [goo upp i wikt] **2** (mehr werden) öka i antal [ööka i antaal/wolüm]

Zuneigung *w* sympati [ßympatii] *u*

Zunge *w* tunga [tunga] *u*

zurück *adv* **1** (gehen usw.) tillbaka [tillbaaka], (zum Ausgangspunkt) bakåt [baakoot] **2** (zurückgeblieben) efter [efter]

zurückerstatten *v j-m etw. Akk* betala [betaala] *för ngt*

zurückfahren *v* backa [bakka], rygga [rygga] *någonstans*

zurückgeben *v j-m etw. Akk* lämna tillbaka [lämna tillbaaka]

zurückkommen *v* återvända [ooterwända]

zurücklegen *v* springa [ßpringa], (mit Auto usw.) avverka [aawwerka]

zurücktreten *v* **1** (nach hinten) gå bakåt [goo baakoot], stiga tillbaka [ßtiiga tillbaaka] **2** (von einem Amt usw.) abdikera [abdikeera], avgå [aawgoo], resignera [reßingneera]

zurzeit *adv* för tillfället [föör tillfället]

zusammen *adv* **1** tillsammans [tillßammanß] **2** (betragen usw.) sammanlagt [ßammanlakt]

zusammenarbeiten *v mit j-m* samarbeta [ßamarbeeta] *med ngn*

zusammenbrechen *v* **1** (Mensch) falla ihop [falla ihup] **2** (Brücke usw.) bryta ihop [brüta ihup]

zusammendrücken *v etw. Akk* komprimera [komprimeera] *ngt*

Zusammenfassung *w* sammanfattning [ßammanfattning] *u*

Zusammenhang *m* förbindelse [förbinnd^{e}lß^{e}] *u*, *zwischen etw. Dat* samband [ßamband] *s*, sammanhang [ßammanhang] *s*

zusammenhängen *v mit etw.* hänga samman med [hänga ßamman m^{e}] *ngt*, hänga ihop med [hänga ihup m^{e}] *ngt*

zusammensetzen *v etw. Akk* sammanställa [ßammanßtälla], sätta samman [ßätta ßamman]; **sich ~** *aus etw.* bestå *ngt*

Zusammenstoß *m* **1** (Zusammenprall) kollision [kolichuun] *u* **2** (Auseinandersetzung) konflikt [konflikt] *u*

zusammenstoßen *v* kollidera [kolideera]

zusammentreffen *v mit j-m* träffas [träffaß]

zusätzlich *adj* **1** ytterligare [ytterligar^{e}] **2** (als Zusatz usw.) extra [ekßtra] ♦ *adv* **1** (als Zusatz) *zu etw.* dessutom [deßüütom] **2** (übrig) extra [ekßtra]

Zuschauer *m* åskådare [ooßkoodar^{e}] *u*

Zuschlag *m* tillägg [tillägg] *s*

Zustand *m j-s/etw.* tillstånd [tillßtond] *s*

zuständig *adj* kompetent [kompetent], tillhörande [tillhöörand^{e}]

zusteigen *v in etw. Akk* stiga på [ßtiiga poo] *ngt*

zustellen *v j-m etw. Akk* leverera [lewereera]

zustimmen *v j-m/etw.* hålla med [holla m^{e}] *ngn*; **nicht ~** *j-m/etw.* inte samtycka

Zustimmung *w* samtycke [ßamtykk^{e}] *u*, *zu etw.* överenskommelse [ööwerenßkomm^{e}lß^{e}] *u*

Zutat *w* ingrediens [ingredienß] *u*, tillsats [tillßads] *u*

zuteilen *v j-m etw. Akk* tilldela [tilldeela] *ngn ngt*

Zutritt *m zu etw.* tillgång [tillgong] *u*, (Erlaubnis usw.) inträde [inträäd^{e}] *s*; **~** *zu etw.* **bekommen** få tillgång *till*

zuverlässig *adj* pålitlig [pooliitli] ♦ *adv* pålitligt [pooliitlit]

zuziehen *v* **1** (Vorhang usw.) *etw. Akk* dra för [draa föör], dra åt sidan [draa oot ßiidan] **2** (Schlinge usw.) dra åt [draa oot] *ngt* **3** (als Einwohner) *irgendwohin* flytta in [flytta in] *någonstans* **4** ***sich ~*** *etw. Akk* (Schaden usw.) förorsaka [föörurschaaka] *ngt*, pådra sig [poodraa ßej] *ngt*

Zwang *m* **1** (rücksichtsloser usw.) tryck [trykk] *s* **2** (innerer) tvångsimpuls [twoongßimpulß] *u*

zwanzig *num* tjugo [schüügo]

zwar *conj* visserligen [wißßerlien]; **und ~** och det, nämligen

Zweck *m* syfte [ßyft^e] *s*, ändamål [ändamool] *s*; **Es hat keinen ~.** Det är meningslöst., Det tjänar ingenting.

zwei *num* två [twoo]

Zweibettzimmer *s* dubbelrum [dubbelrum] *s*

zweifach *adj* dubbel [dubbel]

Zweifel *m* tvivel [twiiwel] *s*; **ohne ~** utan tvivel, otvivelaktigt

zweifelhaft *adj* tvivelaktig [twiiwelakti]

zweifellos *adv* utan tvivel [üütan twiiwel], otvivelaktigt [uutwiwelaktit] ♦ *part* otvivelaktig [uutwiwelakti], utan tvivel [üütan twiiwel], otvivelaktigt [uutwiwelaktit]

zweifeln *v an j-m/etw.* tvivla [twiiwla]

Zweig *m* **1** (eines Baumes) gren [green] *u* **2** (Abteilung usw.) avdelning [awdeelning] *u*

zweimal *num* två gånger [twoo gong:er]

zweit(er,e,es) *num* andra [andra]; **zum zweiten Mal** för andra gången

Zwerg *m* **1** (in Märchen) dvärg [dwärj] *u* **2** (kleiner Mensch) pys [püß] *u*, lille man [lill^e man] *u*

Zwiebel *w* lök [löök] *u*

Zwilling *m* **1** tvilling [twilling] *u* **2 ~e** Tvillingarna [twillingarna] *u Mz*

zwingen *v j-n zu etw.* tvinga [twinga] *ngn till ngt*, *j-n zu etw.* tvinga [twinga] *ngn att göra ngt*; **gezwungen sein** *zu etw.* vara tvungen *att göra ngt*

zwischen *prep* mellan [mellan]

Zwischenlandung *w* mellanlandning [mellanlanndning] *u*

zwölf *num* tolv [tolw]

Zylinder *m* **1** cylinder [ßylind^er] *u* **2** (Hut) cylinderhatt [ßylinderhatt] *u*, hög hatt [höög hatt] *u*, stormhatt [ßtormhatt] *u*